MANAGEMENT SCIENCE AND ENGINEERING CLASSICS 管理科学与工程经典译丛

人大经管
管理科学与
工程经典译丛

INTRODUCTION TO INFORMATION SYSTEMS

管理信息系统

（第**15**版）

詹姆斯·A·奥布赖恩（James A. O'Brien）
乔治·M·马拉卡斯（George M. Marakas） 著
叶 强等 译

U0873948

中国人民大学出版社
·北京·

《管理科学与工程经典译丛》
出版说明

中国人民大学出版社长期致力于国外优秀图书的引进和出版工作。20 世纪 90 年代中期，中国人民大学出版社开业界之先河，组织策划了两套精品丛书——《经济科学译丛》和《工商管理经典译丛》，在国内产生了极大的反响。其中，《工商管理经典译丛》是国内第一套与国际管理教育全面接轨的引进版丛书，体系齐整，版本经典，几乎涵盖了工商管理学科的所有专业领域，包括组织行为学、战略管理、营销管理、人力资源管理、财务管理等，深受广大读者的欢迎。

管理科学与工程是与工商管理并列的国家一级学科。与工商管理学科偏重应用社会学、经济学、心理学等人文科学解决管理中的问题不同，管理科学与工程更注重应用数学、运筹学、工程学、信息技术等自然科学的方法解决管理问题，具有很强的文理学科交叉的性质。随着社会对兼具文理科背景的复合型人才的需求不断增加，有越来越多的高校设立了管理科学与工程领域的专业，讲授相关课程。

与此同时，在教材建设方面，与工商管理教材相比，系统地针对管理科学与工程学科策划组织的丛书不多，优秀的引进版丛书更少。为满足国内高校日益增长的需求，我们组织策划了这套《管理科学与工程经典译丛》。在图书遴选过程中，我们发现，由于国外高等教育学科设置与我国存在一定的差异，不存在一个叫做“管理科学与工程”的单一的学科，具体教材往往按专业领域分布在不同的学科类别中，例如决策科学与数量方法、工业工程、信息技术、建筑管理等。为此，我们进行了深入的调研，大量搜集国外相关学科领域的优秀教材信息，广泛征求国内专家的意见和建议，以期这套新推出的丛书能够真正满足国内读者的切实需要。

我们希望，在搭建起这样一个平台后，有更多的专家、教师、企业培训师不断向我们提出需求，或推荐好的教材。我们将一如既往地做好服务工作，为推动管理教学的发展做出贡献。

中国人民大学出版社

译者序

目前，全球化的产业和商务活动已从工业时代进入信息时代，以互联网和移动通信为代表的信息技术已成为现代商务活动不可或缺的重要支撑平台。电子商务和移动商务的迅速发展和广泛应用，改变了很多组织原有的业务流程，也对消费者的行为模式产生了深刻的影响。正如托马斯·弗里德曼所预见的，新型互联网迅速崛起而引发的全球化将深刻地影响我们的经济、社会、政治生活的各个方面，改变每个人的工作方式、生活方式乃至生存的方式，传统的自上而下的层级模式将更多地被扁平化、互动交流的新模式取代，粗放式管理模式将被以信息技术为平台的新型管理模式所取代。全球化和不断创新的信息技术，几乎每一天都呈现出精彩纷呈的机会与激动人心的挑战。如何正确理解这些机会与挑战，并及早预见信息技术变革对未来世界经济与管理活动的影响，从而更有效地使用信息技术进行管理创新，成为当今管理者面临的巨大挑战与机遇。

《管理信息系统》一书的作者正是顺应了这种变化，洞察了管理信息系统发展的新趋势，通过透彻的解读、精辟的论述、鲜活的实例、灵活的体系，使本书多次再版，经久不衰，成为信息系统教科书领域的经典教材。具体而言，本书在如下方面独具特色：

➢ 商务和管理视角：本书旨在帮助商学院的学生了解如何使用和管理信息技术以优化商务流程，促进商务决策的制定，并获得竞争优势。同时介绍了当今网络化企业和全球市场中的最新互联网技术，以及它们在企业的商务活动中发挥的重要作用。

➢ 框架结构清晰：本书由五个部分组成：基本概念（第 1～第 2 章）、信息技术（第 3～第 6 章）、商务应用（第 7～第 9 章）、开发过程（第 10 章）、管理挑战（第 11～第 12 章），反映了信息系统知识的五大主要领域。各章又分为两节，教师在课程讲授时可以灵活安排。

➢ 将真实世界带入课堂：每章有 3 个较大的案例，并在案例后安排了问题和实践等练习，此外，还有丰富的随文小案例，给学生提供了解商务活动的机会。

本书由叶强主译，王晓琳、张紫琼、徐敏、鲁奇、方斌、赵大营、李慧颖、王默涵、李彤、元文娟、王一诺、徐春琳、刘宪伟、黄鹤等参与了翻译工作，其中第 6 章和第 7 章由张紫琼翻译，第 9 章和第 11 章由王晓琳翻译。

承接这样一本理论与实践相结合、现实和前瞻相统一的经典教材的翻译工作，译者深感责任重大，几位年轻学者通力合作，在翻译过程中反复推敲，力求使本书能够完美表达作者的原意，但因时间仓促，还有很多地方仍存在不足，欢迎读者批评指正。

最后，感谢中国人民大学出版社工商管理分社为我们和读者提供了引进经典教材的平台，感谢各位编辑为本书顺利出版而付出的辛苦和努力。

教学支持*

在线学习中心

在线学习中心提供教师指导手册、题库、教学 PPT、教学视频等，便于教师使用。

教师指导手册

为减轻教师的教学负担，提供每章案例问题、讨论题和分析题的答案。

题库

通过使用 EZ Test，可以选择 1 200 多道不同难易程度的判断、多选、填空题，并全部配有答案。EZ Test 是一种计算机化的题库，可以设计、保存、进行客户测试，教师也可以通过其对题库进行编辑、增加、删除，分析测试结果，建立测试和学生答案数据库。

PPT

每章内容配有幻灯片，幻灯片提供教师书中的要点和主要图表，并可以进行编辑以适合教师的授课需要。

视频

视频可以从在线学习中心的教师栏下载。

MBA 管理信息系统案例

由洛约拉马利蒙特大学（LMU）的理查德·珀尔开发的 14 个案例可用于教师的课程。

在线课程形式

本版的内容可以通过网上课堂、黑板、页面输出的形式实现虚拟在线讲授。

可登录 www.mhhe.com/obrein，到在线学习中心获得更多的教师资源和学生资源。

---

* 采用本书作教材的教师可向麦格劳-希尔公司北京代表处联系索取教学课件资料，传真：(010) 62790292，电子邮件：webmaster@mcgraw-hill.com.cn。

目　录

第 1 篇　基本概念

第 2 篇　信息技术

第 3 篇　商务应用

第 4 篇　开发过程

第 5 篇　管理挑战

第1篇

基本概念

为什么要了解信息系统？商务活动为什么需要信息技术？你需要了解商务活动中使用和管理信息技术的哪些方面？第1篇将告诉你信息技术在商务活动中的作用。

● 第1章：商务信息系统基础。概述了业务人员所需了解的信息系统知识的五个基本方面，包括概念框架和信息系统的主要类型，还介绍了信息系统的趋势以及与信息系统相关的管理挑战。

● 第2章：利用信息技术竞争。介绍了利用信息技术建立竞争优势的基本理念，并举例说明了信息系统的主要战略应用。

这两章的学习将有助于你继续学习之后的内容：信息技术（第2篇）、商务应用（第3篇）、开发过程（第4篇）以及管理挑战（第5篇）。

第 1 章　商务信息系统基础

学习目标

1. 理解系统的概念及其与信息系统的关系。

2. 解释为什么信息系统知识对业务人员很重要，并了解业务人员需要了解的信息系统知识的五个方面。

3. 举例说明信息系统的商务应用如何支持公司的业务流程、管理决策制定及竞争优势战略。

4. 根据你在现实商务活动中的经历，举例说明几个主要的信息系统类型。

5. 阐述企业在成功并合乎道德地开发和使用信息技术时，管理者可能遇到哪些挑战。

6. 举例说明现实中信息系统的构成。描述在一个信息系统中，人们如何将硬件、软件、数据和网络作为资源，完成输入、处理、输出、存储及控制，将数据资源转换成信息产品。

7. 举例说明信息系统领域的就业机会，以及其对技术熟悉程度的不同要求。

1.1 基本概念：商务信息系统

我们为什么要学习信息系统和信息技术？这个问题颇具争议。信息系统已经融入我们日常的商务活动，例如会计、财务、生产管理、营销、人力资源管理或其他主要的企业职能。对于成功的企业和组织来说，信息系统和信息技术是其至关重要的组成部分，或者说是开展业务所必需的，从而成为管理中一个必要的研究领域，这也是大多数管理类专业都设置信息系统课程的原因。如果你打算成为一名管理者、企业家或者商务专家，那么对你来说，了解信息系统和了解企业其他职能一样重要。

包括基于互联网的信息系统在内的信息技术，在商业活动中起着至关重要且越来越广泛的作用。信息技术能够帮助各类企业改善商业运营的效率和效益，制定管理决策，促进团队协作，从而巩固其在快速变化的市场中的竞争地位。信息技术对产品开发团队、客户支持过程、电子商务交易及其他商业活动提供了有力的支持。在今天瞬息万变的全球化环境下，信息系统和信息技术正成为企业获得成功的关键要素。

现实世界中的信息系统

让我们花一些时间讨论在现实世界中信息系统和信息技术的重要性。阅读下面关于利用信息技术的真实案例，从中可以了解如何更好地理解和满足客户需求。

案例1.1

eCourier、Cablecom和Bryan Cave：通过商务智能提供价值

访问eCourier网站的用户会看到这样的问候语："你觉得满意吗？来参加eCourier的满意度测试吧！"这表明公司对客户满意度十分重视。而该公司让客户满意的关键在于商务智能的应用。

商务智能已走出专业分析师的象牙塔，来到我们的现实生活中。在eCourier快递公司，快递员每天在伦敦运送2 000个包裹，公司依靠商务智能保持其为客户服务的实时性。公司创始人之一、首席技术官杰伊·布雷格曼（Jay Bregman）说："在伦敦的即日送达快递市场的竞争中有一个鲜明的特点，那就是当客户遇到问题时，他们更有可能选择其他快递公司而不是向当前提供服务的公司反馈。"伦敦在线（London Online）提供了约350个快递服务公司的名录。

在实施商务智能之前，eCourier试图将信息技术确定为公司的一个关键的与众不同之处。杰伊·布雷格曼和公司另一位创始人、首席执行官（CEO）汤姆·阿拉森（Tom Allason）放弃了电话调度方式，转而使用全球定位系统（global positioning system，GPS）对快递员进行追踪，用电子方式传递订单。为了使在线下订单更容易，他们投资开发了用户友好的应用程序。通过这个程序，客户可以在线准确地追踪其快递所在的位置，不必再猜测。

如今，95%的快递订单是通过在线预订的，这意味着eCourier只需要少量工作人员就可以检测、跟踪和处理订单，使公司更具扩展性。布雷格曼指出，快递市场中仍有很多快递公司使用电话调度方式，导致客户对包裹的下落进行猜测。尽管eCourier使用的自动下订单和跟踪货物等创新方式也不能使客户完全满意，但如果不依靠商务智能，客户经理将可能遇到同样困扰其他快递公司的快递员问题：延迟交货、无礼，甚至在交货时疏忽大意。布雷格曼说，我们只是客户在确定快递公司时的一个选择。

eCourier开始使用SeeWhy公司的软件来尝试更快速地生成客户数据。布雷格曼说："SeeWhy软件的独特之处在于它能实时报告客户信息。"当一个新订单进入eCourier的数据库时，信息被复制并存入SeeWhy的数据存储器。然后，软件通过与以前的数据作比较来破译该数据。如果数据异常，软件会采取相应措施。例如，如果一个客户通常在每周二上午9：30～10：00之间下订单，然而在某天的这一时间没有联系，那么在10：00过后不久，eCourier的客户关系管理团队会收到一个提醒，其中包含客户历史数据和平常每天下订单的数量。布雷格曼说，为保证指标的正确性，需要调整大量的数据。例如，公司必须调整系统来识别预期的变化，以便系统在圣诞节后营业额下滑时不会发送一系列提醒。在何时发送提醒与如何最好地优化系统之间达到完美平衡是一个持续的过程。

SeeWhy软件默认建立一个"一般的"客户预订方式，即从第一次下订单开始，持续预订。订单数量的突然减少或增加，或者休眠账户的突然变化都会使客户经理收到提醒。客户经即会立即解决问题，或

者在订单数量增加的情况下加大促销力度，例如推销"次晨达"业务或国际服务。布雷格曼说，这些功能带来了很大的回报。他也相信系统为公司节省了雇用员工来监控"谁满意或谁不满意，以便用更小的成本为客户做更多的事"的费用。

然而，也可用其他方法来判断客户是否满意。Cablecom是一家瑞士电信公司，用SPSS的统计软件从故障通知单中挖掘客户数据，比如故障的平均持续时间或者在特定时间内有多少门票向客户开放，然后建立一个可以显示客户在何时最易流失的模型。客户部主管费德里科·切斯科尼（Federico Cesconi）说："这个模型的正确率只有70%。"

切斯科尼使用SPSS软件开展了一项在线客户调查。通过调查，公司发现在提供服务的第9个月客户开始感到不满意，在第12～14个月大部分客户流失。之后，切斯科尼在提供服务的第7个月开展了另外一项客户调查，并且允许客户写出具体的意见及问题。切斯科尼说，Cablecom鼓励客户在24小时之内完成问卷。这两种方式共同提供了留住客户的最佳方法。

2002年，跨国律师事务所Bryan Cave面临涉及上百万美元的问题：如何利用资源在为公司创造最大利润的同时为客户提供最大价值？这个问题十分紧迫。该律师事务所在全球设立的15个办公室有800名律师，他们都要求改变传统的按小时收费方式，而采用新的方式，比如固定价格、在一个项目内可调整的定价。

但是要想通过新的结算策略盈利，要求人员和定价之间的复杂关系达到平衡。

对于律师事务所来说，与客户的合作时间太长会导致案件费用太昂贵，而且不能达到利润最优。与客户的合作时间太短又会使客户感觉不被重视。要优化利润和客户感知价值，就必须通过延长一定数量案件的客户服务时间，将案件的剩余资源以较低费用给合作者与律师助理以实现利润最优。Bryan Cave的首席信息官约翰·阿伯（John Alber）说，只有你能提供恰到好处的多种协作，客户才最有可能留下来。

律师事务所惯用电子表格来分析费用和利润，既复杂又耗时。阿伯说，电子表格提供了对于分析师来说有价值的详细信息，但是工作时很难采用这么复杂的信息，所以他决定用商务智能工具创建一个更易理解的界面。阿伯说，自2004年公司开发第一版BI工具以来，无论盈利还是合作时间都有了大幅增加（公司未公布具体数据）。

律师还可以通过这个工具实时追踪预算，以便迅速作出调整。BI工具甚至提供了一个多元化控制版，来追踪女性和少数族裔律师在每小时案件工作中的合作情况，这是经授权允许Redwood Analytics出售给其他律师事务所的一个功能。Bryan Cave律师事务所开发这个多元化工具来提供客户所要求的透明度。换句话说，这个工具给Bryan Cave提供了定制服务收费方式，并帮助客户更好地了解他们在付费后能得到什么。

阿伯举了一位律师为其房地产客户定价的例子。开发者想依据平方尺定价，这个客户不明白为什么400 000平方英尺的建筑物和4 000平方英尺的建筑物所需的法律费用相同，即使它们需要同样的法律事务处理时间。所以，律师用定价与人力资源模型及历史分析工具来决定律师事务所基于项目大小来管理客户是否可行。

他发现对于律师事务所来说，由于大型建筑及小型建筑的面积不同会带来不同的风险，因此按平方尺定价是可行的。

阿伯说："有足够毅力或者人力的律师事务所可能会继续使用传统的分析方法，但是律师有权获得更多的信息。商务智能使我们能接触到客户，并根据客户所需适度调整方案。采用新的改进的项目管理、定价以及客户服务方式，需要计划和预测进度。"

他认为："在当今环境下，如果不能了解你所在行业的经济状况，不能真正理解你在哪里能赚钱，在哪里不能赚钱，你就不能进行有价值的创新。而这些都能通过商务智能完成。我们的目标是在全球与客户建立最好的长期关系。”

资料来源：Adapted from Diann Daniel, “Delivering Customer Happiness Through Operational Business Intelligence,” *CIO Magazine*, December 6, 2007; Diann Daniel, “How a Global Law Firm Used Business Intelligence to Fix Customer Billing Woes,” *CIO Magazine*, January 8, 2008; and Mary Weier, “Dear Customer: Please Don't Leave,” *Information Week*, June 18, 2007.

问题

1. 信息技术如何为案例中公司的商务成功作出贡献？针对每个公司，举一个例子解释如何应用信息技术改善公司表现。

2. 在有关律师事务所 Bryan Cave 的例子中，商务智能技术改善了现有信息的有效性和使用方式，使律师可以为客户提供定制的、创新的服务。其他行业可以通过这项技术的类似应用获益吗？如何获益？试给出两种不同的可能情形。

3. Cablecom 开发了一个预测模型，来更好地识别那些近期可能转向其他公司的客户。举例说明：如果信息有效，能采取什么措施？你认为不管怎样应对都会有一些客户流失吗？为什么？

实践

1. 利用互联网研究一些公司最近开发了哪些商务智能及其贡献。与案例中所提到的有什么不同？准备一份报告，总结你的发现并突出这些技术的创新应用。

2. 当同行业的其他公司没有采用新技术时，为什么像 eCourier 之类的公司这么做？分小组讨论这些公司的哪些特征会影响它们应用信息技术创新的决策。

要理解信息系统及其作用，我们首先需要了解系统的概念。简单地说，系统是一个相互关联的有明确界限并一起实现共同目标的集合体。根据这个定义容易发现，几乎你所能想到的所有事物都可以构成一个系统，而且一个系统可以由其他系统组成或者是另外一个更大系统的一部分。这个定义为我们理解信息系统提供了良好的基础。下一节将扩展这个概念。

什么是信息系统

我们先介绍简单的定义，在本章的稍后部分再加以扩展。**信息系统**（information system，IS）是由人员、硬件、软件、通信网络、数据资源和规章制度组成的，在组织中用于存储、收集、转换以及传播信息。人们依靠拥有多种物理设备（硬件）、信息处理指令和程序（软件）、通信渠道（网络）及存储的数据（数据资源）的现代信息系统互相沟通。虽然通常认为今天的信息系统和电脑有关，但是自工业文明以来，我们一直在使用信息系统，并且经常使用与电脑无关的信息系统。思考以下一些关于信息系统的例子：

- 使用烟雾信号传递信息。自从人类发现了火，就开始用烟雾传递信息。当信息发送者和接收者距离太远时，烟雾信号传递了有价值的信息。

- 图书馆卡片目录。用来存储图书的相关信息，使读者可以通过图书的标题、作者姓名、主题或者其他方法很容易地找到一本书。

- 你的书包、每日计划、记事本及文件夹都是信息系统的组成部分，可帮助你组织通过传单、演讲、报告和讨论而得到的输入信息，也可帮助你把这些输入信息处理成输出信息，比如作业和优异的考试成绩。

- 你最喜欢的快餐店的收银机也是庞大的信息系统的组成部分，可帮助追踪正在销售的商品、销售时间、存货水平以及现金量，也能帮助分析各地的商品销售情况。

● 在计算机财务系统出现之前，纸质账本是一个典型的信息系统。几个世纪以来，企业用这种类型的系统来记录日常交易，并保持账目平衡。

图 1—1 提供了本书的知识构成及你需要理解的信息系统知识的概念性框架，强调了信息系统知识的以下五个方面。

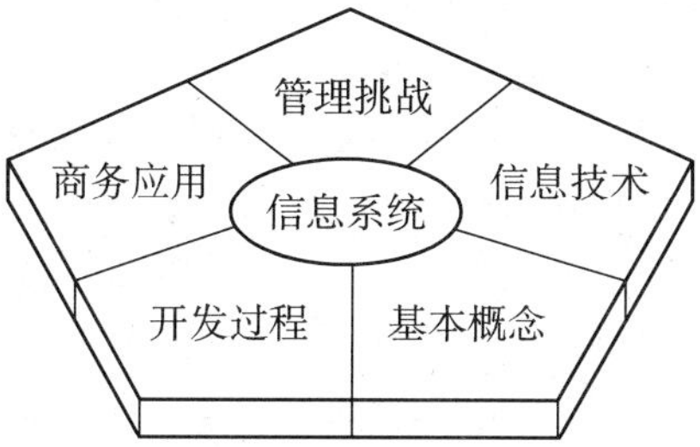

图 1—1　业务人员需要了解的信息系统知识

● 基本概念。即关于信息系统构成和作用的基本行为、技术、商业和管理等方面的概念，例如，包括源于系统理论的基本信息系统的概念，或为获得竞争优势而开发应用软件的竞争战略。本书第 1 章和第 2 章以及其他章节的部分内容提供了相关知识。

● 信息技术。讨论主要概念、开发和管理问题，涉及硬件、软件、网络、数据管理及基于互联网的技术。第 3 章和第 4 章综述计算机硬件和软件技术，第 5 章和第 6 章阐述企业关键数据资源管理和网络通信技术。

● 商务应用。即在企业运作、管理和获得竞争优势等方面的主要应用。第 7 章阐述信息技术在企业职能（如营销、生产、会计）方面的应用。第 8 章主要介绍电子商务的应用，大部分公司已经利用电子商务在互联网上进行采购和销售。第 9 章介绍信息系统和技术的应用对企业决策制定的支持。

● 开发过程。即业务人员和信息系统专家如何规划、开发和实施信息系统来把握商机。第 10 章探讨几种开发信息系统的方法，包括系统开发生命周期法和商业应用软件开发的原型法。

● 管理挑战。即在终端用户、企业及企业全球化经营层面面临的信息技术管理的有效性和伦理方面的挑战。第 11 章主要介绍信息技术应用过程中的安全挑战和安全管理。第 12 章讨论在企业全球化经营中管理者可以用来管理信息系统职能的主要方法。

□ 信息系统在企业中的基本作用

所有企业应用信息技术只有三个基本原因，换句话说，信息系统在企业中能起到三个至关重要的作用。即：

● 支持业务流程和企业运营；

● 支持员工和管理者的决策制定；

● 支持为获得竞争优势而制定的战略。

信息系统在企业中的基本作用

支持业务流程和企业运营：作为消费者，你会经常在众多的零售店里与支持业务流程和企业运营的信息系统打交道。例如，现在大多数零售店使用基于计算机的信息系统，来帮助其员工记录消费者购买的商品、追踪库存、支付员工薪水、采购新的商品以及估计销售趋势。如果没有信息系统的支持，商店可能会停止运营。

支持员工和管理者的决策制定：信息系统也帮助商店管理者和其他业务人员制定更好的决策。例如，通过基于计算机的信息系统提供的分析，决定哪类商品需要促进或者停止销售，需要进行哪类投资。这种功能不仅支持商店管理者、消费者及其他相关人员制定决策，而且能帮助他们在客户竞争中获得超越其他零售店的竞争优势。

支持为获得竞争优势而制定的战略：要想获得超越竞争对手的战略优势，需要对信息技术加以创新性应用。例如，商店管理层可能决定在所有店面安装触摸式终端电脑，链接到在线购物的电子商务网站上。这类信息系统提供的购物便利，可能会吸引新的消费者并建立顾客忠诚度。因此，战略信息系统能帮助企业在提供产品和服务方面获得超越竞争对手的优势。

图1—2说明了在一个典型的组织中信息系统的各基本作用是如何相互影响的。在任何时刻，信息系统在支持业务流程和企业运营的同时，为企业制定决策或者获得竞争优势提供数据或从中得到数据。信息系统的其他两个基本作用也是如此。如今的组织都致力于对各系统进行整合，以保证信息在系统中流动顺畅，从而提供更大的灵活性和更多的业务支持。

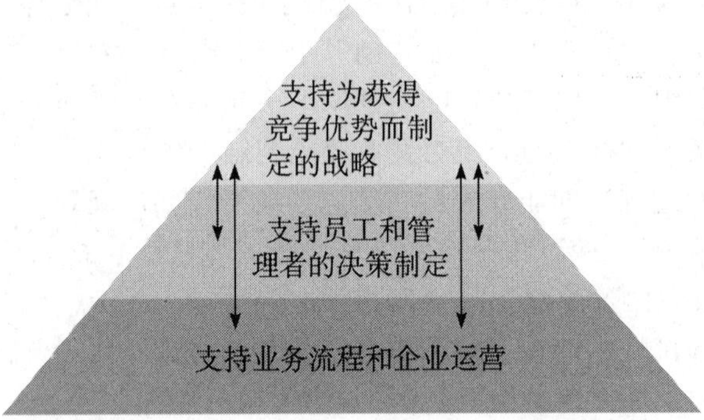

图1—2　企业信息系统应用的三个主要方面

让我们以一个典型的零售店为例，看看在企业中是如何实现这三个基本作用的。

美国Welch's公司：利用商务智能平衡卡车运力

由于汽油价格大幅波动，各公司都在想办法控制运输费用。作为全球领先的葡萄制品（包括葡萄汁和果冻）销售商，美国Welch's公司成功地控制了运输费用。该公司挖掘商务智能的潜力，以更好地洞察其供应链运作并降低运输费用。Welch's最近安装了来自Oco公司的按需商务智能系统。

Welch's利用Oco的商务智能是为了确保卡车满载运输。

以前，客户支付的是卡车满载的运费，即使卡车仅装载了相当于1/2或3/4的运力的货物。但使用商务智能系统后，如果客户的运输量小于卡车额定运力，Welch's可以提醒客户并帮助客户测算还可以订购其他什么货物以达到卡车满载，从而节省运输费用。

Oco公司董事长兼首席执行官比尔·科帕奇诺（Bill Copacino）说："Welch's能够告诉客户，'你只订购了这些货物，为什么不订购一些你需要的其他货物来装满卡车呢？那样的话，单位运费将便宜得多。如果你能在运输36 000磅货物的基础上再加运4 000磅货物，运费会节省近10%'。"

Welch's公司采购和物流部经理比尔·科因（Bill Coyne）说："我们从客户订单、提货单、运货单中捕捉信息，并将这些数据全部存在一个数据库（由Oco维护）中。这样，我们就可以利用这些数据。""Welch's试图每周五天从分销中心运出货物，但是我们发现每周五那天订单都会远远超出运力。我们常常抱怨，为什么每周五有如此多单?"

如今，新系统帮助Welch's平衡了每日的运力，使得每天所有的卡车数量相同，而不是周一为7辆，周二为5辆，周三为8辆，等等。

科帕奇诺说，因为所有地方的运力不再大幅变化，公司通过每日稳定的卡车使用量节省了运输费用。

科因说，我们通过节省费用获得了更多的机遇，这一点在油价和运费上涨的环境下尤其重要。Welch's每年在运输上的花费超过5 000万美元，Oco的商务智能系统及其报告功能从近期来看显得至关重要，甚至可以说离不开它。

资料来源：Adapted from Ted Samson，"Welch's Leverages BI to Reduce Transport Costs，" *InfoWorld*，October 16，2008；and Thomas Wailgum，"Business Intelligence and On-Demand：The Perfect Marriage?" *CIO Magazine*，March 27，2008.

□ 信息系统的发展趋势

近年来，信息系统的商务应用显著增加。图1—3总结了这些变化。

直到20世纪60年代，大部分信息系统的作用很简单：交易处理、记录保存、会计记账及其他电子数据处理等。之后，由于管理信息系统概念的诞生，信息系统又多了一个用途。新用途致力于开发企业应用软件，向终端用户提供预定义的管理报告，向管理者提供制定决策所需的信息。

到了70年代，这种管理信息系统具有的预定义的信息产品已不能充分满足制定管理决策的需要，所以出现了决策支持系统。信息系统的这种新用途可为终端用户提供服务，为决策制定过程提供交互支持。当管理者面对不同类型的具体问题时，这种支持适合特殊情况下的决策以及管理者不同的决策风格。

在80年代，出现了信息系统的几个新用途。第一，随着微型计算机处理能力、应用程序软件包和通信网络的飞速发展，出现了终端用户计算的现象。终端用户可以利用自己的计算资源来支持工作，而不用等待企业信息服务部门的间接支持。

第二，由于大多数公司高层主管并不直接使用管理信息系统生成的报告，也不使用决策支持系统的分析建模功能，因此主管信息系统的概念出现了。这些信息系统使高层主管更容易获得他们所需的关键信息，而且是按照他们喜欢的方式。

第三，对于企业信息系统而言，人工智能技术的发展和应用是一个突破。如今的系统包含智能软件代理工具，可以在系统中编写一个程序来代表它们自己，适应用户对系统功能的实时需求、虚拟现实应用、高级机器人技术、自然语言处理以及一系列人工智能取代人工介入的应用。专家系统和知识库系统促成了信息系统的新

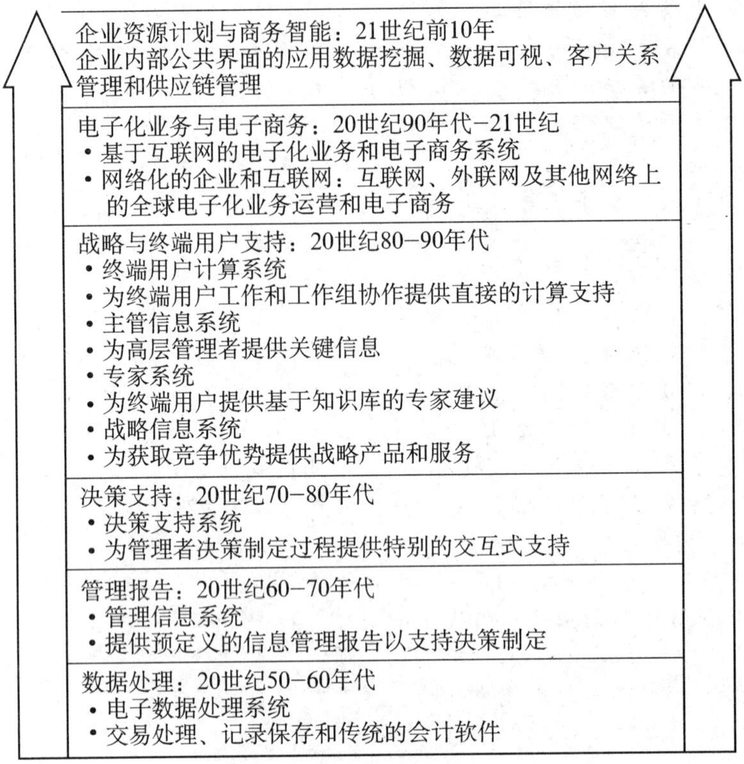

图 1—3　信息系统的发展

说明：信息系统在企业中的影响不断扩大，造成基于计算机的信息系统在商业和管理中的作用不断扩大，并且这些变化对数据用户和组织中的管理者也会产生影响。

用途。如今，专家系统可以作为顾问在有限的领域里向客户提供专业建议。

信息系统的一个重要的新用途出现在 20 世纪 80 年代并延续到 90 年代，那就是信息系统的战略作用，有时称为战略信息系统。在这个概念中，信息技术成为业务流程、产品及服务的不可分割的组成部分，帮助公司在全球市场中获得竞争优势。

在 90 年代中后期，一个革命性的变革是出现了企业资源计划系统。战略信息系统的这种具体组织形式整合了一个公司的各个方面，包括计划、生产、销售、资源管理、客户关系、库存控制、订单跟踪、财务管理、人力资源和市场营销等，几乎涵盖企业智能。最初的企业资源计划系统的优势在于所有基于计算机的组织功能间的交互、整合以及数据分享，这对于灵活的战略决策定制是必要的。在本书的第 8 章，我们将探索企业资源计划及其相关功能。

如今，商务智能已成为信息系统的基本功能。商务智能涉及组织中所有致力于收集和分析战略商业决策所需的数据和信息的应用及技术。通过使用商务智能技术和流程，组织能够获得对内部和外部的关键要素的宝贵洞察力，这影响着它们在市场中的业务和竞争。商务智能依靠先进的度量和分析方法来处理数据，并发现可以将之转化为收益的关系和机会。在第 9 章，我们将进一步讨论商务智能。

随着互联网、内联网、外联网及其他相互连接的全球网络在 20 世纪 90 年代的高速发展，21 世纪初信息系统在企业中的作用发生了变化。进一步说，信息系统的作用发生了根本性的改变。在今天的企业经营管理中，基于互联网的企业、基于网络的企业、全球电子化业务以及电子商务系统已经很普遍。在如今的组织中，信息系统已被看成是一种战略资源。

如图 1—3 所示，虽然我们为处理业务而扩展了利用信息系统的能力，但是如今的信息系统的基本功能与 50 多年前它刚出现时相同。我们仍然需要处理交易、保存记录、提供管理报告以及支持会计系统和组织流程。然而，如今的信息系统也具有不同之处：具有更高水平的跨软件的功能整合；能在系统中相似的和不同的组件间更好地连接；具有重新分配关键计算任务的能力，例如数据存储、处理和提交报告，以最大限度地利用商业战略机会。由于增加了以上功能，未来的系统将侧重于提高速度，达到更紧密的集成与更大的灵活性。

□ 电子化业务在商务活动中的作用

互联网和相关技术及其应用已经改变了企业运营和人们工作的方式，信息系统支持企业运营、决策制定和取得竞争优势。如今，很多企业使用互联网技术建立网络化的业务流程，并创造性地进行电子化业务应用（如图 1—4 所示）。

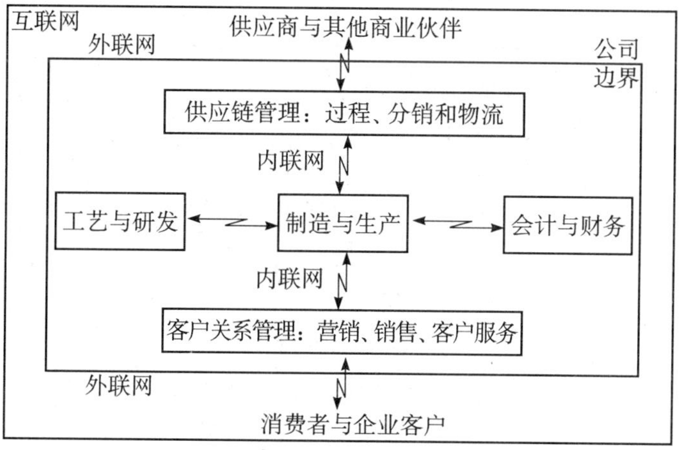

图 1—4　企业应用互联网、内联网及外联网实现并管理创新的电子化业务

本书将**电子化业务**（e-business）定义为互联网技术在以下领域的应用：业务流程的网络化管理、电子商务、企业内部协作及企业与客户、供应商和其他利益相关者的外部合作。本质上，"e-business"一般被认为是价值的在线交流，包括任何信息、金钱、资源、服务以及它们的任意组合的在线交流。互联网、与互联网类似的网络——企业**内联网**（intranets）以及企业与其贸易伙伴之间的**外联网**（extranets），已经成为很多公司支持电子化业务应用的主要信息技术基础设施。这些公司将其应用到以下方面：（1）实施企业内部流程重组；（2）与客户和供应商建立电子商务系统；（3）促进企业内部的团队合作。

企业协作系统（enterprise collaboration systems）包括支持联网的工作团队内部成员之间沟通、协调与合作的软件工具的应用。企业可以使用内联网、互联网、外联网及其他网络来完成这类系统。例如，员工和外部咨询师可以形成一个虚拟团队，利用公司内联网和互联网发送电子邮件、召开视频会议、建立电子讨论组和浏览有关工作进展的网页资料，从而开展企业的合作项目。

电子商务（e-commerce）是指通过各种计算机网络进行的采购、营销、产品维修、服务及信息处理。如今很多企业使用互联网、内联网、外联网及其他网络来支持商业过程的各个环节。这些环节包括在万维网（World Wide Web）上做广告、销售产品，提供客户支持，形成互联网安全和支付机制以确保交付完成。例如，电子商务系统涉及在线销售产品的互联网网站、大客户从外部进入库存数据库的渠道、销售代表为获得客户记录进行客户关系管理而使用的内联网。

信息系统的类型

从概念上来说，信息系统在当今企业中的应用可以按不同的方法分类。例如，一些信息系统可以被分为运营支持系统与管理支持系统。图1—5说明了信息系统的分类。将信息系统按这种方式分类是为了突出其在企业运营和管理的各项活动中所起的作用。我们简要介绍这种信息系统分类的实例。

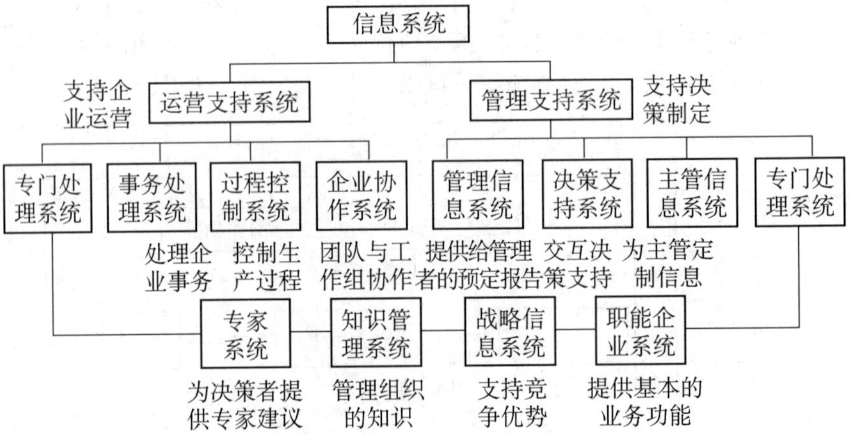

图1—5 信息系统的分类

说明：该图强化了信息系统在运营支持系统和管理支持系统这两方面的主要目标。

运营支持系统

信息系统一直被用于处理企业运营中产生和使用的数据。这类**运营支持系统**（operations support systems，OSS）为企业内部和外部的用户提供了多种信息，但并不注重为管理者提供专门的信息，这类信息通常需要管理信息系统进一步处理。在企业中，运营支持系统的作用是更有效地处理企业事务、控制生产流程、支持企业沟通和协作，以及更新公司数据库（见表1—1）。

表1—1 **运营支持系统**

- 事务处理系统：处理由企业事务产生的数据，更新数据库，产生业务文件。例如，销售和存货数据处理会计记账系统。
- 过程控制系统：监视和控制生产过程。例如，石油精炼、电力及钢铁生产系统。
- 企业协作系统：支持项目小组、团队和企业之间的沟通与协作。例如，电子邮件、聊天、视频会议系统。

事务处理系统（transaction processing systems，TPS）记录和处理由企业事务产生的数据，是一种典型的运营支持系统。处理事务的两种基本方式为：批处理，是指定期处理一段时间积累下来的事务数据；实时处理（或联机处理），是指一项事务发生后立即处理数据。例如，很多零售店的定点销售终端（point-of-sale,

POS）用电子收款机终端获得销售数据，通过网络将数据传输到区域计算机中心，进行实时处理或者每天的批处理。图 1—6 是一个关于会计事务自动化处理软件的例子。

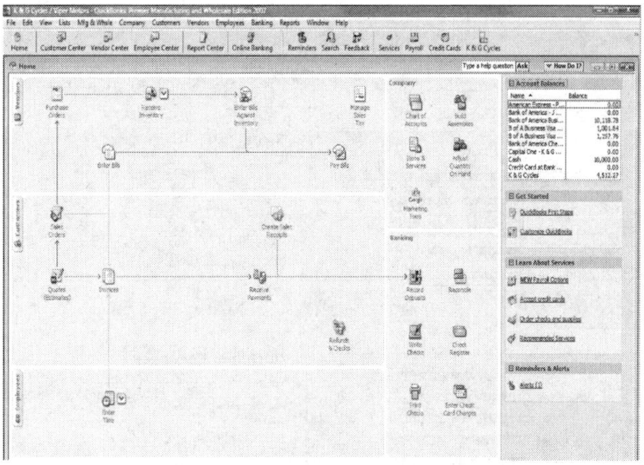

图 1—6　会计事务自动化处理软件示例

资料来源：Courtesy of Quickbooks.

过程控制系统（process control systems）监测和控制物理过程。例如，石油精炼厂把电子传感器连接到计算机上，不间断地监测化学反应，并通过实时调整来控制炼油过程。**企业协作系统**（enterprise collaboration systems）加强了团队和工作组之间的沟通及生产力，包括办公自动化系统。例如，一个项目团队中的知识型员工可以用电子邮件来收发信息、召开视频会议，从而协调团队成员间的活动。

管理支持系统

当信息系统主要为管理者有效制定决策而提供信息和支持时，被称为**管理支持系统**（management support systems，MSS）。为各部门管理者和专家提供信息和决策制定支持是一项复杂的任务。为决策制定提供支持的信息系统主要有以下几类：（1）管理信息系统；（2）决策支持系统；（3）主管信息系统（见表 1—2）。

表 1—2　　管理支持系统

- 管理信息系统：以预定义的报告和信息显示的方式提供信息，帮助管理者制定企业决策。如销售分析、生产绩效和成本趋势报告系统。
- 决策支持系统：为管理者和其他人员的决策制定过程提供特别的互动式支持。如产品定价、利润预测和风险分析系统。
- 主管信息系统：利用管理信息系统、决策支持系统及其他有关系统提供的资源为高级管理层定制关键信息。如便于获取企业绩效、竞争者情况及经济发展对战略规划的支持等信息的系统。

管理信息系统（management information systems，MIS）以报告和信息显示的方式向管理者与专家提供信息。例如，销售经理可以通过联网的计算机和网络浏览器，即时地获取产品的销售情况，并可以进入公司的内联网获得每日销售分析报告，从而评估每个销售人员的业绩。**决策支持系统**（decision support systems，DSS）在决策制定过程中为管理者提供直接的计算机支持。例如，广告部经理可以利用 DSS 做假设分析，帮助决定如何投放广告。**主管信息系统**（executive information systems，EIS）以友好的界面利用各种内外部资源向管理者提供关键信息。例如，总经理可以用触摸屏终端即时查看涉及组织竞争优势表现的关键文本和图片。图 1—7 是一个管理信息系统报告的例子。

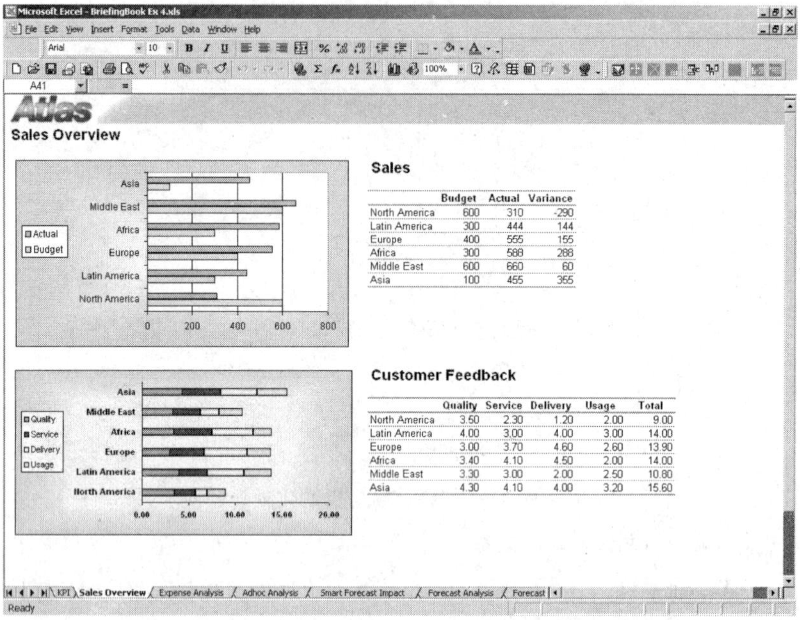

图 1—7 管理信息系统报告示例

资料来源：Courtesy of Infor.

其他类型的信息系统

其他类型的信息系统也可以支持运营和管理（见表 1—3）。例如，**专家系统**（expert systems，ES）能够为诸如设备诊断之类的运营事务，或诸如贷款资产组合之类的管理决策提供专家建议。**知识管理系统**（knowledge management systems）是基于知识的信息系统，向全公司的员工和管理者提供商业知识的创建、组织和传播的支持。**职能企业系统**（functional business systems）是主要应用于会计和营销等企业基本职能方面的运营或管理的信息系统。最后，**战略信息系统**（strategic information systems）是指在公司的产品、服务或企业流程等方面应用信息技术，以帮助公司获得超越竞争者的战略优势。

表 1—3　　信息系统的其他类型

- 专家系统：基于知识的系统，像专业顾问一样向客户提供专家建议。如存款申请顾问、过程监控器和诊断维修系统。
- 知识管理系统：基于知识的系统，支持知识的创建、组织和在企业中的传播。如客户问题解决方案、销售策略。
- 战略信息系统：支持运营或管理过程，向公司提供具有竞争优势的战略产品、服务和能力。如在线股票交易系统、运输追踪系统和电子商务网站。
- 职能企业系统：支持企业基本职能的各种运营或管理软件。如在会计、财务、营销、运营管理和人力资源管理等方面提供应用软件支持的信息系统。

对信息系统进行概念上的分类，是为了强调信息系统的不同作用。但在现实中，信息系统的企业应用是以上几类信息系统的整合，将各种作用融合在一起，或者提供多种功能的**跨职能信息系统**（cross-functional information systems）。所以，大部分信息系统都为多个管理层和企业职能部门提供信息和决策支持，同时保存记录和处理日常事务。因此，无论何时分析一个信息系统，你都可能会发现它向多个管理层和职能部门提供信息。

□ 信息技术的管理挑战

图 1—8 描述了管理者和业务人员在有效应运用信息系统和信息技术时面临的机遇和挑战。在如今动态的商业环境里，成功很大程度上取决于最大限度地利用基于互联网技术与 Web 的信息系统，以满足全球市场的客户、供应商及其他商业合作伙伴的竞争要求。图 1—8 同时强调了信息系统和信息技术必须支持企业战略、业务流程、组织结构和企业文化。这是因为基于计算机的信息系统尽管非常依赖信息技术，但在不同的组织背景和经营环境中，它依然是由人来设计、操作和利用的。如今很多公司的目标都是通过利用信息技术协助员工与客户、供应商及其他合作伙伴开展业务合作，在合作中实现客户和企业价值的最大化。

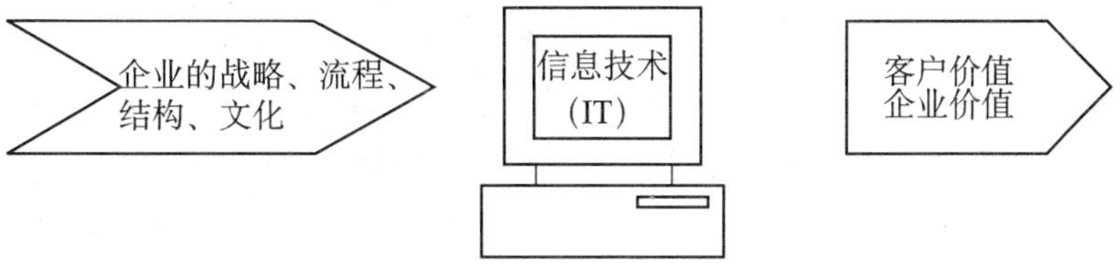

商务和IT挑战
- 产品研发、制造和交付的速度与灵活性的要求
- 使用互联网技术对业务流程进行重组和跨职能整合
- 将电子商务与电子化业务整合到组织的战略、流程、结构与文化中

商务和IT开发
- 使用互联网、内联网、外联网以及Web作为信息技术的主要基础设施
- 向联网的员工、消费者和供应商传播Web技术
- 全球联网的计算、协作和决策支持系统

商务和IT目标
- 在客户有需要时按照其要求以最低的成本予以满足
- 与供应商和客户在制造和业务流程上建立协同关系
- 与供应商和分销商建立营销渠道、伙伴关系

图 1—8　企业管理者应用信息系统和信息技术面临的机遇和挑战示例

信息技术的成功与失败

通过前面的学习，你应该可以了解，衡量一个信息系统是否成功不应该仅仅依据成本、时间和信息资源耗费最少，还应该考虑信息技术在以下几个方面是否有效：支持组织的运营战略、强化业务流程、加强组织结构和文化以及增加客户价值和商业价值。

然而必须认识到，信息技术和信息系统会由于管理不当甚至滥用而导致信息系统在技术上和企业战略上的失败。下面我们看看信息技术是如何导致大公司成功或失败的。

大型项目：信息技术的成功与失败

对于某些 IT 项目，公司下了很大的赌注，SAP 公司选择开发 ERP 系统就是如此。因为这个复杂的项目比其他企业软件项目更具机会，但风险也更大。如果做得好，SAP 可以帮助一个组织精简业务、削减成本、开拓商机。如果做得不好，SAP

公司的这个选择将是一个多年的噩梦。

对于管理能源 Y-12 的美国国家安全部门 BWXT Y-12 来说，将旧系统转换成 SAP 是一个长达 10 年之久的项目。这个项目作为解决千年虫问题的措施开始于 1996 年，目前某些部分正在被转移到 ERP 系统中。前进道路上的每一步都带来了实实在在的利益。

然而，不是所有工作都进行得很顺利。众所周知，SAP 很难得以实施。在过去的几年中不乏失败的例子。Hershey 公司在 1997 年投资 1.15 亿美元开发 SAP、Siebel 系统和 Manugistics 软件，两年后，公司遭遇了巨大的分配问题，使利益受损。2004 年 8 月，惠普公司报告说，由于企业 SAP 的应用造成的积压和损失达 1.6 亿美元。惠而浦公司和耐克公司也有类似的经历。

尽管这些项目最终都失败了，但是公司在开发过程中还是做了大量的工作。这些公司发现，与其他解决方案相比，SAP 在客户定制化服务以及培训方面似乎需要更大的投资、更多的时间和成本。根据对问题的分析，失败的关键在于过度购买。很多公司会同时购买三种解决方案，并尝试执行。然而，一次购买一种解决方案才是更好的战略。

就此而言，SAP 或其他 ERP 系统的最重要部分不是软件本身，而是数据和流程。特别是，数据转换能成就也能毁灭任何一个项目。在 BWXT 工作的布雷恩·巴顿（Brain Barton）说："数据转换是最大的技术挑战。"它需要及时清理系统以免损坏的数据进入新系统，而大部分这种工作需要人工完成。"系统尤其是本土系统中很容易积累一些损坏的数据，数据结构松散并且有效性检查不太严格。"

一旦系统达到最初的目标，就会继续增加一些功能或者以新的方式应用。关键在于，ERP 系统是一个不断完善的投资战略，而不是一次性安装启用那样简单。

资料来源：Adapted from Drew Robb, "SAP Deployments: Pain for Gain," *Computerworld*, September 4, 2006.

开发信息系统解决方案

对于今天的企业管理者和专业人员来说，成功开发出针对企业问题的信息系统解决方案是一个主要的挑战。作为一名专业人员，你有责任为企业建议开发新的或改进信息技术应用。作为一名企业管理者，你需要时常管理信息系统专家和企业其他终端用户的开发工作。

大多数基于计算机的信息系统是运用系统开发的某种形式来构思、设计和实施的。图 1—9 显示了在一个完整的信息系统开发周期里必须完成及管理的几项主要活动。在这个开发过程中，终端用户和信息专家在分析组织业务需求的基础上设计信息系统应用软件。其他活动包括：调查所建议软件的经济性或技术可行性，学会如何使用实施新系统所必需的软件，不断改进以维持系统的商业价值。

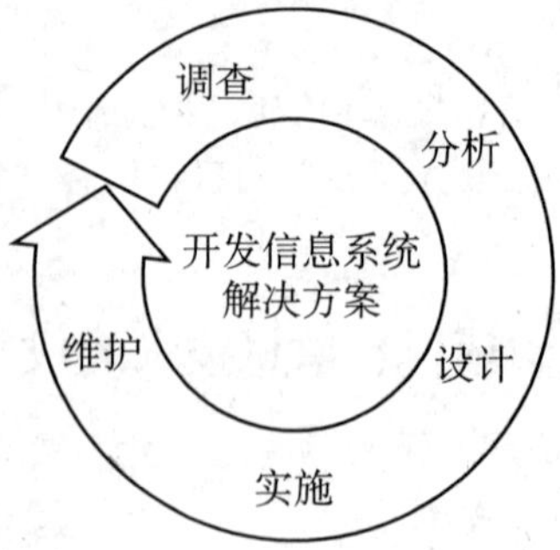

图 1—9 开发信息系统解决方案的过程或周期

我们将在第 10 章讨论信息系统开发过程的细节，在第 11 章和第 12 章研究在开发和实施新的信息技术时面临的商业及管理挑战。下面的例子介绍了一家公司是如何改变其开发方法，向客户提供适用的功能及更好地满足客户需求的。该例子强调了良好的系统开发对企业的重要性。

康威运输公司的敏捷系统开发

过去，公司需要花费几个月时间来规划一个技术项目，之后再用几个月甚至几年的时间来完成它。现在则截然不同，特别是在企业应对经济挑战的时期，商业策略更加多变。

当人们有了好的想法时，就想立刻实现它。康威（Con-Way）运输公司成立于 1929 年，拥有员工 26 000 多名，2008 年收入超过 50 亿美元。在这家公司，几乎所有好的想法都需要利用 IT 技术来完成。然而以前，即使是非常好的想法，在通过 IT 指导委员会、项目规划以及设计审查之后，也会变得不那么吸引人。所以，康威运输公司开始寻求变得敏捷，以适应发展要求。

从此，软件开发不再是冗长的项目。

相反，系统的整体概念预先被定义在一个高的水平上，短期内迭代开发。一个迭代基本上不超过一个月，并且每次迭代都发布一个软件版本。使用软件后，人们会发现应该在下次迭代时增加哪些功能，并提供关于建立最高优先级功能的反馈。信息技术的一个重大变化就是敏捷，总会有一个即将执行的指令。同时，结对编程会让那些习惯于拥有私人空间的开发人员感觉到不自在，因为这种编程方式需要两个开发人员在同一时间共同编写同一段代码，并且需要团队成员坐得尽可能近。

至于企业用户，敏捷则要求它们在全过程中发挥更积极的作用。它们必须与 IT 部门共同工作来决定每次迭代的优先事项，并针对正在建立的功能需求向 IT 部门提供日常指导。

康威运输公司的副总裁兼首席信息官杰基·巴雷塔（Jackie Barretta）说：“如果我们更快地提供了最优先的功能，企业将从中获利，这就是 IT 的变化。我也一直强调，对于企业来说敏捷意味着什么。同时，通过投资回报率来量化获得的益处，如提高开发效率、更快提供最合适的功能、降低总成本等，向企业说明变革的好处。”

为变革所做的努力是值得的：9 个月后，敏捷系统达到了预期目标。软件开发的迭代方法提供了有利于确立最合适功能的反馈。巴雷塔说：“我们不再存在原有方式所固有的浪费问题。由于敏捷技术帮助 IT 人员更好地理解企业业务，并频繁地进行交流，使信息技术与企业业务之间达到了更好的一致性。敏捷对于 IT 和用户都是一个巨大的变革。”

资料来源：Adapted from Jackie Barretta，“How to Instill Agile Development Practices Among Your IT Team,” *CIO Magazine* January 14，2009.

信息技术的挑战和道德

作为一个有远见的管理者、专业人员或知识员工，你可能会遇到由使用信息技术带来的**道德责任**（ethical responsibilities）方面的挑战。例如，哪些信息技术应用对他人或社会而言可能是不正确的、不负责任的或者会产生危害？怎样做才是正当地使用互联网和公司信息资源？一个对信息技术负责任的终端用户需要做些什么？如何保护自己规避计算机犯罪和其他信息技术风险？以上这些是信息系统道德层面的问题，我们将通过真实案例探讨这些问题。图 1—10 简要介绍了在几个主要的信息技术软件的使用过程中可能出现的一些道德风险。下面的例子说明了通过互联网开展业务的企业所面临的一些安全挑战。

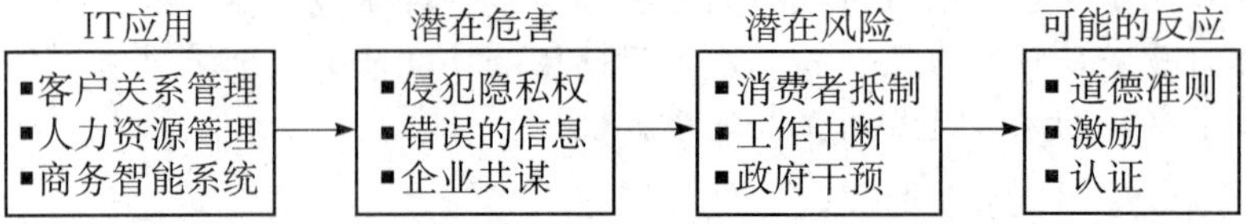

图 1—10　管理者在应用信息技术软件时必须面对的一些道德挑战

Hannaford Bros. 公司：确保客户数据安全的重要性

Hannaford Bros. 公司成立于 1883 年，最初在美国缅因州经营水果和蔬菜，现在已发展壮大，在缅因州、马萨诸塞州、新罕布什尔州、纽约州北部、佛蒙特州拥有超过 160 家高档零售店。2008 年 3 月，这家连锁超市遭遇了数据安全问题。Hannaford Bros. 在其网站上发布的对顾客的声明中称，2007 年 12 月 7 日至 2008 年 3 月 10 日期间，公司的用户数据库系统遭到黑客入侵，造成 420 多万个银行卡账户信息泄露。此次信息泄露事件波及新英格兰和纽约地区的 165 家连锁店、佛罗里达州的 106 家连锁店，以及出售 Hannaford Bros. 公司产品的 23 家独立超市连锁店。

结果一周内出现了两起针对该公司的集体诉讼。诉讼的焦点在于不完善的数据安全体系导致客户个人的金融信息遭受危害，从而增大了被欺诈的风险。诉讼也指出，公司在发现数据泄露后未及时向公众披露事实。

虽然与其他公司相比，Hannaford Bros. 公司的问题不太严重，但是这一事件很可能促使未能很好保护客户数据的公司出台更严格的规章制度。另外，面对客户的诉讼，遭遇信息泄露的零售商必须处理有关银行和信用机构的问题，因为银行和信用机构正为不得不支付上万美元的成本来通知其客户并补发银行卡而变得越来越不安。

另一方面，零售商认为他们为每笔交易而向发卡公司支付的佣金理应包括由欺诈引发的费用，任何额外的支付都是得不偿失的。零售商也说，他们存储客户支付卡数据的唯一原因是发卡公司要求他们这样做。

虽然这次数据泄露事件以及其他数据泄露事件带来的最终影响很难被量化，但显而易见，随着网络化企业对电子交易处理和网络的普遍应用，安全问题变得越来越重要、越来越紧迫。客户数据以及其他敏感数据的安全问题也成为 IT 专家最关心的问题之一。

资料来源：Adapted from Jaikumar Vijayan, “Hannaford Hit by Class-Action Lawsuits in Wake of Data-Breach Disclosure,” *Computerworld*, March 20, 2008.

信息技术职业的挑战

信息系统及信息技术的多种应用为全球数百万人创造了有意义的、富有挑战的、高收入的就业机会。也许现在你还不能确定自己未来的职业路径，那么，多学一些信息技术知识可以帮助你决定是否从事 IT 类职业。近些年，经济衰退影响了几乎所有工作领域，包括 IT 领域。而且，美国、加拿大和欧洲的劳动力成本的提升，导致了基础软件编程向印度、中东和亚太国家进行大规模外包。虽然这已成为一种趋势，但是信息系统领域的工作机会仍相当多，随着公司继续开发其信息系统，每天都有很多新的工作机会出现。另外，这些新工作机会也是对人力资源管理的挑战，因为有任职资格要求的信息系统专业人员职位经常出现空缺。业务和信息技术的动态发展使信息系统的职位需求也在不断变化，这将确保IT领域的就业前景从长期来看既积极又令人期待。

如果有人说信息系统的专业人员没有工作机会（我们将在下面推翻这个说法！），那么这些所谓的专业人员肯定是在一个小隔间里办公的电脑爱好者。今天的信息系统专业人员必须善于沟通和处理人际关系，最重要的是能以商业为基础来阐明思想。市场需要具有商业头脑和先进技术的技术人员。信息系统从业人员的世界充满了挑战、变革、社会交互和最先进的决策。

招聘信息系统专业人员的主要行业之一是信息技术行业。成千上万的企业开发、生产、销售和维护硬件、软件、数据和网络产品及服务。这个行业也为电子化业务和电子商务提供应用软件、服务、终端用户培训和商业系统咨询。然后，对合格人员的最大需求来自众多企业、政府机构和其他使用信息技术的组织。它们需要很多类型的信息系统人员（例如系统分析师、软件开发人员以及网络管理人员）来帮助设计、开发、实现和管理基于互联网和Web的商务/IT应用。

最近，会计行业也成为招聘信息系统专业人员的一个主要行业。2002年颁布的《萨班斯-奥克斯利法案》(Sarbanes-Oxley Act）要求会计师事务所的审计方式作出重大改变，以及各行业不同规模的公众公司进行内部控制。这些变化直接影响了相关组织的IT/IS。为促进该法案的执行，会计行业积极招聘有IS教育背景的会计专业毕业生。另外，它们还花费同样的精力招聘IS/IT专业人员进入会计行业工作。在这两种情况下，对IS/IT专业人员及有此教育背景的其他专业人员的需求显著增加。表1—4列出了与IT相关的几种职业需求。

表1—4　　与信息系统相关的职业

系统分析员	系统顾问	企业应用顾问
首席信息官	电脑操作员	电脑服务人员
网络管理员	数据专家	网络经理
数据库管理员	数据库分析员	文档专家
信息系统审计员	终端用户电脑管理员	设备制造商代表
计算机销售代表	程序员	程序管理员
项目经理	记录管理员	硬件销售代表
计划和控制专员	安全专员	办公自动化专员
高级项目经理	服务销售代表	软件销售代表
技术分析员	软件质量评估师	技术文档撰写人
电信专员	培训和标准化专员	用户沟通专员

说明：信息系统专业人员在全世界各行各业都有任职机会。

根据美国劳工部最近的报告，到2012年，计算机系统分析师、数据库管理人员和其他信息系统管理职位有望成为需求增加最快的几个职位。随着各组织继续开发和整合日益复杂的技术，IS专业人员的需求超过所有职位需求的36%（远远超过平均水平）。计算机系统设计和相关服务的快速增长将推动工作机会的增加，预计信息系统未来将成为美国经济中增长最快的行业之一。另外，每年还有一些因为提升或辞职而空缺的职位出现。

尽管信息技术公司也难逃经济衰退的影响，但是IS专业人员仍有相当好的工作前景。对计算机系统分析师、数据库管理员和其他IS专业人员的需求不断增加的主要因素是：组织需要在网上分享信息，扩展客户机/服务器的运行环境，以及需要专业人员利用他们的知识和技能解决问题。此外，计算机硬件和软件的价格下降会促使更多企业推广计算机化操作并集成新技术。为保持竞争优势并使运作更有效，公司将继续需要掌握并应用最新技术。

本书作者认为："信息系统领域正在以越来越快的速度发展，这个专业的学生根本没有找不到工作的风险！"有报道称，由于大量业务实现境外外包，美国信息系统产业衰退且工作机会减少。工作机会被转移到海外，这的确是事实。然而，这种工作机会并不是你和你的同学在接受了大学专业教育后所向往的，除非你们想成为语音呼叫中心的一员。这些工作是服务性的，虽然也很重要，但并不涉及管理工作，不是专业大学生所向往的有创造性的商业职位。如今信息系统领域面对的实际问题是缺乏大学毕业生。许多学生由于担心薪水低或者找不到工作，而选择了其他专业。招聘单位需要大量的毕业生来填补其信息系统专业人员的巨大缺口。如果你不选择与信息系统相关的职业，很可能不是因为没有足够的工作机会。在本书中，我们将用强有力的证据消除所有疑虑。下面，我们将介绍一些相关事实。

美国劳工统计局针对信息系统职业提供了一些有力证据：

> 合格的计算机和信息系统管理人员的前途是非常光明的。行业的快速发展和技术人员的供应不足将带来大量的工作机会。在美国，技术人员仍然稀缺，而对他们的需求却持续增长。在21世纪初期，由于经济衰退导致很多技术人员失业，进一步加剧了这种状况。因为当时的职业前景黯淡，很多人选择避开这类工作。

随着各公司越来越期望通过技术来增加收入，那些具有管理技能、熟悉商业实践和原则的人拥有更好的工作机会。（美国劳工统计局2008—2009年职业愿景手册。）

随着越来越多的精密且复杂的技术被各组织应用，对计算机职位的需求进一步加大。比如，对于应用技术使公司效率最大化的系统分析师的需求继续增加；电子商务的广泛普及以及对存储有关客户、库存和项目的关键信息的数据库进行维护的需要，大大增加了对熟悉最新技术的数据库管理员的需求；随着对电子信息实施保护的重要性日益凸显，产生了对掌握信息安全技术的人员的需要。下面让我们看看在IT专业人员与客户之间起到联络作用的业务分析员的作用。

业务分析员的重要作用

20年来，首席信息官被看作商业和技术之间的联络人。但更准确的认识应该是，无论在会议室还是在现场，业务分析员承担了协调竞争各方、推动项目进展的任务，负责为信息技术的应用发展开发商业案例。

21世纪的业务分析员是平衡IT资源供应和业务需求之间关系的"联络人"、"桥梁"和"外交官"。弗雷斯特研究公司（Forrester Research）最近的一份报告指出，那些最成功的业务分析员都具有"沟通、促进、分析"的能力。WGroup咨询公司负责人吉姆·麦阿西（Jim McAssey）说，由于商业依赖技术，因此现在业务分析员很抢手。"如今全球的技术交流日益频繁，使成功地协调商业和IT越来越难。"

IT业咨询公司Aetea的高级副总裁杰夫·米勒（Jeff Miller）说："公司通常不会投资一个没有坚实的商业案例背景的IT项目。"

一名优秀的业务分析员能就商业问题提出解决方案，并且能协调可以实施方案的技术人员。米勒说："如果没有业务分析员，首席信息官将面临项目不能如期解决商业问题的巨大风险。"

理想的候选人应该具备5～10年的从业经验（最好是在某个特定的行业里），且本科为技术类专业，之后攻读MBA。

业务分析员必须具备很强的风险评估

能力、谈判能力、解决问题的能力和实践经验。他们必须是由过程驱动的，能够自始至终地在矛盾和变化中分析项目。米勒说："业务分析师还必须具备学习能力。一名优秀的业务分析师能够快速地学习商业概念并将其与项目的具体需求联系起来。"

企业的业务分析员越多，首席信息官与 IT 部门发挥的作用越大，不论业务分析员是向 IT 部门汇报还是向业务部门汇报。因为理解 IT 的分析员对技术有较深的认识和良好的实践经验，将帮助企业在与 IT 部门沟通时作出更好的决策。首席信息官有了新的盟友。分析员的年薪在 45 000 美元（入门级）至 100 000 美元（高级业务分析员）之间。

资料来源：Adapted from Thomas Wailgum, "Why Business Analysts Are So Important for IT and CIOs," *CIO Magazine*, April 16, 2008; and Katherine Walsh, "Hot Jobs: Business Analyst," *CIO Magazine*, June 19, 2007.

信息系统的作用

对信息系统和信息技术的成功管理是对企业管理者和从业人员的主要挑战。信息系统有以下几个方面的作用：

- 会计、财务、运营管理、营销和人力资源管理对企业成功起到重要作用。
- 运营效率、员工生产力和士气、客户服务和满意度管理是企业价值的来源之一。
- 为促使管理者和业务人员作出有效决策提供信息来源和支持。
- 是企业在全球市场中开发有竞争力的产品和服务，获得战略优势的一个至关重要的因素。
- 为数百万人提供了有活力的、报酬丰厚的且富有挑战性的工作机会。
- 是如今网络化企业重要的资源、基础设施和能力。
- 是一个战略性资源。

1.2　基本概念：信息系统的组成部分

系统的概念

系统的概念是所有业务流程与信息系统领域的基础，这也是我们需要讨论如何在公司和信息系统组件及其活动中应用系统概念的原因。理解系统的概念将帮助你理解本书中有关信息系统的技术、应用软件、开发和管理的其他概念。例如，系统概念帮助我们理解：

- 技术：计算机网络是由信息处理过程中所利用的多种硬件、软件、数据管理和网络技术组成的系统。
- 应用软件：电子化业务和电子商务应用软件涉及相互连接的企业信息系统。
- 研发：企业中开发信息技术应用的方法包括设计信息系统的基本构成。
- 管理：信息技术的管理强调质量、战略商业价值和组织信息系统的安全。

阅读下面关于信息系统的真实案例，可以从中认识好的 IT 操作的重要作用。

案例1.2

捷蓝航空公司和美国退伍军人管理局：信息技术操作至关重要

大部分人想到信息技术时，会马上想到软件和硬件。它们的确非常重要，但好的信息技术操作（尤其是那些需要在紧急情况下立即进行的操作）也至关重要。那些最重要的信息操作需要提前安排。举一个例子，2007年2月，捷蓝航空公司（JetBlue Airways）由于一场冰雹被迫取消了1 000余次航班。

发言人埃里克·布林克尔（Eric Brinker）说："首先，我们没有足够的办公室人员或经过培训的人员来操作订票系统，所以调遣了一些人来机场帮忙，但他们没有接受过如何正确使用订票系统的培训。我们现在正积极培训这些员工。"公司也尽可能保证所有员工在岗，以接听更多的电话。"我们开发了一个系统，它能够自动通知员工接听电话。"

在应对危机期间，捷蓝航空公司的IT部门开发了一个数据库，使公司调度组能够提高多任务处理的效率。布林克尔说："以前他们每天靠无数个电话与机组沟通，现在我们创建了一个数据库，可以知道机组成员的位置。这条信息将与主系统中机组成员的信息同步。现在，遇到恶劣天气时，机组成员或者飞行员可以呼叫我们并告知他们所在的位置，然后我们立即运用相应工具重新设计航线。我们将机组成员报告的地点与电脑中记录的机组应该在的地点进行对比，有时是不同步的。"

布林克尔说，航空公司之前从未经历过彻底崩溃的情形，所以没必要用到这种数据库。"这个系统在危机发生期间运行，现在已成为全天候的系统。对员工和客户来说，这个系统得到了真正的改善。"捷蓝航空公司也改进了与客户沟通的方式，包括通过电子邮件或者其他移动通信设备将航班信息自动发送给客户。

在我们所居住的这个相互联系的世界上，即使貌似微不足道的事情，也可能引发巨大的危机。2007年9月，在退伍军人事务听证会期间，国会议员了解到，有一个系统故障一天内在17家退伍军人管理局（Veterans Administration）中发生。旧金山退伍军人管理局医疗中心临床信息部主任本·达沃伦（Ben Davoren）博士认为，运行中断是"退伍军人管理局史上对病人安全威胁最大的事件"。然而，即使关机这样一个简单的操作在管理流程中也没有得到正确的执行；在北加州的17家退伍军人管理局医疗中心，因文档未保存原始的版本导致原始的医疗记录丢失。

退伍军人管理局的IT部门改革始于2005年10月，原定于2008年10月完成，涉及一些重大目标。作为改革的一部分，退伍军人管理局要将本地的IT基础项目运作转移到区域数据处理中心。

以前，退伍军人管理局所属的150家医疗中心几乎都有自己的IT服务部门、预算授权部门、工作人员以及独立的IT相关基础设施，所有关于IT的决定都是由本地的IT领导部门以及具体的医疗中心共同作出的。这使IT人员在适应本地需求的同时，将整个网络在诸如安全、基础设施管理和维护以及灾难恢复等方面也达到了标准化。

2007年8月31日早上，北加州医疗中心的工作人员刚开始一天的日常工作，就发现无法登录病历系统。主要的医疗应用、Vista以及CPRS突然都无法工作了。Vista为退伍军人健康信息系统和技术架构，是退伍军人管理局维护电子健康记录的系统。CPRS（Computerized Patient Record System）即计算机患者记录系统，能跨平台提供每个退伍军人的健康记录。该系统包括一个实时订单检查系统、一个向临床医生提醒重大事项的通知系统、一个临床提醒系统。因为不能进入Vista系统，医生、护士和其他工作人员都无法获取患者病历。

埃里克·拉芬（Eric Raffin）主任说："我们太关注表象，而不太注意什么是分析一个 IT 事件的第一步，即什么是这个环境中最后发生变化的事情。"

受影响的医疗设备立即执行本地应急计划，包括三个层级，第一个层级就是从 Sacramento 数据中心转移到 Denver 数据中心。员工和临床信息部副主任布赖恩·D·沃尔普（Bryan D. Volpp）称，Sacramento 数据中心最终没有切换到 Denver 数据中心。

当天，Denver 网络一点儿没受到中断的影响，区域内的 11 个网站全天正常运行。为什么拉芬的团队没有决定将数据转移到 Denver 数据中心？拉芬说："团队希望避免影响 Denver 的 11 个网站的正常运行。出现的问题可能与软件相关。"在这一事件中，问题可能会波及 Denver 的设备。因为 Sacramento 团队还没将问题查明，所以他们决定不转移数据。

高级分析员格雷·舒尔茨（Greg Schulz）说，镜像的主要弱点正是拉芬所担心的。如果我的文件本身被损坏，那么镜像也会被损坏。如果在圣路易斯和芝加哥都有一个副本，并且都复制了，那么应将损坏的予以删除。这就说明及时复制十分必要。

沃尔普说："故障严重干扰了我们的正常运营，特别是对住院部、门诊和药店。"电子记录的缺乏导致不能查看之前的病历，也不能添加新的记录。护士不能像往常一样在 Vista 系统中进行交接，必须手写票据，所以患者不能收到平时那种自动打印出来的检查清单或药品清单。

沃尔普说，在网络中断的两个小时内，大部分用户开始在纸上记录文档，比如处方、实验室订单、同意书以及生命体征和成像等。不能查看心电图，也不能挂号、更新信息或回答咨询，因为这些工作平时都是在线进行的。

在 Sacramento 数据中心，引发中断的问题得到了解决。拉芬说："一个小组发出更改的请求，另一个小组完成该请求。它涉及一个网络端口的配置，但是只有很少的人知道。更重要的是，某些更改请求是无法完成的。程序问题是解决中断问题的核心。我们没有本该有的所有文档。如果存在更改端口配置的记录文件，我们会很快发现一些事件是有关联的：查看系统什么时间开始出现问题并随之中断，我们需要做的是将这些改变予以恢复，那么系统将可能在短期内恢复。"

弗雷斯特研究公司的分析员伊夫林·哈伯特（Evelyn Hubbert）认为，退伍军人管理局遭遇的系统中断并不少见。但之所以没有成为头版新闻，是因为它令人难堪。当某些事情发生时，就会产生多米诺骨牌效应。不幸的是，很多组织都会遇到这类事情。舒尔茨对此表示认同，他说："你可以拥有所有最好的软件、最好的硬件、最高的可用性以及最优秀的人员，但是，如果你不能遵从最好的操作，那么这一切都无济于事。"

资料来源：Adapted from Linda Rosencrance, "Overwhelmed IT Systems Parly to Blame for JetBlue Meltdown," *Computerworld*, February 20, 2007; and Dian Schaffhauser, "The VA's Computer Systems Meltdown: What Happened and Why," *Computerworld*, November 20, 2007.

问题

1. 捷蓝航空公司的埃里克·布林克尔说因为公司之前从未经历过彻底崩溃的情形，所以没必要用到这种应对危机的数据库。这种制定 IT 计划的方法有什么风险和好处？请分别举例说明。

2. 事后，我们知道埃里克·拉芬主任没有将数据向 Denver 网点转移是一个正确的决定。但这样就无法查看已有的备份文件。利用他当时拥有的信息，还可以怎么做？试着想出至少两种办法。

实践

1. 上网查找这两个事件的后续进展：结果是什么？有什么经济损失？等等。出现问题后，两个组织发生了什么变化？准备一份报告并与班上同学分享。

2. 在网上找一个关于公司遇到 IT 问题的例子。全班同学分小组讨论发现的问题以及解决方案。

什么是系统

我们在本书中已多次用到“系统”一词，而且将不断使用。为此，我们应该首先准确理解什么是系统。正如我们在本章章首讨论的那样，系统可以被定义为一组相关的元素，在有组织的转换过程中，通过接收输入和生成输出一起实现共同的目标。在物理科学、生物科学、现代科技及人类社会里可以找到很多关于系统的例子，比如太阳和它的行星组成的天体物理系统、人体的生物系统、提炼石油的技术系统以及商业组织的社会经济系统。

系统有三个基本功能：

- **输入**（input）：获取和收集进入系统用于处理的元素。如原材料、能源、数据和人力。
- **处理**（processing）：把输入转换为输出的转换过程。如制造过程、人的呼吸过程或数学运算过程。
- **输出**（output）：将经过处理的元素传递到最终目的地。如完工的产品、服务和管理信息都必须提供给终端用户。

实例。制造系统接收原材料作为输入，并生产出最终商品作为输出。信息系统接收资源（数据）作为输入，并把它们加工成产品（信息）作为输出。商业组织也是一种系统，通过不同的业务流程将人力和经济资源转换成产品和服务。

反馈与控制

在加入另外两个组件——反馈与控制后，系统的概念变得更加实用。对于加入了反馈和控制的系统，我们有时称之为控制系统，即自我监控、自我调节的系统。

- **反馈**（feedback）：是有关系统性能的数据，比如，对销售经理来说销售成绩就是反馈，对于飞行员来说速度、海拔、方向就是反馈。
- **控制**（control）：监控和评估反馈以确定一个系统是否正趋向于达到目标，对系统的输入和处理进行必要的调整以确保其产生正确的输出。比如，销售经理在评估销售人员的销售业绩后派销售人员去新的销售地区工作，这就实现了控制；飞行员在得到来自相关仪器的反馈之后对飞机进行微调，保证飞机能准确到达目的地。

实例。如图 1—11 所示，很多家庭中都有恒温加热控制系统，它实际上就是一个自我监控、自我调节的系统，能够自我监控并进行自我调节以保持人们期望的温度。再举一个例子，人体也可以被看成是控制系统，人体能够自我监控和调节自身的很多功能，如体温、心跳和呼吸。企业也有很多控制活动，如计算机可以监视和控制制造过程，会计程序帮助控制财务系统，在屏幕上显示的录入数据对数据录入活动予以控制，销售配额与销售奖金被用来控制销售业绩。

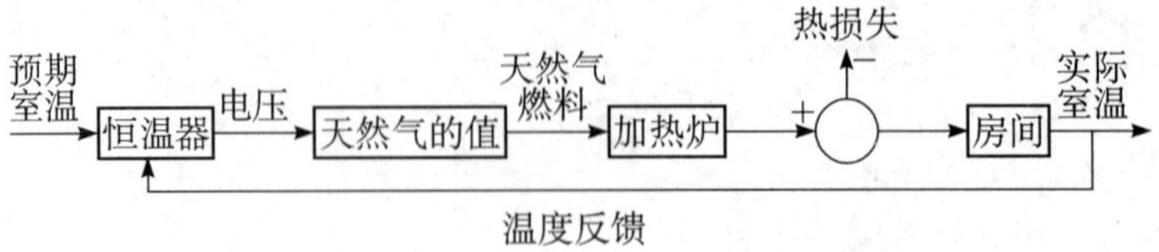

图 1—11　家庭恒温加热控制系统

说明：常见的控制系统是家庭恒温加热控制系统。恒温器接收预期室温作为输入，然后确定电压来打开天然气，点燃加热炉。热空气进入房间，恒温器中的温度计会提供反馈，当达到预期室温时，系统关闭。

系统的其他特性

图 1—12 以一个企业为例说明了系统的基本组成部分与系统的其他特性。应该注意到，系统并不存在于真空中，相反，它存在于包含其他系统的环境里。如果一个系统是一个大系统的组成部分，其本身就是一个子系统，大系统则是其所处的环境。

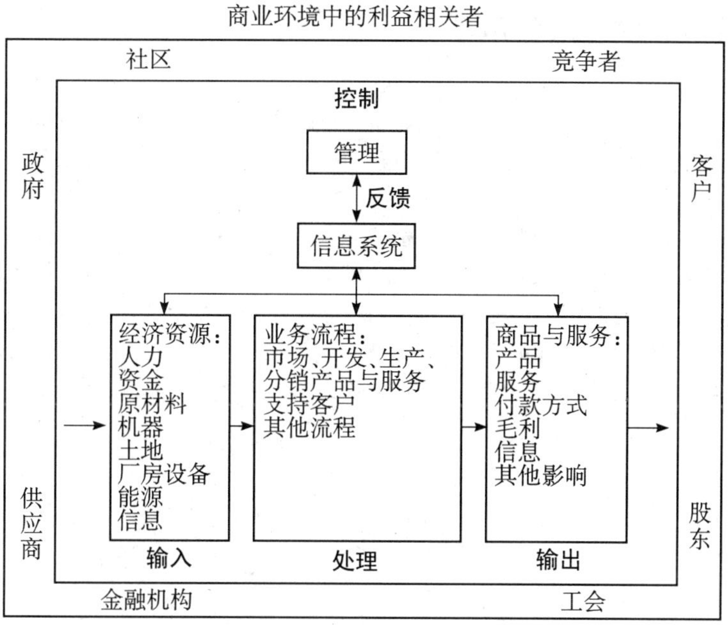

图 1—12　系统的其他特性示例

说明：在组织系统中，经济资源（输入）通过业务流程（处理）传递到商品与服务（输出）。信息系统在系统平台上提供有关系统运行的信息（反馈）以确保管理的方向并维护系统（控制），就像在自身环境中输入和输出之间交换信息。

多个系统可以共享相同的环境。这些系统有的可能以共享边界（或界面）的方式与另一个系统连接。图 1—12 还说明了开放系统（open system）的概念，也就是说，系统在它赖以生存的环境里与其他系统相互影响。如图 1—12 所示，系统与环境交换输入和输出，因此我们可以说它是通过输入和输出界面与它的环境相联系的。为了生存而改变自身或环境的系统被称为自适应系统（adaptive system）。

实例。社会中像企业和政府机构这样的组织是关于系统的很好的例子，而社会就是这些系统存在的环境。社会中包括很多这样的系统，如个人与其社区组织、政治组织、经济组织。组织自身又包含了很多子系统，如部门、单位、项目组及工作团队。组织是开放的系统，因为它在所处的环境里与其他系统相互联系、相互影响。另外，组织也是自适应系统，它们可以通过自我修正来满足改变环境的需要。

如果我们将通用的系统概念运用到信息系统，很容易发现二者的相似之处。

信息系统由如下互相关联的部分组成：

- 人力、硬件、软件、计算机辅助设备和网络。

它们都有明确的界定：

- 功能、模块、应用种类、部门或终端用户群。

所有相互关联的部分一起工作，在一个有组织的转换过程中接收输入、产生输出，来达到一个共同的目标。

● 使用原材料、雇用新的员工、生产商品、向其他人传播信息。

信息系统运用大量的反馈信息进行控制以改善绩效：

● 错误的信息、对话框、密码和用户权限管理。

许多信息系统是根据环境及应用来设计的：

● 智能软件代理、专家系统和高专业性决策支持系统。

信息系统的构成

我们说过信息系统接收数据资料作为输入，然后把它们加工成信息产品作为输出。那么信息系统是如何实现这一过程的？其中涉及系统的哪些构成部分和活动？

图1—13显示的是一个**信息系统模型**（information system model），它是描绘信息系统构成部分和主要活动的基础概念性框架。信息系统依靠人力资源（终端用户和信息系统专家）、硬件资源（机器和媒介）、软件资源（程序和步骤）、数据资源（数据库和知识库）和网络资源（通信媒介和网络支持）来执行输入、处理、输出、存储以及控制等活动，把数据资源转化为信息产品。

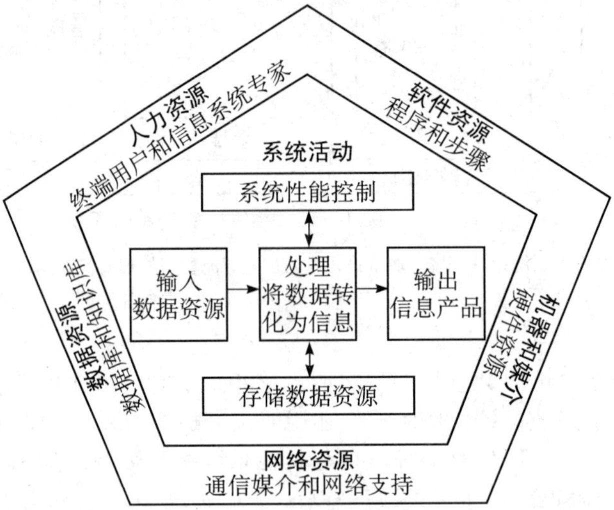

图1—13 信息系统的构成

说明：所有信息系统都利用人力资源、硬件资源、软件资源、数据资源和网络资源进行输入、处理、输出、存储和控制，将数据资源转化为信息产品。

该信息系统模型突出了各组成部分与信息系统活动之间的关系，给出了一个使用所有类型信息系统的框架。该框架强调了四个重要观念：

● 人力、硬件、软件、数据和网络是信息系统的五种基本资源。

● 人力资源包括终端用户和信息系统专家，硬件资源包括机器和媒介，软件资源包括程序和步骤，数据资源包括数据库和知识库，网络资源包括通信媒介和网络支持。

● 数据资源被信息处理活动转换为多种信息产品供终端用户使用。

● 信息处理包括输入、处理、输出、存储和控制等系列活动。

信息系统资源

从信息系统的基本模型可以看到，信息系统由五种主要资源组成：人力、硬件、软件、数据和网络。我们简单讨论几个基本的概念和例子，看看这些资源作为信息系统的基本组成部分所起的作用。现实中，不论遇到何种类型的信息系统，你都应该能够识别这五个组成部分。表 1—5 给出了几个典型的信息系统资源和产品的例子。

表 1—5　　信息系统资源与产品示例

人力资源
专家——系统分析师、软件开发员、系统操作员
终端用户——除信息系统专家以外任何信息系统的使用者
硬件资源
机器——计算机、显示器、磁盘驱动器、打印机、扫描仪
媒介——软盘、磁带、光盘、塑料卡片、纸制品
软件资源
程序——操作系统软件、电子表格软件、文档编辑软件、工资表软件
步骤——数据录入步骤、错误更正步骤、薪水发放步骤
数据资源
产品描述、客户记录、员工文档、存贷数据库
网络资源
通信媒介、通信处理器、网络接入和控制软件
信息产品
使用文本、图表、音频文件及纸质的管理报告和商业文档

人力资源

所有信息系统的运行都需要人。人力资源（people resources）包括终端用户和信息系统专家。

- **终端用户**（end user，又称用户或客户端）是指使用信息系统或系统所提供的信息的人，这些人可以是客户、销售代表、工程师、店员、会计或经理。我们中间大部分人都是信息系统的终端用户，而且企业中大部分终端用户都是**知识员工**（knowledge workers）。也就是说，人们用大部分时间在团队里和团队间进行沟通与协作，并创造、使用和传播信息。
- **信息系统专家**（IS specialists）是开发和操作信息系统的人，包括系统分析师、软件开发员、系统操作员以及其他从事管理、技术和秘书类工作的信息系统职员。简而言之，系统分析师在终端用户的信息要求基础上设计信息系统，软件开发员根据系统分析师的具体要求编写计算机程序，系统操作员帮助监控并操作大型计算机系统与网络。

硬件资源

硬件资源（hardware resources）包括所有物理设备和处理信息时使用的材料。具体地说，它不仅包括机器（如计算机和其他设备），而且包括所有的数据介质，即从一张纸、磁盘到光盘等存储数据的有形物体。基于计算机的信息系统硬件有：

● 计算机系统（computer system）：由包含微处理器的中央处理单元和多种相互连接的外围设备构成，如掌上电脑、笔记本电脑或台式微机系统、中型机系统以及大型机系统。

● 计算机外围设备（computer peripherals）：如用来输入信息和命令的键盘、鼠标，用来输出信息的显示器或打印机，用来存储数据的磁盘、光盘等。

软件资源

软件资源（software resources）包括一系列信息处理指令。这类软件不仅包括一系列操作指令，即指导和控制计算机硬件的**程序**（programs），而且包括成为**步骤**（procedures）的一系列信息处理指令。

我们必须了解，即使信息系统不使用计算机也会有软件资源这一组成部分。不论是古代的信息系统还是今天仍在使用的手动的和机器支持的信息系统，都需要信息处理指令和程序形式的软件资源，以便使用者正确地获取、处理和传播信息。

下面是软件资源的例子：

● 系统软件（system software）：如操作系统程序，控制和支持计算机系统的运行。

● 应用软件（application software）：是终端用户为满足特殊需求的计算机程序，如销售分析程序、工资单程序和文字处理程序。

● 步骤：信息系统使用者的操作命令，如填写一张纸质表格的指令或使用软件包的指令。

数据资源

数据不仅仅是信息系统的原材料。管理者和信息系统专家丰富了数据资源的概念，他们认为数据构成了有价值的组织资源。因此，你应该把数据看成是数据资源（data resources），有效地管理它们以方便组织中用户的使用。

作为组织资源的数据给组织带来了很多变化。用特定的软件可将交易结果数据进行存储、处理、分析，从而揭示销售、客户、竞争对手、市场的复杂关系。在当今这个无线的世界中，保护企业的客户数据安全如同保护银行中的现金一样重要。如今，数据就像是实施企业的血液，有效并高效地管理数据是实施企业战略的关键。

数据可以有很多表现形式，包括传统的文字数据、由数字和字母及其他描述商业交易与事件的字符组成的数据等。文本数据包括书面沟通的句子和段落，图像数据包括图片和表格以及照片和视频，音频数据包括人的声音和其他声音等。这些都是数据的重要表现形式。

信息系统的数据资源通过多种数据资源管理技术来组织、存储和获取。

● 数据库（databases）：保存处理和组织后的数据。

● 知识库（knowledge bases）：保存多种形式的知识，如事实、规则以及成功企业的实践案例。

例如，买卖交易的数据可以被积累、处理和存储在一个网络销售数据库中，管理者和营销专家可以通过数据库获取销售分析报告。知识管理系统和专家系统使用知识库共享知识或在具体领域得到专业的建议。我们将在以后的章节进一步探讨这些概念。

数据与信息。数据（data）是未加工的事实或观测到的事实，典型的数据有物理现象或商业交易等。又如，发射太空船或销售汽车会产生很多描述其活动的数据。进一步讲，数据是对实体（如人物、地点、事物和事件）属性（特征）的客观度量。

实例。在商业交易中，购买一辆汽车或一张机票会产生大量数据，我们可以设想打算购买汽车时所需描述的上百个细节，或者简单的航班订票的细节。

人们常常交替使用“数据”和“信息”这两个术语，但最好还是把数据看作需要加工成信息产品的原材料资源。我们把**信息**（information）定义为特定用户使用的，经转换而内容变得有意义、有用处的数据。因此，数据常常需要经历一个价值增值过程（我们称之为数据加工或信息处理），在该过程中：(1) 它的形态被结合、处理和组织；(2) 它的内容被分析和评估；(3) 它被放在合适的地方供用户使用。因此，你应该认为信息是加工后的数据，可为特定的使用者提供价值。

理解信息和数据的差异的关键在于其前后关系。可以认为数据的前后关系是独立的：一个数据列表或者姓名列表本身并不能提供任何前后关系。事实上，同样一张表可以按不同的前后顺序记录。不同的是，数据的前后关系以及访问数据者的视角对于将数据变为信息非常重要。同样的数据，对于某个人来说是有用的信息，但对于另一个人来说可能完全无用。要记住，数据对所有人来说都有潜在的用处，但信息只对其使用者有价值。

实例。记录在销售表格上的产品名称、数量和金额是有关销售交易的数据，但销售经理不会认为这些数据是信息。只有将这类数据正确地组织和处理后才能得到有意义的、具体的销售信息，如按产品类型、销售地区或销售人员等条件统计的销售量。

网络资源

电信技术和互联网、内联网、外联网之类的网络，在不同类型的组织及基于计算机的信息系统里已成为成功的电子化业务和电子商务所必需的构成要素。电信网络由计算机、通信处理器和其他通过通信媒介互相连接的、由通信软件控制的设备组成。网络资源（network resources）的概念强调通信技术和网络是信息系统基本的资源组成部分。网络资源包括：

- 通信媒介：如双绞线、同轴电缆、光缆等介质以及微波技术、蜂窝技术和卫星无线技术。
- 网络结构：这种分类强调支持通信网络的运行和使用需要很多硬件、软件以及数据技术，如调制解调器和网间路由器等通信处理器、网络操作系统和互联网浏览器等通信控制软件。

□ 信息系统活动

下面我们进一步关注信息系统中发生的每项基本信息处理（或数据加工）活动。你将能够识别你研究的信息系统中发生的输入、处理、输出、存储和控制等活动。表 1—6 给出了几个有关信息系统活动的例子。

表 1—6　　信息系统基本活动示例

● 输入：用条码扫描器对商品上的标签进行扫描。
● 处理：计算员工工资、个人所得税和其他应付薪金。
● 输出：提供销售业绩的数字或图表报告。
● 存储：维护客户、员工和产品的记录。
● 控制：销售资料录入错误时发出声音信号。

输入数据资源

有关商业交易和其他事件的数据必须被捕获，并通过输入活动为处理做准备。典型的输入活动为数据录入，如记录和编辑。终端用户直接将数据录入计算机系统，或将交易数据记录在纸质表格等物理媒介中。这通常包括多种编辑活动以确保数据被正确地记录。数据一旦被记录，在处理前将被传送到诸如磁盘之类的可读的媒体中。

实例。关于买卖交易的数据可以被记录在诸如纸质销售订单表之类的**源文件**（source documents）里，源文件是交易记录的原始形式。销售人员也可以用计算机键盘或光学扫描设备获得销售数据，他们可以通过视频显示直观地录入数据，这样就提供了更便利、更有效的用户界面，使终端用户可利用计算机进行输入和输出。诸如光学扫描、菜单显示、提示符和填空格式等方式使终端用户可以更容易地向信息系统正确地录入数据。

把数据加工成信息

数据的特点之一是需要经过诸如计算、比较、排序、分类和总结等处理活动。这些活动组织、分析和操作数据，从而为终端用户把数据转化为信息。对于任何存储在信息系统里的数据，必须通过不断的更正和更新来确保其质量。

实例。收到关于某项产品的销售数据后，可以实施以下步骤：（1）将金额添加到正在运行的总销售成果中；（2）与标准值进行比较以确定折扣；（3）将产品识别号的数字标示按升序进行排序；（4）按产品种类分类（如食品和非食品）；（5）向销售经理提供关于不同产品分类的汇总情况；（6）更新销售记录。

输出信息产品

在输出活动中，信息以不同的形式传递给终端用户，供用户利用。信息系统的目标是为终端用户提供正确的信息产品（information products）。信息产品通常包括消息、报告、表格、图形、可以由视频显示器提供的图像、音频、纸质以及多媒体产品。在工作和生活中，我们每天都会使用这些产品提供的信息。例如，销售经理可以通过观看视频录像来检查销售人员的业绩，或通过电话接收计算机制作的音频信息，或收到打印的每月销售报告。

存储数据资源

存储是信息系统的基本组成之一。存储是将数据和信息组织起来并保留，以供日后使用的信息系统活动。就像书面文字材料被组织成词语、句子、段落和文章一样，存储的数据一般被组织成多种数据元素或数据库，以方便今后系统的用户在需要时检索或加工使用。有关数据元素和数据库将在第5章介绍数据资源管理时进一步讨论。

控制系统性能

控制系统性能是信息系统的一项重要活动。信息系统应该产生关于其输入、处理、输出和存储等活动的反馈。这些反馈必须被监控和评估以决定系统是否达到了预定的性能标准。必须适当地调整系统活动来为终端用户提供正确的信息产品。

例如，销售经理可能会发现销售报告中销量的分类汇总加起来并不等于总销售量，这可能意味着需要更正数据录入或处理程序。接下来就必须纠正这些错误，以确保所有的销售交易被销售系统正确地记录和处理。

□ 认识信息系统

作为一个业务专家，你应该能够识别实践中遇到的信息系统的基本组成部分，也就是说你应该能够识别：

- 系统使用的人力、硬件、软件、数据及网络资源。
- 系统产出的信息产品的类型。
- 系统执行输入、处理、输出、存储和控制等活动的方法。

理解这些将帮助你成为一个更好的信息系统使用者、开发者或管理者，正如本章先前所指出的，这些对你成为一个成功的经理人、企业家或业务专家也是非常重要的。

小结

- 业务人员应了解信息系统框架。管理者或业务人员需要了解的信息系统知识（如图 1—1 所示），包括：（1）基本概念：与信息系统的组成、功能或竞争性战略相联系的基本行为、技术、商业和管理的概念；（2）信息技术：涉及硬件、软件、数据管理、网络及其他技术的概念、发展或管理问题；（3）商务应用：信息系统在业务流程、企业运营、决策制定和战略/竞争优势等方面的主要应用；（4）开发过程：终端用户和信息系统专家如何针对商业活动中出现的问题开发并实施信息系统解决方案；（5）管理挑战：如何有效又合乎道德地管理信息系统职能和 IT 资源，在支持企业战略中获取最佳业绩，实现商业价值。
- 信息系统的商业作用。信息系统在企业中有三种至关重要的作用。信息系统的商业应用支持组织的业务流程、企业运营、商业决策制定及战略竞争优势。信息系统的主要应用类型包括：运营支持系统，如事务处理系统、过程控制系统和企业协作系统；管理支持系统，如管理信息系统、决策支持系统和主管信息系统。其他主要类型有专家系统、知识管理系统、战略信息系统和职能企业系统。但在实际中，大部分应用类型都结合成跨职能的信息系统，从而为决策制定提供信息和支持并开展信息处理活动。参见表 1—1、表 1—2 和表 1—3 对信息系统主要应用类型的总结。
- 系统的概念。系统是一组相关的元素，在有组织的转换过程中，通过接收输入和产出输出，实现共同的目标。反馈是有关系统性能的数据。控制旨在监控和评估反馈并对输入和处理组件进行必要的调节，以保证产生正确的输出。
- 信息系统模型。信息系统使用人力、硬件、软件、数据和网络等资源来执行输入、处理、输出、存储和控制活动，把数据资源转化为信息产品。数据最初被收集并转化为适合加工的形式（输入），然后被加工转化为信息（处理），存储起来以供日后使用（存储）或与其终端用户进行沟通（输出），并通过完善程序更正错误（控制）。
- 信息资源和产品。硬件资源包括机器和信息处理中使用的媒介，软件资源包括为计算机设计的指令（程序）和为人设计的指令（步骤），人力资源包括信息系统专家和终端用户，数据资源包括字母、文字、图像、视频、音频及其他形式的数据，网络资源包括通信媒介和网络支持。信息产品由信息系统生产，有多种形式，包括纸质报告、可视图像、多媒体文件、电子信息、图形图片及音频等。

关键术语和概念

基于计算机的信息系统（computer-based information system）

控制（control）

数据（data）

数据或信息处理（data or information processing）
数据资源（data resources）
开发成功的信息系统解决方案（developing successful information system solutions）
电子化业务（e-business）
电子化业务应用（e-business application）
电子商务（e-commerce）
企业协作系统（enterprise collaboration systems）
外联网（extranet）
反馈（feedback）
硬件资源（hardware resources）
机器（machines）
媒介（media）
信息（information）
信息产品（information products）
信息系统（information system）
信息系统活动（information system activities）
输入（input）
处理（processing）
输出（output）
存储（storage）
控制（control）
信息系统模型（information system model）
内联网（intranet）
知识员工（knowledge workers）
管理信息系统（management information systems）
网络资源（network resources）
人力资源（people resources）
信息系统专家（IS specialists）
终端用户（end user）
企业中信息系统的作用（role of IS in business）
业务流程企业运营支持（support of business processes and operations）
企业决策支持（support of business decision making）
竞争优势战略支持（support of strategies for competitive advantage）
软件资源（software resources）
计划（programs）
步骤（procedures）
系统（system）
信息系统类型（types of information systems）
跨职能信息系统（cross-functional informational systems）
管理支持系统（management support systems）
运营支持系统（operations support systems）
职能企业系统（functional business systems）
事务处理系统（transaction processing systems）
过程控制系统（process control systems）
企业协作系统（enterprise collaboration systems）

讨论题

1. 信息技术如何支持一个公司的业务运作和决策制定并带来竞争优势？请举例阐述。

2. 如今的公司如何运用互联网、内联网和外联网支持企业活动？

3. 参考本章中关于 eCourier，Cablecom 和 Bryan Cave 的案例。公司创始人之一、首席技术官杰伊·布雷格曼强调，公司希望技术的创新应用能成为与其他公司的不同之处。技术的创新应用帮助公司赢得了哪些竞争优势？如何评价这种优势？

4. 为什么大公司在应用信息技术时经常失败？它们应该做什么？

5. 一名管理者心目中的合格的信息系统终端用户是怎样的？举例说明。

6. 参考本章中关于捷蓝航空公司和美国退伍军人管理局的案例。如何设计一种方法来避免或者在一定程度上控制这个多米诺效应？阐述你的建议。

7. 在开发信息技术来解决企业问题或应对新的机遇时，有哪些最棘手的管理挑战？

8. 信息系统为什么有多种概念上的分类？在现实世界中，有哪些具体应用？

9. 在过去的 40 年中，企业的信息系统有哪些主要变化？你认为在未来的 10 年里会有什么主要变化？可参考图 1—3。

10. 参考本章中有关 ERP 的案例。其失败和成功是由于管理或技术的挑战吗？

分析题

独立或以小组形式完成下列练习，将本章中的概念应用到实际的商业环境中。

1. 理解信息系统

图书馆是一个很好的信息系统模型。它用文本、音频以及视频档案的方式进行大量的信息存储。查找下面每一项的定义，解释它们在图书馆中对应的具体活动。

a. 输入；

b. 处理；

c. 输出；

d. 存储；

e. 控制；

f. 反馈。

2. 网络职业研究

选择一种你向往的暑期实习职位或者毕业后的第一份工作。针对图 1—13 中显示的每一个方面举例。你可能需要采访已在这个职位上工作的人来获取所需的信息。

3. "芝加哥高空跳伞"：效率和反馈

"芝加哥高空跳伞"（www.SkydiveChicago.com）是美国著名的跳伞胜地之一，适合所有跳伞者——无论是第一次跳伞的初学者，还是国际跳伞竞赛的参赛者。

根据 SkydiveChicago 培训计划，每一个学员都要在美国降落伞协会的一位教练的直接指导下进行一系列培训。每一次培训都会安排学习一两个新技巧。跳伞教练将学员的学习情况录像并制作成视频资料，学员可通过观看这些视频来纠正错误，并拷贝视频以备今后参考。

教练也会将表现好的学员的视频拷贝下来存档，鼓励所有学员提前观看视频，为下一跳做准备。这个步骤可以节省教练大量的时间，他们是按跳伞次数收费的。教练也会根据这些视频来评估培训方式的有效性。

a. 这种信息系统如何使学员受益？

b. 这种信息系统如何使 SkydiveChicago 受益？

c. 参考图 1—13 显示的信息系统模型，绘制本案例的信息系统图，填入人力、硬件、软件以及其他资源。

4. 教科书成为历史了吗

通过互联网可以免费获得的信息正以难以置信的速度不断增长。Google 等搜索引擎致力于提高查找有用信息的能力。教科书经常会探讨互联网对各行业的影响。免费的互联网信息有可能在某一天取代教科书吗？

a. 登录谷歌网站，搜索"终端用户"。搜索到的前五个结果对于本课程有用吗？

b. 登录维基百科网站，搜索"知识员工"。将搜索到的结果与本书内容对比。你认为哪种更容易理解？维基百科有哪些优点？本书有哪些优点？

c. 谷歌、维基百科或者本书能够提供关于外联网的最有用的信息吗？为什么？

5. 信息系统行业的职业生涯

"你的数据对你来说有多重要？""如果……将发生什么？"当企业管理者关注解决商业问题和决定其信息系统应该做什么时，如果出现错误，灾难恢复顾问会问即将发什么事。

通过认真的预先规划，灾难恢复专家帮助他们的客户避免灾难。虽然这个主题涵盖了软件问题、安装配置问题和各种安全威胁，但检查普通终端用户的错误可能也会带来启示。普通用户的错误包括：

a. 没有经常性地保存工作进展资料；

b. 备份失败；

c. 没有将原件与备份存储在不同地点。

针对以上列出的普通用户错误，回答如下问题：

a. 这种错误如何导致数据丢失？

b. 你进行哪种操作能避免这种风险？

案例 1.3

Sew What? 公司：信息技术对于小型企业取得成功的作用

斯汀、埃尔顿·约翰、麦当娜有什么共同之处？除了都是国际著名摇滚歌星之外，他们都选择定制布料制造商 Sew What？公司进行舞台背景设计和制造。该公司总部设在加利福尼亚州，为舞台演出、会议、时尚表演及全世界的特殊活动提供定制的舞台帷幕及其他面料，并已成为摇滚舞台布置的行业领导者。

澳大利亚人梅甘·达克特（Megan Duckett）在1992年创立了 Sew What？公司。Sew What？从一个小作坊发展成为资产过百万美元的公司，得益于达克特为达到客户满意从不说"不"的经营方式。她说："遇到问题时，我不会退缩。我要找到方法解决它，并向周围的人寻求帮助。"

这位女性创立的公司快速发展的原因是什么？达克特把自己的成功归功于努力工作、质量过硬以及特殊的信息技术。

公司在最近几年得到迅猛发展，到2006年底，年均销售额达400万美元。达克特将公司的快速成长大部分归功于信息技术和互联网的使用。她说："在建立我们的网站 sewwhatinc.com 之前，我们的业务几乎仅局限于本地。但在建立网站之后的3年里，我们的客户已遍及全世界。事实上，上年的销售额比前一年增长了65%，今年的目标是比2005年增长65%，并且几乎所有的增长都来自网络销售。"

公司网站成为主要的舞台，管理网站带来的所有业务需要付出大量的努力。特别是，要依靠一个固定的IT基础设施来维持公司网络的顺利运行。达克特说："我们是一个以客户为中心的公司，所以必须有先进的后台信息技术来管理业务，向客户提供卓越的服务。"

达克特说："运行我们的业务需要较强的存储能力。除了存储客户信息、交易文件、财务报表以外，还需要存储上万张幕布及其他布料的图片、客户要求的文件以及其他类型的数据。"公司的辅助计算机支持设备包括一个戴尔 PowerEdge 500 服务器（能够运行几个小的应用程序），以及供员工使用的一些戴尔笔记本电脑。

1992年，达克特利用业余时间做生意，当时她在厨房的桌子上剪裁布料。1997年，她全身心投入，在1998年正式成立公司。直到失去一个大订单时，她才意识到对于小企业来说，取得成功的至关重要的因素是技术。那个潜在客户说，因为没有网站，达克特的公司缺乏可信度。达克特说："在失去那个订单之前，我以为我做的生意不需要网站。"达克特承认她相当自大，主要是因为她仅仅依靠客户的口口相传就已经把生意做得很好。"但我很快意识到自己的想法是错误的，我不能一直持有这个态度。"

失去这个大订单使得公司在2001—2002年进入低增长时期。正是这个时候，达克特决定相信技术。通过使用微软发布器，她设计和建立了自己的网站。她说："当预算十分有限时，你就得自己学习并完成它。"

达克特不断改进网站以使它更方便客户。一年之后，她觉得网站应该更新了，就报名学习了一门为期10周的课程，并再次重建了网站。网站的重建帮助公司在全球拥有了客户，其中包括国际著名摇滚歌星、古驰公司和《滚石》杂志（*Rolling Stone*）。

2005年，达克特决定改进网站的向导能力，因为她期望网站能向客户提供真正美好的体验。这超出了她的能力，于是公司聘请了一家网络营销咨询公司来为网站建立一个客户向导系统。

达克特与员工一起考虑品牌定位、引擎优化、整体设计以及网站布置。达克特提供全面的内容，包括文本和图片。网站还有一个西班牙语版本。专业人员还将主网站的搜索功能进行了设计，以英语为母语的不同国家可使用不同的拼写方法。比如，你可以输入美式拼法"theater"，也可以输入英国或澳大利亚拼法"theatre"。

网站可让潜在客户看到所有颜色的色板，教他们如何准确计算其工程所需的布料，展示各种布料的不同之处，介绍各种布料的保养方法，以及其他内容。

有一天在浏览戴尔公司的网站时，达克特看到了一篇关于 Dell/NFIB 小企业优秀奖的文章。全美独立工商业者联合会（National Federation of Independent Businesses，NFIB）和戴尔公司设置这个奖项，来奖励通过技术的创新应用来改善客户体验的小企业。获胜者将得到价值3万美元的戴尔公司的产品和服务，成为NFIB的终身会员，并可以与迈克尔·戴尔（Michael Dell）及其他高管一起在戴尔公司的总部相处一天。

达克特意识到："他们要找的不正是Sew What？公司吗？他们所要求的所有事情我都做到了。所以我决定申报参与评奖。我的丈夫（也是生意伙伴）取笑我并认定我肯定不会得奖。"这让她回忆起自己和员工们在过去几年中做过的所有事。她说："当我们回忆过去，真的为自己感到骄傲。仅仅这个过程就足以在我们的产品会议上鼓舞每一个人。"

评委们认可了达克特对客户的热情承诺以及使用信息技术取得的成绩，所以将Dell/NFIB小企业优秀奖颁发给了Sew What？公司。赢得这个奖项对公司而言是一段很棒的经历。看到其他九个入围决赛的企业的成绩时，达克特曾估计自己将止步于决赛。她说："我不敢相信，像戴尔这样各方面都非常优秀的大公司居然能认可我们这个小公司。"

与历届获奖者一样，达克特在工作中投入了巨大的精力。她说："赢得这个奖项对我个人来说是一种赞誉。企业植根于我身体的每一个细胞中，我努力工作，想听到有人称赞我做得好。但在小企业中，没人对你这么说。"

在获奖之前也许如此，但是从那以后，公司的技术领导力和业务的成功一直得到认可。2007年3月，公司从100多个竞争者中脱颖而出，获得了史蒂维商业女性奖（Stevie Award for Women in Business）之"年度最创新企业"称号。几个月前，公司获得了*PC Magazine*评选的"SMB 20奖"，*PC Magazine*每年都评选20个技术创新最突出的中小企业。*PC Magazine*的主编吉姆·劳德巴克（Jim Louderback）说："中小企业推动了当今经济的发展，然而，它们通常得不到应得的关注和认可。我们要向世界宣传成千上万中小企业的努力工作、技术领导力以及创新精神。"

达克特打算用她获得的奖金增加一个系统，来跟踪仓库中的制造流程。在布料生产行业中，织品都成卷地堆放在仓库中，然后进入不同的加工阶段：获取、剪裁、缝制、运输，等等。跟踪扫描使达克特的团队能了解织品在任一个阶段所用的时间。这些数据能让他们更好地了解成本走向，帮助他们制定更准确的价格表。

达克特说："如果剪裁需要1小时15分钟，我们就不会向客户收取1小时30分钟的人工费。现在，公司用的输入输出系统是一套手写的表格。这很浪费时间，并且很容易出错。新的系统将跟踪每个订单的进程，这样就能向客户提供更好的实时更新的服务。"

资料来源：Adapted from Lauren Simonds, "Pay Attention to the Woman Behind the Curtain," *Small Business Computing.com*, July 21, 2006.

问题

1. 信息技术是如何帮助Sew What？公司获得成功的？从案例中选出几个说明信息技术的商业价值的例子。

2. 如果你是Sew What？公司的管理顾问，将建议达克特怎么做以取得更大的成功？在你的建议中，信息技术起到什么作用？请具体说明。

3. 分析信息技术是如何帮助一个小企业取得更大成功的。举例说明你的观点。

实践

1. 在网上查找资料，评估Sew What？公司以及它现阶段的竞争者。根据查找的结果，你预测公司的前景是怎样的？与班上同学讨论你的发现以及对公司继续取得成功的建议。

2. 在将信息技术整合到企业运作方面，小企业的进度一般比大企业慢。全班同学分小组分析其原因，提出几种可能的IT解决方案，以帮助小公司获得成功。

第 2 章　利用信息技术竞争

学习目标

1. 了解基本的竞争战略，并说明企业面对竞争压力时如何应用信息技术。
2. 了解应用互联网技术的战略并举出给企业带来竞争优势的实例。
3. 给出如何进行业务流程重组与应用互联网技术战略的例子。
4. 识别互联网技术的商业价值以成为敏捷的竞争者或构建虚拟企业。
5. 说明知识管理系统如何帮助企业获得竞争优势。

2.1　战略优势基础

战略性信息技术

技术已不再是形成企业战略的补充手段，而成为形成战略优势的实实在在的诱因和动力。

通过本章你可以了解到，信息系统是包含一系列支持业务运作、工作团队及公司合作、业务决策制定，以及更多其他内容的系统，认识到这一点十分重要。信息技术能够改变企业的竞争方式。你应该从战略的视角看待信息系统，它对企业而言是至关重要的竞争网络，是组织振兴的手段。它也可以被视为一种技术投资，这类技术有助于企业在当今动态的商业环境中生存并取得成功。

本章 2.1 节将介绍一些竞争战略的基本概念，这些概念构成了信息系统战略应用的基础。2.2 节将讨论现今许多企业采用的与信息技术相关的主要的战略应用。

阅读下面关于 IT 竞争优势的真实案例，从中可以了解信息技术在战略上的商业应用。

案例 2.1

IT 领导者：将 IT 重塑为战略商务伙伴

雷神公司（Raytheon）的首席信息官（CIO）史蒂夫·奥利弗（Steve Olive）很重视 IT 员工，这些员工在综合防御系统（Integrated Defense Systems，IDS）中提供良好的 PC 支持或网络服务。他指出："持续的可靠性和优质的信息服务只是基础，企业需要的 IT 技术应提供针对商业挑战的创新性的解决方案。"这意味着，应该创造性地应用信息技术，从而以更低的成本提供更优的产品和更多的服务，提升销售量，最大限度地实现企业利润。

ChoicePoint 公司的 CIO 达里尔·勒梅沙（Darryl Lemecha）认为，要应用 IT 技术来创造新产品和提供服务，甚至新的商务模式，因为技术已融入公司的活动。"现如今技术战略和业务战略是全新的，"Schwan Food 公司的 CIO 卡伦·麦克纳尔蒂（Kahleen McNulty）说，"不再仅仅关注业务的 IT 自动化，而是关注创新和改进。"所以，IT 领导者不能只重视 IT 在商业流程方面的支持作用，而应转向由 IT 组织开创的业务重组。

Gartner 咨询公司的报告称，在未来的 5 年内，60%的 CEO 将让公司的 CIO 把信息作为战略资产。该公司还预测，40%的 CEO 将让 CIO 负责业务模式创新。

Trans World Entertainment Corp.（TWEC）的 CIO 乔恩·欣克尔（Jone Hinkle）、E! Entertainment Television 公司的帕特里克·贝内特（Patrick Bennett）、宝洁公司的菲利波·帕塞里尼（Filippo Passerini），在这方面走在了前列。他们正致力于全面改变 IT 组织，从 IT 部门选址到职位设置都已就绪。IT 部门的职责开始涉及商业过程以及这些过程所需的技术支持，当然也包括 IT 价值的衡量。

欣克尔指出，如果你想进行一次大规模的组织变革，就需要面对一些大的波动。这也许意味着改变组织结构或人们的做法。TWEC 公司就遇到了这些挑战。

欣克尔从通用电气公司来到 TWEC 公司后做的一件事就是撤销分析部门，将人员都划入项目管理部门——这些部门可以纵览技术和商业工程，同时改革 800 家音乐店的所有业务流程。项目经理将这些流程用于实际工作，项目管理部门通过六西格玛方法管理各种流程，对新的项目或系统性的变更进行跟踪审查。

作为 CIO 的欣克尔甚至将项目管理部门视为执行董事会的组成部分，并在各种商务决策中确信这一点。欣克尔说："我每天都忙于商务活动、店铺计划或者其他核心战略会议，希望能够轻松地处理这些事务，同时希望能够解答更多的信息技术问题。"

欣克尔希望信息技术团队也能够轻松地解决业务流程中的问题，为此信息技术人员每年最少要花 3 天到店铺、仓库、财务部或薪酬管理部门。"他们以这种方式了解业务流程，了解如何才能帮助它们。"他说，"没有各自为政的供应链系统和财务系统，没有单独的销售系统，现在我们有的是高度整合的数据流程，因此每一项工作都需要了解所有系统和所有部门。"他补充道，了解了这种特点，"他们可以更好地理解，为什么他们会在凌晨 1 点就接到求助电话"。

在 ChoicePoint 公司，勒梅沙开辟了两条晋升通道：一条是为拥有技术专长的技术人员设置的，另一条是为管理者设置的。由此可见，即使你没有成为管理者，也不代表你没有晋升机会。

CIO 已参与到 ChoicePoint 的每次商业活动中。"他们懂得操作性问题，并且把自己的全部时间都用于商业网点，他们可以直接影响商业活动和信息技术的衔接。"勒梅沙说，"他们之所以懂得商业原理，是因为他们就生活在商业活动中。"这项措施的好处是："当你解决这种衔接问题时，你能掌握正确的信息，从而最终影响收入和客户服务。"过去几年，ChoicePoint 公司的收入增长率保持在 5%～15%，做到这一点并非偶然。

在总部位于辛辛那堤的宝洁公司，根据为期 4 年的战略计划，公司在过去的 3 年中将 IT 重组作为最重要的任务。"去年，我们对 2 500 人的信息技术团队进行重新命名、重新定位、重新培训。"负责宝洁信息技术和全球共享服务的主管帕塞里尼说。信息技术部已改名为信息与决策解决方案部。新部门被整合到宝洁的全球商业服务共享组织，这个组织同样有人力资源规划、财务规划、战略规划等职能。信息与决策解决方案部的工作人员只关注高端的与信息相关的商业项目，日常的信息技术工作则外包给了惠普公司，并在2003年与其签订了长达10年、价值30亿美元的合同。

与宝洁公司的其他业务部门一样，信息与决策解决方案部同样有三个业务目标：增加利润、扩大市场份额、增加业务量。为了实现此目标，IDS系统主要聚焦于三项主要的战术：更快地获取并传播数据，改进宝洁产品到达市场的渠道，应用客户友好型技术将新产品和服务送达宝洁的既有客户。例如，IDS已设计出一种虚拟的模型，可支持包装设计、顾客体验和产品测试，甚至包括在纯虚拟的环境下开发和测试新的制造技术，这将明显加快新产品开发的速度。

“当我们有了新产品后，就可以构建一个虚拟货架，竞争者的产品也可以放在上面。更重要的是，我们可以根据零售商的货架定制产品。这些都与宝洁公司的业务能力相关。总之，要将IT作为一项商业活动来运作，不同的是我们无须用传统的投入—产出来衡量IT的价值。”帕塞里尼说，“最终，你期望得到的是市场份额、利润和市场容量的数据。事实上，这些都与IT的贡献有关。”这就是宝洁对于如何衡量IT价值的想法。

位于洛杉矶的E! Entertainment Television公司将业务划分为IT和电视广播两部分。这种变化与广播的数字化是一致的。以前，多个副总裁分别监管网络在线、电视、信息技术等职能，现在，一个人就可以负责技术、创意、设计、项目的管理。

例如，IT人员自2006年10月网站投入运行后就参与到E!在线的设计中，业务执行主管贝内特提到：“以前，我们必须像承包商那样按要求生产产品，但现在IT部门一开始就参与到品牌讨论和受众细分等活动中。我们要做的是将软件开发组织扁平化，使它能够更快地开发产品和服务。当我们与管理人员和用户交流并发布相应的产品时，也获得了更多的商业知识。”

近来，IT部门参与了有关网络特征的讨论，以吸引E!在线的网络用户对金球奖或奥斯卡颁奖典礼进行投票。“这已不是以前IT部门中传统的讨论或会议，现在我们可以通过其他媒介来思考这些事情。”在新的组织架构下，通过人与人的沟通系来不断交流信息。IT部门不再是单向地向用户部门传播信息，而是不断与各种媒介进行交互，IT人员不仅仅是商业协作者，也是产品生产者。信息技术已从后台系统中走出来。

奥利弗说：“这是一种完全不同的思维方式。”他调整了IT组织，将顾客关系管理系统嵌入到商业中，增加了10个技术小组来支持信息技术框架的构建，这些框架包括基础设施、设备支持和桌面服务。这些技术人员主要开展客户关系经理提供给他们的项目。

奥利弗说：“我们花了两年时间建立这个模型。最初，角色不太清晰，责任有些混乱。但一旦明确角色和责任，将提高士气，增强人的主观能动性，因为我们给企业带来了更高水平的贡献。”

资料来源：Adapted from Julia King, “How IT Is Reinventing Itself as a Strategic Business Partner,” *Computerworld*, February 19, 2007.

问题

1. IT部门由支持部门转变为合作伙伴，将带来哪些商业和政策的挑战？通过本案例中的例子阐述你的答案。

2. IT的战略转移对于传统的IT人员和培训他们的IT机构有什么意义？它是如何改变IT人未来应该重点掌握的知识和技能的？

3. 你是否同意将IT融入企业所有的活动？除了本案例中提到的例子，举例说明一种不太依赖IT的新产品。

实践

1. 在网络上搜索其他企业变革IT组

织以及转换 CIO 在企业管理结构中角色的信息。这种改变有什么好处？准备一份报告并在全班同学面前演讲。

2. 思考本案例中描述的宝洁公司应用的虚拟现实技术。分小组讨论除了本案例中提到的应用外，这种技术在工业企业中的其他应用。

□ 竞争战略的概念

在第 1 章我们强调，企业应用信息系统的主要作用是：为获取竞争优势给企业战略制定提供有效的支持。信息系统的战略作用包括利用信息技术开发企业的产品、服务，为企业在面对全球市场竞争压力时带来主要竞争优势。

这一作用是通过战略信息的构建来实现的：战略信息系统的选择影响企业的竞争定位和商业战略，所以战略信息系统可以是应用信息技术的各类信息系统（如：TPS，MIS 和 DAA)，这些系统帮助企业获取竞争优势，减少竞争劣势，或达到其他战略目标。

图 2—1 显示了一个公司可能遭遇的竞争压力的类型，竞争战略能够抵消这些竞争压力。专家指出，任何一种竞争战略都可能抵消常见的竞争压力，认识到这一点很重要。尽管一个公司几乎不可能同时应用所有竞争战略，但每种战略在某种特定环境中都是有价值的。你只需要熟悉可行的战略方法。让我们来了解几个竞争战略方面的基本概念。

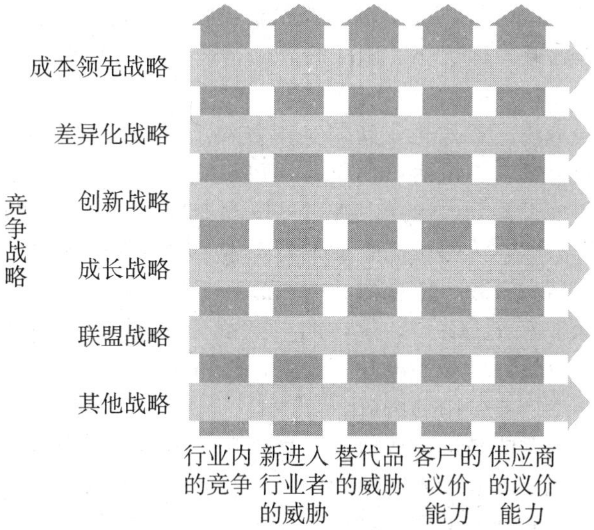

图 2—1　企业制定竞争战略以应对竞争压力

竞争力与竞争战略

企业家是如何考虑竞争战略的？一个企业怎样应用信息系统来适应竞争战略？图 2—1 说明了一个重要的概念框架，便于了解竞争威胁和多种竞争战略的平衡应用。

面对形成企业所在行业竞争优势的五种竞争力，企业只有成功开发出相应的战略才能在长期的竞争中生存并获胜。在迈克尔·波特的竞争战略的经典模型中，任何想要生存并取得成功的企业都必须开发并执行战略，以有效地对抗：（1）同行业内的竞争；（2）新进入行业者的威胁；（3）可能攫取市场份额的替代品的威胁；（4）客户的议价能力；（5）供应商的议价能力。

竞争是商业的一个积极特征，竞争者之间往往是一种良性的对抗关系。这种竞争起到激励作用，很多时候需要不断地努力，以便在市场中获得竞争优势。要具有竞争力，需要企业拥有一些重要资源。

防范新的竞争者带来的威胁会耗费组织大量的资源。企业不仅需要与市场中的其他企业竞争，而且要为新进入者制造门槛。这种竞争压力通常难以应对，在今天情况更是如此。互联网的发展可以使企业以相对较低的成本快速进入市场。在互联网世界中，公司最大的竞争者可能是那些一夜之间突然出现的新公司。

可替代产品是企业面临的另一种竞争压力。这种压力的影响存在于各行各业中，通常在成本提高或通货膨胀时最强烈。当机票的价格涨得太快时，人们会选择替代品——汽车出行。当牛排的价格太高时，人们会选择汉堡包和鱼。大多数产品或服务存在可用的替代品。

最后，企业需要警惕客户和供应商的议价能力。如果客户的议价能力很强，他们就能够主导价格，将价格压得很低，或拒绝购买商品或服务。如果一个关键供应商的议价能力很强，他们就会将货物或服务的价格提得很高，或通过控制生产产品所必需的部分或关键原材料使企业无法正常生产。

图2—1也说明了企业可以通过应用五种基本竞争战略来应对竞争压力。

- 成本领先战略。降低产品或服务的成本，想办法帮助供应商和客户降低成本或提高竞争对手的成本。

- 差异化战略。设法使企业的产品和服务不同于竞争对手的产品和服务，或者减少竞争者的差异化优势。该战略允许企业将产品和服务专注于某个细分市场或环节以获取优势。

- 创新战略。寻找企业新的经营方式。该战略既包括开发独特的产品和服务，进入独特的市场，也包括对企业产品和服务的产销过程进行彻底的改变，这种改变与企业以往的经营方式迥异，甚至可以改变行业的基础结构。

- 成长战略。大幅提高企业制造产品和提供服务的能力，包括全球市场扩张、开发新的产品和服务、整合相关的产品和服务。

- 联盟战略。与客户、供应商、竞争对手、顾问以及其他厂商建立商业联盟。联盟的方式包括：合并、兼并、合资、构建虚拟企业，或在企业和其业务伙伴之间建立营销、生产或分销的协议。

另外要强调的是这些战略并不是相互排斥的。一个组织可以在不同的层面应用一种、几种或全部战略来应对竞争压力。因此，可以将一项活动归入一种或多种竞争战略。例如实施一个允许客户在线跟踪订单和交货状态的系统，可以被认为是一种差异，以便与市场中未提供这项服务的其他竞争者相区别。如果竞争者也提供该服务，在线服务就无法起到差异化的作用了。

如果一个组织提供的在线装货跟踪系统允许客户不仅可以通过电脑获得装货信息，还可以通过手机获得该信息，这种活动可以被归入差异化和创新两种竞争战略。事实上，不是所有的创新方式都有利于组织差异化，正如不是所有的组织差异化必须基于创新的视角一样。在综合运用竞争策略时，这种情况是实际存在的，因此要使这些竞争策略互相补充，而不是互相排斥。

信息技术的战略应用

企业管理者该如何应用 IT 来支持一个企业的竞争战略呢？表 2—1 总结了一些应用 IT 支持竞争战略的方式。表 2—2 举例说明了企业如何应用战略信息系统来实施各种竞争战略以提升竞争力。注意主要借助 IT 来进行电子商务和交易的应用。本章稍后将介绍一些 IT 战略应用的案例。

表 2—1　　五种基本竞争战略

企业应用 IT 的基本战略
低成本战略
● 利用 IT 最大限度地降低业务流程成本
● 利用 IT 降低客户或供应商成本
差异化战略
● 开发新的 IT 服务，实现产品和服务差异化
● 利用 IT 特色减少竞争者的差异化优势
● 利用 IT 特色将产品和服务集中在已选择的市场上
创新战略
● 生产包含 IT 元素的新产品和服务
● 在 IT 的帮助下开发独特的市场或利基市场
● 利用 IT 对业务流程进行彻底改变，从而显著地降低成本，改善质量、效率或客户服务以及缩短到达市场的时间
成长战略
● 利用 IT 来管理区域的或全球的企业扩张过程
● 利用 IT 实现产品的多样化并与其他产品和服务整合
开发联盟战略
● 利用 IT 与业务伙伴建立虚拟组织
● 开发企业内部信息系统，通过内联网和外联网以支持企业与客户、供应商等建立战略关系

表 2—2　　企业利用 IT 实现五种竞争战略的实例

战略	企业	对信息技术的战略应用	企业收益
成本领先战略	戴尔公司	在线面向订单生产	最低成本的生产商
	Priceline. com 公司	在线销售上竞价	给予买方的定价
	eBay. com 公司	在线拍卖	基于拍卖的价格
差异化战略	AVENT Marshall 公司	客户/供应商电子商务	市场份额的增加
	摩恩公司	在线客户设计	市场份额的增加
	统一运输公司	客户在线装运跟踪	市场份额的增加
创新战略	嘉信理财	在线折扣证券交易	市场领军者
	联邦快递	在线包裹跟踪及航程管理	市场领军者
	亚马逊公司	在线全方位服务客户系统	市场领军者
成长战略	花旗银行	全球内联网	全球市场的增长
	沃尔玛	通过全球卫星网络进行商品订货	市场领军者
	玩具反斗城	零售点终端存货系统	市场领军者

续前表

战略	企业	对信息技术的战略应用	企业收益
联盟战略	沃尔玛/宝洁公司	供应商自动补货系统	库存成本降低/销售增长
	思科系统公司	虚拟的制造联盟	敏捷的市场领军者
	史泰博公司与其业务伙伴	与业务伙伴实现在线一站式购物	市场份额的增加

其他竞争战略

除了成本领先战略、差异化战略、创新战略、成长战略和联盟战略等五种基本战略外，还有许多其他竞争战略。与信息技术相关的主要战略有：锁定客户和供应商，形成转换成本，提高进入壁垒，以及发挥对信息技术投资的杠杆作用。

信息技术投资可以使企业通过建立有价值的新型关系来锁定客户和供应商。这些业务关系对客户或者供应商如此有价值，以至于能够阻止他们放弃企业的竞争者或者威胁其接受更少利润的合作协议。信息系统技术最初聚焦于显著提高对客户和供应商的服务质量，比如企业的分销、营销、销售和服务等活动。近来，更多的项目已转向信息技术的创新应用。

需要重点强调的是，战略信息系统已经找到方法来创造企业与客户或者供应商关系的转换成本。换言之，如同在下面的天美时（Timex）案例中提到的那样，信息系统技术投资能够使客户或者供应商依赖于创新互利的企业间信息系统。然后，他们会不愿意支付因转向企业竞争者所产生的时间、金钱和不便利等成本。

天美时：应用产品创新软件获得进步

为了保持自身的进步，天美时公司已经应用产品创新软件改进了生产手表的方法，这能够帮助它快速调整新产品以适应迅速变化的市场。天美时的产品研发副总裁说，在过去的152年中，手表行业更多地关注形式而非工艺，但是最近10年，创新已经变成行业的流行语，因为客户对他们的手表有新需求。持续创新并且使它们更容易融入产品中是如今保持竞争力的关键。

天美时公司采用了软件厂商Sopheon PLC的“门径管理”方法，在创新进程的每一步设置里程碑或者“门”。它允许从设计师和工程师到产品销售人员都可以参与讨论、评审、计划和决策。一个全球化设计项目Accolade将跨职能的团队成员——从品牌管理者、工程师、制造工人到财务经纪人——聚集到一起。软件帮助中心数据库组织信息，以便不管是开发还是终止一个项目都能及时作出决策。利用软件制定决策正是天美时通过创新增加收益的重要方法。

研发分析师瓦斯科·德雷聪（Vasco Drecun）说：“在产品研发中，你总要处理很多不确定的事情，问题是大多数公司使用的是容易作出预测的工业时代开发的方法，它们已经过时。”

拥有关于产品、市场需求、生产要求和其他因素的更多的知识对一个公司保持竞争力至关重要。“知识将帮助你管理风险。”德雷聪说。应用像Accolade这样的技术会帮助公司在投资组合中保持较高的创新水平。

资料来源：Adapted from Todd Weiss, “Times Ticking with New Product Innovation Software,” *Computerworld*, June 20, 2006.

企业通过在信息技术上的投资来改善操作或者促进改革，从而提高行业进入门槛，阻碍或者延迟其他企业进入市场。显而易见，这些门槛会加大行业或者市场竞争中的投资额或者技术复杂程度。这些行动趋向于阻碍行业内的企业发展和阻止外部企业进入行业。

信息技术的投资使一个企业能够建立战略 IT 能力，从而利用机会。在很多案例里，这种情况会发生在企业投资先进的计算机信息系统提高自身业务流程效率时。在具备这种战略技术平台的设施后，企业可以通过开发没有这种强大的 IT 能力就不可能产生的新产品和新服务，来发挥信息技术投资的杠杆作用。当前最重要的一个案例就是，很多企业开发的内联网和外联网能够使之前在互联网浏览器、PC 机、服务器和客户机/服务器网络等方面的投资发挥更大的作用。表 2—3 总结了上述其他几种 IT 的战略应用。

表 2—3　　IT 的其他战略应用

- 开发企业内部信息系统，它的便利性和高效率能够创造锁定客户或者供应商的转换成本。
- 将大部分投资放在先进的 IT 应用上，能够给业务竞争者或者行业外的企业设置进入门槛。
- 在产品或者服务中包含 IT 元素使参与竞争的产品或服务更难被取代。
- 调控对信息系统人力、硬件、软件、数据库和网络的投资，使其从日常运行维护转为战略应用。

竞争优势和竞争劣势

为了在行业和市场中获取明显的竞争优势，组织往往会付出大量时间和金钱。营销创新、研发和流程再造以及其他很多活动可用来获得超越竞争对手的竞争优势。

竞争优势常被用来形容在某些方面引领行业的企业，比如在销售、利润或者新产品开发方面。事实上，这个术语的定义暗示了竞争优势可以存在的唯一条件，即当企业的利润超过行业平均水平时，就被认为拥有超过对手的竞争优势。换言之，竞争优势即利润。尽管销售、利润、成本管理和新产品都在某些方面为创造利润作出了贡献，但是除非利润保持在行业平均水平之上，否则对已经实现的竞争优势毫无意义。然而，竞争优势的问题在于它常常不能持续太久并且不能长期保持。图 2—2 说明了这种周期。一旦企业发现如何获得相对于竞争者的优势（通常通过某种形式的创新），竞争者也会通过诸如组织学习等方式来找到竞争优势的产生过程。

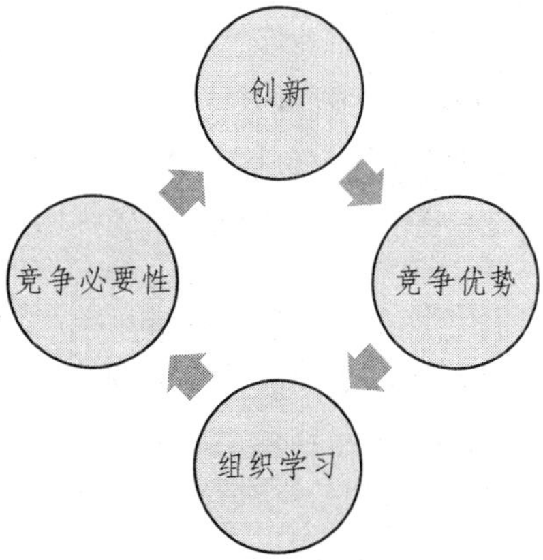

图 2—2　公司学习怎样获得竞争优势

为了应对竞争优势，它们采取相同或者相似的创新。一旦这样做，意味着行业内的每个企业都在做其他企业所做的事情，以前的竞争优势就变成了竞争的必要条件。当一种策略或者行动变成一种竞争的必要条件时，就不是在创造优势了。当这种情况发生时，一些企业不得不寻找新的方法来获得竞争优势，然后新一轮的竞争周期又重新开始。

每个组织都在寻找一种能够获得竞争优势的方法，并且很多组织已经成功地应用战略信息系统实现了目标。需要记住的重点是，不管目标是怎样达成的，竞争优势不会永远保持。壳牌公司的战略规划主管阿里？德戈伊斯（Arie de Geus）认为，也许有一种使其持久保持的方法："比你的竞争对手拥有更快学习的能力可能是未来唯一可保持的竞争优势"。

建立以客户为中心的企业

世界经济增长的驱动力已经从追求生产的数量转为提高客户的价值。因此，对许多企业来说，它们的主要成功因素是使客户价值最大化。

对于许多企业来说，要实现以客户为中心（customer-focused）的企业价值，关键在于保持客户忠诚度、预测客户未来需求、回应客户关注的问题，以及提供高质量的客户服务。这种注重客户价值（customer value）的观点认为，客户对价值的感知和认可取决于产品和服务的质量而非价格。从客户的角度来说，那些持续提供最大价值的企业能够紧随市场变化趋势、跟踪客户个人偏好、随时随地提供产品和服务，并能根据客户需求定制个性化服务。因此，互联网技术已经为大大小小的企业创造了战略机遇，针对客户的个人偏好提供快速、实时、高质量的产品和服务。

互联网技术使客户成为客户关系管理和其他电子化业务应用的焦点。客户关系管理系统和互联网、内联网及外联网网站为公司内部、公司与客户、供应商、业务伙伴或其他外部关系的互相交流提供了新渠道。这种沟通使企业能够在大多数业务功能中与客户保持持续的互动，并鼓励客户的跨职能合作，包括产品开发、营销、交货、服务及技术支持。我们将在第8章中讨论客户关系管理系统。

客户主要通过互联网提问、投诉、评价产品、请求支持，并完成他们的购买活动。公司各个业务部门的专家通过使用互联网及公司的内联网可以对客户的要求提供有效的回应。这就催生出了跨职能的讨论小组和致力于为客户提供服务、支持及解决问题的团队。互联网及外联网甚至可以连接公司的供应商及业务伙伴，保证企业快速运送高质量的部件和服务，从而兑现企业对客户的承诺。企业正是以此来表明它们对客户价值的关注的。

图2—3说明了一个以客户为中心的公司内部的相互关系。内联网、外联网、电子商务网站以及网络推动内部业务流程，构建了支持电子化业务模式的IT平台。这使企业能够以客户的需求为目标，并"拥有"客户与企业相关的所有业务经验。一个成功的企业将所有可能影响客户的业务流程流线化，并开发客户关系管理系统。该系统为员工提供了客户的视角，这样，员工便拥有了为客户提供高品质、个性化服务所需的信息。一家以客户为中心的公司会帮助客户实现自助服务，一家成功的企业会培育由客户、员工、业务伙伴组成的在线群体，该群体有较高的客户忠诚度，因为它为企业提供了丰富的客户经验，增强了与企业间的合作。让我们来看一个真实的案例。

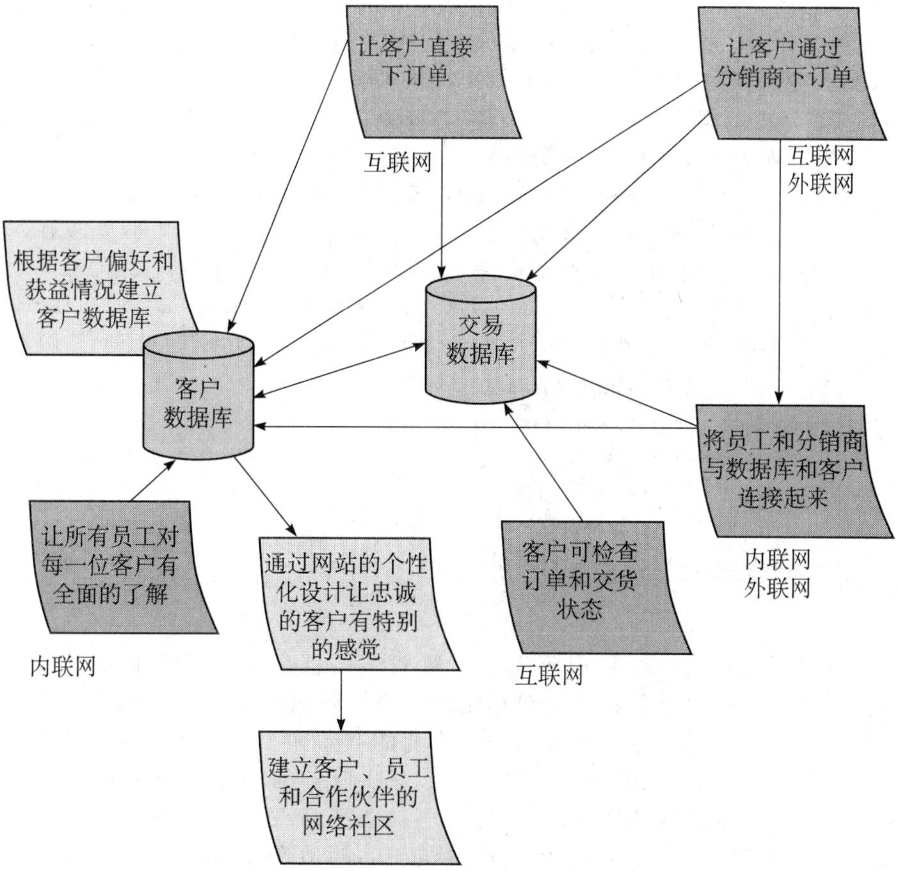

图 2—3　企业应用信息技术建立客户价值和客户忠诚

全球奥兰多：客户数据驱动的 IT 决策

米歇尔·麦克纳（Michelle McKenna）是全球奥兰多（Universal Orlando）旅游胜地的 CIO，同时也是两个孩子的母亲和家庭旅行项目的计划者。

她认为自己首先是主题公园的一位客户，其次是公司的高层管理者，最后才是公司的 CIO。“最近我们通过头脑风暴法产生了新的项目，这将使更多的佛罗里达居民在非旅游旺季光临我们的主题公园。我们的内部营销团队提出了方案，我提出了举办吉他比赛的想法。人们可能会喜欢这项比赛。但这个想法并不是来自一位 CIO，而是来自一位两个孩子的母亲。”

麦克纳说：“像我们的客户一样去思考，关注我们的市场，是我们履行企业职责最重要的方式，这将有助于企业制定决策。”对于 CIO 来说，更重要的是了解市场动向并找到扩大业务的机会。

全球奥兰多是众多旅游和娱乐企业中的一家，该行业市场竞争十分激烈，争抢那些休闲和度假的个体消费者。通常企业会假设市场的潜在客户众多，人们将在全球奥兰多获得相似的经历。但是在如今的数字经济时代，客户能够实现个性化的定制。例如，过山车游乐项目允许人们根据自己的需求选择播放什么音乐。当活动结束时，他们可以将音乐录制保存，以便与朋友分享或发布在网上。

任何 CIO 都可以通过简单的几个步骤更智能地开展市场营销活动。管理者获取每周公园中发生的事件和每项活动的开支数据，研究这些数据并据此寻找合作伙伴。麦克纳说：“不要害怕对此提出问题；要让自己成为聪明（且好问）的商人。当我第一次进入公司并询问市场情况时，人们看着我，他们肯定在想‘她为什么这样提问？这对技术没有一点帮助’。经过一段时间，他们认识到我的确需要了解这些数据。”

市场数据帮助全球奥兰多了解了商业活动中的真实规律，例如，数据显示，持有年卡的客户（主要是佛罗里达居民）在食品、商品和其他项目上的花费比单次进入的游客消费要少。

这表明了一些游客的日常消费习惯，特别是当他们参与特色活动Mardi Gras狂欢和万圣节恐怖之夜（Hallowen Horror Nights）时。“这项分析显示，我们需要对持有年卡的客户进行进一步细分，以更好地了解他们，并针对他们的特点开展营销活动。所以我们将建立新的数据库和商务智能工具，按小时和客户类型计算消费情况。这一革新始于IT，如果我们关注市场细节并加以分析，就能够发现许多类似的市场机会。”麦克纳如是说。

资料来源：Adapted from Michelle Mckenna, “Customer Data Should Drive IT Decisions,” *CIO Magazine*, June 2, 2008.

□ 价值链与战略信息系统

我们再来看另一个可以帮助你了解战略信息系统机遇的重要概念，图2—4描述了由迈克尔·波特提出的价值链的概念。价值链将企业的基本活动看作一个系列、链或者网络，这些活动可以为企业的产品和服务增加价值，从而为企业增加边际价值。在价值链的概念框架下，有些业务活动是主要流程，有些则是支持流程。主要流程是那些与企业为客户制造产品或提供服务直接相关的业务活动，支持流程是那些组织中不直接参与产品制造和服务的业务活动。这个框架能凸显竞争战略最好应用在企业的哪部分活动中，即管理者和业务专家应尝试找出各种需要从战略上应用互联网和其他技术的最基本的流程，这些流程可为企业的产品和服务增加最大的价值，从而为公司业务的整体价值增加最大的价值。

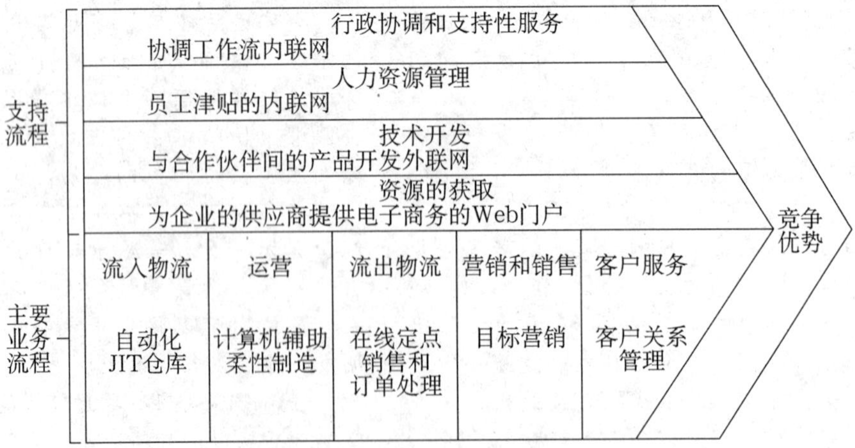

图2—4 企业价值链的基本活动

说明：注意战略信息作为企业基本的业务流程如何为企业创造竞争优势。

价值链实例

图 2—4 应用价值链的框架列举了如何以及在何处将信息技术应用于企业基本流程的例子。例如，图 2—4 强调了实现工作流程协同化的内联网可以促进必要的交流和合作，从而显著地改善行政协调和支持性服务。关于员工津贴的内联网能够帮助人力资源部门让员工便捷地自助获取个人信息。外联网可以让企业及其全球业务伙伴共同利用网络设计产品和流程。此外，电子商务网站的门户可以通过为企业的供应商提供在线市场，显著改善企业对资源的获取。

图 2—4 中的价值链模型也给出了在主要业务流程中应用信息系统技术的例子。包括支持原材料物流过程的准时制库存系统、生产流程中的计算机辅助制造系统（CAM），以及产品物流过程中用来改善客户订单处理的在线销售和订货处理系统。信息系统还可以开发一种基于互联网的、互动的目标营销系统来支持销售流程。最后，协调且整合客户关系管理系统可以明显改善企业对客户的服务。

因此，价值链的概念能帮助你分析如何以及在何处发挥信息技术的战略能力。它展示了怎样将不同类型的信息技术应用于特定的企业过程，从而帮助企业在市场中获取竞争优势。

2.2 利用信息技术获取竞争优势

信息技术的战略应用

企业可以在许多方面应用信息技术，比如，企业可以选择从战略的角度使用信息系统，也可以只满足于应用信息技术支持日常运作。但是，如果一个公司强调信息技术的战略应用，其管理层会把信息技术看作主要的竞争区分点。他们将设计出应用信息技术提升制造、服务和业绩水平的商业战略，从而为企业参与竞争带来很大优势。本节将提供一些信息技术在商业战略应用方面的案例。

阅读下面的真实案例，案例中介绍了企业如何应用 IT 对商业活动进行再造，从中可以了解到通过信息技术和移动通信获取竞争优势的内容。

案例 2.2

智能手机

CPS Energy 是美国最大的市政电力和天然气公共事业公司，由得克萨斯州圣安东尼奥市所有和经营，在 2006 年前后处于发展的鼎盛时期。公司拥有同行业中最高的债券信用等级，拥有令人满意的员工和客户群。最重要的是，它保持了较高盈利水平。换句话说，没有任何征兆显示这家公司有必要开发一个新的技术项目，来重新定义业务模式并重塑近 4 000 人的员工队伍。

除了一些当事者知道以外，外人看不出任何动向。当事者中包括 CPS 公司的副总裁兼 CIO 克里斯托弗·巴伦（Christopher Barron）。他清楚地知道，公司正在酝酿一项迫在眉睫的变革，公司的未来将可能取决于此。

巴伦说："我们拥有的员工远远超过了现有规模所需的数量。"他认为，与其他拥有同样庞大员工队伍的公司（如UPS和联邦快递）相比，CPS公司有很大的不同。比如，CPS公司的员工在办公室和库房之外的地方几乎没有接触IT系统的机会。他们通常需要通过实地考察客户所处地点来诊断问题或提出维修建议，然后汇报给相关部门，进入解决方案的下一个步骤。这就可能意味着需要增派额外的员工，整个过程可能花费数天的时间。

"如果我们继续用大量的手工劳动来完成这些工作，那么在未来我们将不具备竞争力。"正因为意识到了这一点，公司的Maggellan项目诞生了。巴伦和同事们希望Maggellan项目可以调动员工的积极性，将他们与工作所需的人力和系统连接起来。项目的目标包括：扩展CPS的网络基础设施，在办公室与仓库建立CPS的安全无线网络，为没有笔记本电脑或移动设备的员工配备智能电话或移动设备。对于巴伦来说，首先面临的也是最重要的挑战就是得到高层领导的认可。

巴伦说："一直以来我们最头疼的事情之一就是大家的观念问题，大多数人认为技术投资花费巨大，带来的变化仅仅是工作中可以使用电子邮件而已。对一个CIO来说，试图消除企业高层领导的所有反对意见不太可能。所以我们并不想完全改变领导关于成本、安全性和可用性的担忧，而是首先向少数团队（如工程师、生产一线工人、办公室职员等）发放这些设备供其试用，这样成本相对较小。"事实证明，这些手持设备和应用带来的巨大价值得到了体现。"如果你想要验证这些设备和应用的价值，就必须把它们送到需要它们的人手中。"巴伦说道。

CPS公司的员工主要将智能电话用于三个方面：用作数码相机、用于GPS导航以及用作紧急通知接收器。过去，CPS通常需要派遣一个"多面手"小组到服务地点，以确保任何问题发生时都有合适的人能处理。而现在，只需要派遣一个员工将损坏的设备或设施拍摄照片传回总部即可，总部的专家对问题进行分析诊断后，将修复说明传回，或者通过智能电话的语音邮件或短信通知并派遣合适的工程师前去解决。

"通过使用智能电话和其他一些技术，Maggellan项目会将不同岗位上的所有员工都纳入公司的网络。每一个人就像网络中的一个节点一样。"巴伦说，通过Maggellan项目和智能电话的部署，公司的供应链效率也得到了显著提高。比如，智能电话会加快购买下单流程，因为相关人员不需要像过去那样到现场审批订单。审批人员还可以与仓库部门负责采购的人员一起工作，使得供应链管理效率更高且更具前瞻性。仅仅用了一年的时间，采购环节所花费的时间就减少了65%以上。此外，自项目开展以来，由于库存量的减少而节省的成本超过了800万美元。

同时，员工和客户的满意度也得到了提高，由于员工现在有更多的渠道进入公司系统并获知更多的信息，因此感觉与公司更加贴近。CPS现在可以用更简化的流程来满足更多的客户需求，缩短了服务时间，使得客户满意度大幅提升。公司在2007年J.D.电力与天然气客户满意度调查中得到了最高分。

然而，技术已不再是有雄厚的IT资金预算的大公司的专利。明尼苏达州的劳埃德公司（Lloyd）也许看起来并不需要使用智能电话或软件应用。该公司是一个年收入900万美元的爆破和运输公司，由一个家族掌管了24年之久。它爆破商业建筑和民宅，并负责清理废墟。协调100名员工、30辆运输卡车、400多个废料箱并不是件简单的工作，但这是公司业务增长的关键，也是公司总裁斯特凡妮·劳埃德（Stephanie Lloyd）的主要任务。直到最近，劳埃德一直采用数据表、纸质账簿和电算软件来追踪员工和设备。更糟糕的是，公司仍利用无线电来协调工作途中的员工，而当地的电话塔越来越多，无线电信号也因此越来越差。正因为这样，劳埃德决定将公司带入智能电话时代。

劳埃德考察了很多的移动套件，最终确定 eTrace 这个由邻近小镇上的公司 GearWorks 开发的套件。这不仅仅由于它是当地企业，也由于它开发的软件适用于行业专用的 Sprint Nexteli560 和 i850 手机。劳埃德已经购买了这些电话来代替无线电通信，但是立刻给那些恐惧技术的员工带来了麻烦。员工需要通过学习慢慢掌握这些新电话最基本的功能。eTrace 和纸笔系统并行使用了 18 个月，在新系统逐渐投入使用而旧系统逐渐淡出的阶段，账簿的不一致性很快表现出来了。

eTrace 还导致了劳工问题。eTrace 可以整合测绘和移动数据，从而显示出公司所有资源的实时位置。然而令人失望的是，公司发现这些员工和运输卡车在同一个午餐地点停留过久，并且这些地点不在预定的路线上。劳埃德对员工休息的需求表示理解，但是很快对这些未经批准的行为采取了限制措施。

GearWorks 公司的 CEO，47 岁的克劳特克雷默（Krautkremer）认为劳德埃面临的挑战是预料之中的："所有产品存在于有预兆的挑战和机会中，我们的软件可以让客户很好地控制业务中变化的比例。"

一旦项目开始实施，效果就显现出来了。公司雇用了 12 名司机、22 名领班和 7 名办公室职员，总共使用 eTrace 平台的 41 部电话。公司为每部电话购买了无限制的数据包，每月总费用约为4 000美元。再加上其他的网络费用，劳德埃每年花费在这一整套业务、会计和沟通方案上的费用为 5 万美元。在使用 eTrace 之前，一位会计每周通常需要 40 小时来处理账务，现在只需 6 小时即可，每周可节省大约1 000美元。

领班和调度员的数据录入和工作记录比无线电和纸笔方式快了大约 1.5 倍。更高效的行程安排使汽车燃料成本下降了 30%。员工未经允许随意停车休息的现象也不复存在。劳德埃估计，因使用 eTrace 而获得的净增长为 10%～12%，按照 2007 年的数据相当于 100 万美元，这相对于 5 万美元的投入来讲绝对是超值的回报。

资料来源：Adapted from Jonahan Blum, "Running an Entire Business from Smartphones," *FORTUNE Small Business*, March 12, 2008; and Al Sacco, "How Smartphones Help CPS Energy Innovate and Boost the Bottom Line," *CIO Magazine*, July 11, 2008.

问题

1. 智能电话是如何为这些公司增加盈利的？盈利的增加在多大程度上来源于收入增加或成本减少？根据本案例举例说明。

2. 本案例中的公司在推行智能电话时遇到了来自员工的阻力。你认为原因何在？公司如何让员工接受这些举措？请提出两条建议。

3. CPS 公司和劳德埃公司都利用智能电话来使现有的业务流程更加高效。那么它们如何利用这一技术为客户创造新的产品和服务？为每个公司至少提出一条建议。

实践

1. 除了本案例中提到的公司以外，像联邦快递和 UPS 都有大量流动的劳工频繁使用移动通信技术。还有哪些公司可以从这些创新中受益？

2. 上网查找是否有不同于本案例中所提到的行业在使用智能电话。准备一份报告与大家分享你的发现。

3. 上网查找智能电话的最新技术进展，并探讨如何利用这些技术为客户和公司创造新的价值。

业务流程重组

实现竞争优势的关键是**业务流程重组**（business process reengineering，BRP），通常简称为重组。重组是对业务流程根本的再考虑及彻底的再设计，从而达到大幅改善成本、质量、进度和服务的目的。因此，业务流程重组是业务创新策略与业务流程改进策略的结合，从而使企业在市场中成为一名更强劲的竞争者。

从表2—4可以看出，尽管重组的潜在回报高，但其失败的风险大，受到环境影响的程度高。要通过对业务流程的彻底改进来大幅改善效益和效率也绝非易事。比如，许多企业使用跨职能企业资源计划（ERP）软件来进行重组、自动化，并整合其生产、分销、财务及人力资源业务流程。许多企业称，通过这种ERP重组项目获得了可观的收益，但也有许多企业经历了惨痛的失败，并没有达到所期望的目标。

表2—4　业务流程重组不同于业务改进的关键部分

	业务改进	业务流程重组
变化程度	在原有基础上增加	根本上的改变
流程变化	约6%的新流程	全新的流程
起点	现有的流程	从头开始
变化频率	一次性或持续的	定期的一次性变化
要求时间	短期	长期
典型的范围	窄的、在职能内	宽的、跨职能的
视野	过去和现在	未来
参与	自下而上	自上而下
执行途径	文化的	文化和结构的
主要驱动	统计控制	信息技术
风险	中度	高度

资料来源：Adapted from Howard Smith and Peter Fingar, *Business Process Management: The Third Wave*. Tampa. FL: Meghan-Kiffer Press, 2003, p. 118.

许多企业发现，信息技术的应用和组织重新设计是重组的一个重要推动力。比如，通常利用跨部门或多工种的过程团队。来自不同部门或专业的员工涉及工程、营销、客户服务及生产，他们可以在产品开发的过程中以一个团队的形式工作。另一种方法是任命个案经理，他可以处理业务流程中的几乎所有工作，而不像以前那样把工作分派给不同的专家。

信息技术的角色

信息技术在重组的大部分业务流程中起到了重大作用。信息处理能力以及计算机与互联网技术的连通性不仅可以大大提高业务流程的效率，而且加强了运营管理中相关人员的交流与合作。如图2—5所示，订单管理流程对多数企业的成功至关重要，许多企业正在应用ERP软件及基于Web网的电子化业务系统和电子商务系统重组这个流程。表2—5给出了一个示例。下面我们来看一个例子。

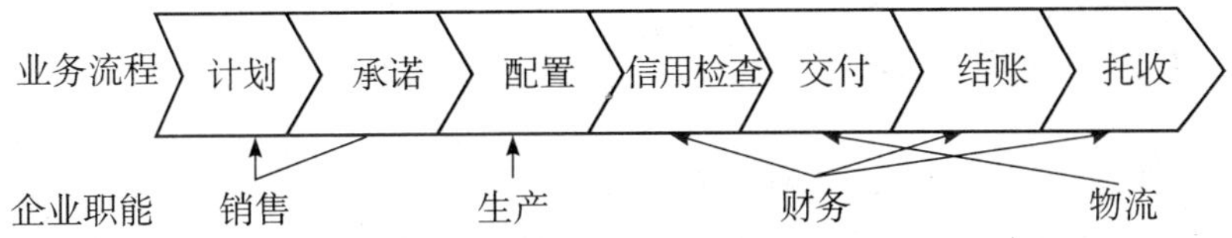

图 2—5 订单管理流程

表 2—5 信息技术支持订单管理流程示例

● 利用企业内联网和互联网的客户关系管理系统
● 利用内联网和互联网的供应商管理库存系统
● 用来整合生产、分销、财务以及人力资源流程的跨职能的企业资源计划软件
● 用于订单录入、状态查询、付款以及服务的客户可获取的电子商务网站
● 员工和供应商通过内联网和互联网可获取的客户、产品及订单状态数据库

使工作流程顺畅：不是一件十分复杂的事情

来自业界的观点认为，工作流程是一种使人、信息和电脑协同有效地工作从而满足商务需求的方法。实际上，工作流程适用于整个过程的系统分析，而不只是机器运行。从最低标准的视角看，利用工作流程可以节约资金、提升客户满意度、更快地得出结果，并且在很大程度上消除因混乱而造成的损失。从一个管理者的视角看，工作流程最重要的优点在于节约成本和时间。

下面是一个典型的工作流程的例子。威廉·埃德吕德（Wilhelm Ederyd）是斯堪的纳维亚地区家庭娱乐产品的经销商Bonver的技术项目经理，他为个人和企业通过网络定制宽频服务、邮政邮件和电子邮件。埃德吕德解释道："随着对于信息系统和员工的有效交互的需求增加，要使流程简洁并使客户愉悦会更加复杂。"你可以把工作流程看成是集合人员、设备、文档和其他信息的系统分析。

在这个例子中，他为定制和安装客户宽频连接设计了流程。这意味着，针对其他客户的大量商业需求，研究在工作流程中如何使与客户的最初联系变为实际的业绩。

这是一个经典案例：在一个相当复杂的多步骤过程中，电脑和人员必须尽可能顺畅、有效地相互交流。这也是一个面向客户的展示过程，延迟或出现错误会损害客户关系。设计良好的工作流程的优点是可以作为一个模板快速应用相似的流程。埃德吕德说："一旦你满足了组织中的工作流程，将能比竞争对手更快速地应用新的商务模式，使成本和复杂性可控。"

墨尔本的工作流程顾问格雷克·卡梅伦（Craig Cameron）引用了一个实例。一家澳大利亚银行想应用工作流程来定购大量硬件。卡梅伦说："该银行需要加强检查，确保相应的人员已经签字，所以我们开发了一个系统来完成这项工作。"该系统一直运行良好，直到银行其他部门想加入。卡梅伦说："我们后来发现，最初只为大约3个团队开发了一个系统，其他15个团队突然想参与进来。我们不需要重新设计，基于已经完成的系统加以调整即可。之后，我们就可以创建终端用户界面。"

工作流程并不复杂，也并非不可思议。如果得到恰当的应用，工作流程能使组织的运行方式有很大的改善，工作流程也只能做到这一点。从根本上使工作流程为你效力，取决于你对商业流程的理解。

资料来源：Adapted form Rick Coo, "Making Workflow and Flow for You," *CIO Magazine*, October 23, 2007.

成为敏捷企业

我们正从原来的竞争环境转入另一个竞争环境。在原来的竞争环境中，公司在大规模的市场上竞争，产品和服务是标准化的、长期的，缺乏信息，交易是一次性的。在当前的竞争环境中，公司在全球范围内的每一个小的市场上竞争，产品和服务是个性化的、短期的，信息丰富，与客户的交易是持续的。

商业中的敏捷性（agility）是指企业成功地在迅速变化、不断细分且需要提供高质量、高性能、客户定制的产品和服务的全球市场中发展壮大的能力。**敏捷企业**（agile company）可以通过提供宽广的产品范围和快速的产品更新在市场中获利，还能提供个性化的及任意批量的产品订单。敏捷企业通过大规模生产但个性化的产品支持大规模定制。敏捷企业对互联网技术十分依赖，通过技术整合来管理业务流程，同时提供像对个体一样对待大量客户的信息处理能力。

要成为敏捷企业，企业必须采取四种基本的战略。第一，敏捷企业必须确保客户感知到公司的产品和服务是针对客户问题的解决方案。因此，可以根据产品所能解决问题的价值来给产品定价，而不是根据生产成本定价。第二，敏捷企业要与客户、供应商、其他企业甚至竞争者合作。只有这样，企业才能尽可能快地以较低的成本将产品投入市场，而不管资源分布在何处、由谁控制它们。第三，敏捷企业应该能使自己在变化和不确定中壮大。它利用的是弹性的组织结构，这种结构的关键是适应不同的客户机会的不断变化。第四，敏捷企业要利用员工和他们拥有的知识。通过培育一种企业精神，敏捷企业可以激励员工增强责任感、适应性及创新意识。

表 2—6 总结了在经营中成为敏捷竞争者的有用方式。该框架强调了客户、业务伙伴和信息技术在开发和保持企业战略敏捷性中所起的作用。注意在虚拟社区中，信息技术如何使企业与其客户之间建立联系，从而帮助企业成为一个敏捷的创造者。本书中多次提到合作门户网站和其他基于网络的供应链系统，企业可以在开发创新性业务方面显著地改善其敏捷性。信息技术使企业能够与其供应商、分销商、合同生产商及其他关联方建立起伙伴关系。下面让我们来看一个应用案例。

表 2—6　信息技术帮助企业成为敏捷的竞争者

敏捷类型	描述	IT 角色	例子
客户	在开发创新的机会中利用客户的能力 ● 作为创新思想的来源 ● 作为创新的共同创造者 ● 测试想法或帮助其他用户了解这种想法	可以开发和改进面向产品设计、反馈及测试的虚拟客户社区技术	eBay 的客户实际上是它的产品开发团队，因为他们平均每周张贴10 000条信息来分享技巧、指出小毛病以及为了作出改变而说服他人
伙伴关系	在探索与利用创新机会的过程中，能利用供应商、分销商、承包生产商以及物流服务供应商的资产、知识和能力	促进企业间合作的技术，如合作平台和门户网站、供应链系统等	雅虎已经完成了一个重大的服务转型：由搜索引擎转变为门户网站，这个转变是通过提供内容以及其他与媒体相关的服务实现的

续前表

敏捷类型	描述	IT 角色	例子
运营方面	在开发创新的机会中，确保速度、精确性及低成本的能力	将业务流程模块化并整合的技术	Ingram Micro，一家全球批发商，部署了一种整合的交易系统，允许其客户和供应商直接连接到它的采购及企业资源计划系统

资料来源：Adapt from V. Sambamurthy, Anandhi Bhaharadwaj, and Varun Grover. "Shaping Agility Through Digital Potions: Reconceptualizing the Role of Information Technology in Contemporary Firms." *MIS Quarterly*, June 2003, p. 246.

信息技术使得在虚拟环境下发展客户关系成为可能，并可帮助企业成为敏捷的创新者。本书中多次提到，信息技术通过合作门户网站和其他基于互联网的供应链系统，给企业提供一个与供应商、分销商、合同制造商等合作的平台，会大幅提升企业在利用创新性业务机会时的敏捷性。

□ 创建虚拟企业

在现今不断变化的全球化环境中，**虚拟企业**（virtual company）成为信息技术应用最重要的战略之一。虚拟企业是利用信息技术将人、组织、资产和创意联系起来的一个组织。

如图 2—6 所示，虚拟企业通常通过互联网、内联网和外联网等与业务伙伴建立虚拟工作组。图中的公司通过内联网将跨职能团队相连，通过**企业间信息系统**（interenterprise information systems）与外联网及供应商、客户、承包商乃至竞争者相连。这样，虚拟企业可建立起灵活、适用的虚拟工作小组和联盟，以抓住那些转瞬即逝的商业机遇。

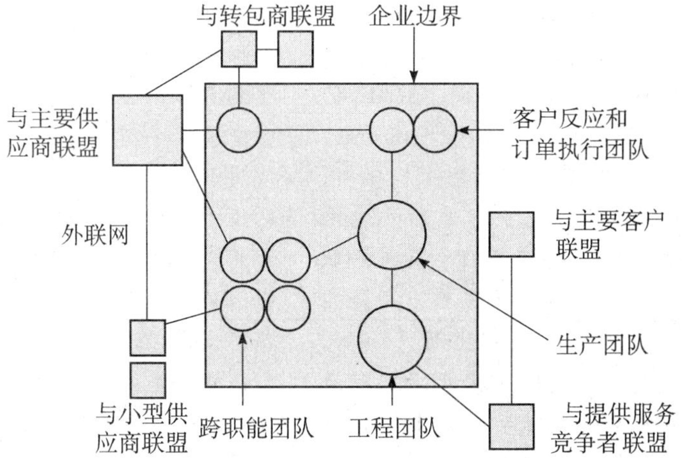

图 2—6　虚拟企业用互联网形成虚拟的工作小组和业务伙伴联盟

虚拟企业战略

为什么要建立虚拟企业？因为它是实施关键业务战略、发挥同盟的作用，保证在当今风云变幻的市场中立于不败之地的最佳手段。表2—7总结了虚拟企业的基本商业战略。

表2—7 虚拟企业的基本商业战略

- 与同盟伙伴共享基础设施、分担风险。
- 利用互补的核心竞争力。
- 通过分享减少观念碰撞所需的时间。
- 促进设备使用和市场覆盖。
- 进入新市场并共享市场，提高客户忠诚度。
- 从销售产品转向销售解决方案。

例如，一个企业也许没有时间和资源发展必要的生产分销网络、人力资源和信息技术以充分利用新兴市场机会。但是它可以通过建立虚拟企业联合所有业务伙伴来提供一个世界级的解决方案。毋庸置疑，互联网、局域网、外联网以及其他网络技术是成功的解决方案中至关重要的部分。

英国国家铁路查询系统：万事外包

由于外包的出现，企业内部是否掌握技术已不再是生产的先决条件。软件、服务器、互联网的部署，甚至像薪酬发放或与人力资源相关的其他管理工作都可以外包给第三方企业运营。因此，不在公司总部工作的员工和客户即使不了解企业运营机制，也可以顺利展开业务。

据报道，英国National Rail Enquiries（NRE）去年一年为5 500万名乘客提供了在线服务，并且主要通过扩展性自助服务和联系中心等完成，如此繁重的业务仅由21人组成的核心团队来完成。NRE的CEO克里斯·斯科金斯（Chris Scoggins）说："NRE大约有22个不同的服务提供商，我们开展的每一项业务几乎都通过外包来实现，仅在呼叫中心就有1 500名员工全职为NRE工作。"NRE的电话信息服务是在1996年伴随着英国铁路私有化而产生的。从那时起，该电话信息服务就开始支持自动电话业务和实时在线列车时刻表及行程规划业务，并取得了巨大的成功。

斯科金斯说，NRE利用一整套管理策略来维持一定数量供应商之间的有效竞争，并且通过加强激励来确保服务质量。"我们在能够有效管理的前提下，使供应商的数量最大化。但与此同时，更重要的是，我们需要数量合适的供应商来保持运营服务市场的竞争性。在某些领域，我们的策略是在市场上建立一个竞争的小环境，在其他方面则依赖一家供应商。"

"我们正在努力的方向是与信任的伙伴之间建立长期的合作关系，并且将更多的业务交给他们完成。合同的数量与完成业务目标的激励政策直接相关，并且取决于供应商的表现优于最低工作标准的程度。如果他们有能力完成更多的工作，就可以得到更多的业务订单。"斯科金斯认为，尽管掌管着一家规模庞大的实体公司，为了改进业务以获得更大的成功，他仍面临很大的压力。"在我刚刚加入公司时，还没有真正意义上的客户自助服务系统。当时，NRE也只是一个大型外包呼叫中心，没有其他的信息提供渠道。然而，出于两方面因素的考虑，我将此视为巨大的商业机遇的原因在于：第一，客户的需求应该通过他们认为最方便的渠道得到满足；第二，我们的呼叫中心拥有的客户数量是全欧洲最不稳定的。"

NRE总是积极主动地探索新的商机，例如在列车跟踪服务系统中嵌入语音识别技术。"这是目前世界上同类市场中最先进的语音识别技术。”斯科金斯强调，“我们将外包供应商视为企业团队的一部分，而我的职责就是让我的团队成员因为手中的工作感到兴奋并充满激情。”

资料来源：Adapted from Miya Knights, “Everything We Do Is Outsourced.” *CIO Magazine*, June 13, 2007.

□ 创立知识型公司

在当今变幻莫测的经济环境中，能够维持持久竞争优势的资源就是知识。面对市场变更、技术激增、竞争对手多样化和产品一夜过时等现状，成功的公司会不断进行知识创新，随后在组织内部广泛普及知识并迅速应用于新技术和新产品。以上活动构成了知识创新型公司的主要特征，其核心内容就是持续变革。

如今，许多公司只有在成为知识创新型公司或学习型组织之后，才能具有持久竞争优势。这就意味着公司需要不断更新业务知识，在公司内部广泛传播并且迅速应用。

知识创新型公司（knowledge-creating companies）主要利用到两种类型的知识。一种为显性知识（explicit knowledge），即数据、文档和通过笔录或电脑存储的信息等。另一种为隐性知识（tacit knowledge 或“how-tos”），即员工自身掌握的技术经验等。隐性知识通常代表了组织内部最重要的一部分信息。一个公司的老员工通常拥有许多隐性知识，例如如何制造商品、递送服务、应对特殊供应商或者操作某一设备的核心部件。这一类隐性知识无法被记录或编纂，因为它是基于员工长年累月的工作经验，并且在头脑中不断演化形成的。此外，这些隐性知识很难通过正规的方式进行记录或者与他人分享。

如图 2—7 所示，成功的知识管理利用新技术、工艺、系统和奖励机制来帮助员工分享他们的工作经验，进而更好地利用这些积累的知识和技术。这样，公司员工在工作的同时便获取了新知识。

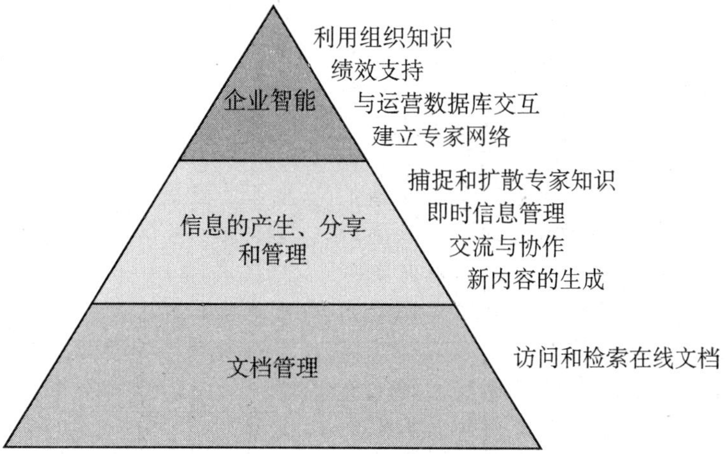

图 2—7　成功的知识管理

资料来源：Adapted from Marc Rosenberg, *e-Learning: Strategies for Delivering Knowledge in the Digital Age* (New York: McGraw-Hill, 2001), p. 70.

知识管理系统

与全体员工分享工作经验是知识创新型公司的核心目标，这一活动在组织的各个层级持续不断地进行。

知识管理已成为信息技术的主要应用形式之一。许多公司正在建立**知识管理系统**（knowledge management systems，KMS）来管理组织性学习和实用性商务知识。创建KMS的目的是帮助公司员工在需要的时间和地点创建、组织和使用重要的商业知识。其中涉及的信息包括方法、步骤、专利、参考资料、公式、“最佳应用方式”、预测和已解决的难题等。正如你将在第10章中看到的，可能应用到KMS中的核心技术包括互联网或局域网基站、群件、数据挖掘、知识库和在线讨论组等。

KMS同时也促进了组织学习和知识创新，通过此类系统的设计可以为具有工作经验的员工提供快速反馈，鼓励员工改进行为和显著改善经营业绩。随着组织学习过程的持续和知识库的扩展，知识创新型公司会将知识集成到公司业务流程、产品和服务当中。这种集成会促使公司成为更富革新性和敏捷性的高质量产品供应商和优质服务提供者，以及市场中的强大竞争者。最后，通过一个关于知识管理策略的真实案例来结束本章。

Intec Engineering：按时计算更智能

我们很难评估知识管理系统的价值，它们产生收入的能力很难被直接度量，与节约成本的联系看似很小，并且投资回报很难被直接量化。通常，实施一个系统来权衡知识资本和专业技术主要依靠直觉，并且这看起来是一个不错的想法。然而，直觉对于Intec Engineering公司来说是远远不够的，该公司致力于分享工作经验和业务知识。

作为一家石油和天然气工业服务公司，Intec Engineering总部设在休斯敦市，分公司遍布全球各地。通过自身扩张和国际并购，英特公司不断壮大，因此跟踪和处理信息变得越来越困难。事实上，依据毕马威会计师事务所的统计数据，60%的员工在处理核心问题时，会抱怨获取非文档性的业务知识存在困难。Intec Engineering公司的一些工程师自愿对如何更好地获取和分享业务知识展开研究。他们通过图表来展示如何解决工程问题，并且定义一个理想化的流程：工程师可以带着问题访问知识数据库，而数据库可以提供相应的解决方案或者指定相应专家为其解答。所有的新知识都会被自动获取和存储到数据库中。Intec Engineering公司通过货比三家，最后选择了AksMe公司的软件产品，并以此来简化Intec Engineering公司的问题处理模型。

这一辅助系统名为“AskIntec”，于2002年5月开始投入运行。使用3个月后，系统的性能和用户反响都超出了预期，并且预计年投资回报率会达到133%。近一年之后，系统的成本基本收回。“我们的数据是真实的，并且还在不断上升的过程中”，Intec Engineering的CIO弗朗·斯蒂尔（Fran Steele）如是说。值得注意的是，随着非工程师员工的加入和系统被嵌入企业文化中，公司预计明年的投资回报率将超过50%。

“反馈的信息并不是仅仅用来衡量员工的工作速度，而是明确他是否有能力完成工作这一事实。”斯蒂尔说。最后一点，客户也通过Intec Engineering公司的知识管理投资获益。“如果我们将一个工程周期划分为几周，并且尽早帮助他们配置好相应设备，他们便可以更快地进入市场并且更早获利。”这是最根本的价值所在。

资料来源：Adapted from Kathleen MelyMuka, “Knowledge Management Helps Intec Get Smarter by the Hour,” *Computerworld*, June 23, 2003.

小结

● 信息技术的战略性应用。信息技术能支持多种竞争战略，帮助企业降低成本，实现企业产品和服务的差异化和创新，促进企业成长、发展联盟、锁定客户和供应商，产生转移成本，提高进入壁垒和增加IT资源投资。这样，信息技术能够帮助企业在与客户、供应商、竞争者、新进入者及替代产品生产商建立关系方面获得竞争优势。表2—1和表2—3中总结了信息技术战略优势的应用。

● 构建以顾客为中心的企业。信息技术的主要战略应用是建立一个通过以客户利益为中心的战略发展企业价值的公司，以客户为中心的公司使用互联网、内联网和外部电子商务网站及服务来跟踪客户偏好；在任何时间、地点提供产品和服务；根据客户的个性化需求来定制服务。

● 重组业务流程。信息技术是重组业务运营的主要组成部分，因为它能使业务流程彻底改变并显著提升效率和效益。互联网技术在支持工作流程设计、作业需求和组织结构的创新性改变上起重要作用。

● 成为敏捷企业。公司可以使用信息技术来使自身成为敏捷企业，然后通过拓宽产品范围和缩短模型的生命周期等方式取得成功。在这种情况下，企业必须处理任意批量的订单，在提供大批量产品的同时提供客户定制化的产品。敏捷企业主要借助互联网技术为客户提供个性化的解决方案，并与客户、供应商和其他公司合作将产品快速而高效地推向市场。

● 创建虚拟企业。成立虚拟企业在如今动态的全球市场中已经成为一个重要的竞争策略，互联网和其他信息技术在提供计算和无线通信资源方面至关重要，这些资源为企业沟通、协作和所需的信息流提供支持。虚拟企业的管理者依靠IT来帮助管理有关人、知识、财务以及商业伙伴提供的物质资源的网络，以利用快速变化的市场机遇。

● 建立知识创新型公司。现今持久的竞争优势都源于知识创新型企业和学习型组织对组织知识的创造性使用和管理。互联网技术被广泛应用于知识管理系统中，以支持业务知识的创新以及这些知识与新产品、服务及业务流程的整合。

关键术语和概念

敏捷企业（agile company）
业务流程重组（business process reengineering）
竞争力（competitive forces）
竞争战略（competitive strategies）
形成转换成本（create switching）
客户价值（customer value）
企业间信息系统（interenterprise information）
知识创新型公司（konwledge-creating company）
知识管理系统（knowledge management system）
信息技术投资的杠杆作用（leverage investment in IT）
锁定客户和供应商（lock in customers and suppliers）
提高进入壁垒（raise barriers to entry）
战略信息系统（strategic information systems）
价值链（value chain）
虚拟企业（virtual company）

讨论题

1. 设想你是公司的管理者，要在一个重要的市场开发基于计算机的应用来提升公司的竞争优势，你会选择保留什么？为什么？

2. 一家公司如何利用信息技术提高转换成本以及锁定客户和供应商？举例论证你的观点。

3. 一家公司如何利用信息技术建立战略IT能

力以给新进入者造成一种障碍？

4. 本章中列举了关于IT领导者和重新改造IT的实例，这些关于IT战略定位的想法如何应用到小公司？你认为小公司会不会更难或更容易地调整自己的公司和IT组织？举例说明你的观点。

5. 信息在业务流程重组中起到什么作用？

6. 互联网技术如何帮助公司与客户、供应商和他人建立战略同盟？

7. 公司如何使用互联网技术成立虚拟企业或敏捷企业？

8. 列举本章中使用智能手机的公司的实例。你认为像劳埃德公司这样的小公司准备好启用大规模技术了吗？它们能为此做些什么准备？举例说明你的观点。

9. “信息技术不能给一家公司带来战略优势，因为大多数竞争优势不会持续几年，很快就会变成战略必需，这仅仅增加了游戏的赌注而已。”讨论这一说法。

10. 管理信息系统顾问彼得？基恩说：“我们已经知道并不是技术创造了竞争优势，而是管理流程开发了技术。”他的话有何含义？你同意他的看法吗？为什么？

分析题

1. 终端用户计算

并不是所有的程序都是由专业的程序员编写的，很多知识工作者用熟悉的文字处理、电子表格、报告和数据库工具开发自己的软件。你的导师可能通过以下方面评价你的技能：

a. 文字处理：你一分钟大约能打多少字？你是否使用模板管理你的文本格式？你是否建立过自己的邮件合并模板？你是否创建自己的宏指令来处理重复的任务？你是否将分支或循环逻辑结构添加到你的宏指令中？

b. 电子表格：你知道使用电子表格的操作规则吗（“=5＊2^2—10”等于多少）？你知道怎样自动排序吗？你知道怎样创建图表吗？你能建立数据透视表吗？你知道相对单元格引用和固定单元格引用的区别吗？你知道怎样使用表格中方程式的功能吗？你知道怎样使用IF语句吗？你创建过自己的宏指令来处理重复的任务吗？你是否在宏指令中添加过分支或循环结构？

c. 报告：你是否使用报告软件创建描述示意图（如PPT）？你是否在报告中添加过多媒体内容？你知道怎样将表格中的图表添加到报告中吗？表格中的数据改变时报告中的内容会自动更新吗？

d. 数据库：你是否曾经将文本文件中的数据输入数据库？你是否写过查询语句对数据表中的数据进行排序或者过滤？你是否创建过报告来格式化数据以备输出？你是否建立表格来帮助手工输入数据？你是否创建过函数或程序来管理数据表中的数据？

2. 市场学：竞争情报

营销人员使用信息系统收集和分析竞争者的信息，他们利用这些信息确定产品定位以及产品的营销决策。彭博资讯公司（www.bloomberg.com）的创始人迈克尔·彭博和其他人已经通过收集和出售商业数据盈利。营销人员在市场营销规划中发现关于公司的产业、地址、员工、产品、技术、收入和市场份额方面的信息很有用。

在即将毕业时，你会发现求职竞争十分激烈，当你规划如何去展示自己的技能时，你可以像专业的营销人员那样搜集信息。根据下面的问题为你找工作做准备吧。

a. 产品：哪个专业的需求量最大？将入职的工资作为需求的主要指标。

b. 产品：你所在地区有哪所大学对你所学专业的学生构成最大的威胁？

c. 价格：在你所学的专业和你所处的地理区域，新入职员工的平均工资是多少？工资是你最关心的方面吗？为什么？

d. 地点：哪个地区的就业增长最快？

e. 推销：你有什么营销计划？描述你应如何在潜在雇主面前介绍自己和自身条件。如何使用互联网使你获得注意？

3. 与“免费”竞争

并非只有唱片和电影产业受到免费获得产品的影响，《大英百科全书》也面临挑战，因为有一个非营利竞争者提供服务时既不收费也无广告，它就是wikipedia.org。维基百科依靠志愿者创建和编辑内容，这些人提供内容且并不要求版权。

谁会免费工作？在19世纪《牛津英语词典》创建之时，编辑向公众征求文字条款和索引。20世纪时，美国在线找到成千上万的志愿者来监控其聊天室，亚马逊说服超过10万名读者将书评发到其网站上。维基百科在21世纪超过了它们，2006年3月，维基百科出版了它的第100万份英语杂志。维基百科包括200多种语言的100多万个词条，这些全是由100多万用户创建和编辑的。

维基百科能保证质量吗？维基百科向用户提供编辑和监控工具，允许用户相互监督。维基百科还利用志愿者管理人来清除蓄意破坏者、保护词条，并在争论产生时管理仲裁流程。《科学》杂志2005年12月发表的一篇文章称在50个维基百科词条中发现平均每个词条中有4个明显的错误，而在大英百科全书中平均每个词条有3个错误。维基百科者们（志愿者自称）在2006年1月之前更正了那些错误。Alex.com在互联网上访问最多的网站排行榜中将wikipedia.org排在第17位，而Britannica.com排在第2 858位（雅虎和谷歌排在第一位和第二位）。

维基百科已经取得了胜利，除了提供外国语言的百科全书，它也提供通常的音频存档（commons.wikipedia.org），多语言词典（www.wikionary.org），以及新闻服务（www.wikinews.org）。

a. 维基媒体基金会符合敏捷企业的标准吗？

b. 维基媒体基金会符合虚拟企业的标准吗？

c. 维基媒体基金会符合知识创新型公司的标准吗？

d.《大英百科全书》面对新的威胁，你有什么建议？

4. 知识管理

员工收到的邮件中有大量非结构化的信息。例如，员工可能通过邮件收到政策、声明和每天的运营信息。然而，企业邮件系统是典型的薄弱的知识管理系统。新的员工在入职之前无法进入企业内部邮件系统；员工不允许查询别人的邮件寻找需要的信息；当员工花时间查看和管理邮件时组织损失了生产力；相同的信息被传送到千上万个不同的邮箱，从而使邮件文件存储空间需求激增。

微软的Exchange服务器、IBM的Domino服务器和Interwoven公司的Worksite，以及大量基于网络的开放标准的产品，都定位于满足组织分享非结构化的信息的需要。这些产品提供通用库以存储多类信息。例如，管理者可能使用微软Exchange服务器上的一个“政策”文件夹来存储他们的政策决策。销售代表可能使用IBM的Domino服务器上的“竞争情报”数据库来存储销售过程中获得的关于竞争对手的产品、价格和市场信息。Worksite的用户在庞大的、可查询的、安全的通用库对他们所有的电子文档进行分类和存储。组织使用这些系统保护、管理这些文档并让相关人员使用。管理者也可以安排专门人员管理这些内容，他们并不需要太多的技术经验。

然而，如果员工不贡献出他们的知识，不使用系统检索信息，或者当需要系统时系统不可用，那么这些系统将无法给组织带来收益。为了帮助管理者更好地了解员工如何使用这些系统，知识管理系统包括了使用统计信息，例如时间、用户名、读、写，甚至特定文件访问等信息。

研究上述任何一种产品并回答以下问题：

a. 管理者可以采取哪些措施鼓励员工使用组织的知识管理系统？

b. 管理者应当设定每个员工使用系统的最小定额吗？为什么？

c. 除了设定员工最小使用量外，一个组织如何从知识管理系统的使用统计中受益？

案例2.3

瓦乔维亚银行和其他投资银行：以光速交易证券

证券交易是只要延迟处理一秒钟就可能给企业带来巨大损失的一种活动。瓦乔维亚银行（Wachovia Corporation）和其他投资银行通过重新整综合系统来提高交易速度，以达到提升竞争力的目的。在一个耗资超过1 000万美元的项目中，瓦乔维亚银行正在用一个可以无缝连接企业的大多数投资产品和商业功能的基础架构来取代它的系统仓。

“竞争优势来自你的运算能力、工作流程和系统流程。”建筑与工程方面的主要负责人兼副总裁托尼·毕晓普（Tony

Bishop）说，“直通式处理对于华尔街的企业来说是一个乌托邦似的挑战。”在毕晓普看来，项目的第一步应该为每个主要功能（例如，研发、风险管理、销售、交易、清算、结算、付款和报告）以及主要产品（例如、债务和股权产品、资产担保融资、衍生品市场等）构建一个交叉矩阵。项目小组必须对现有系统的每一个细节进行严格的审查。我们应该看着目前使用的系统问自己：“我们可以在哪里构建一个标准的框架、组件或者服务，允许我们一次而不是四次操作系统仓，而且可以把它延伸成为一个标准销售平台、交易平台或者别的什么？”

这个服务企业的平台最终将与使用DataSynapese公司的GridServer和FabricServer的处理器网络连接在一起。

在数据中心，瓦乔维亚银行引了Verari公司的四核刀片处理器。毕晓普说，他正在创造一个“盒子中的处理中心”。因为Verari已成功地将处理刀片和存储刀片紧密结合在一个机架上。从临时文件读写到计算机与存储点的紧密连接使得银行的数据处理效率得到大幅提升。

“我们现在对每一毫秒而不是每一秒定价，以节约支出或增加收入。”毕晓普说：“这个设施以1/3的成本将处理能力提高了3倍，得到9倍的收益。原本16个小时才能产生的报告现在15秒就可以完成。这就是IT成为企业新竞争力的关键。”

复杂的执行策略都是以深奥的数学公式为基础的。算法交易系统每秒钟都会产生成千上万的买卖指令，其中有很多指令将被取消或者被接下来的指令所覆盖。这些交易者主要获通过短暂的价格异常来获得收益，并通过“时间碎片”来掩饰他们的目的，或者把大的指令分解以至于不会影响市场。据估计，在交易中，对于一个经纪公司来说，一毫秒的优势可能带来一年1亿美元的收益。

从交易者到交易数据中心，最快的系统能在几毫秒内完成交易。事实上，两台电脑之间的物理距离也可能影响交易的时间。这个问题被称为数据潜伏期——也就是一瞬间的延迟。为了解决这个问题，许多追求高效率的交易者都把办公室选在离华尔街尽可能近的地方。

华尔街对速度的追求不仅可能让场内交易者失业，而且开启了与股票市场新的替代汇率和电子交流网络的竞争。电子交易减少了股票交易市场的波动，因为波动是由于聚集在一起的交易产生的，并且电子交易能对价格的细微变动很快作出反应，并能让大的波动变得平滑。它也提供了一种建立交易来获得收益的机会，比如获得服务的企业希望自己的服务器在相距不远的地方。电子交易也为那些承诺提供最快的交易速度的服务企业和系统集成商创造了新的机会。

从最抽象的角度看，这些数据延迟竞赛代表着全球正致力于消除通往公平、透明市场的壁垒（地理上的、技术上的和心理上的）。Lime Brokerage是曾经使用自定义Linux服务器交易两亿股份的新型经纪公司，公司的创始人阿斯利泰尔（Alistair）说：“任何公平的市场都选择第一时间的、买家或者卖家中最优的价格”，“在这种情况下，速度就成为一个大问题。如果每个人都会获得相同的信息，当市场变化时，你就应该争取成为第一名。否则，速度慢的人将被远远甩在后面。”

一毫秒的价值

在新泽西的林肯隧道处，有一座不起眼的三层楼，这就是世界最重要的金融数据中心之一。你不可能在没有任何标记的入口处轻按门铃进入。从这个建筑物的外观来看，很难找到真正的入口。

有5台电子交易服务器放在这个数据中心，它们同时和数十家交易公司的电脑连接在一起。在萨维斯公司（Savvis）的经营下，这个设施应用大多数先进交易技术。萨维斯公司的成长可以追溯到直接市场接入快速发展时期。过去，交易者利用路透社和汤姆逊公司更新和提供的综合数据。传输这些数据需要花500毫秒以上，这对于今天的自动交易来说时间太长了。

萨维斯公司的金融市场部副总裁瓦吉斯（Varghese）说："现在你可以找到很多采用直接市场接入方式的数据提供者和供应商。"萨维斯公司可以为客户提供与交易市场的直接连接，而不需要通过综合系统。交易者也从近距离、快速满足需求中获利。即使是最快的网络系统，将数据从纽约传到芝加哥也需要7毫秒，将数据从西部传到东部需要35毫秒。

许多经纪公司和服务公司都愿意花高价让自己的公司坐落在纳斯达克证券交易所和纽约证券交易所附近。

纳斯达克证券交易所的副总裁布莱恩·海因德曼（Brain Hyndman）说："大概有100家公司会使用我们的主机代理它们的服务器，并且每月的价格为3 500美元。纳斯达克证券交易所的主机代理价格近两年以每年25%的速度上涨。"

"物理主机代理消除了即使在最快的网络系统中也不可避免的固有延迟。各个分享数据中心的服务器都是通过千兆以太网相连的，一种被称为无线带宽技术的极高速交换网络结构的使用也是为了达到相同的目的。"系统供应商Voltaire的首席技术官亚龙·哈维（Yaron Haviv）说，可以将延迟减少最小。海因德曼说："纳斯达克证券交易所将在今年底关掉康涅狄格州特兰伯尔市的数据中心，在明年把所有的设备都搬到新泽西去，且在大西洋中部地区进行备份（交易公司和交易所都被要求公开它们准确的地理位置）。"

首席技术官史蒂夫·鲁宾诺（Steve Rubinow）说："纽约证券交易所在未来两年里将把它的10个数据中心减少为2个。协同定位不但保证了传输快速，还保证了传输的可预测性。如果你的交易在10毫秒内完成而有些人的交易在1毫秒内完成，就会出现问题，我们的顾客不喜欢存在差异。"

主机代理服务的最大顾客之一是瑞士信贷银行，它每天处理美国10%的交易，同时为先进的"黑箱"交易系统提供一些取着诸如"狙击手"、"游击队员"、"内行"等绰号的外来算法。瑞士银行负责全球销售渠道的主管盖伊·吉里洛（Guy Girillo）说："瑞士银行使用的是Sun和Egenera公司在整个美国市场的主要服务器，有的运行Linux，有的运行Windows，这些服务器主要服务于套期保值的基金和一些买方当事人。"

这个位于瑞士银行曼哈顿总部的交易系统现在已被复制到伦敦、香港和东京等地。

吉里洛说："在过去的一年里，客户的交易时间（一个客户从银行得到消息到达成交易协议的时间）已从15毫秒缩短到8毫秒。整个执行时间还包括交易的延迟时间和一些连瑞士银行也不能控制的时间。"

"这些时间也是电子交易网络和交易所需要应对的。"吉里洛说，"延迟时间、周转时间和基础设施都是这场电子战争中需要考虑的因素。"

资料来源：Adapted from Gary Anthes, "Split Second Securities Trading at Wahovia," *Computerworld*, May 21, 2007; and Richard Martin, "Wall Street's Quest to Process Data at the Speed of Light," *Information Week*, April 21, 2007.

问题

1. 在本案例中，利用速度较快的技术和协同定位的服务企业可以获得怎样的竞争优势？你认为哪些是合适的？哪些是暂时的？哪些是可以模仿的？论证你的观点。

2. 瓦乔维亚银行的毕晓普说："竞争优势来自你的运算能力、工作流程和系统流程。"结合本章内容，提出一个相反的观点，说明IT在获得竞争优势方面的作用。利用本案例中的例子来支持你的观点。

3. 除了证券企业，哪些工业企业可以从缩短交易时间的技术中获益？请举例说明。

实践

1. 本案例中的大多数讨论都是站在商

业企业的视角，或者围绕这些技术对于它们和客户所增加的价值。然而，本案例也提到了证券交易所为改善交易过程以及将需求转化为收入所做的努力。研究最近像纽约证券交易所和纳斯达克证券交易所这样的证券交易所使用的技术，并且准备一份报告来细述它们最终获利的情况。

2. 本案例中列举了一个利用IT来克服商品和信息流障碍的例子。举出一个有别于案例中提到的工业企业的例子，分析它在商业活动中遇到的障碍，分析IT是怎样帮助它的。

第2篇

信息技术

信息系统技术给企业专业人员带来了哪些挑战？他们应该掌握哪些信息技术的相关基础知识呢？本篇共 4 章，将对信息系统技术所涉及的计算机硬件、软件、数据资源管理、网络通信技术以及它们对企业管理者和专业人员日常工作的影响等方面进行全面的介绍。

● 第 3 章：计算机硬件。介绍微型计算机、中型计算机、大型计算机系统的发展历程以及未来的发展趋势，计算机系统的基础概念，计算机输入、输出和存储的相关设备中应用的主要技术。

● 第 4 章：计算机软件。介绍用来支持企业和终端用户运算的应用软件和系统软件的基本特点以及发展趋势。

● 第 5 章：数据资源管理。着重介绍数据资源管理对于计算机应用部门的重要性。阐述与数据库管理相关的重要概念，以及数据库管理在商务信息系统中的应用。

● 第 6 章：远程通信和网络。对互联网和其他通信网络的功能及其在企业中的应用进行概述，并对通信技术的演化变革以及未来发展趋势进行介绍。

第3章 计算机硬件

学习目标

1. 掌握计算机硬件的发展历程和演变过程。

2. 能够识别和掌握微型计算机、中型计算机以及大型计算机系统的主要类型及其应用。

3. 了解计算机相关的输入、输出和存储设备的主要技术及应用。

4. 掌握计算机系统的组件及其功能，并能够给出应用的案例。

5. 可以依据个人或者企业的需要来选择合适的计算机系统以及相关设备，并能够解释决策的理由。

3.1 计算机系统：终端用户和企业计算

概 述

计算机系统通常由输入、处理、输出、存储和控制系统等五部分组成。在3.1节，我们将讨论目前常用的各种计算机系统的发展历程、未来的发展趋势和应用情况以及相关的基本概念。在3.2节，我们将介绍作为现代计算机系统重要组成部分的计算机外围输入、输出以及存储技术的发展。

阅读下面关于网格计算系统给企业带来的利益以及挑战的真实案例，可以从中了解大规模的网格计算技术在不同的组织中的应用。

案例3.1

IBM、美联银行和PayPal：网格计算帮助我们提高效率并降低成本

IBM的研究人员正和一群医生合作，以建立一个能够帮助肿瘤专家更快速、更准确地诊断癌症的数字图像数据库。新泽西州癌症研究机构的专家利用世界上最大的公共网格计算平台将血管造影成像（CAT）以及核磁共振成像（MRI）资料进行了数字化处理。

IBM的全球互联中心副主任罗宾·威

尔纳（Robin Willner）说："数字化的图像可以帮助医生更早地诊断癌症，并且在治疗中更准确地判断肿瘤增大或者缩小的情况。"目前，医生主要依靠肉眼来判断和分析患者机体组织的肿瘤病变情况。他们要辨别癌细胞的种类以及病变是否在继续恶化。如果可以将癌细胞的图像数字化，医生就可以根据大量的图像来进行对比分析，从而作出更准确的判断。

研究人员利用网格技术将大量的疑似受到癌细胞侵袭的组织扫描成数字化的图像，并且准确地判断出这些组织和细胞是否真正出现了病变。全球公共分布式计算平台所起的作用类似于一台超级计算机，无数的平台用户将他们空闲的计算机贡献出来参与运算。威尔纳说："对于全球公共分布式计算平台来说，没有什么比帮助医疗人员提高癌症的诊断以及治疗效果更好的应用了。"

该项目的下一个目标是建立一个拥有上百万数字图像资料的数据库。美国国立卫生研究院（National Institutes of Health，NIH）将拨款250万美元用于将新泽西州的癌症研究机构、罗格斯大学以及全美各地癌症研究中心的数字化图像存入数据库。威尔纳说，数据库可以帮助医生将患者的最新图像与数据库中的图像进行对比，来更准确地诊断病情以及制定更好的治疗方案。医生可以根据数据库中相似的癌症蛋白质特征以及疗效情况来为患者制定更符合他们病情特点的治疗方案。

新泽西州癌症研究机构的负责人戴维·J·福伦（David J. Foran）说："NIH本次拨款的首要目的就是在现有资料的基础上建立一个覆盖范围更广、拥有更多特征样本的数据库。该数据库结合决策支持技术，可以为研究人员以及医疗人员提供一个协助癌症诊断和治疗的公共平台。我们希望全国的各个癌症研究中心都可以应用这项技术。"

这并不是IBM公司首次尝试进军医疗领域。在此之前，IBM公司与Mayo医疗中心合作建立了一个研究机构来研究医疗图像技术。新的医疗图像信息研究中心设在明尼苏达州的罗切斯特。Mayo医疗中心的放射科主任布拉德利·埃里克森（Bradley Erickson）说，他们正在设法将用于游戏机PlayStation3中的芯片技术应用到医疗图像系统中。该技术可以大大减少医生的工作量，或者帮助医生缩短工作时间。

网格技术并不仅仅应用于公益事业。美联银行（Wachovia Corp.）开始免费提供部分交易申请的服务，将利用位于美国以及伦敦的1万台网格电脑服务器来进行这些交易的基于Java的运算。它正计划利用其他可用的网格系统来帮助自己工作，这样不仅可以提高硬件的利用效率，而且可以节省硬件的成本。

美联银行的副主席兼产品经理托尼·毕晓普（Tony Bishop）说，公共的网格系统服务器的处理能力大约为公司内部服务器的3倍。公司目前正在利用网格系统的服务器来处理订单管理等8个项目的全球网上交易。服务器设在纽约、伦敦、费城以及公司的总部南卡罗来纳州的夏洛特市。公司数据部的首席技术官杰米·伯纳丁（Jamie Bernardin）说，公司需要不断地应用高科技来加快交易速度，以满足交易订单数量增长的需求。

毕晓普说，由于目前使用的网格系统可以批量处理订单申请，因此部分交易的效率比以前提高了4倍。加快处理的速度意味着可以更快速地作出交易的决策，并且及时反馈给客户。IT技术使公司的业务处理得更加及时且更多地实现了自动化。

PayPal的支付系统是以Linux的网格系统作为后台支持的。公司技术支持部的前执行副总裁斯科特·汤普森（Scott Thompson）负责Visa分公司的全球信用卡交易业务。Visa的网络系统是严格基于IBM的中央处理器运行的。

2005年2月，汤普森出任eBay的首席技术总监，当时eBay使用的是一个基于开放式Linux技术开发的低成本交易处理系统。汤普森说："我来自 Visa 分公司，并负责 Visa 的网络系统，那是一个全球性大型的先进处理系统。我对 PayPal 的支付系统很好奇，不知道这个基于 Linux 技术开发的系统能否做到百分之百正确、保证信息不丢失，并且可以具有处理海量的交易订单的能力。"

汤普森现在负责管理 PayPal 的电子支付处理系统，该系统虽然规模以及交易金额比 Visa Net 略小，但是发展速度很快。该系统目前每秒处理在全球 17 个国家发生的价值 1 571 美元的交易。截至 2006 年，这个从帕罗奥多的一家面包坊中发展起来的在线支付公司处理的总交易额已达 376 亿美元，并且将很快达到 500 亿美元。

PayPal 公司的总部目前设在圣何塞市，客户可以通过信用卡、借记卡以及银行账户等 3 种方式来进行支付。公司在全球拥有 16 500 万个账户，并且与西北航空、西南航空、美国航空、Overstock. com 等公司开展合作，用户可以在上述公司的主页使用 PayPal 的在线支付功能。

汤普森目前负责管理由 4 000 个服务器组成的依靠 Red Hat Linux 技术支持的支付系统。eBay 和谷歌公司也采用相似的系统。他说："我们惊喜地发现，用目前的这种方式来支持我们的系统，就像背后有一个强大的中央处理器一样。"

汤普森说，当 PayPal 不断发展时，利用基于互联网的网格系统升级，比升级中央处理器要容易得多。中央处理系统提升 15%或者 20%的处理能力所需的成本巨大，大约需要数百万美元。而对于 PayPal 目前采用的网格系统来说，公司可以在很短的时间内购置几百台服务器，只需要数万美元。

PayPal 采用由 Red Hat Linux 技术支持的网格系统，加强了信息安全模块，并删除了部分与公司业务无关的功能。该网格系统的另一个优点是：PayPal 的 800 余名技术工程师可以随时从系统中获得数据，并对系统的功能进行编辑和开发，以满足工作的需要。汤普森说，如果采用中央处理系统，这一流程不会像现在这样灵活。

资料来源：Adapted from Sharon Gaudin, "IBM Uses Grid to Advance Cancer Diagnosis and Treatment," *Computerworld*, January 28, 2008; Patrick Thibodeau, *world*, May 15, 2006; and Charles Babcock, "PayPal Says Linux Grid Can Replace Mainframes," *Information Week* November 28, 2007.

问题

1. 本案例中，我们介绍了网格计算在医疗诊断以及企业交易流程中的应用。你能否给出其他领域中应用网格计算的例子？请给出类似的应用案例。

2. IBM 公司和新泽西州的癌症医疗中心合作利用网格技术来协助医疗诊断。你认为该项目的优势在哪些方面，还存在哪些不足？请参照网格技术的专业资料分别举例说明。

3. 本案例中介绍的 IBM、美联银行和 PayPal 公司都是知名的大公司。现在有一些服务器的提供商开始基于网格系统技术向一些小公司出租服务器。你认为中小型公司也会从网格系统技术中获益吗？从互联网中寻找资料来帮助解答。

实践

1. 网格计算技术越来越流行，并且得到了诸如 IBM、太阳微系统、甲骨文等知名公司的支持。它的产品各自具有什么特点？请访问上述三个公司的网址，寻找与网格计算有关的资料，并把你的发现展示给其他同学。

2. 网格技术的优点之一就是用更便宜的服务器或者个人电脑来代替价格昂贵的中央处理系统或者超级计算机，从而降低成本。管理这些服务器的成本如何？请在网上查找与网格技术以及传统的中央处理系统成本相关的资料，并把你的发现写成一份报告。

计算机硬件的发展历程

如今科学技术正在快速发展，然而计算机的发明经历了多个世纪。如果没有计算机，我们现在不可能取得如此多科学成果。为了认识计算机的重要贡献，我们需要了解计算机的发展历程以及演变过程。由于篇幅所限，我们仅作简要介绍。

人类从认识到数字概念时起，就学会了使用手指和脚趾来进行简单的计算。后来，我们的祖先意识到用物品来代表数字可以避免手指和脚趾在数量上的局限。此时，在你的脑海里可能会浮现出这样一个画面：在一个山洞里，一群人正在用他们的手指、脚趾以及木棒和石头进行计算。这个画面看起来可能很滑稽，却曾经真实存在。

早期，人类可能使用贝壳、鸡骨头或者其他物品来计数。实际上，“calculate”一词来源于“calculus”，在拉丁语中代表“小石头”，说明早期的人类将鹅卵石或者小珠子摆成一排，构成了最早发明的计数工具——算盘的原型。通过思考和练习，人们可以通过拨动小珠子来进行快速的计算。

法国数学家布莱士·帕斯卡（Blaise Pascal）于1642年发明了第一台加法计算器。这台机器的部分原理和算盘类似，但是帕斯卡利用滚轮来操作算珠，从而解放了双手。今天我们使用的磁带以及里程计数器采用的就是相同的原理。1674年，戈特弗里德·威廉·冯·莱布尼茨（Gottfried Wilhelm von Leibniz）对帕斯卡的计算器进行了改进，使它不仅能够进行加减的计算，也可以进行乘除的计算。

随着欧洲工业化时代的到来，机械在农业以及制造业中发挥了重要的作用。法国人约瑟夫·雅卡尔（Joseph Jacquard）发明的机械织布机对工业以及计算机业的发展起到了巨大的推动作用。操作人员利用打孔的卡片来控制织布机，从而可以织出不同图案的布。操作人员还可以利用这种卡片来为织布机编写程序，并使程序准确地重复运行。

查尔斯·巴比奇（Charles Babbage）是19世纪英国的一位数学家，他在看到雅卡尔的机械织布机利用打孔卡片的方式来存储预定程序时受到启发，于是预测将会出现一个可以进行各种运算以及存储数值并且比较不同数值之间逻辑大小的机器，并将之命名为“逻辑引擎”。然而，由于当时还没有发明电子元件，因此“逻辑引擎”未能实现。

19世纪80年代末，赫尔曼·霍尔瑞斯（Herman Hollerith）采用雅卡尔打孔卡片的方式来存储统计数据。统计人员用带有一系列小孔的卡片来代表统计数据中的数字以及字母。这些卡片随即被送入一个仪器，并根据卡片上不同的小孔来决定是否翻动卡片。仪器会记录下不同卡片被翻动的各种组合来表示统计数据的结果。霍尔瑞斯的仪器获得了巨大的成功：他将统计数据的时间缩短了1/3，并为生产仪器的企业带来了大量订单。1911年，该企业与竞争对手合并，共同组成了今天的IBM公司。

1946年，宾夕法尼亚大学莫尔电气工程学院发明了世界上第一台电子计算机——电子数字积分计算机（Electronic Numerical Integrator and Computer，ENIAC）。ENIAC由大约18 000个真空管组成，可以编辑程序以及存储运算的结果。

我们通常将使用真空管技术的计算机定义为第一代电子计算机。ENIAC每秒可以进行5 000次运算。ENIAC最突出的缺陷就在于它的体积以及处理能力。ENIAC需要占用1 500平方英尺的空间，同一时间只能运行一个程序，并且需要耗用大量的电能，当 ENIAC 执行程序时，附近地区的电灯都会变暗。

20 世纪 50 年代，雷明顿·兰德公司（Remington Rand）制造出通用自动电子计算机（Universal Automatic Calculator，UNIVAC）Ⅰ代，每秒可以进行 1 万次加法运算。1957 年，IBM 公司生产出 IBM 704，每秒可以进行 10 万次运算。

50 年代末，晶体管研制成功，并迅速取代了电子计算机中的真空管。使用晶体管技术的计算机每秒可以进行 20 万～25 万次运算。我们把应用晶体管技术的计算机定义为第二代电子计算机。60 年代中期，以集成电路和固态原件技术为特征的第三代电子计算机问世。

计算机技术的发展离不开杰克·基尔比（Jack Kilby）的伟大发明——集成电路技术。基尔比于 1958 年在得州仪器公司发明了集成电路技术，并由于这项伟大的发明于 2000 年获得诺贝尔物理学奖。除了集成电路技术以外，他还发明了手持式计算器以及油印机。如果没有他发明的集成电路，我们今天将不会使用如此高效、便捷的电子计算机。

1971 年，以高度集成、可同时处理多项任务以及支持虚拟存储为特征的第四代电子计算机问世。80 年代，第五代电子计算机研制成功，其中，小型机每秒可以进行 300 万～500 万次运算，大型机每秒可以进行 1 000 万～1 500 万次运算。

1975 年，MITS 公司生产出第一台微型计算机 ALTAIR 8800。该计算机由几个部件连接而成，并通过敲击上方的按钮来编辑程序。它不带有任何软件程序，但相对于其他电子计算机高达数万美元的价格来说，它是第一台只需花费几千美元的个人微型计算机。1977 年，Commodore 与 Radio Shack 公司同时宣布将开发个人计算机。苹果公司的创始人——当时正在读大学的史蒂夫·乔布斯和史蒂夫·沃兹尼亚克也决定参与个人计算机的竞争，并且在自家的车库中开发出了第一台计算机。1979 年，苹果公司开始大批量生产个人计算机，到 1981 年该产品成为市场上最畅销的产品。1982 年秋，又一项改变历史的发明诞生：IBM 公司生产出了自己品牌的电脑。

随着 20 世纪 80 年代个人计算机的发明，以及网络技术的不断完善，人类最终发明了互联网。通过互联网，人们几乎可以找到所想要的任何数据和资料。今天，计算机技术还在继续飞速发展。

对于计算机的发展历程，我们暂时回顾到这里，下面介绍计算机硬件。

□ 计算机系统的类型

按照规模以及处理能力，可以将计算机系统分为很多类型。计算机硬件和软件的迅速发展以及终端用户需求的改变促使新型计算机不断产生，例如最小型的掌上个人数字助理系统和拥有多个中央处理器的企业大型机等（见图 3—1）。

按照计算机处理能力的大小以及所支持的终端用户的数量，可以将计算机系统分为大型机系统、中型机系统和微机系统等。但这种分类方法并不是很精确，而且不同类别之间还存在重叠。因此，还可以用其他一些名称来表示特定用途的计算机，如个人计算机、网络服务器、网络计算机、技术工作站等。

此外，专家预计还会有更多的新型计算机出现，同时现有的部分类型的计算机将被淘汰。他们认为一部分中型机和大型机在运算速度上已经无法满足需要，取而代之的将是功能强大且多样的，由用户微机和服务器组成的客户端和服务器网络。

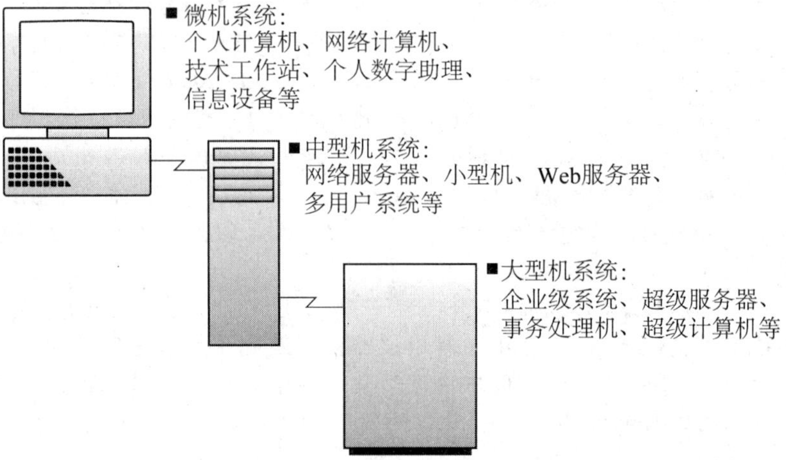

图 3—1 计算机系统的类型

另一些行业专家预测专门用于互联网和企业内联网的网络计算机和信息设备将会取代个人计算机，尤其是在一些大企业以及家用计算机市场。还有一些专家认为比微型计算机更小的计算机将会成为个人计算机的主流。时间将验证这些行业专家的预测是否正确。

□ 微机系统

计算机以运算处理为主要功能的情况已经改变，对于成千上万的商业用户以及消费者来说，台式计算机目前主要被用作浏览互联网的窗口。计算机如今已经成为一种通信设备，消费者希望其价格越低越好。

微机（microcomputer）对于商务人士和消费者来说是一种非常重要的计算机。虽然通常被称为个人计算机或者 PC，但微机并不仅仅是一种供个人用来通信的小型机。如今微机的处理能力已经超过了以前的大型机，并且所投入的成本只有大型机成本的几分之一，因此微机已经成为商务人士得力的网络工作站。

还记得阿波罗 11 号上的计算机系统吗？保证宇航员安全地降落到月球上并且返回地球是太空船的重要功能，控制航行以及飞船系统运行的计算机系统至关重要。阿波罗 11 号的计算机系统由麻省理工学院负责开发，中央处理器的运算能力为 2 048MHz。而现在家庭计算机的处理标准已经达到了 4GHz，即每秒钟完成 40 亿次运算。阿波罗 11 号的计算机系统重达 70 磅，而现在的台式机仅重 1 磅左右。这些都表明计算机技术取得了重大进步。

微机的用途不同，大小和形状也不同（如图 3—2 所示）。例如，个人计算机可以分为掌上型、笔记本型、便携型、可折叠型、桌上型、立式型。从使用角度来看，可以分为家用系统、个人用系统、专业用系统、工作站系统和多用户系统。大多数微机是放在办公桌上的台式计算机，或者是方便某些人工作的小型可携带的笔记本电脑。表 3—1 列出了在购买高端的专业工作站、多媒体个人计算机或者初级用户计算机时应该考虑的一些重要因素。通过该表你可以了解当今微机的一些特点。

(a) 笔记本电脑

资料来源：Courtesy of Hewlett-Packard.

(b) 作为专业工作站的微机

资料来源：© Royalty Free/Corbis.

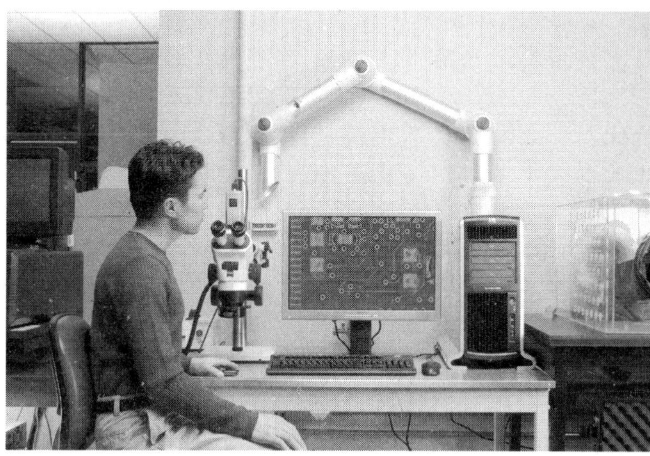

(c) 作为技术工作站的微机

资料来源：Courtesy of Hewlett-Packard.

图 3—2 微机系统的例子

表 3—1 三类个人计算机用户选购计算机参考性能表

商务专用	重负荷多媒体	初级使用
综合产品，客户、公司多方面因素，需要的不仅仅是一台运行足够快的机器，还需要： ● 3-4GHz 双核处理器，还需要： ● 4-8GB 内存 ● 500GB 硬盘存储空间 ● 19 英寸以上宽屏显示屏 CD-RW/DVD+BW 光驱 ● 网卡 ● 彩色激光打印机	媒体爱好者和专业游戏玩家至少需要一个 Mac G4 或英特尔 2-3GHz 双核处理器，还需要： ● 4-8GB 内存 ● 250+GB 硬盘存储空间 ● 19 英寸或更好的宽屏显示屏 ● 16X 或更好的 DVD+RW 光驱 ● 显卡（预算允许下尽可能快） ● 声卡 ● 激光打印机（彩色或黑白）	选购 2-3GHz 赛扬处理器来节省花销，还需要： ● 2GB 内存 ● 120-160GB 硬盘存储空间 ● 15～17 英寸宽屏或正常显示器 ● CD-RW/DVD 光驱 ● 喷墨打印机

微机还包括功能强大的**工作站计算机**（workstation computers，又称技术工作站）。工作站计算机支持复杂的数学运算，以及工程设计中的图形展示，如计算机辅助设计（computer-aided design，CAD）和证券业的投资分析。另一些微机被用作**网络服务器**（network servers），它们通常用于局域网、互联网和企业内联网的通信和资源共享。

企业选择PC的标准

你需要什么样的个人计算机？是大而明亮的显示器、速度快的处理器、大容量的硬盘驱动还是宏碁的内存？以上这些都不是企业购买计算机时必须考虑的主要因素。大量研究表明，计算机的价格仅占总成本的很小部分，技术支持、维护以及其他无形费用却占到计算机成本的绝大部分。下面介绍购买计算机所要考虑的最主要的几个因素。

良好的性价比。企业知道自己购买计算机并不是用来绘制人类基因图谱或者土星运行轨道，只是用来进行文字处理、订单输入、销售合同管理以及开展其他基本业务。它们需要的只是一台价格合理、运行稳定、足以胜任上述任务的机器，而不是最新型的计算机。

许多企业正在为员工配备笔记本电脑来代替台式机。随着无线网络的普及，员工的工作地点不再局限于办公室，他们可以在会议室、会谈的场所甚至国外的旅馆等任何场所使用笔记本电脑进行工作。

这种潮流带来的影响之一是对大屏幕、高性能笔记本电脑的需求的增加。这种需求对笔记本电脑厂商提出了挑战，即在保证产品高质量的同时还要继续保持笔记本电脑的轻薄和便携。

对操作系统的支持能力。计算机操作系统的更新是一个企业升级现有系统必须面对的问题。这也是很多企业希望自己的计算机既能够运行现有的操作系统，又可以运行以后推出的新操作系统的原因。虽然大部分企业已经适应了微软的Windows XP或Vista系统，但一些企业仍然希望继续使用较早的版本。新技术的发展要求这些企业的计算机能够升级为Windows 7（微软最新的操作系统），甚至是3～5年以后的操作系统。这意味着计算机的硬盘空间和内存大小的选择至关重要。

网络连接。如今企业的计算机都已经联网，因此新购买的计算机必须能够连接互联网。企业通常会选择具有无线网络功能的计算机。无线网络不需要考虑电缆，尤其是在和笔记本电脑连接时，工作空间更加灵活，部署计算机更加简单。很多企业都计划使用基于互联网的计算机应用，这需要计算机具有快速、稳定并且安全的网络连接功能。

安全设备。在现代化的企业中，大部分数据都是通过联网的工作站进行处理的，其中的大部分数据为企业的内部数据。因此，计算机采购的一个重要标准就是设备能否符合组织的安全条例。例如，它能否支持USB软件狗、智能卡读取器、生物识别设备甚至更高级的安全装备。我们将在第13章对此进行更深入的讨论。

计算机终端

计算机终端（computer terminal）正在经历向网络计算机发展的重大变革。传统的只拥有键盘、显示器和有限处理能力的哑终端（dumb terminal）正在被具有网络功能的由个人计算机和网络计算机改进而得到的智能终端（intelligent terminal）所取代。呈现这种发展趋势的同样包括网络终端（network terminal），它可能是一个依赖于网络服务器的拥有 Windows 软件、处理能力以及存储空间的 Windows 终端，也可能是依赖于互联网或者内联网站服务器的操作系统和应用软件的互联网终端（Internet terminal）。

智能终端可采用多种模式，独立地运行数据录入和信息处理功能，其中包括广泛应用于银行、连锁店、工厂以及其他工作站的事务处理终端（transaction terminal），例如自动取款机、工厂生产记录仪、机场登机亭以及零售业终端销售机。这些智能终端使用键盘、触摸屏、条形码读码器以及其他输入设备来获取数据，并在业务处理过程中与终端用户进行交互，同时通过网络服务器或者其他计算机处理远程事务。

网络计算机

网络计算机（network computer，NC）属于微型计算机，被设计用于互联网和企业内联网中，办公人员、操作人员以及知识工人通过网络计算机运行一些专有的或者具有权限限制的应用程序。这些计算机是低成本、无缝网络连接的微机，通常没有配置或者仅配置少量的磁盘存储空间。网络计算机用户的操作系统、Web 浏览器、应用软件以及数据的读取和存储主要依赖于网络服务器。

网络计算机的最大优势在于其低廉的总成本，其中包括购买、安装、运行和维护一台计算机的成本。其升级、维护和支持费用大大低于配置齐全的个人计算机。另外一个业务方面的优势在于软件的发布、注册过程变得很方便。网络计算机拥有标准化的运行操作平台，降低了对终端用户配置的要求，并可以通过设置权限访问企业资源以及集中式管理来提高管理的效率。

信息设备

对于信息处理来说，个人计算机并不是唯一的选择。一系列智能工具和信息设备——从手机、传呼机到掌上 PC、网络游戏机——都可以用于访问互联网并完成基本的运算处理功能。

作为**个人数字助理**（personal digital assistant，PDA）的掌上计算机是目前最流行的一种**信息设备**（information appliance）。Web 化的 PDA 使用触摸板、手写笔或者键盘来支持用户收发电子邮件、访问互联网，并可以和台式计算机的 Web 服务器交换诸如时间计划、任务安排以及销售合同等信息。

目前的主流 PDA 技术是 RIM 的黑莓——一种小型的、传呼机大小的设备，它能够完成所有的 PDA 日常任务，而且可以作为一部具备全部功能的移动电话。它和其他无线 PDA 解决方案的不同之处在于它可以一直在线保持连接。黑莓的用户不需要检索电子邮件，而是由电子邮件主动找到用户，这个功能使得黑莓不需要建立或者初始化连接，甚至不需要外置的天线。当用户需要发送或者回复邮件时，设备上的小键盘可以输入文本。与移动电话一样，黑莓始终与无线网络保持连接，使得电子邮件可以实时传送。此外，由于黑莓使用的是和大部分移动电话服务相同的网络，因此可以在任何有移动信号的地点使用。

苹果的 iPhone 作为该领域的新产品，迅速赢得了用户的喜爱。iPhone 实质上是三个产品的综合：一台有创新性的移动电话、一台应用触控技术的大屏幕 iPod 音乐视频播放器以及一台拥有像台式机那样的电子邮件、Web 浏览器、地图和搜索功能的互联网通信设备。iPhone 将以上三种功能很好地结合起来，成为一台小巧轻薄的手持设备。iPhone 推出了一种全新的用户界面，它运用了支持多点触控的先进软件，使用户仅仅使用手指就能进行所有功能的操作。

iPhone 的开发源于苹果公司的首席执行官史蒂夫·乔布斯的设想。乔布斯认为苹果公司应该开发触控屏幕的信息产品。iPhone 由苹果公司与 AT&T 移动公司合作开发完成，在其概念形成阶段被称为“Cingular Wireless”，研发费用约为 1.5 亿美元。在开发期间，iPhone 被命名为“Purple 2”。苹果公司抛弃了之前由摩托罗拉公司设计的客户操作系统、交互界面以及硬件。

2007 年 6 月 29 日下午两点，苹果公司暂时关闭了零售商店，着手准备在下午六点开始的 iPhone 销售启动仪式。到了正式销售之时，全美已经有上千名客户在商店门口排队等待。在启动销售后的 30 小时之内，苹果公司卖出了 27 万部 iPhone。

从 2007 年 11 月 9 日到 2008 年 1 月 28 日的 11 周时间内，德国电信公司（Deutsche Telekom）已经与 7 万名 iPhone 客户签约。在英国，从 2007 年 11 月 9 日到 2008 年 1 月 9 日的 8 周时间内，大约有 19 万名客户与 O2 电信公司签约购买 iPhone。

最新一代的 iPhone 支持 3G 技术。该版本通过更加快捷的 3G 网络提供上千种应用软件下载，以满足 iPhone 用户的网上银行服务、个人业务助理等各项应用需求。iPhone 引领移动业务领域进入软件运行能力以及应用功能超级强大的时代，使得人们能够在移动电话上完成各种应用。由于摩尔定律的作用以及用户对新功能需求的增加，我们可以预见，将来会出现更先进的 PDA 类型的设备。

信息设备也可以采用视频游戏机或者其他形式与电视机连接。这些设备使得人们可以在上网冲浪、收发电子邮件的同时观看电视节目以及玩视频游戏。诸如无线 PDA、可上网的手机以及 PCS 电话等设备同样可以供人们收发电子邮件和上网。

□ 中型机系统

中型机系统（midrange systems）主要用于高端网络服务器和其他可以处理大规模商业应用任务的服务器。虽然中型机的处理能力不如大型机，但是中型机在价格、运行和维护方面的成本要比大型机低，因此可以满足许多企业组织的需求。

处在萌芽中的数据仓库技术以及相关的数据挖掘和联机分析处理软件使得 IT 部门对服务器配置的需求不断增加。同时，信息技术基于互联网的应用（如网络服务器和电子商务等的发展）也要求 IT 经理不断地提升处理器、存储器以及其他（商业）应用程序的性能，加快高端服务器的发展速度。

中型机系统已经成为一种非常流行且具有强大功能的网络服务器，主要应用于大型的互联网网站、企业内联网和外联网。互联网功能及其应用通常是指像整体的企业生产、分配、财务应用这样的高端服务应用。以上这些应用与数据仓库管理、数据挖掘以及联机分析处理（将在第 5 章和第 10 章中介绍）等其他方面的应用共同作用，极大地推动了高端服务器系统的发展。

与**小型机**（minicomputers）相似，中型机系统起初被应用于科学研究、设备系统测试、工程分析和工业流程监控等领域。由于这些应用的范围比较集中，而且不需要像大型机那样提供多种功能，因此小型机可以轻松地满足这些应用需求。目前，中型机系统的应用领域涵盖了用于工业流程监控以及制造部门的服务器，并且在计算机辅助制造（CAM）中发挥了重要作用。它们还可以作为强大的技术工作站来完成计算机辅助设计以及其他计算密集型、图像处理密集型应用程序。此外，中型机系统还可以作为完成信处理和网络管理等任务的大型机的前端服务器来辅助其工作。

动画片《快乐的大脚》成功的背后

为满足制作动画片《快乐的大脚》(Happy Feet) 的技术处理要求，最初部署的500台刀片式服务器迅速增加到2 000台。这部时长108分钟的动画片由数码产品制作公司The Animal Logic Group剪辑完成，并获得2006年奥斯卡最佳动画片奖。

“我们需要大量的具有足够处理能力且价格合理价位的处理器来为我们工作。”影片的技术指导格扎维埃·德杜瓦 (Xavier Desdoigts) 说，“我们需要运行140 000帧，每一帧都需要几小时来进行处理。影片的逼真性使得我们对计算机处理能力的要求上升到了一个新的高度。”

例如，影片的主角——企鹅Mumble的身上有600万片羽毛。“电影中有6个镜头，超过40万只企鹅同时出现在镜头中。”德杜瓦说。这些技术难点使得《快乐的大脚》在最后9个月中的制作使用全部服务器CPU超过了1 700万小时。“我们在最初的筹划阶段已经考虑到了制作该影片需要构建和管理这样一个大规模的处理系统。”

Animal Logic和IBM公司合作，使用BaldeCenter HS20型的刀片式服务器构建了一个功能强大的服务器系统，每台刀片式服务器都拥有两个英特尔Xeon型至强处理器。影片最终的技术处理在2006年10月完成，并在接下来的几个月在美国上映。整个服务器系统由一个管理计算簇的开源包所控制。从IT的角度来看，Animal Logic最大的成功就是实现了整个服务器构架由一个人来管理。

“我们必须确保所选择的解决方案在安装和管理的过程中不会太过复杂，因此我们从客户的视角来研究和制定服务器的解决方案。”德杜瓦说。《快乐的大脚》很快成为澳大利亚票房收入最高的电影之一，并连续3周蝉联美国的电影票房冠军。影片上映的第一周即在3 800多家影院中放映，仅在美国就获得了超过4 100万美元的收入。

资料来源：Adapted from Sandra Rossi, “And the Oscar Goes to...Jovial Penguins and 2 000 Blade Servers,” *Computerworld Australia*, March 6, 2007.

□ 大型机系统

若干年前，曾经有人偏激地预言大型机将被淘汰，但目前的实际情况恰恰相反，大型机的使用量正在上升，并呈持续上升的趋势。大型机销量上升的原因之一是其价格下降（大约下降了35%），但价格下降并不是导致大型机需求增加的唯一因素。拥有信息系统的组织将大型机运用到新的技术领域，如数据仓库、数据挖掘、决策支持以及广泛的基于互联网的应用（其中最主要的就是电子商务），从而赋予其新的生命力。

大型机系统（mainframe systems）是大型、快速并且具有超强处理能力的计算机系统，每秒能够处理数十亿条指令（MIPS）。大型机同样拥有巨大的存储能力，可存储几兆到几百万兆字节的数据。在过去几年中，大型机的体积减小了很多，从而大大降低了它们对空调、耗电以及占地面积的要求，进而降低了运行和维护的成本。上述改进大部分源于大型机的冷却系统由之前采用的水冷降温改为气冷降温。

大型机目前主要应用于处理量大、运算问题高度复杂的政府机构和大型企业的信息处理领域，如国际银行、航空公司以及其他每天处理数百万条销售和客户查询记录的大公司。大型机还应用于处理计算密集型任务，如石油勘测的地质分析、飞机设计中应用的航空条件模拟以及大规模的客户端、服务器网络和高访问量的大型企业的互联网网站等领域。综上所述，大型机正成为一种流行的商业计算平台，广泛地应用于数据仓库、数据挖掘以及电子商务等领域。

超级计算机

超级计算机已经成为以台式工作站为起点的系列产品中最高端的“可扩展式服务器”，Silicon Graphics、惠普以及 IBM 等以市场为导向的公司，除了致力于生产世界上运行最快的计算机之外，还注重软件开发等其他方面的技术。由于台式计算机以及超级计算机都基于相同的缓存处理技术，因此许多软件可以同时运行于以上两种计算机。

超级计算机（supercomputer）代表一类超强的计算机系统，它们通常用来执行需要计算大量数据的科学、工程以及商业应用等任务。超级计算机市场的需求方包括政府研究机构、大学和大型公司，应用的领域包括全球天气预报、军事防御系统、天体运行轨道计算、微处理器研究设计以及大规模数据挖掘等。

超级计算机采用微处理器相互连接的并行处理构架（这种方式可以同时并行处理多条指令），能够很轻松地完成每秒数十亿浮点数的算术运算。通过数千个微处理器的海量并行处理（massive parallel processing，MPP）来完成每秒上万亿浮点数运算的超级计算机也已经开始使用。大型超级计算机的价格在 500 万～5 000 万美元。

对称多处理器（symmetric multiprocessing，SMP）和多个小型互联微处理器的分布式共享存储设计（distributed shared memory，DSM）的使用，促成了微型超级计算机的诞生，最低价格仅为几十万美元。例如，IBM 的 RS/6000 SP 系统的起价为 15 万美元。如果将处理器扩展至上百个处理节点，则需要将价格提高到几千万美元。

图 3—3 显示的 ASCI White 超级计算机系统由 White，Frost 和 Ice 等三个 IBM RS/6000 SP 系统组合而成。其中，White 是最大的系统，拥有 512 个节点、16 路对称多处理型超级计算机，最快运行速度达到每秒 12.3 万亿浮点数的算术运算；Frost 拥有 68 个节点、16 路对称多处理型超级计算机；Ice 则拥有 28 个节点、16 路对称多处理型超级计算机。超级计算机的研发不断推动整个计算机产业的发展。

图 3—3　ASCI White 超级计算机系统

资料来源：Image courtesy of Silicon Graphics，Inc.

超级计算机辅助卫星发射

卫星发射是一项非常艰巨的任务，噪音和振动都可能造成火箭顶部的卫星在到达运行轨道之前报废。因此，研究人员花费大量的时间进行复杂的仿真计算以帮助卫星与飞行器之间更好地隔离。日本最新研发成功的新型超级计算机，将大大提高这类仿真运算的精确程度。

这台富士通FX1型超级计算机是由日本宇宙航空研究开发机构（Japan Aerospace Explorations Agency，JAXA）于2009年研发成功的。它拥有3 008个节点，每个节点都配备一个四核的Sparc64 Ⅶ微处理器。该超级计算机拥有94TB的内存以及最高达120万亿浮点数的计算能力，在运行标准程序时可达到110.6万亿浮点数的计算能力，因而成为目前全球最高效的超级计算机。它的计算能力的实际峰值达到了理论峰值的91.2%，超过了前纪录保持者——位于慕尼黑的Leibniz Rechenzentrum公司开发的超级计算机。排在第三位的是JAXA研发的另一台超级计算机。“该超级计算机的性能大概是我们之前拥有系统的15倍。”JAXA工程电子改革中心的藤井浩三（Kozo Fujii）说。

该超级计算机的主系统由两排机架式计算机组成，辅助的第三排机架由一台处理能力相对较弱的FX1型计算机构成。此外，为了增强整个系统的性能，该系统还配备了一台NEC公司的SX-9矢量计算机，用来执行特定的任务并存储数据。系统的磁盘存储空间以及磁带存储空间分别为1PB和10PB（1PB相当于100万GB）。此外，房间还配备了工业用空调来保证室内温度适宜，并排放由这些机器产生的热量。

JAXA计划将该超级计算机系统应用于仿真的计算工作，来解决卫星发射过程中的噪音问题。藤井浩三说：“卫星发射时噪音的频率范围很广，其中最主要的频率集中在60～100赫兹，目前我们已经可以捕获这个范围的频率。但是，我们期望新的机器能够捕获150～200赫兹的频率，这是目前的机器所不能做到的。”

资料来源：Adapted from Martyn Williams, “World's Most Efficient Supercomputer Gets to Work,” *GIO Magazine*, April 2, 2009.

下一波计算浪潮

将许多微处理器进行整合从而研发出微型超级计算机是可行的。下一波计算浪潮正趋于将各企业组织中大量的台式电脑以及笔记本电脑中未使用的计算能力利用起来。

分布式计算（网格计算）是并行计算的一种特殊方式，它需要将计算机（包括主板、存储器、供电系统、网络接口等）连接至网络（私有网络、公共网络或者互联网）。与传统的将多个处理器连接到同一台机器中的超级计算机相比，网格计算能够利用整个公司的某一区域（或者整个公司）内所有闲置CPU的运算性能。

分布式计算的主要优点是每一个节点都可以被视为一个单独的处理器，将它们连接在一起可以提供强大的计算能力来组成低成本的超级计算机。与设计制造超级计算机的巨大成本相比，台式电脑和笔记本电脑的生产显得更加经济。

分布式网格的功能之一是它们能够将不同个体或组织的计算资源组织起来，促进商业交易或者使得用户的网络连接变得更加容易。

分布式网格的缺点是无法保证参与协助运行的计算机系统的安全性，因此网络的设计者必须确保能够排除恶意的参与者以避免运行错误，同时避免黑客将该系统作为攻击的平台。为了达到以上目的，设计者通常随机地选择组合不同的节点（通常为不同的用户）参与运算，并检查至少两个不同的节点对于同一任务是否给出不同的结果。如果运算结果出现差异，就可以辨别出错或者恶意节点。

分布式网格技术遇到的另一个挑战是，由于缺乏硬件的中央控制，无法知道参与运算的计算机会不会在中途意外退出网络。有些节点（如笔记本电脑或拨号联网用户）可以参与网格计算，但无法预测能否在一定时间内进行网络连接。要解决以上两个问题，可以建立大型网络单元（以减少对于网络持续连接的要求），或在某节点失去响应时重组网络。

尽管存在挑战，网格计算由于其强大的运算能力和灵活的组织形式，正逐渐成为组织广泛采用的一种系统运行模式。

□ 技术注解：计算机系统的概念

作为商务人士，你不需要知道计算机技术的详细知识，但是需要掌握计算机系统的一些基本概念，这将帮助你更加高效地利用计算机资源。

计算机不仅仅是一台用于执行多种复杂信息处理任务的高性能电子设备零件的组合。计算机是一个系统，由一系列用于执行基本的输入、处理、输出、存储和控制功能的部件组成，从而成为终端用户强有力的信息处理工具。将计算机理解为一个系统有助于更加高效地使用和管理计算机。你应该从这个角度来看待任何一种计算机——从最小的微机到负责一幢大楼或者一个地区网络连接的大型机。

如图 3—4 所示，计算机是一个具备下列功能的硬件系统。

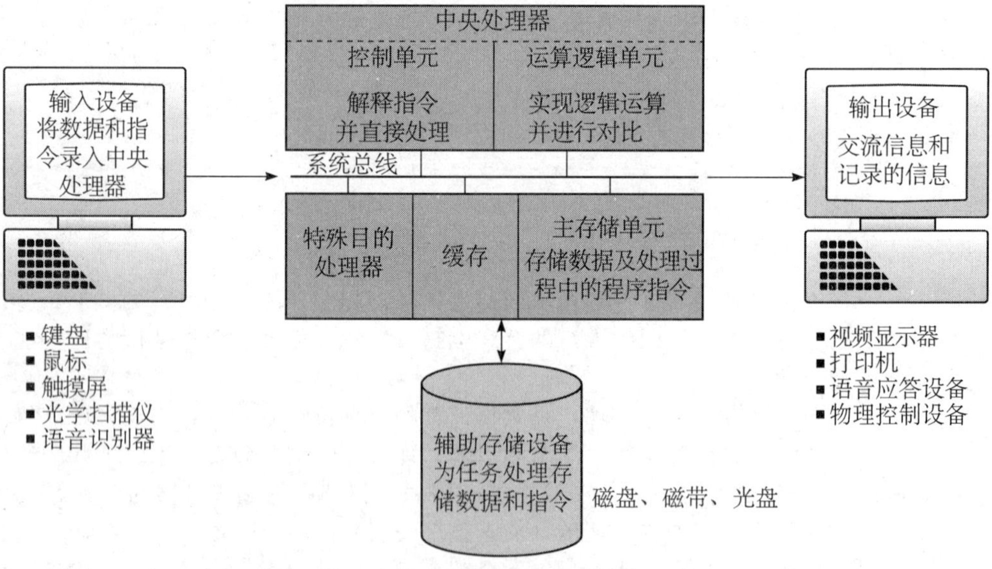

图 3—4　计算机系统的概念

● 输入：计算机系统的输入设备包括计算机键盘、触摸屏、手写笔、鼠标、光学扫描仪等。它们可以直接输入计算机系统，或者将网络输入数据转换成电子信号形式传送给计算机系统。

● 处理：**中央处理器**（central processing unit，CPU）是计算机系统的主要处理部件，在微机中，它被称为主微处理器（main microprocessor）。在概念上，CPU 电路可以被分为两个主要的子单元：运算逻辑单元和控制单元。运算逻辑单元（arithmetic-logic unit）的电子线路部分（寄存器）用来实现运行软件指令时所需的运算和逻辑功能。

- 输出：计算机系统的输出设备包括视频显示器、打印机、语音应答设备等。它们将计算机系统产生的电子信息经过处理，转化成人们可以理解的形式并展现给终端用户。
- 存储：计算机系统的存储功能主要由计算机的**主存储单元**（primary storage unit）中的存储电路或者由**辅助存储**（secondary storage）设备（如磁盘和光盘驱动器支持的辅助存储器）来实现。这些设备负责存储数据以及任务处理过程中所需的软件指令。计算机处理器同样包含一个存储电路，称为缓存（cache memory），它被用来存储高速的临时指令和数据元素。
- 控制：CPU 的控制单元是计算机系统的控制部件。其中，寄存器负责控制计算机系统正在执行的软件指令和其他命令。

我们将在下一节介绍各种硬件与系统功能之间的关系。

计算机的处理速度

计算机系统的处理速度到底能有多快？早期的计算机速度是以**毫秒**（millisecond，千分之一秒）和**微秒**（microsecond，百万分之一秒）来衡量的。现在，计算机的处理速度达到**毫微秒**（nanosecond，十亿分之一秒），有些计算机甚至达到了**皮秒**（picosecond，百亿分之一秒）。这种速度看起来有些不可思议，举个例子，如果一个人每毫微秒走一步，那么一秒钟就可以绕地球 20 圈。

我们已经知道，一些超级计算机可以每秒进行万亿级浮点数的运算，但是目前大部分计算机每秒只能处理百万条指令。另一种度量处理速度的方式是以兆赫为单位，即 100 万个**周期/秒**（cycles per second）；或以千兆赫为单位，即 10 亿个周期/秒。这种速率通常称为微处理器的时钟脉冲速度，因为它是通过处理器的计时电路或者内置计时器来测量微处理器的速度，而不是通过测量它们在一秒内所执行的特定指令数来衡量的。

然而，你也许会误认为上面的速度就是处理器的有效处理速度，或者在给定时间内执行有效运算或数据处理任务的指标。实际上，处理速度还取决于其他许多因素，包括电路的规模、连接微处理器各部件的总线数量、指令寄存器的能力、高速缓存的使用以及专用微处理器的使用等。

□ 摩尔定律：我们将何去何从

计算机的处理速度能否变得更快？在将来我们能否购买得起计算机？这些问题都能在理解了摩尔定律后找到答案。1965 年，即集成电路商业化后的第四年，英特尔公司的创始人之一戈登·摩尔提出了一条著名的论断，出版界称之为**“摩尔定律”**（Moore's law）。摩尔发现，每个集成电路上的晶体管数量每隔 18～24 个月翻一番，呈指数级增长，并且预言这个趋势将继续存在。在经历了一系列技术进步后，摩尔定律（即晶体管数量每两年翻一番）始终是正确的。图 3—5 展示了摩尔定律和计算机性能演变之间的关系。

我们经常使用指数增长来预测未来的发展趋势，尤其是技术的未来发展趋势。然而，许多人无法很好地描述指数级增长到底是怎样一种过程。为了更好地理解这个问题，我们首先分析如果将摩尔定律应用到计算机芯片的晶体管数量上，会出现怎样的情况。

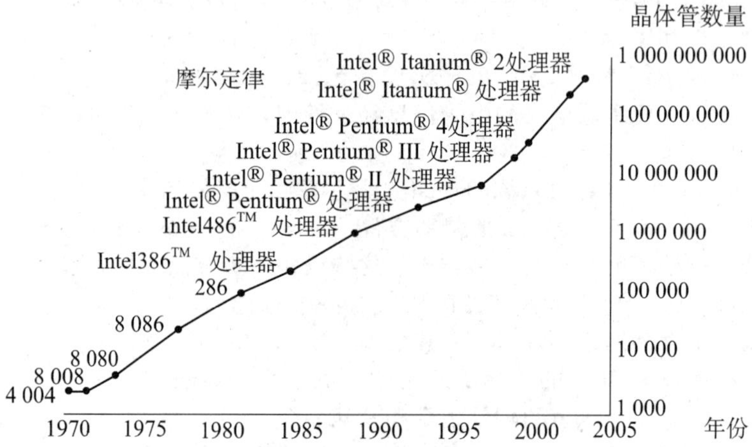

图 3—5　摩尔定律

● 根据摩尔定律，到 2003 年，已安装的晶体管数量为 1 018 个，该数字大约为世界上所有蚂蚁数量的 100 倍。

● 1978 年，从纽约到巴黎的机票大约需要 900 美元，飞行时间约 7 小时。如果摩尔定律能够对此生效，那么今天，同样一个航班大约只需花费 1 便士，并且只需飞行不到 1 秒钟。

经过多年的发展，摩尔定律已经不仅仅局限于最初的应用，其适用范围更广。然而，摩尔定律的应用及其准确性对于理解我们现在处于什么位置以及未来的发展趋势具有重要的影响。例如，摩尔定律的一个推论是，某种处理能力的计算机的价格大约每 18～24 个月就会降为原来的一半。摩尔并没有刻意地强调这一趋势，但是该推论已经持续表现出其准确性。这种趋势对于存储器的价格也同样有效（我们将在后面加以探讨）。

尽管摩尔定律最初是通过观察和预言的方式提出的，但是，随着摩尔定律逐渐被广泛地接受，该定律已经成为整个工业的发展目标。如半导体制造商的市场部和工程部将精力集中于新技术的研发，使企业能够达到竞争对手在未来可能达到的技术能力。正如“每 18～24 个月翻一番”的表述，摩尔定律彰显了近几年的技术进步。也就是说，若将摩尔定律限于一个更短的时间段，它表明整个工业将以每周 1%的速率稳定地实现技术增长。对于一个生产处理器、存储器以及内存产品的制造商而言，一个新产品需要大约 3 年时间进行开发，但是两三个月之后，该产品的处理能力就会比竞争对手的产品弱 10%～15%，这就使得该产品很难再销售出去。

关于摩尔定律存在一种错误的理解，即硬件技术的指数级增长并不意味着软件的性能也呈指数级增长。软件开发者的工作效率并不会随着硬件配置的改进而出现指数级增长，而是呈现缓慢增长的趋势。软件的发展趋向于占用更大的空间且更为复杂，沃斯定律（由瑞士计算机科学家尼克劳斯·沃斯（Niklaus Wirth）提出）甚至幽默地指出，“软件技术发展变缓的速度比硬件技术发展变快的速度更快”。

计算机行业的最新研究表明，摩尔定律在未来几代芯片（至少 10 年）的发展过程中将继续有效。据估算，在未来 10 年内，晶体管的数量会出现 100 倍的增长。这样快速的增长使得每个家庭都可以拥有 100GHz 的计算机以及 20GHz 的便携设备。不难想象，未来的计算机将能够处理所有的计算问题。英特尔公司声称，它在未来 20 年内不需要任何技术突破就能满足摩尔定律。考虑到目前市场上频繁出现的技术突破，摩尔定律也许会长期有效。无论摩尔定律最终会怎样，或者什么时候会失效，我们仍在以不可思议的速度进行创新，最好的产品也许尚未出现。

3.2 计算机外围设备：输入、输出和存储技术

合适的外围设备可以令你在使用计算机时有完全不同的感受：一台高品质的显示器会让你的眼睛更轻松——可能改变你的工作方式；扫描仪可以使你更接近理想的目标——无纸化办公；备份存储系统可以给你像银行一样的安全保护，防止你的工作成果遭受损失；CD和DVD驱动器已经成为许多应用所必需的设备。因此，正确地选择外围设备可以产生大不相同的效果。

阅读下面关于触感屏幕的真实案例，可以从中了解很多关于人机接口的未来发展及其商业应用的信息。

案例3.2

苹果、微软、IBM和其他公司：触屏时代的到来

“WLMP人机接口”这一名称可能不是很响亮，但窗口、图标、菜单和定点设备已经统治计算机领域大约15年了，键盘、鼠标、显示器为用户提供了很好的服务。

现在，在基于人们的触觉和手势的相关技术的开发者看来，WLMP的统治可能即将走到尽头。苹果公司的iPhone就是很好的例证，从人机接口的观点来看，在融合了显示和输入功能的iPhone屏幕上，通过一系列凭直觉的触控和手势进行多触点操控极具创造性。

iPhone不是唯一将人机接口发展到一个新水平的商业设备，微软的触摸式电脑将输入和输出设备放在一个大的桌面设备上，这个桌面设备可以感受到触摸和手势，甚至能识别出放在它上面的物体。另外，三菱公司的钻石触控桌是一种靠触摸和手势激活的显示器，它支持小型团队作业，甚至可以识别出谁正在触摸它。

这些设备预示着一个更自然地在人和计算机之间凭直觉交互的时代即将来临，罗伯特·雅各布（Robert Jacob）是塔夫茨大学（Tufts University）的计算机科学教授，他认为触摸只是关于后WLMP接口的研究领域中的一部分，是对他所称的基于现实的交互技术的广泛结合。这些技术包括虚拟现实、情境感知计算、直觉和情感运算以及可触摸交互，通过这些技术，物体能被电脑直接识别。

雅各布认为，所有这些接口的相似之处在于它们更接近现实世界。例如，使用iPhone时，“可以很容易地用手指进行操作，比如用两根手指触控一个图片或程序，然后把手指分开使它们放大或把手指捏紧使它们缩小。”这些操作也可以在iPod Touch播放器和苹果笔记本电脑的触控板上进行。“你不必消耗脑细胞去记忆用户接口的语法！你可以把这些脑细胞用在你正在做的工作上。”他说，与单触点技术相比，iPhone实时处理多触点操作的能力是一个巨大的飞跃。单触点技术在传统的触控应用（如ATM机）上处于支配地位。

尽管它们尚未在市场上受到更多的青睐，但IBM的先进触控技术指明了未来的方向。在Everywhere Displays项目中，IBM在一个普通房间的多个地方安装投影机，在诸如桌面、墙面或地板等普通表面设计触摸屏，摄像头抓拍用户触摸屏表面不同部分的图像并将信息发送到一台电脑上进行处理，触摸屏不包括电子线路，甚至没有任何计算机部件，因此它们可以很容易地被移动和重新配置。

这种概念的变化已经在德国的一家酒

庄得到体现，IBM的研究员克劳迪奥·皮年尼兹（Claudio Pinhanez）如是说。位于莱茵伯格的METRO Future商店有一个凉亭，在这里顾客可以知道关于酒庄股票的信息。“但是酒庄提供的商品目录很多，顾客很难在酒架上找到他们想要的酒，最后经常购买正在特价销售的利润低的酒。”皮年尼兹说，现在凉亭有个“给我看”按钮，按下按钮，地板上被选项目前的反光灯就会亮起来。

IBM也在为杂货店研究一种模型系统，它可以照亮地板上的一个圆圈并显示问题“你想为在饮食中增加更多纤维迈出第一步吗?”如果顾客用脚触摸“是”，系统就会设计脚步指向特定的产品，比如高纤维谷类食品。“接下来你可以选择是否让谷类食品箱自行处理，”皮年尼兹说，“你再触摸它，系统就会将那个食品箱处理的信息呈现在货架上方的显示屏上。”让谷类食品箱自行处理就是查询问题的一个解决方案。皮年尼兹说：“这个系统的重点是，通过投影和摄像技术，可以将任何日常事物转换到一个触摸屏上。”但由于目前缺少技术标准，因此总被热议的选择问题很难实现，比如一个通过掌上设备与顾客互动的商店系统。

微软正在与一些商业伙伴合作，包括喜达屋酒店与度假村国际集团。该集团拥有喜来登、W饭店、威斯汀、美丽殿等著名品牌，微软向其合作伙伴推广自己的界面设备。负责界面计算机市场推广的主管马克·博尔格（Mark Bolger）说，首要的目标是在休闲、娱乐、零售等领域加以应用。例如，顾客可以使用大厅里界面计算机中的虚拟礼宾员查询地图、照片、酒店菜单和戏院等信息。

一些研究人员表示，触控技术的一种逻辑延伸是手势识别，如系统可以通过屏幕触控识别手势或手的移动，若一段时间没有触控请求，系统会自动关闭。“我们的技术正在研发之中，”IBM的皮年尼兹说，“因为识别的是触摸的手势而不是特定区域的开关键，你可以不用按钮去触发它们。”

微软研究所的帕特里克·鲍迪施（Patrick Baudisch）说，微软的原型产品已能用手势操作，它的系统能识别手指的移动及方位，还能理解不同数目手指的意义。例如，一根手指的移动被看作与鼠标的移动相同，一根手指的触摸被认为是一次点击，两根手指的触摸与移动被看作一个滚动命令。

触控技术有很多不同的应用，这说明触控时代已经到来。“它已经存在很长时间了，但传统上都应用于小众市场，成本比较高而且存在人体工程学方面的障碍。”他说，“但现在正是消除阻碍发展触控技术的时机。”移动设备的使用量大增是触控技术发展的催化剂，因为设备越来越小，而屏幕越来越大，当屏幕占据了整个设备时，就没有空间留给传统的按钮了，于是需要其他形式的交互（如声音）。

当然，研究人员和发明家已经预想出更大的触控显示器，包括全交互墙面。YouTube关于多触控墙面的快速调查证明，很多此类迷人的设备已可开发原型，许多人为此付出了努力。专家预测，这才刚刚起步。

普拉迪普·科斯拉（Pradeep Khosla）是位于匹兹堡的卡内基梅隆大学电子计算机工程和机器人技术方面的教授。他说，触控技术会激增，但需要依附于其他技术。“例如我们面对面交谈，我做一些眼神、面部表情和手势，你以某种方式解读来理解我的意思，我想这才是我们所要集中研究的。”他说，“对这些东西的研究有很大的空间，多模式姿态将是未来研究的趋势。”

比尔·巴克斯顿（Bill Buxton）是微软的一名研究人员，他期待不同交互技术的融合。“现在触控技术的发展水平差不多相当于1983年鼠标发展的程度。”巴克斯顿说，“人们现在的理解层面仅限于认为触控技术与之前的东西不一样。但是我不认为知道这种不同会带来什么。就如鼠标的发展，直到一两年前我们才知道输入设备和输出设备有明确的界限，显示器就是显示器，鼠标就只是鼠标。”

"一直有一种观念，少就是多。你试图使用越来越少的材料来减少复杂度。"他说，"但是，有另一种观点，多却是少。在恰当的地方放置更多恰当的材料，也能减少复杂度。"巴克斯顿预计，在未来的办公室里，台式计算机可能会与今天的一样。"不过你可以只用鼠标或者一个手势把资料转移到一面墙或一个白板上，然后站着触摸和做手势来操控。你也可以只是把东西移到你的手机上，手机、墙面、桌面有各自场合下不同的用途。"

这就是最后的 WLMP 接口吗？塔夫茨大学的雅各布教授建议用户任何时候都不要马上丢弃键盘和鼠标。"它们确实非常好用。"他说，"WLMP 已经彻底去除了显示命令行接口，WLMP 接口是如此好的发明以至于人们停留在此，但是我从来不相信这就是这条路的终点。"

巴克斯顿同意这种观点。"WLMP 是一种标准接口，它可以追溯到 20 多年前，那时所有的应用都已经建立起来。"他说，"目前的挑战是，我们不能把精华和糟粕全盘否定，那么该如何在保护现有的最好的部分的同时从这些新研究中获得益处呢？"

资料来源：Adapted from Gary, Gary Anthes, "Give Your Computer the Finger: Touch-Screen Tech Comes of Age," *Computerworld*, February 1, 2008.

问题

1. 如本案例中提到的，喜达屋酒店引进触控技术会获得什么样的好处？可能带来什么负面效果？请举出几个例子。

2. 微软的比尔・巴克斯顿认为："触控技术现在正处的阶段可能相当于 1983 年鼠标技术所处的阶段。"你如何理解这句话？你认为什么会使触控技术取代 WLMP 接口？分析你的答案。

3. "先进的触控技术是查询问题的解决方案。"你是否同意这种说法？为什么？

实践

1. iPhone 所享有的大部分声誉都来源于个人最终用户应用程序。各公司如何把 iPhone 作为平台用于商业用途？分成一些小组，集思广益寻找这种技术可能的用途，以及组织机构从中能得到什么好处。陈述你的想法，与大家分享。

2. 信息技术迅速发展，触控技术也不例外。上网搜索比本案例中提及的更新的技术，你能找到什么新的大型用途（比如墙壁大小的屏幕）？准备一份报告，比较新技术和本案例中提到的例子。

□ 外围设备

外围设备（peripheral devices）是输入、输出和辅助存储设备的总称，它是计算机系统的组成部分，但不是中央处理器的组成部分。外围设备通过直接连接或者无线通信连接到计算机的中央处理器。因此，所有的外围设备都属于联机设备，即它们虽然各自独立，但均受控于中央处理器。（这与相互独立并且不受控于中央处理器的脱机设备不同。）本节将介绍计算机系统中几种主要的外围设备和媒介（见表 3—2）。

表 3—2　对商用电脑外围设备的建议

- 显示器：显示器越大越好。试想一个高品质的 19 英寸或 21 英寸的 CRT 或 LCD 纯平显示器，会有更多的空间来显示数据表、网页、多行文本和窗口等。双显示器的配置越来越流行，它允许同时使用多个应用程序。
- 打印机：你可以选择激光打印机或喷墨打印机进行打印。激光打印机更适用于大量的商务应用，价格适中的喷墨打印机则支持高品质的图片，它更适用于打印彩色照片，但每页的打印成本高于激光打印机。

- 扫描仪：你需要在平台式扫描仪和馈纸式扫描仪中作出选择，平台式扫描仪具有更高的速度和分辨率，馈纸式扫描仪则能够节省桌面空间。
- 硬盘驱动器：硬盘的容量越大越好，就像壁橱空间一样，你也会经常用到这些额外的存储空间，尽量选择容量为 8GB 或者 16GB 以上的硬盘。
- CD/VCD 驱动器：在软件安装和多媒体应用时通常要用到 CD/DVD 驱动器，现在的计算机都配置有 CD 读写和 DVD 驱动器，可以读写 CD 和播放 DVD 光盘。
- 系统备份设备：系统备份设备对于计算机来说十分重要，移动硬盘或者 CD、DVD 光盘都可以作为系统备份的设备，你可以把计算机中重要的文件保存到系统备份设备中。

□ 输入技术

输入技术的发展为计算机用户提供了更好的**用户接口**（user interface）。通过电子鼠标和触摸板等定点设备以及光学扫描、手写识别和声音识别等技术，用户可以轻松地直接向计算机系统输入数据和指令。这些应用使得用户不必先在纸上记录数据（如销售订单表），再用键盘将数据输入计算机。随着声音识别和其他技术的进一步发展，未来将会出现更便捷的用户接口。

定点设备

键盘目前仍然是应用最广泛的数据和文本输入设备，但是在输入命令、进行选择操作以及对显示器画面响应等方面，使用**定点设备**（pointing device）会更加便捷。这些定点设备与操作系统的**图形用户界面**（graphical user interface，GUI）相互配合，图形用户界面提供了图标、菜单、窗口和任务栏等供用户选择。例如，鼠标、追踪球和触控板可以让用户轻松地用点—击或点—拖操作在菜单选项中进行选择，并对不同的图标进行切换。图 3—6 展示了一些定点设备。

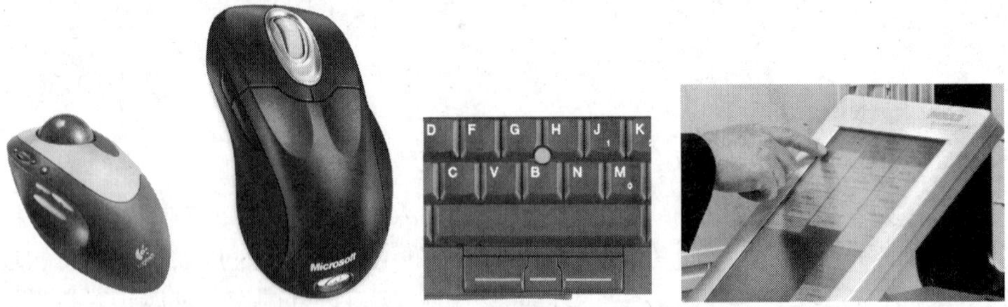

资料来源：（由左至右）Courtesy of Logitech，Microsoft®，IBM，and © AP/Wide World Photos.

图 3—6 定点设备

鼠标（electronic mouse）是使用最广泛的定点设备，用来在屏幕上移动光标、输入命令，并对图标和菜单中的项目进行选择。通过在桌面或鼠标垫上移动鼠标，你可以将光标移动到显示器上的图标上。点击鼠标的按钮可以触发所选图标代表的各种不同功能。

其他一些经常用来替代鼠标的点击设备包括追踪球、指示棒和触控板。**追踪球**（trackball）是一种与鼠标类似的固定装置。它的基座部分是固定的，并内嵌一个滚动球，球的顶部高出基座表面，可以通过滚动球体来移动屏幕上的光标。**指示棒**（pointing stick，又称触控点）是一种小型按钮式装置，形状类似于铅笔末端的橡皮擦，通常位于键盘空格键与上一行按键的中间部位。光标沿着使用者按压指示棒的方向移动。**触控板**（touch pad）是一种位于键盘下方的小型触控式矩形平面。光标沿着使用者手指在平面上滑动的方向移动。对于笔记本电脑用户来说，跟踪球、指示棒和触控板使用起来更为方便，因此它们通常被安装在笔记本电脑的键盘上。

对便携式电脑用户来说，跟踪球、指示棒和触控板比鼠标更实用，大部分笔记本电脑的键盘都配置了以上几种定点设备。

触摸屏（touch screen）是一种允许用户通过触摸显示器的屏幕来操作计算机的设备。一些触摸屏可以发射出网格状的红外线光束、声波或者微电流。当屏幕被触摸时，接触点的射线就会被阻断，计算机便可以感觉到阻断点的位置，从而做出相应的回应。例如，当你想在菜单上进行选择时，只需触摸屏幕上靠近相应菜单项目的位置即可。

笔处理技术

手写识别系统可以快速地将手写稿转换为文本，并且可以很好地支持手写连体字和印刷体字。在很多领域，手写笔比键盘的应用更为广泛，在公共事业、服务业、医疗和贸易等行业广泛使用的手写设备就可以证明这一点。

笔处理技术（pen-based computing）被广泛地应用于便携式电脑和个人数字助理。尽管触感屏幕技术已经十分流行，很多人仍然青睐笔而不是手指，便携式电脑和个人数字助理内置的高速处理器和识别软件可以对手写字、数字和手绘图形进行识别和数字化处理。它们的液晶显示屏下面配备有一个类似图形输入板的压力感应层。用户无须在纸质笔记本上写字或使用键盘，仅使用手写笔即可进行选择操作、发送邮件以及直接向计算机输入手写数据。

除此之外，还有很多种类似笔的设备可以供用户使用，例如数字输入笔和图文板。数字输入笔可以作为定点设备使用，或用来在图文板的压力感应面上绘图和写字。写下的文字和图形将被计算机进行数字化处理，并作为数据输入被接收，显示在屏幕上并保存。

语音识别系统

语音识别技术已经受到许多残障人士以及商务旅行人员的青睐，并在口述记录、屏幕导航和网页浏览等领域有着广泛的应用。

在未来的发展中，**语音识别**（speech recognition）也许将逐渐代替传统的数据输入方式。由于语言交流是最简单、最自然的交流方式，因此语音识别必然是文字处理、应用导航、会话处理等应用方面最快捷的方法。并且，随着这方面应用软件的不断开发，从经济和技术两个方面来看，语音输入都是一种可行的解决方式。早期的语音识别产品只能进行离散语音识别，即用户需要在两个词之间稍作停顿，新的连续语音识别软件则可以识别正常语速的语言。

语音识别系统可以将用户讲话的内容和声音模式进行数字化处理、分析和分类。软件系统首先将用户的语言模式与数据库中的语言模式进行比对，进而将识别出的语言内容传送到相应的应用软件中。通常，为了达到较高的精确度，需要训练计算机的语音识别系统以识别用户的声音和发音方式。在训练的过程中需要用户重复阅读许多单词和词组，并经常使用该系统。

由 IBM 公司开发的连续语音识别软件 Dragon NaturallySpeaking 和 Via Voice 已经拥有了 30 万字的语音字库。用户只需经过几小时的语音识别训练就可以使语音的识别率达到95%。如果用户经常使用该软件，并使用处理速度更快、内存容量更大的计算机进行语音识别，则可以使识别率达到99%。此外，微软公司的Office 2007也内置了语音识别和语音控制功能。

语音识别设备使用户无须用手录入数据和指令，并且提供了一种更加快速和准确的信息输入方式。如企业通过语音识别系统对产品进行检查、储存和质量控制，航空公司和快递公司使用语音识别系统对包裹进行分类。通过语音输入数据和指令还可以直接操作计算机的操作系统和应用软件程序，如用户可以通过语音操作应用软件发送电子邮件和上网冲浪。

通用语音识别系统可以对一些未接触过的语言模式进行识别，现在越来越多的应用软件内置了该系统。在很多领域都使用了装有语音识别和语音应答软件的语音信息计算机，这些应用软件通过语音方式指导用户一步步完成相应业务。典型的应用包括自动对电话输入的语音做出应答，如呼叫转移、电话查询、语音银行、股票报价、学生注册等。

语音识别技术的一个最新应用就是福特SYNC系统。该系统由福特公司和微软公司合作研发，安装在汽车内，为司机和乘客提供通话以及娱乐服务。在2008年的实验阶段，该系统被安装在12辆福特和林肯车上进行试运行，并计划于2009年在福特汽车中进行推广应用。

福特SYNC系统兼容几乎所有的移动电话和数字多媒体播放设备，并通过车内的声音控制装置、方向盘或收音机控制设备来操作它们。该系统甚至可以接收文本信息，并通过一个被称为“Samantha”的女性的数字化声音朗读这些文本信息。SYNC可以识别100种左右的缩写短句，如可以识别“LOL”为“laughing out loud”，它还可以朗读骂人的语句，但是不能识别淫秽的语言。语音识别已经成为人们生活的一部分，无论是在车上、家里还是在工作场所。

光学扫描

很少人能够准确地说出扫描仪能在多大程度上改善计算机系统的应用并减轻工作负担。扫描仪可以使你花费最少的时间和精力将文件输入计算机，可以将任何纸质的内容——文字、符号以及照片转换成计算机所能识别的数字化格式，还可以帮你把桌上成堆的文件输入计算机。

光学扫描（optical scanning）设备能够读取文本和图片，并把它们转换成数字形式输入计算机。光学扫描可以将源文件以直接录入的方式输入计算机。例如，用户可以使用桌面型扫描仪将数页的文本和图片输入计算机进行桌面发布或者网上发布，也可以将各种文件输入计算机并以文件夹的形式存放，从而方便地通过文件管理系统进行查找。图3—7展示了这样的光学扫描设备。

光学扫描仪有很多种类，它们通常使用光电设备来扫描文件。不同数据反射回不同类型的管线，反射管线被扫描仪转换成电流信号，然后输入计算机。文件扫描仪因其价格低廉且可以方便地与个人计算机配合使用而受到用户的欢迎。体积大价格高的平板扫描仪则能够提供快速和高分辨率的彩色扫描。

另一种光学扫描技术被称为**光字符识别技术**（optical character recognition, OCR）。光字符识别扫描仪可以读取商品包装、产品标签、信用卡、账单、保险单据、机票及其他一些物品上的光字符和代码，还可用于自动分拣邮件、统计考试分数以及处理商业机构和政府部门中广泛使用的表格文件。

手持式光学扫描笔（wands）是一种用来读取商品包装、产品标签和其他一些物品上光字符代码的光学扫描设备。条形码是广泛应用的一种光字符编码，它

图 3—7　集扫描仪、复印机、传真机以及打印机于一体的文件处理系统

资料来源：Courtesy of Xerox.

通过不同宽度的线条来表示各种字符。其中，**通用产品条形码**（Universal Product Code，UPC）是一种普遍使用于产品标签和包装上的条形码，许多超市中的自动分拣扫描仪就是通过读取这种 UPC 编码来识别商品的。超市的扫描仪发射出的光束被 UPC 码反射回来，这些反射光被转换成电流信号输入计算机，计算机经过处理后将相应商品的价格输出到终端显示器，并将价格信息打印到顾客的购物小票上。

CSK 汽车公司用电子数据代替纸质数据

为帮助汽车零部件生产商提高业绩，CSK 汽车公司于 2005 年开发了一套新型的交付验证系统（proof-of-delivery system）。到目前为止，该系统已为公司带来巨大的收益。CSK 汽车公司拥有 Checker Auto Part，Schuck's Auto Supply 以及 Kragen Auto Parts 等三个分公司，并在全美 22 个州设有超过 1 100 家零售经销店。CKS 汽车公司有近 2 万个汽车零部件，关于这些零部件的纸质表格有上千种形式。这些表格需要存放在若干不同的地点，许多表格经常被混淆而放错地点，导致该项资料的成本高昂。

为了解决上述问题，公司开发了一套可以在 HHP Dolphin 2D 便携式电脑上运行的交付验证系统。当公司的送货员完成货物的投递后，收货信息将以条形码的形式存储到数字设备中，同时送货员会利用数码快照获取客户收货的电子签名。送货员返回公司后将数据传输到存储服务器上。客户可以通过 CSK 汽车公司的网站查询相关的运货信息。

CSK 公司在该系统研发上投资约 100 万美元，但为公司每年节省用于纸质表格的费用约 50 万美元，从这个角度来看，该系统给公司带来了巨大的回报。公司的高级副总裁兼 CIO 拉里·布雷什（Larry Buresh）说："该系统的一个很有趣且出乎意料的收益是，由于信息传输速度的加快，与我们合作的大公司的账户支付部门的支付速度也大大加快了。"

资料来源：Adapted from George Hulme, "CSK Auto Replaces Paper Forms with Digital Data," *Information Week*, April 26, 2005.

其他输入技术

磁条（magnetic stripe）技术是一种常用的数据输入方式，它能帮助计算机读取信用卡上的信息。位于信用卡背面磁条上的氧化铁涂层能够存储 200 个字节的数据。客户的账户号码被记录在磁条上，从而可以被银行的自动取款机、信用卡授权终端和其他一些磁条卡读取器读取。

智能卡（smart cards）内嵌了一个微处理器芯片，拥有几千字节的存储能力。在欧洲，智能卡已经广泛使用在借记卡、信用卡和其他种类的卡上，美国现在也开始使用智能卡。在荷兰，银行已经发行了数百万张智能借记卡，用户可以在智能借记卡上存入现金，并通过电子方式对小件商品和服务付费，还可以通过自动取款机和其他终端来补充账户余额。这些智能借记卡内置了一个微处理器，能存储 8 000～16 000 个字节的信息，另外还配有一个磁条。智能卡被广泛应用于收费停车场、自动售货机、报摊、收费电话亭和零售商店。

数码相机（digital cameras）是另一种使用率高速增长的输入设备。数码相机和数码摄像机（便携式数字摄像机）可以用来拍摄、存储图像以及将静态照片和配有声音的动态图像输入计算机。用户可以用图像处理软件对图像进行编辑，从而提高其质量，并可以将编辑后的图像应用于新闻报道、多媒体演示和 Web 页面。现在的手机通常有照相功能。

银行的计算机系统通过**磁性墨水字符识别**（magnetic ink character recognition，MICR）技术来读取支票和存款单。通过这项技术，计算机可以把支票分类并送达相应的支票账户。这种处理流程之所以可行，是因为支票发行银行的编号和客户的账号被事先用磁性墨水印在支票的底部。支票签发后第一个接收到支票的银行会将支票金额进行编码，然后使用磁性墨水将编码打印到支票的右下角。MICR 系统使用 14 个字符（10 个数字及 4 个专有符号）的标准设计。读取分类设备先将支票的磁性墨水字符磁化，当通过读取器时，读取器会感应到每个字符产生的信号。通过这种方式，数据被转换成电子信号输入银行的计算机系统。

□ 输出技术

计算机可以通过很多方式提供信息。视频显示器和文件打印稿输出是最普遍的计算机系统输出方式。但是在商业应用中，其他一些更便捷、更具吸引力的输出技术——如**语音应答**（voice response）系统和多媒体系统的使用正在增加。

你可能已经体验过具有语音输出功能的产品，这些产品都内置了语音微处理器。计算机与服务器中的语音通信软件利用语音邮件和消息系统与用户交流。在互联网和企业内联网上普遍使用了多媒体输出方式。

视频输出

视频显示器是使用最普遍的输出设备。许多台式计算机仍在使用采用了与电视机显像管类似的阴极射线管（cathode raytube，CRT）技术的**视频显示器**（video monitors）。图像的清晰度通常取决于显示器的种类和计算机中安装的显示卡的类型，它们能提供多种增强性能的图形模式。如果用户花很多的时间浏览网站或者处理许多软件包的复杂图形，那么选择一款高分辨率和高刷新率的显示器尤为重要。

液晶显示器（liquid crystal displays，LCDs）最大的用途是为笔记本电脑和个人数字助理提供可视化的显示功能。但是随着其成本的降低，台式计算机也开始普遍使用平面液晶显示器。液晶显示器是耗电量小、轻薄型的平面显示器。技术上的进步（如主动矩阵和双扫描等）使液晶显示器的色彩和清晰度都有了改进。此外，使用了等离子显示技术的高清平面直角显示器和电视机流行采用 42～80 英寸的大屏幕。

打印输出

将信息打印到纸上仍是除视频显示之外使用最广泛的计算机输出方式。因此，绝大多数个人计算机都使用喷墨打印机或激光打印机来打印可长期保存、高质量的文稿。打印输出也是商业往来中一种通用的方式，而且经常用于具有法律效力的文件。因此，计算机通常打印报告、信件和文件，如销售发票、工资支票、银行记录和图表等。

喷墨打印机（inkjet printers）通过在纸上喷洒墨汁来进行打印，现在已成为微机系统使用最广泛的一种低价位打印机。喷墨打印机打印时噪音小，一分钟内可以打印出若干页高质量的文件，既可以打印黑白两色，也可以打印高清晰度的彩色图形。**激光打印机**（laser printers）使用类似于复印机的静电处理技术，每分钟可以进行多页高质量的黑白打印。价格较高的彩色激光打印机、多功能的喷墨打印机以及具备打印、传真、扫描和复印等功能的激光型一体机是商务办公的最佳选择。

□ 存储设备的选择

系统的数据和信息可以通过一系列方式进行保存，当需要时可以再次提取使用。例如，一些机构和个人仍然选择纸质文件，将其储存在文件柜里，以此作为保存文件的主要方式。但是，另外一些计算机用户更喜欢利用计算机系统的存储电路和辅助存储设备来满足存储的要求。超大规模集成电路（very-large-scale integration，VLSI）技术的进步使得计算机主存储器的容量不断增加。这一技术需要在微型半导体存储芯片上安装上百万个存储电路元器件。由于磁介质和光介质存储技术的进步，辅助存储器的容量已上升到十亿乃至万亿字节。

可用于存储的媒介和设备的种类有很多。图 3—8 列举了几种可供选择的主存

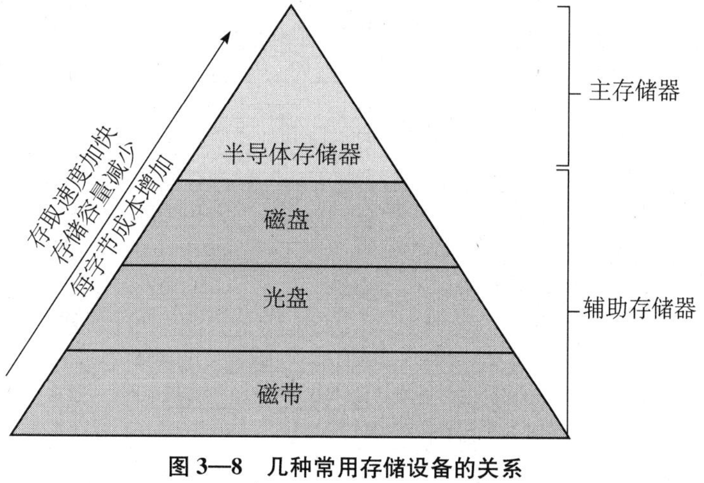

图 3—8 几种常用存储设备的关系

储器和辅助存储器在存取速度、存储容量和价格上的关系。请注意从半导体存储到磁盘、光盘，再到磁带存储在成本、速度、容量上的权衡。高速存储设备每字节的存储成本较高而且存储容量较小。大容量存储设备存储成本低，但存取速度也较慢。这也是存储设备的种类如此之多的原因。

以上几种存储设备（尤其是存储器芯片和磁盘）的存取速度和容量都在持续改进，价格却在不断下降。技术的不断发展（如高速自动集成技术）已使读取磁带的速度更快，光盘驱动器的读取速度也在持续提高。

注意，半导体存储器主要应用于主存储器，有时也应用于高速辅助存储设备；磁盘、光盘和磁带则主要应用于辅助存储器，使计算机系统的存储容量大幅增加。大多数主存储器电路都采用 RAM 型芯片，在断电时所保存的资料将全部丢失，辅助存储器则可以提供更长的资料保存时间。

计算机存储基础

数据在计算机系统中进行处理和存储，是通过计算机电路和存储介质中电或磁信号的有无来表示的。这种数据表示方法称为“双态”或**二进制表示法**（binary representation），因为计算机和其他存储设备只能以两种状态来表示数据，如晶体管和半导体电路只能处于导电和不导电两种状态，磁盘和磁带等设备通过磁化点的磁场只具有两个方向或两个极性来表示两种状态。计算机电路和其他介质的这种二进制表示方式是计算机系统表示二进制数字的基础。对于电子电路来说，导电状态（ON）表示数字 1，不导电状态（OFF）表示数字 0。对于磁介质来说，磁化点一个方向的磁场代表 1，另一个方向的磁场代表 0。

在计算机中，最小的数据单位是位，或者称为**二进制位**（bit），它的值可以是 0 或者 1。存储器芯片的容量通常以“位”为单位表示。一个**字节**（byte）由若干位组成，在计算机系统中，字节是作为一个独立的单位进行处理的。在大多数计算机编码中，一个字节由 8 个位组成，用来表示一个符号的数据量。计算机主存储器和辅助存储器的容量均以字节为单位表示。诸如 ASCⅡ（美国信息交换标准码）等计算机编码将一个字节中的位按不同的方式进行排列，从而用来表示数字 0～9、字母表中的字母以及其他字符（见表 3—3）。

表 3—3　　ASCⅡ编码所代表的不同数字和字母

字符	ASCⅡ编码	字符	ASCⅡ编码	字符	ASCⅡ编码
0	00110000	A	01000001	N	01001110
1	00110001	B	01000010	O	01001111
2	00110010	C	01000011	P	01010000
3	00110011	D	01000100	Q	01010001
4	00110100	E	01000101	R	01010010
5	00110101	F	01000110	S	01010011
6	00110110	G	01000111	T	01010100
7	00110111	H	01001000	U	01010101
8	00111000	I	01001001	V	01010110
9	00111001	J	01001010	W	01010111
		K	01001011	X	01011000
		L	01001100	Y	01011001
		M	01001101	Z	01011010

我们很小就学会了运用十进制中的 0～9 来进行算术计算，尽管这对于我们来讲很容易，但是计算机却没有这种能力。每台计算机的处理器都由很多小的开关组成，这些开关可以被打开或者关闭。由于这些开关只有两种状态，因此计算机在执行计算时只有两个数字：二进制数字系统。这些数字（0 和 1）对应于计算机处理器中开关的打开或者关闭的状态。运用这两个数字，计算机可以执行我们运用十进制数字进行的所有运算。表 3—4 描述了二进制系统的基本概念。

表 3—4　　计算机利用二进制进行存储和运算

2^7	2^6	2^5	2^4	2^3	2^2	2^1	2^0
128	64	32	16	8	4	2	1
0 或 1	0 或 1	0 或 1	0 或 1	0 或 1	0 或 1	0 或 1	0 或 1

用二进制系统代表十进制数字，每个单元只用 0 或 1 表示。将二进制转换成十进制，仅增大每个单元的利用价值。

例子

2^7	2^6	2^5	2^4	2^3	2^2	2^1	2^0
1	0	0	1	1	0	0	1
128	0	0	16	8	0	0	1

128 ＋ 0 ＋ 0 ＋ 16 ＋ 8 ＋ 0 ＋ 0 ＋ 1 ＝ 153

10011001＝153

二进制系统是建立在掌握求幂指数计算基础上的。在我们更熟悉的十进制系统中，每个进位都是用数字 10 来代表的（个位、十位、百位、千位等），在二进制中，每个进位都用 2 来代表（2^0，2^1，2^2 等）。如图 3—4 所示，二进制通过数字 0 和 1 能够表示任何整数数字。

存储器的容量通常以**千字节**（kilobytes，KB）、**兆字节**（megabytes，MB）、**十亿字节**（gigabytes，GB）和**万亿字节**（terabytes，TB）为单位。虽然在公制中千表示为 1 000，但在计算机行业中使用 K 表示 1 024（2^{10}）个存储单元。因此，10 兆字节实际上表示的是 10 485 765 个存储单元，而不是 10 000 000 个存储单元。但是为了简化存储容量的计算，这个区别经常被忽略。粗略计算，1MB 表示 100 万个字节，1GB 表示 10 亿个字节，1TB 表示 1 万亿个字节，1PB（petabyte）表示超过千万亿个字节。

参考下面的内容可以帮助你对这些存储空间有正确认识：1TB 的容量相当于近 2 000 万页打印内容，美国国会图书馆中所有图书、照片、视频和音频记录、地图等的总量约为 3 000TB。

直接存取和顺序存取

主存储设备中的半导体存储芯片被称为**直接存取存储器**（direct access memory）或**随机存取存储器**（random-access memory，RAM），磁盘存储器被称为**直接存取存储设备**（direct access storage devices，DASDs），磁带则属于**顺序存取**（sequential access）设备。

直接存取和随机存取表示的是相同的概念，即可以使用存储设备上的任意存储单元对数据或指令的元素（例如字节或字母）进行直接存储和读取。这就意味着每一个存储单元都对应着唯一的地址，并且可以在几乎同一时间内不通过其他存储单元而被单独访问。录入在微电子半导体 RAM 芯片上的每一个存储单元都可以在相同的时间内被读取和修改，磁盘和光盘上存储的数据也可以在几乎相同的时间内被直接访问。图3—9展示了直接存取设备和顺序存取设备。

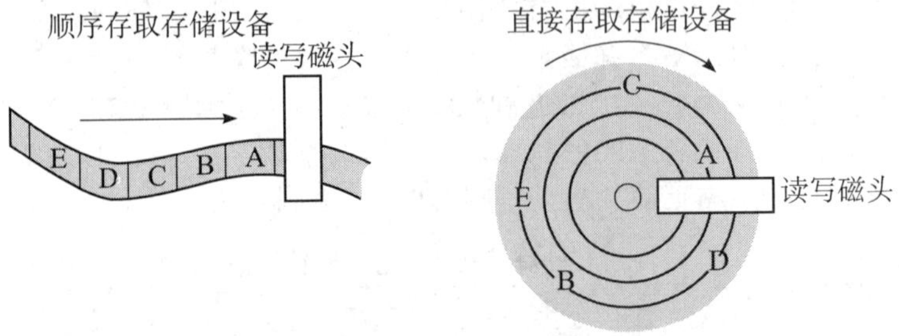

图3—9 直接存取设备和顺序存取设备

像磁带这种存储设备的存储单元没有可以直接访问的单独存储地址，因此不能直接访问某个存储单元，只能按照一定的次序对数据进行存储和读取。在这些设备中，数据是按照事先编排好的顺序（如数字的先后顺序）逐一保存的。访问某个存储单元则需要对磁带上的所有存储单元进行依次查询，直到访问到目标单元为止。

□ 半导体存储器

存储器是CPU这个“火车头”里的“锅炉工”：要想使计算机达到最佳的运行状态，必须不断地给CPU添加“燃料”。高速CPU需要大容量和高速度的存储器与之配合，其中存储器包括存储数据和指令的高速缓冲存储器和主存储器。

计算机的主存储器（主存）由微电子**半导体存储器**（semiconductor memory）芯片组成。它为计算机处理应用程序提供所需的运行存储空间。插入式存储器电路板内置256兆或者更大容量的存储器芯片，使用它可以增加计算机的存储容量。专用存储器可以改善计算机的性能。例如，外置512KB高速缓冲存储器可以使微处理器的运算速度加快；64兆RAM视频图形加速卡能够帮助计算机提供更快速更清晰的画面；可移动式小型“闪存”RAM卡同样可以为个人数字助理和数码相机提供数百兆的可擦写式直接存储空间，其体积只有信用卡大小。

半导体存储器的主要优点是体积小、存取速度快、防震并且耐高温。绝大多数半导体存储器的一个主要缺点是数据的**易失性**（volatility），所以必须为其提供持久稳定的电源。一旦电源中断，存储器保存的数据将全部丢失，此时应将数据及时地转移到其他设备上，或者使用后备电源（如电池组或应急发电机）。另一个解决方案是将计算机所需的数据永久性地写入半导体设备，即使电源中断数据也不会丢失。

半导体存储器有以下两种类型：随机存取存储器（RAM）和**只读存储器**（read-only memory，ROM）。

- 随机存取存储器。这种存储器芯片被广泛应用于计算机的主存储器中。每个存储单元都可以被感知（读）和修改（写），所以它也被称为读/写存储器。它属于易失性存储器。
- 只读存储器。这种非易失性随机存取存储器主要用于永久性地保存数据。ROM保存的数据可以被读取但不能被删除或重写。计算机控制单元经常使用的控制指令以及主存储器经常读取的程序（如操作系统的部分代码等）可以在生产时永久性地写入存储单元。这类存储器也被称为固件。ROM的种类包括可编程式只读存储器（programmable read-only memory，PROM）和可擦写可编程式只读存储器

(erasable programmable read-only memory，EPROM)。它们可以永久性地保存数据，或者在需要时对数据进行改写。

半导体存储器的最新产品是闪存式驱动器（flash drive，有时也称为 JumpDrive)。

闪存式驱动器运用包含上千个可编程晶体管的小芯片来存储无限期的数据，并且不需要外置电源支持。这些小巧的闪存驱动器可以很方便地放在口袋里，并且很耐用。闪存式驱动器目前的存储空间可以达到 20GB，并且新的闪存技术将使存储空间更大。闪存式驱动器的出现，使得用户可以把更多的日常数据装在口袋中。

Nanochip 公司：新的存储器将突破传统障碍

一种新的闪存技术正在挑战现在的固态存储器，这种新型闪存具有更大的存储空间且更耐用，需要的电量更低。位于加利福尼亚州佛雷蒙特市的 Nanochip 公司宣称，它们已经在基于阵列技术的存储研究上取得了突破，新产品的样本预计于 2009 年交给合作制造商进行生产。

目前通用的闪存设备所采用的电路中，两条线路之间的最小距离的理论值为 32～45 纳米。一个集成电路所占的空间通常受到电路中并行线路最小间隔的限制，解决这一问题正是 Nanochip 公司的技术领先之处。

Nanochip 公司的斯蒂芬·莱（Stefan Lai）说：“每隔一年，你就需要购买这种可以使你的集成电路零件更小更精致的仪器。”基于阵列技术的存储器使用一个细小的探针来读写和存储数据。这种存储器的大小不是由线路而是由探针的运动来确定的。“如果 Nanochip 公司可以移动 1/10 的距离，我们就可以在不改变线路分布的条件下将存储密度扩大 100 倍。”

斯蒂芬·莱认为这种新的存储技术可能预示着手机或者生物技术的新突破。“如果你希望把自己的人生经历存储到移动设备中，如果你希望某个可以随身携带的装置可以存储你的个人基因，可能需要占用大量的存储空间。”Nanochip 公司目前遇到的最大问题就是能否以较低的成本生产出这种新型闪存。

资料来源：Adapted from Dian Schaffhauser, “A Storage Technology That Breaks Moore's Law,” *Computerworld*, March 19, 2008.

□ 磁　盘

考虑到存储动态视频文件、音频文件以及高清晰度的图像文件时会瞬间占据大量的磁盘空间，拥有大容量的磁盘驱动器很有必要。

磁盘（magnetic disk）是使用最广泛的计算机辅助存储设备，因为它可以进行数据的高速存取，并且存储容量大、价格合理。磁盘驱动器中装有若干金属盘片，每一个金属盘片的上下盘面都涂有专门用来保存数据的氧化铁材料。若干金属盘片被固定在一个竖直的轴上，该轴带动盘片每分钟旋转 3 600～7 600 圈。读/写磁头通过磁头臂在间距微小的盘片间进行定位，从而读写同心圆磁道上的数据。磁道上的磁性点采用计算机通用的二进制数字编码形式来保存数据。每个磁道可以保存数千个字节的数据，而每个盘片的表面有数百个磁道，因此可以为软件以及数据提供数十亿字节的存储空间。

磁盘的种类

磁盘的种类有很多，包括可移动式磁盘设备以及固定式磁盘设备。可移动式磁盘设备的应用非常广泛，因为它们可以方便地进行移动和脱机保存备份数据，并且具有很高的安全性。

● **软盘**（floppy disks）或软磁盘是由表面涂有氧化铁混合物的聚酯薄膜盘片构成的。它的盘片被固定在中心轴上，并在由硬塑料制成的高强韧性保护套内旋转，磁盘驱动器的读/写磁头可以通过保护套上的读写口对软盘上保存的数据进行存取。容量为1.44兆的3.5英寸软盘是使用最广泛的软磁盘，而超级磁盘技术可以使磁盘容量达到120兆。Zip驱动器使用一种类似软磁盘的技术支持高达750兆存储容量的磁盘。现代的计算机几乎已经不再安装用来读取软盘的软驱，但如果需要的话，依然可以找到相关的硬件。

● **硬盘驱动器**（hard disk drives）将磁盘、磁头臂和读/写磁头封装在一个真空的硬盘盒内。它的存取速度快，数据存储密度大，运行稳定且使用寿命长。它分为固定式和可移动式两种，硬盘的容量从几百MB到几GB不等。

RAID存储器

这种计算机存储设备是一个体积类似冰箱大小的装置，由许多交互相连的磁盘驱动器组成。这些磁盘驱动器可以存储相当于一亿条纳税申报单的数据。这听起来简直不可思议，但事实的确如此。随着高速稳定的互联网打开了网络空间和电子商务的大门，大容量的存储装置成为互联网的关键设备。

互联微机硬盘驱动器磁盘阵列已经取代大型机的硬盘驱动器，几乎能够提供任意容量的在线存储能力。**独立磁盘冗余阵列**（redundant arrays of independent disks，RAID）将六块直至上百块的小型硬盘驱动器和它们的控制微处理器集成到一个单一的设备中。RAID设备提供大容量的存储空间（可以达到1～2TB甚至更多），并且支持高速的数据存取，因为它是以多磁盘并行访问的方式对数据进行存取的。RAID设备具有容错能力，冗余式设计使它可以在不同磁盘上保存多份数据备份文件。当一个磁盘损坏时，它的数据可以通过自动存储在其他盘片上的备份文件进行恢复。存储区域网络（storage area networks，SANs）是一种高速光纤局域网，它将许多RAID设备连接起来，用户可以通过网络服务器共享这些设备的存储空间。

RAID可以有多种分类方法，最新的技术不仅涉及硬件，而且涉及软件。最新的RAID技术已经超出了本书的范围，可能也超出了目前商业技术的应用范围。你只需要知道现代企业使用了某种RAID技术就可以了。如果你对这方面的知识感兴趣，并且希望了解关于该技术的最新发展以及应用，可以在互联网上查找相关的信息。

□ 磁　带

磁带存储器的应用范围已经不再局限于文件备份。虽然磁盘子系统能够快速响应，及时提供重要的数据，但是现在许多使用者需要访问大型的企业级应用程序（如数据仓库）来获得大量的数据。为此，人们需要可以满足其要求的（磁带）存储设备。

磁带（magnetic tape）在商业应用中一直被作为辅助存储设备使用。磁带驱动器的读/写磁头以磁性点的形式在磁带的氧化铁涂层面上记录数据。磁带设备包括大型机和中型机系统中的磁带盘和磁带盒，以及个人计算机系统中的小型磁带盒。在许多领域，磁带盒已经取代了磁带盘，并且能够提供200兆以上的存储空间。

在商业应用中，高速36轨道磁带盒正在不断发展，它通过自动驱动装置可以直接访问数百个磁带盒。这些设备提供价格更低的磁盘存储装置来满足大容量数据仓库以及其他在线商业储存的需要。磁带的其他应用还包括个人计算机以及其他一些系统档案的长期存储和备份。

□ 光 盘

光盘存储已经成为一项必要的存储技术。现在大多数软件公司都将大型程序存储在**光盘只读存储器**（compact disk-read only memory，CD-ROM）上发行。许多公司将原来以纸质形式保存的产品以及公司的信息存储到CD上。

光盘（optical disks）是发展速度较快的一种存储设备，它有几种主要的技术形式（见表3—5）。一种是CD-ROM，使用的是12厘米（4.7英寸）的压缩光盘，这种光盘类似于音响系统使用的光盘。每张光盘可以存储超过600MB的内容，相当于400张1.44MB软盘的容量或300 000多页双倍行距文本的内容。用激光保存数据是通过在母盘的螺旋式轨道上烧录出微小凹槽的方式实现的，然后通过母盘进行大规模的光盘生产。CD-ROM使用一种激光设备读取光盘上用凹槽表示的二进制代码。

表3—5　　各种光盘驱动器性能的比较

- CD-ROM
  CD-ROM驱动器利用低成本的方式读取数据，加载软件到计算机中，如听CD音乐。
- CD-RW
  CD-RW驱动器允许用户创建个性化数据光盘用来进行数据备份或数据转移，可以用来存储分享视频文件、大量数据文件、数码照片和其他大容量数据，同时，CD-RW驱动器拥有CD-ROM的所有功能，可以读取CD-ROM、音频CD和用户自己刻录的CD。
- CD-RW/DVD
  CD-RW/DVD复合驱动器具备CD-RW，CD-ROM，DVD-ROM光驱的优点，可以用来读取DVD-ROM，CD-ROM光盘，也可以创建个性化CD。
- DVD-ROM
  DVD-ROM驱动器给用户带来高清图像、声音清晰的DVD录像，也可以用作软件和存储海量数据。DVD-ROM驱动器也可以读取CD-ROM光盘，给用户提供完整可视的读取能力。
- DVD+RW/+R与CD-RW
  DVD+RW/+R与CD-RW驱动器是一个多合一驱动器，允许用户刻录DVD+RW或DVD+R光盘，刻录CD，读取DVD和CD。它可以创建DVD备份存档达4.7GB的数据，其存储能力是650MB CD的7倍；还可以存储2小时的MPEG 2数码视频。

资料来源：Adapted from "Learn More—Optical Drives," www.dell.com.

可记录光盘（compact disk-recordable，CD-R）是另一种应用非常广泛的光盘技术。CD-R驱动器或CD刻录机通常用来在CD盘上永久性地保存数据。CD-ROM和CD-R主要的局限性在于不能对数据进行擦写。而**可擦写光盘**（CD-rewritable，CD-RW）通过用激光加热盘片表面的反射点，使擦写信息成为可能。CD-RW使用了一种磁—光技术，即使用磁力线改变反射点的光反射方向，使其从一个方向变为相反的另一个方向，通过这种方式来记录二进制中的0或1。激光设备通过感应反射光的方向来读取记录在盘片上的二进制记录。

DVD技术极大地增加了光盘的存储容量，提高了存储能力。数字化视频光盘（digital video disk，DVD）的每一面都能够存储3GB～8.5GB多媒体数据。在数据存储方面，DVD技术因其存储容量大并能够提供高品质声音图像等优点，将取代CD技术。同时，使用DVD驱动器的多媒体产品的发展也会加快，这些产品可以在计算机和家庭娱乐系统之间通用。因此，DVD-ROM正逐渐取代电影以及其他多媒体产品中所使用的录像磁带，而DVD-RW也被用于备份和存储大规模的数据和多媒体文件。

商业应用

光盘在大型机和中型机系统中的一个主要应用是**图像处理**（image processing），如将长期存有历史文献图像的档案保存在光盘里。金融机构使用光学扫描仪获取文件图像，把它们存储到光盘上，从而取代了微缩胶片的保存方式。

个人计算机的CD-ROM光驱的主要商业应用是作为便捷、快速地查看参考资料的一个媒介。这些资料包括商业活动和经济活动的目录、通信录、用户指南、定期摘要、部分列表和统计数据库资料。另外，光盘还大量应用于商业、教育、娱乐方面的交互式多媒体应用程序。对于计算机视频游戏、教育视频、多媒体大百科全书和广告展示来说，大容量的CD和DVD光盘无疑是最佳选择。

□ 无线射频识别技术

无线射频识别（radio frequency identification，RFID）是一种新兴的、发展最快的存储技术，可以标记和识别可移动的物体，如库存商品、邮寄的包裹，有时甚至是生物（如宠物）。通过使用一种特殊的RFID读取器，RFID可以使移动到不同地点的物体被标记和跟踪。

RFID技术通过很小（有时比一粒沙子还小）的RFID芯片进行工作。RFID芯片具有可以传输和接收无线电信号的天线。RFID芯片可以分为两种：无源式和有源式。无源式RFID芯片没有能量来源，必须从读取器发出的信号中获取能量。有源式RFID芯片是自供电的，不需要接近读取器来传输它的信号。无论是何种RFID芯片，都必须接近被追踪的物体，还有一些无源式RFID的芯片需要植入到物体中。RFID芯片的一项最新应用是用于寻找宠物猫或者宠物狗。通过在宠物的皮下植入包含宠物主人联系信息的RFID芯片，人们可以很容易地找到走失的宠物。目前，交通安全部门考虑在登机牌中嵌入RFID芯片，以记录乘客的行踪。

在有效的范围内，只要读取器向相关的物体发出信号，物体中的RFID芯片就会反馈相应的标识号或者生产日期作为回应。读取器会将反馈的信号传递给管理员，或者直接把数据传送给网络中心计算机系统。这种RFID系统通常用来支持读取芯片上的数据，以及在芯片上存储某些信息。

RFID系统已成为普通条形码的替代物，相对于条形码，RFID芯片可以支持更远距离的物体识别，并且支持数据的存储，以及读取更多的信息。

最近，由于RFID可以在不知情的情况下传输精密信息，引起了人们对隐私保护的关注。如果这些争议可以被圆满解决，我们会期待在更多领域看到RFID技术的应用。

RFID技术引起人们对隐私保护的争议

“如果有一天，你察觉到你的内衣正在泄露你的行踪，会高兴吗?”这是加利福尼亚州参议员黛布拉·鲍恩（Debra Bowen）在2003年举行的关于RFID隐私保护的听证会上的提问。

RFID技术的应用引起了相当大的争议，甚至遭到主张保护隐私的消费者的抵制，他们把RFID称作“间谍芯片”。关于RFID的隐私方面的问题主要有两个：

● 由于物品的拥有者未必知道RFID芯片的存在，因此芯片可以在个人不知情的情况下接收以及发送某些信息，使得未经个人同意就收集敏感信息成为可能。

● 如果消费者使用信用卡或会员卡购买了一个被植入了芯片的商品，芯片的植入者可能通过读取商品中的芯片，间接地推断出消费者的身份。

更多的消费者担心，当产品被购买并带回家后，附在上面的芯片还可以继续发送信息。因此，它们可以被用于与库存管理无关的监视以及其他目的。

RFID信号的读取范围由读取器以及芯片共同决定。技术的进步能会增大芯片的读取范围。读取范围较小的芯片应与读取器距离十分接近。通常来说，芯片的读取范围由芯片可以从读取器处获得足够能量的距离所决定。加大读取器的功率可以扩大芯片的读取范围，因此，读取范围可以用芯片反馈给读取器的信噪比来表示。安全会议的研究人员已经证实，无源式UHF RFID标签（不是美国护照中所使用的HF类型）在正常情况下的读取范围为30英尺，在使用合适设备的情况下，读取范围可以达到50～69英尺。其他类型的芯片的信号在良好状况下可以在30～35英尺外被读取，在没有障碍的情况下距离可以达到数英里。

吉列公司在英国剑桥的一个特易购超市的“货架”实验项目中使用了RFID技术，后被发现对消费者的隐私构成了潜在的侵犯。它们使用自动装置拍下从实验架子取下嵌入了RFID标签的安全剃须刀的消费者图像，以测试能否用RFID技术帮助减少商店的盗窃行为。实验被曝光后，不仅这个项目被迫终止，而且引发了消费者对吉列和特易购的抵制。

《芝加哥时报》揭露了另一个事件，在俄克拉何马州的沃尔玛超市里，一个货架上的蜜丝佛陀口红包装嵌入了RFID芯片以便追踪，货架上的网络摄像头可以向750米外的俄亥俄州辛辛那提市的宝洁公司研究员发送图像信息。他们可以知道口红是何时从货架上被拿走的，并观察消费者的行踪。

美国食品与药品监督管理局（Food and Drug Administration）赞同使用RFID芯片，一些商业机构（如巴塞罗那的Baja海滩夜总会）也开始在消费者中使用这种芯片。以上做法激起了消费者对个人隐私的关注，因为无论人们身在何处都可能被追踪。这可能会导致政府滥用管理职权或者使个人自由被剥夺。

2006年7月，路透社报道，两名黑客——伊纽兹（Newitz）和韦斯特许斯（Westhues）展示了他们如何从一个植入人体的RFID芯片中复制RFID信号，证明了这种芯片并不像人们原来想象的那样可以防止黑客入侵。

由以上案例可知，可以被编码的程序也同样可以被解码。虽然RFID的应用带来了极高的效率和较低的成本，但该技术的使用也对隐私保护和安全提出了重大挑战，在解决这些争议之前，围绕着RFID技术展开的辩论将会持续下去。

利用RFID的杂志：跟踪阅读模式

令杂志出版商最苦恼的问题之一就是如何统计纸质杂志的读者数量。除此之外，出版商还希望得到以下问题的答案：读者会在每页杂志上花费多长的时间阅读？读者是否会迅速地浏览某篇文章？他们习惯于从前往后看还是从后往前看？以前他们大多依靠猜测来作出估计，但Mediamark Research & Intelligence（MRI）咨询公司正在测试利用RFID技术来研究杂志读者的上述阅读行为的特点。

该系统的准备工作已经进行了一年，MRI公司的项目主管杰伊·马特林（Jay Mattlin）指出，该系统需要在真实的环境下进行测试，以检验系统能否达到实验设计的要求。

在测试中，MRI发明了由RFID驱动的监控系统的“智能”杂志模型，来追踪读者是否浏览指定页面。MRI指出：“实质上，将RFID标签粘贴到杂志上后，每次发送一个信号到标签阅读器，使被测试者与指定杂志页相联系，这个系统记录了指定页打开和关闭的时间，也反映杂志自身打开和关闭的时间。”

马特林在报告中提到，系统在内部测试时识别杂志打开和关闭时间的准确度达到95%。马特林说：“目前我们在受控的环境中学到了很多，但是考虑到不断尝试测试一个非电子媒体的复杂性，这将使得我们需要一段时间才能做到严密监测所有潜在的有RFID的杂志读者。”当然，关于这个故事最有意思的事是：在纸质杂志的阅读率不断下降的时代，在出版方将注意力都集中到网上内容的情况下，解决由来已久的阅读率问题到底有多大的价值？

□ 对未来的预测

如果摩尔定律盛行，技术不断进步，可以预期我们的生活正以不可思议的速度发生显著变化，虽然我们不能真正预测未来，但可以了解一些未来学家的预言。下面是一个未来学者关于计算机技术在未来几十年将改变我们生活的观点。

计算机将使人类永生

只用15年，我们就会看到人机智能的兴起，这最终将使人类永存。至少笔者和预言学家雷·库尔兹威尔（Ray Kurzwell）是这样认为的。

库尔兹威尔说，纳米机器人将遨游在我们的血液中，处理疾病或老化的器官，计算机将备份人类的记忆，使我们的身体在外表上永葆年轻和健康。

库尔兹威尔认为，在1/4个世纪里，非生物智能的广度和精确度将与人类智能相匹敌。他预言非生物智能将超过人类的能力，因为信息技术在不断进步，机器也可以立即分享信息技术带来的知识。

库尔兹威尔预言人类和计算机将通过血液细胞大小的纳米机器人进行融合，这种融合将体现在任何地方，从我们的服饰到我们的身体和血液。人们想要多活15～30年甚至更久。想想这个情形，每个人可能利用纳米技术的“人类身体版本1.0”来修复或替代状态欠佳或老化的身体组织。部分组织将变得很容易被替换。

“价值1 000美元的计算设备，在2020年将会比人类大脑有价值1 000倍。”库尔兹威尔说，25年后我们会增加价值10亿美元的计算能力，“15年以后，这将是一个非常不同的世界，癌症和心脏病将可以治愈，或者至少可以将它们转成可控慢性病，使生命不会受到威胁。我们将停止老化，避免死亡。”

库尔兹威尔推测，事实上，我们将达到人类智能不能简单触及甚至不能跟随的一个临界点，而这个进步是由计算机带来的。他预测非生物智能将进行自我设计且能很快自我提升。创造于2045年的计算机或非生物智能将比如今的人工智能技术强大10亿倍。

“超级计算支持着所有领域的进步”，这是逆向工程的情报生物学和人类大脑学发展的一个先决条件。当发展智能计算机时，这将提供给科学家一个“技术工具包”。库尔兹威尔在报告中写道：“我们在21世纪不会历经100年的技术进步；我们将见证20 000年的进步，或者以比20世纪快近1 000倍的速度进步。”

根据库尔兹威尔的推测，这是我们在不远的将来可以预见到的：

● 医生将在21世纪30年代末对我们的记忆进行备份。

● 到21世纪20年代末，医生能够让智能机器人、纳米机器人进入血液来让我们保持健康，进入大脑来让我们保持年轻。

● 在15年内，人类的寿命将延长。到2020年，我们的寿命将平均增加一年甚至更多。

● 我们将更多地处在虚拟现实环境中。我们将“邂逅”虚拟世界中的某个人，在虚拟海滩上散步聊天，在虚拟地点召开商务会议和打电话。

● 当我们走在街上看到认识的人时，关于这个人的背景信息将弹出到你视野可见的眼镜上。

● 不用在桌面机器上花费大量时间，计算机将根植于我们的环境。比如，电脑显示器将被视网膜技术的投影或在空中悬挂的虚拟屏幕替代。

● 科学家将能够通过将皮肤细胞转化为年轻的其他细胞类型来恢复所有人的身体组织和器官。

● 需要一些动力吗？库尔兹威尔说科学家将使细胞甚至组织或整个器官再生，并在无须手术的前提下将它们引入我们的身体。随着时间的推移，我们的心脏细胞将被这些新细胞替代，最后在保持我们自己的DNA的前提下使心脏重生。

● 我们必须掌握的一个技巧就是在博弈中保持优先权。库尔兹威尔警示我们，到那时恐怖分子也很可能利用非生物智能技术进行攻击。比如，他们可能创建并传播生物工程病毒，这将有很大的破坏性。

若如库尔兹威尔所说，目前困扰科学家和医生已久的问题——普通感冒将得到解决。他指出，应用纳米技术可进入我们的血液治疗感冒，只需10年时间，在我们还没意识到感冒之前，生物技术已将感冒治愈。

资料来源：Adapted from Sharon Gaudin,“Kurzweil: Computers Will Enable People to Live Forever,” *InformationWeek*, November21, 2006.

小结

● 计算机系统。计算机系统的主要类型见图3—1。微机主要包括个人计算机、网络计算机、个人数字助理、技术工作站和信息设备。中型机系统更多地应用于功能较强的网络服务器、多用户商业数据处理和科学计算。大型机体积更大，其处理能力比绝大多数中型机更强。它们的运算速度快，存储容量大，并且可以支持更多的网络用户和外围设备。它们常用于大型机构的信息处理任务，这些机构需要进行大量的事务处理或复杂的运算。超级计算机是一类特殊的功能超级强大的大型机系统，它们专门用于超大规模的运算处理。

● 计算机系统的概念。计算机是由提供输入、处理、输出、存储和控制功能的信息处理组件组成的系统。它的硬件组件包括输入和输出装置、中央处理器、主要存储设备和辅助存储设备。计算机系统的主要功能和各种硬件设备如图3—4所示。

● 外围设备。参考表3—2和图3—8回顾本章所介绍的用于输入、输出和存储的外围设备。

关键术语和概念

二进制表示法（binary representation）
中央处理器（central processing unit）
计算机系统（computer system）
计算机终端（computer terminal）
周期/秒（cycles per second）
直接存取（direct access）
图形用户界面（graphical user interface）
信息设备（information appliance）
磁盘（magnetic disks）
软盘（floppy disk）
硬盘（hard disk）
独立磁盘冗余阵列（redundant arrays of independent disks，RAID）
磁条（magnetic stripe）
磁带（magnetic tape）
大型机系统（mainframe system）
微机（microcomputer）
中型机系统（midrange system）
小型机（minicomputer）
每秒百万条指令（million instructions per second，MIPS）
摩尔定律（Moore's law）
网络计算机（network computer）
网络服务器（network server）
网络终端（network terminal）
脱机（off-line）
联机（online）
光盘（optical disks）
光学扫描（optical scanning）
外围设备（peripherals）
定点设备（pointing devices）
主存储单元（primary storage unit）
处理速度（processing speed）
毫秒（millisecond）
微秒（microsecond）
毫微秒（nanosecond）
皮秒（picosecond）
无线射频识别（radion frequency identification，RFID）
辅助存储（secondary storage）
半导体存储器（semiconductor memory）
随机存取存储器（random-access memory，RAM）
只读存储器（read-only memory，ROM）
顺序存储（sequential access）
语音识别（speech recognition）
存储容量（storage capacity）
二进制位（bit）
字节（byte）
千字节（kilobyte）
兆字节（megabyte）
十亿字节（gigabyte）
万亿字节（terabyte）
10的15次方字节（petabyte）
超级计算机（supercomputer）
易失性（volatility）
工作站计算机（workstation computer）

讨论题

1. 请列举几种主要的计算机系统的发展和实际应用有哪些趋势。

2. 一款集成了个人数字助理、移动式PC和移动电话功能的信息设备会使所有这些设备遭到淘汰吗？请说明理由。

3. 参考本章关于网格计算的案例。在计算机的应用越来越普及的今天，你认为网格计算会取代现在普遍采用大型机的计算方法吗？如果大规模采用网格计算，应该如何解决信息安全问题？请用案例支持你的答案。

4. 你认为在商业应用方面像个人数字助理之类的信息设备是否会取代个人计算机？请说明理由。

5. 通过网络连接的个人计算机和服务器是否

会淘汰大型机？请说明理由。

6. 参考本章关于触控技术的案例，你认为该技术还会有哪些方面的应用？你认为人机互动的发展趋势是怎样的？请举出几个实例。

7. 计算机外围设备的发展趋势是怎样的？这些发展将怎样影响计算机的商业应用？

8. 你预计在未来的10年内，几种重要的计算机硬件设备会有怎样的发展，会怎样影响计算机的商业应用？

9. 从商业的角度考虑，你会选择何种处理器、内存储器、磁盘存储器和显示器来配置个人计算机？请说明选择的理由。

10. 你希望你的商用计算机配置哪些其他的外围设备？请说明理由。

分析题

1. 为你的工作组选购计算机系统

你所在的工作组不久将为成员配备计算机，你的任务是了解计算机的价格信息。你需要通过互联网查询戴尔和惠普公司提供的以下硬件的报价，选择一套高配置的台式计算机系统。

下表列举了系统配置的基础信息，你需要查询价格，并且考虑将来设备的升级情况。请查询下表中基本配置和升级后的配置的价格。

计算机硬件	基本配置	升级后的配置
CPU（GHZ）	2.8	3.4
硬盘（GB）	160	500
RAM（GB）	1	2
可移动媒介	16×DVD+R/W	48×DVD+R/W
显示器	17英寸纯平	19英寸纯平

请为该系统选择标准的软件许可协议；IT部门将为你的工作组安装必需的软件。你应从供应商那里获取两年的质量保障并且了解其所提供服务的范围。对于不能提供两年质量保障的供应商，应将其提供的服务与所需服务之间的差别记录下来。

a. 按照下面的选项使用电子表格对不同供应商的报价和硬件成本进行总结：基本配置；每台计算机单独升级所需的费用；全部计算机升级的费用。

如果你找不到上述配置的准确信息，可以查找更高一级的配置标准来比较分析并记录下差别。

b. 准备一份Powerpoint文档或者类似的演示文稿对资料进行总结，包括每个供应商承诺的保障和规定的服务范围。

2. 计算机硬件的性能和价格的变化趋势

下表列举了一些个人计算机常用组件的价格和性能信息，其中包括微处理器、随机访问存储器和硬盘的价格。随着时间的推移，各种主要组件的性能已经大大提高，因此下表还列出了速度（用于描述微处理器）和容量（用于描述存储设备）方面的信息。尽管这些组件某些方面的改进不能用以下性能指标反映，但通过这些性能参数来观察发展趋势仍然是有意义的。

	1991年	1993年	1995年	1997年	1999年	2001年	2003年	2005年
处理速度（MHZ）	25	33	100	125	350	1 000	3 000	3 800
价格（美元）	180	125	275	250	300	251	395	549
RAM芯片（MB）	1	4	4	16	64	256	512	2 000
价格（美元）	55	140	120	97	125	90	59	149
硬盘（GB）	0.105	0.250	0.540	2.0	8.0	40.0	160.0	320
价格（美元）	480	375	220	250	220	138	114	115

a. 基于下列指标新建一张表格，其中一行用来表示每个组件单位性能的成本（微处理器每兆赫兹的成本，随机访问存储器和硬盘存储器每兆存储量的成本）。

b. 绘制一张图来说明你的分析结果，并且举出组件单位处理能力（速度）或单位存储量的价格变化趋势的例子。

c. 写一篇小论文来阐述你分析得出的结论。你认为这个发展趋势会持续多久？为什么？

d. 根据上述报告的内容准备一次演讲，将电子表格的数据链接到演示文档中，这样当数据更新时，图表的内容也会随之更新。

3. 计算机可以像人一样思考吗——图灵测试

“图灵测试”是通过一种假设检验的方法来确定计算机是否达到人工智能的测试。如果计算机能够令使用者以为自己是在和人交流，那么该计算机就具备了人工智能。除了少数领域外，绝大多数计算机都不能通过图灵测试。

免费电子邮件账户提供商 Hotmail 和雅虎就利用了图灵测试的原理，它们需要对人工注册和垃圾邮件程序注册进行识别。因为垃圾邮件发送者需要注册数千个电子邮件账户，从而发送上百万封的垃圾电子邮件。为了方便注册，他们都使用自动工具来注册账户。为了避免这种行为，Hotmail 通过注册时能否正确地输入隐藏在图片中的数字来进行验证。垃圾邮件程序在读取这些编码时遇到了麻烦，而人工读取不会有任何问题。通过这种图灵测试，Hotmail 可以将人和计算机程序加以区分，只有人工注册才能通过验证。这就使垃圾邮件发送者只能到其他地方寻找免费账户。

a. 除了互联网服务供应商提供的注册服务外，对人和计算机进行识别还可以在哪些商业应用方面发挥作用？

b. 举出一个视力欠佳的人可以通过图灵测试而计算机无法通过的例子。

c. 通过互联网查询更多关于这个话题的内容，列出它的优势和劣势。

4. 输入设备还是隐私侵犯

由穿孔卡、键盘、条形码扫描器等可知，输入设备得到持续快速的发展，能更加准确地输入数据。这些进步的关键在于它们从资源中捕获数据，没有什么工具能比 RFID 做得更好。RFID 发射器可以向我们发送一个被编码的无线信号，RFID 标签可将这个信号反馈给天线，RFID 系统可以读到这个反馈的独一无二的模式，并用一个数据库记录它们，基于这个系统，这种模式可以被用于生产、货运甚至个人。尽管 RFID 系统的使用范围被限定在方圆几十英尺内，但这种方法可以不用键盘或者扫描输入，除了看到一个 1 平方英寸（5 平方厘米）大的 RFID 标签外，人们可能不会意识到 RFID 系统正在运转。

实际上，这可能会带来一些问题，消费者已经对黏附于产品的 RFID 芯片可能被用于跟踪他们予以关注，另一些人则担心政府可能会要求将植入式 RFID 芯片作为身份识别的一种方式并跟踪他们。RFID 技术作为一种新的改进的输入设备已经拥有了公共影响。

a. 如果你的大学用嵌入学生 ID 的 FRID 标签来取代磁性刮擦条，你觉得如何？在校园中，RFID 标签可以被用于控制建筑通道，管理计算机入口，甚至自动跟踪班级出勤率。

b. 在互联网搜索引擎中输入“RFID”，汇总搜索结果，分析前 20 条中有多少是积极的应用，多少是消极的，多少是中立的。

c. 在互联网搜索引擎中输入“RFID”，选择一条有关隐私保护的内容，并加以概述。你是否认为这些内容令人信服？

案例 3.3

金佰利公司和酸奶制造商 Daisy Brand：利用射频技术走向成功

金佰利（Kimberly-Clark）已经有 130 多年的历史，是《财富》500 强公司之一，总部位于美国，主要经营健康护理用品和纸制品。虽然该公司不一定家喻户晓，但它旗下的产品及品牌 Kleenex, Scott，Huggies，Pull-Ups 等广为人知。根据公司官方统计，每天有 13 亿人使用这些产品，2008 年，公司的销售额达到 194.2 亿美元。公司在全球 37 个国家拥有供应链，产品销售至 150 多个国家。

作为沃尔玛的顶级供应商之一，金佰利在海外率先应用了无线射频识别技术

(RFID)，并成为这项技术的忠实拥护者。“我们的目标是发展供应链，由需求驱动供应网络。实现这个目标的关键之一是有一个高度整合的供应链系统，提供终端至终端的可见性，尽可能获取实时信息。”金佰利的顾客供应管理部主管马克·詹姆森（Mark Jameson）如是说。

大约4年前，金佰利开始重新定义它的供应链的商业模式，整合它的系统。第一个重新定义的是预测至库存（forecast-to-stock）商业模式，接下来是预订至现金（order-to-cash）商业模式。公司选择了SAP公司的解决方案。

“如果完成新的预订至现金系统，我们将拥有一个高度整合的系统，我们的用户将共享相同的实时信息来开展工作。另外，我们将采取策略，在商业模式中获得更好的下游数据，应用于供应链、品类管理和消费者服务。”詹姆森说。

对于很多公司来说，将供应链与其他企业系统整合是一项长期的目标和举措。金佰利也不例外。“这是个关键的驱动因素，但不是唯一的驱动因素。从历史角度来说，我们的商业模式是利用我所描述的补丁填补系统来实施的，在供应链上，有很多上下传递的信息。”杰米森说，“不是每个人都利用相同的信息来工作，有些人甚至不需要获得实时信息。我们相信达到高度整合后将拥有更多确定的供应链，有助于降低变异性，减少浪费。”

获得了实时数据，公司就能知道销售状况，了解促销效果，掌握正在生产的产品的状态。而且，从供应链的角度讲，这使得公司能及时对库存量增加和货物在货架上滞留作出反应。金佰利公司并不需要每小时更新实时数据，但是管理者需要在8～16小时内看到数据，及时知道在销售现场发生了什么。

“我们基于RFID制定的策略已经应用于商业模式。这项技术本身不会给供应链带来价值。供应链获得的价值来源于重新设计商业模式，并使新的商业模式应用这项技术，从而获得价值。”

金佰利不仅关注重新定义商业模式，而且寻找利用这项技术支持这些模式的手段。一个比较完美的案例是公司已将该技术应用到促销环节。管理者发现，只有55%的促销活动能够及时落实，与促销和广告日期对接。这就失去让产品通过零售商面向购买者的最佳时机。“所以我们重新定义了商业模式，跟踪销售层面的零售行为，基于实时数据进行每日报告，并将零售人员加入到我们的模式中，这样我们可以识别出有哪些商店没有进行促销活动。”

这样，零售人员就可以被派到销售伙伴的商店，迅速展开他们的工作。在推行应用了该技术的新的商业模式后，金佰利的促销活动的落实比例从55%上升到75%。公司的销售量也同时有所增长。“随着新的商业模式的推行，公司的销售量也在同步增长。所以我认为这是一个非常典型关于无线射频识别技术应用到重新定义的商业模式，从而在产业链中起到重要效果的案例。”詹姆森说。公司准备将该技术应用于拖车管理。在庞大的分配中心，公司有500～700辆拖车停在停车场。公司正在寻找方案对这些拖车进行定位和身份识别。当有拖车进入停车场时，RFID标签将开始工作。公司相信这种方案的实施将加快信息流通，并缩短将拖车运入停车场的时间。

“在供应链中，还有一种潜在的可能，我们将RFID技术引入制造环境，用于追踪原始材料。我们发现利用这项技术会获得较高的投资回报率，并且相信还有更大的潜力可以挖掘。”詹姆森如是说。

Daisy Brand是美国酸奶和奶酪的制造及销售商，很早就加入了沃尔玛的RFID系统，公司内部关于应用RFID生产产品、进行认证和提供服务已无争议。

在其他厂家的质疑声中，Daisy Brand宣称投资RFID技术使它们获得了巨大的实惠。Daisy Brand的信息系统主管凯文·布朗（Kevin Brown）说，该技术帮助公司更好地管理其易变质的产品在沃尔玛仓库内的流通，以及保证市场促销按计划进行；同时该技术也让公司的其他客户——包括没有利用 RFID 技术的客户，更好地追踪他们的订单。

2003 年，沃尔玛发表声明，称 100 家一级供应商将参与推动它的初始 RFID 计划。Daisy Brand 和另外 30 家公司成为志愿加入的公司。“我们要与合适的合作者和供应商建立关系，将这一计划落实。”布朗说，“坦白地说，我不想跟他们站在一起”。

“对我们来说这不是一个投资回报率高的项目，”他说，“我们只是为了要成为一个好的合作者。”这样做不仅仅是为了深入了解沃尔玛的政策，更重要的是为它的客户提供追踪服务。“就像联邦快递跟踪一个包裹一样，”布朗说，“我们的顾客可以跟踪整个运输进程，看到运输了什么，谁来接收，等等。”布朗补充说，Daisy Brand 正和山姆俱乐部合作，实施零售商的 RFID 计划。

在沃尔玛为供应商提供的零售链接网站上，布朗可以利用大量的数据追踪到货物需要多久运到仓库，何时卸下货物，货物何时通过仓库的销售系统，这一切都基于货物上的条形码。Daisy Brand 自己的 ERP 系统记录了货物的生产日期和过期时间。如果货物运输过慢，影响到货物的新鲜售出，Daisy Brand 会派员工去相应的仓库进行调查。系统也会向 Daisy Brand 提供不同类型仓库的不同行为的信息。布朗说，RFID 技术非常强大，因为它不需要人工读取信息。

布朗也成功地利用这些信息来追踪促销活动。例如，如果沃尔玛的门店计划促销酸奶，如果 Daisy Brand 看不到上传的信息，促销计划将不能按时进行。“我们需要知道货物已经从仓库运出并进入冷柜。”布朗说，“门店是否准备好，优惠是否终止，货物是否到达等问题，我们都需要了解。我们只在假期举行促销活动，因为此时对产品的需求比较大。我们要确定存货是否从仓库转运到了门店。”

“应用 RFID 技术将带来长期利益。”布朗说，“首先是通过这项技术给客户提供了一个追踪订单的手段，其次是给了他们监督我们整个工作流程的手段。”

资料来源：Adapted from Thomas Wailgum, “Kimbrly-Clark's Secrets to RFID Success,” *CIO Magazine*, July 30, 2007; and Mary Hayes Weier, “Dairy Company Lends Insight into Wal-Mart's RFID Mandate,” *InformationWeek*, January 14, 2008.

问题

1. 金佰利的马克·詹姆森强调的是商业模式而非 RFID 技术本身为供应链带来了价值。他的话有何含义？其他公司从关于金佰利和 DaisyzBrands 的案例中能学到什么？

2. 本案例中的两家公司刚开始利用 RFID 技术，那么这项技术对于这类公司还有什么其他的用处？它们会从中得到什么益处？请举例说明。

3. RFID 技术目前对很多公司来说具有强大的吸引力，而条形码技术已经广泛使用并且发挥了显著的作用，是一项成熟的技术。你认为 RFID 技术会在某些特定的工业领域或者某些产品上替代条形码技术吗？简述你的答案。

实践

1. 金佰利和 Daisy Brands 是最早应用 RFID 技术与沃尔玛建立合作关系的两家公司。沃尔玛发表声明后，这项工作是如何推进的？上网查找和研究最新的进展情况，准备一份报告，分析大型零售商在将 RFID 技术应用到供应链上的过程中成功和失败的例子。

2. 获得销售和库存的实时信息（或接近实时信息）对于公司的价值是什么？具备这项能力是否存在一定的风险？比如，对短期趋势作出过度反应？和你的同学组成小组讨论这个问题。

第4章　计算机软件

学习目标

1. 描述计算机软件的几个重要的发展趋势。
2. 列举几个主要的应用软件和系统软件。
3. 说明几种流行的软件包在终端用户工作效率和计算机协同工作方面的作用。
4. 定义操作系统并描述它的作用。
5. 描述计算机程序设计软件、工具和语言的主要作用。
6. 描述与开源软件相关的问题。

4.1　应用软件：终端用户应用

软件介绍

本章概述了使用计算机工作或者访问计算机网络时所用软件的几种主要类型，包括这些软件的特性、作用以及应用的案例。在开始本章学习之前，我们先来看一个关于商业软件变化的案例。阅读下面的真实案例，该案例讨论了“软件即服务”(Software-as-a-Service，SaaS) 的一些改革以及成功实现，从中可以了解通过该途径进行技术应用的前景。

案例 4.1

通用电气、H. B. Fuller 等公司：软件即服务的成功实现

通用电气的供应链并不简单，它是一个触及全球各个角落的庞大而又复杂的采购伙伴网络：由分布在使用 14 种不同语言、100 多个国家的 50 万个供应商组成。通用电气每年在众多的供应基地上花费约 550 亿美元。

通用电气的首席信息官加里·赖纳 (Gary Reiner) 非常重视这个问题，因为他需要利用通用电气的六西格玛管理方法以及强大的采购能力为这个价值 1 730 亿美元的集团如何花费这 550 亿美元负责。例如，通用电气每年都从同一个供应商——戴尔那里采购价值 1.5 亿美元的台式电脑和笔记本电脑。“采购的价格极

低。”加里·赖纳如是说。

近年来，通用电气的全球采购集团面临一个现实的挑战：试图精确追踪，并使得与50万个供应商在供应链上的交互作用有意义，其中包括合同、执行计划、认证以及其他关键数据，这些数据需要集中存储管理并且能够在全球范围内获取。通用电气过去一直使用自己研发的一个名为“全球供应商库”的系统，赖纳说，这个系统只具备基本的功能，因而需要一个更好的系统，但是他们并不想自己开发这个系统。他们需要一个信息管理系统供应商，要求该系统使用和安装简便，能够将通用电气的供应帝国集中到一个中心存储库，支持多国语言，并且能够提供自助服务，这样每一个供应商都能管理自己的数据。

他们的目标很明确：第一，全面地掌握所有供应商的信息；第二，确保这些信息是准确的。这是目前几乎所有公司都希望达到的目标。为了达成这个目标，赖纳和他的IT以及采购团队选择了一条艰难的道路。2008年，通用电气购买了一个鲜为人知的软件即服务（SaaS）供应商的应用。

“当我们判断一个解决方案的好坏时，并不关心它是由供应商来掌控还是由我们自己来掌控，”赖纳说，“我们寻求的是相同价位下功能最好的解决方案。”他声称通用电气一直以来都坚持这种做法。他的团队并没有找到预置（on-premise）和SaaS之间在成本或性能上有什么巨大的差异。他补充道：“需要强调的是，不管是从正在进行的操作成本的角度考虑，还是从转换成本的角度考虑，我们都没有发现显著的差异。”此外，在考虑实施成本时，“很大程度上关注的是现有系统、过程改变和数据清理”，“这三方面的成本与由谁来掌控某个应用无关”。

Aravo技术平台并未经过通用电气的需求测试，且仅有大约20个顾客，而通用电气的需求很大，对此赖纳并不担心。他承认，“我们本应该一直关注这些方面，但是如果在我们自己的服务器上运行软件，也会带来一定的影响。我们知道Aravo能够处理好这一问题。”另外，赖纳认为其他的供应链卖家都不能提供Aravo的SIM产品所能提供的功能，而且赖纳及其团队估计购买软件要比自己开发软件便宜得多。他说：“与我们自己开发相比，购买这些产品要好得多。”一位通用电气的供应经理告诉Aravo，通用电气的这个项目中的ROI不是一般的有用，而是非常有用。

AMR Research的研究部主任米基·诺思·里扎（Micky North Rizza）说：“通用电气正在使用SaaS，以6种语言管理10万用户以及50万供应商，这是一个主要的技术部署转移。”她认为这些巨大的交易量结合通用电气遍布全球的供应链和采购员工，可以从同一个中心点获取供应伙伴信息，这不仅仅在供应链管理领域是重要的，而且在SaaS和云计算领域也同样重要。“最后我们选择了一家大公司，使用一款SaaS产品来处理数据透明度问题。”诺思·里扎说，“这是一件重大的事。”

到目前为止，通用电气供应商的数据质量已经得到改善，因为供应商现在使用SaaS系统的自助服务模块来管理自己的数据。通用电气在全世界有327 000名员工，它的供应链管理系统有超过10万个用户。SIM平台还有很多需要改进的地方，比如，公司的供应部员工会向系统添加更多的工作流和新的查询，系统需要支持更多的语言（目前有6种可选语言）。

赖纳说，通用电气致力于与Aravo长期合作，到目前为止系统表现得很好，而且SaaS就像是一个应用交付机制，未来的应用前景广阔。

当史蒂文·约翰（Steven John）就任特种化学品制造厂——H. B. Fuller公司CIO时，曾因一个北美工资管理系统的价格高昂以及实施前景欠佳而犹豫。这项业务并没有被纳入技术决策，而且由于定制问题和其他因素陷入了困境。约翰决定放弃对工资管理系统的控制，将其移交给SaaS。

“我希望该系统实施起来简单明确——能灵活配置而非定制——并且能从全球标准平台中获益。”约翰说，“这是一种可选的方式，通过将非核心系统外包来节约资金。”与他试图想要修复现有软件可能面临的困难相比，放弃控制权是一个很容易做出的让步。

“你正在得到更多的创新，”Forrester Research公司的分析师雷·旺（Ray Wang）说，“这个产品能够提供比大部分人现在拥有的应用更多的配置。通过产品你能够改变领域，重新命名，以及移除属性和工作流程。也就是说，产品很容易控制。”

更重要的是，这些配置更加完善和全面，给顾客提供了一些有用的选择而不是无数个选择。约翰发现正是配置而非定制使得H. B. Fuller专注于核心业务。“我相信更多的标准会带来更大的灵活性。”“SaaS对于我们的需求来说已经足够好了，不会像在那些高度定制的系统中那样，最后以令人讨厌的情形收尾。我们会选择选项A、B或C来进行工作，如果三个都不符合我们的要求，我们就会尝试它的下一个版本，对其加以改进，但是在大多数情况下，选项A、B或者C能够满足我们的要求。”

在H. B. Fuller，人力资源工具向SaaS的转移使得人们拥有了更多的自主权。“我能自己进行修改，并且在几分钟内得到响应，而不需要告诉人力资源部门来更新每一个信息。”约翰说，“我还能查看其他的组织图，了解人们在哪里、在做什么，以此来更好地理解这个组织。”

就管理SaaS而言，不论是IT部门还是正在使用这个软件的业务部门，都不应该主动放弃控制权。旺说，购买软件的决策正在从IT部门转移到业务领导者，这些业务领导者往往将钱花在收费软件上，而不是等待资本开支委员会的批准。“鼓励IT部门参与到SaaS的决策中是非常重要的，因为有许多总体的IT规划和蓝图需要考虑。”如果某个应用不能和其他应用很好地相互集成，就会浪费成本。

旺说：“拥有一些约束和政策很好，这样人们就会知道什么样的应用才能在当前的环境中更好地工作，什么样的应用在共享信息和数据时更加节约成本。”。

有关SaaS的一个问题是，如果你的供应商倒闭了，那么所有的东西都会消失。你将没有软件，因为软件是租用的。问题是，如果供应商不具有一个独立的按需部署选项，你拥有什么？旺认为：“你要有能力取出交易数据、主文件信息以及任意一种转移程序，以防万一，这样一旦供应商倒闭，你还能将这些东西转移到另外一个地方。”

长期以来，旺一直期望有一种SaaS普遍应用的IT文化。“我们也许会生活在一个所有东西都已经预备好的世界。我们的所有应用都不是提前部署的，并且企业领导者不参与采购应用。IT团队测试这些应用以保证它们能够在环境中发挥作用，没有漏洞或者病毒，集成良好，而且IT员工会花费大量的时间提供服务、实现集成以及安装。这就是我们预想的2010年的市场。”

资料来源：Adapted from Thomas Wailgum, “GE CIO Gets His Head in the Cloud for New SaaS Supply Chain App,” *CIO Magazine*, January 22, 2009; and Stacy Collett, “SaaS Puts Focus on Functionality,” *Computerworld*, March 23, 2009.

问题

1. 当公司在决策是选择自己开发应用，还是向软件供应商购买成品，抑或像案例中那样采用SaaS的方式时，需要考虑哪些因素？列出这些因素，并讨论这些因素对于决策的重要性。

2. 通用电气与一家缺少经验的小型供应商签约时需要承担哪些风险，考虑哪些意外？请列举几个例子。

3. 如果所有可配置的选项均不能满足公司的要求，公司应该怎么做？是应该尝试定制，还是选择损失最少的选项？这两个措施分别在什么情况下采用？

实践

1. 本案例中提到，通用电气采用SaaS是当时世界上最大的技术应用项目。此后还有哪些企业广泛使用SaaS？上网搜索，并研究最近的应用与通电气的应用有何不同？准备一份报告，和大家分享你的研究成果。

2. 通过基于SaaS的系统实施，公司放弃了对于技术所有权的控制，并且将有价值的数据交给了第三方。这样做有什么风险？公司应该如何防范？分组讨论并给出建议。

什么是软件

为了充分理解对种类繁多的软件的需求及其价值，我们首先应该知道什么是软件。**软件**（software）是关于各种用来操作和控制计算机及其周边设备的程序的一个术语。硬件和软件之间的区别是，软件可以看作计算机的一个可变的组成部分，硬件则是不可变的组成部分。软件的种类有很多，在本章中我们主要讨论软件的不同类型和应用。

软件的类型

为了分析软件，我们首先应该了解软件的主要类型以及计算机用户可用的应用软件和系统软件的功能（如图4—1所示）。该图总结了我们即将讨论的应用软件和系统软件的几种主要分类，但只是概念性的描述。你以后将会遇到的软件类型主要取决于你所使用的计算机和网络，以及你所要完成的具体任务。在本节，我们会讨论应用软件，在下一节则会讨论系统软件。

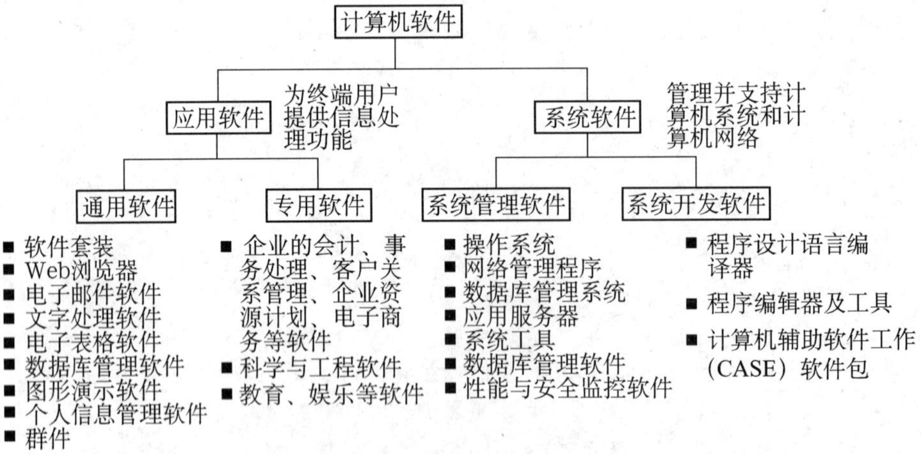

图4—1　计算机软件的类型和系统软件、应用软件的实例

终端用户的应用软件

如图4—1所示，**应用软件**（application software）包括许多程序，可以细分为通用软件和专用软件。**通用软件**（general-purpose application program）主要是指能够为终端用户提供通用的信息处理功能的程序，比如文字处理软件、电子表格软件、数据库管理软件以及图形处理软件等在微机用户中比较流行的软件，这些软件主要应用于家庭、教育、商业、科研等方面。由于它们能够显著地提高用户的工作效率，因此有时也被称为效率软件包。其他的通用软件还有 Web 浏览器、电子邮件软件、群件等，它们的作用主要是加强工作组或团队成员之间的交流和协作。

另外一种方式是根据软件的开发过程进行分类。**定制软件**（custom software）是指组织自己开发并使用的软件，即开发软件的组织同时也是最终使用软件的组织。**商业现货软件**（commercial off the shelf（COTS）software）则是指以销售软件副本获取利润为目的开发的软件，在这种情况下，组织编写软件并不是为了自己使用。

商业现货软件有几个重要的特征。首先，正如我们所定义的，商业现货软件以副本形式销售，除了日常的升级以外很少做出改动。商业现货软件的购买者通常无法进行定制、预置、改进以及获取源代码或者内部文档。一款商业现货软件能够销售、租借或者授权给大众，但是事实上，在任何情况下，软件的生产者始终保有软件的知识产权。与之相比，定制软件一般来说属于开发该软件的组织，或者支付其开发费用的组织，并且最终产品的规格、功能以及所有权归开发组织控制或者保有。

目前软件开发中最新的成果是开源软件。通过这种方式，开发者根据一个允许任何人参与开发的编程规范协作开发应用。此外，当每个开发者完成自己的项目之后，该应用的代码对于任何想要使用它的人来说都是可用且免费的。

□ 商业应用软件

在商业界和其他领域有成千上万种**专用软件**（function-specific application software）为终端用户提供某种特定的服务。例如，商业领域中的战略决策性电子商务应用软件，诸如客户关系管理软件、企业资源计划软件、供应链管理软件等支持企业实现流程重组以及业务流程自动化的软件；电子商务应用中基于 Web 的应用软件包或者专门服务于职能部门的软件，如人力资源管理、会计以及财务软件，为企业管理者以及专业人士提供决策支持的专用软件，比如数据挖掘、企业信息门户、知识管理系统等。

我们将在后面几章中对这些商业软件工具及其应用进行详细介绍。例如，第 5 章和第 9 章将讨论数据挖掘和数据仓库。第 7 章和第 8 章将讨论会计、市场营销、生产制造、人力资源管理以及财务管理应用。第 7 章还会讨论客户关系管理、企业资源计划和供应链管理。第 8 章的重点是电子商务，第 9 章的重点则是决策支持和数据分析应用。表 4—1 展示了一些如今使用的商业应用软件。甲骨文公司的电子商务套装 E-Business Suite 软件集成了这些特定的应用。

表 4—1　甲骨文公司的电子商务套装

高级计划	商务智能	合同管理
电子商务	企业资产管理	交易管理
财务	人力资源	交互中心
生产制造	市场营销	订单填充
采购	产品开发	专业化服务和自动化服务
项目	销售	
培训	财务	

维萨国际组织：电子商务套装的实施

维萨国际组织因在全球化业务中引入复杂的消费者支付处理系统而闻名，但是直到现在，它仍在使用大量早已过时的系统来管理最重要的内部业务流程。毕马威在1999年分析指出，维萨国际组织的许多内部系统都已给组织带来风险。

毕马威的分析表明，维萨国际组织的内部系统过于复杂并且基本没有利用技术给企业带来的优势。比如，其财务管理的基础很薄弱也很复杂，维护成本很高。系统中的数据没有标准化的格式，导致不同的数据库产生了不同的业务数据结构，数据库之间不能共享数据。更令人吃惊的是，其企业采购管理、应付账款管理以及资产管理流程采用的是人工方式，使许多处理过程中出现时间延迟以及账面价值与实际不符的情况。在一个迅速成长的公司中出现这样脆弱的系统并不意外，尽管维萨国际组织已经连续11年保持两位数的增长率。经过谨慎的挑选，维萨国际组织选择了甲骨文公司的电子商务软件套装来解决复杂且效率低下的后台事务处理。

使用新的软件套装后的结果惊人。甲骨文公司产品中的现代化财务应用使得维萨国际组织原本复杂过时的桌面处理转向基于Web的电子化业务解决方案，这一转变满足了维萨国际组织各种业务以及操作的要求。比如，甲骨文公司提供的财务系统实现了对维萨国际组织业务流程的自动化处理，创建了一套更加灵活的系统，可以针对某些全球性的金融活动做出适当的调整。应付账款管理流程也实现了从繁重的手工处理到高效率的发票与付款的自动对账处理，并且可以通过电子邮件随时查看对账结果。通过改进整个采购流程和采用自助服务模式，实现了申请和采购自动化，从而提高了流程的效率。

资料来源：Adapted from Oracle Corporation，"Visa to Save Millions a Year by Automation Back-Office Processes with Oracle E-Business Suite，" Customer Profile，www.oracle.com，September 13，2002.

□ 软件套装及集成软件包

下面介绍一些比较流行的**软件套装**（software suits）。这些软件套装综合了许多当前使用最广的效率软件包，比如 Microsoft Office，Lotus SmartSuite，Corel WordPerfect Office，太阳微系统公司的 StarOffice 及其开源产品 Open Office。通过了解这些软件套装所包含的组件，我们能够充分了解可以提高工作效率的几种主要软件工具。

表4—2对四种软件套装中所包含的基本组件进行了比较。我们注意到，每个软件套装都包含了文字处理、电子表格、图形演示、数据库管理以及个人信息管理等功能。由于所选版本不同，Microsoft，Lotus，Corel 和 Sun 的软件套装也包含了其他一些功能，比如访问互联网、电子邮件、Web 发布、桌面发布、语音识别、财务管理以及电子百科全书等。

一个软件套装的费用要大大低于单独购买单一功能软件包的费用总和，此外，软件套装的各个组件采用相似的图形用户界面（GUI），比如相似的图标、工具和状态栏、菜单等，因而具有相似的外观和感觉，更容易学习和使用。软件套装通常也共享一些常用的工具来提高自身的效率，比如拼写检查、帮助向导等。软件套装具有的另一个优势就是可以实现软件套装不同组件之间的无缝连接并且更容易导入

表 4—2　　四种最流行的软件套装所包含的基本组件

组件名称	Microsoft Office	Lotus SmartSuite	Corel WordPerfect Office	Sun Open Office
Word Processor	Word	WordPro	WordPerfect	Writer
Spreadsheet	Excel	1-2-3	Quattro Pro	Calc
Presentation Graphics	PowerPoint	Freelance	Presentations	Impress
Database Manager	Access	Approach	Paradox	Base
Personal Information Manager	Outlook	Organizer	Corel Central	Schedule

说明：根据所选版本不同，可能会包括一些其他组件。

其他组件所生成的文件，而不管正在使用的是哪个组件。软件套装的这些优势使得它们比单一功能的软件更加高效且简单易用。

当然，将这么多不同功能的软件整合成一个超大体积的软件包也会有一些缺陷。行业专家评论说，软件套装中的许多功能从未被大多数终端用户使用，从用户选择安装的版本以及功能来看，这些软件套装通常会占用至少 250 多兆的巨大磁盘空间，因而被笑称为“臃肿软件”。软件套装的价格从升级版的 100 美元到完整版的 700 多美元不等。

软件套装的这些缺点也是 Microsoft Works，Lotus eSuite WorkPlace 和 AppleWorks 等**集成软件包**（integrated packages）一直得到使用的原因之一。这些集成软件包集成了多种不同软件的功能，如文字处理、电子表格、图形演示、数据库管理等。

由于集成软件包省去了很多单一功能软件包和软件套装提供的功能，因此不及软件套装的功能强大，但是它们占用的磁盘空间减少了很多（一般来说少于 10 兆），价格也低于 100 美元，并且通常会预装在低配置的微机终端。对于许多计算机用户来说，集成软件包提供了足够多的功能，并且能在更小的软件包中提供软件套装所具有的一些功能。

□ Web 浏览器

如今，对于许多计算机用户来说，最重要的软件组件莫过于曾经功能简单有限，现在却功能强大丰富的 **Web 浏览器**（Web browser）。浏览器是被设计用来支持通过点击超链接访问万维网上的信息资源以及企业的内联网和外联网的软件应用，比如 IE，Navigator，Firefox，Opera 以及 Mozilla 等。浏览器最初仅局限于浏览网页，而现在 Web 浏览器已成为一个通用的软件平台，终端用户通过这个平台可以实现检索信息、收发电子邮件、传输多媒体文件、进行网上小组讨论等基于网络的应用。

图 4—2 展示了通过微软的 IE 浏览器使用网景官方网站的搜索引擎。网景使用点击率排名第一的 Google 搜索引擎作为自己的默认搜索引擎，同时也提供其他热门的搜索引擎，比如 Ask Jeeves，Look Smart，Lycos 以及 Overture 等。利用搜索引擎查找信息已成为商业活动、个人网络活动、企业内联网和外联网应用中不可或缺的一部分。

图 4—2　IE 浏览器示例

资料来源：Netscape content © 2009. Used with permission.

行业专家预测，Web 浏览器将会成为大多数用户未来使用互联网的主要方式。如今，无论你想看视频、打电话、下载软件、开视频会议、查看邮件还是为你的团队制定一个商业计划的电子表格等，都可以利用 Web 浏览器以及主机上的应用来实现。这就是有时浏览器被称为通用客户端的原因，即企业所有客户端联网计算机和通信设备都要安装 Web 浏览器。本书也是通过一个称为 PowerXEditor 的基于浏览器的写作程序来完成修改和编辑的，本章稍后会详细讨论 PowerXEditor。

□ 电子邮件、即时通信和博客

如今对于全世界的多数计算机用户来说，打开计算机后的第一件事就是查看邮件。**电子邮件**（e-mail）已经改变了人们的工作与沟通方式。终端用户利用电子邮件实现相互之间的沟通，通过互联网或者企业的内联网以及外联网发送和接收电子消息及其文件附件。电子邮件在接收者阅读之前一直存储在相应的网络服务器中，接收者可以随时通过计算机终端阅读邮件。终端用户只需要几分钟（甚至几微秒的传送时间）就可以完成一封或者多封邮件的编辑、发送或者接收。

正如我们之前提到的，电子邮件软件已经成为一些使用比较广泛的软件套装和 Web 浏览器的组件之一。一些免费的电子邮件软件（如 Microsoft HotMail，Yahoo！Mail 和 Netscape WebMail）可以为联网用户提供在线或者离线服务。大多数电子邮件软件（如 Microsoft Outlook Express，Windows Mail 和 Netscape Messenger）可以按照用户预先设定的邮件列表自动发送邮件，并且提供账号密码的安全管理、远程用户登录控制等服务。它们还支持在文件夹中存储消息，方便文件以附件形式发送。电子邮件软件同样允许用户编辑发送文本文件、图形文件和多媒体文件，同时提供网络会议功能。另外，这些电子邮件软件还可以自动对收到的邮件（包括一些实时在线服务发送的新闻邮件）进行过滤及分类，并将这些邮件发送到相应的用户邮箱或者文件夹中。很多电子邮件客户端还具备日程和会议管理功能。

即时通信（instant messaging，IM）是一种将电子邮件技术与计算机网络会议技术相结合的技术，它发展得如此迅速，已经成为全世界成千上万互联网用户之间进行电子消息传输的标准方式。通过即时通信，业务人员、朋友和同事都可以即时发送电子消息，从而以一种近似于会话的方式进行沟通和协作。只要你的工作伙伴或者朋友加入你的“好友列表”并且在线，无论他当时在做什么工作，即时通信都会实时弹出，显示在电脑屏幕上。即时通信软件可以从网上下载，即时通信服务是通过定制美国在线的 Instant Messenger 和 ICQ，MSN Messenger 以及 Yahoo Messenger 等流行的 IM 系统来完成的。图 4—3 展示了雅虎的即时通信系统。

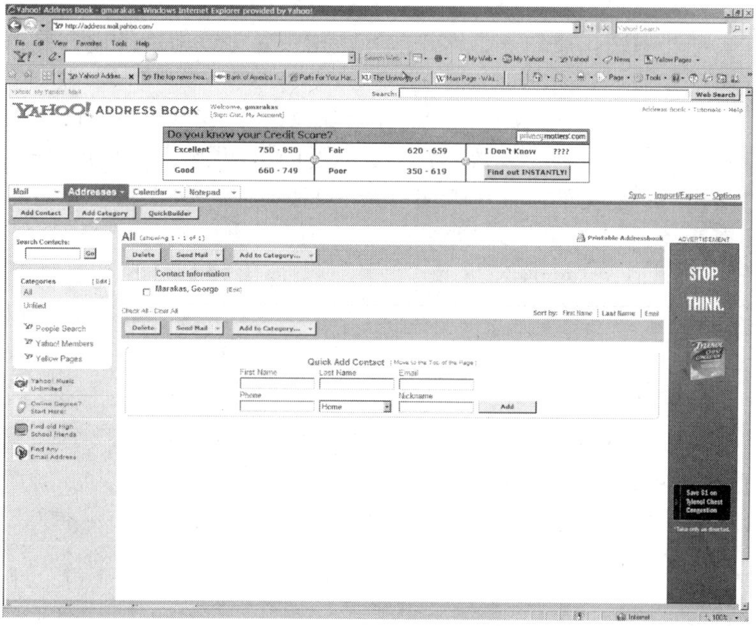

图 4—3　雅虎的即时通信系统

资料来源：© Reproduced with permission of Yahoo! Inc.

博客（Weblog，通常写成 Web log 或 weblog，或者缩写为 blog）是一种个人的或者非营利的网站，它每天以日志的方式更新，或非常频繁地更新某一领域或某些领域的信息。信息由网站所有者从其他网站或者来源收集起来，并在网站上更新。

博客从某个特定的角度来看具有“记录我们的时代”的特点。总的来说，博客专注于一个或者几个主题，通常是有趣的话题。一般来说，博客可以被认为是对于一些特定主题的个人评价或者各种评价的集合。博客可以包含个人记录下来的想法，或者形成一个对任何人都开放的复杂的互动平台，但需要加以组织。

由于博客有许多种变化形式，而且新的变化形式很容易产生，因此这个概念倾向于解释为以时间顺序收集信息。作为网站的一种形式和信息发布的一种方式，博客之所以流行是因为阅读者知道每天都有新的东西出现，博客上有个人观点而不是官方言论，并且在某些网站，大家有机会与网站及其参与者进行合作。

文字处理和桌面出版

文字处理（word processing）软件改变了写作的所有程序。这些软件可以利用计算机进行文件（比如信件、备忘录、报告）的创建、编辑、修改和打印，而软件会对文本信息（文字、短语、句子以及段落）进行电子化方式的处理。在比较流行的文字处理软件（比如 Microsoft Word，Lotus WordPro，Corel WordPerfect 以及 OpenOffice Writer）中，桌面出版功能为用户提供了各种打印模板。这些软件还能将文件转换为 HTML 格式，以方便作为网页在企业内联网或者万维网上进行发布。

文字处理软件也提供其他有用的功能，例如，拼写检查功能可以对拼写进行检查并纠正拼写错误，电子词典可以帮助用户选择更合适的词来表达自己的意思，语法及格式检查功能可以纠正语法和标点错误，并对写作格式进行适当的修改。除了能够把文档转化成超文本格式以外，用户还可以用软件设计和创建从互联网或者内联网站点上下载的网页。

终端用户和企业用户可以使用**桌面出版**（desktop publishing，DTP）软件来设计自己的打印资料，其效果并不比专业的出版物差。也就是说，用户可以自己设计打印信件、宣传册、使用说明以及图书等，每一页上都可以有不同风格的图片、照片以及颜色。文字处理软件和桌面出版软件包（如 Adobe Indesign，Microsoft Publisher 以及 QuarkXPress）被用于桌面出版。一般文本材料以及图形可以由文字处理软件生成并导入为文本文件和图形文件。通过扫描仪可以将打印的材料中的文本和图片予以输入。用户也可以使用剪辑管理器文件（由软件包自身提供的预先画好的图片）或其他来源的图片文件。

电子表格

电子表格（electronic spreadsheet）主要用于商业分析、计划制定以及模型的建立，该类软件主要有 Lotus 1-2-3，Microsoft Excel，OpenOffice Calc 以及 Corel QuattroPro。用户可以使用这些软件制作电子表格，电子表格是由行和列组成的工作表，可以存储在个人计算机或者网络服务器上，或者可以转换为 HTML 文件以网页或者网页表格的方式存储在万维网上。电子表格的制作包括设计表的格式和设置表中数据之间的关系。输入数据后，计算机可以根据你在表格中设定的公式进行必要的计算，并将计算结果实时地显示在工作站或者网站上。大部分软件包还可以帮助你将电子表格的结果用图形显示出来。图 4—4 给出了电子表格应用的一个例子。

比如，你可以利用电子表格来记录和分析一个企业过去和现在的广告效果。你也可以创建一个超链接，指向营销团队内联网站上的相关网页。你还可以利用决策支持工具来帮助回答关于广告的假设问题。例如，如果广告投入增加 10%，市场份额会发生什么变化？你只需要在表格中简单地改动与广告费用计算相关的内容，就可以得到这个问题的答案。计算机将会重新计算数据，产生新的市场份额数据和图形，你可以据此更好地了解广告决策对市场份额的影响，并在团队内联网的网页上与他人共享你的分析成果。

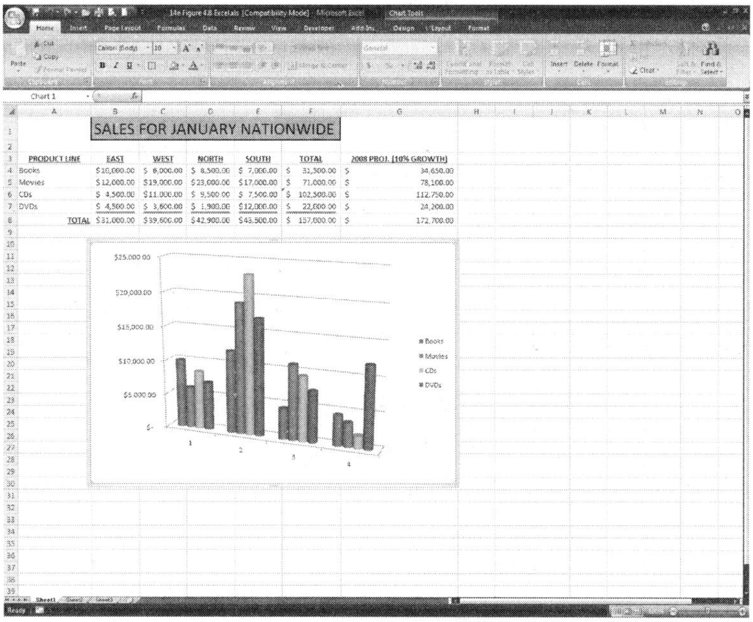

图 4—4 电子表格的应用示例

资料来源：Courtesy of Microsoft®.

□ 图形演示软件

图形演示（presentation graphics）软件能够帮助用户将数字格式的信息以图形化的方式展现出来，比如折线图、条形图、饼状图和其他许多图形。大部分流行的图形演示软件包都可以帮助用户制作包含图形、照片、动画以及视频片段等的多媒体演示文件，并发布到万维网上。图形和多媒体的演示方式不仅比数字方式更加容易让人理解，而且多种颜色及多种媒体演示方式更能突出所要展示的重点、战略性差异以及数据中隐含的重要发展趋势。事实证明，图形演示方式比数字报表方式更加有效，比媒体广告、报告或者其他商业汇报等方式更加易于交流。

诸如 Microsoft PowerPoint，OpenOffice Impress，Lotus Freelance 以及 Corel Presentations 等图形演示软件，为用户提供了许多简单易用的功能，以促进此类软件的广泛使用。例如，大部分软件包都能够帮助用户设计和管理包含许多图形和多媒体展示、由计算机生成并精心安排的幻灯片。你可以从许多商业演示模板中选择一个来准备和编辑演示幻灯片的纲要，对幻灯片进行注释，以及使用管理图片、照片、音频和视频剪辑等的多媒体文件。当然，流行的软件包还可对图片和多媒体展示进行适当的剪辑，从而将它们以超文本格式上传到企业内联网或者万维网上。

□ 个人信息管理软件

个人信息管理（personal information manager，PIM）软件是一种应用广泛的

帮助终端用户提高工作效率和协同合作的软件包，普遍用于个人数字助理手持设备。个人信息管理软件产品（如 Microsoft Outlook 和 Lotus Organizer）可以帮助用户存储、组织和检索客户的信息，计划或管理日程、会议以及工作任务等。个人信息管理软件包能够组织用户输入的信息，再根据个人信息管理的风格和结构以及所要检索的信息，以不同的形式提供信息。例如，信息可能包括电子日历、约会或者会议清单、其他待办事宜、项目时间表、关于客户的关键资料或者财务数据、销售预测。目前大多数个人信息管理软件都具备访问互联网和提供电子邮件的能力，一些个人信息软件也可以利用互联网和电子邮件功能与其他联网用户共享信息（比如合同清单、任务清单以及日程表等），从而支持团队协作。图 4—5 展示的是个人信息管理软件 Microsoft Outlook。

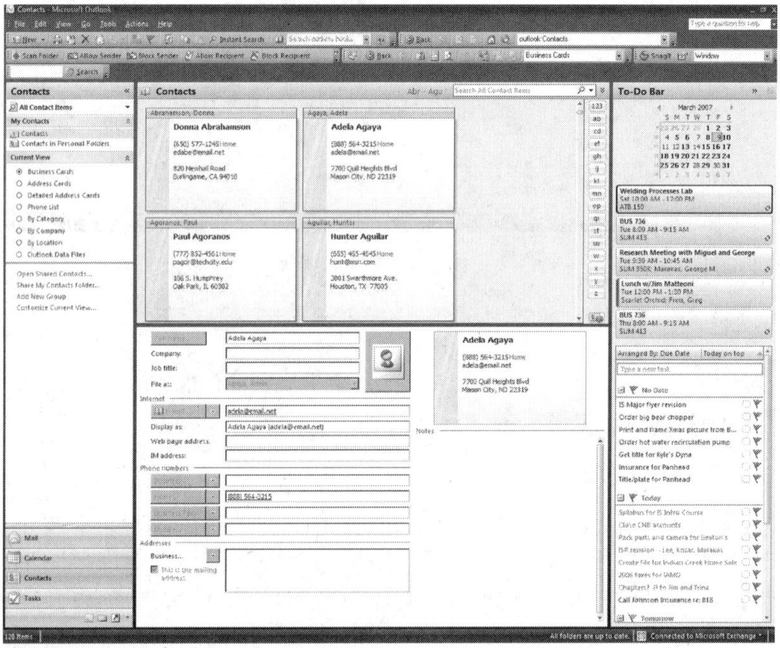

图 4—5 个人信息管理软件 Microsoft Outlook

资料来源：Courtesy of Microsoft®.

□ 群 件

群件（groupware）是一种帮助工作组或者团队协同合作完成小组任务的软件。它是一款结合了多种软件的特性和功能的通用软件，能使协同工作变得简单。如 Lotus Notes，Novell Group Wise 以及 Microsoft Exchange 等群件产品通过向用户提供电子邮件服务、讨论组、数据库管理、日程安排、任务管理、数据管理、音频以及视频会议等服务，支持用户间的协同合作。

群件产品依靠互联网和公司内联网以及外联网使得全球各地的虚拟团队进行协同合作成为可能。例如，团队成员可以使用互联网在全球范围内实现电子邮件收发、创建关于项目的论坛、联合进行网站开发。他们还可以用公司内联网来发布项目消息、进度报告、合作处理存储在 Web 服务器上的文档等（如图 4—6 所示）。

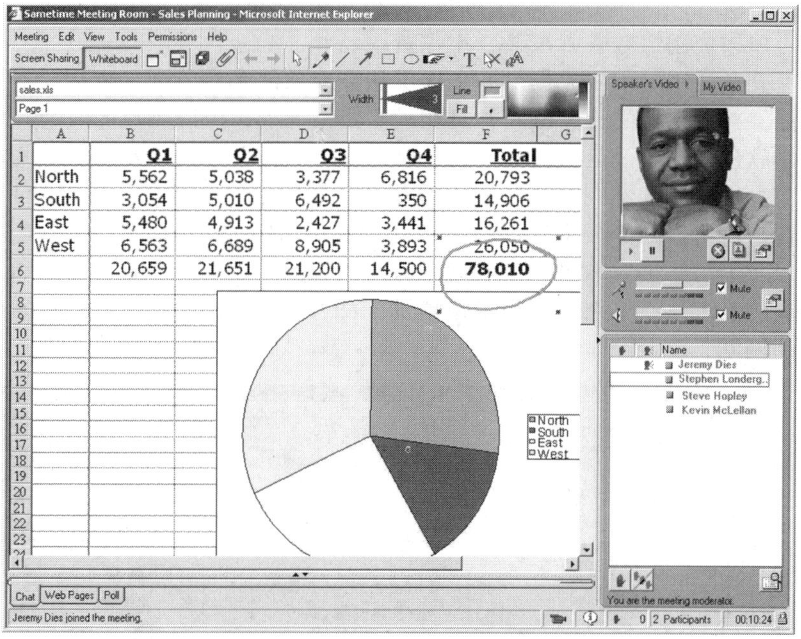

图4—6　群件有助于实现信息共享

资料来源：Courtesy of IBM.

其他软件中也整合了类似于群件的协同合作功能。比如，在Microsoft Office软件套装中，Word记录了是谁对文档进行了修改，Excel记录了对电子表格的修改，Outlook记录了团队成员任务的分配情况。最近Microsoft Office软件套装还新增了一项功能，允许多个人在同一时间共同编辑同一个文件，使用这项功能后，团队中的任何一个成员所作的任何修改都可以被团队中的其他成员看到。

最近进入协同合作软件市场的软件是微软的Windows SharePoint Services和IBM的WebSphere。这两个软件都允许团队通过创建成熟的网站来迅速实现信息共享和文件协作。此外，企业可以将这些产品作为一个平台来进行应用开发，以提高基于Web的企业入口网站和交易流程的开发效率。利用协同开发工具建立网站能够集成大量的应用，这些应用能够促进个体和团队的工作效率得到提高。

□ 软件选择

许多企业会面临两种选择：从软件供应商那里购买商用软件并由他们安装以及维护；利用企业内部的软件开发人员开发和维护所需的软件。例如，许多大公司都将开发和维护软件的工作外包给专业的软件供应商，或者其他的软件开发商（包括国外的离岸软件开发商），通过网络与软件供应商进行沟通协作并管理软件开发过程。我们将在第12章对此进行详细讨论。

应用服务提供商

越来越多的公司开始转向**应用服务提供商**（application service providers，ASP），而不是开发或者购买自己所需的软件。应用服务提供商是这样一类公司，它们拥有、运营并且维护应用软件以及应用这些软件所需的计算机系统（如服务器、系统软件、网络以及 IT 人员），对外通过互联网提供有偿服务。应用服务提供商可以按使用次数或者按月、年收费。

企业使用应用服务提供商来提供和维护软件有多方面的原因。其中最大的好处是能够减少初始的投资额，并且在大多数情况下，可以满足受时间限制的基于 Web 应用软件的安装及运行需求。与自己开发、运行、维护或者购买应用软件相比，应用服务提供商的到期付款模式能够节约大量的资金。另外，通过应用服务提供商，企业自身可以减少大量运行和维护商用软件所需的 IT 基础设备（服务器、系统软件以及 IT 员工）、软件调试和升级方面的投资。因此，企业或者组织对应用服务提供商的需求将在未来几年内迅速增加。图 4—7 展示的是一个领先的应用服务提供商的网站。

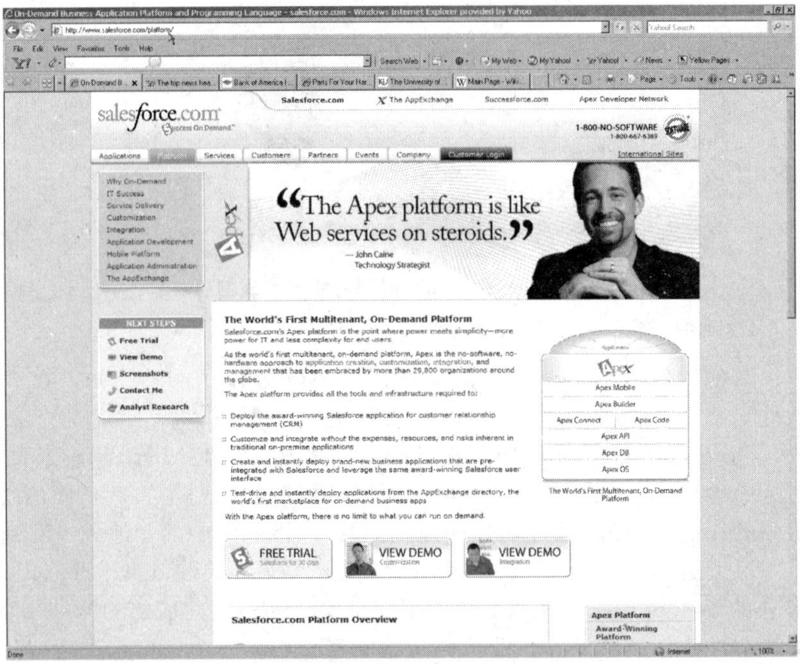

图 4—7　领先的应用服务提供商 Salesforce. com

资料来源：Courtesy of Salesforce. com.

Saleforce. com 的大赌注：软件即服务

Salesforce. com 的 CEO 马克·贝尼奥夫（Marc Benioff）以公司的实践来推动应用开发，消除了人们长期以来对于他利用 Saleforce 的软件即服务模式来取代传统的应用提供商的疑虑。“如果我们不是以此为目的，那么我在过去五年半时间里所做的全错了。”贝尼奥夫说，“我们想要取代 SAP，Siebel 以及 PeopleSoft。需要有人这么做，而且这些人有可能就是我们。”

为了达到这个目的，该公司提供了两种途径：将一款名为 Customforce 的定制工具包从 sforce 应用开发平台中分离出来，并且建立一个名为 On-Demand Marketplace 的应用市场——由超过 60 个使用 sforce 平台 Web 服务、获得 API 认证的合作者开发的第三方应用、工具以及服务构成。客户可以结合 sforce 和 Customforce 来重新安排他们的 Salesforce 应用以满足他们的需求，或者，如果已经有一个 Salesforce 的合作者开发出了符合要求的应用，就可以直接从

On-Demand Marketplace 购买，那里有从数据仓库和企业资源计划到项目管理和无线扩展所需的所有工具。

Salesforce 的软件即服务模式正在寻找企业来重新测试。这种模式经常被模仿，并且大部分是被主要竞争对手 Siebel Systems 模仿，Siebel Systems 创建了客户关系管理市场，但一直在重复 Salesforce 的做法。

总的来说，贝尼奥夫的方式能够使应用服务提供商模式呈爆炸式增长。20 世纪 90 年代后期的服务应用提供商只能提供非定制的应用，但是诸如强化的 HTML、宽带连接的普及和 Web 服务的提升等使得服务提供商——特别是 Salesforce——专门提供主机服务并为这些应用提供实质上的定制服务。当主机的应用升级时，Salesforce 的按需模式使得这些定制能够被转移，消除了企业技术经理在选择使用按需业务应用时的担忧。

现在说贝尼奥夫的愿景会产生大范围的共鸣还为时太早，特别是对于大企业来说。思科、Automatic Data Processing 等大公司已经得到了诸多 Salesforce 应用的许可，但是 Salesforce 的大部分客户是中小型企业，它们无力支付按需使用与预制的 CRM 软件包的部署费用。另外，Salesforce 已经一定程度上影响了软件行业的企业规模，并且会持续地影响下去。“这是一个重大影响的开始。”Beagle 研究集团分析师丹尼斯·庞布里昂（Denis Pombriant）说，“以前注重应用，而现在注重服务以及平台。”

贝尼奥夫执著地为实现他的愿景而努力，他打赌，尽管他那“无软件”的想法目前是不可思议的，但最终会被证明是对未来的准确预测，在未来，决定供应商兴盛与否的是服务质量而非精确的程序。贝尼奥夫说：“我们提供给客户的不是技术，是成功。”

资料来源：Adapted from Tony Kontzer, “Benioff's Big Bet,” *InformationWeek*, November 8, 2004.

云计算

目前，计算机和软件交付领域的最新进展之一是**云计算**（cloud computing）。它是一种计算方式。在云计算中，软件和虚拟硬件资源（在某些情形下）在互联网上被作为一种服务提供，用户不需要拥有如何“在云中”控制支持他们的技术设备的知识和丰富经验。“云”这个概念是对互联网的一种隐喻，这是因为在计算机网络图中互联网经常被这样描述。

这个概念结合了技术发展趋势，这个趋势即利用互联网满足用户的计算需求。提供云服务的供应商包括 SAP Business ByDesign，MidlandHR 的“iTrent as a Service”，Salesforce. com 以及 Google Apps，它们提供一般的通过 Web 浏览器获取数据的企业在线应用，软件和数据都存储在服务器上。

云计算通常会与网格计算相混淆（回忆第 3 章中的概念，在需要时，多台计算机的 CPU 会联系在一起，像一个 CPU 一样运作）。事实上，许多云计算部署都依赖于网格，但云计算可以看成是网格模型的进一步发展。大部分由可靠服务组成的云计算基础设施通过数据中心传递数据，并且在服务器上通过不同层次的虚拟技术构建。在任何能够连接网络基础设施的地方都可以获取这些服务。云看起来就像是能够连接所有用户计算需求的单一的点。

由于大多数计算机软件用户并不会拥有基础设施，因此他们能够避免为此而支付费用并消耗资源，只需为所需的服务付费。如果这听起来就像是你为用电或者天然气支付费用，那是因为它们使用了同一种基本模式。许多云计算供应商都采用了公共设施计算模型，这个模型类似于传统的公共资源（比如电）的消费模式，也有一些供应商采用了以订阅为基础的模式。在多个用户或者企业中共享“易逝的和无形的”计算能力能够提高利用率，这是因为有更多人连接并使用计算资源，导致服务器的空闲率较低。通过这种方式，能够在提升应用开发速度的同时实现成本的明显降低。这种方式的一个附加作用就是对于某个特定的用户或者企业，一旦有需要，计算能力就会立刻成比例上升，而不需要拥有一台被设计用来准备短期峰值载荷的基础设施。云计算在可用的商业宽带中已经得到广泛的应用，商业宽带使从其他站点的中心基础设施获得反馈的时间相同成为可能。

企业真正的收益来源于成本的节约。云计算用户能够避免在硬件、软件和服务上的资金浪费，他们需要做的仅仅是为所需的功能向供应商支付一笔费用。如上所述，云计算没有或者只有很少的前期成本，其消费是按照公共设施的方式（比如资源的消费方式，类似于用电）或者以订阅为基础的方式（比如有时间要求，类似于报纸订阅）。这种时间分享方式的另一个好处就是进入门槛低、共享基础设施和分担费用、管理费用低以及快速获取大量的应用。一般来说，用户能够在任何时候中止合同，并且如果未享受到约定的服务，则可根据合同获得经济补偿。可以预见，在未来的某一天，每个人都会“在云中”计算。

软件许可

不管一款软件是通过商业现货软件得到的还是通过某个应用服务提供商获取的，这款软件在使用前都应该获得许可。软件许可是一个复杂的话题，涉及知识产权保护背景下的软件的特殊性质，包括版权、商标、商业机密以及传统的交易法，包括《统一商法典》(Uniform Commercial Code，UCC)。

与大部分人所认为的相反，当一个人或者一家公司购买了一款软件后，并不拥有软件的所有权，他们仅仅购买了在软件许可有效期内的使用权。软件通常以许可方式来更好地保护供应商的知识产权，禁止逆向工程、改写、揭露或者转让软件。在大多数情况下，许可也给予购买者销售或者销毁软件的权利，但是不能复制软件或者销售软件复制后的副本。

从应用服务提供商处获得软件使用权不需要许可。在这种情况下，对于软件使用的许可是由大量的软件供应商授予应用服务提供商的，作为回报，应用服务提供商同意根据软件的用户数向软件供应商支付费用。

软件供应商努力提供简易的许可方式和获取软件的方式，同时防止盗版，因为盗版只会增加产品的最终成本。

在下一节，我们将介绍软件许可的一种全新的方式：开源代码。

4.2 系统软件：计算机系统管理

系统软件概述

系统软件（system software）包括管理并支持计算机系统及其信息处理活动的软件，例如操作系统、作为计算机网络及计算机硬件与终端用户之间“虚拟软件界面”的网络管理软件。阅读下面关于大型企业使用 XML 的真实案例，从中可以了解关于使用软件共享数据给企业带来的价值。

案例 4.2

能源分配与执法：通过利用 XML 共享数据来获利

将“绿色”新能源和传统电力能源混合经销的能源集团正在实施一个基于 XML 的费用结算系统，该系统分配能源、计算成本。北加州电力经销商（Northern California Power Agency，NCPA）就是州政府许可的合作者之一，这几个合作者负责加州电网的分配并且向供应商上交费用。NCPA 销售帕洛阿尔托和圣克拉拉这两个城市生产的电能，以及更北部的地区生产的水利能源和地热能源。

能源费用结算是一个十分常规但很复杂的过程。每一个结算过程都涉及供应商传输了多少能源，商业用户和常住居民各使用了多少能源以及两者的不同费率。结算之所以复杂，是因为每 90 天才读一次电表，很多结算必须基于消费估计修正电表读入数。

作为供应商的代表，NCPA 对传输费用计算不准确提出了抗议，并且要求查看所有的相关数据。这些数据中出现一个或者多个错误是正常的。“能源费用从来没有完全结算清楚过。”NCPA 能源结算经理鲍比·卡拉克里斯蒂（Bob Caracristi）说，“关于细节的谈判可能直到能源传输一两年后仍在继续。”

另外，由于过去有“庞大的数据”，需要一个专业供应商编写一款软件来分析由电网管理者——California Independent System Operater 产生的结算数据。NCPA 3 年前找到这个供应商，得到的回复是：“一年需要支付几十万美元的许可费以及维护费。”定制系统所需的费用将以能源消费成本的形式分摊到加州每个消费者头上。

面对每年如此高昂的费用，NCPA 想自己开发一个系统来解决目前的问题。高级程序分析师卡洛·蒂乌（Carlo Tiu）和他的团队使用甲骨文公司的 XML 功能开发了一个框架来处理数据，以及一个根据数据决定供应商的支付费用的配套文件。这个文件能够实现常规升级，而不需要修改 XML 数据。这使 NCPA 相对于行业内其他企业领先了一步，此时公司也开始要求所有的供应商以 XML 文件的形式提供能源分配和结算数据。NCPA 已经测试了它自动处理 XML 结算状况的能力，并且对甲骨文公司的系统按照需求的 10 倍进行测试。蒂乌说：“未发现任何瓶颈。”

IS 经理汤姆·布雷肯（Tom Breckon）说，能够成功地自动处理公司的数据意味着 NCPA 将节约大量成本。“面对结算数据，NCPA 有 8 个工作日来确定哪里可能出错。如果我们不能成功将错误予以反馈，就会失去改正错误从而获得收入的机会。当然，我们无法利用人工来审查如此大量的数据。”

在过去的 3 年中，为了获得利用 XML 数据处理结算的经验，NCPA 已经花费了相当于一位经理一年收入的费用。同时，NCPA 已经将自己定位为一家拥有自己的指令处理和分析能力，能向公司递交纠错申请，并且在限定时间内为其他联盟成员提供改正后的结算信息的公司。布雷肯说：“从现在开始的 5 年内，每个人都会这么做，以便为不同费率的支付者节约成本。”

在俄亥俄州，近 1 000 家警察局通过获取周边地区的执法电子数据得到新的至关重要的打击犯罪的依据。Law Enforcement Gateway 搜索引擎是一个基于互联网的工具，它只需要简单的登录和查询就能够在数量巨大的犯罪数据库中进行检索，比各个独立的犯罪记录数据库更便于使用。对于警官来说，查找一名嫌犯或者一系列犯罪信息通常要分别登录多个独立的犯罪记录数据库，需要花费好几个小时。现在，即使是警衔很低的社区警官，也只需要登录一次，就可以迅速获取有关的犯罪信息。

从2003年开始启动的这个项目曾面临一个重大的难题：要找到一个能够使这些独立的数据库相互合作的途径。“每个人都希望能够共享信息，但是没有人想使用同一种产品。”俄亥俄州鲍威尔市警察局局长加里·维斯特（Gary Vest）说。在俄亥俄州的大都市地区，有大概30家警察局，它们各自使用不同的产品，并且互相之间没有联系。他说：“这使得本地的警察局了解邻近辖区的相关嫌犯以及犯罪活动变得困难。”

为了使这些系统之间能够兼容，犯罪记录管理软件供应商重写了他们的软件，这样不同部门之间的数据就能转化成统一的格式以便数据共享。供应商使用了一种特殊的面向对象的Global Justice XML数据模型和美国公证机构为此开发的互用性标准。基于标准的特点使得这个项目不同于美国其他地区的不成熟的警察互用程序。“你不需要将你的供应商赶走。”维斯特说。

到目前为止，俄亥俄州的警察还不能对“M. O.'s”案件马上破案，但是这项功能正在发挥作用。通过梳理本地警察局的记录，警官们甚至能够比在全美或者其他大型数据库更快地搜索到嫌犯的名字，维斯特说：“你要比别人快一步。”在全国范围内，其他地区的警察互用系统也正在建立，但这显然是第一个全州范围的系统。

在圣迭戈郡，警察局使用一个名为ARJIS的定制软件来共享犯罪数据已有25年的时间。ARJIS的项目经理巴巴拉·蒙哥马利（Barbara Montgomery）说，这个系统不同于俄亥俄州的系统，因为它是基于大型机的，并且所有警察局都必须使用同一款软件。因为成本问题，这样的数据共享系统不能在全美推广，特别是对于那些小型警察局来说。事实上，只有在一定数量的警察局投资之后，ARJIS才有可能成功应用。

“没有一个警察局有能力独立购买一整套计算机程序和硬件以及应用技术，所以这是一条真正的‘团结就是胜利，失败就是灭亡’之路。”蒙哥马利说，“下一代ARJIS正在计划中，这个系统将从基于主机编程转向基于服务的企业构架以获得更大的灵活性。”

同样，佛罗里达州的执法部门将使用一个投资1 500万美元的项目来集成全州500多个执法机构的后台系统。在大多数情况下，佛罗里达州执法机关的研究者通过电话或者电子邮件从本州其他执法机关那里收集数据。佛罗里达州执法交换项目承诺提供一个只需要一次查询就能获取全州范围执法数据的途径，该州CIO布雷达·欧文斯（Breda Owens）说，他的IT部门正在监督这个项目。

“我们的目标是提供全州范围的无缝数据查询。”欧文斯说，“警察局电脑前的操作员不会知道或者关心数据是什么样的，他们只需要输入查询要求，就能得到反馈的信息。”

像这样的大型集成项目通常会出现问题，因为很难让不同的组织对元数据类型达成共识。“元数据管理或者理解一般元素是集成项目中的一个重要部分。”Forrester研究所的肯·沃尔默（Ken Vollmer）说，“试图将两个警察局的信息整合起来已经很困难了，但是在佛罗里达州，我们要面对的是500个警察局，而且它需要利用一些软件来帮助确定哪些是普通的数据元素。”

资料来源：Adapted from Charles Babcok, “Electricity Costs Attacked through XML,” *Information Week*, December 26, 2007; Todd Weiss, “Ohio Police Use Specialized Software to Track Data (and Bad Guys),” *Computerworld*, June 23, 2006; and Heather Havenstein, “Florida Begins Linking Its Law Enforcement Agencies,” *Computerworld*, February 13, 2006.

问题

1. 根据本案例，XML在组织中的商业价值是什么？为什么相关投资能够获取如此大的回报？

2. XML还可以通过哪些方式为企业

创造价值和共享数据？查找一些营利性组织的案例来丰富这个观点。

3. 对于依赖 XML 在企业中扩展应用的项目来说，哪些因素是最重要的成功因素？为什么？研究元数据的概念，并回答这个问题。

实践

1. 可扩展商业报告语言（eXtensible Business Reporting Language，XBRL）是 XML 语言中的一种，并且正在成为企业间交流的标准。安全和贸易委员会自 2005 年以来一直使用一套 XBRL 文件系统。上网查找目前 XBRL 的应用和实施情况，包括出于商业目的使用它的公司的例子。准备一份报告来与大家分享。

2. 调查其他大型的全系统范围的 XML 应用，例如本案例中的 California Independent System Operater 公司的应用。准备一份报告来分享你的发现，其中应包括为此项目预计或者已发生的支出或者收入。

如图 4—8 所示，我们可以将系统软件分为两大类：

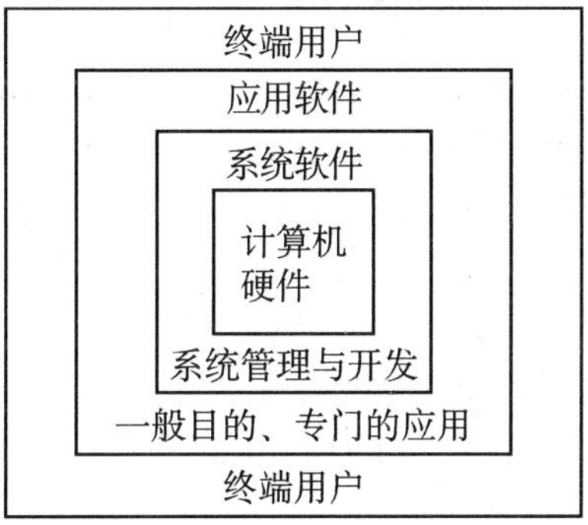

图 4—8 用户和计算机硬件之间的系统及应用软件界面

- 系统管理软件。在用户执行各种信息处理工作时对计算机的硬件、软件、网络和数据资源进行管理的程序。系统管理软件包括操作系统、网络管理软件、数据库管理系统以及其他系统实用程序。
- 系统开发软件。帮助用户开发信息系统软件，并且对用户的程序进行预编译的软件。主要的软件开发程序都是程序语言编译器和编辑器，以及大量的计算机辅助软件工程（computer aided software engineering，CASE）软件和其他编程工具。本章稍后会进一步讨论 CASE 工具。

□ 操作系统

对于任何计算机而言，最重要的软件包就是操作系统。**操作系统**（operating system）是一个集成的程序系统，其主要功能是管理 CPU 的运行，控制输入和输出、存储资源以及计算机系统的活动，并且在计算机运行用户应用程序时提供各种支持服务。

操作系统的主要目的是通过控制计算机使其以一种最有效的方式工作，最大限度地提高计算机的运行效率，同时尽可能地减少计算机事务处理过程中的用户操作。操作系统还可以帮助应用程序执行一些常用的操作，比如连接网络、输入数据、存储及检索文件、打印或者显示输出结果等。如果你有一些计算机操作经验就应该知道，在执行其他任务之前必须先完成操作系统的载入和激活。从这一点可以看出，操作系统是用户和计算机硬件之间不可缺少的软件界面。

操作系统的功能

操作系统在计算机运行过程中主要提供以下五种功能：提供用户界面、资源管理、任务管理、文件管理、实用工具与其他功能（如图4—9所示）。

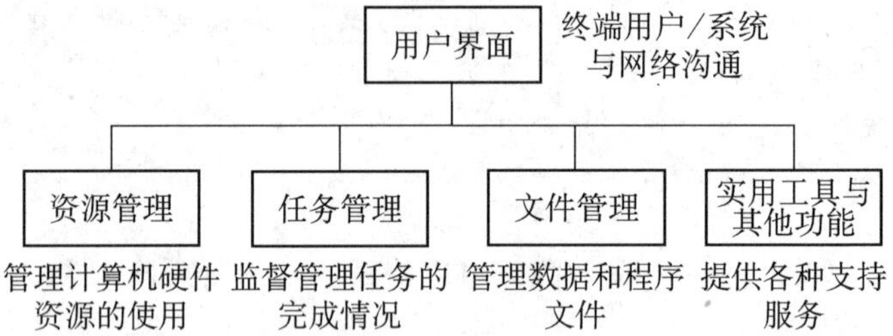

图4—9　操作系统的基本功能

用户界面。用户界面（user interface）是操作系统的一部分，通过它可以与操作系统进行交流，如载入程序、访问文件及完成一些任务。用户界面主要有三种类型，即指令型、菜单型和图形用户界面。目前，操作系统和其他软件的用户界面的趋势是抛弃简单的终端命令行界面或者菜单选项界面。取而代之的是，大部分软件供应商都提供了简单易用的图形用户界面（GUI），它使用图标、控制条、按钮、工具栏以及其他图形为用户提供服务。这些GUI依赖于诸如鼠标或者触摸板之类的精密设备来进行选择，帮助用户完成任务。目前，使用最广泛的GUI是Microsoft Windows桌面。

资源管理。操作系统使用各种不同的资源管理软件来管理计算机的硬件和网络资源，例如CPU、内存、辅助存储设备、通信处理器以及输入输出外围设备等。内存管理器可以追踪资料和程序的存储位置，也可以将内存分为几个部分，并在内存和磁盘或者辅助存储设备间交换部分程序或者数据。这使得计算机可以使用远远大于实际物理内存容量的内存，这就是**虚拟内存**（virtual memory）的功能。所以，在虚拟内存的帮助下，计算机可以处理更大的程序和数据，而不受物理内存的限制。

文件管理。操作系统的**文件管理**（file management）程序可以控制数据文件以及程序的建立、删除和访问。文件管理也包括记录文件在磁盘和辅助存储设备上的物理位置。所以操作系统可以对存储在辅助设备上的文件位置和文件特征等信息进行维护。

任务管理。操作系统的**任务管理**（task management）程序能够帮助终端用户完成处理任务。程序控制哪个任务能够占用CPU以及占用的时间。任务管理软件能够将CPU的一部分时间分割出来用以执行某项任务，也可以在任何时候中断CPU的任务执行以处理更高优先级的任务。任务管理有几种不同的途径，每种途径都有各自的优点。

多任务处理（multitasking，有时指的是多道程序设计或者时间共享）是一种任务管理途径，它允许几个处理任务以一种看起来同时进行的方式执行。事实上，多任务处理在同一时间仅允许一个任务占用CPU，但是它从一个程序切换到另一个程序的速度很快，以至于看起来就像是所有的任务都同时执行。多任务处理有两种基本的方式：抢占式（preemptive）和合作式（cooperative）。在抢占式多任务处理中，任务管理功能将CPU的时间片段分配给每个程序。相反，合作式多任务处理允许每个程序占用CPU任意长的时间。但是，如果一个程序目前没有使用CPU，它可以允许另外一个程序暂时使用CPU。大部分Windows和基于UNIX的系统采用抢占式多任务处理，大部分苹果平台则采用合作式多任务处理。尽管多任务处理和多重处理（multiprocessing）通常替代使用，但它们实际上是基于所使用的CPU数量的两个不同概念。在多重处理中，至少有一个CPU是可用的，但是在多任务处理中，仅有一个CPU是可用的。

大部分计算机都具有一定的多任务处理能力。在现代的微机中，由于处理器能力的发展，拥有直接控制更大内存的能力，多任务处理成为可能。这种能力允许将存储器分割成几个大的区块，每一个区块都被一款软件使用。

事实上，由于每个应用软件都能在同一时间独立运行，因此单独的一台计算机可以像几台计算机或者虚拟机一样工作。能够同时运行的程序数量由可用内存的总量和每个处理任务所需的内存量决定，这是因为微处理器（或者CPU）可能会由于任务过多而过载，这会导致响应时间过长而令人无法忍受。但是，如果内存足够大且处理能力足够强，多任务处理会允许用户很容易地从一个应用切换到另外一个应用、在应用之间共享数据文件，并且以后台模式处理一些应用。比较典型的后台程序有大量的打印任务、大规模的数学计算和自动执行的远程通信进程。

Microsoft Windows

多年来，微软的MS-DOS（Microsoft Disk Operating System）一直是使用得最广泛的微机操作系统。这是一个单用户、单任务的操作系统，但是通过与微软的Windows操作系统结合，就拥有了图形用户界面和有限的多任务处理能力。微软从1995年开始使用Windows 95操作系统来取代它的DOS以及早期的Windows操作系统，该操作系统具有图形用户界面、多任务处理、网络连接、多媒体等功能。微软随后在1998年推出了Windows 98版本，在2000年推出了Windows Me（千禧版）个人电脑操作系统。

微软在1995年推出了Windows NT（New Technology）操作系统。Windows NT是一款功能强大的多任务、多用户操作系统，它可以安装在多台网络服务器上来管理高性能的个人计算机。新的服务器和工作站版本在1997年推出。为了增强Windows NT的产品性能，微软随后在2000年推出了Windows 2000操作系统。

2001年底，微软推出了Windows XP家庭版和专业版，至此正式将针对消费者用户和企业用户的Windows操作系统产品线区分开来，这两条产品线是在Windows NT和Windows 2000的基础上合并而成的。通过使用Windows XP，消费者和家庭用户最终能够得到一款增强型的Windows操作系统，它具有商业用户在Windows 2000上享有并且在Windows XP专业版上继续拥有的性能和稳定性。微软在2008年还推出了Windows Server 2008的四个新版本，表4—3对这四个不同版本进行了总结和比较。

2006年，微软发布了新操作系统——Vista。Vista具有许多新功能，其中最吸引人的就是升级的图形用户界面、被称为Windows Aero的视觉风格、改进的搜索功能、Windows DVD Maker等新的多媒体创建工具，以及全新设计的网络、音响、打印和显示子系统。Vista同时提升了家庭网络中计算机之间使用P2P技术通信的水平，使计算机之间和设备之间共享文件或电子媒体更加容易。

表4—3　Windows Server 2008 四个不同版本的比较

- Windows Server 2008 标准版
  面向小型的服务器程序，包括文件和打印共享、互联网和局域网连接，集中的桌面软件调度等。
- Windows Server 2008 企业版
  面向大型的商业应用，支持 XML Web 服务、企业协同以及企业网络等。
- Windows Server 2008 数据中心版
  面向要求高灵活性和高可用性的企业关键业务和关键任务的应用软件。
- Windows Server 2008 网络版
  面向网络服务和主机服务，提供开发和部署网络服务和应用的平台。

在开发者看来，Vista 推出 .NET Framework 的 3.0 版的目的是：相对于之前的 Windows 版本显著降低开发者编写高质量应用程序的难度。

但是，微软公开声明，推出 Vista 的主要目的是改善 Windows 操作系统的安全性。针对 Windows XP 以及之前的 Windows 版本的指责通常是，它们暴露出安全漏洞以及存在恶意软件、病毒、缓存溢出的敏感性问题。为此，比尔·盖茨在 2002 年初全公司的"Trustworthy Computing Initiative"会议上宣布将安全工作融入公司软件开发的各个方面。微软声称，将改进 Windows XP 和 Windows Server 2003 安全性的工作优先安排，因此延误了 Windows Vista 的进程。

2008 年，一款全新的服务器产品——Windows Server 2008 推出了。Windows Server 2008 构建在和 Windows Vista 相同的代码基础上，因此它们具有许多相同的构架和功能。由于代码基础是相同的，Windows Server 2008 自然而然地具有大部分 Windows Vista 所具有的技术、安全、管理的新功能，例如重写的网络处理程序（自带的 IPv6、自带的无线、速度以及安全性的改善），改进的基于图形的安装、部署和恢复程序，改进的诊断、监控、事件日志以及报告工具，新的安全功能，改进的拥有默认安全配置的 Windows 防火墙，.NET Framework 3.0 技术，改进的核心内核、存储和文件系统。处理器和存储设备被认为是即插即用设备，允许热插拔。

由于在性能和安全性上需要大幅升级，因此 Windows Server 2008 已经发布了第二个版本。

UNIX

UNIX 操作系统最初由美国电话电报公司（AT&T）开发，现在其他软件供应商也开始支持该操作系统，比如太阳微系统公司的 Solaris 和 IBM 的 AIX。UNIX 是一款多任务处理、多用户操作以及支持网络管理的操作系统，它具有很好的移植性，可以在大型机、中型机以及小型机上运行。UNIX 目前在 Web 和其他网络服务器中仍然很流行。

Linux

Linux 是一种价格低廉、功能强大且可靠的类似于 UNIX 的操作系统，由于在大型和小型网络的 Web 服务器和网络服务器上具有高性能的表现，它迅速抢占了 UNIX 和 Windows Server 的部分市场。Linux 在 20 世纪 90 年代作为互联网上的免费或低价软件或者共享软件，是由芬兰的林纳斯·托瓦兹（Linus Torvalds）和全球数百万名程序员一起合作开发的。Linux 继续通过这种方式得到改进，但是与附加功能和支持服务捆绑在一起，由 Red Hat，Caldera 以及 SUSE Linux 等软件供应商销售。Linux 同样拥有支持办公软件套装、Web 浏览器以及其他应用软件的个人计算机版本。

开源软件

开源软件（open-source software，OSS）这一概念的发展远远超过了 Linux 操作系统。开源软件的基本想法很简单：如果程序员能够对软件中的一部分代码进行阅读、重新分配并且修改，这款软件就能得到改进。人们可改进它，适应它，修补它的漏洞。如果人们已经习惯于传统软件开发的缓慢步伐，会发现这种开发方式的速度惊人。开源社区中的软件开发者知道，这种快速的改进过程能够生产出比传统商业模式更好的软件，在传统模式中只有一小部分程序员能够看到源代码。不可否认，开源的观念与高度商业化的（以及财产私有化的）传统软件开发背道而驰。但是，迅速增加的开发人员已经接受开源的观念，并且认识到软件开发财产的私有化途径是具有隐含成本的，而这往往是导致成本超出获利的根本原因。

从 1998 年开始，OSS 运动成为软件开发的一场革命。事实上，这场革命要追溯到 30 多年前。在 PC 时代，典型的计算机软件仅仅作为一种最终产品来销售，这种软件是通过直接将文件复制在相应的目录或者文件夹中来安装到用户的计算机上的，要转移至新的计算机平台（例如从 Windows 到 Macintosh）往往需要获得新的许可。漏洞修复完全依赖于销售该软件的组织，因此如果那家公司倒闭或者停止对该产品提供支持，该产品的用户就无处求助了。相比而言，OSS 是在注册后能够自由获取预编译的二进制编程的源代码的一种软件。这种方式允许用户在一个新的平台上安装软件而不需要另外获得许可，并且能够得到创始人不再提供的技术支持（或者与拥有相同想法的人一起建立一个支持机构）。那些掌握技术的人可以自己修补漏洞，而不用等待别人来做。总的来说，有一个允许用户获取源代码的中央发布机制就像是在某些情况下的预编译二进制机制。也有一些机制要求用户必须支付一定的费用才能获取源代码，比如 CD-ROM 或者 DVD 上的源代码可能会包含一些技术支持。人们使用各种许可来保证源代码的可获取性，而不管这些代码在哪里使用。

必须清楚地认识到，开源软件并不是那些用户不能获取源代码的共享软件、公共领域软件、免费软件，或者其他可以免费得到的软件。不管用户是否注册、付费，共享软件都不允许用户获取源代码。开源软件和免费软件以及公共领域软件的不同之处在于，开源软件有版权保护，并且通过许可来发布，该许可保证了源代码在任何时候都是可获取的。当然，可能需要支付一笔费用来进行软件的打包、发布或者提供支持。

开源的原理是基于各种不同的模型，这些模型有时会相互矛盾。事实上，在大部分情况下，似乎有多少产品就有多少开发和管理 OSS 的原理和模型。1998 年，一小群开源的爱好者认为是时候对开源进行规范了。这个新的组织在互联网上注册了 www. open-source. org 这个网址，并且开始精确定义什么是开源软件、什么不是开源软件。按照现在的情况，开源许可由下列几个特征来定义：

● 许可不得限制任何组织将软件作为由不同来源的程序构成的集成软件的一部分进行销售或者分发。

● 程序必须包含源代码，并且必须允许以源代码的形式进行分发，就像是以已编译的形式进行分发一样。

● 许可必须允许对代码进行修改和衍生，并且必须允许它们以与原始软件的许可相同的方式进行分发。

- 许可仅在一种情况下（为了在构建期对软件进行修改）可以限制代码以已修改的方式进行分发，并且必须允许补丁文件和源代码一同分发。
- 许可不得歧视任何人或者组织。
- 许可不得限制任何人在具体领域使用程序。
- 程序所附带的权利必须同样适用于再次分发的程序而不需要执行另外一个许可。
- 许可不得针对某个特定产品。
- 许可不得通过对其他已获得许可的软件的分发进行限制来阻碍其他软件的开发。

这种软件开发和分发的基本方式也有反对者——特别是微软。然而，开源运动目前十分活跃，而且继续改变着人们对于软件开发方式的认识。

OpenOffice. org 3

一款刚进入开源领域的新软件叫做 OpenOffice. org 3，它是太阳微系统公司开发的一款办公套装。这款根据前面讨论的开源标准构造的产品是一款完整的集成办公软件套装，它提供了所有的常用应用，包括文字处理、电子表格、图像演示以及数据库管理。它能够存储和检索多种格式的文件，包括所有市场上其他主流办公套装应用的文件格式。

OpenOffice. org 3 最大的好处是能够免费下载，并且不需要任何许可费用。OpenOffice. org 3 是基于 LGPL 许可来发放的，这意味着你可以将它用于家庭、商业、教育或者公共管理等。你可以在任意多台计算机上安装这款软件，而且能够对其进行复制并送给家人、朋友、学生、员工等任何人。

Mac OS X

Mac OS X（宣称是 Mac OS 10）是苹果公司目前开发的最新操作系统，适用于 iMac 机型以及其他 Macintosh 微机，是基于 UNIX 的模式。Mac OS X 的 10. 2 版 Jaguar 拥有先进的图形用户界面、多任务处理以及多媒体技术，并且集成了 Web 浏览器、电子邮件、即时通信、搜索引擎、数字媒体播放器等其他功能。

Mac OS X 是对之前 Macintosh 操作系统的一次彻底变革，它的底层代码完全不同于之前的版本。它的内核是一款名为“Darwin”的类似于 UNIX 的开源操作系统。苹果公司在 Darwin 的基础上添加了包括 Aqua 界面和 Finder 组件在内的大量专有组件来完善 Mac OS X 这个基于图形用户界面的操作系统。Mac OS X 同样包含了大量功能来使操作系统比之前的版本更加稳定和可靠，抢占式多任务处理和内存保护等功能增强了操作系统同时运行多个程序而互不干扰的能力。

最直观的改变是 Aqua 主题。软边界、半透明色以及细条纹的应用——与第一台 iMac 的硬件设计一样——带来了比 OS 9 的 Platinum 所提供的界面更好的质感和色彩。但是许多旧版本操作系统的用户指责新版本矫揉造作并且缺乏专业水准。然而，在那个用户界面十分单调的年代，Aqua 还是被看作一个坚实而具有创造性的进步。抛开这些争议，这个界面的外观看起来的确具有很高的可辨认性，在 Mac OS X 的第一版面市之前就有第三方开发者开始为客户定制应用软件制作“皮肤”来模仿 Aqua 的外观，所谓“皮肤”就是应用软件界面的外观色彩和风格。

Mac OS X 有自己的软件开发工具，Xcode 是最重要的集成开发环境。Xcode 为编译者提供了支持多种编程语言的接口，包括 C，C++，Objective-C 以及Java。苹果转向英特尔，是为了让开发者更容易地创建一个操作系统来保持基于英特尔和基于 PowerPC 的 Macintosh 之间的兼容性。

应用虚拟化

将我们在 4.1 节介绍的种类繁多的应用软件和上述多个操作系统结合起来思考，如果拥有一台运行 Windows 系统的计算机的用户需要运行一款专门为在 Mac OS X 上运行而设计的软件，该怎么办？这个问题的答案曾经是"去借一台 Mac"。通过应用虚拟化的开发，一个更加有用且有价值的答案出现了。**应用虚拟化**（application virtualization）是对一种软件技术的总称，该技术能够通过将应用及其所运行的底层操作系统相互分离来提高应用的可用性、可管理性以及兼容性。一个完全虚拟化的应用并不是以传统方式安装的，它只是看起来很像。这种应用通过直接与原始的操作系统打交道使人们相信它的存在，且相信它具有所有资源的管理权，但事实并不是这样。应用虚拟化是操作系统虚拟化的一个扩展，它利用相同的理念欺骗整个操作系统使之相信它是运行在一种特定的硬件上，而事实上却不是。

虚拟化的概念并不是最近才提出的。在大型机时代，虚拟机的使用是很常见的，当时通过将一个大型机分割成几个小的、互不相关的虚拟机或者域来使多个用户能够同时运行特定的应用和处理集。每个用户选择使用全部可用机器资源中的一部分，而虚拟技术使其看起来就像是每个域都在独立地使用一台机器。如果你曾经安装过一台计算机，并且为其创建分区，那么你就已经使用了虚拟技术。你将一个物理硬盘划分成了两个虚拟设备，每个分区对应一个虚拟设备。

应用虚拟化有其必然性。就企业利益来说，应用虚拟化通过避免为多个软件建立多个平台而节约了成本；就节约能源方面来说，不需要同时运行好几台利用率低的服务器，节约了电能并减少了热量的产生。

对于虚拟化的全面讨论远远超出了本书的范围，但我们相信，虚拟化技术正在模糊计算机和操作系统、操作系统和应用程序之间的界限。将这一点融入云计算的概念中，我们将拥有一个可以在任何时间、任何地点、任何机器使用任何软件的世界。

亚洲、欧洲以及拉丁美洲：Linux 走向全球

Linux 的内核是由芬兰赫尔辛基大学的学生林纳斯·托瓦兹完成的，但 Linux 的国际化并不令人吃惊。那些刚开始只是用作编程工作的语言已经在少数特立独行的用户反对微软的背景下逐渐成长起来。以亚洲为例，Linux 服务器许可在 2004 年增长了 36%，客户端许可增长了 49%。

其中有一些非常重要的应用。例如，中国工商银行计划采用 Linux 来进行所有的银行前端操作，意大利的 BPM 银行正在安装 4 500 台 Linux 台式计算机，德国的 LVM 保险公司已经在 7 700 台计算机和 30 台服务器上安装了 Linux。

Linux 应用范围广泛并且增长迅速的原因是它更注重实际应用。大部分需求来自中国，中国政府支持 Linux 以对抗微软在操作系统市场的持续垄断。政府的支持并不是越来越多的中国企业使用 Linux 的唯一理由，实际需求也是重要的原因，特别是在中国的金融行业。2005 年 4 月，中国最大的银行中国工商银行宣布在未来 3 年内部署 Turbolinux 公司的 Turbolinux 7 数据服务操作系统，作为其前端银行操作系统。

2003 年，一家名为"MercadoLibre.com SA"的以布宜诺斯艾利斯为基地

为多国提供服务的网上集市更换了其服务设备。原有的服务设备都是运行 Solaris 操作系统的太阳微系统公司的服务器，现在则改为惠普公司的安腾服务器，该服务器运行的是 Red Hat 公司的 Linux 操作系统，而非在原有基础上增加太阳微系统公司的服务器。“我们只需这么一个行动就解决了三个问题：可用性、可伸缩性以及高性能，并且成本很低。”首席技术官埃德加多·索科洛维克斯（Edgardo Sokolowics）说。

欧洲的一名 IT 主管说，他从硬件的角度来节约资本：“Linux 本身作为一个操作系统并不能成为驱动力，事实上，Linux 使我们拥有了一个有用的平台，在这个平台上没有什么是不可以运行的。”欧洲的私人企业以及公共部门用户使用开源操作系统的实际理由是，可从价格和性能上获益，自由更换新硬件，操作系统可靠且有灵活性。

“这并不是说我们仅仅想使用开源软件，我们必须找到一种途径，以便在网络计算中保护自己的投资。”位于德国明斯特的 LVM 保险公司的技术项目经理马赛厄斯·施特雷洛（Matthias Strelow）说：“我不确定是否有可能更换另外一个操作系统。”

资料来源：Adapted from Juan Perez,“Global Linux：Latin America,” *Computerworld*, July 18, 2005; Carol Sliwa, “Europe：Financial Services Companies Lead the Charge to Linux,” *Computerworld*, July 18, 2005; and Summer Lemon and Dan Nystedt, “Global Linux：Asia,” *Computerworld*, July 18, 2005.

□ 其他系统管理软件

除了操作系统以外，还有很多重要的系统管理软件，包括将在第 5 章讨论的数据库管理系统和将在第 6 章介绍的网络管理软件。表 4—4 比较了 IBM 公司及其竞争对手所提供的几款系统管理软件。

表 4—4　IBM 与主要竞争对手的系统软件的比较

软件类型	用途	IBM 产品	客户	主要竞争者产品	客户
网络管理软件	监控并维护网络运行	Tivoli	T. Rowe Price 用其来保护客户记录的安全	HP OpenView	Amazon. com 用其来监控服务器
应用服务器	实现商用程序通过网络进行数据交换	Web-Sphere	REI 用其来进行网站维护和数据传输	BEA WebLogic	Washington-post. com 用其开发新网页
数据库管理软件	为业务数据提供数据仓库	DB2	Mikasa 用其来帮助客户在线寻找产品	Oracle 11g	运行西南航空公司的常旅客计划
协同软件	监控电子邮件、电子日程等一切日常事务	Lotus	Retailor Sephora 用其来维持各零售店的协同工作	Microsoft Exchange	Time 公司用其为员工提供电子邮件服务
开发软件	允许程序员迅速编写软件代码	Rational	Merrill Lynch 用其来开发在线交易程序	Microsoft Visual Studio . NET	用来开发管理系统

其他类型的系统管理软件主要以独立软件的形式或者作为操作系统的一部分投放到市场，如**实用程序**（utilities）或者计算机实用软件工具集等。例如，Norton

Utilities 可以实现多种常规任务以及文件转换功能。这类软件还包括数据备份软件、数据恢复软件、杀毒软件、数据压缩软件以及磁盘碎片整理软件等。大多数操作系统会提供很多实用的工具，帮助用户完成一些工作。

系统支持软件包括性能监控软件和安全监控软件等。**性能监视器**（performance monitors）是监控并调整一台或多台计算机系统的性能和使用率以使其高效运行的软件。**安全监视器**（security monitors）是监控计算机系统的使用情况、记录未经授权使用计算机资源的证据并发出警告的软件。最新的趋势是将这两类程序加入操作系统（如微软的 Windows 2008 Datacenter Server 操作系统），或者加入系统管理软件（如 Computer Associate 的 CA-Unicenter），来管理数据中心的大型机系统以及服务器。

另外一个重要的软件发展趋势是**应用服务器**（application servers）的使用，应用服务器在操作系统和用户的应用程序之间提供了一个中间件界面。**中间件**（middleware）是一种软件，它可以帮助不同的应用程序和网络计算机系统相互之间交换数据，并使这些计算机系统高效地工作。应用服务器、Web 服务器以及一些企业应用集成（EAI）等都采用了中间件技术。因此，诸如 BEA 的 WebLogic、IBM 的 WebSphere 等应用服务器，通过中间件技术提高了在安装 Windows、UNIX 以及其他操作系统的计算机上进行基于 Web 的电子商务和电子贸易的工作效率。

□ 程序设计语言

为了更好地理解计算机软件，我们必须对程序设计语言在计算机程序开发过程中的作用有所了解。**程序设计语言**（programming languages）允许程序员开发一套指令集来构建一个计算机程序。在计算机软件的发展过程中出现了很多不同的程序设计语言，每种语言都有其特定的词汇、语法和用途。

机器语言

机器语言（machine languages）即第一代计算机语言，是最基本的程序设计语言。在计算机开发的早期，每一台计算机的所有程序指令都是唯一的，并且必须使用二进制代码编写。这种编程的程序指令都是使用二进制代码（0 和 1）或者其他进制的代码完成的，编写非常困难。程序员必须对所使用的 CPU 的内部工作原理非常熟悉，即使是完成一项简单的任务，也要编写一串很长的指令。机器语言编程必须为每条指令指定存储地址以及所用的数据，程序所用到的每一个转换或者指示都必须用一系列指令来实现。这些使得机器语言编程变得非常艰难并且容易出错。在某台特定计算机的 CPU 中实现两个数相加并将结果存储所需的代码如表 4—5 所示。

表 4—5　　程序设计语言的四个阶段

● 机器语言 使用二进制代码编写指令 1010 11001 1011 11010 1100 11011	● 高级语言 使用简明的语言或者数学符号 BASIC 语言：X=Y+Z COBOL 语言：COMPUTE X=Y+Z

- 汇编语言
  使用特定的符号编写指令
  LOD Y
  ADD Z
  STR X
- 第四代语言
  使用自然和非程序性的表述方式
  SUM THE FOLLOWING NUMBERS

汇编语言

汇编语言（assembler languages）即第二代计算机语言，是程序设计语言的第二个阶段，其开发目的是降低编写机器语言程序的难度。汇编语言需要特定的语言编译软件，这类软件被称为编译器，它可以将用汇编语言写的指令转变为机器语言的指令。汇编语言通常被称为符号语言，因为它采用符号来标识操作代码和存储位置。汇编语言经常使用一些帮助记忆（辅助记忆）的字母缩写或者其他符号来表示操作代码、存储位置以及数据元素，例如用汇编语言表示计算 X＝Y＋Z 的方式如表 4—5 所示。

在面向机器编程领域，汇编语言仍然被视为一种编程的主要方法。大多数计算机厂商提供了一种汇编语言来反映某条特定生产线的独特机器语言指令集。这种功能对于系统程序员来说具有特别大的吸引力（与编写应用程序的应用程序员不同，系统程序员编写系统软件），在他们为某一特定计算机开发程序时，这些汇编语言提供了很好的控制力和灵活性。因此，他们能编写出更高效的软件，即用更少的指令、存储和中央处理器处理时间来完成一项特定的任务。

高级语言

高级语言（high-level languages）即第三代计算机语言，其指令主要采用简明的叙述语句或者数学表达式，所以又称为叙述。每一条高级语言实际上都是一条宏指令，也就是说，每条高级语言都会被高级语言编译器或者解释器翻译成多条机器指令。高级语言的叙述与自然语言或数学表达式相似，用来表达需要编程解决的问题或者程序，其语法（词汇、标点以及语法规则）和语义（所表达的含义）不会随着计算机的改变而改变。表 4—5 显示了用高级语言 BASIC 和 COBOL 表示计算 X＝Y＋Z 的不同表达形式。

如 BASIC，COBOL，FORTRAN 之类的高级语言比汇编语言更加简单易用，因为它们没有那么多的规则、格式和语法限制。但是，高级语言通常不如汇编语言那样高效，并且需要大量的时间来将叙述翻译成机器指令。由于大多数高级语言与计算机硬件无关，因此高级语言编写的程序在新计算机上安装时不需要重新编写，并且程序员也不需要针对不同的计算机类型学习不同的语言。

第四代语言

第四代语言（fourth-generation language，4GL）包括许多程序设计语言，它们比之前的高级语言更加非过程化、更加接近自然语言。这类语言被称为第四代语言，以与机器语言（第一代语言）、汇编语言（第二代语言）和高级语言（第三代语言）相区别。

大多数第四代语言都是非过程化的语言，它趋向按用户和程序员的需求来定制所要的内容，并由计算机来决定这些指令的执行顺序。因此，第四代语言大大简化了程序语言的编写过程。**自然语言**（natural language）通常被称为第五代语言（5GLs），它与英语或者其他人类语言非常接近。有关人工智能的研究正致力于开发一种程序设计语言，使用这种语言将会像使用母语一样简单。例如，INTELLECT 语言将会采用“MIS 200 的平均成绩是多少?”这种表达方式来完成一项简单的考试平均成绩查询任务。

在第四代语言的早期，尚未形成海量数据交易处理环境。尽管第四代语言具有简单易用的特色，但是它们被认为较先前的语言缺少灵活性，这主要是由于它们提高了对存储和处理速度的要求。在如今的大容量数据环境中，第四代语言得到广泛使用，并且不再被认为是在简单易用和灵活性之间权衡的结果。

现代的代码生成

20 年前，软件工程师弗雷德·布鲁克斯（Fred Brooks）发表了一段影响广泛的言论，他认为找不到能够杀死“计划延期、预算超支、产品缺陷这一怪物”的“银色子弹”。今天，软件的开发似乎和以前一样成本高、麻烦多并且困难大，但还是有所进步。尽管现在仍未看到银色子弹，但是一系列新技术可能在未来使程序员的工作效率有较大的提高，至少在某些应用领域是这样。

这些技术实现了从方法到结果的广泛覆盖，但它们的目标都是自动生成软件。通常，它们从高级的计算机的设计中或者在高级编译器的帮助下利用特定领域的语言生成代码，那些特定领域的语言有时可能是由非程序员使用的。

得克萨斯大学奥斯汀分校的计算机科学教授、该校人工智能实验室的成员之一戈登·诺瓦克（Gordon Novak）正在研究使用通用版本程序库（比如算法）来进行“自动编程”，以便对列表中的项目进行分类或者查找。但是与其他传统子程序仅有一个简单却死板的界面，且由其他程序中的几行代码调用不同，他的技术工作达到了一个更高的层次，因此程序更加灵活、简单易用。

诺瓦克的用户创建包含应用数据和原理的视图，然后在图表中用箭头将视图连接起来以表现数据之间的关系。这些图表实际上是非常高层次的所需程序的流程图。它们针对用户的特定问题用所存储的通用算法进行编译，得到的结果则是常规的源代码，如 C，C++或者 Java。

诺瓦克说自己能够用系统在 90 秒内生成一个 250 行的检索程序源代码，这相当于一个程序员使用传统语言一周的工作量。“你可能会在较高的层次上描述你的程序，”他说，“而我的程序就是为了免费提供适合你的应用的算法。”

位于加利福尼亚州帕洛阿尔托的非营利计算机科学研究机构 Kestrel Institute 的首席科学家道格拉斯·史密斯（Douglas Smith）正在开发“智能知识自动存入计算机”的工具。一名程序员利用 Kestrel 的 Specware 编程，Specware 是一种通用的第五代语言，它注重一个程序的功能而不考虑最终的编程语言、系统架构、算法、数据结构等。Specware 利用了一个组件库，但是这些组件并不是代码，它们处于更高的层次，并且包括设计知识以及关于算法、数据结构等的原则。史密斯将它们称为“抽象模板”。

另外，Specware 能够提供表明工作代码正确的证据，即代码符合用户输入的要求（当然也包括错误的要求）。“有些客户希望得到非常可靠的应用，完全没有安全隐患。”史密斯说。Kestrel 为美国宇航局、美国军队以及安全部门工作。

“这是一种说明问题要求、解决方案的描述语言，并不需要说明如何解决问题。”史密斯说，“我们认为这是软件工程的尖端技术。这就是系统分析员要做的。”

资料来源：Adapted from Gary Anthes,“In the Labs: Automatic Code Generators,” *Computerworld*, March 20, 2006.

面向对象语言

面向对象语言（object-oriented language）也被认为是第五代语言，如 Visual Basic，C++，Java，并且已经成为软件开发的主要工具。简言之，大多数程序语言都会将数据元素跟与这些数据元素对应的操作分离开来，但是面向对象的程序设计语言却将它们捆绑在一起组合成**对象**（object）。因此，对象包括了数据以及对这些数据可能进行的操作。例如，一个对象可以是一个银行客户储蓄账户的数据和一系列对这些数据可能进行的操作（比如计算利息）的集合，也可以是一个图形界面（如视频播放窗口）以及可能会使用的播放操作（如图 4—10 所示）。

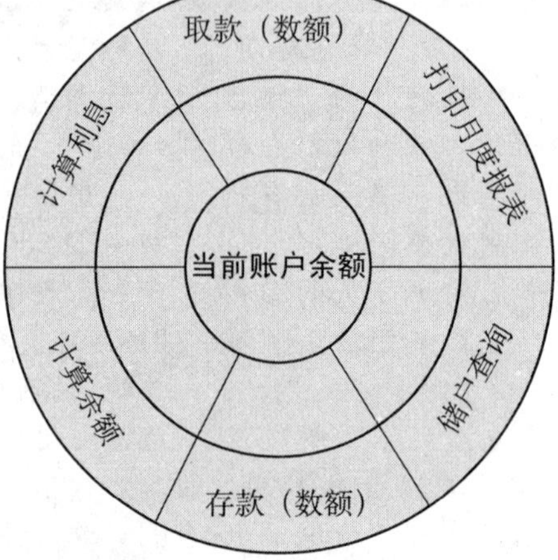

图 4—10　银行储蓄账户对象示例

说明：包括客户账户余额数据和可能对该数据进行的一系列基本操作。

在面向过程的语言中，程序由针对每个数据的操作过程组成。但是，在面向对象的系统中，一个对象会告诉另外的对象应该对自己执行什么。例如，打开计算机视频演示的窗口，开始菜单对象会发送消息给窗口对象，告诉它应该执行打开操作，接着一个窗口就会在屏幕上显示出来。这是因为窗口对象包含了打开自己的程序代码。

面向对象语言使用简单，并且在编写许多应用程序所要求的图形用户界面时工作效率更高，因此，它们是软件开发中使用最广泛的程序设计语言。一旦完成对象的编程设计，就可以重复使用。例如，程序员可以通过组装诸如窗口、工具箱、状态条、按钮、图标等之类的标准对象为一个新的程序构建一个用户接口。因此，大部分面向对象的程序包都提供一个支持点击、拖放等可视化操作的图形用户界面，这类软件有时也称为可视化编程。图 4—11 展示了面向对象程序设计语言 Visual Basic 的编程环境。本书第 5 章介绍面向对象数据库时将进一步讨论面向对象技术。

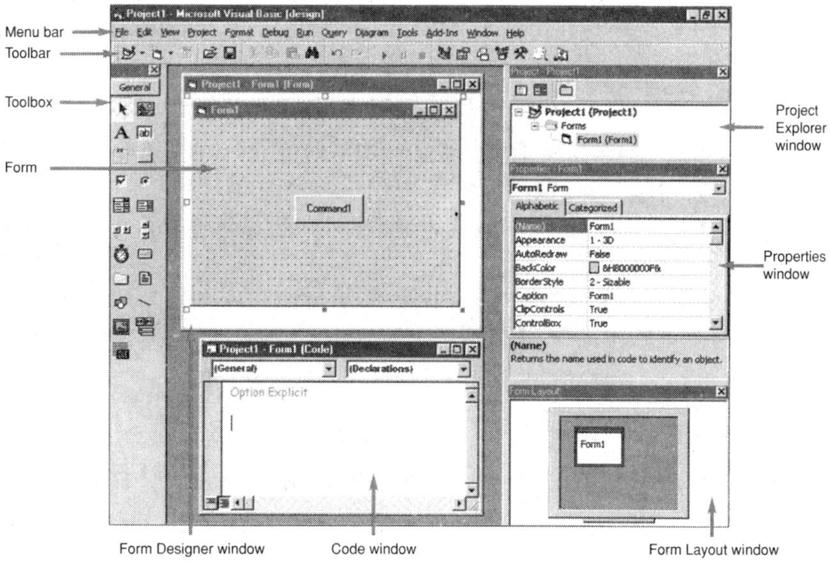

图 4—11　面向对象程序设计语言 Visual Basic 的编程环境

资料来源：Courtesy of Microsoft®.

□ Web 语言和服务

HTML，XML，Java 是构建多媒体网页、网站和基于 Web 应用的三种重要的设计工具。此外，XML 和 Java 已经成为支持企业应用 Web 服务的软件技术中必不可少的部分。

超文本标记语言

超文本标记语言（Hypertext Markup Language，HTML）是一种页面描述语言，用于创建超文本或者超媒体文件。HTML 可以在文档需要的地方插入代码创建链接（超链接），以链接到该文档的其他部分或者万维网上的任何一个文档。HTML 将控制编码嵌入 ASCⅡ格式的文件，使用某些特定的标记元素来控制文档的标题、图片、多媒体组件以及超链接等。

正如我们前面提到的，流行的软件套装中有很多软件可以将文件自动转化为 HTML 格式，包括 Web 浏览器、文字处理软件、电子表格、数据库管理软件以及图形演示软件等。这些软件以及其他专业的 Web 发布软件（如 Microsoft FrontPage，Lotus FastSite 以及 Macromedia Dreamweaver 等）提供了大量的功能来帮助设计和创建多媒体 Web 页面，而不需要使用枯燥的 HTML 进行编程。

可扩展标记语言

可扩展标记语言（eXtensible Markup Language，XML）不是像 HTML 那样的 Web 页面的正式的描述语言，而是通过在文件中创建一些特定的标签和解释性的标签来标识数据元素，以此来描述 Web 页面（包括发布于网络上的企业文档）。例如，一家旅行社的网页中包含航班名称和航班时间时，可能会使用类似于“航班名称”、“航班时间”等隐藏的 XML 标签来区别不同的航班。又如，页面中包含产品目录数据时，可能会使用“品牌”、“价格”以及“规格”等标签来标记。按这种方式对数据进行分类，XML使得网站信息的搜索、分类以及分析变得更加容易。

例如，如果网站中的产品数据用XML标签进行标识，那么支持XML的搜索软件可以很容易地准确找到客户指定的具体产品。使用XML的网站同样能够更容易地知道客户使用过网页的哪个功能以及查看过什么产品。XML实现了企业和客户、供应商等商业伙伴之间业务数据的自动交换，使得电子商务变得更加简单和高效。

正如本章开头提到的，本书使用Aptara的基于XML的应用软件PowerXEditor进行当前版本的修订和编辑。下面我们来关注XML的特殊应用——提高出版业的效率。

Aptara公司：利用XML对出版业进行改革

出版业在过去的10年里经历了一次巨变。诸如Amazon之类的电子商务网站在线销售图书所产生的“长尾现象”，以及由于软硬件技术进步引起的传统的阅读图书和杂志方式的变化，使出版社正在出版和销售的新书越来越少。因此，许多企业冒险尝试电子出版。

Aptara是一家专门研究信息传输的公司。“许多出版商正从印刷出版转向电子出版。”Aptara的董事长兼CEO德夫·加内桑（Dev Ganesan）说，“这是一个巨大的改变。对于软件企业来说，这意味着它们需要开发符合每个顾客要求的信息创建平台。同时，客户从作者、编辑以及制作员工处理内容的角度来审视出版业，他们试图让产品的某些部分能够自动完成。企业必须同时使用传统的和新的媒介来推出产品，以期得到最广泛的受众。所以挑战很大，但是机会也很多。”

结果是，专业人员现在能够以更低的成本来更灵活地传递信息。他们能使静态的信息通过印刷一个知识体系（比如书本）变为动态的，并且能将其转化为电子格式。然后，他们将这些信息分割成许多小块，并根据学习者的要求重组。此外，利用电子、网络媒体，他们能够更快地出版和分发信息。Aptara认为，这在某些领域至关重要，比如由于技术革新和调整而不得不面对快速变化的健康护理领域。

“除了节约成本外，他们还希望周转得更快一些。”他说，“时间对于市场来说变得至关重要，因为有如此多的改革正在发生。如果他们不能够更快地出版产品，就会落后。”

Aptara的一款创新性产品名为“PowerXEditor（PXE）”。它是一款基于XML的应用，PXE允许出版商上传一本现有图书的设计，编辑或者校订图书的所有元素，包括文字版式、图片、表格以及其他该书特有的元素，然后确定该书最终的印刷程序。关键问题在于电子表格替代了传统的剪裁、粘贴。因为PXE的内容是基于XML的，所以任何常用的Web浏览器都可以通过互联网访问它。这意味着，所有的投稿人都能够获取很多的章节内容和元素，无论他们身处何地。在PXE中可添加工作流程，以及对图书进行校订、编辑和校对的过程。

图4—12展示了PXE的经典界面，你可能注意到了这是编辑过程中的页面。图4—13展示了同一页面的XML代码。

资料来源：Adapted from Brian Summerfield, “Executive Briefings: Balancing Print and Digital Media,” *Chief Learning Officer*, March 2008. http://www.clomedia.com/includes/printcontent.php?aid=2133.

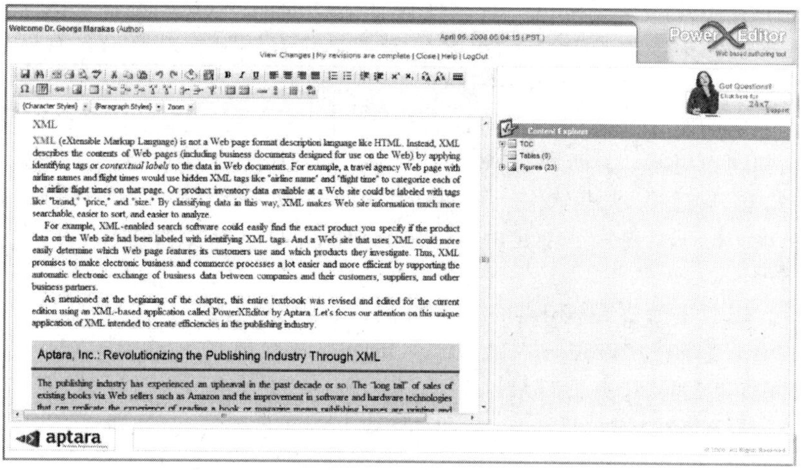

图 4—12 PXE 的界面

资料来源：Courtesy of Aptara.

```
features to help you design and create multimedia Web pages without formal HTML programming.
</p>
<p class="Head3" id="head3_19">XML</p>
- <p class="Para_FL">
 - <span class="Def_term">
     <b>XML</b>
   </span>
   (eXtensible Markup Language) is not a Web page format description language like HTML. Instead, XML
   describes the contents of Web pages (including business documents designed for use on the Web) by
   applying identifying tags or
   <i>contextual labels</i>
   to the data in Web documents. For example, a travel agency Web page with airline names and flight
   times would use hidden XML tags like "airline name" and "flight time" to categorize each of the airline
   flight times on that page. Or product inventory data available at a Web site could be labeled with tags
   like "brand," "price," and "size." By classifying data in this way, XML makes Web site information much
   more searchable, easier to sort, and easier to analyze.
 </p>
 <p class="Para_indented">For example, XML-enabled search software could easily find the exact product
   you specify if the product data on the Web site had been labeled with identifying XML tags. And a Web
   site that uses XML could more easily determine which Web page features its customers use and which
   products they investigate. Thus, XML promises to make electronic business and commerce processes a
   lot easier and more efficient by supporting the automatic electronic exchange of business data between
   companies and their customers, suppliers, and other business partners.</p>
 <p class="Head3" id="head3_20">Java and .NET</p>
- <p class="Para_FL">
 - <span class="Def_term">
```

图 4—13 XML 代码

资料来源：Courtesy of Aptara.

Java 和 . NET

Java 是由太阳微系统公司开发的一种面向对象的程序设计语言，它正在改变应用于万维网、企业内联网和外联网的应用程序的设计方式。Java 类似于 C＋＋和 Objective C，但是更加简单、更加安全，并且独立于计算机平台。Java 同样专门设计用来开发实时的、交互的、基于 Web 的网络软件。Java 应用由很多小的应用程序组成，这些小应用程序被称为 Applet，它们能够在任何网络中的任何计算机上的任何操作系统中运行。

Java 流行的主要原因之一是 Applet 的开发简单，并且能够很容易地将其从网络服务器传播到客户端 PC 和网络计算机上。Applet 可以是一个为专用软件而开发的小程序，也可以是大型 Java 应用程序中的一个小模块。除了 Java 程序平台外，它们能够在 Windows，UNIX 以及 Macintosh 系统上运行而不需要修改。

微软的 **. NET** 是对 Web 服务提供支持的程序的集合，能够使用网络而非个人计算机的各种服务。. NET 为个人和企业用户的应用和计算设备提供一个具有网络功能和互用性的无缝接口，并且使计算活动面向 Web 浏览器加速。.NET 平台包括服务器，诸如基于 Web 的数据存储之类的组件服务以及设备软件，还包括通行证——微软只需进行一次身份认证。

人们期望 .NET 平台能够让所有计算设备一起工作，用户信息能够在设备之间自动和同步更新，并提供一种额外的在线订阅服务。这种服务能够基于大量的应用（例如电子邮件）或者软件（例如 Office.NET）对产品和服务进行定制。对于开发者来说，.NET 提供了创建可用模块的功能，这个功能可以提高工作效率，减少设计错误。

.NET 还需要大概几年的时间才能正式发行，但是诸如个人安全服务以及采纳了 .NET 思想的 Windows 和 Office 新版本已在市场上销售。Visual Studio .NET 是目前可用的一个开发环境，并且 Windows XP 支持 .NET 的功能。

Java 的最新版本是 Java 企业版 5（Java EE 5），它是微软 .NET 在商业化的 Web 应用和 Web 服务软件开发平台上的主要竞争者。表 4—6 比较了使用 Java 和 .NET 进行软件开发的优缺点。

表 4—6　Java EE 5 和微软 .NET 软件开发平台的优缺点比较

Java EE 5		.NET	
优点	缺点	优点	缺点
● 可以在任何操作系统和服务器上运行（只需少量调整） ● 可进行复杂、大容量、高交易量的应用 ● 在会议管理、故障清除、网络远程登录、软件整合方面具有更多的企业功能 ● 得到有丰富经验的软件供应商的喜爱，如 IBM，SAP 和甲骨文公司 ● 支持许多开发工具以及应用服务器 ● 可以跟踪历史记录	● 开发环境复杂 ● 工具难以使用 ● Java Swing 开发环境在开发图形界面方面受限制 ● 软件开发、部署和管理的成本可能较高 ● 自身 Web 服务支持的缺失 ● 不适用于启动快、成本低、大规模投放市场的项目	● 使用简单，能提高程序员的工作效率 ● 在图形界面设计方面拥有强大的框架 ● 支持 20 多种程序设计语言 ● 捆绑在微软操作系统以及企业服务器软件中 ● 由于操作系统本身支持应用服务并可以实现统一管理，而且支持低价工具，因此成本较低 ● 支持 Web 服务	● 框架只能在 Windows 上运行，限制了软件供应商的选择 ● 使用微软以前的开发工具及技术的用户需要学习新技术 ● 作为一种新的运行支撑环境尚不成熟 ● Windows 平台在交易容量和数据规模上存在问题 ● 集成环境选择受限制 ● 旧软件向新的 .NET 转换比较困难

Web 服务

Web 服务（Web services）是基于 Web 框架、面向对象标准以及 Web 应用技术的软件组件，它们能够实现应用程序的不同用户和不同计算机平台之间的连接。因此，Web 服务能够实现关键业务职能之间的通信，并在共享 Web 应用的企业与客户、供应商以及其他业务合作者之间进行数据的实时交换。例如，Web 服务可以使企业的采购系统在下达大规模的采购订单之前先通过网络查看供应商的库存情况，同时供应商的销售系统可以通过 Web 服务在确认订单之前自动查看该公司的信誉状况。因此，企业和 IT 领域的专业人士通常使用“Web 服务”这个词来形容通过 Web 服务软件技术和标准实现的基于 Web 的商业活动和计算功能或者服务。

图 4—14 展示了 Web 服务的工作流程，并且标识了一些关键技术和标准。

XML语言是其中的一项关键技术，它使得Web服务支持运行于不同平台的软件。同样重要的还有**统一描述、发现和集成技术标准**（Universal Description，Discovery，and Integration，UDDI），它列出了所有的Web服务以及如何使用这些服务；**简单对象访问协议**（Simple Object Access Protocol，SOAP）是一种基于XML的协议，它实现了软件与其所需数据之间的连接。

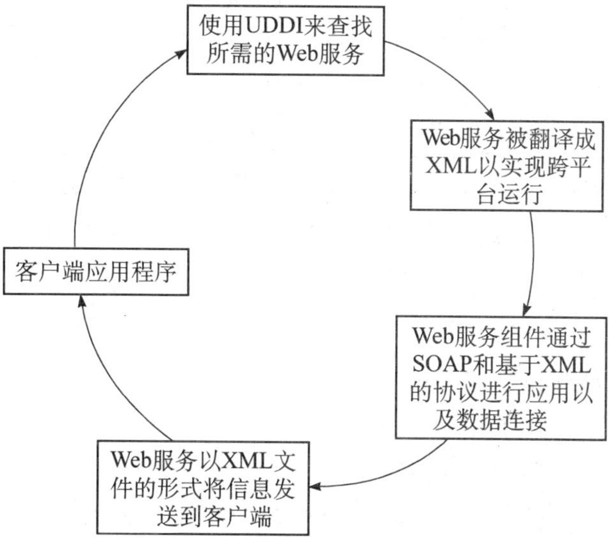

图4—14 完成一个Web服务应用的基本步骤

Web服务对于实现企业和贸易伙伴之间数据及软件的自动访问是一项很关键的技术。随着企业越来越多地采用网络形式开展商务活动，Web服务在简单高效的电子商务应用软件开发中变得不可或缺。在当今不断变化的全球商业环境中，企业及商业伙伴间的关系快速变化，Web服务的可伸缩性和协同工作能力变得至关重要。

空中客车公司：借助SAP和Web服务飞翔

欧洲飞机制造商空中客车公司已经实施了一个由SAP提供的基于Web服务的差旅管理应用系统，这是公司转向面向服务型结构（service-oriented architecture，SOA）作出改变的第一步。这个飞机制造商正在安装SAP的ERP软件中的差旅管理组件mySAP，该组件使用了SOA技术。"新系统取代了之前公司在法国工厂自主研发的系统、在西班牙研发的基于Lotus的系统以及在德国和英国的SAP早期版本。"公司差旅技术采购部经理詹姆斯·韦斯特加斯（James Westgarth）说。

"我们喜欢SOA提供开放式构架的想法。"韦斯特加斯说，"我们喜欢这个可以在内部管理所有事情并且在每个部门择优选取解决方案的想法。附加的组件，例如在线订票系统，同样可以从SAP那里获取，如果它拥有针对这个应用的更好产品。"

作出部署一个新的基于Web服务的差旅管理系统的决定主要是为了降低管理成本并改进业务流程。

空中客车拥有2.5亿欧元的差旅预算来支付每年超过18万次的出行费用。公司通过淘汰目前纸质的报销流程降低成本，该流程浪费时间和劳动力，利用系统则可以使员工在自己的台式计算机或者移动设备上处理差旅费用。

对于员工来说最大的好处就是报销的时间会从大约10天缩短到3天。另外，韦斯特加斯说，新系统能让新的服务提供商更加容易地集成进来。空中客车已经将代扣增值税业务外包给了专门提供这项服务的第三方。在应用服务连接器的帮助下，韦斯特加斯以及他的团队能够把差旅管理系统连接到公司其他的SAP应用，包括财务和人力资源管理。空中客车的战略目标是未来几年内在全公司范围内实现跨系统、跨国家的向mySAP ERP的转换。

“公司选择差旅管理系统来检验mySAP ERP。”韦斯特加斯说。在差旅管理系统的首次使用中就发现了一些问题。“因为我们是第一家实施这项技术的大公司，很难在市场上找到足够多的经验丰富的员工，并且在将Web接口集成到系统入口时需要做大量工作。”

韦斯特加斯说，公司的员工喜欢这个基于Web应用的新的用户界面，以及单点登录和按步指导。公司喜欢这个系统的灵活性。“没有人讨论5年前的低价运输工具，我们需要适应这个市场以及不断改变的需求。”

资料来源：Adapted from John Blau, “Airbus Flies on Web Services With SAP,” IDG News *Services/CIO Magazine*, June 8, 2006.

□ 程序设计软件

有许多软件包可以帮助程序员开发计算机程序。比如，程序设计语言编译器是一种将其他程序设计语言翻译成计算机可以执行的机器语言指令的程序。其他软件包（比如程序设计语言编辑器）都被称为程序设计工具，因为它们通过提供大量的程序开发和编辑功能帮助程序员编写程序。图4—15展示了一种编程工具。

图4—15　Java编程工具

资料来源：Courtesy of Sun Microsystems.

语言编译程序

计算机程序由一系列用某种程序设计语言编写的指令集组成，在这些程序被处理或者执行之前必须由**语言编译程序**（language translator）将其翻译成计算机自己的机器语言。程序设计语言编译程序（或者语言处理器）有很多种，**汇编语言编译程序**（assembler）可以将用汇编语言编写的符号指令代码翻译成相应的机器语言，**编译器**（complier）则用于翻译高级语言。

解释器（interpreter）是一种特殊的编译器，它同时解释并运行程序中的每一句代码，而不是像汇编器和编译器那样生成一套完整的机器语言，Java 就是其中的一个例子。因此，Java Applet 中的程序指令飞速地被解释和执行，就像在客户端上运行一样。

编程工具

通过增加图形编程界面和大量的内置开发工具，软件开发和计算机程序处理能力得到了加强。语言编译器通常提供一些编辑和诊断功能来查找程序的错误和漏洞。然而，大部分软件开发程序现在都包含了强大的面向图形程序而设计的编辑器及调试器。这些**编程工具**（programming tools）帮助程序员在编程时查找并减少错误。它们提供了计算机辅助编程环境，可在提高软件开发者的工作效率的同时减少编程工作的枯燥性。其他编程工具包括图形软件包、代码生成器、可重复使用对象库和程序代码以及原型法开发工具。所有这些程序开发工具在 Visual Basic，C++，Java 语言的使用过程中都是必不可少的。

CASE 工具

从程序设计的早期开始，软件开发者就需要自动化工具。起初，大家的注意力集中在程序支持工具上，比如语言编译程序、编译器、汇编器、宏处理程序以及链接器和载入器。但是，随着计算机功能越来越强大、运行的软件越来越庞大而复杂，支持工具的范围开始扩大。需要特别指出的是，在软件开发中使用分时交互系统促进了程序编辑器、调试器和代码分析器的发展。

随着支持工具范围的扩大，制造商开始将它们集成到一个单独的应用程序中，并使用统一界面，这种工具被称为 CASE 工具（计算机辅助程序设计）。

CASE 工具有多种形式，并且能够在软件开发的不同阶段使用。那些支持软件开发早期阶段活动的 CASE 工具（比如分析、设计支持工具）有时被称为前端或者上部 CASE 工具，那些在后期使用的 CASE 工具（比如编译、测试支持工具）被称为后端或者下部 CASE 工具。

CASE 工具的详细讨论超出了本书的范围，你会在学习系统分析与设计时进一步学习。现在，记住 CASE 是解决复杂应用程序开发和维护问题的一个重要部分。

小结

- 软件。计算机软件主要分成两类：（1）应用软件，直接面向用户用于完成处理信息所需的特定任务或者应用；（2）系统软件，控制并支持计算机系统完成各种各样的信息处理任务。图4—1总结了这两类计算机软件。
- 应用软件。应用软件包括各种各样的软件，可以被细分为通用软件以及专用软件。通用软件用于为终端用户提供处理日常信息所需的功能，比如文字处理软件、电子表格以及图形演示软件等。专用软件完成支持某项特定的业务功能或者流程、科学应用或者工程应用以及社会中的其他计算应用。
- 系统软件。系统软件可以被细分为系统管理软件和系统开发软件。系统管理软件管理系统执行信息处理工作时的硬件、软件、网络以及系统数据资源，如操作系统、网络管理软件、数据库管理系统、系统实用程序、应用服务器以及计算机性能与安全监控器等。网络管理软件支持和管理通信活动和网络；数据库管理系统控制数据库的开发、集成和维护；实用程序可以是一个独立的软件包，也可以是操作系统中的一部分，完成对计算机的日常维护工作，如数据备份、文件复制等。系统开发软件包括语言编译器以及程序编辑器等，它可以帮助信息系统专家开发计算机程序来支持业务流程。

● 操作系统。操作系统是一系列程序系统的集合，它可以监督中央处理器的运行情况、控制计算机系统的输入输出、提供各种支持服务。操作系统的五种最基本的功能是：（1）用户界面，为用户提供系统和网络通信的用户界面；（2）资源管理，管理计算机系统的硬件资源；（3）文件管理，管理数据文件和程序；（4）任务管理，管理计算机必须完成的任务；（5）实用程序与其他功能，提供各种各样的系统服务。

● 程序设计语言。程序设计语言是系统软件的一个重要组成部分。通过使用大量的程序包来帮助程序员开发计算机程序，一些语言编译软件可以将程序设计语言翻译成计算机可以识别的机器语言指令代码。计算机语言的五个主要发展阶段是：机器语言、汇编语言、高级语言、第四代语言以及面向对象语言。面向对象语言如 Java，特定用途的程序设计语言如 HTML 和 XML 等，在基于 Web 的企业应用和服务中使用比较广泛。

关键术语和概念

应用服务提供商（application service provider，ASP）
应用软件（application software）
汇编语言（assembler language）
计算机辅助软件工程工具（CASE tools）
云计算（cloud computing）
商业现货软件（COTS software）
定制软件（custom software）
桌面出版（desktop publishing，DTP）
电子邮件（e-mail）
第四代语言（fourth-generation language）
专用软件（function-specific application programs）
通用软件（general-purpose application programs）
群件（groupware）
高级语言（high-level language）
超文本标记语言（HTML）
即时通信（instant messaging，IM）
集成软件包（integrated package）
Java
语言编译程序（language translator）
中间件（middleware）
多任务处理（multitasking）
自然语言（natural language）
面向对象语言（object-oriented language）
操作系统（operating system）
个人信息管理（personal information manager，PIM）
图形演示（presentation graphics）
程序设计语言（programming language）
软件套装（software suites）
电子表格（spreadsheet）
系统软件（system software）
用户界面（user interface）
实用程序（utilities）
虚拟内存（virtual memory）
Web 浏览器（Web browser）
Web 服务（Web services）
文字处理（word processing）
可扩展标记语言（XML）

讨论题

1. 软件的主要发展趋势是什么？你希望在未来的软件包中出现什么功能？

2. 你作为一个商业终端用户，系统软件和应用软件的不同作用会如何影响你？你如何看待未来的变化？

3. 参考有关软件即服务的案例，你认为通用电气开发一个世上独一无二的供应链管理专用系统是不是更好？

4. 为什么操作系统是必不可少的？也就是说，为什么终端用户不能直接调用一个应用程序，也不能直接启动计算机？

5. Web 浏览器能整合到操作系统中吗？请说明理由。

6. 参考有关数据分享和 XML 的案例，XML 的标签或者标记必须按照所要使用的业务功能进行定制，在创建模式时，如何平衡自身需求和合作伙伴的需求？以一串专有 XML 规范作为结尾有何风险？

7. 软件套装、Web 浏览器、群件会整合在一起吗？这对于企业用户及其终端用户来说意味着什么？

8. HTML，XML，Java 是如何影响基于 Web 的企业应用的？

9. 在网络计算机和 Web 服务器的安装使用方面，你认为 Linux 是否会超过其他操作系统？请说明理由。

10. 对于企业终端用户来说，知道如何使用哪个应用软件包最重要？请给出理由。

分析题

1. 桌面程序选择

ABC 百货公司需要软件来完成下列工作，有以下哪个功能的软件包是公司所需要的？

a. 实现公司内联网、外联网的 Web 应用；

b. 向网络上的每一个客户端发送信息；

c. 协助团队成员一起工作；

d. 使用一些高效的软件包使协同工作更加容易；

e. 帮助销售代表跟踪会议和销售电话；

f. 打印信件和报告；

g. 分析销售图标的行和列；

h. 制作各种图形演示报告文档。

2. 回顾 Y2K

几十年前，程序员为了节省宝贵的存储空间，将记录年份的值缩短为两位数。这个缩写在世纪之交导致了著名的“Y2K”问题，也称“千年虫”问题。程序员需要查看几百亿行代码来确保重要的程序能够继续正确地运行。Y2K 问题引发了互联网的爆炸式发展和对于信息技术员工的大量需求。信息系统用户花费几百亿美元来修复或者更换旧的软件。IT 产业直到现在才开始逐渐恢复元气。这种不正常的现象是否会再次发生？有可能，并且极有可能。

今天，大部分项目都使用几种不同的方式来记录数据。一种方式是 POSIX 时间，在基于 UNIX 的系统上广泛应用，它需要带符号的 32 位整数来存储一个数字，该数字代表从 1970 年 1 月 1 日开始到现在的秒数。“0”表示 1 月 1 日午夜，“10”表示午夜过 10 秒，“−10”则表示距午夜差 10 秒。一个简单的程序将这些数字转化成为日期形式展示出来。这个模式运行得很好，因为这允许程序员用一个日期或者时间减去另一个日期或者时间，直接得到两者之间的差距。同时它只需要 4 位的存储空间，但 32 位仍然具有一定极限，而时间却是无限的。作为一名企业管理者，你应该意识到这个新的威胁，并且带领你的组织避免重蹈覆辙。下面的问题将会帮助你评估形势并且从历史中获取经验。

a. 如果 1 代表 1 秒，2 代表 2 秒，32 位的一个数最大能够代表多少秒？使用电子表格来展示你的计算结果。

b. POSIX 时间从 1970 年 1 月 1 日午夜开始算起，到哪年时间会“溢出”？记住，有一半的有效数字是代表 1970 年以前的时间的。使用电子表格来展示你的计算结果。

c. 作为一名企业管理者，你能做什么来使这个问题对组织的伤害最小化？

3. 跟踪项目进程

你现在负责 AAA 系统中管理信息系统的开发工作，为了更好地跟踪项目完成进度，你决定使用一个简单的数据库表格来跟踪你的用户在与之相关的各项任务和项目上所花费的时间。你还可以记录每个员工每周的工作时间。下面列出了一些简单的数据记录。

a. 建立一个数据库用于存储和录入数据。

b. 建立一个查询，用于显示在第 20 周的工作时间超过 40 小时的所有员工。

c. 依据项目分组完成一份报告，用于显示完成各项目每个任务所需的时间以及每个项目全部完成所需的时间。

部门	员工数	电子表格	数据库	演示软件
销售	225	410	1 100	650
会计	75	710	520	405
运营	30	310	405	50

d. 依据员工分组完成一份报告，用于显示每个员工在每个任务上所花费的时间以及总共的工作时间。用户可以选择一个工作周，并得到该工作周的数据。

4. 软件使用培训

你有责任组织企业中销售、会计、运营部门的员工进行培训。你已经对员工所需的培训时间进行了调查，结果如下表所示。该表列出了每个部门的员工总数以及该部门员工每周使用每个软件包的小时数。用电子表格总结这些数据并对不同部门的数据进行比较。

项目名称	任务名称	员工号	工作周	工作小时数
Fin-Goods-Inv	App. Devel	456	21	42
Fin-Goods-Inv	DB Design	345	20	20
Fin-Goods-Inv	UI Design	234	20	16
HR	Analysis	234	21	24
HR	Analysis	456	20	48
HR	UI Design	123	20	8
HR	UI Design	123	21	40
HR	UI Design	234	21	32
Shipmt-Tracking	DB Design	345	20	24
Shipmt-Tracking	DB Design	345	21	16
Shipmt-Tracking	DB Development	345	21	20
Shipmt-Tracking	UI Design	123	20	32
Shipmt-Tracking	UI Design	234	20	24

a. 创建一个电子表格，说明每个部门平均花费在每个软件上的时间。你首先需要将上面的数据输入，然后计算员工每周使用各种软件的平均小时数。

b. 创建一个三维的柱形图来表示各部门使用软件包的平均数。

c. 公司指定了一个执行委员会来规划软件培训课程。准备四张幻灯片来演示你的调查结果。第一张对各项数据进行说明；第二张展示原始数据（没有平均数）；第三张展示前面所创建的柱形图；第四张总结分析结果，该结果应该主要包括每个部门平均使用多少重要的软件包。使用专业的标签、格式和背景制作幻灯片。

案例 4.3

Wolf Peak 国际：在中小型企业中应用软件的失败和成功

一个成长中的小型企业面临的困难之一就是软件升级。如果你选择了错误的方式，就会走错方向。改正你的路线不仅仅意味着你的第一次升级失败，同时也意味着要经历一个极为痛苦的再次为公司选择更好的软件解决方案的过程。这就是发生在犹他州莱顿市的 Wolf Peak 国际的事情，Wolf Peak 设计制造各种眼镜，产品分为安全型、运动型、驾驶型以及时尚型等。公司成立于1998年，是一家私有中小型企业，同时专注于海外产品生产、采购、进口以及促销配送服务。

在公司发展的初期，公司创始人库尔特·达姆斯（Kurt Daems）对于使用QuickBooks管理财务感到很满意。该软件包对用户友好，并且允许他深度挖掘交易的详细信息或者以各种方式组织数据并创建所需的报告。然而，随着公司的发展，公司的规模很快就超出了QuickBooks的能力范围。

"随着Wolf Peak的日渐成长，所有人都感到有必要使用一个更成熟的财务系统。"Wolf Peak国际的财务总监罗恩·施瓦布（Ron Schwab）说："选择QuickBooks的替代品时没有任何财务人员在场，并且最终选择的替代品没有听取任何财务人员的意见。"

Wolf Peak选择了几款适合中小型企业的财务软件套装中的一款。在施瓦布入职时，这款软件已经安装运行了6个月，并且计划实施期为一年。"对于QuickBooks的用户来说，最大的困难就是从用户友好界面以及轻松寻找到信息的系统转向更成熟、更安全、面向批处理的财务系统，将数据导出完全是一个噩梦。"施瓦布说，"公司为此系统花费了大量的金钱，但是没有人知道如何进入并且获取财务或者运营数据来做重要的业务决策。"

其他的问题包括开发可反复使用的报告变得非常困难、耗时且成本高昂。公司花钱聘请IT咨询专家来开发特定需求的报告，其中部分报告在他们接手几个月后仍未完成，那些特定的报告大都非常棘手。并且，公司前些年在QuickBooks中的历史记录并不能转换到新的财务软件包中，这导致产生了严重的问题。由于习惯于关注公司运营，达姆斯发现他现在无法获取想要的信息，对业务细节失去了控制。"他感到非常心烦，于是找到我说准备看看他听说过的SAP软件。"施瓦布说，"但是他还没打算购买，因为他刚刚在一个新的财务软件包上砸了一大笔钱。"

Wolf Peak转换到新的财务系统一年后，施瓦布打电话给JourneyTEAM办公室——一家当地的SAP服务合作者，咨询关于SAP Business One软件套装的问题。

SAP Business One是一个专为像Wolf Peak这样的中小型企业设计的集成商业管理软件包：这个应用软件将很多关键运营操作实现了自动化，包括销售、财务、购买、存货清单、制造以及传递业务方面最新的准确信息。它在可接受的成本范围内承诺投资可快速获得回报，并且它的简易性使用户能够有一致直观的环境，并且能够快速地学习、高效地使用。

"我们有一份很长的公司员工要求各种功能的需求列表。"施瓦布说，"JourneyTEAM的人员演示了所有的这些功能，甚至更多。他们生成了四五份报告，这些报告是我们花费了几千美元和几个月的时间试图从其他软件顾问那里得到而未果的。基于输入Business One中的数据，JourneyTEAM只用一个下午就将这些报告整理出来了。"

达姆斯还想引进一位销售副总裁，但是担心成本太高。他还没有准备好放弃新近安装好的财务软件。

JourneyTEAM为Wolf Peak的销售团队做了一个展示，之后提出了一个可接受的报价。尽管不得已，但是考虑到成本的缩减，达姆斯还是放弃了现有的财务系统。"我们觉得从SAP Business One上获取的收益将会远远大于在现有软件系统上花费的成本和时间。"

Business One的实施从最初的销售展示那天开始计算仅花了7周时间。"我们在一年里业务最忙的时候实施SAP Business One而没有受到打扰。"施瓦布说，"它开发得比我预期的还要好，特别是在接入和转换到Business One方面。JourneyTEAM在获取我们的旧记录并将其毫无失真地转化方面做得很出色。在6月30日最后期限前完工，并且利用周末顺利地接入系统。”

施瓦布对于SAP Business One的热情很高。“这是我使用过的最好的财务软件，”他说，“我能够深入挖掘任何我想要的东西，并且可以通过XL Reporter工具在飞机上生成报告。”

Business One包含了一个无缝集成的报告财务分析工具——XL Reporter，它能够和微软的Excel协同工作，支持财务和运营数据的实时获取。它对实时数据图做出报告，数据源包括总账、应收账款、应付账款、销售、购买以及存货清单软件。“现在我们正在构建所想要的报告。”施瓦布说，“拥有XL Reporter这样的功能使得我们能够定制报告、预制常规更新以及和微软Excel协同工作，这对我们来说很有用。没有人能够提供这么简单的特定查询功能。即使不是专业程序员，也能够在权限范围内进入并创建他们所需的文档。所以我十分认可它。”

在过去的几年里，达姆斯一直在使用一种开放的应收款报告，它展示了过去15天内金额大于450美元的发票，以及诸如此类的东西。遗憾的是，他不能使用新买的用来替换QuickBooks的软件来生成这样的报告。这一情况现在得到了改变。

“通过SAP Business One，我们能够进入系统并且通过输入参数将数据按照时间最早、总额最大排序或者根据客户排序。”施瓦布说，“这些都采用了无纸化方式。应收账款的财务人员不需要打印任何东西、填写大量的表单并且将它们输入系统以便于其他人查找。所有内容全在系统里。”

Wolf Peak还要求生成一份非常复杂的委托报告，JourneyTEAM只用一个下午的时间就在Business One中开发完了这样的组件。

Wolf Peak准备将SAP Business One的使用扩展到其他领域。公司已经将该软件应用在了库存管理上，这使得Wolf Peak能够管理库存、收货、库存交付、运输以及其他库存任务。库存是公司最大的资产，必须管理好。“我们有一份审计报告，列出了所有的库存量、现有量以及通过销售产生的或者预购订单的需求量。”施瓦布说。

这份报告还列出了库存的价值，并且允许施瓦布在任何时候查看任何库存物料的去向。这使他能够深入挖掘影响库存物料的实际货物。“我们希望尽可能地减少现有的库存量，”他说，“但是我们还必须保证满足顾客的需求。Business One使得我们能够做到这一点。”

Wolf Peak的管理层也开始使用Business One中的客户关系管理功能来帮助管理应收账款。公司还计划使用这款软件来开发和跟踪销售机会。在安装完3个月后，Wolf Peak对于使用SAP Business One的决定感到非常满意。“那些过去可能需要几个月时间创建的报告——如果能够创建完的话——现在能够在几分钟内完成。”施瓦布说。

固定资产更少但是并不影响重要的收益，这是全新的Business One带给管理层的收获。“一个公司最大的未使用的资产就是拥有自己的财务信息。”施瓦布说，“SAP Business One使决策制定者拥有一个能够立刻得到他们作出决策所需信息的环境，而且是以他们能够使用的形式。当管理层开始查看企业内部正在发生什么的时候，就会惊奇地有所发现。Business One作为一款商业管理工具能够传递帮助作出决策的有用信息。”

资料来源：Adapted from SAP America，“Wolf Peak：Making the Best Choice to Support Growth，” *SAP BusinessInsights*，March 2007；Journey TEAM，“Wolf Peak Success Story—SAP Business One，” ABComputer. com，March 2007.

问题

1. 当Wolf Peak从QuickBooks升级到一个新的财务软件包时出现了什么问题？怎样避免这些问题？

2. 为什么SAP Business One对于Wolf Peak管理层来说比新的财务系统要好？举例说明。

3. 是不是大部分中小型企业都应该使用 SAP Business One 这样的软件套装而不是专业化的财务软件包或者其他商业软件包？请给出理由。

实践

1. 本案例展示了在软件研究、选择以及安装过程中的失败和成功，以及几个主要的商业应用软件包在功能上的不同之处，比如员工和管理层对于信息的易获取性以及软件的简单易用性的看法不同。上网查找更多的案例来比较 SAP Business One，Oracle E-Business Suite 这样的软件套装和 QuickBooks，Great Plains Accounting 这样的专业软件的成功与失败。

2. 分组讨论你在网上搜索时发现的关键不同之处。给大家写一份报告，说明这些不同之处会如何影响中小型企业的软件选择。

第5章　数据资源管理

学习目标

1. 解释在一个组织中实现数据资源管理过程和技术的商业价值。

2. 列举与文件处理方法相比，数据库管理方法在管理企业数据资源方面的优势。

3. 解释数据库管理软件是如何辅助企业专业人员，并支持企业运营与管理的。

4. 给出以下概念的例子：数据库的主要类型；数据仓库与数据挖掘；逻辑数据元素；基本的数据库结构；数据库开发。

5.1　数据库管理技术基础

数据库管理

如果数据存储无规律，或缺乏系统的检索方法，那么从信息系统中获得信息将是十分困难的事情。因此，在所有的信息系统中，必须有逻辑地组织数据资源，使这些资源容易取得，并被高效处理、快速检索及有效管理。从简单到复杂的数据结构和获取方法已经被设计出来，以便有效地组织和获取存储在信息系统中的数据。在本章中，我们将探讨这些概念在管理中的应用和数据资源管理的价值。

了解数据库和数据库管理的价值非常重要。在今天，你希望获得的任何数据都被组织和存储于各种数据库中。问题不是"我们应该使用数据库吗"，而是"我们应该使用哪种数据库"。尽管很多人没有从事数据库设计，但无论从事什么职业，都要花很多时间从大量数据库中获取数据。大部分数据库开发人员认为数据获取是数据库开发的最终目标，理解数据是如何组织、如何存储以及如何获取的，将帮助企业利用其数据资源获得更大的战略价值。

阅读下面介绍数据在企业兼并和收购中作用的真实案例，从中可了解仔细安排和记录数据的重要性。

案例 5.1

Cogent Communications、英特尔和其他公司：准备好数据使并购变得更顺利

当 Cogent Communications 打算收购一家公司时，就会进入备战状态。在美国华盛顿五角大楼以北两英里的波托马克河畔，Cogent 建立了它的 War Room，在那里有八位高级管理者对目标公司进行评估，其中主要的负责人是 IS 管理者和 IT 架构管理者。

Cogent 是一家中型互联网服务提供商，它提出了其他公司所没有的理念：对被收购公司 IT 系统的整合和利用能力决定了兼并后公司的成功或失败。只要存在一个问题，IT 整合成本便会出乎意料地超过其获得的收益。如果对于未来的 IT 挑战未做充分准备，将会引发订单流失、可用资金失控以及顾客信息缺乏管理等问题。

2006 年末，Cogent 打破了兼并与收购企业数量的纪录，但是现在 IT 管理者不得不加快升级的速度，以确保数据中心能够帮助实现这些交易。企业管理协会（Enterprise Management Associates，EMA）的高级分析师安迪·曼（Andi Mann）说："一个运行良好的简单的数据中心使兼并和收购变得更加容易。"

公司完成的交易已超过 11 700 项。随着一些小问题的消除，专家和 IT 管理者认为公司在数据中心将直接感受到疯狂的兼并与收购（merger and acquisition，M&A）带来的全面影响。如果必须对关键任务进行资产重组，他们建议组织者即刻准备，否则会面临停工的风险。"今天大多数停工的公司拥有以分钟为测量单位的关键数据中心基础架构。"一个数据中心工业集团 AFCOM 的瑞安·奥斯本（Ryan Osborn）说，"兼并和收购的组织必须立即执行。"

观察者认为，从一个数据中心的视角出发，兼并与收购成功的关键是聚焦虚拟化、文件制作和物流。奥斯本认为这三个方面将会使公司在博弈中拔得头筹，并使危机演变成机遇。他说："你不需要花费时间从一个数据中心将基础设施移动到另外一个数据中心，事实上你可能需要更新技术，获得更新的设备，以便脱颖而出。"

对于英特尔在加利福尼亚州圣塔克拉拉市的数据中心的运营管理者约翰·穆西利（John Musilli）来说，关键问题是了解基本的逻辑。他说："我不需要知道一台服务器在做什么，但必须知道怎样使它运转。""重要的是怎样从 A 点运动到 B 点，至于服务器怎样被装上卡车和数据是怎样在电缆中传输的就无关紧要了。"

在英特尔的 8 年中，穆西利经手了几个收购项目，对此已经驾轻就熟。他说："作为收购的一部分，我的工作是建立一个环境来接收公司的资产。"因而，他保持一定数量的通用架构、通用布线、额外的网络宽带以及通用电力供应。"我使用通用方式是因为我们一般无法预知会使用什么服务器，多少插槽，以及哪种电力。利用通用设备，我很快就能装好需要的任何东西。"

例如，他使用通用线路供应电力，所以不用担心被收购设备有某些特殊的电力需求。穆西利说："我们收购一个公司，并在短时间内对其进行整合，往往是因为对方的房屋租赁已经到期，不得不搬离那里。"一组人员提前被派到那里，花一年时间试图检查 30～40 个机架上的每台服务器。"他们所有的应用程序与我们的运营系统都无法兼容。"随着任务的推进，所有服务器被送到穆西利手中。他说："需要两个工作日把服务器完好无损地运来，并使其在我们的数据中心运行起来。"

当公司试图进行兼并或收购时，必须思考自己的处理过程。EMA 的安迪·曼说："为这些过程编制文档与技术同样重要——你必须知道人们在用这些做什么。"他认为成功地兼并和收购的首要障碍是对群体知识的依赖。在兼并和收购之后，那些拥有数据中心且员工掌握所有知识的公司将会因为员工的离开而遭受损失。

安迪·曼说："应该根据这些员工掌握的知识编制文档，以便使用较少的员工就可以让公司运营良好。"他建议建立一个工作流程图，列出谁负责数据中心的哪个部分，明确谁负责网络管理、系统管理、应用管理和存储。"这也有利于发现在兼并过程中易被忽视的技术组合冗余。"位于明尼阿波利斯的 Nemertes Research 公司的约翰·伯克（John Burke）说，除了知道由谁负责外，IT 人员还需要了解哪个系统执行哪个程序。

伯克说："你需要从系统的角度去了解数据中心在做什么，这些系统是怎样相互影响的，以及它们是怎样配合商业活动的。你必须知道你提供了什么服务，以及提供这些服务的成本。"为此，许多公司使用配置管理数据库和资产管理工具来跟踪数据中心的数据。"在数据中心，你需要一个简明清楚的数据流程图。如果你不知道什么应该同时进行，在兼并和收购过程中，经营可能会陷入混乱。"

公司必须建立可供参考的指导方针进行兼并管理。例如，两个法律事务所正在进行兼并，它们有竞争的客户，这时 IT 人员必须保护相关数据，并控制对这些数据的访问。AFCOM 公司的奥斯本认为，好的文档将有助于发现公司在兼并或收购之前的程序。他说："如果你打算收购的公司有较好的文档和流程，那么收购将变得更加顺利。"

"在某些情况下，如果你使用更稳定的服务器和更少的处理器，可能会降低你的软件成本。但如果申请没有获得批准，你就无法降低成本。""你打算在兼并技术方面投入的资金对于决定是否收购一家公司将产生巨大的压力。"Nemertes Research 公司的伯克认为并购成功的重要环节之一是确保数据中心拥有运行服务器和存储器的虚拟技术工具。

虚拟技术对于衡量数据中心和建立标准化的执行环境非常重要。伯克说："如果拥有一个良好虚拟化的数据中心，你就可以不必将数据向多个服务器和存储器转移。"位于康涅狄格州斯坦福市的虚拟软件供应商 Dunes Technologies 公司的 CEO 罗布·劳里（Rob Laurie）说，在把兼并和收购的资产投入生产之前，虚拟化将有利于应用和基础设施的整合。对于需要整合不可移动资产的公司来说，虚拟化也很有帮助。但是他提醒到，为了使虚拟化效果更好，公司必须确定一个统一的平台建立虚拟化环境。"在一个公司实现的虚拟过程应该能够在另一个公司的数据中心运行。"即使它们没有统一的环境，至少要有兼容的数据格式，这样才能获益。

英特尔公司的穆西利指出，IT 人员对于细节的关注有时会使问题过于复杂。他说："兼并和收购并不总是那么困难，它仅仅是一种同化两种环境的能力。"并购对收购方和被收购方都有压力，但 IT 部门的早期介入能够减少这种压力。否则，你需要在很短的时间内做太多的事。软件工程专家弗雷德里克·布鲁克斯（Frederick Brooks）曾经说："你不可能在一个月内用九个女人生出一个小孩。要提前打算。"

资料来源：Adapted from Sandra Gittien, "Mergers Go Smoother with a WellPrepped Data Center," *Computerworld*, July 28, 2007, and Eric Chabrow, "IT Plays Linchpin Role in High-Stake M&As," *InformationWeek*, June 26, 2006.

问题

1. 假设你是一名正在经历兼并或收购的公司经理，在并购过程中，客户最期望你做的是什么？IT 部门在满足这些客户期望方面起到了什么作用？举出至少 3 个例子。

2. 在案例中安迪·曼提到的"群体知识"是指什么？为什么它对并购过程如此重要？如果在被收购公司中此种现象较严重，你建议收购方采取哪些策略？给出一些建议。

3. 本案例中讨论的很多问题都是关于软件和硬件的，然而，这些软硬件是公司基础业务流程的基本驱动因素。公司在整合业务流程时有哪些不同选择？IT 部门在支持这些活动方面起到什么作用？特别注意数据管理问题。

实践

1. 本案例简要讨论了虚拟化这一概念以及它在合并过程中的作用。利用互联网查找有关这个概念的资料，准备一份报告，阐述虚拟化的用途，它是怎样工作的，它的优点和缺点，以及在本案例外的其他应用。

2. 在互联网上搜索关于兼并和收购事件的报道，其中IT起到了正面作用或带来了负面影响。在你找到的例子中，不同的公司是怎样处理IT相关问题的？其最终结果是什么？准备一份报告，与同学们分享你的发现。

基础数据的概念

在深入学习之前，我们讨论一些关于数据如何在信息系统中进行组织的基本概念。有关数据的概念框架已被设计出来，用于区分不同的数据组和数据元素。数据在逻辑上可以分为字符、字段、记录、文件和数据库，正如写作时会用到字母、词、句子、段落和篇章一样。**逻辑数据元素**（logical data elements）的例子见图5—1。

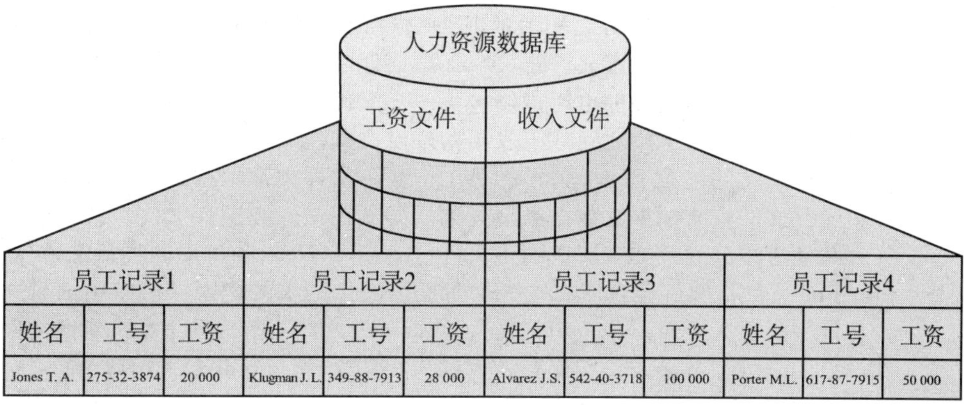

图5—1　信息系统中的逻辑数据元素示例

说明：请关注其中的数据字段、记录、文件以及数据库之间的关系。

字　符

最基本的逻辑数据元素称为**字符**（character），包括单个的字母、数据以及其他符号。你可能会认为位（bit）和字节（byte）是更基本的数据元素，然而我们在第3章讨论过，这些术语往往用于计算机硬件的物理存储。可以这样理解字符，它是用字节存储的一个特定数据。从使用者的角度（即与从物理或硬件的角度相对应）而言，字符才是可见的及可操作的最基本的数据元素。

字　段

字段（field）是比字符更高一层的数据项。一个字段由一组相关的字符构成。例如，表示人名的一组字符可以构成一个名称字段（或更典型的姓氏、名字和中间名），关于销售量的一组数据构成了销售量字段。数据字段描述了实体（entity）（对象、人、地点和事件）的**属性**（attribute）（特征或性质）。例如，员工的工资作为一个属性，是一个典型的用于描述企业员工实体的数据字段。

记　录

用于描述实体属性的所有字段组成一条**记录**（record）。一条记录代表一个实体属性的集合。例如，一个人的工资记录包括了描述姓名、身份证号、工资等的字段。固定长度的记录包含了固定个数的具有固定长度的字段，可变长度的记录包含了可变个数的具有可变长度的字段。一个记录代表一个实例。员工文件中的每个记录描述了一个特定实体。

一般来说，记录中的第一个字段用于存储该记录的唯一标识。这个唯一标识称为主关键字（primary key）。主关键字的作用是使一个实体有唯一标识，使之区别于其他实体。例如，如果想要在一群学生中使一个学生有唯一标识，可以使用学生证号码作为主关键字。只要没有重复的学生证号码，就能找到该学生的记录。如果没有适合的数据项作为一条记录的主关键字，数据库可以为每个记录指定一个唯一连续的数字，以保证任何两个记录都没有相同的主关键字。

文　件

一组相关的记录组成一个数据**文件**（file），也称表（table）或平面文件（flat file）。当一个表独立于与之相关的其他文件时，该表被称为平面文件（flat file）。准确地说，平面文件的定义可宽可窄。严格地说，一个平面文件数据库应该仅包括数据和分隔符。平面文件也泛指仅包含一个文件的任何数据库，并且这个文件由行和列构成，记录与字段之间除了表结构外没有其他关联。行列形式的一组记录称为文件。员工文件包含了一个公司的员工记录。文件常常根据其用途分类，如工资文件和库存文件；或根据其数据类型分类，如文档文件和图片文件。文件还可以根据其永久性进行分类，如工资单的主文件（master file）和每周的细目文件（transaction file）。细目文件包含所有在一个时期内发生的事务记录，可以用细目文件更新主文件中的永久记录。一个历史文件（history file）是一个过去的细目文件或主文件，可用于数据备份或长期保存，也称为归档文件（archival storage）。

数据库

数据库（database）是一系列逻辑相关的数据元素的集合。数据库整合了所有原来存储于各个文件中的记录，将它们存入一个公共的数据池，以便为各种应用提供数据。存储在数据库中的数据是独立于应用程序和存储设备的。

因此，数据库包含了描述实体和实体之间关系的数据元素。例如，图5—2列出了一个电力应用数据库中的某些实体和实体之间的关系，以及一些商务应用（账单编制、付款处理）是如何通过访问数据库中的数据元素实现的。

正如本章章首所述，我们使用的所有数据都存储于某种类型的数据库中。一个数据库不应看起来很复杂或需要很多技术，它仅需要为数据提供有逻辑性的组织方式且容易获取。你可能每天都在使用一些迅速发展的数据库，如Facebook，MySpace和YouTube。

每个流行的社交网站包含的所有图片、视频、音频、信息、聊天记录、图标、e-mail地址等都作为字段、记录、文件或对象存储在大型数据库中。如此存储数据

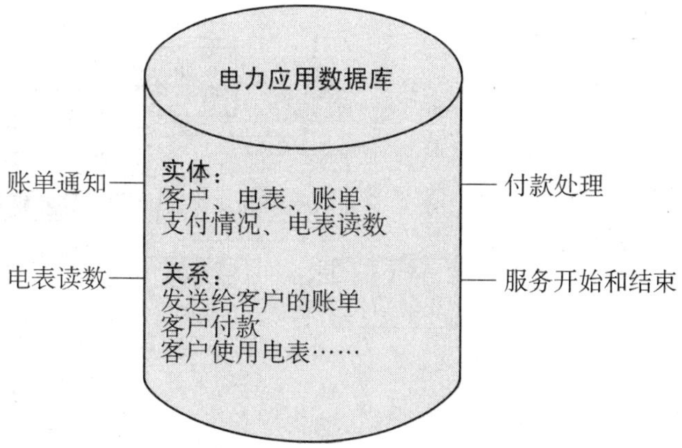

图 5—2　一些实体和一个简化的电力应用数据库

说明：请关注访问数据库数据的一些商务应用。

资料来源：Adapted from Michael V. Mannino，*Database Application Development and Design*（Burr Ridge，IL：McGraw-Hill/Irwin，2001），p. 6.

是为了保证这些数据容易获取、被其所有者共享以及避免非法的获取和使用。当你想到使用这些数据库是多么简单和有趣时，就会忘记这些数据库是多么庞大且复杂。

例如，2006 年 7 月，YouTube 宣布其浏览者每天观看 1 亿个视频。2006 年 5 月用户每天上传 5 万个视频，而 7 月这个数字上升到 6.5 万。仅 2008 年 1 月就有大约 7 900 万个用户观看了 YouTube 上的 30 亿个视频。2006 年 8 月，《华尔街日报》（*The Wall Street Journal*）报道，YouTube 拥有大概 610 万个视频（需要 45TB 的存储空间）。而在 2008 年 3 月，可以在 YouTube 搜索到 7 730 万个视频和 289 万个用户通道。

另一个凸显易获取性与复杂性的例子是流行的社交网站 Facebook。一些基本的统计数据令人惊讶！Facebook 称拥有 2 亿用户，其中有 1 亿用户每天至少登录一次，平均每个用户有 120 个好友。每个月有超过 8.5 亿张照片、800 万个视频、10 亿条内容和 250 万个事件被上传或创造。目前网站已有 40 余种语言版本，还有 50 种正在开发中。Facebook 的应用程序目录中有 52 000 余种应用软件，超过 3 000 万个用户通过移动设备登录 Facebook。它的数据库容量最好用 PB 计算，1PB 相当于$1\ 000^5$字节。所有这些都源于 2004 年在哈佛大学的一间寝室中开发的一个数据库和一个简单的进入方式。

这里重要的一点是，获取所有这些视频、用户账户和信息都很容易，因为它存储于一个组织得很好的数据库中，可以找到每个需要的项目。

□ 数据库结构

存储在数据库中的大量数据元素之间的关系都是基于一种逻辑数据结构或模型。**数据库管理系统**（database management system，DBMS）软件包使用了特定的数据结构，从而让用户快捷、方便地获取数据库信息。有五种基本的**数据库结构**（database structure），即层次型、网络型、关系型、面向对象型和多维型。图 5—3 显示了前三种数据库结构的简化形式。

层次结构

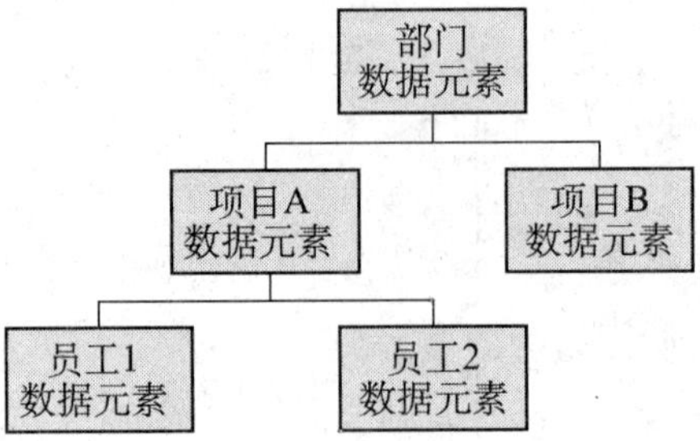

网络结构

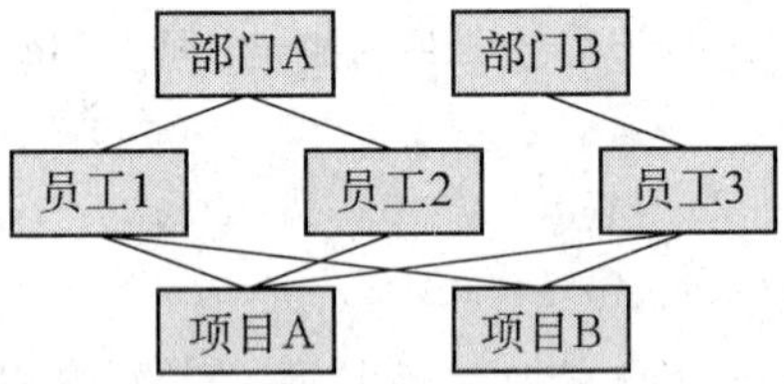

关系结构

部门表

部门编号	部门名称	部门位置	部门经理
部门 A			
部门 B			
部门 C			

员工表

员工编号	员工姓名	电子标签	员工工资	部门编号
员工 1				部门 A
员工 2				部门 A
员工 3				部门 B
员工 4				部门 B
员工 5				部门 C
员工 6				部门 B

图 5—3　三种基本的数据库结构

说明：图中描述了开发以及表示数据库中数据元素关系的三种基本途径。

资料来源：Adapted from Michael V. Mannino，*Database Application Development and Design*（Burr Ridge，IL：McGraw-Hill/Irwin，2001），p. 6.

层次结构

早期的大型 DBMS 软件包使用**层次结构**（hierarchical structure），记录之间的关系构成了一个层次或树状结构。在传统的层次模型中，所有记录是相互依赖的，并被安排成多级结构，有一个根记录和若干从属级。因此，记录之间的关系是一对多关系，每个数据元素仅与它上一层的某个数据元素相关。位于最高层级的数据元素或记录称为根元素（如，该例中的部门数据元素），从根开始沿着树型分支一步步向下可以找到任何要访问的记录（如，员工数据）。

网络结构

网络结构（network structure）可以表达更复杂的逻辑关系，现在仍用于一些大型 DBMS 软件包。网络结构允许记录之间的多对多关系，即可以通过几种路径访问一个数据元素，因为任何数据元素或记录都可能与其他多个数据元素相关。例如图5—3中，部门记录可以与多个员工记录相关，员工记录可以与多个项目记录相关。因而，可以确定某个特定部门的所有员工记录，或者与某个特定员工相关的所有项目记录。

需要注意的是，层次型和网络型数据结构在如今的组织中已经比较少见。接下来讨论的是关系型数据结构，它是目前使用得最多的一种数据结构，是绝大部分现代数据库的基础结构。

关系结构

关系模型（relational model）是这三种数据库结构中应用最广泛的一种。它被许多微型机的DBMS软件包使用，也被大部分中型和大型系统使用。在关系模型中，数据库中的所有数据元素被视为一个二维表，有时称为关系（relation）。关系数据库中的表是由行和列构成的平面文件，每一行表示文件中的一条记录，每一列表示一个字段。平面文件与数据库的主要区别在于，平面文件只能表示一个文件中数据的属性，而数据库可以同时表示多个文件中数据的属性，还可以将一个文件中的数据元素关联到其他一个或多个文件。

图5—4给出了一个关系数据库模型，用两张表反映了部门和员工记录的关系。这个企业的数据库也许还用到其他表或关系对项目、部门、生产线等数据元素之间的关系进行表示。基于关系模型的数据库管理系统软件包可以关联不同表的数据元素，为用户提供信息。例如，管理人员可能希望从图5—3中的员工表里检索和显示一个员工的姓名和工资，从部门表里检索和显示员工所在部门的名称，通过使用公共字段部门编号来连接两张表（见图5—4）。如果这两张表共享一个公共数据元素或字段，关系模型可以将两张表中的数据连接起来。正因为如此，即使数据存储在不同的物理地点，也可以通过从不同的文件中获取数据来得到想要的信息。

部门表

部门编号	部门名称	部门位置	部门经理
部门A			
部门B			
部门C			

员工表

员工编号	员工姓名	电子标签	员工工资	部门编号
员工1				部门A
员工2				部门A
员工3				部门B
员工4				部门B
员工5				部门C
员工6				部门B

图5—4 关系数据库中部门表与员工表的连接

关系操作

在关系数据库上可以进行三种操作以创建有用的数据集。选择操作用于根据要求创建子记录集。例如，选择操作可以从员工数据库中创建一个子记录集，使其包括所有年薪在3万美元以上，并在公司工作超过3年的员工。对选择操作的另一种理解是，它临时创建了一张表，表中的行显示的记录满足选择条件。

连接操作用于临时连接两张或多张表，这样用户可以在一张表中看到相关的数据，就如同数据在一张大的表中。使用这个操作，用户能够从多张表或多个数据库中检索数据，而不用对它们分别进行访问。

最后，投影操作用于创建一个列的子集，这些列组成的临时表是由选择和连接操作创建的。正如选择操作能够创建符合选择条件的记录的子集一样，投影操作创建用户希望看到的列或字段的子集。使用投影操作，用户可以不浏览一张表中的所有列，而是仅浏览那些能够回答某个特定问题或生成特定报告的必要数据。

由于关系模型的广泛使用，已有众多商业产品可用于创建和管理关系模型。主要的大型关系数据库应用包括甲骨文公司的 Oracle 10g 和 IBM 公司的 DB2。微软公司的 SQL Server 是一款非常流行的中型数据库应用产品，个人电脑使用得最广泛的数据库则是 Microsoft Access。

多维结构

多维模型（multidimensional model）是关系模型的一个变种，它使用多维结构来组织数据和表达数据之间的关系。可以将多维结构视为一个数据的立方体或含有立方体数据的立方体。立方体的每个边是数据的一个维度。如图 5—5 所示，每个维度能够表示一个不同的范畴，如产品类型、区域、销售渠道和时间。

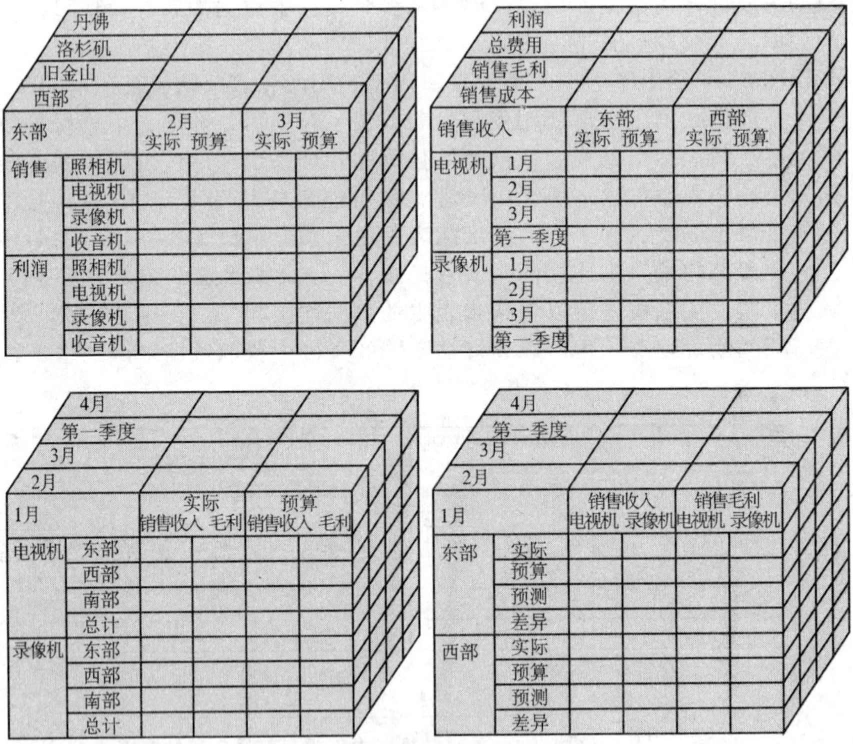

图 5—5 多维数据库的不同维度

多维结构的每个单元中包含了每个维度上元素的相关整合数据。例如，一个单元里可能包含某个月某个销售渠道在某个区域内的总销售量。多维数据库的主要优势在于以紧凑且易于理解的方式，来展示和操作有多种内部关系的数据元素。因此，多维数据库已经成为分析型数据库中最流行的一种，这种数据库支持**在线分析过程**（online analytical processing，OLAP）应用，需要对复杂的商务查询做出迅速响应。我们将在第 10 章中讨论 OLAP 应用。

面向对象结构

面向对象模型（object-oriented model）被认为是新一代多媒体网络应用的关键

技术之一。如图5—6所示，一个对象包含了描述一个实体的若干数值，以及对数据的操作。这种封装能力使面向对象模型能比其他数据库结构更好地处理复杂的数据（如图表、图片、声音、文字）。

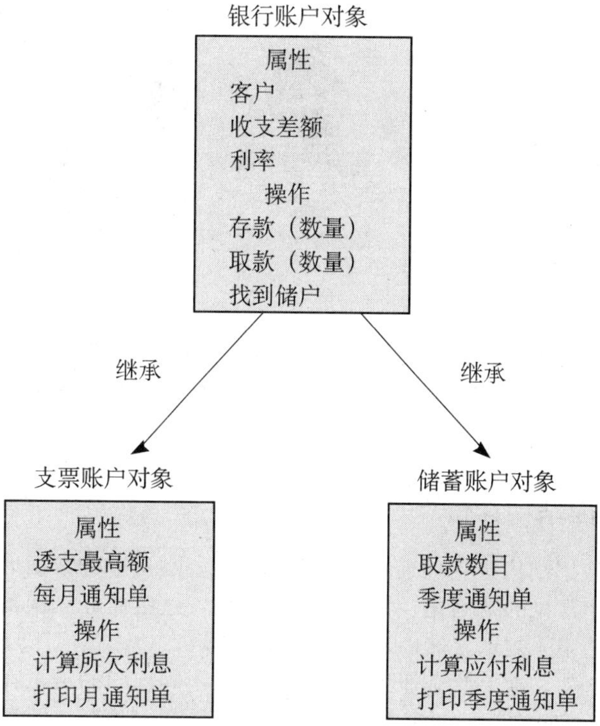

图5—6　面向对象模型示例

说明：支票账户对象和储蓄账户对象能够从银行账号对象继承共同的属性和操作。

资料来源：Adapted from Ivar Jacobsen，Maria Ericsson，and Ageneta Jacobsen，*The Object Advantage*：*Business Process Reengineering with Object Technology*（New York：ACM Press，1955），p. 65. Copyright © 1955，Association for Computing Machinery. Used by permission.

面向对象模型也支持继承。也就是说，可以通过复制父对象的部分属性而自动创建一个新对象。因此，在图5—6中，支票和储蓄账户都能继承父对象银行账户中的公共属性和操作。这些功能使面向对象数据库管理系统（object-oriented database management systems，OODBMS）在**计算机辅助设计**（computer-aided design，CAD）以及日益增多的应用中变得十分流行。例如，对象技术使设计者开发产品设计，并把它们以对象形式存储在面向对象数据库中，通过对其进行复制和修改来完成新产品设计。此外，在互联网、企业内联网和外联网中，基于Web的多媒体应用已经成为面向对象技术的主要应用领域。

对象技术的拥护者宣称，面向对象的DBMS能够比关系数据库管理系统更高效地处理复杂的数据类型，如文件、图形图像、视频剪辑、音频和其他Web页面内容。主要的关系型DBMS厂商也已把面向对象的模块引入关系型软件，例如，IBM公司DB2的多媒体对象扩展以及甲骨文公司的Oracle 10g和基于对象的接口模块。图5—7是一个数据库以图形为各种分析软件包提供数据的例子。

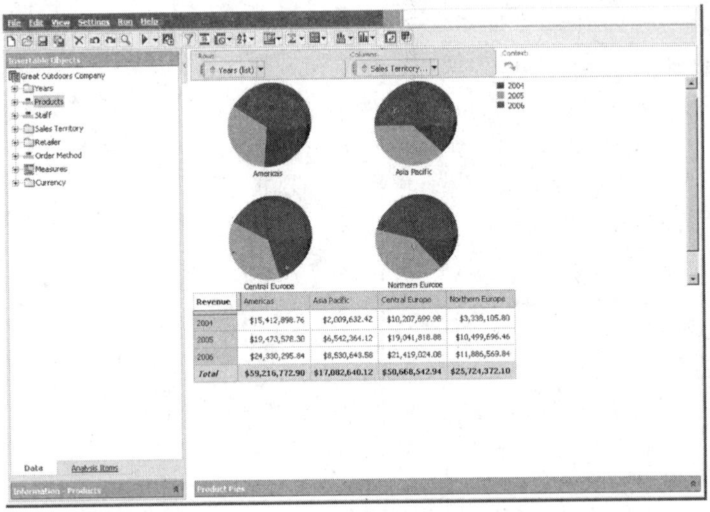

图 5—7　数据库以图形为各种分析软件包提供数据示例

资料来源：Courtesy of Microsoft®.

数据库结构评价

层次数据结构是一种天然的数据库模型，在早期的数据处理和计算中，一般用于企业运营中常见的结构化、常规的事务处理。这些业务数据可以很容易地用层次型关系的一组记录来表示。然而，随着时间的推移，许多情况下所需的记录信息不具有层次关系。例如，在一些企业中，经常由来自不同部门的员工在一起合作完成项目（参见图 5—3）。网络数据能很容易地处理这种多对多关系，但层次结构却难以做到。因而，更灵活的网络结构被越来越多地用于处理此类业务。像层次结构一样，网络模型的关系必须预先定义，所以无法处理特殊的信息查询，而关系模型可以满足这一需求。

关系数据库能够让终端用户方便地查询特殊信息，这是因为在创建数据库时不需要定义所有数据元素之间的关系。数据库管理软件（如 Oracle 11g，DB2，Access 和 Approach）可以从几张表中获取部分数据来创建新的数据库。因此，关系数据库比层次模型和网络模型更容易被程序员所使用和维护。

关系模型的主要局限性在于它既不能像层次模型和网络模型那样快速有效地处理大量的企业事务，也不能像面向对象模型那样处理复杂的大规模应用。但随着更先进的具有面向对象扩展功能的关系数据库的发展，这种性能上的欠缺有所改善。基于面向对象的数据库管理软件和多维模型稳步发展，这些技术在 OLAP 和 Web 应用中扮演着越来越重要的角色。

数据库的先驱重新思考数据组织方式

是否有更好的方法创建数据仓库？近年来，关系数据库一直是数据仓库的基础，关系数据库利用由垂直的列和水平的行组成的表来组织数据。现在，数据库的先驱迈克尔·斯通布雷克（Michael Stonebracker）正在推行一种不同的数据组织方式，他预期其响应更快。作为 20 世纪 70 年代加州大学伯克利分校的一名科学家，斯通布雷克是 Ingres 关系数据库的最初构架师之一，Ingres 后来又有了几个商业版本。斯通布雷克认为像 Ingres 这样的基于行的系统有利于事务处理，面向列的系统则更适用于数据仓库。

SQL Server，Sybase 和 Teradata 都以行作为其设计中心。然而在数据仓库中，列布局可以获得更快的运行速度。斯通布雷克指出，使用列数据库后，大多数数据仓库中的各类查询效率将提高 50 倍。数据仓库越大，得到提高的性能就越多。

原因是什么呢？数据仓库频繁地存储事务数据，而每个事务都包括多个组成部分。列分隔了事务，存储了对于每个事务来说都符合标准的信息，如顾客姓名、地址或购物账单。相比之下，一行可能存储了一个事务的 20～200 个信息。标准的关系数据库检索所有的行，比如一个月的销售数据，把数据下载到系统存储器中，然后找到所有的销售记录，并生成它们的平均值。而仅仅关注“销售额”这一列有助于提高查询的效率。

采用列的方式对提高效率还有一个好处。由于一列记录了每个事务的相似信息，可以为该数据类型设计一个压缩方案，然后在一列上应用。但行却不能如此容易地被压缩，因为不同记录的数据属性是不同的（例如，姓名、邮政编码和收入明细）。每个记录都需要一个不同的压缩方案。

压缩列数据使存储和检索更快，并减少所需的磁盘空间。“在我所看到的每个数据仓库中，压缩都非常有用。”他说，“我期待数据仓库市场都采用基于列的存储方式。”

资料来源：Adapted from Charles Babcock, “Database Pioneer Rethinks the Best Way to Organize Data,” *InformationWeek*, February 23, 2008.

数据库开发

数据库管理软件包（如 Microsoft Access 和 Lotus Approach）允许终端用户很容易地按他们的需求开发数据库。图 5—8 给出了一个例子。然而，大型公司通常会将企业级的数据库开发交给**数据库管理员**（database administrators，DBAs）和其他数据库专家负责，以提高公司组织数据的完整性和安全性。数据库开发者在诸如 Oracle 11g 和 IBM 的 DB2 之类数据库管理系统中，使用数据定义语言（data definition language，DDL）开发和规定数据库的内容、关系和结构，以及在必要时修改数据库定义。这类信息被编制成一个目录存储在一个关于数据定义和说明的数据库中，被称为数据字典或元数据仓库，由数据库管理软件和数据库管理员进行维护。

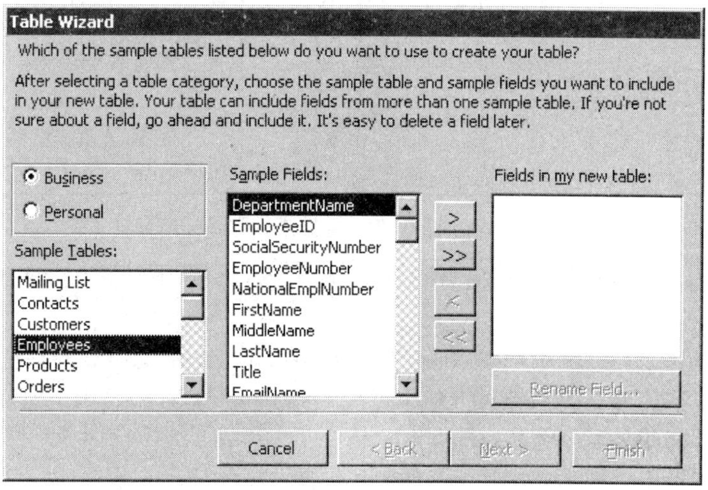

图 5—8　利用 Microsoft Access 的表向导创建的数据库示例

资料来源：Courtesy of Microsoft®.

数据字典（data dictionary）是一种数据库管理目录或含有**元数据**（metadata）的字典。数据字典借助某特定的数据库软件组件管理关于数据定义的数据库，包括定义数据库的结构、数据元素和其他特性。例如，数据字典包括各类数据记录的名称和描述、数据记录之间的关系、用户访问需求的信息、应用程序的调用、数据库维护和安全信息等内容。

数据库管理员可以通过查询数据字典来报告公司元数据的状态，还可以修改数据元素的定义。在用户应用程序访问数据库时，一些主动的（与被动的相对应）数据字典自动强制定义标准的数据元素。例如，主动的数据字典不允许数据登录程序使用未标准化定义的顾客记录，也不允许员工录入超过数据定义长度的顾客姓名。

开发一个包括复杂数据类型的大型数据库是一项复杂的任务。数据库管理员、数据库设计分析师与终端用户和系统分析人员共同工作，为业务流程和所需数据建立模型，然后确定：(1) 数据库中需要包括哪些数据定义；(2) 数据元素的结构和它们之间的关系如何。

数据规划和数据库设计

如图 5—9 所示，数据库开发一般从自上而下的**数据规划**（data planning）过程开始。数据库管理员和设计者与公司和终端用户管理人员一起开发一个能定义企业基本业务流程的企业模型。然后，他们在一个业务流程中定义终端用户需要的信息，如所有公司都有的采购或收料流程。

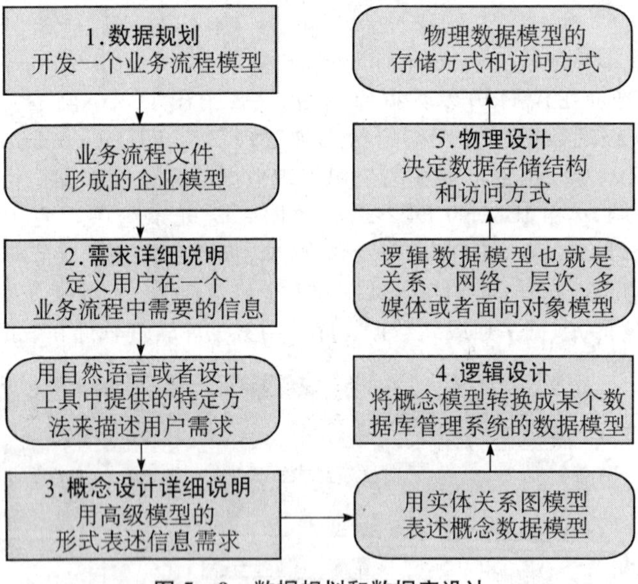

图 5—9　数据规划和数据库设计

说明：数据库开发包括数据规划和数据库设计，用支持业务流程的数据模型开发数据库可满足用户的信息需求。

接下来，终端用户必须确定他们从事特定业务活动所需的关键数据元素，通常包括开发实体关系图（entity relationship diagrams，ERDs），用于模型化业务流程中数据实体之间的关系。例如，图 5—10 描绘了采购或收料流程中的一些关系。ERDs 是数据库系统中各种文件及其关系的简化模型。终端用户和数据库设计者可以利用数据库管理或者业务建模软件来帮助他们开发采购或收料的 ERD 模型。这可以帮助企业确定所需的供应商和产品数据来使其采购或收料流程自动化，以及使其他使用企业资源计划或**供应链管理**（supply chain management，SCM）软件的业务处理自动化。选修一门有关系统分析和设计的课程，你将更深入地学习 ERDs 和其他数据建模工具。

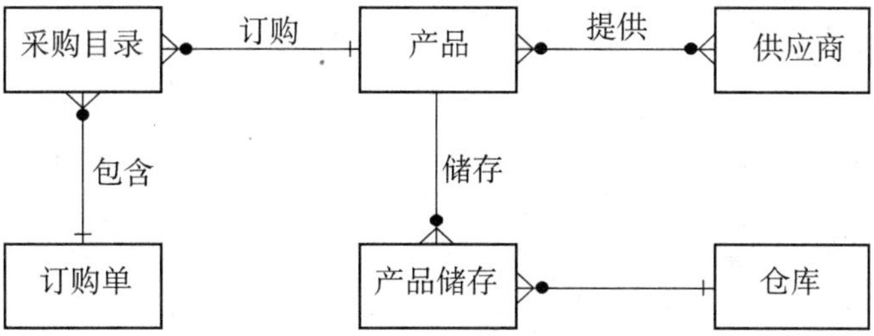

图 5—10　实体关系图

说明：在采购或收料业务处理中一些实体（产品、供应商、仓库等）之间的关系。

数据建模（data modeling）的另一主要作用是建立用户视图，确定数据元素之间的关系。每个数据模型定义一个基本业务流程中数据元之间的关系。例如，一个供应商能够提供多种产品吗？一个顾客可以有多个账户吗？一个员工可以有多种付款方式或被指派到多个项目组吗？

回答上述问题需要确定支持公司业务流程的数据模型中的数据关系。这些数据模型作为逻辑设计框架（称为模式或子模式），成为建立数据库物理设计和应用程序开发的基础，以支持企业的业务流程。模式是数据库中数据元素之间关系的总的逻辑视图，子模式则是用户访问数据库的应用程序所需的数据元素之间关系的逻辑视图。

数据模型是表示数据库中数据及其关系的逻辑视图。物理数据库设计是数据的物理视图（也称内部视图），描述了数据如何在计算机系统中被物理存储和访问。例如，图 5—11 表示了这些数据库视图之间的区别和一个银行数据库处理系统的软件界面。该图着重描述了银行处理业务中的结算、储蓄以及分期付款业务，它们作为银行服务数据模型的一部分，是显示银行所有服务的逻辑数据框架。

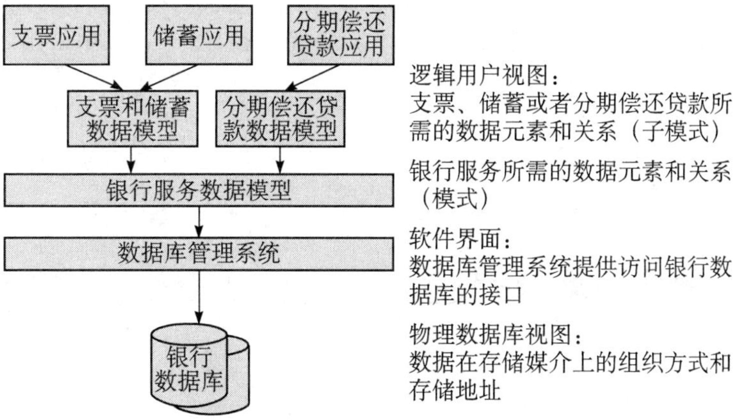

图 5—11　逻辑数据库、物理数据库和一个银行服务信息系统的软件界面

大规模数据集：天空成为极限

2004 年初，小行星中心（Minor Planet Center，MPC）的计算机存储了大约 1 万个天文现象观测记录。工作人员认为其中一些观测现象值得继续跟踪，因为它们要么是首次被发现，要么发生在地球附近的轨道上。尽管MPC初步描绘的轨迹未能基于足够多的观测记录而不太准确，但令中心的工作人员没有料到的是，计算机发现一个轨道上的物体可能会与地球发生碰撞。这一发现在2004年1月13日被发布到互联网上。

科罗拉多州博尔德市空间科学中心的一名高级研究员艾伦·哈里斯（Alan Harris）通过计算，发现这个物体“正以每秒11英里的速度冲向我们”，并将在26小时后撞向地球。据估计，这个近地物体的直径是98英尺。它可能在大气层中瓦解，也可能撞击地球，这取决于它的成分。（直径约1英里、深约570英尺的亚利桑那州Barringer陨石坑就是由一个直径约为148英尺的铁质陨星撞击而成的。）哈里斯有些怀疑对该物体的运行轨道的预测。MPC对轨道的估计基于有限的观测，这足以帮助天文学家找到它，但不足以精确确定其实际轨道。

当天晚上8：30，MPC主管布赖恩·马斯登（Brian Marsden）接到美国宇航局喷气推进实验室的电话，美国宇航局想知道该物体的轨道。马斯登要求做进一步观测，最终确定该物体根本不在威胁地球的轨道上。

从某种意义上讲，科学家发现这个潜在威胁是幸运的，因为发现近地物体有很大的偶然性。最初发现对于行星或彗星的威胁可能源于一些工作站（包括MPC、Smithsonian天文物理观测台和哈佛大学）的计算结果。这些系统都不足以描绘天空，也无法为科学家提供关于可能发生的危机的全面视图，但情况正在改变。

亚利桑那州图森市启动了一个雄心勃勃的计划——大型巡天望远镜（Large Synoptic Survey Telescope，LSST）项目。该项目将建造的望远镜可以每10秒6GB（相当于一张DVD的数据量）的速度收集数据，经过一段时间就能产生1PB规模的数据，大约相当于美国国会图书馆印刷品内容的100倍。LSST数据库将是世界上最大的非专有数据库。由于天文望远镜要持续运行七八年，科学家希望数据库的处理能力和存储密度能够大幅提高以处理这些数据，期待一个拥有1 000个联网系统的超级计算机系统。

科学家希望LSST和其他一些努力能够有助于发现对地球产生威胁的近地物体，在它们撞击地球之前确定其轨道。他们希望所获得的信息能给自己足够的时间以想办法使该近地物体的轨道发生偏移。当然，这种系统只有在地球没有被彗星或行星毁灭的情况下才能被开发出来。

资料来源：Adapted from Patrick Thibodeau, “IT to Help Avoid Astronomical Armageddon,” *Computerworld*, September 6, 2004.

5.2 管理数据资源

数据资源管理概述

数据是一个组织的关键资源，需要像其他重要财产一样得到妥善管理。如果没有关于内部运营和外部环境的高质量数据，今天的商业企业将难以生存或取得成功。

在网上鼠标点击一次，要么会产生一个新的数据，要么会获取存储在商业网站中的数据。这一切都取决于强有力的数据存储能力，许多大型公司已经具备这种能力。导致这种需求增长的原因是，企业为了获得竞争优势，需要分析它们从巨大的数据仓库中获取的任何信息，从而将数据存储和管理变为信息时代重要的战略。

这就是为何组织及其管理者需要进行**数据资源管理**（data resource management），这种管理活动利用诸如数据库管理、数据仓库和其他数据管理工具来管理企业的数据资源，以满足公司股东的信息需求。本节将介绍使用数据资源管理技术在企业管理中的意义，以及管理企业数据资产的方法。

阅读下面关于 Applebee's，Travelocity 以及其他公司的真实案例，从中可以了解数据挖掘对于企业决策的价值。

案例 5.2

Applebee's，Travelocity 和其他公司：数据挖掘用于商业决策

兰德尔·帕曼（Randall Parman），国际连锁餐厅 Applebee's 的数据库架构师和 Teradata 用户集团负责人，在拉斯维加斯举行了 Teradata 用户年会，与会者达 3 900 人。他提醒那些想充分利用其数据的用户，“数据是黄金，如果你没有利用这些黄金，那么其他人会抢走这个机会。”

帕曼用牛顿被苹果砸中后发现万有引力的故事打了一个比方。他问道：“如果当时牛顿只是吃了那个苹果，将发生什么呢？如果我们未能使用现有技术，或未能使用这些发现来指导行动，将发生什么呢?”Applebee's 在全球拥有 1 900 家连锁餐厅，上年的总收入是 13.4 亿美元。它有一个 4 节点的 4TB 的数据仓库，但仅有 3 名数据库管理员操作该系统。“我们将获得的信息运用到经营中。”他说，“一些发现是意料之外的，我们当时正注视着一个完全不同的方向。”

例如，Applebee's 一直使用数据仓库分析餐厅的“后台表现”，包括检查员工需要多长时间在厨房内准备食物。“利用后台表现来估计前台表现有时可以有意想不到的发现。”他说，“通过观察订餐到信用卡付款的时间，再减去准备食物的时间，就能得到服务员为顾客花费的时间。”帕曼认为信息可以帮助企业提升顾客满意度。

Applebee's 比利用数据进行基本的商业决策向前迈进了一步——如根据每天卖出的产品数量补充食品供给——来开发更复杂的分析系统。例如，开辟“最优菜单区”提供每种食品的销售情况，公司可以据此作出采购什么原料以及推广什么产品的决策。

同时，技术供应商看到未开发的商业潜能，在软件和硬件方面加大投资，使企业能够利用数据进行更复杂的商业决策。Teradata 公司的 CEO 迈克尔·凯勒（Michael Koehler）说：“那些以最佳速度和智能运营的公司将会获得成功。”

与许多公司一样，Travelocity.com 有很多非结构化的数据，包括顾客的e-mail、客服中心的记录以及其他关于顾客旅游感受的信息。为了弥补商务智能工具在搜索非结构化数据方面的不足，Travelocity 启动了一个新项目对近 600 000 个非结构化数据进行挖掘，以便更好地监控和处理客服问题。

该旅游网站已经安装新的文本分析软件，对大约 40 000 个来自顾客满意度调查的文本、40 000 个顾客 e-mail 和 500 000 个客服中心的记录进行监控，这将使潜在的客服问题浮出水面。“事实上，为了从所有顾客反馈中获取我们进行决策所需的信息非常耗时耗力，并且成本很高。”Travelocity 客服主管唐·希尔（Don Hill）如是说。

“文本挖掘功能……使我们能够处理所有顾客的文本反馈，并从中获取有价值的信息。我们获得关于顾客意见的信息，了解意见是正面的还是负面的。”

Travelocity 将使用来自 Attensity 的文本分析软件，以便自动识别非结构化数

据中的事实、意见、需求、趋势和问题，然后把分析结果与Teradata数据仓库中的结构化数据联系起来，以确定相关趋势。“我们把非结构化数据转化为结构化数据，以便确定一段时期后的趋势。”希尔说，“我们可以知道顾客评论某问题的次数，以及针对该主题的评论是增长、下降还是没有变化。”

一般文本分析工具在分析非结构化数据之前需要进行手工标注，以及特征项的分类和排序。市场供应部门的副经理米歇尔·德哈弗（Michelle de Haaff）指出，Attensity技术有一个自然语言引擎，能够自动获取重要数据，而不需要事先定义很多特征项。这使公司有了监控系统，能够及时发现需要解决的问题。

VistaPrint有限公司是一家总部位于马萨诸塞州列克星敦市的在线零售企业。它提供图形化的设计服务和客户定制的产品。VistaPrint已经将Web分析技术应用于分析客户转换率，以深入研究其18个网站每天进行的约22 000次交易的详细信息。

像很多已投资在线销售的公司一样，VistaPrint在一年多以前发现自己淹没在来自其在线操作的Web日志数据中。“分析一个在线客户的行为和这些行为会受到新特征怎样的影响十分重要，但是使用旧的客户定制应用程序来检索和分析这些数据将花费很多时间。”VistaPrint公司商务智能部门高级经理丹·马隆（Dan Malone）如是说。

“这种情形不能继续下去，也不能再扩展。”马隆指出，“我们意识到即使将客户转换率提高几个百分点，也会产生很大的影响。”所以VistaPrint公司打算寻找一个Web分析软件包，它能测试新的用户界面来查看这些用户能否提高客户转换率（在线访问者成为客户的百分比），找出一些访问者离开网站的原因，确定使用者减少的准确站点。

这种搜索首先提出了两个供应商阵营。一个提供能够分析所有未事先收集的可用数据的工具；另一个提供能够事先收集数据但需要使用者预先了解所有查询的工具。马隆指出：“如果有一个问题是你所收集的数据所无法解决的，那么你需要重新生成整个数据集。”

VistaPrint公司最终转向了第三种选择，即选择Visual Sciences公司的Visual Site应用程序。Visual Site通过使用一个抽样方法使VistaPrint公司依然能快速查询详细数据。但是，马隆指出：“这同样很快速，因为你一提出问题就会立刻得到答案。它只查询你所有的数据中的1%，再根据这些数据……最终返回一个答案。它假定数据中剩下的99%都和那1%类似。由于数据已经被随机化处理，因此这是一种有效的假设。”

VistaPrint公司已经使用这种工具一年多了，每3周根据所检测的30～40种新的特征运行一次。例如，该公司检测出一个使用者上传4页的数据的路径。这个测试表明新的上传路径与已有的控制版本有同样的客户转换率。马隆补充道：“我们有点失望，因为我们花了很多的时间来改进这项流程。”

该公司在经营中引入Visual Site后发现，尽管测试版本好于控制版本，但是在最后效果有所下降。马隆指出：“我们能够告诉团队问题所在。”在Visual Site工具发现返回的客户使用新的注册方式会得到错误提示后，VistaPrint进行了改进。“我们公司解决了这个问题，登录率显著提高并且带来了更高的客户转换率。”马隆承认很难测量出这项投资的准确回报，但公司预测这个工具将在安装几个月后收回成本。

资料来源：Adapted from Heather Havenstein, “Use Web Analytics to Turn Online Visitors into Paying Customers,” Computerworld, September 17, 2007; Mary Hayes Weier, “Applebee's Exec Preaches Data Mining for Business Decisions,” *InformationWeek*, October 8, 2007; and Heather Havenstein, “Travelocity. com Dives into Text Analytics to Boost Customer Service,” *Computerworld*, November 14, 2007.

问题

1. 像本案例中描述的那样花费时间和精力来创建和实施数据仓库，能给企业带来什么商业利润？你发现还有什么缺点吗？为什么所有的公司都不应该使用数据仓库技术？

2. Applebee's通过对后台表现的数据进行分析，意外地获得了一些洞察力。根据你对一家饭店如何运行的了解，还能向该公司提出其他有趣的问题吗？请举例说明。

3. 数据挖掘和数据仓库技术使用过去事件的数据使公司将来能作出更好的决策。你认为这会扼杀创新性的想法，还是会使公司严重受限于已经收集的数据而不能考虑那些未经探索的机会？比较这两种观点。

实践

1. 登录Attensity的网站（www.attensity.com），调查除了本案例中讨论过的产品外，该公司还提供其他什么产品？准备一份报告来总结你的发现。

2. 在本案例中，Applebee's公司的兰德尔·帕曼将数据比作黄金。黄金的价值很容易在任何时刻评估，但是如何估价数据一直存在议论。上网找出可供选择方法来对一个公司的数据资产进行估价。对比不同的方法，并与同学进行讨论。

□ 数据库的类型

信息技术的不断发展及其商务应用推动了几类主要数据库的演化。图5—12显示了在许多组织中常见的几类主要数据库，下面对它们进行简要说明。

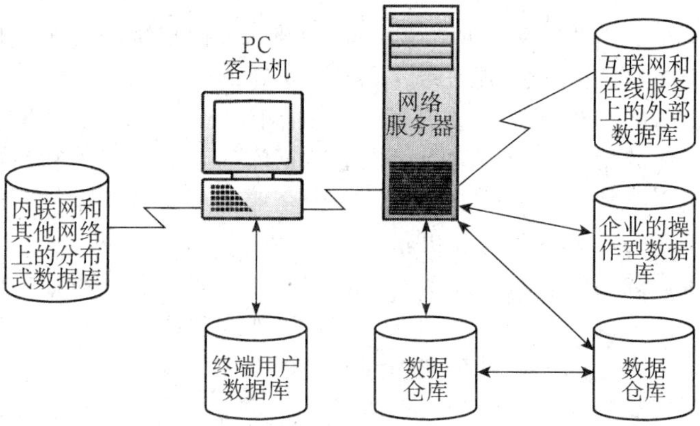

图5—12 企业和终端用户使用的数据库类型示例

操作型数据库

操作型数据库（operational databases）存储用于支持企业业务流程和运营的详细数据，也称主题区域数据库（subject area database，SADB）、事务数据库（transaction database）或产品数据库（product database）。例如，图5—1所示的人力资源数据库包括识别员工、工作时间、补助、收入、工作评价、培训、发展状况等的相关数据。图5—13表明，小型企业可以使用Microsoft Access数据库管理软件来创建和管理操作型数据库。

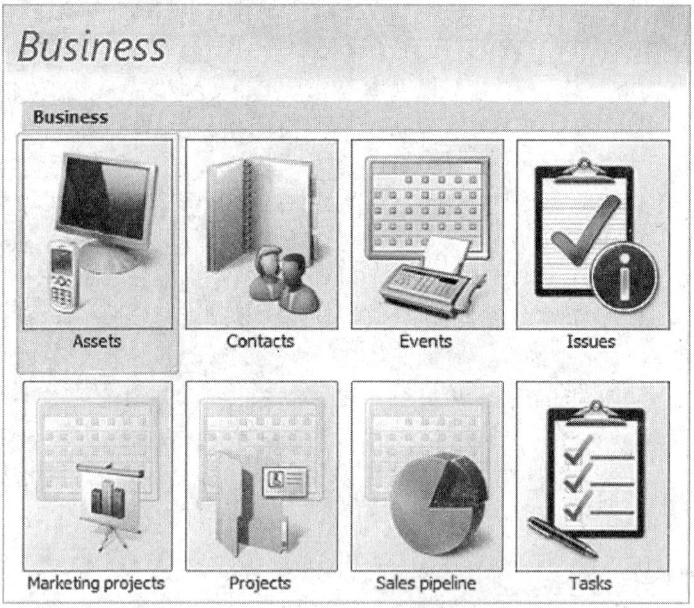

图 5—13　小型企业创建和管理数据库示例

资料来源：Courtesy of Microsoft®.

分布式数据库

许多组织需要将数据库的副本或一部分数据复制和发布到位于不同地点的网络服务器上。这些**分布式数据库**（distributed database）存在于互联网的不同服务器、公司的内联网和外联网，或其他公司的网络上。分布式数据库可能是操作型数据库、分析型数据库、超媒体或讨论型数据库的副本。复制和发布数据库的目的是提高终端用户的数据库的性能。对于一个企业的分布式数据库来说，最重要的问题是确保数据库的一致性和同步更新。

分布式数据库具有其优缺点。它的一个主要优点是对数据的保护。如果一个组织的所有数据仅保存在一个物理地点，诸如火灾或存储介质损坏等灾难性事件都将导致数据丢失。把数据分布在不同的物理地点可以减少这种负面影响。

分布式数据库的另一个优点在于对存储器的要求。基于数据与物理地点的逻辑关系，一个大型数据库系统往往分布于各个小型数据库。例如，一个拥有几个分支机构的公司可以分布式管理数据，这就使分支机构所在地点也是数据库分支的地点。因为分布式系统中的多个系统可以连接起来，每个地点控制本地的数据，而其他地点能够访问公司的任何数据库。

分布式数据库也面临许多挑战，挑战之一就是确保数据的准确性。如果公司将数据分布在不同的地点，那么作出任何修改的数据必须在所有其他地点得到更新。这种更新可以采用以下两种方法：重复或复制。

用**重复**（replication）的方法更新分布式数据库需要使用专门的软件，查找每个分布式数据库的修改之处。一旦这些修改之处被确定，就在所有数据库中重复这些修改过程。重复的过程是很复杂的，根据分布式数据库的数量的规模，可能需要消耗大量的时间和计算资源。

相对来说，**复制**（duplication）方法没有这么复杂。它把每个数据库作为一个母机，定期在规定时间内对数据库进行复制，以使每个分布式数据库拥有相同的数据。复制方法的一个缺点是，在复制的过程中，不能对除母机外的其他任何数据库进行修改，以避免这些修改在复制过程中被覆盖。

分布式数据库的另一个挑战是应有访问多地点的不同数据库所需的计算能力和带宽。我们将在第 6 章介绍通信和网络时着重探讨带宽问题。

外部数据库

利用收费的在线商务服务和互联网上的其他资源等**外部数据库**（external databases）可以获取很多信息。Web 提供了无数的超媒体文档连接，使我们能够访问超媒体数据库。经济数据和人口统计数据就是以统计数据的形式从统计数据银行获得的。你还可以从摘要和全文数据库中下载众多报纸、杂志、时事报道、研究论文或其他出版物。当你使用 Google 或 Yahoo 等搜索引擎进行网上搜索时，就是在使用一个外部数据库——一个相当大的数据库！如果使用的是 Google，它的数据库平均每天进行的搜索大约是 11 200 万次。

超媒体数据库

互联网、企业内联网和外联网的迅猛发展极大地促进了企业对超文本和超媒体数据库的使用。一个 Web 站点的**超媒体数据库**（hypermedia database）存储了所链接的多媒体（文本、图形图像、照片、视频和音频等）页面。也就是说，从数据库管理的角度看，一个 Web 站点相关的多媒体页面是一个由相关的超媒体页面元素而不是相关的数据记录构成的数据库。

图 5—14 显示了如何使用客户端的个人电脑连接 Web 浏览器。Web 服务器运行服务器软件来访问和传输你请求的 Web 页面。图 5—14 显示的 Web 站点使用了一个超媒体数据库，Web 页面包括 HTML 代码、XML 标签、图像文件、视频文件和音频文件等。Web 服务器软件扮演了数据库管理系统的角色，它通过安插在你的 Web 浏览器里的多媒体插件，负责传输需要下载的超媒体文件。

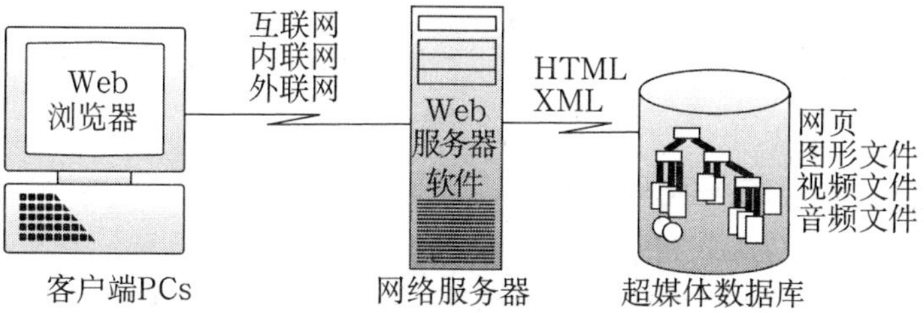

图 5—14 基于 Web 的信息系统的组成

科蒂集团：通过实时分析追踪产品需求

在香水行业中，像最近上市的 Kate 品牌——一款科蒂集团（Coty）为超级名模凯特·莫斯（Kate Moss）设计的香水这样的新产品，能够使一个公司一年的努力获得回报或付之东流。然而，畅销产品也会带来很大的问题。当一种产品脱销时，科蒂集团必须迅速反应以保证市场上有充足的产品，但是这种提高产能的能力依赖于香水瓶、包装等的供应商。科蒂集团还拥有像 Jennifer Lopez，Kenneth Cole 和 Vera Wang 等其他香水品牌。公司 CIO 戴夫·贝里（Dave Berry）指出：“如果我们不能满足市场需求，零售商会不满意，客户也会失去兴趣，最终导致销售业绩下滑。”

产品脱销是制造业和零售业的灾难。看看一年一度的圣诞季最畅销玩具的短缺状况或者商店的商品延期销售的通知就知道了。在任意一个时刻，全美有7%的零售商品处于脱销状态；正在推广的商品在15%以上的时间内处于脱销状态。这就是制造商和零售商力争在市场需求预测中有突破性进展的原因。于是，“需求信号管理”应运而生。制造商不再只依赖诸如订货记录和出货记录这样的内部数据，他们可一周甚至一天分析一次来自零售商的销售点数据，从而更好地了解各种产品在各地的销售状况。这种及时、详细的数据使制造商更迅速地发现地区、产品、零售商甚至各个商店的产品需求趋势。

在任何行业中，处理需求信号数据与实时数据会出现相同的问题：如何存取、整合高容量的数据，并将这些数据与历史信息进行结合分析。随着高度可扩展的数据仓库、低延迟整合技术和快速、深入的查询与分析能力的出现，这种处理需求信号数据的技术终于以一个大多数人都能负担得起的价格来到我们身边。利用易于使用的商务智能工具，制造商和零售商将分析任务交给一线的决策制定者。这些决策者大多是参与策划、经营和供应链管理的区域销售和市场营销人员。

在过去的两年中，科蒂集团已经将准确预测的责任赋予销售人员。贝里认为：“区域级预测有助于作出更准确、更灵敏的规划。”他将科蒂集团能够使销售人员顺利实施准确预测归功于CAS厂商生产的一款分析应用软件。通过应用这款软件，可以让刚接触商务智能的销售人员更容易进行销售点数据分析和产品需求预测。

然而，如果想广泛采用需求信号分析，一个重要的障碍是零售商提供的数据缺少统一标准。科蒂集团从像CVS，Target和Walgreen这样的公司得到销售点数据，但是每个公司采用的是不同的数据格式。贝里指出：“由于不同零售商提供的数据的时效性、准确性和深度各不相同，因此想将这些数据直接输入一个数据仓库是很困难的。”

综上所述，科蒂集团早期努力的成果是获得更准确的预测、更实际的可用性，以及更有效地推广产品。利用这种对产品需求更快、更细致的洞察力，制造商可以将收益提高2%～7%，而不仅仅是解决任何与数据相关的棘手问题。

资料来源：Adapted from Doug Henschen, “In A Down Economy, Companies Turn to Real-Time Analytics to Track Demand,” *InformationWeek*, February 28, 2009.

□ 数据仓库与数据挖掘

数据仓库（data warehouse）存储了一个组织中从各个操作型数据库、外部数据库和其他数据库中提取出来的数据。它是一个经过净化、转换和编码的中心数据源，所以能够被管理者和其他业务人员用于数据挖掘、在线分析以及其他形式的商业分析、市场调查和决策支持等。（我们将在第9章中深入讨论这些活动。）数据仓库可以被细分为若干数据集市（data marts），其中包含了侧重于公司特定业务方面的数据子集，比如一个公司的某个部门或者某个业务流程。

图5—15描述了一个完整数据仓库系统的组成结构，表明了数据是如何从各个操作型数据库和外部数据库中被提取、净化及转化成更利于分析的数据的。这一实现过程包括：合并从几个数据源中获得的数据，过滤掉没有用的数据，修改不正确的数据，将数据转化成新的数据元素，将数据整合成新的数据子集等。

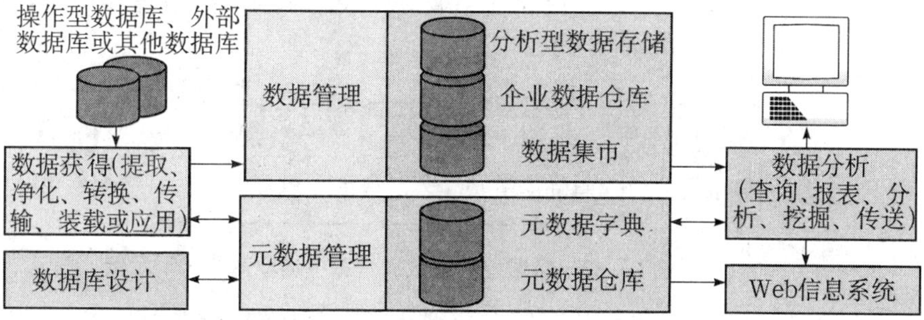

图 5—15　一个完整的数据仓库系统的组成部分

资料来源：Courtesy of Hewlett-Packard.

上述经过处理的数据在存入企业数据仓库后，为了以更有效的形式用于各种分析，将被转移到各个数据集市中，或者被转入一个供分析的数据存储器中。元数据（用于定义数据仓库中的数据）被存储在一个元数据仓库，并且由元数据字典进行编码。最终，使用一系列分析软件工具进行查询、报表、挖掘和分析后，这些数据通过互联网和内联网传到终端用户处（如图 5—16 所示）。

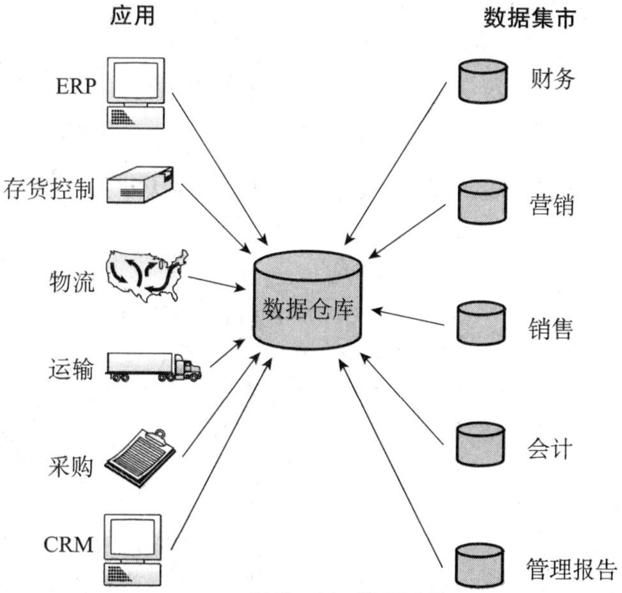

图 5—16　数据仓库

说明：一个数据仓库及其生成的数据集市子集，存储了从各个操作型数据库提取出来的数据，可以用于业务分析、市场研究、决策支持以及数据挖掘等。

数据仓库中的数据具有一个重要特征：不像典型数据库中的数据那样可以经常发生改变，数据仓库中的数据是静态的，这意味着一旦数据以可存储的形式收集，并被存入数据仓库，就不再发生改变。正是由于这种限制，只有在寻找复杂的形式或者分析历史性的趋势时才可以查询数据，此时往往忽略由于新的处理和更新而不断变化的数据。

数据挖掘

数据挖掘（data mining）是数据仓库及其所存储的静态数据的主要应用之一。在数据挖掘中，通过分析数据仓库中的数据来揭示暗含在以往业务活动中的模式和趋势。这可以帮助管理者作出转变企业运营战略的决策，以便在市场竞争中取得优势。图5—17给出了一个例子。

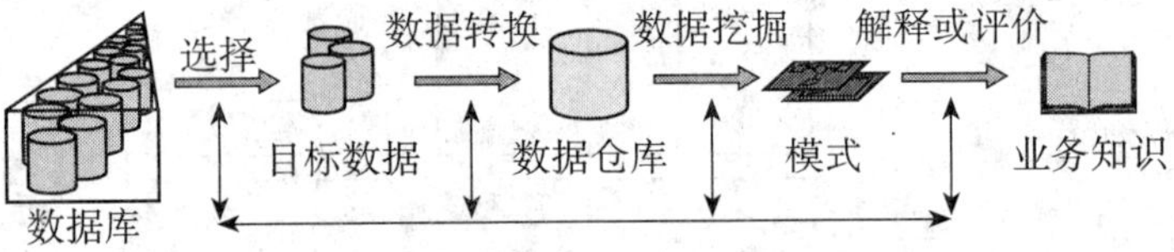

图5—17 数据挖掘从数据仓库中提取商业知识示例

通过数据挖掘，可以从存储在数据仓库中大量的业务信息数据（通常是TB数量级的数据）中发现新的关联、模式和趋势。数据挖掘软件运用高级模式识别算法以及很多数学和统计学技术从庞大的数据中精选、提取未知的战略业务信息。例如，很多公司利用数据挖掘完成以下工作：

- 使用“市场购物篮分析”来识别新的产品捆绑模式。
- 找出导致质量问题和制造问题的根源。
- 防止客户流失并争取新的客户群。
- 对已有客户进行交叉销售。
- 对客户进行更精细的描述。

我们将在第9章深入讨论数据挖掘、联机分析处理（OLAP），以及其他对数据库和数据仓库的数据进行分析且对企业决策支持有重要作用的技术。

波尔克公司：汽车是信息产业中的金矿

就像大功率汽车在高速公路上的行驶速度能达到每小时55英里一样，值得波尔克公司（R. L. Polk&Co.）自豪的是，其新推出的基于网格的数据仓库可以挖掘出汽车中从未被开发的价值。2006年，在绍斯菲尔德市，这家基于密歇根汽车产业市场调查的公司，将其主要的4TB大小、面向客户的数据仓库转入一个包含了运行Linux系统的Dell PowerEdge服务器的Oracle 10g数据库网格。这使波尔克公司节省了费用，改善了数据的冗余性、可用性，缩短了访问时间，同时也支持公司推出旨在提高客户服务质量的服务性架构。

波尔克公司CIO凯文·瓦斯科尼（Kevin Vasconi）指出：“相对于投资，我们得到了更多的收益。”该公司的数据仓库一天能够处理1 000万个事务而不出现任何问题。受到目前成效的鼓舞，波尔克公司正将其他一些数据库转入网格，包括国内的和国外的共2.5千兆字节得到有效管理的数据。

波尔克公司成立于1870年，同年，汽车的前身——机械化手推车在德国问世。波尔克公司在起步阶段只是一个商业目录出版商，在1921年成为汽车信息提供商，并在1951年开始使用计算机穿孔卡片。该公司基于汽车历史数据的Carfax数据库十分有名。

现在，只有一小部分网格被分配给了数据仓库，大部分网格都用于运行波尔克公司新开发的基于Web的应用程序。这些应用程序不但可以将260种不同来源（比如汽车经销商和州驾驶执照委员会）的数据输入数据仓库，还可以将数据流输出给付费客户，比如汽车生产商、汽车经销商和零件供应商。这个数据仓库实际上是波尔克公司庞大数据的单一来源。这个庞大的数据库包括5亿个关于汽车的数据，几乎包括全世界85%的汽车数据（根据2002年数据统计结果）。它还包括2.5亿个关于家庭的数据和30亿个关于交易的数据。

波尔克公司先净化所有进入记录的名称和地址，然后添加关于位置的数据，如经度和纬度。同时，在每辆汽车的17位车辆标识码都独一无二的情况下，波尔克公司推断出每辆汽车的个体特征和风格。展望未来，瓦斯科尼指出，如果隐私保护问题能够解决，那些已经存储在车载计算机上的数据（如以往的引擎问题、基于GPS的位置和平均速度的信息）将很快被录入数据仓库。这是一个很复杂的过程，但是由于技术团队正在继续调整其Oracle网格引擎，瓦斯科尼期待他们能够将数据输入时间缩短到24小时之内。

最后，瓦斯科尼指出："汽车是客户信息产业中的金矿。"

资料来源：Adapted from Eric Lai, "Auto Market Researcher Revs Up Oracle Grid for Massive Data Warehouse," *Computerworld*, October 19, 2006.

传统的文件处理方法

如果你是一个公司的首席执行官，被告知你需要的有关员工的数据很难得到并且要付出的代价很大，有何感受？假定负责信息服务的副总裁告诉你原因在于：

- 你所需的信息放在不同的文件中，而且每份文件的组织形式不同。
- 每份文件都是按照调用它的应用程序组织的，没有一份文件符合你所需的格式。
- 没有一个可用的应用程序能够帮你找到所需的这些文件中的信息。

这就是当一个企业使用**文件处理**（file processing）时，系统终端用户会有挫败感的原因。在文件处理系统中，数据的组织、存储和处理是在各个独立的数据记录文件中进行的。在延续了若干年的传统文件处理方法中，每项业务使用一个或者多个特定的数据文件，而这些文件只包含特定类型的数据记录。例如，一家银行的支票账户处理应用，就只能访问和更新有关支票账户客户的数据记录文件。同样，银行分期偿还贷款处理应用，也只能访问和更新关于分期偿还贷款客户的数据记录文件（如图5—18所示）。

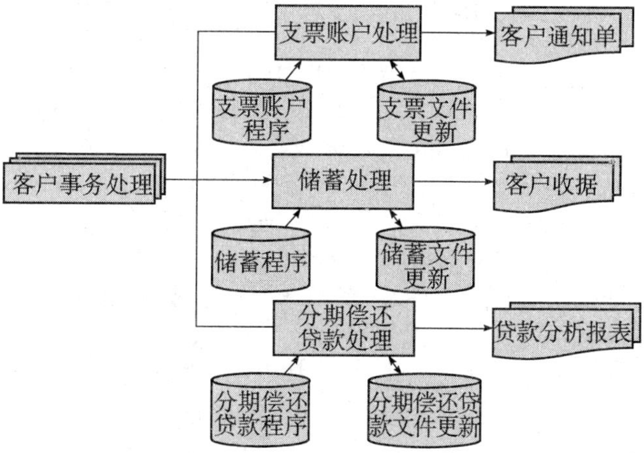

图5—18 银行的文件处理系统

说明：在文件处理方法中，要用不同的程序和独立的数据文件来处理存款、分期偿还贷款以及支票账户等。

文件处理方法的问题

文件处理方法最终会变得复杂低效，而且耗资巨大，缺乏灵活性，所以不能用它来管理现代企业。它将会被数据库管理方法所取代。尽管文件处理方法具有明显的逻辑性和简练性，但文件处理系统存在以下主要问题：

数据冗余。独立的数据文件包括很多冗余的数据。相同的数据（比如客户的姓名和地址）会在几个不同的文件中重复记录和存放。在对数据进行更新操作时，这种**数据冗余**（data redundancy）会出现问题，因为只有开发不同的文件维护程序并且让它们协调一致，才能确保每个文件都能得到正确的更新。但实际上这种协调是非常困难的，所以经常发现存放在不同文件中的数据不一致。

缺乏数据集成。如果数据分散存放在独立的文件里，用户需要访问几个文件里的数据才能得到所需信息，此时必须编写特定的程序以从每个独立的文件中检索到所需数据。对一些组织来说，**数据集成**（data integration）不仅十分困难，而且耗时耗财，要满足用户和管理者的这种信息需求几乎不可能。如果是这样，用户就只能以人工方式从各个应用中产生的大量报表里提取所需的信息，再形成客户化的管理报表。

数据依赖。**数据依赖**（data dependence）是指在文件处理系统中，系统的主要组成元素——文件的组织、在存储硬盘上的物理位置，以及用于访问这些文件的应用软件——相互之间有很强的依赖关系。例如，应用程序一般都包含对所使用过文件里数据特定格式的参照。因此，文件里数据和记录格式或结构的改变会影响到所有调用过它们的应用程序，为此而进行的程序维护工作成为文件处理系统的最大负担。事实证明很难做到正确无误，因此会导致数据文件中有大量的数据不一致。

缺乏数据完整性和标准化。在文件处理系统中，很容易发现不同终端用户和应用对同一数据元素（比如股票代码和客户地址）的定义不同。在程序开发过程中，如果访问到这些数据，就会产生严重的数据不一致。另外，**数据完整性**（data integrity）（即精确性和完全性）令人怀疑，因为被授权的终端用户并没有控制对数据的使用和维护。因此，缺乏标准造成了应用程序开发和维护的主要问题，也造成了企业数据文件的安全性和完整性问题。

在线约会：寻找真爱背后的技术

当乔（Joe）想去寻找真爱时，借助的是科学技术。

34岁的航空工程师乔选择在eHarmony.com网站上注册，而不是寄希望于在酒吧里闲逛偶遇佳人。eHarmony是一个提供在线约会服务的网站，它通过使用详细的个人档案、专有的匹配算法和一个严格控制沟通的过程来帮助人们寻找完美的精神伴侣。在过去的3个月内，乔找到了500个大致符合自己标准的匹配对象。他开始接触其中的100人，然后与其中的50人保持通信，再与其中的3人约会，最终找到了合适的伴侣。

诸如eHarmony，PerfectMatch和Chemistry.com都提供这种“科学”的匹配服务，试图通过提出几个到几百个问题来为用户确定最符合条件的匹配对象。然后，汇集形成个性化的个人档案，并对其使用一种特定的算法。这种算法依据一系列预先设定好的类别来对用户排序。之后，系统会生成一份合适的匹配对象清单。

这种技术使这些约会网站从非常简单变得非常复杂。eHarmony无疑是最复杂的数据中心之一。eHarmony的技术副总裁约瑟夫·埃萨斯（Joseph Essas）说：“我们公司存储了4TB字节的关于2 000万注册用户的数据，而且每个注册用户都填写了包含400个问题的心理状况评估表。”该公司使用专有的算法，通过对照29个相容性指标（比如价值观、个人风格、生活态度和兴趣）对数据进行打分，然后将最可能发展长期关系的客户进行配对。

在用户注册后，这个巨大的Oracle 10g数据库将会迅速筛选出一些初步的候选人，但是真正的配对工作是稍后才进行的。在eHarmony系统对数据进行打分并将答案与来自成千上万客户的大量问题相匹配之后，真正的配对工作开始了。这个过程需要近

10亿次的计算，这些计算每天都由一个庞大的批量操作系统进行处理。这些操作在大量计算机中执行，并通过使用基于开放源代码的 Hadoop 软件平台的软件来实现。

一旦将匹配结果发送给用户，用户的行为和结果将被反馈给模型，以进行第二天的计算。例如，如果一个用户点击了很多住在自己所处地理范围之外（比如，25英里之外）的匹配结果，系统会假定距离对这个用户来说不是主要因素，下次将提供给该用户地理位置稍远但是更匹配的结果。

埃萨斯指出："我们最大的挑战是不断地对数据进行打分、转移、应用并提供给用户，并保证这个过程是顺畅的。"为了实现这个目标，需要设计架构以满足规模的快速增长和主要节日需求高峰期的出现。最大需求量往往出现在情人节前夕。"我们的需求量不是翻番，是增长4倍。"

资料来源：Adapted from Robert L. Mitchell, "Online Dating: The Technology Behind the Attraction," *Computerworld*, February 13, 2009.

□ 数据库管理方法

数据库管理方法（database management approach）已取代文件处理方法，成为管理企业数据的现代化方法的基础。数据库管理方法是将以前经常存放在不同文件中的数据记录集中存放在数据库中，以便让很多不同的应用程序进行访问。另外，数据库管理系统（DBMS）可以充当用户和数据库之间的软件界面，帮助用户轻松访问数据库中的数据。数据库管理系统使用数据库管理软件来控制数据库创建、查询和维护，目的是为用户提供所需信息。

例如，银行信息系统中需要客户记录和其他数据类型，如支票处理、自动出纳系统、银行信用卡、储蓄账户和分期偿还贷款账户。这些数据可以被集成放入一个公共的客户数据库，而不再分散地放在各个不同文件中。图5—19给出了一个例子。

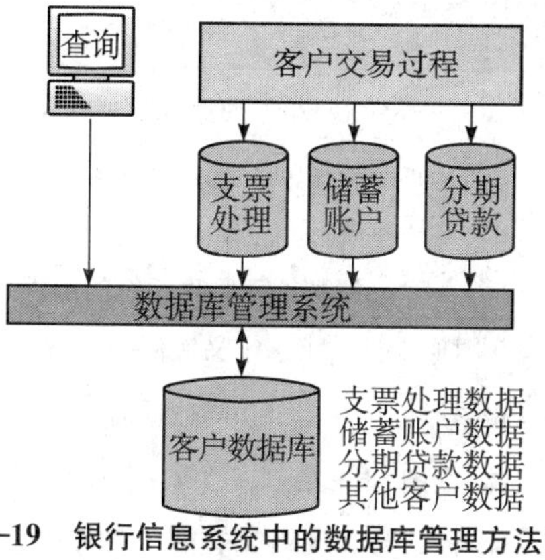

图5—19 银行信息系统中的数据库管理方法示例

说明：注意储蓄、支票、分期偿还贷款程序是如何用一个数据库管理系统来共享一个客户数据库的。还要注意数据库管理系统允许用户可以直接访问数据库，不需要使用应用程序。

数据库管理系统

数据库管理系统（DBMS）是数据库管理方法的主要软件工具，因为它控制了企业数据库的创建、维护和使用。就像我们在图5—14中看到的，微型数据库管理软件包（比如 Microsoft Access，Lotus Approach 以及 Corel Paradox）可以让你在

PC机、网络服务器或者互联网上建立和管理数据库。在主机和服务器计算机系统中，数据库管理系统是一个重要的系统软件包，它可以控制开发、使用和维护企业数据库。流行的基于主机和服务器的数据库管理系统软件有：IBM公司的DB2 Universal Database，甲骨文公司的Oracle 10g，以及一个流行的公开源代码的数据库管理系统软件MySQL（如图5—20所示）。表5—1是对一般的数据库管理系统组件和功能的总结。

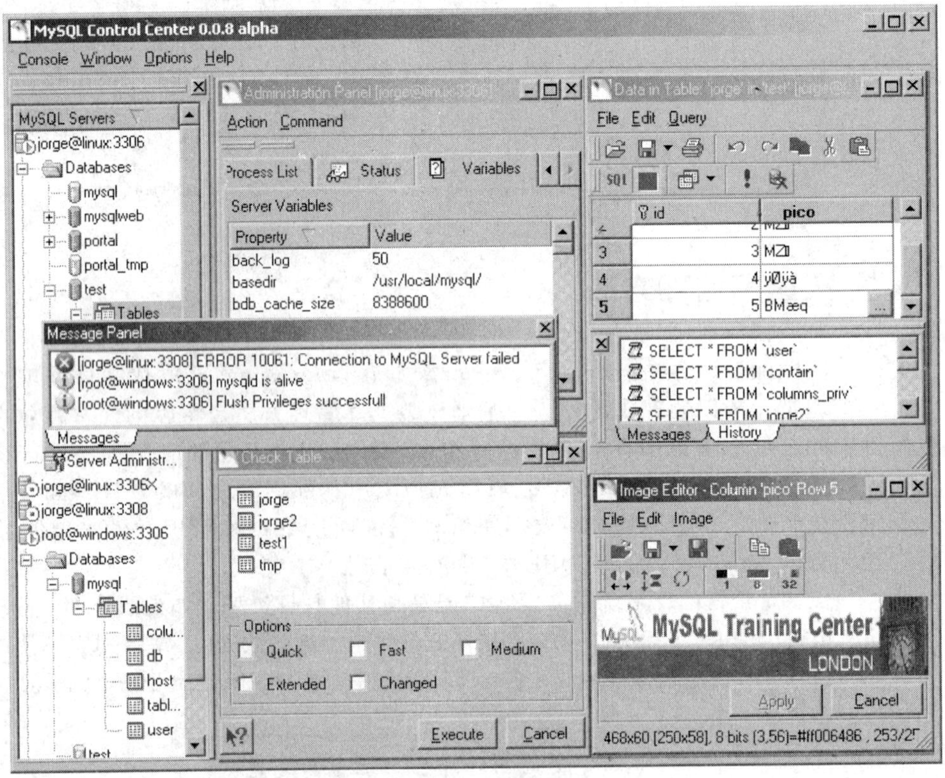

图5—20 数据库管理软件MySQL

说明：MySQL是一个流行的开放源代码的数据库管理系统，支持开发、维护和使用一个组织中的数据库。

资料来源：Courtesy of MySQL. com.

表5—1　　　　一般数据库管理系统的组件和功能

- 数据库定义：语言和图形工具，用于定义实体、关系、完整性限制及授权。
- 非程序访问：语言和图形工具，用于访问数据而无须复杂编程。
- 应用开发：图形工具，用于开发菜单、数据实体窗体和报表。
- 程序语言界面：一种语言，具有编程语言的所有功能，但无须编程。
- 事务处理：一种控制机制，用以防止用户相互干扰，以恢复失败后丢失的数据。
- 数据库调节：用以监控和改进数据库性能的工具。

资料来源：Adapted from Michael V. Mannino, *Database Application Development and Design* (Burr Ridge, IL: McGraw-Hill/Irwin, 2001), p. 7.

数据库管理系统有三个主要功能：（1）创建新的数据库及数据库应用；（2）维持企业数据库的数据质量；（3）使用企业数据库为终端用户提供所需信息（如图5—21所示）。

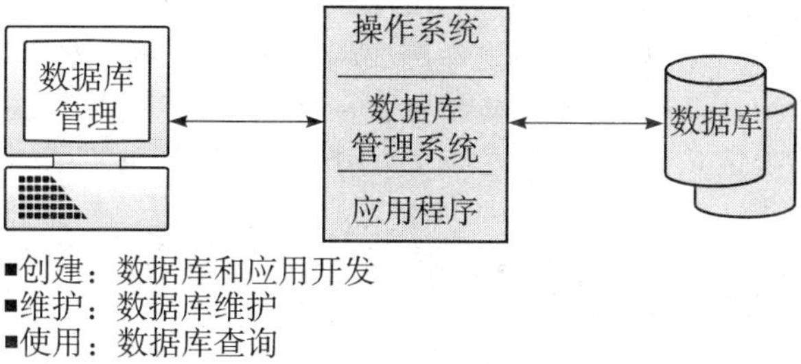

图 5—21 DBMS 软件的三个主要功能

数据库开发（database development）是指定义和组织用于建立一个数据库所需数据的内容、关系和结构。数据库应用开发（database application development）是指利用一个数据库管理系统为某个企业应用提供查询、表格、报表以及 Web 页的原型。数据库维护（database maintenance），是指使用事务处理系统以及其他工具来添加、删除、更新和修改数据库中的数据。终端用户一般主要使用数据库管理系统的数据库查询功能来查询数据库中的数据，有选择地检索和显示信息，生成报表、表格和其他文件。

数据库查询

数据库查询（database interrogation）功能是数据库管理方法的一个主要优势。终端用户可以使用数据库管理系统的查询功能或者报表生成器从数据库中查询信息。他们可以得到以屏幕显示或者打印报表形式作出的即时响应，而无须编写难度很大的程序。**查询语言**（query language）功能可以让你立刻轻松地获得特定数据：你只需键入一些简短的查询命令。**报表生成器**（report generator）可以使你迅速设定所需信息的报表格式。图 5—22 显示了一个数据库管理系统报表生成器的使用。

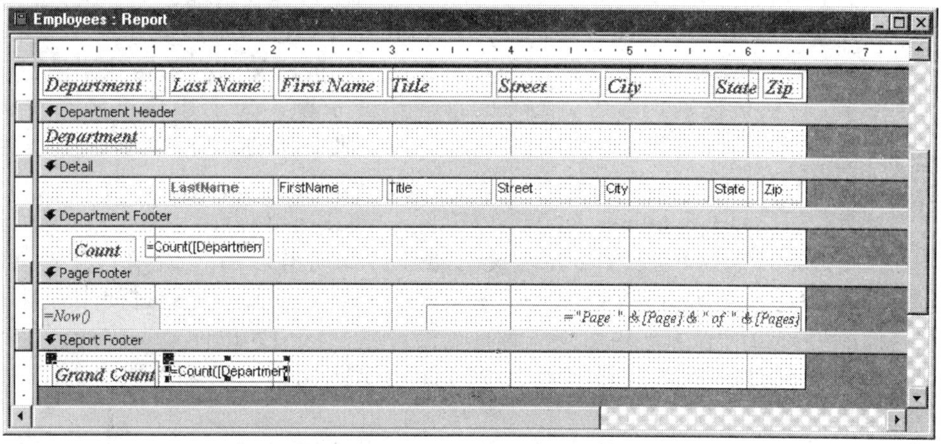

图 5—22 使用 Microsoft Access 报表生成器创建一个员工报表

资料来源：Courtesy of Microsoft®.

SQL 查询。结构化查询语言（Structured Query Language，SQL）是一种在很多数据库管理系统软件包中都能找到的国际标准化查询语言。在大多数情况下，SQL 是一种被用来“提问”的语言结构，而数据库管理系统将会查询数据来进行“回答”。SQL 查询的基本形式为：

SELECT…FROM…WHERE…

在 SELECT 语句之后列出你想要检索的数据字段名，在 FROM 语句之后列出要从中检索的数据的文件名或者表名，在 WHERE 之后设定你感兴趣的那些数据记录的查询限定条件。图 5—23 对使用 SQL 查询和使用自然语言查询客户订单信息作了比较。

Microsoft Access 的自然语言查询转化为 SQL 查询示例

自然语言查询

What Customers had no orders last month?

SQL 查询

SELECT [Customers]. [Company Name],[Customers]. [Contact Name]
FROM [Customers]
WHERE not Exists {SELECT [Ship Name] FROM [Orders]
WHERE Month{[Order Date]}=1 and Year{[Order Date]}=2004 and
[Customers]. [Customer ID]= [Orders]. [Customer ID]}

图 5—23 SQL 查询和自然语言查询的比较

布尔逻辑。为了充分使用 SQL 的功能，一个数据库使用者需要对布尔逻辑（Boolean logic）的概念有一个基本的理解。布尔逻辑是乔治·布尔（George Boole）在 18 世纪中期开发的，它能帮助我们改进对特定信息的搜索，从而只获得我们想得到的信息。

布尔逻辑由三个逻辑运算组成：AND，OR 和 NOT。通过使用这些逻辑运算以及 SQL 查询，数据库使用者可以改进其搜索，以确保只返回所需的数据。这些逻辑运算也可以用于改进对互联网（世界上最大的数据库）上信息的搜索。下面我们举例说明如何使用这三个逻辑运算。

假设我们想从互联网上获取关于猫的信息。我们可以只搜索一个词“cat”，这样会搜索到很多可能有用的网站。问题在于，除了那些真正关于猫的网站外，我们还会搜索到很多关于猫和狗乃至其他宠物的网站（只要这些网站包括搜索词“cat”），甚至搜索到名为“猫”的百老汇音乐剧。为了避免将所有搜索结果进行筛选后才能得到所需的网站，我们可以使用布尔逻辑来形成一个更精确的查询：

Cats OR felines AND NOT dogs OR Broadway

通过使用这种搜索查询，我们能够得到所有含有搜索词“cats”或者“felines”，但是不含有单词“dogs”和“Broadway”的网站。通过使用这种方法，我们能够排除所有关于猫与狗或者百老汇音乐剧《猫》的网站。因此，这种方法不仅能给我们带来更精确的查询，而且能使我们不必查看那些不感兴趣的搜索结果。

图形查询和自然查询。很多终端用户（包括信息系统专业人员）都很难正确书写 SQL 和其他数据库语言的查询语句，所以大部分数据库管理软件包都提供图形使用界面（GUI），让用户只需选取和点击，就能通过软件把选取的内容翻译成 SQL 命令（如图 5—24 所示）。其他软件包还提供使用自然语言查询语句的方法建立 SQL 命令，类似于英语（或其他语言）对话的形式（见图 5—23）。

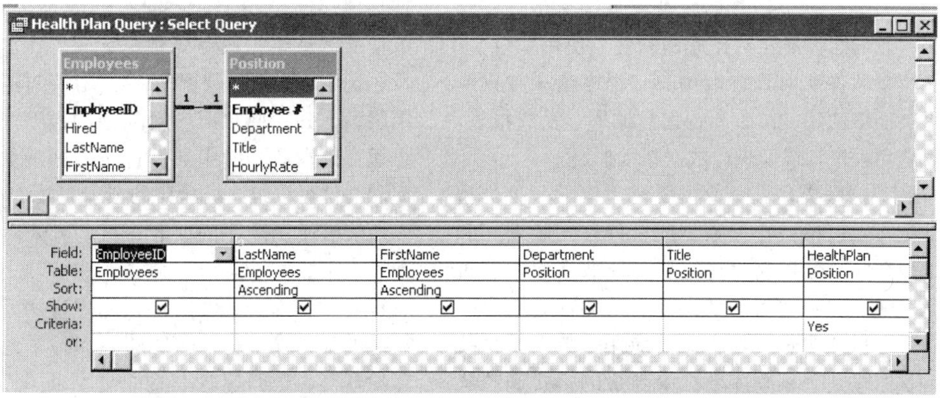

图 5—24　使用 Microsoft Access 的查询向导来查询员工健康计划选项

资料来源：Courtesy of Microsoft®.

数据库维护

数据库维护是在数据库管理系统的支持下由事务处理系统和其他终端用户应用完成的。终端用户和信息专家也能够使用由数据库管理系统为数据库维护提供的各种功能。一个企业数据库只有不断更新，才能反映新的企业事务（例如实现的销售情况、生产的产品情况或者货物运输情况）以及其他事件。还要根据其他的变化（比如客户或员工姓名、地址的变化）更新和修正数据，以确保数据库中数据的准确性。我们在第 1 章中已经介绍了事务处理系统，在第 7 章中将进行更详细的讨论。

应用开发

另外，数据库管理系统软件包在**应用开发**（application development）中也扮演着主要角色。终端用户、系统分析人员和其他应用开发人员可以使用内嵌的第四代编程语言和很多数据库管理系统软件包都会提供的内嵌软件开发工具来开发客户应用程序。例如，你可以使用数据库管理系统来开发数据入口界面、表格、报表或业务应用的 Web 页。数据库管理系统也可以使应用软件开发人员的工作变得容易，因为他们不必使用以前经常使用的传统编程语言来开发具体的数据处理程序。取而代之的是，他们可以把具有数据操纵语言（data manipulation language，DML）特性的语句放在软件里，要求数据库管理系统来执行必要的数据处理。

小结

● 数据资源管理。数据资源管理是一项管理活动，它应用信息技术和软件工具来完成管理一个企业数据资源的任务。早期使用文件处理方法来管理数据资源，数据被存放在特定的数据文件中，而且只能被特定的应用程序访问。这种方法在管理现代化企业及其业务流程时变得过于麻烦，成本高且很不灵活。于是出现了数据库管理方法，它能有效解决文件处理系统所产生的问题。

● 数据库管理。数据库管理方法影响到数据的存储和处理方式。不同应用程序所需的数据被合并和统一放入几个公共数据库中，而不是被存放在很多独立的数据文件中。数据库管理方法强调更新和维护公共数据库，使用户的应用程序共享数据库中的数据，并且提供报表和查询/响应能力，使终端用户能够轻松获得报表并迅速得到信息查询反馈。

● 数据库软件。数据库管理系统就是一些软件包，它们能够简化数据库的创建、使用和维护。它们提供软件工具让终端用户、程序员和数据库管理员能够创建、修改和查询数据库，生成报表，开发应用程序，以及进行数据库维护。

● 数据库类型。企业主要使用以下几种类型的数据库，包括操作型数据库、分布式数据库和外部数据库。数据仓库是把从其他数据库中经过净化、转换和归类后的数据集中的中心，它是一种企业分析和决策支持方面的应用。数据挖掘技术是试图找到数据仓库数据中隐含的模式和趋势的方法。基于互联网的超媒体数据库以及企业内联网和外联网则存储了网站的超链接多媒体网页。Web服务器软件能够管理这样的数据库，可以快速访问和维护Web数据库。

● 数据访问。数据必须以某种逻辑模式存储在物理存储设备上，才能被高效地处理。因此，数据通常被组织成逻辑数据元素，比如字符、字段、记录、文件和数据库。数据库结构有层次型、网络型、关系型和面向对象型的模型，它们用来组织存储在数据库中数据记录之间的关系。数据库和文件可以组织成顺序的或者直接的存取模式，以便能够使用顺序的或者直接的方式对其进行访问和维护。

● 数据库开发。对小型用户应用来说，使用微机数据库管理软件包能够轻而易举地实现数据库的开发。然而，对大型企业数据库开发来说，则需要一个从上至下的数据规划。只有包括开发企业和实体的关系模型、主题数据库以及能够反映逻辑数据元素和关系的数据模型，才能支持企业最基本的业务流程的操作和管理。

关键术语和概念

数据依赖（data dependence）
数据字典（data dictionary）
数据集成（data integration）
数据完整性（data integrity）
数据挖掘（data mining）
数据建模（data modeling）
数据冗余（data redundancy）
数据资源管理（data resource management）
数据库管理员（database administrator，DBA）
数据库查询（database interrogation）
数据库管理方法（database management approach）
数据库管理系统（database management system，DBMS）
数据库结构（database structures）
层次结构（hierarchical structure）
多维模型（multidimensional model）
网络结构（network structure）
面向对象模型（object-oriented model）
关系模型（relational model）
复制（duplication）
文件处理（file processing）
逻辑数据元素（logical data elements）
属性（attribute）
字符（character）
数据库（database）
实体（entity）
字段（field）
文件（file）
记录（record）
元数据（metadata）
重复（replication）
结构化查询语言（Structured Query Language，SQL）
数据库类型（types of databases）
数据仓库（data warehouse）
分布式数据库（distributed databases）
外部数据库（external databases）
超媒体数据库（hypermedia databases）
操作型数据库（operational databases）

讨论题

1. 一个企业如何存储、访问以及部署有关内部运作和外部环境的数据和信息？

2. 在对作为企业资源的数据进行管理时，数据库管理起什么作用？

3. 与文件处理方法相比，数据库管理方法有何优势？举例说明。

4. 回顾本章中有关 Cogent Communications、英特尔和其他公司在并购情形下产生的 IT 问题的案例。尽管保持额外的基础设施和网络容量能更容易地获得转变，但是成本太高，并不可行。企业应该如何平衡该问题的两个方面？达到何种程度企业才会计划并购活动以证明它们保持额外的容量是正确的？

5. 在企业信息系统中，数据库管理系统的作用是什么？

6. 在过去，关于一个企业内部业务操作信息的数据库被认为是唯一重要的数据库。如今，还有哪些其他的数据库对企业来说很重要？

7. 回顾本章中有关 Applebee's，Travelocity 和其他企业的案例。除了那些在处理 IT 问题方面起作用的技能外，还有哪些技能是使用者需要具备的？这些技术该如何设计才能使用户专注于得到所输入问题的答案？

8. 就当今的企业应用来说，关系型数据库的优点和局限有哪些？

9. 在一个企业的网站上开发应用和管理超媒体数据库时，为什么面向对象的数据库模型得到了认可？

10. 对企业专家来说，互联网、企业内联网和外联网是如何影响数据资源的类型和应用的？其他影响数据资源管理的数据库趋势是什么？

分析题

1. 连接表格

假设你负责管理所在企业的技术培训课程。这些课程分为两类：高级技术培训和终端用户培训。软件工程师参加前一种培训，行政人员参加后一种培训。你的主管将每小时的培训费用和培训类型作为衡量你工作效率的指标之一。简言之，你的主管希望以最低的培训费用取得最佳的培训效果。

为了满足这一要求，你必须与 Hands-On Technology 公司（HOTT）（www.trainghott.com）——一家高质量的技术培训公司洽谈一份现场培训合同。你提出的价格显示在下面的价格表里，另一张表则列出了一个企业的常规课程。

a. 用以下数据设计一张包括基本培训费用信息的表。将“技术培训”确定为“是”或者“否”（布尔数据）两种类型。

b. 用以下数据设计一张课程表。将“课程编号”作为主关键字，并使数据库自动生成这个字段的初始值。将“技术培训”确定为“是”或者“否”（布尔数据）两种类型。

c. 建立一张查询表，列出每门课程的名称和每天的培训费用。

d. 建立一张查询表，列出每个班级每个学生的培训成本。假定每个班级达到最大容量，而且在同一天可以安排两个半天的课程，以便充分利用向 HOTT 按天支付的费用。

价格表

技术培训	每日价格（美元）	容量
是	2 680	15
否	2 144	30

课程表

课程编号	课程名	时间	技术培训
1	ASP 程序	5	是
2	XML 程序	5	是
3	PHP 程序	4	是
4	Microsoft Word-Advanced	0.5	否
5	Microsoft Excel-Advanced	0.5	否
……			

2. 培训费用管理

在前面的问题里已经确定了每个班级每个学生的费用，现在你还必须管理班级的注册。因为不管有多少名学生（最多达到最大容量）注册，你都要付出同样的费用，你应尽力保证有尽可能多的人员参加。你的培训提供商 HOTT 公司给了两周的时间让你根据需要重新调整课表。你需要在这个截止期前确认至少有 2/3 的人员参加。你也要确认给每人发送一个定时提醒以免参加人员由于忘记而缺席。使用你在问题 1 中创建的数据库执行以下任务。

a. 使用以下信息，向你的培训数据库中添加一张课程进度表。将“进度编号”作为主关键字，并使数据库程序自动生成这个字段的初始值。将“课程编号”作为数值型字段，将“开始日期”作为日期型字段。

b. 使用以下信息，再添加一张课程参加人登记表到培训数据库中。将“进度编号”作为数值型字段。将“提醒”和“确认”确定为“是”或者“否”（布尔数据）字段。

c. 课程进度表和课程表相关，而课程表与价格表相关，为什么把“每日价格”字段放在课程进度表里是合适的？

d. 在课程参加人登记表里使用参加者的姓名和电子邮件地址的好处和坏处是什么？你还可以用其他数据库设计记录此项信息吗？

e. 写出一个查询语句，使其能列出每门课程有多少名注册的参加者，包括课程的名称、容量、日期以及参加者的数目。

课程进度表

进度编号	课程编号	地点	开始日期	每日价格（美元）
1	1	101—A	7/12/2008	2 680
2	1	101—A	7/19/2008	2 680
3	1	101—B	7/19/2008	2 680
4	4	101—A&B	7/26/2008	2 144
5	5	101—A…B	8/2/2008	2 144
……				

课程参加人登记表

进度编号	参加者	电子邮件	提醒	确认
1	Linda Adams	adams. l@…	是	是
1	Fatima Ahmad	admad. f@…	是	否
1	Adam Alba	alba. a@…	是	是
4	Denys Alyea	alyea. d@…	否	否
4	Kathy Bara	bara. k@…	是	否
……				

3. 销售锯木屑

锯木厂经营者的工作就是将大树变成木材。木材产品包括木板、夹板和单板。自锯木厂成立以来，锯木厂经营者就一直尝试解决一个问题：如何处理副产品——锯木屑。有创意的例子比比皆是。

同样，许多企业经常产生大量的数据，面临如何处理这些“副产品”的挑战。通过一点额外的努力就能够将它们变成有价值的产品吗？研究以下问题：

a. 你所在的大学对学生的目录数据是如何处理的？

b. 你所在的大学出售学生信息数据吗？如果出售学生信息数据，那么会出售什么数据，卖给什么人，卖多少钱？

c. 如果你所在的大学出售学生信息数据，计算出从每个学生数据中获得的收入。你愿意每年花同样的钱来换取保留自己隐私的权利吗？

4. 数据格式与操作

萨珀（Sapper）小姐是一家国际化会计师事务所的市场部经理，也是公司今年年度合作伙伴会议的协调员。由于有来自世界各地的400个合作者参加会议，萨珀面临艰巨的沟通任务，她希望将其工作尽可能多地实现自动化。萨珀从IT部门收到了一份包括全部合作伙伴姓名和其他个人信息的文件，这个文件的扩展名是“CSV.”。她想知道自己下一步该做什么。

CSV即逗号分隔值，是一种非常基础的数据格式，很多数据库用它来输入和输出数据。作为最小值，CSV格式将一个记录中的所有字段分成一行行文本，然后将一行中的每一字段用逗号或者其他定界符分隔开。当文本信息包含了逗号后，这种格式需要将文本信息放入一对引号中。萨珀需要将这些数据转入Excel表。由于IT部门的员工非常忙，她决定自己完成这件事。

a. 从MIS 9e OLC上下载并保存“partners. csv”文件。用Microsoft Word打开该文件。当寻找打开的文件时，记得寻找扩展名为“csv”的文件。选择相应的文件。

b. 将“partner. csv”文件输入Excel表。当寻找打开的文件时，记得寻找扩展名为“csv”的文件。Excel自动将数据正确地格式化了吗？将文件保存为“partner. xls.”。

c. 用你自己的话来描述为什么你认为数据库制造商使用通用的数据格式在他们的系统中输入和输出数据。

案例5.3

亚马逊、eBay和谷歌公司：解锁并分享企业数据库

在西雅图，一个雨天里，会议拖延了一个多小时，杰夫·贝索斯（Jeff Bezos）已听得不耐烦了。这位亚马逊公司的CEO召集15位有经验的工程师和经理在会议室讨论一个在公司里已经议论纷纷的问题：亚马逊应该公开它最值得自豪的数据仓库吗？这个数据仓库包括公司大量的数据库，外界的企业家会不会通过该数据仓库制造威胁？

在过去的几年里，许多外界人士一直要求访问亚马逊的内部数据。这些数据有力地支持着价值70亿美元的零售业务：产品描述、定价、销售排行、客户评价、库存数据以及其他方面的内容。总的来说，这是亚马逊公司花了10多年时间和10亿美元建立、组织和维护的数据宝藏。

为什么贝索斯突然决定要交出这把“钥匙”呢？在会上，一些人提出：如果将亚马逊的数据交到顶级Web创新者的手中，那么这些数据将成为新的网站和企业的“发电机”，不但能扩大该公司已有的庞大的在线势力范围，最终还能获取更多的销售利润。然而，也有一些人担心这一举措会带来风险。一位经理警告说，一旦对所有人开放数据仓库，我们的业务运作方式将会变成我们所不能理解的样子。

贝索斯以其独特的方式结束了这次讨论。他从椅子上跳起，模仿一个裸露癖者，打开上衣，大声呼喊：“我们将大胆地‘裸露’自己！”

如今，有很多理由来为贝索斯的“裸露”行为欢呼。自从亚马逊公司于2002年在一个叫做Amazon Web Services的项目的保护下开放了它的数据仓库，已经有超过65 000个开发者、企业和企业家访问过这些数据。利用这些数据，他们正在建立赚钱的网站、新的在线购物界面，为成千上万的亚马逊独立商家提供创新性服务。他们中的很多人突然变成了贝索斯的最有野心的商业合作伙伴。“两年前，这只是一项实验，现在则是我们战略计划的核心部分。”亚马逊的总工程师阿尔·韦尔默朗（Al Vermeulen）说。

这只是在亚马逊公司发生的一幕。在贝索斯决定向开发者和商业合作伙伴开放其

数据库一年后，eBay公司的首席执行官梅格·惠特曼（Meg Whitman）回应了来自其公司开发团队的类似呼吁。他决定将eBay公司价值30亿美元的关于每周3 300万拍卖项目的数据库向网络搜索引擎开放。大约15 000名开发者和其他人员注册使用这个有价值的数据库，并且使用了其他的软件功能。到目前为止，eBay公司41%的列表通过软件上传到网上，这样就可以充分利用这些刚刚开放的数据资源了。

同样的事情也发生在谷歌公司，它的理念是找到自己的立足点。该公司分发了一些搜索结果数据以及近期才解锁访问权的桌面和付费产品。现在，从客户Web浏览器到图形搜索引擎都出现了很多Google驱动服务。然而，与亚马逊和eBay相比，谷歌只迈出了一小步。开发人员能够一天免费获取1 000条搜索结果，但是一旦超出这个数目就需要特定的许可。2005年1月，谷歌终于向外界应用开放了其广告词付费搜索服务，并允许市场营销者自动操作他们的Google广告活动。

这种开放政策背后隐藏的究竟是什么？即就是开创性。贝索斯、惠特曼和谷歌人正将他们的公司推向他们认为的Web的伟大新超越——一个将在线交易作为开放软件平台来运作的时代。这个软件平台能够容纳成百上千的销售产品与服务的其他业务。长期接触技术图书的出版商Tim O'Reilly指出："我们最终将整合其他网站。"

正如贝索斯在公司起步阶段对公司的定位，大多数人都将亚马逊公司视为全球最大的零售商，或者"地球上最大的书店"。然而，在公司内部，这些看法显然是保守的。"我们在本质上是一家科技公司。"韦尔默朗说，他和贝索斯已将亚马逊看成是一些在Web上可用的软件。韦尔默朗确信："Amazon.com只是这个平台上的另一个应用。"

麻省理工大学管理学院的工商管理教授埃里克·冯希佩尔（Eric von Hippel），曾经这样解释一条旧规则："我们来自一种文化，如果你在这种文化上投资了，你就能保留它。这就是你的竞争优势。"开放资源软件这一想法的提出无疑挑战了这种说法。开放数据库和网络服务依靠公司分享其重要数据显示出在线交易间自动链接的趋势已经离旧规则更远。

就像韦尔默朗说的那样，"那些已经获得成功的公司需要考虑移走这堵墙，而不是建起一堵墙。"对亚马逊来说，有很多证据支持这种逻辑。在已经获得注册使用亚马逊公司的免费数据仓库的65 000个人和公司中，大约有1/3已在使用那些软件工具，这将使亚马逊约80万个活跃的商家受益。

其中最智能的要数ScoutPal——一种将手机变成移动条形码扫描器的技术。创始人戴维·安德森（Dave Anderson）说："它就像是一个用于图书的盖革（Geriger）计数器。"几年前，在亚马逊网站上销售图书的妻子巴巴拉（Barbara）将50磅重的书拉回家，发现自己为这些书投入太多却赚不到钱，为此，安德森想出了这个方法。他编写了一个应用程序来与一个条形码扫描器进行连接。巴巴拉再也不用扫描书的条形码或者在10位ID编号上打孔了。这样她就可以降低这些书在网上的最新售价，并在支付库存费用之前计算出可能达到的利润率。安德森说他妻子的销售额翻了3倍，已经达到了每年约10万美元，利润率也从50%上升到85%。而他现在也有六位数的收入了，因为ScoutPal有了1 000多个用户，每个用户每个月要支付10美元。

其他的工具也获得了发展。像SellerEngine这样的软件程序能够帮助零售商在主要的网站上传他们的库存、最低售价和自动交互信息（比如添加新的列表）。同时，来源于Associates Shop.com的软件使得成千上万的其他网站操作者（这些亚马逊的合作伙伴共有90万多个）创建与亚马逊相关联的定制的店面。这样既能为贝索斯产生新的销售利润，也会给这些合作者带来佣金收入。

近期，像安德森这样允许人们随意使用其平台给亚马逊带来的最大好处也许就是让亚马逊免费得到实验性的研发机会。韦尔默朗说："我们将尝试自己为所有商家开发应用程序，或者建立一个平台让别人来帮我们开发应用程序。"贝索斯补充道："现在，我们只想让人们以创新的方式来使用亚马逊。"

eBay公司的实验已经让大家雄心勃勃。该公司指出，从其约15 000个注册的开发人员中，已经产生了1 000多个新的应用程序。和亚马逊一样，最受欢迎的是那些能够帮助商家自动化处理在eBay网上列出商品条目或者在其他网站上显示这些条目的应用程序。很多像Channel Advisor（自身就是盈利数百万美元的企业）、Marketworkers和Vendio这样的公司都为eBay商家提供拍卖软件或服务。eBay公司平台推广部门主管杰夫·麦克马纳斯（Jeff McManus）对所取得的收益感到惊讶，他指出："那些使用我们提供的应用程序界面的用户比那些只使用网站本身的用户的生产效率高出至少50%。"

在eBay网上进行交易时，数据链接也会帮助企业创建装满库存产品的店铺。例如本部位于拉斯维加的SuperPawn公司，在亚利桑那、加利福尼亚、内达华、得克萨斯和华盛顿等地经营着46家连锁当铺。这家公司（最近被一家较大的当铺经营公司Cash America International收购）使用eBay公司的应用程序界面来自动从其实体店向eBay网上传最新的典当条目。这个系统已经帮助SuperPawn将每年4 000万美元的销售收入提高了至少5%，同时eBay公司也获得了更多的在线交易。

资料来源：Erik Schonfeld，"The Great Giveaway，"*Business 2.0*，April 2005，pp. 81-86.

问题

1. 对亚马逊和eBay来说，向开发者和企业家公开其部分数据库会得到什么经济效益？你同意这种经营战略吗？为什么？

2. 是什么经济因素使谷歌逐步开放其数据库？你同意这种循序渐进的企业战略吗？为什么？

3. 其他公司应该追随亚马逊和eBay公司来向开发者和其他人员开放部分数据库吗？通过一个真实公司的风险和收益的例子来说明你的观点。

实践

1. 向开发人员和企业家开放一个公司产品、库存和其他数据库信息是个相对较新的观念。上网查找采用这种企业战略的公司，并且阐述它们这么做所得到的好处。

2. 对一个公司来说，向外界部分开放其数据库不是一个无风险的战略。有哪些风险？什么样的防护措施能够应对一个公司的数据损失或者滥用？与你的同学分成小组来讨论这些问题，并表明你的立场。

第6章　远程通信和网络

学习目标

1. 了解网络的概念。
2. 能够应用麦特卡尔夫定律理解网络价值。
3. 了解远程通信和网络在产业、技术和商业应用中的主要发展和趋势。
4. 了解有关互联网、内联网和外联网的商业价值的案例。
5. 识别在商业环境下远程通信网络的基本组成、功能和类型。
6. 解释远程通信网络硬件、软件、媒介和服务等主要组成部分的功能。
7. 解释客户机/服务器（C/S）网络的概念。
8. 理解两种模式的对等网络。
9. 说明数字信号和模拟信号的区别。
10. 识别远程通信网络中的各种传送媒介和拓扑结构。
11. 理解无线网络技术的基本原则。
12. 理解 TCP/IP 协议的相关概念。
13. 了解 OSI 网络模型的七层结构。

6.1　网络化企业

网络化企业概述

在计算机被网络化后，两大产业——计算机和通信——融合在了一起，其结果远远超过了两者之和。突然间，计算机应用软件被应用于企业间的协调和商务活动，以及各种规模的组织中。随着全球网络的发展，一个没有地理界线的公共空间——网络空间形成了，在其中普通公众能够自由交流，发表己见，购买商品和服务。简而言之，计算机和通信对社会和组织结构的影响都被极度地扩大了。

通信和网络技术正导致商业乃至整个社会的互联与变革。商业已经变成网络化的企业。互联网、Web、内联网以及外联网正将商业流程和员工以网络的形式连接起来，并将他们与顾客、供应商和企业股东联系起来。这使公司和工作团队的合作更有创造力，能够更加有效地管理企业运作和企业资源，从而在当今快速变化的全球经济环境中成功地提高竞争力。本章介绍与上述发展相关的通信与网络基础知识。

阅读下面关于未来的公共 Wi-Fi 的真实案例，可以从中了解这种几乎提供无所不在的服务的新型商业模式。

案例 6.1

星巴克和其他公司：公共 Wi-Fi 的未来

公共 Wi-Fi 热点近些年来非常流行。在此期间，提供 Wi-Fi 服务的公司不断摸索并试图找到利用它获利的方法。其中最主要的模式是对网络本身收费。每月付 20 美元，用户可以不限时在任意地点登录。然而最近，一种新的引爆点已经被发现：放弃收取租金，Wi-Fi 可以用引诱消费者去购买其他商品或服务。现在，Wi-Fi 更像银行用来引诱顾客开户而赠送的免费烤面包机。

星巴克在从利用 Wi-Fi 收费到利用 Wi-Fi 引导顾客的转变中成为领先者。这可能是由于星巴克一直以来都要面对与麦当劳争夺早餐顾客群的竞争。麦当劳最近也积极推进 Wi-Fi。

星巴克提供这项服务可谓神来之笔。只要顾客使用星巴克卡，就可以得到星巴克和美国电话电报公司（AT&T）提供的每天两小时免费无线网络。如果顾客想每天使用多于 2 小时的无线网络，可以每月付 19.99 美元，并得到 AT&T 提供的不限时无线网络，涉及 89 个国家的 70 000 个热点。通过提供免费 Wi-Fi，星巴克不但增加了糖和咖啡因的销量，还推动了有利润可赚的星巴克卡，并提供了一种让人们多交钱来使用不限时 Wi-Fi 的方式。

星巴克卡在三个方面让星巴克获利。第一，持有星巴克卡的顾客在还有其他选择时更加愿意光顾星巴克。第二，众多顾客会提前付款，这让星巴克的收入提前进账（而不必等到顾客买咖啡时）。第三，顾客手中的卡可能会丢失、被偷或者遗忘，在这种情况下，星巴克可以不提供任何服务就收到钱。

像许多独立的咖啡馆一样，位于西雅图的 Bauhaus Books and Coffee 长期以来通过提供免费 Wi-Fi 的方式来吸引顾客。“每天晚上，整个吧台都坐满了使用电脑的顾客。”在 Bauhaus 任职 13 年的经理格雷斯·海因策（Grace Heinze）说。Bauhaus 位于西雅图城区与美国国会山之间，在方圆一英里半的范围内有 15 家星巴克，一英里范围内有 38 家星巴克。尽管竞争激烈，Bauhaus 还是发展起来了。

Bauhaus 的名称源于 1920 年的德国艺术运动，店内保留了重要事件的印迹，那么海因策是否担心这样略显华而不实的咖啡馆会被星巴克抢走顾客呢（考虑到有些顾客会因为 2 小时的免费 Wi-Fi 而放弃高网速）？事实并不是这样。

“我们并不担心，”海因策说，“顾客来 Bauhaus 是因为他们喜欢我们这里的咖啡和环境。”Wi-Fi 热点出现在 21 世纪初。笔记本电脑拥有者的数量急剧增加，推动了 Wi-Fi 在咖啡馆中的应用，Wi-Fi 咖啡馆正逐渐取代老式的网络咖啡馆，显然后者需要大量资金用于购买设备和维护计算机。

Caffe Ladro 连锁店西雅图地区总经理杰克·凯利（Jack Kelley）表示，几年前，许多提供 Wi-Fi 热点的咖啡馆只允许顾客付费使用。它们担心，一旦公共 Wi-Fi 免费，商店周围就会聚集“露营者”。但 Caffe Ladro 在西雅图的 12 家分店将 Wi-Fi 改成免费之后，并没有发生这种情况。“如今，我们丝毫不担心有人坐在停车场里使用免费 Wi-Fi。”当被问及是否感受到来自星巴克的竞争压力时，凯利说：“现在 Wi-Fi 比比皆是，星巴克是否在这方面有些落后呢？”

由于要提供更多免费 Wi-Fi 热点，许多商家开始采用网络广告来抵消成本或者增加收入。这些广告会在用户登录时出现，或者出现在用户的登录页面中。大家熟悉的JiWire每个月在不同的Wi-Fi中向800万用户推出广告，其中包括Boingo（一家提供Wi-fi热点的服务商，连接时，Boingo能嗅探到一系列移动无线热点，只需点解就可以快速上网），在其中网速会比普通网页快很多。对于Caffe Ladro的凯利来说，这种广告略显粗俗，他说："这就像影院里我们看到的广告一样，实在是让人难受。"

"许多小咖啡馆的赞助商会持续支持他们当地的店铺，原因有很多，比如忠诚度、相对于商业巨头的独特环境、社区支持和地点的方便性等。"凯利说，"许多顾客流失带来的损失可以被抵消，因为总体而言Wi-Fi的使用需求会增加。"

Bauhau的海因策说："我们与两家同行距离非常近，并且坐落在拥有许多公寓的地区。"虽然Bauhaus就在星巴克的周边与之竞争，但海因策表示，"Bauhaus并没有采取任何对策。作为一个独立的咖啡店，Bauhaus要做的就是展现自己的风格。即使星巴克有相同的特点，也没有关系。"

如同电视一样，Wi-Fi越来越多地向广告让步。然而这种模式的有效性尚未得到证实，至少至今没有人靠这种广告方式获利。JiWire的"Ads for Access"项目向用户提供免费Wi-Fi，但收取广告费，广告出现在从这些热点登录的过程中。JiWire最近又将目标转向了iPhone用户。Wi-Fi在部分机场是免费的，丹佛国际机场是其中最大的机场之一。除了引入广告外，免费Wi-Fi网络还得到了迪士尼公司的资助，这样用户就可以在连接中进行下载了。一家名为"HypeWifi"的公司提供Wi-Fi赚取广告费，并同时向顾客提供收费市场调查服务。用户在登录过程中可以通过回答一两个问题来获得Wi-Fi免费使用权，公司将收集到的结果展示给投资商，从而提供用户人口分布信息。

在任何商业领域中，没有人平白无故地提供免费的Wi-Fi。比如，有些则宾馆提供免费Wi-Fi，有些则不提供；有些机场有免费热点，有些则没有。一个有趣的发现是，即使在Wi-Fi收费的情况下，它也是顾客作出选择的一个内在诱因。

经过一段时间，Wi-Fi在运输业中突然兴起。美国和欧洲的大多数航空公司已经实施或计划引入飞行Wi-Fi，其中大部分是收费的。在未来的两年内，所有主要的航空公司都会引入飞行Wi-Fi。

航空Wi-Fi同时也刺激了欧洲的一些运输公司在火车中装载Wi-Fi。这些铁路服务公司将飞行航线视为可获利的旅行市场中的竞争对手。市郊往返火车和出租车也逐渐引入Wi-Fi。事实上，无论在哪里，只要出现有足够资金和时间的商务人士，就会出现对Wi-Fi的需求。所有商家都需要这样的顾客，因为他们有可能在其他服务上消费。

在星巴克或Boingo，Wi-Fi从无条件免费到过度收费。但是Wi-Fi向完全免费方向发展的趋势很明显，并且没有减缓的迹象。所有人都爱Wi-Fi——越便宜越好。

然而有些人认为Wi-Fi没有很好的前景。"随着移动宽带的兴起，Wi-Fi热点的作用和电话亭别无二致。"爱立信公司首席营销官约翰·贝延达尔（Johan Bergendahl）说，"移动宽带的发展速度远远超过当年电话和手机的发展速度。"在澳大利亚，人们预言本年度移动宽带的使用会超过固定宽带。"移动宽带的发展更快了，在瑞典最流行的电话是带USB接口的调试解调器。"

由于越来越多的人使用移动宽带，热点将不再有需求。同时，越来越多的笔记本电脑支持爱立信偏爱的高速封包存取（high-speed packet access，HSPA）技术。爱立信最近签署了同意将HSPA技术应用于联想笔记本电脑的协议。"在未来的几年内，HSPA会像Wi-Fi一样普及。"贝延达尔说。

然而挑战依旧存在。覆盖率、可用性和价格都是成功与否的关键因素，尤其是对于那些漫游于其他网络的用户。"整个行业需要解决国际漫游问题，"贝延达尔说，"运输公司需要一起合作，就像你在国外每天付10美元那样轻松。"对于专业用户来说，不知道一次商务旅行之后要付多少钱是难以接受的。此外，覆盖率也需要进一步提高。

资料来源：Adapted from Eric Lai，"Indie Coffeehouses Tell Starbuks：Bring on Your Free Wi-Fi，" *Compurerworld*，February 14，2008；Mikael Rickäs，"Ericsson Predicts Demise of Wi-Fi Hotspots，" *Computerworld*，March 10，2008；and Mike Elgan，"Wi-Fi Wants to Be Free，" *Computerworld*，February 15，2008.

问题

1. 你认同星巴克提供限时免费 Wi-Fi 服务的计划吗？你认为免费 Wi-Fi 足以形成顾客品牌忠诚度吗？基于本案例中介绍的其他咖啡馆的经验，你认为免费 Wi-Fi 是建立忠诚顾客群的一个关键因素吗？

2. 星巴克采取这一举措的部分原因是，像麦当劳之类争夺早餐顾客群的竞争者也引入了 Wi-Fi。你认为这种提供免费 Wi-Fi 的竞争者会抢走星巴克的很大一部分顾客吗？为什么？

3. 本案例中提到了通过提供广告和问卷调查服务来盈利的公司。你会愿意在机场等地点以看广告或者回答问卷的方式来换取免费使用 Wi-Fi 的机会吗？如果不是使用私人笔记本电脑，而是使用公司电脑，出于安全考虑，你会改变答案吗？

实践

1. 爱立信公司的约翰·贝延达尔相信 Wi-Fi 时代很快就会结束，移动宽带将会取代热点成为主要的无线网络进入方式。在网上搜索关于移动宽带的现行商业模式，并将它的特点与 Wi-Fi 热点进行比较。你会选择哪一种？什么因素会影响你的选择？

2. 上网查询关于本案例中提到的公司所在商业领域的信息，标出哪些公司提供免费 Wi-Fi，哪些公司不提供。分组并在小组内部以头脑风暴的方式讨论造成这些差异的可能原因。你能发现提供 Wi-Fi 收费和免费使用的公司的不同商业模式吗？

网络的概念

由于我们对信息系统和技术十分关注，因此很容易将网络当作相互连接的若干计算机。然而，为了全面理解这种相互连接的计算机的价值，从广义上理解网络的概念显得尤为重要。

从定义上来讲，**"网络"**（network）一词意味着相互连接或者相互关联的链、群或者系统。通过这种方式，我们可以定义所有类型的网络：连锁宾馆、公路系统、某人的通讯簿或者掌上电脑上的名册、铁路系统、教会成员、俱乐部或者组织。在现实世界中，有关网络的例子不胜枚举，纵然有无限价值和力量，计算机网络也只是其中的一种类型。

网络的概念可以表述为一种在单向通信环境中计算可能的连接数或互动数的数学公式：$N(N-1)$，或N^2-N。在公式中，N 表示网络中的节点数。如果只有少数节点存在于网络中，可能连接的数目就会非常小。通过公式可以看出，3 个节点产生 6 种可能的连接，拥有 10 个节点的网络会产生 90 个可能的连接。拥有大量节点的网络，其连接数也以相应比例增长。一个拥有 100 个节点的网络产生 9 900 个可能的连接，拥有 1 000 个节点的网络则产生 999 000 个可能的连接。仅仅添加 1 个节点，就可以使网络的可能连接数扩大很多倍。试想一下，在一个连接 3 万个市镇的高速公路系统中添加一个新的进出通道会产生怎样的效果？又会增加多少种可能的连接？也许在你的 Facebook，MySpace 或者 Plaxo 账户中添加一个新的好友的例子更能说明问题。如果你有 100 个好友，他们每个人各自又拥有 100 个不重复的好友——试想一下这种网络，这就是我们接下来要讨论的内容。

麦特卡尔夫定律

罗伯特·麦特卡尔夫（Robert Metcalfe）建立了 3Com 公司，并为计算机网络设计了 Ethernet 协议。他利用自己对网络概念的理解来阐述连接数随节点数增加呈指数级增长的商业价值。**麦特卡尔夫定律**（Metcalfe's law）说明，一个网络的有用性等于其用户数的平方。

考虑我们每天使用得最普遍的电话，可以更好地理解麦特卡尔夫定律。如果只有你和你最好的朋友有电话，它的使用会非常有限。只有整个城市都加入到电话系统中，它才会更加有用。如果全世界都连上电话线，那么这个系统将超乎想象。只要增加电话系统的连接数，将会得到更加巨大的潜在价值。要获得这种价值，需要很多人安装并使用电话，换言之，电话的使用量要达到一个很大的数字。对于其他技术来说也是一样。

在达到海量用户数之前，电话的改变仅仅限于技术。一旦达到海量使用量，社会、政治和经济系统都会相应改变。这一点对于数字网络技术也适用。以互联网为例，在 1993 年它达到了海量用户数，当时在整个网络上有 250 万台主机；到 1997 年 11 月，主机增加到约 2 500 万台。根据互联网数据统计机构的统计数据，到 2009 年 3 月，互联网的用户数达到了 16 亿！更重要的是，这意味着全球 24%的人都在使用互联网。鉴于计算机成本的持续下降（摩尔定律，第 3 章提到）和互联网的指数级增长（麦特卡尔夫定律），在每次登录互联网的过程中我们都可以期待更低的成本和更大的商业价值。

□ 通信的发展趋势

通信（telecommunications）是通过计算机网络进行的任何形式（声音、数据、文本、图像、音频）的信息交换。早期的通信网络未使用计算机来管理，比现在的基于计算机的网络慢很多。通信领域的主要发展趋势对于该领域的管理决策会产生重大影响。因此，你应该关注影响企业经理或专家决策的通信产业、技术和应用的主要发展趋势（见图 6—1）。

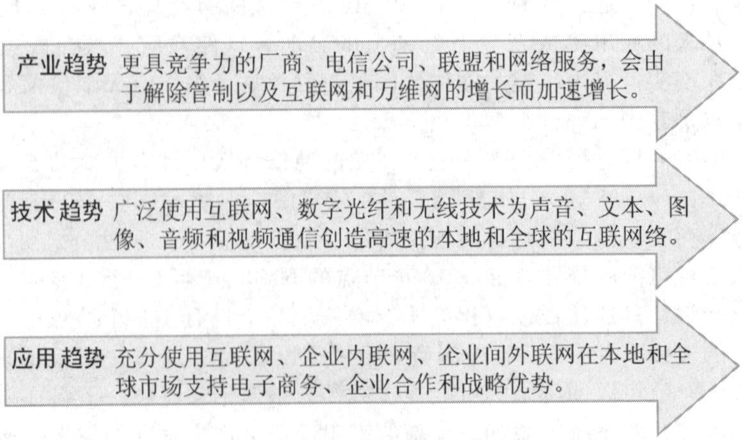

图 6—1　商用通信的主要发展趋势

产业趋势

近年来，通信服务领域的竞争环境剧烈变化，通信业也从政府垄断逐步向解除管制转变，供应商之间的竞争日益激烈。如今很多公司给消费者提供更多的选择，包括本地和全球服务、通信卫星频道、移动无线电、有线电视、手机服务和互联网接入等（见图 6—2）。

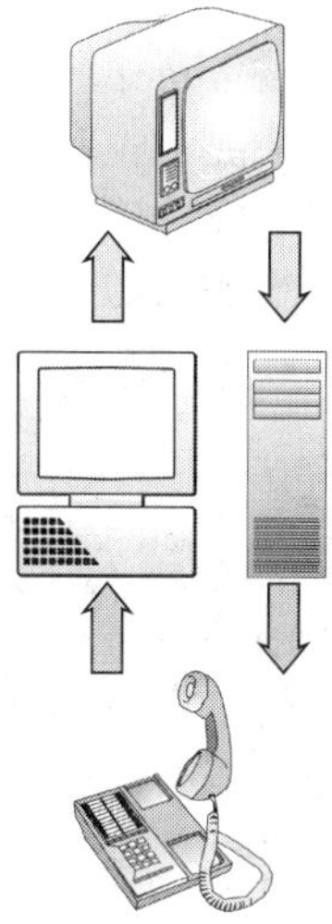

图 6—2　通信服务

互联网和万维网的爆炸性增长产生了许多新的通信产品、服务和供应商。伴随着这种增长，公司更多地使用互联网进行电子商务和协同合作。满足公司通信需求的服务和供应商也大幅增加，这使企业管理者作出决策的选择变得更多。

技术趋势

以互联网技术作为平台的开放系统，通过使用无限制连接已经成为当今主要的通信技术。Web 浏览器套件、HTML Web 编辑器、互联网和内联网服务器、网络管理软件、TCP/IP 互联网产品、网络安全防火墙只是一部分例子。这些技术已经用于互联网、内联网、外联网应用中，尤其是电子商务和协同合作方面。这些趋势使以前的产业和技术向基于开放系统结构的客户机/服务器网络方向发展。

开放系统（open systems）是使用硬件、软件、应用网络等标准的信息系统。开放系统与互联网及公司内联网和外联网一样，都创造了开放的计算机环境，面向其终端用户和互联网计算机提供简单的访问。开放系统提供更好的连通性，使联网计算机和其他设备更加方便地交流并分享信息。任何开放系统结构都提供更好的互操作性，即开放系统能让终端用户使用不同网络提供的不同计算机系统、软件包和数据库实现不同的应用。被称为中间件的软件经常用来帮助不同的系统在一起工作。

中间件（middle ware）通常用来连接或协调两个已存在的独立程序。一个中间件的一般应用是允许编写程序访问数据库，而不需要冗长的译码。

中间件通常被看作信息系统的通道口，因为它能够在不同终端数据源和终端用户应用之间，对用户的数据和信息进行清晰的传送。中间件自身即使有可见的前端，数量也不会很多，但中间件是任何 IT 设施的必要组成部分，因为它使不同系统在共同的框架下连接在一起。

通信也由于从模拟技术到数字网络技术的快速变化而发生变化。通信系统曾一度依赖声音导向的模拟传输系统来传送人类声波产生的电频。然而，本地和全球通信网络正迅速向数字传输技术转变，像计算机一样以不连续脉冲的形式传输信息。这种转变有以下优点：（1）更快的传输速度；（2）更大的传输量；（3）更加经济；（4）比模拟系统更低的出错率。此外，数字信号技术使通信网络能够在同一线路上承载多种类型的通信（数据、声音、视频等）。

通信技术的另一主要趋势是从依赖铜线媒介和基于陆地微波系统向光缆和蜂窝系统、通信卫星以及其他**无线技术**（wireless technologies）转变。使用激光脉冲的光纤传输在减少尺寸和安装强度、超远距离通信能力、加快传输速度、排除电磁干扰等方面都有明显的优势。卫星传输对需要在全球范围网络中传输大量数据、音频和视频的组织有着明显优势，尤其是对于偏远地区的组织。蜂窝系统、移动音频和其他无线系统把蜂窝系统电话、PDAs 和其他无线应用连接到互联网和公司网络中。

商业应用趋势

通信产业和技术的变化引发了通信商业应用的显著变化。更多的厂家提供相关服务，互联网技术和开放系统发展迅速，互联网、万维网、公司内联网和外联网增长加快，这些趋势使可利用的通信应用急剧增加。因此，通信网络在网络化的电子企业、电子商务、企业合作和其他商业应用中扮演着越来越重要的角色，对企业的运营、管理和战略决策提供支持。

互联网 2

在讨论通信发展趋势时，需要强调的是，互联网在这些变化中牢牢占据着中心地位。即使忽视互联网的重要性和看似未被发现的界限，我们也已经着手研究下一代“网络的网络”。互联网 2 是一种使用完全不同的基础架构的高效网络。当前已有 200 多所大学和科研机构以及 70 家通信公司加入到互联网 2 的研究中。人们对于互联网 2 有很大的误解，认为它是原有互联网的后续产物，并将在未来取代互联网。实际上，互联网 2 永远不会取代互联网，因为它并不是设计用来取代互联网的，而是为现有互联网的下一步发展提供参考路线图。一些更加完善的想法（如产生新地址协议和卫星传输的高质量视频）可能会在互联网上部署发展，但是其实现可能需要 10 多年。

互联网 2 的网络可能永远不会完全开放；它可能只应用于大学、研究机构和政府中。但可以确信的是，目前在互联网 2 中使用的光速技术最终会应用到公共互联网中。现在，互联网 2 的目的是分享、协作和高速通信——有趣的是，这些都是建立今天的互联网的初衷。

绝大多数机构和商业伙伴是通过 Abilene 连接到互联网 2 中的，Abilene 是一种支持 10Gbps 吞吐量的网络支柱。一些国际网络也被连接到 Abilene 的设施中，并且随着项目的发展，越来越多的网络将能够连接到现有的模式中。参与到互联网 2中的合作伙伴的一个共同特点是积极参与新应用及互联网协议的开发和测试，重视研究和合作，专注于能够充分利用机遇的事情（如视频会议、多点传送、远程应用和新协议）。简而言之，互联网 2 的最大特点就是高速通信和无线宽带。

为了让大家了解未来网络的速度有多快，一个国际研究团队已经用它创下了前进速度的纪录。2002 年末，这个团队通过光纤传送 6.7G 的数据横跨 6 821 英里的距离用时不到1分钟。这相当于将两个完整的DVD格式的电影传送至1/4地球周长距离用了不到1分钟，速度约为9.23亿比特/秒，相当于410 000英里/小时。这个团队现在正致力于打破自己的纪录。

为了通过互联网探索新的途径来获得商业竞争力，人们正努力使互联网变得更大更快。2009年，互联网2建立13周年，与1996年建立时相比，现在其广度、速度和存储能力已经得到扩展。我们将在本章讨论互联网地址协议时再次提到互联网2。

互联网的商业价值

公司利用通信技术发展趋势，能够创造什么样的商业价值呢？利用互联网、内联网、外联网以及其他通信网络能够大幅削减成本，缩短业务的提前期和响应时间，支持电子商务，改进工作团队的合作，开发在线操作流程，共享资源，锁定客户和供应商，开发新产品和服务等。这些通信应用对需要在国内和国际市场上快速反应的企业至关重要，因而具有战略意义。

表6—1阐述了基于通信的商务应用可以怎样帮助公司克服地理、时间、成本和结构方面的障碍来实现商业成功。注意四种通信网络战略能力的商业价值。表中强调了若干电子商务应用如何帮助公司以较低的成本迅速获取信息并提供给远程终端用户，同时支持公司的组织战略目标。

表6—1　通信网络商业应用价值的实例

战略能力	电子商务实例	商业价值
克服地理障碍： 远程获取商业交易信息	出差的销售人员利用互联网和外联网向公司数据中心传送客户订单，用来进行订单处理和库存控制	通过减少完成订单的延时来提供更好的顾客服务，通过加快用户订单处理速度来改善资金流
克服时间障碍： 在接到请求后迅速远程提供信息	在销售点使用POS网络进行信用授权	在几秒钟内完成信用查询和回复
克服成本障碍： 减少传统通信方式的成本	企业及其商业伙伴通过互联网、内联网、外联网举行桌面视频会议	减少高昂的商务差旅费用；通过允许客户、供应商和员工合作的方式提高决策质量
克服结构障碍： 支持竞争优势的综合利用	供应商和客户通过互联网和外联网建立B2B电子商务网站	快速方便的服务可以锁定客户和供应商

例如，出差的销售人员和区域销售办公室的办公人员可以使用笔记本电脑和PC机，通过互联网、外联网和其他一些网络来传送客户订单，从而打破地理障碍。通过支持即时信用认证和销售过程，销售终端和在线交易处理网络能够打破时间障碍。采用电子会议的方式，可以通过减少差旅费来降低成本，允许客户、供应商和员工参与会议并进行合作，且不需要长途跋涉到达会议现场。B2B网站可以通过加快商业交易速度来建立其与客户和供应商的战略关系，进一步满足商业伙伴的需要。

互联网变革

互联网的爆炸性增长是计算机和通信领域的革命性变革。现今，互联网已成为最大和最重要的网络，是全球化的信息高速公路。我们可以把互联网看作数以百万计的小型私人网络组成的大网络，每个小网络都有独立于其他连接在互联网上的小网络的运作能力。互联网在 1991 年创立时只有 10 台服务器，到 2004 年 1 月拥有约 4 600 万台服务器，并保持着每月新增 100 万台服务器的稳定增长。2007 年 1 月，互联网有约 10 亿用户，网站使用 34 种语言。

由于越来越多的商业和其他类型机构以及用户、电脑和网络连接到全球化网络中，时到今日，互联网仍在持续地扩大。成千上万的商业、教育和研究机构网络正连接着全球 200 多个国家中数以百万计的计算机系统和用户。互联网用户数量在 2010 年会达到 20 多亿，这只是全球人口数量的 1/3。根据麦特卡尔夫定律，可以想象可能的连接数会有多少。

这个巨大的网络中没有中心电脑系统或通信中心，却有 13 个名为“根服务器”的服务器来处理大量电脑之间的连接路线。其中，每一条传送的信息都拥有唯一的地址编码，因此网络中的任何互联网服务器都能沿着路线找到目的地。互联网也没有总部或者监控主体。由个人和企业组成的国际咨询和国际标准组织包括互联网协会（www. isoc. org）以及万维网协会（www. w3. org），促进了互联网的使用，并开发出了新的通用标准。这些标准成为信息能够在不同组织和互联网服务提供商（Internet service providers，ISPs）的不同计算机之间自由传送的关键因素。

互联网服务提供商

互联网独有的特点是，没有谁真的对它有所有权，能够登录网络的任何人都可以使用它所提供的服务。因为互联网不能被个人直接登录，所以我们需要专业化提供登录互联网服务的公司。互联网服务提供商是向个人或组织提供登录互联网服务的公司，每月收取一定的费用，向客户提供一个软件包、用户名、密码和登录电话号码以及登录协议。通过这些信息（以及专门的硬件），我们就可以登录互联网，打开万维网浏览器，发送和接收电子邮件。除向个人提供服务以外，互联网服务提供商还为大公司提供服务，将公司的小网络直接连接到互联网中。互联网服务提供商之间就是通过网络登录点相互连接起来的，通过这样的链接，它们可以直接轻松地获取某个网站或者用户节点的信息。

互联网应用

最流行的互联网应用有 e-mail、即时通信、浏览网页、参与新闻组和聊天室。通过 e-mail 可在几秒钟或几分钟内将信息传至全世界各个地方，它能够携带数据、文本、传真和视频文件。互联网浏览器软件（如 Netscape Navigator 和 Internet Explorer）能够让上百万用户在万维网上冲浪，只要打开相应的企业、政府和其他网页超链接，就可以得到他们想要的多媒体信息资源。网站为用户提供信息和娱乐，也是商业机构与其客户和供应商联系及进行电子商务交易的登录地点。我们将在第 8 章讨论电子商务网站通过在线零售商、批发商、服务提供者和在线拍卖的方式提供各种产品和服务。表 6—2 中归纳了流行的互联网应用。

表6—2 **流行的互联网应用**

- 冲浪：点击通往成千上万超链接站点和资源的通道，获取多媒体信息，进行娱乐和电子商务活动。
- e-mail：通过使用电子邮件和即时通信的方式与同事、朋友和其他互联网用户交换电子消息。
- 讨论：参与由有特殊兴趣的人们组成的论坛，在网站聊天室里进行即时文本交谈。
- 发布：在网站或网络日志上发表意见、观点或者原创作品供他人阅读。
- 买卖：通过电子商务零售商、批发商、服务提供者和在线拍卖，几乎可以买卖所有的产品。
- 下载：把数据文件、软件、报告、文章、图片、音乐、视频和其他类型的文件传送到自己的电脑里。
- 计算：登录和使用世界上成千上万个互联网计算机系统。
- 连接：寻找你的朋友、认识的人和商务合作者的消息，了解他们正在做什么。
- 其他用途：拨打长途电话，召开视频会议，听广播节目，看电视，玩视频游戏，探索虚拟世界等。

互联网提供各种由有不同兴趣的新闻组组成和管理的电子论坛和 BBS。你可以与有相同兴趣爱好的用户一起参与话题讨论或者发布消息。还有其他流行的应用，比如下载软件和信息，访问不同企业、政府和其他组织提供的数据库。可使用 Yahoo，Google 和 Fast Search 等搜索网站和搜索引擎在线搜索信息。在互联网上登录其他计算机，在聊天室里与其他互联用户进行即时聊天也是流行的互联网应用。

VF 公司：在分享信息的情况下设计服装

如果你身处每年要生产上百万条蓝色牛仔裤的公司，没有什么比获得正确的“蓝色”更重要的事情了。这就是 VF 公司的牛仔裤设计师要与全世界各地的工厂和其他设计师用邮件来回传送颜色样本的原因。只要有必要，会传送很多次，从而保证设计师和各个制造商能在细小的颜色差异上达成共识。这也是从设计到推出一款牛仔裤要花上 9 个月之久的原因。

VF 是世界上最大的服装制造公司，拥有的品牌包括 Lee Jeans，Vanity Fairlingerie 和 North Face，VF 期望通过更快地推出新款式来提高自己的竞争力。为了做到这一点，VF 搭建了用来合作设计的 IT 平台，建立了数据库来存储关于材料特征、成本、颜色和过去设计模板等的信息。VF 已经将这一工具部署在美国的 5 个分公司，考虑到 90%的生产厂都不在美国，它又建立了与全球生产厂的实时连接。由于能够通过互联网共享信息，使得 VF 与近海岸的工厂和其他一些距离非常远的供应链伙伴合作。

VF 相信，找到更加有效的确定“蓝色”的方法，找到提高设计新产品和管理物流的新技术，公司每年可节省 1 亿美元，并可将新设计上线的时间缩短几个月。“只要观察一下产品从设计到上架的周期，不难发现有 2/3 的时间都花在了设计上。”VF 负责供应链与技术的副总裁博伊德·罗格斯（Boyd Rogers）说：“新的系统有可能将周期缩短几个月，当然这取决于找到正确的颜色需要几次往复过程。”

系统中有两个关键因素。一个是 GretagMacbeth LLC 的颜色技术软件，用以加速在颜色选择方面合作的进程。另一个是传统的战略迭代开发环境（Strategic Interaction Development Environment），它包含画图软件，用来管理服装细节、原始材料数据库，也称为跨越式系统（Stride）。

通过使用集成系统，一个设计团队能够输入关于产品的想法并附草稿或者一系列设计细节。如果已经存在类似的设计，设计师可以通过复制原有的产品线信息并使用其模板来节省时间。颜色技术软件可以嵌入跨越式系统。这两种技术可以使信息共享变得更加容易，例如，在香港的VF资源办公室可通过实时系统与亚洲的所有第三方制造商签订合同来缝制VF设计的服装。在未来，VF会让材料供应商和制造商连接到跨越式系统中，来进行关于材料和细节事宜的实时迭代。

"我们认为在未来的5年里，每年节省1亿美元的成本是完全有可能的。"罗格斯说，"与各部门和合作伙伴紧密合作来缩短设计生产周期显得越来越重要。"

资料来源：Adapted from Laurie Sullivan, "Designed to Cut Time," *InformationWeek*, February 28, 2005.

互联网的商业应用

如图6—3所示，互联网的商业应用是已经从电子信息交换扩展成为一个广阔的战略性商业应用平台。值得注意的是，商业伙伴之间的合作、提供客户和厂商的支持以及电子商务等如何成为互联网的主要商业用途。企业正在把互联网技术应用于营销、销售和客户关系管理，以及跨功能的业务处理及工程、制造、人力资源和会计等方面。

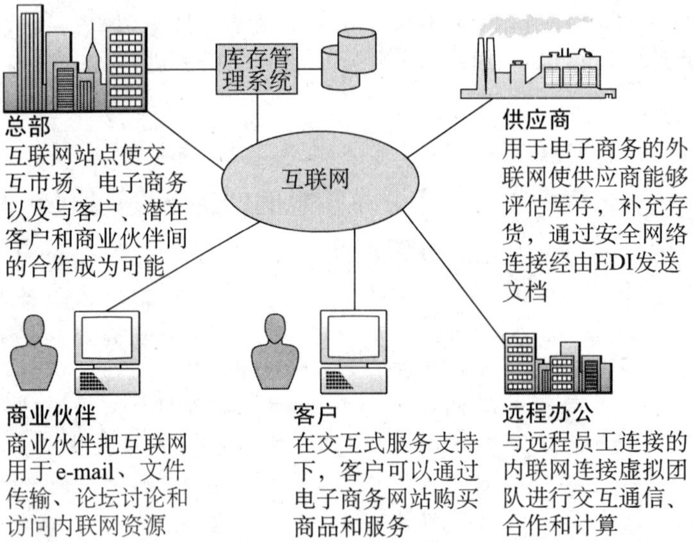

图6—3 企业将互联网应用于商业

互联网的商业价值

互联网是计算机技术和通信能力的集成，它给商业过程的每一个部分都增加了价值。

企业从互联网的商业应用中获得了什么商业价值？图6—4显示了企业是如何通过互联网电子商务获得商业价值的。因为互联网或基于互联网的技术（如内联网和外联网）应用的开发、运行和维护系统比传统系统便宜得多，所以成本也降低了很多。例如，一家航空公司如果每次使用网站而不是电话系统，可以节省不少费用。

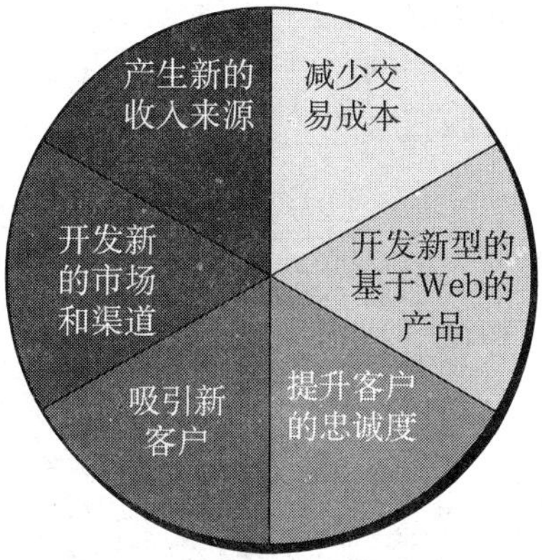

图6—4 企业从电子化业务和电子商务应用中获取商业价值

据估计，在一些类型的交易中，采用在线方式比传统交易方式可以节约很多成本。例如，与电话订票的方式相比，网上订票的方式可以为航空公司节约90%的费用。银行业也发现采用互联网可以节约巨大的开支。一个典型的网上银行交易（付款、收支查询、确认付款状况）大约只需要花费传统方式的50%～90%的成本。

其他商业价值主要来源于以创新的市场和产品吸引新顾客，通过改善客户服务留住现有顾客。当然，通过电子商务产生收入是商业价值的主要来源，这将在第8章进行讨论。总之，大多数企业构建电子商务网站主要是为了实现以下六种商业价值：

- 通过在线销售产生新的收入。
- 通过在线销售和客户服务降低交易成本。
- 通过网上市场开发、广告和在线销售吸引新客户。
- 通过改善网上客服提高现有客户的忠诚度。
- 为现有产品开发基于 Web 的营销和分销渠道。
- 开发意欲通过 Web 获得的基于信息的新型产品。

内联网的作用

许多公司都有复杂的分布广泛的内联网，用于提供详细的数据检索、合作工具、个性化的客户档案以及与互联网连接。它们认为，投资内联网与向员工提供电话一样重要。

为了强调内联网与互联网及外联网的关系，我们需要重新定义内联网的概念。内联网是企业内部的网络，它使用互联网技术（Web浏览器和服务器、TCP/IP协议、HTML超媒体文档发布以及数据库等），在企业内部提供类似于互联网的环境，实现信息共享、通信、协作和对业务的支持。内联网通过密码、加密技术和防火墙等安全措施得到保护，所以只有经过授权的用户才能通过互联网访问它。与外联网相连接后，企业的内联网也能够被客户、供应商和其他商业合作者的内联网访问。

内联网的商业价值

各种组织如今都在广泛使用内联网。其中一种方式是在概念上分成不同用户服务级别，每种级别对应内联网提供给用户的基本服务。这些服务由内联网门户、浏览器、服务器软件提供，也可以由组成公司内联网软件环境的其他系统、应用软件以及群件等提供。图6—5展示了内联网如何通过企业信息门户支持企业内部的沟通与合作、Web发布、商业运营和管理以及内联网门户管理。要注意这些应用如何集成现有IS资源和应用，如何通过互联网和外联网向客户、供应商和商业合作者扩展。

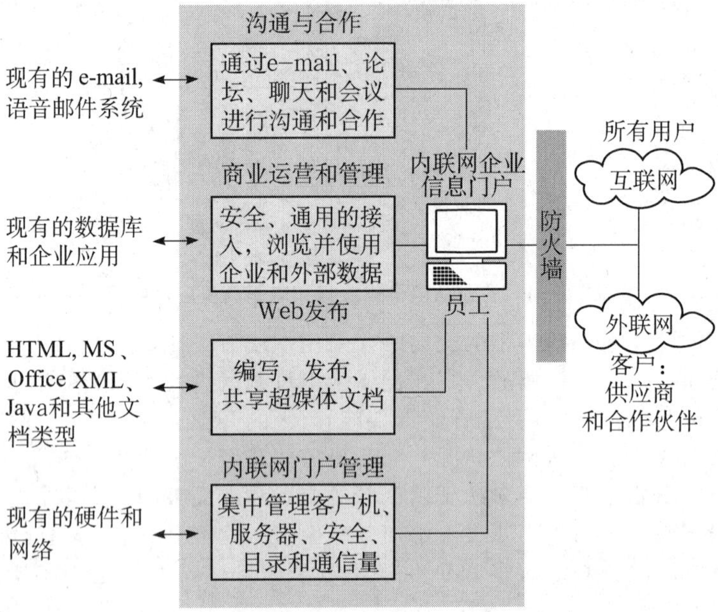

图6—5　内联网的商业价值

说明：内联网能够提供企业信息门户，用于沟通与合作、商业运营和管理、Web发布和内联网门户管理。

沟通与合作。内联网极大地促进了企业内部的沟通与合作。例如，可以通过内联网浏览器和PC机或者NC工作站发送或接收电子邮件、语音邮件、呼叫和传真，与企业内部的其他员工交流，对外则可以通过互联网和外联网实现。也可以使用内部群件提供（诸如讨论组、聊天室以及音频和视频会议等），增进团队和项目的合作。

Web发布。从超链接多媒体文档发展到可被万维网服务器访问的超媒体数据库，所带来的优势已经转移到企业内联网中。在内联网发布和访问多媒体业务信息相对容易，更具吸引力，成本也更低，这就是在商业上对内联网的使用急剧增加的原因。例如，信息产品种类很多，如公司新闻信件、技术制图和产品目录，这些都可以通过不同方式发布，其中包括超媒体Web网页、电子邮件和网络广播，并成为企业内部的商业应用。内联网软件浏览器、服务器和搜索引擎可以使你很容易地导航和定位所需的商业信息。

商业运营和管理。内联网能够获取Web服务器的超媒体信息或者通过网络广播将其传送给用户。除此以外，内联网还可以用于开发和部署重要商业应用平台来支持商业运营和跨网络企业的管理决策。例如，许多公司正在开发可以应用在内联网、外联网和互联网上的客户应用软件，如订单处理系统、库存管理系统、销售管理系统和企业信息门户网站等。设计这些应用大多用来与现有企业数据库和遗留系统相连接，以便访问它们。这些商业应用软件被安装到内联网的Web服务器上，企业内部员工或外部业务伙伴可以在任何时间、任何地方通过互联网访问和运行系统。

内联网门户管理。为了保证成功运营，组织有必要聘用IT或者IS专业人士来管理内联网功能，并维护多种硬件和软件组件。例如，一个网络管理部门必须通过用户密码或其他安全机制来保证每一个用户有效地使用内联网，同时保护数据资源的完整性。这项工作还包括关于防止未经授权访问、计算机病毒、目录管理以及其他重要职能。

下面让我们看看一个公司对于内联网的应用，以便深入了解内联网是怎样在企业中应用的。

美国联合能源公司：使用内联网来使员工一起工作并提高效率

2002年贝丝·珀尔曼（Beth Perlman）作为CIO加入美国联合能源公司（Constellation Energy，CE）时，公司四个主要部门的员工之间并不经常交流。“当时看起来简直像四个不同的公司，从不交流。”

珀尔曼在不同的办公楼里各有一间办公室、两台互相不能收发邮件的Win95 PC机，还有一部与两台PC机不能同步的黑莓手机。CE公司在2005年统一了所有的台式电脑，但仍未解决信息共享的问题。“我不能忍受人们使用电子邮件传送大量文件”，但其他电子方式都不能用来分享创意和信息，珀尔曼遗憾地说：“当不同部门的员工需要提供分析展示的数据时，查找文件版本十分困难。”

一年之后发生了巨大的变化！CE公司在2006年推出了一款全公司通用的标准化的协作工具，在22个工作场所安装了无线网络，并重新设计了myConstellatioin内联网门户。

公司的“连接·交互·传送”的理念很大程度上促进了生产和协作。珀尔曼表示，“这一投资很快获得了回报”。其中很大一部分回报源于一款从微软购买的公司软件，珀尔曼表示只花了“几十万美元”，这款软件和重新设计的内联网门户共同为公司在2005—2006年增加9 000万美元的税前产值作出了巨大贡献。

作为“连接·交互·传送”理念的一部分，珀尔曼领导的IT部门为公司部署了Microsoft Live Meeting Web会议软件，SharePoint——一种信息共享和文件协作软件，以及内联网使用的即时通信工具Windows Messenger。珀尔曼表示，迄今为止，Live Meeting为全公司效率的提高作出了最大的贡献。2005—2006年，全公司召开会议超过1万小时，为每个与会者节约了41美元的开销，并为每个员工平均节约98分钟用于生产。

现在，不需要到培训中心，员工通过公司门户就可以利用PC机参加学习。CE服务中心建立的门户包括2 500个领域应用，还可以为没有PC机的员工服务。珀尔曼表示，通过Live Meeting会议软件，每个人可以在同一时间看到相同的信息，其中包括PPT展示。IT部门发现它在本部内的应用也取得了非常好的效果。“在会议过程中，IT员工可以看到项目代码的变化，而且在同一时间看到相同的内容。”

“我们本以为只有一小部分人会用SharePoint，但现在每个人都在使用，这的确是非常大的变化。”SharePoint提供文档（比如Word和Excel文件）的中心定位，以便进行审阅和修改，此外也提供版本控制。

SharePoint的应用让凯文·哈德洛克（Kevin Hadlock）——CE公司的投资关系部门负责人——更快地处理公司四个部门的纸质文档，以便能够花更多的时间考虑公司收入和分析报告。一份重要的分析报告在形成最终版本前，通常要手工修改30～50次。通过使用SharePoint，所有的信息都可以通过电子方式收集。

“我已经意识到发生了怎样的变化。”哈德洛克说，最后一次报告的材料至少比以前提前一周准备好，而且“信息在质量和准确性方面都有了很大的提高”。

资料来源：Adapted from Marianne McGee, “Constellation Energy Uses IT to Get Employees Working Together and More Productively,” *InformationWeek*, September 12, 2006; and Martin Garevy, “Threats Bring IT and Operations Together,” *InformationWeek*, September 19, 2005.

外联网的作用

由于商业领域持续应用开放互联网技术（外联网）来改善公司与客户及商业伙伴之间的沟通，企业能够在产品开发、节约成本、营销、分销和协调合作者关系等方面获得很多竞争优势。

正如我们之前解释的，外联网利用互联网技术使企业内部和客户、供应商或其他商业伙伴的内联网相连接。企业既可以建立直接的网络连接，也可以建立被称为“虚拟专用网络”的私有安全互联网连接，还可以使用非安全的互联网作为自己和客户的外部链接，但这要依赖敏感数据加密技术及企业自身的防火墙系统来保证其安全性。这样一来，外联网能够让客户、供应商、顾问、分包商、潜在商业客户及其他人员访问所选的内联网站和企业数据库（见图6—6）。

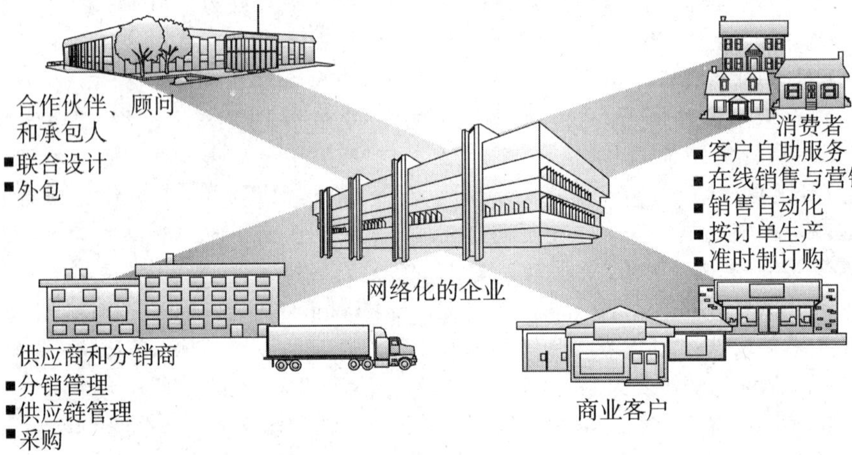

图6—6　外联网的作用

说明：外联网让网络化的企业和客户、商业客户、供应商及其他商业伙伴连接在一起。

如图6—6所示，一个企业的外联网可以同时连接多个外部合作伙伴。顾问和承包商可以通过外联网来配置新系统的设计或者提供外部资源服务。企业的供应商可以通过外联网来保证企业所需的原料有存货或者及时配送。企业的客户通过外联网可以实现个人服务功能，例如下订单、确认订单状态和付款。外联网将公司与外界连接在了一起，通过这种方式进行商业活动。

外联网的商业价值取决于多种因素。第一，外联网浏览器技术使客户和供应商访问互联网资源比采用以前的商业方法更容易、更迅速。第二，外联网能够让企业给客户提供新型交互式Web服务。因此，外联网是构建和加强企业与客户以及供应商战略伙伴关系的另一种手段。外联网也能改善企业与客户及合作伙伴之间的业务合作。外联网促进了在线交互式产品开发、营销和关注客户的过程，能让设计得更好的产品更快地推向市场。

外联网：协作加速信息传递

得克萨斯州的高速公路工程师想得到所有事故的数据。在得克萨斯州每年发生约80万起车祸，设置左转道路或护栏的方式，或者在安静的郊区岔路口设置交通信号灯，可以挽救生命。工程师需要分析车祸发生模式来确定如何使用有限的高速公路安全基金。然而，直到2005年，25个区交通局的工程师还不能得到这些数据。为了查看交通事故记录，他们需要到奥斯汀，通过微缩胶卷来仔细研究某段高速公路的报告。即使他们找到了想查找的报告，信息也由于事故报告的积压至少过期3年。

2005年5月，这一切得到了改变，得克萨斯州采用了新的车祸记录信息系统，配有数字化警察高速公路巡逻事故报告，使用商务智能化的外联网。只要有浏览器和密码，工程师就可以在办公室里访问和分析数据。“通过网络就能完成报告，将帮助我们挽救生命。”交通运行部副主任卡罗尔·罗森（Carol Rawson）说。

超级索尔公司（Supersol）是以色列一家拥有160家分店的连锁超市，它发现与供应商共享商务智能能带来更加新鲜的产品和更少的存货等好处。以前，供应商需要到商店观察什么商品摆在货架上，还要找采购经理询问需要运送什么货物。

现在有10个主要供应商通过监控Supersol的库存数据仓库并检查库存状况来确定连锁超市的Tel Aviv配送中心目前有什么货物。数据仓库是基于安迅资讯（NCR's Teradata）系统，并配有Panorama Software的商务智能软件来访问和分析数据。供应商看到库存数据后，可以更容易地减少库存不足和过量存储的情况。“信息透明对双方都有好处。”作为CIO的艾萨克·谢弗尔（Isaac Shefer）这样说。

同样，为诸如Midas和Meinke等汽车制造商和诸如AutoZone等零售商生产汽车组件的ArvinMeritor公司，18个月来通过外联网制定生产计划并为供应商提供库存数据。供应商查看自己为ArvinMeritor提供的原料的库存水平，并磋商生产计划来预测原料需求。

“他们可以每周或每月访问数据库来得到关于我们生产计划的信息。”CIO兼资深副总裁佩里·利佩（Perry Lipe）说，“这些信息对于他们来说尤为重要，因为这正是我们的农作物能够达到计划要求及生产预期水平的原因。除有助于成功建立准时制生产模型外，供应商访问数据还可以减少成本。”

“在得克萨斯州，交通部计划将车祸记录信息系统（Crash Records Information System）向公众和保险公司开放，让他们可以得到需要的事故报告复印件。”车祸记录信息系统经理凯瑟琳·乔菲（Catherine Cioffi）说。外联网也将用于提醒当地法律执行机构，哪里超速驾驶和酒后驾车的情况比较频繁。“商务智能外联网帮助我们更好地完成工作。”交通运行部副主任罗森如是说。

资料来源：Adapted from Charles Babcock, “Collaboration Speeds Information,” *InformationWeek*, January 24, 2005.

6.2 通信网络的选择

通信选择

通信是技术含量高、变化速度快的信息系统技术领域。大多数商务专家不需要了解其技术的具体知识，但是理解通信网络基本组成部分的重要特征尤为重要。这对于根据通信选择进行有效决策十分关键。

阅读下面关于视频会议应用对于医疗保健的影响的真实案例，从中可以更多地了解网络应用的价值。

案例 6.2

Brain Saving Technology 公司和 T-Health 协会：通过视频会议提供医疗服务

美国心脏协会（American Heart Association）发布的数据显示，平均每 45 秒就会有一个美国人中风，中风是全美第三大主要死因，也是导致永久性残疾的原因。

中风后的前 3 小时对于患者的存活和康复至关重要。例如，某些药物能否增加患者存活和痊愈的机会，取决于患者所患的中风的种类。然而，同样的药物如果施用于另一种不同的中风患者，可能会导致患者死亡。部分原因在于缺乏受过准确诊断和治疗中风患者培训的专业内科医生，并且不是所有的美国医院都有专业设施和专门技术来治疗中风，尤其是在患者中风发作后的 3 个小时内。

由 Brain Saving Technology 公司运作的新的神经紧急治疗中心位于曼彻斯特的韦尔斯利山。“治疗中心会将该州郊区医院的急诊室与相距较远的大学医院相连接，这样大学医院就起到神经内科紧急诊断专家的作用，来帮助解决中风疑似患者的远程诊断和治疗。”公司 CEO 兼总执行官斯图尔特·伯恩斯坦（Stuart Bernstein）如是说。这些连接是通过视觉通信工作站来实现的，连接方式包括 IP、高带宽通信或者专用租用线路。工作站使远程专家能够与患者交谈来检查病情，并与现场的医生协作来改善中风的及时诊断，并选择最优治疗方案。

“我们的目标是为参与的医院提供中风医疗中心。”伯恩斯坦说，CT 扫描（患者大脑的数字影像）也可以从各地方医院传送到神经紧急治疗中心，来改善诊断结果。这些影像被两地的医生同步查看，以便协作。这项技术还可以训练急诊室的医生，让他们更加了解应该重点观察中风患者的 CT 扫描结果的哪些特征。

神经紧急治疗中心的一个关键组件是 Tandberg 公司的 Intern Tele-Health Care Solution 提供的系统设备，它能够为中心医院和节点医院的医生提供同步音频、视频传输和双向视频会议，以及图片展示能力。急诊室的医生能够将 Tandberg 推到患者床边。

Tandberg 的医疗视频通信产品也用于其他远程健康项目，包括用于医生需要专业人员通过手语或者外语与患者及家属沟通的情形。Tandberg 的远程医疗部门经理乔·迪奥里奥（Joe D'Iorio）说：“新技术通过提供实时可视和实时协作的服务，帮助评估病人的健康状况，并使互动变得更加容易。”

医生们一直以来都保持着“查房”的习惯，通过查房来讨论病人病例，并教育有意愿学习的内科医生。这一延续了几个世纪的习惯必然有它的好处，但是亚利桑那州的医学专家希望能够改进这一做法，让更多的医疗从业者（例如护士和义工）参与进来，不论这些人身处何地。因此，亚利桑那远程医疗项目（Arizona Telemedicine Program，ATP）利用对视频会议设备的广泛应用来发展远程医疗，辅助 21 世纪相关学科和专业的教学和协作。

“远程医疗的特定任务是通过新技术来实现交叉学科的团队训练。”ATP 的创始人之一、项目董事罗纳德·温斯坦（Ronald Weinstein）解释道，“现在将它进一步开放，以便接受更大范围的参与者和病人。”T-Health 协会是 ATP 的一个部门，它是亚利桑那州的法律界人士在 1996 年成立的半自我管理的实体。ATP 运营着亚利桑那州的远程医疗网络——一个遍布全亚利桑那州的医疗通信网络，它将 71 个社区的 55 个独立医疗组织联系在一起。

通过这个网络，远程医疗服务出现在60个附属专业中，其中包括内科、外科、精神科、放射科和病理科。有60多万名病人通过远程医疗网络获得了服务。

该项目的领导者说，他们的目标是在不同医疗学科的专家中开展讨论和协作，以便为病人提供更好的医疗服务。

“我们就是要努力让它包括一切项目。”温斯坦说，“医学是非常封闭并且受限制的，但是我们希望通信技术能够填补这些鸿沟。”这个组织本质上是一个能够允许学生、教授和专业人士参与现场会议的通信会议中心。通信技术让远程会议很容易地从一个讨论组切换到另一个讨论组，就像在面对面会议中到另一把椅子那里去坐一样。

盖尔·巴克（Gail Barker）注意到，在面对面会议中不经常发言的人在视频会议的讨论中表现得很活跃。他认为，这也许是因为他们在周围没有人时不会那么紧张，也许是因为视频会议屏幕给批评意见提供了缓冲。巴克是T-Health协会的董事，并在亚利桑那大学公共医疗学院任教。

如果没有得到充分利用，视频会议将变得生硬且迟钝，成为难以吸引受众的网络语音传输工具。但是巴克和其他人发现，如果细致并深思熟虑地使用通信技术，由于能够激发更多的参与者加入讨论，因此与真实会议相比，它有自身的优势。

“这几乎是一种新的医疗教学方法，十分新颖。”Audio Video Resources公司（Phoenix公司聘请它为T-Health设计和安装视频会议设备）的工程主管吉姆·梅杰（Jim Mauger）说。

T-Health协会使用Tanberg公司的1500视频会议系统，该系统的视频墙采用了东芝的12英寸×50英寸P503DL DLP数据墙RPU视频数据集。视频墙本身是由Jupiter Fusion 960高性能的展示墙控制的，采用Intel双核处理器。Fusion 960允许展示墙从多PC、不同视频和多网络角度展示可移动、可分离的图像。

IT工作人员表示，尽管温斯坦可以清楚表达出这种交叉专业互动的观念，清楚总结出用户需求，但这项技术的实施仍是一个巨大的挑战。

梅杰表示，创建一个能够将多个站点连接到一个视频墙上的视频会议系统并不是最具挑战性的，真正的挑战在于开发一项技术，能让领导即使把不同的参与者分成不同的组，也能将这些画面无缝地结合起来。

“最大的挑战在于，不同会议参与者的音频是独立的，切换参与者的视频和转换会场要很快。”他认为团队还面临其他挑战——一些会影响更多典型IT项目的挑战，比如预算控制，不同地理位置的员工的协同工作，将用户需求转化成可实施的项目。“很有必要在现场安排专人，并且他们应懂得项目中所有复杂的部分。”他说，“我们需要的不是一个每天跟大家会面的人，而是能够真正跟大家一起工作的人。”

巴克除在亚利桑那大学任教外，也是这个系统的用户。她每天至少与13个人会面，其中包括一名药剂师、两名家庭护士从业者、一名高级商业开发人员、两名项目协调员、一名糖尿病项目经理和一名A/V远程医疗专家。巴克表示，她使用该系统最大的收获是节约了时间。如果没有T-Health协会，一些参与者需要花费大约4小时的时间来亲自参加会面。

现在这个系统已经开始面向亚利桑那的其他卫生机构和医疗教育社区开放。T-Health协会的人员表示他们将这项进步看做是实现从业者跨专业跨领域合作的第一步，这样他们有可能提供最好、最有效率的医疗服务。

温斯坦说：“我认为要想建立一个协调的医疗事业，这是唯一的方法。”

资料来源：Adapted from Marianne Kolbasuk McGee, “Telemedicine Improving Stroke Patients' Survival and Recovery Rates,” *InformationWeek*, May 11, 2005; and Mary K. Pratt, “Audiovisual Technology Enhances Physician Education,” *Computerworld*, February 16, 2009.

问题

1. 从患者的角度出发，如果你被一个相距千里的医生诊断，会怎么想？你会对那种经历有何期望和担心？

2. 除医疗保健和教育以外，还有什么职业能从本案例中所讨论的技术应用受益？他们将如何从这些项目中获取价值？提出两点建议。

3. 在医疗行业，IT 技术的发展仍处于初期阶段，还有什么技术应用可改善医疗保健的质量？集体讨论几种选择方案。

实践

1. IT 技术可增强教育机构的能力，跨越地域限制为学生服务。最近这一领域的典型例子是 YouTube EDU。登录这个网站，准备一份报告概述其目的。应用相关技术还可以支持传统教育服务模式，如授课。

2. 如果这些技术被广泛采用，将导致专家专注于一小部分核心机构，你认为这会加强还是减弱这些专家为患者服务的技术的可用性？会有哪些积极的和消极的后果？分小组讨论。

通信网络模型

表 6—3 列出了关键的通信组件的类型和例子。记住，对此有基本的理解和评价（而不是掌握具体知识）对于商务专家来说就足够了。

表 6—3　主要通信网络的组件及可选类型

网络选择	例子
网络	互联网、内联网、外联网、广域网、局域网、客户机/服务器网络、网络计算、对等网络
媒介	双绞线、同轴电缆、光纤、微波无线电、通信卫星、蜂窝及 PCS 系统、无线移动和局域网系统
处理器	调制解调器、多路转接器、交换机、路由器、集线器、网关、前端处理器、专用小交换机
软件	网络操作系统、通信监视器、Web 浏览器、中间件
信道	模拟/数字、开关/非开关、电路/报文/分组/信元交换、宽带选择
拓扑结构	星型、环型、总线型拓扑，OSI、TCP/IP 结构和协议

在讨论通信网络选择之前，我们需要了解通信网络的基本组件。通常，通信网络是发送者将消息通过由某种媒介组成的渠道传送给接受者的一种部署形式。图 6—7 展示了一个通信网络的简单的概念模型，可以看出它由五种基本的组件组成。

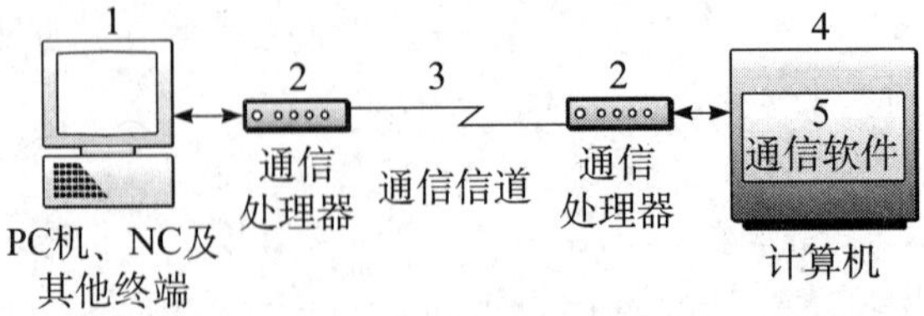

图 6—7　通信网络的五个基本组成部分

- 终端，包括联网的 PC 机、网络计算机或者信息设备等。任何使用通信网络进行传输和接收数据的输入、输出设备都是终端，包括电话和第 3 章讨论过的各种计算机终端。
- **通信处理器**（telecommunications processors），支持终端和计算机之间的数

据传送和接收。诸如调制解调器、交换机和路由器等设备在通信网络内实现各种控制和支持功能。比如，它们能够进行数字和模拟信号的转换、数据的编码和解码，控制网络上终端与计算机之间的通信流的速度、准确度和效率。

- 通信信道，数据通过通信信道传送和接收。通信信道可以使用各种媒介的组合（如铜线、同轴电缆和光缆），或使用无线系统（如微波、通信卫星、广播、蜂窝系统等）连接到通信网络的其他组件。
- 计算机，各种计算机通过通信网络互相连接在一起，以便执行信息处理任务。例如，大型机可以作为大型网络主机，中型机可以作为前端处理器，微机可以作为小型网络的服务器。
- 通信控制软件，包括控制通信活动和管理通信网络功能的程序；还包括各种网络管理程序，如大型主机的通信监视器、网络服务器的网络操作系统、微机的 Web 浏览器。

不管现实中的网络有多么庞大和复杂，都必须包括五个组成部分。这种概念架构可以帮助你理解各种类型的通信网络。

□ 通信网络的类型

许多不同类型的网络作为互联网、内联网和外联网的通信设施为企业服务。然而，从终端用户的角度来看，基本的类型包括广域网、局域网、客户机/服务器网络、网络计算和对等网络。

广域网

跨越较大地理区域的通信网络称为**广域网**（wide area networks，WANs）。覆盖一个大城市或大都市的网络也属于这一范畴。如此大的网络已经成为企业和政府组织日常运作中不可缺少的组成部分。例如，很多跨国公司使用广域网在员工、客户、供应商及其他跨城市、跨地区、跨国家或全球的组织间传输和接收信息。图 6—8 显示了一家大型跨国公司使用全球广域网的例子。

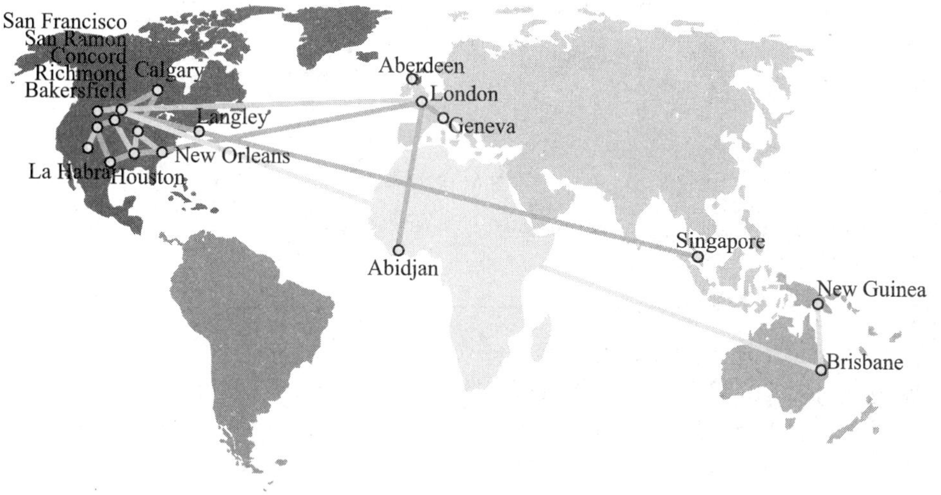

图 6—8　全球广域网：多协议互联网络示例

资料来源：Courtesy of Cisco Systems Inc.

城域网

当广域网优化了特定的地理区域时，我们称之为**城域网**（metropolitan area network，MAN）。这类网络有的覆盖几个街区，有的覆盖整个城市。城域网依赖中高速数据速率的通信信道。一个城域网可能被一个机构拥有和运行，但通常是被许多个人和机构使用。城域网也可能被公众使用。当地电缆供应商或者当地电话公司也可能运营一个广域网。广域网通常会提供局域网网际交换的方式。

局域网

局域网（local area networks，LANs）在有限的地理区域（如办公室、教室、大厦、生产工厂或其他工作场所）内连接计算机和其他信息处理设备。局域网已经十分常见，它为组织中各办公室、部门和其他工作团队的终端用户提供通信网络。

局域网使用各种不同的媒介——如普通电话线、同轴电缆甚至无线电设备和红外系统——连接微机工作站与计算机外围设备。为了通过网络通信，通常每台计算机都有一个被称为网卡的电路板。大多数局域网使用拥有大硬盘空间的更强大的微机，即文件服务器或网络服务器（nctwork server），它使用网络操作系统（network operating system）控制通信并共享和使用网络资源。它可以将公共数据文件和软件包的复制版分发给网络上的其他微机，控制对共享激光打印机和网络外围设备的访问（见图 6—9）。

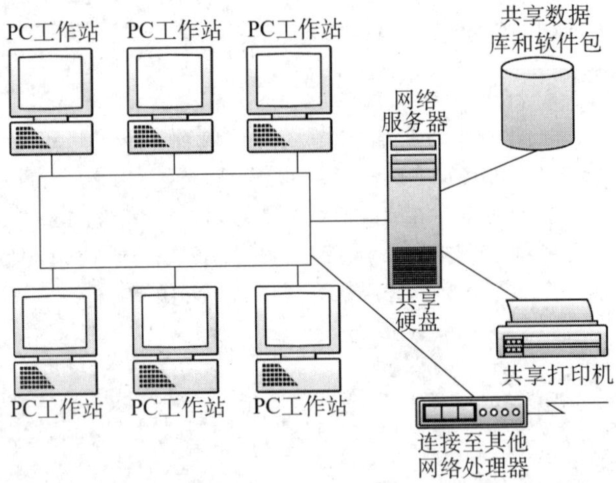

图 6—9　局域网

说明：注意局域网是如何允许用户共享硬件、软件、数据资源的。

虚拟专用网络

许多组织使用**虚拟专用网络**（virtual private networks，VPNs）建立安全的内联网和外联网。虚拟专用网络使用互联网作为中枢网络，但它依赖网络防火墙、加密技术以及其他互联网和内联网连接技术。例如，虚拟专用网络能让企业在相距很远的分公司和工厂之间使用互联网建立安全的内联网，或者在企业和客户、供应商之间建立安全的外联网。图 6—10 显示了虚拟专用网络，其中网络路由器起到了防火墙的作用，它屏蔽了企业间的互联网通信。我们将在第 13 章讨论防火墙、加密技术及其他网络安全特性。我们可以把 VPN 看成是在互联网中穿梭的通道，通过这个通道，只有我们自己可以发送并接收数据，其他人无法看到或者访问。采用这种方法，我们可以构建专用网络，并无须花费较高的成本区分专用连接模式。下面我们来看一个利用 VPN 远程无线访问敏感数据的例子。

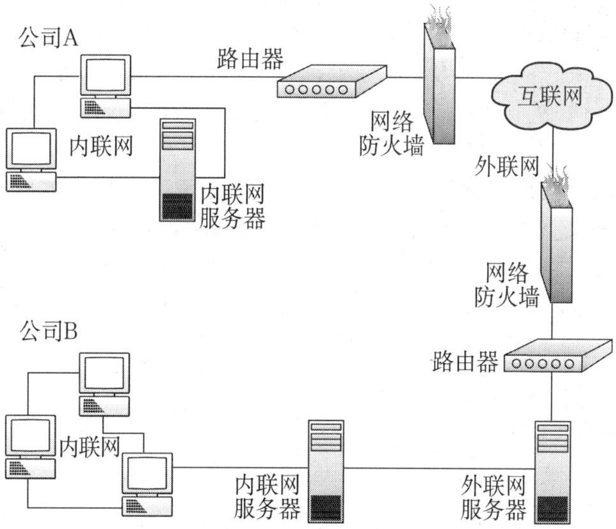

图 6—10　由防火墙保护的虚拟专用网络示例

客户机/服务器网络

客户机/服务器网络（client/server networks）已经成为企业应用的主要信息架构。在客户机/服务器网络结构中，终端用户 PC 机和 NC 工作站是客户端，通过局域网进行连接，与网络服务器共享应用程序，网络服务器也管理网络。（这种客户机/服务器网络又被称为两层客户机/服务器架构。）局域网也可以连接其他局域网，或者连接客户端工作站的广域网。图 6—11 显示了客户机/服务器网络中计算机系统的功能，包括可选择的主机系统和超级服务器。

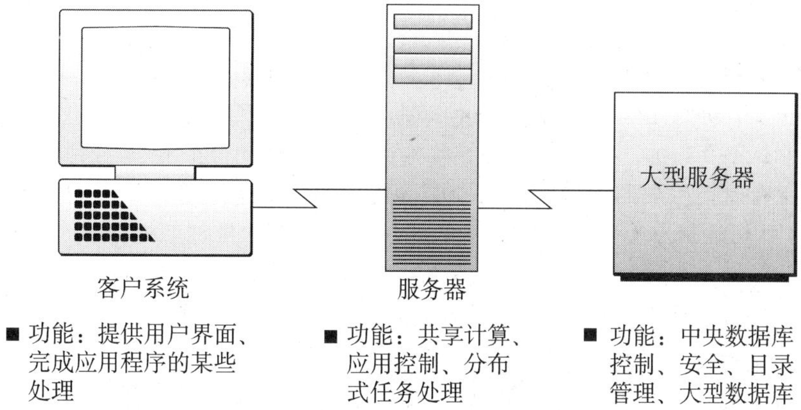

图 6—11　客户机/服务器网络中计算机系统的功能

如今一个持续的发展趋势是，通过用客户机/服务器网络代替大型计算机系统，来缩小系统的规模。例如，几个互相连接的客户机/服务器局域网可以取代由很多用户终端组成的基于大型主机的网络。这种转变非常复杂并且会花费很多精力来安装新的应用软件，以代替传统的基于大型主机的商务信息系统，即**遗留系统**（legacy systems）。客户机/服务器网络在满足终端用户、工作团队和企业的需求方面比遗留系统更加经济和灵活，并且更加适应多种不同的工作负荷。

网络计算

对很多用户来说，“网络就是计算机”。他们对于计算机硬件、软件和互联网、内联网、外联网等网络的数据资源的依赖更强化了这一观念。这种**网络计算**（network computing）和中央网络的概念把网络看成是任何计算环境的核心计算资源。

图 6—12 显示了在网络计算中，网络计算机和其他瘦客户端提供基于浏览器的用户界面，以执行被称为“applet”的小应用程序。瘦客户端包括网络计算器、网络 PC 机以及其他低成本网络设备或信息应用。应用程序和数据库服务器提供网络中终端客户所需的运行系统、应用软件、applets 数据库和数据库管理软件。网络计算优势被称为三层客户机/服务器模型，因为它由瘦客户端、应用服务器和数据库服务器三部分组成。

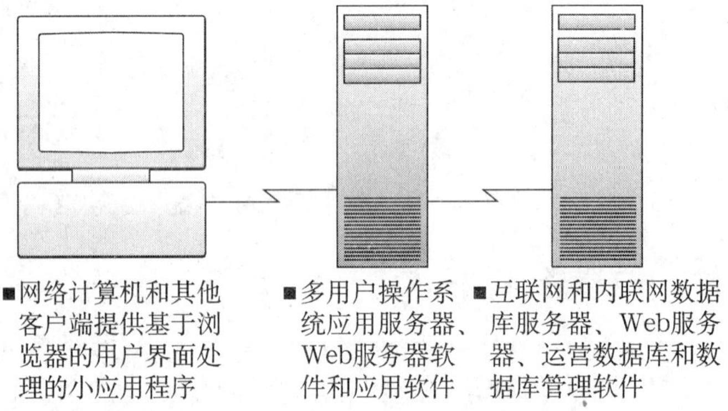

图 6—12　网络计算中计算机系统的功能

对等网络

对等网络（peer to peer（P2P） networking）技术和互联网应用的出现令人欣喜，将对电子商务和互联网产生巨大的影响。显然，对等网络已经成为很多商业应用的功能强大的通信网络工具。

图 6—13 描述了对等网络技术的两种主要模式。在中央服务器结构中，P2P 文件共享软件将 PC 机与包含网络上所有其他用户目录的中央服务器相连接。当用户请求一个文件时，软件只要搜索在线的并拥有该文件的其他用户目录，然后发送一个所有此类用户的用户名列表，点击其中的一个用户名，就能把你的 PC 机和他们的 PC 机连接（对等连接）在一起，然后自动将文件从他们的硬盘中传送给你。

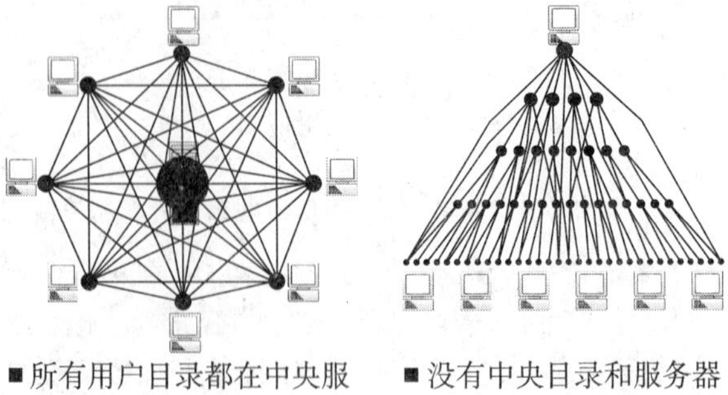

图 6—13　对等网络的两种主要模式

纯粹的对等网络架构并没有中央目录和服务器。对等网络中的文件共享软件将你的PC机与网络中某个在线用户的PC机进行连接，之后连接着你的用户的链接会被传输到该网络中所有的在线用户。通过这种方式，你连接的用户会越来越多。当你请求一个文件时，该软件就会搜索所有的在线用户，发送给你一个与你的请求相关的文件名列表。点击其中的一项，文件就会自动传送给你。

中央服务器架构的主要优势和局限性都与它依赖中央目录和服务器有关。目录服务器会由于用户数过多和技术问题等原因减速或瘫痪。然而，它也为网络提供用于更好地保护网络内容和用户的真实性及安全性的平台。一些纯粹的P2P网络的应用也会受到响应迟缓和虚假文件及损坏文件的干扰。

事实上，互联网在20世纪60年代出现时是对等系统。建立原始的阿帕网（ARPANET，今天的互联网的前身）的目的是实现美国的计算资源共享。这项任务的巨大挑战是将不同类型的已有网络与未来技术集成，达到使每个主机都成为平等的玩家的目的。最开始使用阿帕网的一些主机（例如，加利福尼亚大学洛杉矶分校和犹他大学）现已成为拥有同等状态的独立计算点。阿帕网将它们作为对等的计算点连接起来，而不是采用主从方式或者客户机/服务器方式。

如今对等网络的一个普遍应用是进行文件下载和交易。当我们用对等的概念来描述Napster（一种音乐下载软件）网络时，明确对等协议的性质非常重要的，但是Napster的特别之处在于对连接点的授权以及对一个中心授权，这使得它能快速有效地定位可用内容。对等协议只是达到这一目的的一般手段。

尽管很多媒体的注意力都集中在文件交易网络的版权侵犯问题上，网络中还是有大量完全不侵权的情况。BitTorrent（可以进行多点传输的一种对等软件）最初的设计是为了保护页面免受突发攻击流和网络堵塞的困扰，这也使它同样适用于很多有海量高峰需要的情况。大部分Linux分布都是通过BitTorrent发布的，用来满足带宽需要。另一个例子是暴雪娱乐公司（http：//www. blizzard. com），该公司用改进版的BitTorrent来发布魔兽世界游戏（http：//www. worldofwarcraft. com）的补丁。用户时常抱怨BitTorrent的带宽瓶颈，这几乎改变了软件的使用目的。

还有其他对等网络，例如PeerCast，它可以使用户在播放网络视频或电视时利用很少的上传宽带资源。其他对等广播工具又被称为点类型转换（peer casting），其中包括IceShare和FreeCast。

□ 数字信号和模拟信号

我们经常听到与计算机、电话和其他硬件设备相关的概念——模拟信号和数字信号。为了让大家更好地理解这两个术语，下面进行简短的讨论。

一般而言，模拟信号或者数字信号都是指将信息转换成电子信号的方法。电话、扩音器、测量仪、留声机、CD播放器、磁带机、电脑、传真机等都必须将信息转换成电子信号以便传输和处理。例如，扩音器只有将声波转换成相应的电子电压或电流，才能通过电话线进行传输，并在声音系统中重新放大，以便在广播中播放或记录在媒介上。

在模拟信号系统中，电子电压或电流与观测到的量值成比例。在数字信号系统中，被观测到的量值以数字形式表达。

例如，在一个电子模拟温度计中，如果测量到的温度是83℃，模拟信号系统会输出83伏特。这个水平也可以表示为8.3伏特，或者其他与原始温度成比例的伏特数。因此，如果温度升至166℃，输出值就应该同样变成原来的2倍，即166伏特（或者 16.6 伏特，如果测量仪是按照这个比例设置的）。如上所述，输出值就是原始温度的成比例模拟——因此称为模拟信号。

同样，在电子数字温度计中，如果温度是 83℃，输出的温度值就是数字 83。可见，它是基于数字的。这个例子中唯一的错误是，83 是由 0～9 的数字组成的。用十进制来表示输出值虽然很方便，但是使用二进制（只用 0 和 1 表示数字）表示符号更加方便。在这种情况下，0 可以表示 0 伏特，1 可以表示 5 伏特。回忆一下第 3 章所讲的二进制内容，原理是一样的：数字温度计输出的是一个数，即数字信号。

从上面的例子可以看出，83 等于二进制数字 1010011。数字温度计可以发送一个电流序列：5 伏特，0 伏特，5 伏特，0 伏特，0 伏特，5 伏特，5 伏特，用二进制表示数字 83。

数字系统看似比模拟系统更加复杂，但拥有数字的优势。其中一个主要优势是：一旦测量值表达为数字形式，就可以输入计算机或者微处理器，并可以被任意操作。如果只使用模拟信号装置，当需要将数值输入计算机时，我们最终不得不将模拟装置的输出值转换成数字信号的形式，因为计算机网络主要处理数字信号，大多数计算机的硬件采用的是数字符号工作模式。

□ 通信媒介

通信信道利用各种各样的**通信媒介**（telecommunications media），包括双绞线、同轴电缆、光缆等，它们都与网络上的设备物理连接；包括地面微波、通信卫星、蜂窝电话系统和局域网无线电，它们都使用微波或无线电波；包括用红外线传输和接收数据的红外线系统（见图 6—14）。

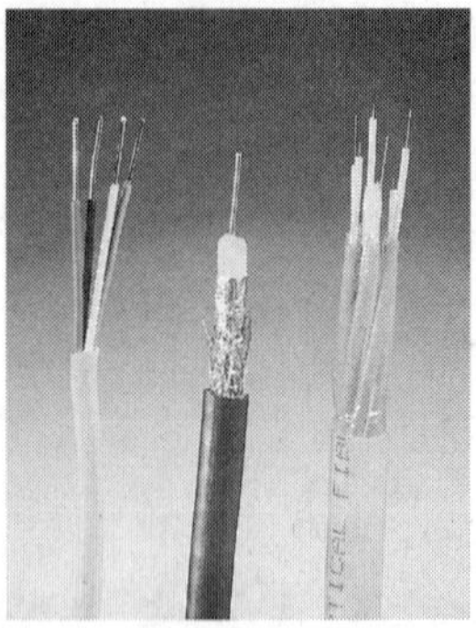

（a）双绞线

资料来源：Phil Degginger/Getty Images.

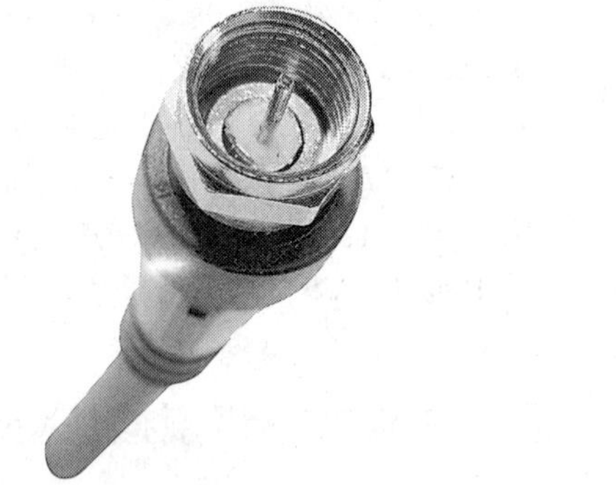

（b）同轴电缆

资料来源：Ryan McVay/Getty Images.

（c）光缆

资料来源：© Photodisc/Punchstock.

图 6—14　通用通信介质

有线技术

双绞线。由绞成两股的铜线构成的普通电话线即双绞线（twisted-pair wire），是使用最广泛的通信媒介。它用于世界上现有的通信网络，用来传输音频和数据。双绞线以不同的形式包裹或屏蔽，广泛应用于家庭和办公电话系统以及局域网和广域网，传输速度从2兆/秒（非屏蔽）到100兆/秒（屏蔽）。

同轴电缆。**同轴电缆**（coaxial cable）由包裹着绝缘物质的铜线或者铝线构成，绝缘物质起到绝缘和保护的作用。电缆的外皮和绝缘物使电缆传输的信号所受的干扰减到最小。可以把很多同轴电缆捆绑成一组大的电缆以易于安装。这种高质量的电缆可以安装在湖底或者海底，能进行高速数据传输（200兆/秒～500兆/秒），可用于替换在大城市中需要高质量服务的双绞线，如有线电视系统、计算机和外围设备的短距离连接。同轴电缆也用于办公大楼和其他工作场所的局域网。

光缆。**光缆**（fiber optics）由外面包裹着保护套的一股或多股像头发丝一样细的玻璃纤维丝组成。它能传导由激光器产生的可见光脉冲，传输速度最高达到每秒万亿字节，这大约是同轴电缆传输速度的百倍，是双绞线传输速度的千倍。光缆的规格和重量都相对较小，速度和负载能力却有很大提高。直径半英寸的光缆能够承载超过50万个信道，而标准同轴电缆只能承载大约5 500个信道。

光缆不会受到电磁辐射的影响，也不会产生电磁辐射，因此同一光缆中可以放入多条光纤。光缆比铜线媒介需要的中继器更少，比其他媒介的数据错误率更低，比电缆更不容易被窃听。光缆已经被安装在全球很多地方，并在很多应用中取代了其他通信媒介。密集波分多路复用（dense wave division multiplexing，DWDM）这种新技术能够把一根玻璃纤维分成40个信道，可以承载500万个通话。将来，密集波分多路复用技术可以把每根纤维分成1 000个信道，可以承载12 200万个通话。此外，最新开发的光学路由器传输光学信号的距离超过2 500英里，突破了每370英里需要一个中继器的限制。

"最后一英里"问题。关于通信媒介，我们需要理解通信业普遍存在的一个问题：最后一英里问题。这个问题至今仍是通信服务提供商面临的最大挑战之一。

这个问题大致是这样的：通信服务提供商应采用新的更快、更好的技术来向客户提供更高带宽和更快通信速度。于是，光缆及相关光纤技术得以发明。光纤能以光速传输数据并能比传统的双绞线处理更大容量的数据，所以通信供应工程师建立了光纤网络，用光纤取代了原有的铜线。光纤每英里花费50万～100万美元，能够将更快、更好、更便宜的好处带到顾客家门口。这也是最后一英里问题产生的源头。用户房前铺设的光缆能够处理1亿个电话或者在几秒钟内下载整部电影。问题在于，与这些光缆相连接的房子里使用的却是双绞线，这些双绞线不能处理门外光缆提供的高带宽。这种情况相当于把尼亚加拉瀑布的水用一根水管连接到我们家里的花园一样，最后得到的水量只能是一根水管所能传送的量，仅此而已。因此，这就不只是成本问题了。在许多情况下，网络结构中的线不能被更新，导致高宽带不能真正地被用户利用。

人们想出了许多解决最后一英里问题的方法。有线电视公司为许多现代化住宅提供了单线解决方案，通过采用先进工艺，只需使用原有的有线电视同轴电缆就可提供有线电视、互联网访问和电话服务。还有一些其他方案，如完全绕过旧的有线网络，通过卫星和其他无线方法提供高速网络服务。不管使用什么方法，在设计通信网络时，最后一英里问题都是需要花很多精力去解决的大问题。

尽管还处于改进阶段，一个可能解决最后一英里问题的方法为WiMax（Worldwide Interoperability for Microwave Access）。WiMax可用来为多种互联网连接和定位提供高速的移动通信服务。尽管关于 WiMax 还有很多问题需要解决，但相信在不久的将来我们有希望解决最后一英里问题。

无线技术

无线通信技术依赖无线电波、微波、红外线和可见光脉冲传输数字通信而不需要线缆。无线技术包括地面微波、通信卫星、蜂窝和 PCS 电话及寻呼系统、移动数据无线电、无线局域网以及各种无线互联网技术。每种技术都使用由国家管理机构指定的电磁波谱范围，这减少了彼此的干扰，提高了通信效率。下面简要介绍无线通信技术。

地面微波。地面微波（terrestrial microwave）是固定于地面的微波系统，在相距大约 30 英里的中继站之间传输高速无线电信号。微波天线通常安放在楼顶、塔顶和山峰上，在很多地区都很常见。地面微波仍是长距离和城市区域网络常用的媒介。

通信卫星。**通信卫星**（communications satellites）也是用微波作为通信媒介的。高轨（high-earth orbit，HEO）通信卫星位于赤道上方大约 22 000 英里的静止同步轨道上。卫星由太阳能板提供能量，能以每秒几百兆字节的速率传输微波信号。通信卫星用作地面站传输通信信号的中继站，地面站使用盘型天线向卫星发射微波信号，然后卫星把信号放大，再传输给几千公里外的其他地面站。尽管通信卫星最初用于音频和视频传输，但它也能用于高速传输大量数据。由于远距离会产生时间延迟，因此它不适合交互的、实时的通信。在美国，通信卫星系统由几家公司运营，包括美国通信卫星公司（Comsat）、美国移动卫星公司（American Mobile Satellite）和国际卫星通信组织（Intellsat）。

其他卫星技术也被用于改善全球商业通信。例如，许多公司使用被称为微型终端（very small aperture terminal，VSAT）的小型蝶型天线，通过卫星来连接其库房和远距离工作场所。其他卫星网络使用距地面只有 500 英里的低轨卫星（low-earth orbit，LEO），使 Globalstar 这样的公司能为地球上任何地方的用户提供无线电话、呼叫和信息服务。下面让我们来看一个实例。

内华达州劳改局：利用卫星网络

面对极度偏远和完全缺乏网络基础设施的地区，内华达州劳改局（Nevada Department of Corrections）的 IT 工作人员需要连接全美 24 个监狱的设施。

他们最初的想法很简单：在 24 个监狱的设施里安装一种新的基于网络的监狱管理程序，来代替用了 20 年之久的 DOS 屏幕程序。在研究了各种可能性之后，IT 团队最终决定在基于卫星的网络外增加一个关键的补充装置：来自 BCS 的 WAN 加速装置，它能够在很大程度上缩短卫星与地球之间的数据交换时间。

一旦这个系统开始运作，当地的信息便可以及时更新。对于老系统，数据会有 72 小时的延迟，这是一个潜在的安全问题。最困难的部分是整合一个能够让 NOTIS（内华达州罪犯跟踪系统）正常运行的网络。网页上每个方位的内容在显示时都有接近 1 秒的延迟，而且下载所需的时间太长。劳改局的基础设施建筑师丹·奥巴（Dan O'Barr）说："打开一个网页可能要花好几分钟，一个实时的程序可以使它完全崩溃，这个系统实际上是无法使用的。"卫星系统是唯一有用的选择，但是数据传输延迟可能会带来偏差。"那些监狱在很遥远的地方，周围什么都没有。"奥巴说，"如果不投入资金，T1 是不可能实现的。没有可用的技术能够连接它们。"

"Blue Coat 技术在将来会带给内华达监狱系统另外一个选择：在不增加费用的

同时使移动设备运行得更快。"弗雷斯特公司的研究人员罗伯特·惠特利（Robert Whitley）如是说。"卫星网络的主要局限是传播数据存在延迟，"他说，"Blue Coat 技术能够使它加速并且顺利工作。"

资料来源：Adapted from Todd Weiss, "Nevada Prison Looks to WAN Acceleration for It Upgrade," *Computerworld*, May 29, 2007.

蜂窝和 PCS 系统。蜂窝和 PCS 电话及寻呼系统应用几种无线电通信技术。然而，它们都被限定在较小的地理区域或单元内，一般只有几平方公里。每个区域有自己的低功率发射机或无线电转播天线设备以完成各区域的转呼。当手机用户位置变动时，计算机和其他通信设备协调和控制手机发出的及收到的信号。蜂窝电话系统很长一段时间都使用模拟通信技术，运行在 800～900MHz 的频带范围内。较新的蜂窝系统使用数字技术，提供更大的承载能力和更高的安全性，此外还提供语音邮件、寻呼信息和寻呼号等服务。个人通信服务（personal communication services，PCS）电话系统也具备这些功能。PCS 运行在 1 900MHz 的频率上，使用与数字蜂窝技术相关的技术。但 PCS 电话系统的运行和使用成本比蜂窝系统低很多，也更节省电能。

无线局域网。办公室或大楼的局域网布线通常很难，而且费用很高。较旧的大楼一般没有同轴电缆或双绞线线管，较新的大楼的线管没有足够的空间再接入其他线。修复损坏的电信线缆常常很困难并且成本很高。局域网工作站及其他部件的重新布置也是如此。这些问题的一个解决方案是安装无线局域网，使用无线技术，如类似数字蜂窝技术的高频无线技术和被称为广谱的低频无线技术。

无线局域网的应用发展很快，主要包括新的开放标准无线技术，在技术领域被称为 IEEE802.11b，通常被称为 Wi-Fi，它比标准以太网和其他通用有线局域网速度更快（可达到 11Mbps），也更便宜。因此，在快速增长的商业、公共和家庭环境应用中，Wi-Fi 无线局域网可以使 PC 机、PDA 及其他装有 Wi-Fi 调制解调器的设备很容易地连接到互联网和其他网络。速度达到 54Mbps 的更快版本（802.11g）会让这项技术得到更广泛的应用。到 2009 年 12 月，最新的版本 802.11n 完成后，这种新标准速度可达到 108Mbps。

蓝牙。应用于小范围的无线技术——**蓝牙**（Bluetooth）正迅速应用到电脑和其他设备中。蓝牙作为一种无线技术可以连接周围的设备，如计算机打印机和扫描仪。传输速度接近 1Mbps，有效范围为 10～100 米。蓝牙有望在很大程度上改变我们使用计算机和其他通讯设备的方法。

为了全面评估蓝牙的潜在价值，看一下你的计算机周围的空间。你把键盘、打印机、投影仪、监控器等连接到电脑，使用的是电缆。电缆现在已经变成办公室和家庭的一害。我们中的许多人都遇到过因搞不清电缆的走向而陷入困境的情况。蓝牙在本质上改变了这种状况，它是一种电缆置换技术。

蓝牙技术由爱立信公司率先推出，后来被很多公司采用，是一种小巧便宜的无线射频芯片，这种芯片可植入计算机、打印机、移动电话等。蓝牙芯片通过携带原来电缆携带的信息，在某一特定频率传播到接收器——蓝牙芯片，然后把信息传递给计算机、电话、打印机或其他蓝牙设备，以代替电缆。由于它应用成本低，因此有望改变无线通信。

无线 Web。由于更多的 Web 化的通信设备的使用，互联网和外联网的无线接入增长迅速。智能电话、寻呼机、PDA 及其他便携式通信设备在无线网络中成为瘦客户端。无线应用协议（wireless application protocol，WAP）促进了多种无线

Web应用和服务的发展。通信产业继续致力于推广第三代（3G）无线技术，以提高无线传输速度，在移动设备上应用流视频和多媒体技术。例如，智能电话、PCS电话能够使用“Web夹”技术发送和接收e-mail，提供Web接入。该技术能从流行的金融、安全、旅游、运动、娱乐和电子商务网站上生成客户设计的网页。另一个例子是Sprint公司的PCS无线Web电话，它能够使用PCS电话传递Web内容和e-mail服务。

图6—15展示了无线移动互联网和Web应有的基础——无线应用协议。WAP标准说明了HTML或XML的网页如何被过滤软件翻译成无线标准语言（wireless markup language，WML），如何被代理软件处理，以便把网页从Web服务器传输到Web无线设备。

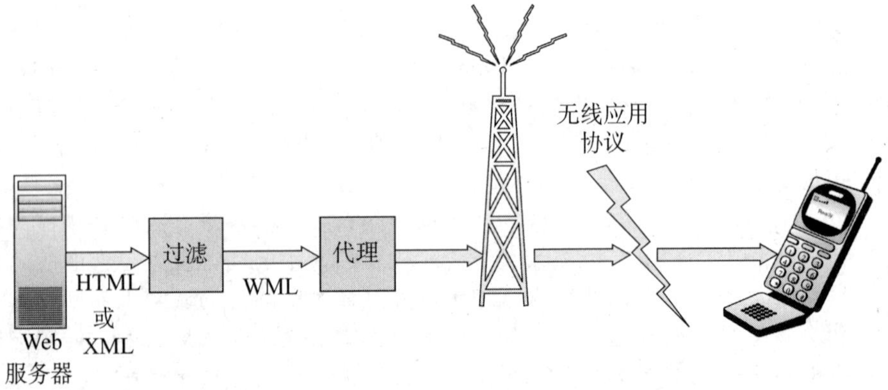

图6—15 将无线互联网服务用于移动信息设备的无线应用协议

美国联合包裹服务公司：利用无线局域网和移动商务

美国联合包裹服务公司（UPS）是拥有世界上最广为人知的品牌的全球化公司，已经成为世界上最大的包裹快递公司及最大的专业化运输和物流服务的全球供应商。UPS每天要处理全球200多个国家（地区）的货物、资金和信息的流通。作为技术驱动型公司，UPS拥有26 000多台PC机、6 200多台服务器、2 700多台中型电脑和14台大型机。这些技术基础设施每年可以处理34亿个包裹和文件的投递和取件，每天的网页点击率达1.15亿次，其中有900万次是跟踪包裹的请求。

为了处理好所有移动商业信息，位于亚特兰大的UPS公司使用无线技术作为UPScan系统的一部分，率先在公司范围内将包裹分销中心的所有硬件和软件进行了流线化、标准化。为了跟踪包裹，UPScan在维护关键控制和仓储系统的界面的同时将多重扫描技术应用到无线局域网应用中。

UPS使用蓝牙技术——一种应用于小范围、将无线外围设备（如无线手动扫描仪）连接到无线局域网的无线网络协议——与公司系统通信。UPS已经开发了内部的应用程序接口以便将遗留系统与商业客户连接，比如通过UPS将订单状态信息发布在其网站上以提供给客户的零售商。

资料来源：Adapted from UPS Corporate Web Site, “About UPS,” http://www.ups.com/content/us/en/about/index.html, n.d.; and Dan Farber, “UPS Takes Wireless to the Next Level,” ZDNet Tech Update, http://techupdate.zdnet.com/techupdate/stories/main/0,14179,2913461,00.html, February 19, 2007.

□ 通信处理器

通信处理器（如调制解调器、多路复用器、交换机和路由器等）可实现对通信网络上计算机和其他设备的支持功能。这些处理器及其功能详见图 6—16。

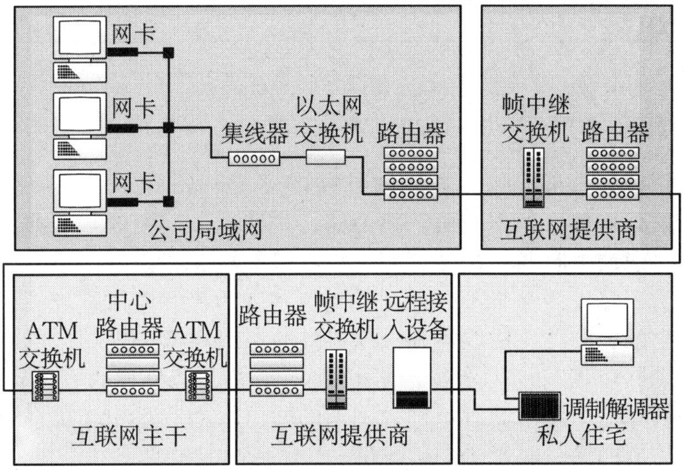

图 6—16　与互联网连接有关的通信处理器

调制解调器

调制解调器（modems）是最常见的通信处理器。它能把网络一端的计算机或传输终端的数字信号转换成模拟信号，网络另一端的调制解调器再将传来的模拟信号转换成数字信号形式，这个过程被称为“调制”和“解调”。调制解调器有几种类型，如小型独立单元、插入式电路板、可移动的调制解调器卡等。大多数调制解调器也支持通信功能，如错误控制、自动拨号和应答及发送传真等。如图 6—16 所示，调制解调器在家庭中被用来接收来自互联网提供商的数据并将之转换成 PC 的输入信号。

之所以使用调制解调器，是因为普通电话线最初被设计用于处理电话中产生的模拟信号，如人类的声音等。由于来自计算机的数据是数字形式的，无须把数字信号转换成模拟信号。但是，完全使用数字信号而不需要进行模拟和数字转换的数字通信网络越来越普遍。由于大多数调制解调器支持某些通信功能，因此数字调制解调器仍然用于数字网络。

表 6—4 将调制解调器与用于互联网及其他网络的通信技术进行了比较。

表 6—4　　调制解调器与用于互联网及其他网络的通信技术的比较

调制解调器（56Kbps）	数字用户线路（DSL）调制解调器
● 接收：56Kbps	● 接收：1.5～5.0Mbps
● 发送：33.6Kbps	● 发送：128～640Mbps
● 最慢的技术	● 用户必须距交换中心较近
综合服务数字网络（ISDN）	电缆调制解调器
● 发送和接收：128Kbps	● 接收：1.5～5.0Mbps

续前表

调制解调器（56Kbps）	数字用户线路（DSL）调制解调器
● 用户需要额外的线路	● 发送：128～640Mbps
● 过时	● 用户很多的时候速度会下降
家庭卫星	本地微波
● 接收：400Kbps	● 发送和接收：512Kbps～1.4Mbps
● 发送：经过电话调制解调器	● 成本较高
● 发送速度慢，成本高	● 需要可见的基站天线

互联网处理器

通信网络是由被称为**互联网处理器**（internetwork processors）的具有特殊用途的通信处理器（如交换机、路由器、集线器、网关等）连接在一起的。交换机是连接网络通信电路的通信处理器，现在已经出现了新型的具有网络管理能力的交换机。路由器是连接基于不同规则或协议网络的智能通信处理器，因此，通信信息能发送到它的目的地。集线器和交换机的高级版本都提供端口的自动交换，这些端口共享一个网络连接。工作站、服务器、打印机以及其他网络资源都和某一端口相连。不同结构的网络通过被称为网关的通信处理器互相连接在一起，这种设备在局域网和广域网连接时是必不可少的。

回到图6—16，看一看这些元素的例子。在图左上角的企业局域网使用集线器把多个工作站连接到网络交换机。这个交换机把信号传送给一系列交换机和路由器，从而把数据送到目的地。

多路复用器

多路复用器（multiplexer）也是一种通信处理器，它允许单一通信信道将多个终端的数据同步传输。它有两种基本的实现方式：一种是频分多路交换（frequency division multiplexing，FDM）技术，交换器把一个高速信道分成几个低速信道；另一种是时分交换（time division multiplexing，TDM）技术，交换器使用高速信道将时间分成很小的时间片段——时间帧。

例如，如果一家小企业需要8个电话号码，我们可以让8条独立的通道分别进入建筑物——一条线对应一个号码。但是用一个多路路由器，我们可以使用一条线路负责8个电话号码（假设我们拥有一个8通道的多路复用器）。多路复用器在不增加物理数据通道的前提下可以增加传输量。

□ 无线通信软件

软件是通信网络的重要组成部分。通信和网络管理软件可以安装在PC机、服务器和大型主机中，也可以安装在多路复用器、路由器等通信处理器中，实现网络运行管理。网络管理程序的功能主要包括：自动检查客户PC机的输入和输出，分配来自客户终端数据通信请求的优先权，检测和纠正传输错误及其他问题。

例如，基于大型主机的广域网一般都使用通信监视器或远程处理监视器。IBM主机的客户识别控制系统（customer identification control system，CICS）就是一个典型的例子。本地服务器和其他网络经常使用网络操作系统（如Novell公司的

NetWare，Unix，Linux 或微软的 Windows 2003 等）进行网络管理。很多软件供应商都提供通信软件的中间件，可以让不同网络之间互相通信。

基于 Microsoft Windows 和其他操作系统的通信软件支持各种通信服务。例如，它可以和通信处理器（如调制解调器）一起实现网络连接或断开一个连接，以及创建通信参数（如传输速度、模式和方向等）。

网络管理

网络管理软件包（如网络操作系统和通信监视器）决定传输的优先权、路由（交换）报文选择终端以及组织传输请求等待队列。它也监测和纠正传输错误，记录网络活动的统计日志，保护网络资源，防止未授权的入侵。图 6—17 显示了网络管理的一个例子。

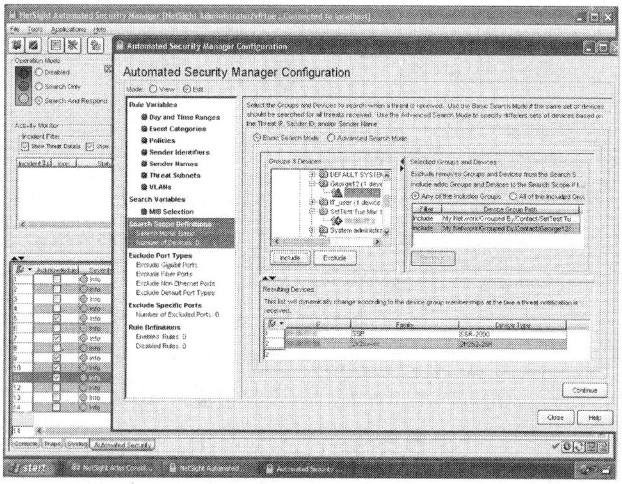

图 6—17 使用网络管理软件监控和管理网络性能

资料来源：© Enterasys Networks，Inc. All Rights Reserved.

主要的网络管理功能包括：

- 交通管理。管理网络资源和交通，避免交通拥堵，优化通信服务。
- 安全。安全是当前网络管理最重要的方面之一，因此，通信软件必须提供认证、加密、防火墙和审计等功能，加强安全策略。加密、防火墙和其他安全措施将在第 11 章阐述。
- 网络监控。通过网络解决问题并对网络进行监控，在问题发生前向网络管理员报告潜在问题。
- 能力计划。调查网络资源、交通模式及用户需求，当需求改变时，确定满足需求的最佳办法。

□ 网络拓扑

通信网络的拓扑结构有几种基本类型。图 6—18 展示了在广域网和局域网中使用的三种基本**网络拓扑**（network topologies）。在星型结构中，终端用户计算机都和中央计算机相连。在环型结构中，计算机都同等地连接到一个环上。在总线型结构中，本地计算机共享同一总线或通信通道。环型网络的一个不同之处是“网眼”，它使用通信线路直接把环上的计算机连在一起。

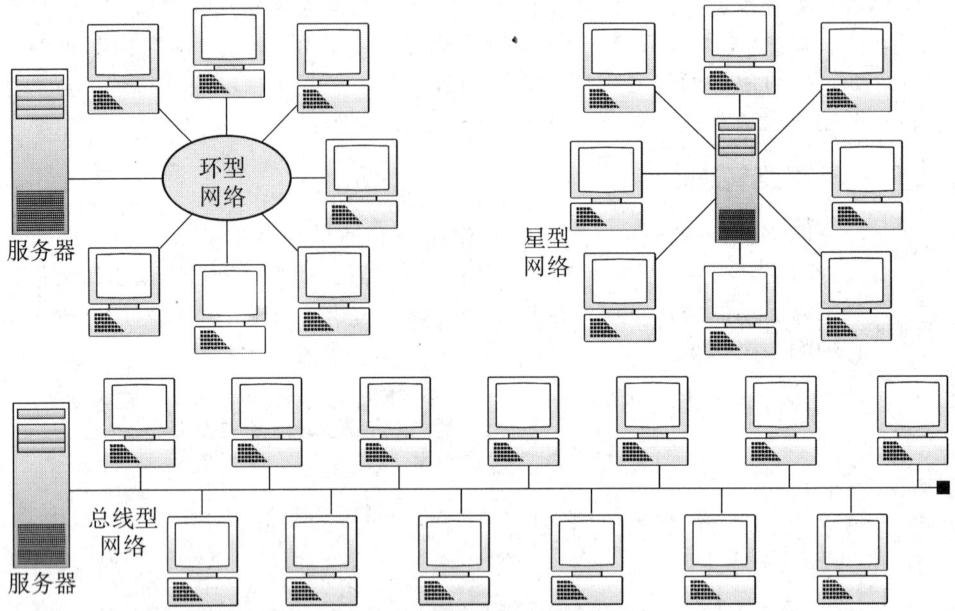

图 6—18　环型、星型和总线型网络拓扑

资料来源：Courtesy of Netsight.

客户和服务器网络可以使用星型、环型和总线型结构的组合。显然，星型网络更加集中，环型和总线型网络则趋于分散。然而，情况并非总是如此。例如，星型配置的中央计算机可以只用作交换器或报文交换计算机，来处理本地独立计算机的数据通信。星型、环型和总线型网络在性能、可靠性和成本等方面各不相同。纯粹的星型网络在可靠性方面不如环型网络，因为星型网络上的计算机过多地依赖中央计算机。如果中央计算机出现故障，就没有处理和通信能力了，本地计算机间的联系也会完全被切断，因此，对中央计算机的性能要求很高。采用提供容错能力的多处理器体系是一种常用的解决办法。

□ 网络结构和协议

直到不久前，硬件和软件与通信网络的通道间的界面仍缺乏标准。这种情况制约了通信的应用，增加了成本，影响了效率和效果。为此，通信厂商和国内外的组织开发出协议和主要的网络结构的标准，来支持高级数据通信网络的发展。

协　议

协议（protocols）是用于网络通信控制的一套标准规则和程序。然而，这些标准可能局限于一种生产设备或一类数据通信。通信网络结构的目标之一就是让各通信协议更标准、更兼容。协议的一个例子是针对电缆和终端、计算机、调制解调器与通信线路之间连接器的物理特性制定的标准。协议的其他例子包括为了在计算机和终端之间建立通信而交换已定义的握手信号和字符的过程。其他的协议涉及网络、交换技术、网络互联等数据传递和接收的控制。

网络结构

网络结构（network architectures）的目标是创建一个开放、简单灵活、高效的通信环境。这可以通过使用标准协议、使新硬件和软件接口标准化以及设计终端用户和计算机系统之间的多级标准接口来实现。

开放式系统互联模型

开放式系统互联（open system interconnection，OSI）模型是对信息在无线通信网络两点之间传播方式的标准描述或者"参考模型"。它的目的是指导产品生产者，以使他们的产品与其他产品相得益彰。参考模型在各个通信的终端定义了七个功能层。尽管OSI模型并不严格要求相关功能聚集在已界定的层次，但大部分产品仍以与OSI模型有关的方式来描述自己。另外，它作为教育和讨论的一种通信方式也是有价值的。

1983年，主要计算机和无线通信公司开发了OSI，最初用来详细说明界面。然而，委员会决定建立一个普遍的参考模型，让其他人可以开发详细的界面，从而形成新的标准。OSI被国际标准化组织采用为国际标准。

OSI的主要想法是：在通信网络中，通信过程的两端之间可以划分层次，每一层都有自己的一系列特别的相关功能。每一个通信使用者都有一台拥有七层功能的计算机。在用户之间的信息里，都有数据流通过计算机各层次达到一端。在另一端，当信息到来时，会有另一个数据流通过各层次进入接收信息的计算机而最终到达终端用户和程序。提供七层结构的程序和硬件通常是以下方面的组合：操作系统、应用程序（如浏览器）、TCP/IP或者转换传输网络协议，以及使你能够把信号放在连接电脑的电缆里的硬件和软件。

OSI把无线网络通信分成七层。图6—19说明了OSI模型七层结构的功能。

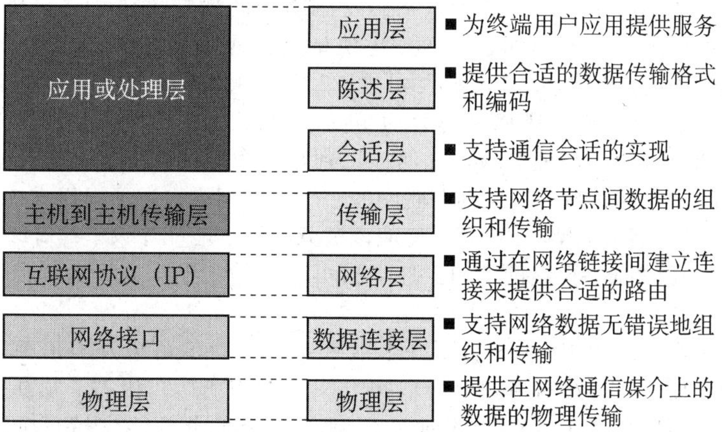

图6—19 七层OSI通信网络结构和五层互联网TCP/IP协议

这七层结构分成两组。当信息传给或来自用户时，上面的四层被使用。当信息经过主机时，底下的三层（直到网络层）被使用。发到这台计算机的信息流到上面的层次。发到其他主机的信息不经过上面的层次，但是被发到其他主机。这七层结构分别是：

第一层：物理层。这一层在电力和机械层次传输字节流，提供了作为承载者收发数据的硬件。

第二层：数据连接层。这一层为物理层提供同步性及传输协议的知识和方法。

第三层：网络层。这一层次处理数据路径（在传输和接收数据时沿正确的方向把数据发送到目的地）。网络层的作用是路径选择与转发。

第四层：传输层。这一层管理终端之间的控制（如决定包裹是否到达）和纠错，保证完整的数据传输。

第五层：会话层。这一层旨在加强协调，终止每个应用之间的对话及交流。这一层处理连接与协调工作。

第六层：陈述层。这一层通常是操作系统的一部分，把收发的数据由一种格式转换成另一种格式（如从文本流变成显示新收到文本的即时窗口）。这一层有时又称语法层。

第七层：应用层。在这一层，通信参与者被确认身份，用户授权和隐私得到考虑，任何对数据格式的限制被确认（尽管一些应用可能行使应用层的功能），但这一层并不是应用层。

互联网的传输控制协议/网际协议

互联网采用现在被广泛使用和接受为网络结构的无线通信协议系统。这个互联网协议模块称为**传输控制协议/网际协议**（Transmission Control Protocol/Internet Protocol，TCP/IP）。如图6—19所示，TCP/IP包含与OSI七层结构有关的五层协议。TCP/IP被互联网及内联网、外联网所采用，许多公司和组织因此把它们的客户服务器和广域网转换成TCP/IP技术，现在称为IP网络。

尽管互联网技术的很多方面看起来很复杂，但是地址、路径和传输协议实际上非常简单，保证你能到达正确的网站或者将电子邮件发送到正确的地址。TCP/IP就像是投递邮件的邮政系统，其中，TCP代表邮政系统和各种移动邮件的程序、协议，IP代表邮编和地址。

当前的IP地址协议称为IPv4。当1981年9月IP第一次实现标准化时，条文要求每个连接到网络的系统分配一个唯一的32位网络地址值。连接到多个网络接口的系统需要给每一个接口分配一个唯一的IP地址。网络地址的第一部分确认主机所在的网络，第二部分确认在给定网络上的特定主机。还是用邮政系统打比方，网络地址可以被视为邮政编码，主机地址代表街道地址。习惯上，IP地址用四位间隔开来的十进制数字表示，如“127.154.95.6”，有效的地址取值从0.0.0.0到255.255.255.255，因而共有大约43亿个地址（确切地说是4 294 967 296个）。使用这两个水平的地址等级，任何连接到互联网的计算机能被定位。

IP地址可以确认连接到互联网的一个特定网络。为了提供支持不同规模网络的灵活性，互联网设计者认为IP地址应该被分成三个地址等级——等级A、等级B和等级C。每一层都会在网络前缀和主机号之间固定一个边界，这个边界是用32位地址固定在不同的点上。

A类网络由IP地址的第一个数字定义。取值可以从000到127，理论上产生128个独一无二的网络。然而事实上，因为0.0.0.0和127.0.0.0被保留用以特殊用途，所以只有126个A类地址。每个A类地址都能支持每个网络的16 777 214个主机，并代表IPv4中50%的空间。A类地址通常被大型互联网服务提供商或者根基稳固的大型公司所有。例如，通用电气拥有3.0.0.0，IBM拥有9.0.0.0，福特汽车拥有19.0.0.0，美国邮政拥有56.0.0.0。

B类网络地址的范围从128.0到255.254。利用一个B类地址，16 384个网络可以等同于每个网络中65 534个用户。B类地址的分配包含约100万个网络地址，代表25%的IPv4空间。B类地址通常也由服务提供商美国在线所拥有。

C类网络地址的范围从128.0到255.255.255，代表IPv4中12.5%的可用空间。不到210万个网络被认为是C类地址，允许约5.37亿个用户使用。剩余的

IPv4 地址空间有专门的用途。

你可能认为 43 亿个网络地址应该足够用了，但是实际上互联网正将这些地址消耗殆尽。在互联网发展的早期，IP 地址的分配仅仅是基于一个简单的请求而不是按照实际需要来决定的。这就导致 IP 地址分配给了那些实际上并不需要很多地址的人。现在，很多的 A 类和 B 类用户地址都处在闲置状态。更糟糕的是，新技术把这些 IP 地址从计算机扩展到了电视、烤箱和咖啡机等。

IPv6 的强大之处在于，将 IP 地址由 32 位升至 128 位，支持更多的地址和更多的节点，来适应 Web 2.0。IPv6 的最大地址个数为 2^{128} 个，足够世界上所有的人使用，这会持续很长时间。

IP 的声音

互联网协议的最新应用是网络电话。利用网络的连接性，可以通过 IP 而不是传统的公共电话系统来传输声音，这通常称为 **Voice over IP**（VoIP)。这种方法使得以包为基础的网络可以传输声音，从而代替了以往的交换网络。简言之，VoIP 可以使用户在家或远程办公室直接与通常的电话网络相连接。它也避免了按标准支付长途话费，这是因为当两个网络电缆一起运行而不是分开各自运行时，ISP 与 VoIP 之间的连接成本不断降低。VoIP 是基于一个标准的网络基础而运行的，但是它也要求拥有良好的网络配置，以便更好地运行。

对于喜欢打电话而又不想付费的人来说，Skype 是一个不错的选择。Skype 创建于 2002 年，是第一批对等的电话系统。今天，Skype 软件已经允许用户直接在个人电脑上通过网络连接而不是电话连接进行通话。这个拥有专利的免费软件通过一个类似报信者的客户端，提供境内和境外的公共开关电话网络。

Skype 用户可以通过该软件免费与任何座机用户、移动用户或者其他 Skype 用户进行通话。与之不同，传统的电话用户在打电话或接听电话时都会被收费。

Skype 软件还提供了语音信箱、即时通信、电话转接、电话会议等功能。对 Skype 的用户收费的依据不是两个国家之间的距离，而是国家的发达程度、电话流量、访问费用等。最近的数据显示，Skype 是在互联网方面发展最迅速的公司之一。

- Skype 在 225 个国家和地区拥有 5 400 万个用户，并且这个数字还在随着人们对该软件的认可而不断增加。
- Skype 每天新增 15 万个用户，在任何时刻都有 300 万用户同时在线。
- Skype 在 225 个国家和地区已被下载 1.63 亿次。
- Skype 可以通用 27 种语言。
- Skype 比其他互联网语音通信提供商有更多的用户，且语音服务时间更长。

Skype 在客户保持增长的同时，也在为企业设计一种通信服务来代替传统的方法以降低电信费用。在下面的例子中，Skype 也证明了 VoIP 是如何迅速成长为电信设施的重要部分的。

对于那些喜欢打电话却只想付更少钱的用户来说，Vonage 是一个好选择。这个名称来自公司的箴言"Voice-Over-Net-Age——Vonage"。采用 VoIP 技术，Vonage 能以相对较低的价格提供本地甚至长途的电话服务。

海港宾馆的室内语音与网络服务

位于波士顿的海港宾馆（Seaport Ho- tel）正在测试一种用户通过触摸屏来打电

话、获得宾馆服务以及访问互联网的服务。

专为商务旅行者提供的一种服务被称为“SeaPortal”，它通过一个面向用户的结构有效结合了电话和网络服务。这项新技术利用了一种相对于电话转换系统更为便宜的 PBX 系统。

在室内打电话时，可以通过 PBX 系统传出。如果给宾馆外部打电话，则通过类似于 Skype 和 Vonage 的宾馆的高速互联网提供商来传出。

对于宾馆的客人而言，出现在触摸屏上的系统类似于一个网页：关于欢迎与服务的索引部分；关于健身、娱乐、就餐、新闻等其他信息的导航；包括宾馆特点与网页浏览的客户服务。

这个系统与室内的电话相联系，当客户按下电话按钮的图标（如房间清扫、管理员或者其他服务）时，电话铃声就会响起。当需要给宾馆外部打电话时，用户需要按下电话连接键，就会有一个小型的数字键盘出现在屏幕中。

这项服务还提供了邮件发送和阅读附件的功能，另外，有 USB 接口可以用来连接闪盘以接收和传输数据。客户还可以选择在宾馆的商业中心将所需的文件进行打印。包括美国国内的短途及长途电话等在内的服务都不需要额外加收费用。

资料来源：Adapted from Antone Gonsalves, “Seaport Hotel In-Room Portal Converges Voice, Web Services,” *InformationWeek*, January 24, 2007.

带宽选择

通信速度和网络的传输能力可以被定义为**带宽**（bandwidth）。通信信道的频率范围通常决定了信道的传输率。数据传输的速度和能力通常是通过每秒传输的比特数来测量的，有时也被描述为波特率，尽管更准确地说波特测量的是信号在传输线上的变化量。

带宽表示连接的能力，能力越大说明性能越好。因此，更大的带宽能够允许更多的数据以更快的速波特度从一点传输到另一点。虽然带宽、数据量以及速度之间的关系理论上是很合理的，但在现实中却并非如此。做一个简单的类比：把带宽想象成一个有水流过的管道，管径越大，流过的水流就越多。但是，如果当口径大小不同的管道相互连接在一起时，水流量通常是由口径较小的管道决定的。同样的问题也发生在网络带宽之中。如果较大的网络带宽与较小带宽相连接，网络的传输速度也是由小带宽的网络决定的。

窄带宽信道通常提供一个 64Kbps 的低速传输率，现在可以达到 2Mbps。它们通常是非屏蔽的双绞线，用于电话语音通信和通过调制解调器进行数据通信。使用屏蔽双绞线的中速信道传输速率通常可以达到 100Mbps。

宽带信道可以提供一个高速的传输速率，其范围可以从 256Kbps 至几十亿 Kbps。通常来说，它们使用微波、光缆和卫星进行传输。例如，通信信道 T1 为 1.54Mbps，T3 为 45Mbps，卫星通信为 100Mbps，光缆为 52Mbps～10Gbps（见表 6—5）。

表 6—5　不同网络技术的传输速率

网络技术	典型的——最大的传输速率（bps）
Wi-Fi：无线高保真	11M～54M
标准以太网或令牌环	10M～16M
高速以太网	100M～1G
FDDI：光纤分布数据接口	100M
DDN：数字数据网络	2.4K～2M

续前表

网络技术	典型的——最大的传输速率（bps）
PSN：包交换网络——X.25	64K～1.5M
帧中继网络	1.5M～45M
ISDN：集成服务数字网络	64K/128K～2M
ATM：异步传输模式	25M/155M～2.4G
SONET：同步光纤网络	45M～40G
Kbps=1 000bps	Gbps=10 亿 bps
Mbps=10 000bps	

□ 交换选择

日常的电话服务是基于电路的交换，在此过程中建立了一种接收者与发送者之间的关系。在会话结束之前，它始终保持着联通状态。在信息交换过程中，一次可以将一个报文从一个设备传至另一个设备。

包交换包括把报文分成几个固定的或可变长的组（即包）。例如，在 X.25 协议中，包长为 128 字节，而包的长度在帧中继技术中是可以变换的。增值承载商利用计算机和其他通信处理器控制包的交换过程，并且把包通过网络传送给不同的用户。

X.25 是早期的包交换网络，它是一种国际通用的标准网络协议，但是其速度相对较慢。帧中继是另一个被很多大型公司所使用的通用网络协议。帧中继的传输速率要远远高于 X.25，并且能够处理客户和服务器局域网内的重大通信交换任务。ATM 是一种新兴的高性能元件交换技术，把语音、视频和其他数据分解成 53 个字节的固定元件，其中包括 48 个字节的数据和 5 个字节的控制信息，并把它们传输到下一个网络目的地。很多公司为了满足高速传输语音、视频等要求而开发了 ATM 网络（见表 6—6）。

表 6—6　　四家大型零售连锁企业选用不同的网络技术

公司	技术	原因
西尔斯	帧中继	可靠，便宜，适合主机和互联网协议
Rack Room	VAST	满足小型市场，非常便宜，共享商场的蝶形卫星天线
Hannaford	ATM	非常大的带宽；结合语音、视频和数据
7-Eleven	ISDN	能够使用多个信道分割不同的用途

□ 网络互用性

于 1996 年 2 月开始生效的通信协议的第 256 条中提出了两个关键目标。为了实现这些目标，通信服务的提供者要求联邦交流委员会（Federal Communications Commission，FCC）制定一个审查协议的计划。

正如你所看到的，FCC 对于电信业来说是一个关键的部门。虽然我们通常仅把 FCC 看作广播电视的监管机构，但它同时涉及数据和声音交换等诸多方面。FCC

在通信业中非常重要，因为**网络互用性**（network interoperability）这一概念十分重要。

这种互用性能够保证一个网络系统中的任何人在任何地方都可以和其他网络系统中的人进行交流，而不必担心使用不同的语言。如果没有可访问性、透明性以及网络系统的互用性，本章中我们讨论的所有关于商业价值的内容都不可能实现。没有这些条件，互联网、电子邮件、即时通信甚至网络共享也都是不可能实现的。

很幸运，在电信领域中的每个人都知道网络互用性的重要性，因此，他们能够共同协作来保证网络始终处在互用状态。

小结

● 通信的发展趋势。在互联网、内联网以及各种网络的帮助下，企业实现了网络化，从而可以支持商业运营，企业内部合作，企业与客户、供应商和其他商业伙伴的合作。通信业已经进入一个更加自由同时更具有竞争性的环境。通信技术向着开放、语音、数据、视频、多媒体的数字网络方向继续发展。一个主要的发展趋势是通过互联网及其技术的应用来建立一个企业之间甚至全球化的网络系统（如内联网和外联网）来支持企业间的合作、电子商务以及其他电子商业应用。

● 互联网变革。互联网及其技术的飞速发展给通信业带来了一场变革。互联网已经成为信息传递、娱乐服务、商业应用（包括企业合作和电子商务等电子化商业系统）的重要平台。在电子化商业系统中，利用了互联网技术的开放性系统是通信技术的驱动器。它们的首要目标是让互联网、内联网以及外联网上的资源更容易且更安全地被消费者和企业专业人员访问。

● 互联网的商业价值。很多企业正在从互联网上获取商业价值，它们能够在全球范围内发布信息，与客户进行沟通和交易，促进合作与商业整合。同时，应用互联网技术可以节约成本，使用电子商务可以增加财政收入，利用供应链管理与客户关系管理可以改善客户服务。

● 内联网的作用。企业通过在整个组织建立并扩大内联网络，可以提高公司内部个人之间及团队之间的交流与合作；通过公司门户网站和其他内联网服务，可以更快、更经济有效地发布和共享有价值的商业信息；可以开发和分配重要的应用程序来支持商业运行与决策。

● 外联网的作用。外联网的主要作用是将公司的内联网资源与客户、供应商和其他业务伙伴的内联网系统连接起来。外联网也可以为业务伙伴提供公司数据和遗留系统的访问。外联网通过简化客户与供应商之间的商业关系，改进商业合作伙伴之间的关系，为客户和供应商提供新的网络服务，因而具有重要的商业价值。

● 通信网络。通信网络主要包括：终端、通信处理器、通信信道、计算机和通信软件。基本的通信网络包括广域网和局域网等。对于多数广域网和局域网来说，通过使用客户和服务器、网络计算、对等网络和互联网技术连接在一起。

● 网络选择。表6—3总结了几种主要的通信选择和元件，包括通信媒介、处理器、软件、信道和网络结构。对于这些主要选择的基本理解可以帮助商业终端用户在处理通信问题时作出有效的决策。通信处理器包括调制解调器、多路复用器、互联网处理器和其他设备。通信信道就是将这些设备联系起来从而提高信道的能力和效率的。通信网络可以利用的媒介有：双绞线、同轴电缆、光缆、地面微波、通信卫星、蜂窝和PCS系统及无线局域网等。

关键术语和概念

模拟（analog）
带宽（bandwidth）
蓝牙（Bluetooth）
客户机/服务器网络（client/server networks）
同轴电缆（coaxial cable）
通信卫星（communications satellites）

数字（digital）
外联网（extranets）
光纤（fiber optics）
互联网服务提供商（Internet service provider，ISP）
互联网技术（Internet networking technologies）
互联网处理器（internetwork processors）
内联网（intranets）
遗留系统（legacy systems）
局域网（local area networks，LAN）
麦特卡尔夫定律（Metcalfe's law）
中间件（middleware）
调制解调器（modems）
多路复用器（multiplexer）
网络（network）
网络结构（network architectures）
开放式系统互联（open systems interconnection，OSI）
传输控制协议/国际协议（TCP/IP）
网络计算（network computing）
网络互用性（network interoperability）
网络拓扑（network topologies）
开放系统（open systems）
对等网络（peer-to-peer networks）
协议（protocol）
通信（telecommunications）
通信媒介（telecommunications media）
通信系统（telecommunications network）
通信处理器（telecommunications processors）
通信软件（telecommunications software）
虚拟专用网络（virtual private network，VPN）
VoIP（voice over IP）
广域网（wide area networks，WAN）
无线局域网（wireless LAN）
无线技术（wireless technologies）

讨论题

1. 你是否认同互联网是通信、网络和其他信息技术的发展驱动力？说明理由。

2. 阐述与互联网、内联网和外联网的商业应用相关的开放系统、连接性和互用性的发展趋势。

3. 参考本章关于远程医疗与远程会议的实例。该实例中并未提到通过这些技术的应用所产生的隐私与数据保护问题。这些技术还会产生哪些具体的影响？你认为这些影响会怎样限制这些技术的进一步发展？

4. 解释无线设备和服务是如何影响 Web 与互联网的商业应用的。

5. 分别阐述客户机/服务器网络、网络计算、对等网络的商业价值与管理上的挑战。

6. 是什么商业价值促使许多公司建立和扩展企业内联网？

7. 在公司外联网的使用中，战略性竞争的收益是什么？

8. 参考有关星巴克和其他关于未来免费公共 Wi-Fi 的实例。在浏览 Web 的过程中通过免费的访问来换取广告服务，你怎样认识这种商业模式？你是否期望看到这些公司之间的竞争，比如说两个不同的供应商覆盖同一机场，或者在某种程度上互不相容？

9. 你认为商务人士对信息技术的期望会因为互联网商业应用的改变而改变吗？解释原因。

10. 通信网络和计算技术的驱动力来自对无线技术、视频和 Web 的不断需求。你同意这种观点吗？为什么？

分析题

1. 多少地址才够用

第 4 代互联网协议为每台计算机分配称为 IPv4 的地址。每一条信息和包都包含这个地址，以便路由器能够找到该地址。这也是互联网版的邮寄地址。

世界上的每一个地区都分配了 IP 地址，美国拥有其中大部分地址，而人口最多的亚洲地区却分配了相应较少的地址，IP 地址很可能会在亚洲出现短缺。

意识到这些问题后，互联网工程任务组采用了 IPv6 地址。虽然速度较慢，但是现在所有的互联网服务器都支持 IPv6，互联网服务提供商正在逐步按需求推进 IPv6 的使用，同时也保持着对 IPv4 的兼容性。美联邦政府要求所有政府部门在 2008 年都采用 IPv6。

a. 使用 IPv4 可获得的节点数可以表述为 2 的多少次方。

b. 使用 IPv6 可获得的节点数可以表述为 2 的多少次方。

2. MNO 公司的通信网络

MNO 公司考虑自己租用线路来处理分布在全国 3 个地区的 14 个分销点的声音和数据通信，对于每个分销点，峰值通信荷载是电话连接与计算机数之间的函数。通信数据如下所示，分析这些信息。

a. 建立一个数据库存储以下数据，输入数据并打印列表。

b. 通过调查可以看出峰值流量约为每条电话线 2Kbps，每台计算机 10Kbps。创建一份报告，说明每个地点通信系统峰值需求的估计值。依据地区分组，显示地区的总和以及整个系统的总和，并再创建一份报告。

3. 无线辐射会损伤人脑吗

电波、微波、红外线都属于电磁辐射波，涵盖了我们日常生活中的辐射频率，但是“辐射”一词总是令人感到不安。发射塔沿高速公路在田间分布，在城市中高屋顶上有很多小区基站，数以百万计的移动电话用户在打电话时把微波接收或发射器贴近头部。计算机网络无线访问已变得非常普遍，消费者在麦当劳吃汉堡包时就可以利用无线网络来浏览网页。对这些有辐射的装置，我们感到担忧吗？

电磁波谱的覆盖范围从超低频到无线电波、微波、红外线、可见光、紫外线、X 射线以及伽马射线。辐射是危险的吗？威胁可能来自两个方面：频率与辐射强度。相关的研究已经证实，频率高于可见光的波（包括紫外线、X 射线和伽玛射线）是很危险的。这些波频率较高，波长较小，可以穿透分子甚至原子结构，可能会导致烧伤，使 DNA 被破坏从而引起癌变和畸胎。

但是，低频辐射包括红外线、微波、无线波，具有较长波长，无法穿透分子结构。确实，微波波长是如此之长，以至于微波炉可以使用一个简单的屏幕来阻止这些长波，同时允许可见光通过。因此，我们可以看到爆米花爆开却感觉不到热量。需要注意的是，可见光包含的辐射频率比微波更接近于光谱的危险末端。

低频辐射只有在强度足够大时才会导致破坏，这些伤害也仅仅限于普通烧伤。微波炉通过消耗 800 瓦或更多的能量，把它们转化成非常强的微波光。与之相比，移动电话通过消耗非常微小的电流来传输一个信号。事实上，你从手机中感觉到的热量并不是来自微波，而是来自电池的放电。如果安全措施不当，可能在微波炉的操作中产生烧伤，但是不会导致用户发生癌变。

a. 通过互联网引擎搜集信息并报告世界卫生组织关于微波辐射的说法。

b. 通过互联网搜索引擎了解用户对手机发射塔的各种不满意见，并写一篇一页纸的论文来描述一种发射塔选择方案，减少人们对它的抱怨。

4. 最大化利用通信

本年度的全球会计公司合作伙伴会议协调员萨珀（Sapper）女士面临一个有趣的挑战。对于来自全世界的 400 个合作伙伴，她想安排一场宴会，每一张桌子的安排都最大限度地体现多样性。她希望这样的座位安排能够鼓励合作伙伴之间更好地交流和不断提出新的想法。这场晚宴共摆放 50 张桌子，每张桌子坐 8 个人。萨珀拥有所有合作伙伴的信息，但是她却发现自己在如何使多样性最大化的问题上感到困惑。让我们看一下她的整个流程。

从 MIS9eOLC 上下载并保存“partners. xls”。打开文件，其中除了合作伙伴的名字外，还包括所属行业、地区以及性别等信息。表中的“桌号”列为空。

a. 在 Excel 菜单中，选择“数据”，然后选择“种类”，按下“F1”键可以获得帮助。阅读其中每一个主题。如何以升序排列名单“Smith，Jones，Zimmerman”？

b. 什么特征使得用户在排列月份时将“January”排在“April”之前？

c. 先按性别将合作伙伴数据分类，然后按所属行业、地区分类，最后保存文件。

d. 检查按以上步骤分类的结果。注意，把排名前 8 位的合作伙伴分配到同一张桌子上会使多样性最小。这个结果提供了一种如何使多样性最大化的一条线索。充分利用这一点，将桌号 1～50 分配给每一个列在名单中的合作伙伴，以使多样性最大化。将文件保存为“partners _ sorted. xls”并且解释你的理由。

案例 6.3

MMCC 公司：使用自我管理的网络系统实现企业价值

在拥有了 22 000 名消费者、48 800 个编录的部件、150 名在美国 5 个地区和德国 1 个营业处工作的员工后，约翰·贝利尔（John Bellnier）最想要的便是一个虚拟的网络。

他作为 MMCC 公司（Mertic & Multistandard Components）的 IT 管理者感到满意，按照某些标准，MMCC 或许被归类为小型企业，但是这个小型企业却在行业内获得了成功。

MMCC 由 3 名捷克斯洛伐克移民创建于 1963 年，现在已成长为美国最大的标准工业扣件经销商之一。在过去的 10 年中，其产值翻了一番，营业额在 2005 年达到 2 000 万美元，在 2006 年依然保持很快的增长势头。但是，该公司的增长已经远远超出了其通信网络系统的承载能力，该网络系统当时由外部的电信公司管理，经常出现故障，导致电子邮件的交流中断，使客户服务代理无法正常运行。

"我们受制于与服务提供商签订的为期 3 年的合同。"贝利尔说，"它是一个由他人管理的网络系统，因此我们不掌握进入路由器的密码。我在电话中花费了大量的时间试图让这个问题得到解决。那简直就是一场噩梦。"

他记得当时提出了一个问题，但是服务提供商否认路由器出了故障。"他们的网络系统出了故障，我们不得不花费大量的时间和精力使 2 000 英里以外的他们意识到，他们的一个路由器需要进行修理。"

几个月前，在 MMCC 与供应商合同到期之前，贝利尔开始寻找一个更好的网络解决方案，其要求包括：

- 可靠性：提供最大的即时网络来支持公司运营。
- 可扩展性：能够随着 MMCC 的成长而不断增大。
- 安全性：保证公司的数据的机密性与整体性。
- 经济性：降低初始的投入和运营费用。
- 责任明确："我希望所有的硬件都来自同一个供应商，那样当问题出现时，我就知道应该找谁。"贝利尔说。

贝利尔于 2004 年与 MMCC 的行政主管会面，并告诉他们通过管理一个新的公司的网络系统，他可以在有限的财政预算内，通过降低运营成本来收回先前的投资。公司的行政主管也认为，现行的网络条件让人无法忍受，并建议贝利尔借助有经验的 IT 咨询公司来选择一个顶级的通信硬件和软件供应商。

贝利尔选择了 Hi-Link 公司，它在无线局域网和虚拟专用网络的安全性方面获得了思科公司的认证。Hi-Link 首先审查了 MMCC 的现行网络系统，并通过公司的管理部门对其产业目标和要求进行了了解。Hi-Link 给公司的管理部门留下了深刻的印象，并建议贝利尔从咨询师那里寻求一个正规的项目计划。

Hi-Link 的咨询工程师向贝利尔建议，为 MMCC 建立一个包括虚拟专用网络连接的安全网络基础。利用思科的整体路由器与安全装置，网络系统的设计蓝图使贝利尔可以遥控所有必要装置，增加了他对整个系统的操控性，提高了系统的性能。Hi-Link 向贝利尔展示了安全网络基础是如何自动进行日常维护、监控系统和提醒 IT 员工安全操作的。贝利尔接受了 Hi-Link 的网络计划，并且向公司的管理部门提出了建议。

在讨论了企业的投资、风险和 Hi-Link 的计划的收益之后，MMCC 的行政主管就该建议和如下几个项目要求达成一致：

- 目标：为 MMCC 建立一个具有更高可靠性、安全性、可扩展性，但是比现有系统成本更低的商业网络。

● 步骤：通过高端技术来实现高可利用性、有效性，安全管理 IP 网络系统。

● 技术：利用虚拟专用网络技术来连接远程办公并与用户建立可靠的联系，促进公司进一步发展。

● 维护：在设计和应用基于思科产品的安全网络基础之后，Hi-Link 将为 MMCC 随时提供技术性的支持。

合作协议签订之后，Hi-Link 便开始与思科以及当地的电信公司合作安装新的网络系统所需的通信线路。当所有这些就位之后，在不到一周的时间内就部署了思科路由器、转换器以及其他由 Hi-Link 所预先设计的通信硬件。"Hi-Link 在最需要的时候以最高的工作效率为我们安装了网络。"贝利尔说，"它们与当地的电信公司、互联网服务提供商、项目管理部门合作，解决了所有细节问题。"

在安装之后，内部管理网络很快投入使用，其优势也很快显现出来：

● 新的网络系统几乎非常快地消除了 MMCC 系统的拥挤现象。

● 网络带宽、可靠性和安全性得到了很大程度的改善。

● 先进的网络监控系统改进了网络管理。

● 网络停机时间几乎缩短至零。

● 新的网络系统为 MMCC 节省了大量的资金。

"之前的网络系统每个月需花费约 1.1 万美元，租用的新的宽带电信线路每月只花费 0.44 万美元。"贝利尔解释说，"我们已经计算出每年可以节省 7.7 万美元，这意味着在运行的前 6 个月内我们就可以收回投资。"

最大的好处是，网络系统更加透明和易于管理。"我们能够访问所有的思科路由器，可以看到错误和记录。我们直接与当地电信运营商签订通信线路方面的合约，因而能够与之直接交流来解决问题。"贝利尔说。

Hi-Link 的加特纳（Gartner）说："每一个远程控制办公室都是按照相同的方式进行配置的，我们能够很容易地在任何一个新地方对其进行复制，按照要求来增加额外的带宽。"Hi-Link 帮助 MMCC 为所有的仓库添加了无线功能，并且在有需要时可以提供额外的功能服务。

加特纳强调，与为 MMCC 选用的方案一样，一个安全网络基础能够提高小公司的运营效率、敏感数据的安全性，加强员工之间的联系和客户响应。例如，公司希望该网络允许消费者在网站上即时跟踪他们的订单，让服务人员在接到客户电话之前掌握详细的账户信息，为远程工作者、供应商和客户提供一个简单、低成本的视频会议。

贝利尔为其他 IT 管理者如何建立和管理网络系统提出了建议："不要认为有限的资源难以支持自己管理操作系统，从而限制了公司的进一步发展。"

他补充说，MMCC 与 Hi-Link 的合作经历表明一个小公司应如何迅速收回投入成本和应用具有优越性能的自我管理系统。

资料来源：Adapted from Eric J. Adams, "Creating a Foundation for Growth," *iQ Magazine*, Second Quarter 2006.

问题

1. 在 MMCC 使用新的安全、可靠、自我管理的网络系统实现成功的公司过程中，哪些是最重要的因素？解释你的理由。

2. 在自我管理与外部管理网络系统中，可能获得哪些收益，存在哪些挑战？

3. 你建议小型企业采用哪一种网络管理系统？解释你的推荐理由。

实践

1. 利用互联网查找更多像思科与 Hi-Link 等电信企业的通信产品与服务，以及它们目前的商业性能与发展前景。对于小公司，你推荐哪家通信硬件和软件公司以及咨询公司？解释你的理由。

2. 在通信系统的安装与管理过程中，对很多企业来说"自己来做"和"请专家来做"是关键的抉择。与你的同学分小组讨论这个选择对小公司的影响，看看你们能否在作出选择时有一些共同的准则，并向你的班级做总结报告。

第3篇

商务应用

互联网技术和IT的其他形式如何支持商务过程、电子商务和商务决策制定？本篇向你展示了当今网络化的企业如何完成信息系统的商务应用。

● 第7章：企业信息系统。描述信息系统如何整合、支持企业范围的业务流程，尤其是如何支持客户关系管理、企业资源计划和供应链管理，以及营销、制造、人力资源管理、会计和财务等业务职能。

● 第8章：电子商务系统。介绍电子商务系统的基本处理组件，并介绍商务的主要趋势、应用以及存在的问题。

● 第9章：决策支持系统。描述在当今动态的商务环境下，企业管理者和专业人员在制定决策时如何应用管理信息系统、决策支持系统、主管信息系统、专家系统和人工智能技术。

第7章　企业信息系统

学习目标

1. 能识别出下列多功能企业系统，并举例说明它们怎样为企业提供重要的商业价值：企业资源计划；客户关系管理；供应链管理；企业应用集成；事务处理系统；企业协作系统。

2. 举例说明在会计、财务、人力资源管理、营销、生产和运营管理等业务职能中，互联网和其他信息技术是如何支持业务流程的。

3. 理解企业应用集成在支持多种电子化业务应用中的业务交互方面的必要性。

7.1　企业商务系统

引　言

与人们的一般认识不同，“e-business”与“e-commerce”并不是同义词。e-business在范围上更广泛，它不仅包括应用网络的交易，还融合了其他技术和电子通信方式，因而使进行各种类型的商务活动成为可能。

本章介绍了信息技术的商务应用，这一领域发展迅速，逐渐涵盖了电子化业务应用的所有内容。

“电子化业务”（e-business）一词最初是由IBM的首席执行官卢·格斯特纳（Lou Gerstner）提出的，指的是利用互联网或其他网络及信息技术，支持电子商务、企业交流合作，以及企业内部、企业与客户和合作伙伴间的网络化的业务流程。电子化业务包括电子商务，涉及采购、销售、营销、产品维修、服务以及互联网和其他网络中的信息。我们将在第8章对电子商务进行更深入的介绍。

在本章，我们将介绍电子化业务的主要概念及应用。在7.1节将介绍跨职能的企业系统的例子，主要关注客户关系管理、企业资源计划和供应链管理。在7.2节将介绍一些信息系统支持企业各职能核心流程方面的例子。

阅读下面的真实案例，从中可以了解客户关系管理系统的优势与挑战。

案例 7.1

NetSuite Inc.，Berlin Packaging，Churchill Downs 和其他公司：CRM 的奥秘在于数据

扎克·纳尔逊（Zach Nelson）坐在硅谷的咖啡馆里，喝着拿铁，吃着糕点，画着 IT 架构图。他的任务是：说明客户关系管理（customer relation-ship management，CRM）软件无法挽救许多失败的投资高达数百万美元的部署的最主要原因。

纳尔逊是 NetSuite 公司的首席执行官，NetSuite 公司主要销售基于 Web 的面向需求的商业软件，如 CRM 软件。他说，当一个公司刚起步时，CRM 是比较容易实现的，然而企业往往没有可用的客户数据，这是它们失败的原因。

20 世纪 90 年代中期，CRM 面市，这很大程度上是由 Siebel Systems 推动的，这个软件一般与专有的数据库捆绑在一起，却必须在不同的企业系统中存储客户数据。这样做的结果会是什么呢？纳尔逊称："客户记录是分散的，经常有重叠并相矛盾。"

当早餐结束时，纳尔逊找到了"中小型企业能正确应用客户关系管理软件"的令人信服的理由。在公司发展早期比后期更容易应用 CRM。此外，基于 Web 的订购软件，比如纳尔逊的公司提供的产品，使它们能够接触到在过去可能非常昂贵或复杂的 IT 应用。Health 公司是一家年销售额 1 000 万美元的处方营养补充剂的生产商，尽管它还没打算投资数百万美元购买大的 CRM 软件包，但它确实需要比 Intuit 公司的 QuickBooks 更复杂的会计系统。因此，它应用 NetSuite 公司的普通分类应用程序，使公司会计流程自动化，并利用 NetSuite 的应用程序（如 CRM 模块）共享数据。

中小型企业成功应用 CRM 的最关键原因可能是，大多数企业未同时出现数据孤岛和独立系统，要解决数据孤岛带来的鸿沟会花费大量的时间和精力，而这些企业已经吸取教训避免了这种情况。Berlin Packaging 公司的年销售额达 2 亿美元，生产的产品是从化妆品到果冻都要用的瓶罐。其首席信息官史蒂夫·坎特（Steve Canter）表示："企业中不兼容的系统带来的最大问题是，确定哪些数据是真实的。我有一个客户关系管理系统，其中有一个客户主文件。我还有一个订单管理系统，其中也有客户主文件。如果这些系统之间的信息不一致，哪一个是正确的？只有客户主文件相同时，我们才知道什么是正确的。"

从理论上讲，通过解决姓名和地址的不一致问题，以及从多个系统汇总客户数据，客户数据集成可以提供一种全面了解客户的视角。但许多 IT 公司的客户数据仍然不一致，CRM、企业资源计划、供应链管理系统都分散存储着这类数据。这意味着面向客户业务的信息技术（如呼叫中心）往往不能为员工提供单一客户视图。

Berlin 公司考虑在原有的 PeopleSoft 企业资源计划和供应链管理系统的基础上添加 PeopleSoft 客户关系管理应用软件，但这样会导致数据出现互斥。因此，Berlin 公司选择使用 ERP 系统的 PeopleTools 编程代码，从而将财务和供应链管理功能转换到 CRM 流程中。现在 ERP 数据库包括了 20 世纪 90 年代中期以来获取的 27 000多名客户的房屋记录，作为客户数据的交换中心为公司提供明确和广泛的信息。如果人们想获取客户数据，就不用再考虑其他系统了。

此外，坎特不需要花很大的成本实现这一过程，员工也能很快接受他推荐的工具，而这是所有大公司的首席信息官都认为的部署 CRM 最难的环节。坎特表示，关键在于巨大的变革与销售人员熟悉的界

面相融合。“实施CRM系统，并不是一夜之间一切都改变了，这个过程是缓慢而渐进的，甚至他们都没有意识到自己在实施CRM系统。”

ISM客户关系管理咨询公司总裁巴顿·戈登堡（Barton Goldenberg）认为创建CRM系统并不适用于所有公司。他认为，CRM软件可以为前端业务流程提供数据智能和支持，而这些是ERP系统所无法比拟的。“除非放在特定环境下，否则数据本身是无用的。我可以使用数据，但CRM应用程序增加了数据的价值。”

Churchill Downs公司是年利润达5亿美元、拥有6个赛马场的运营商，它的CRM部署是在经过认真考虑后实施的。这使该公司的广告从大众市场转向了一对一的市场。

阿提克·沙阿（Atique Shah）在2003年底以CRM和技术解决方案副总裁一职加入Churchill Downs公司。该公司认为，依据它的Twin Spires忠诚俱乐部的汇总数据可将客户群分为四类。沙阿对此并不确定。于是，他申请大量资金购买了大量技术，包括Epiphany公司的客户关系管理软件、SPSS公司支持的Clementine数据挖掘工具以及IBM的Ascential数据抽取和转换软件。沙阿随后通过Clementine运行数据，发现有九种客户类型，这表明以前的营销努力可能没有起到作用。当被问及如何360度全方位了解客户时，他笑着说：“我认为我们可能只做到了190度左右。”Churchill Downs有27种客户信息来源，如何应用它们仍存在问题。

为了更详细地反映这些信息，沙阿把传统对客户分类的标签改成了白金、黄金、银和铜，来暗示各个类型的特征。因此，一个每年只访问几次的女顾客被称为“Seldom Sally”，而每年在该公司花费10万美元并对自己的赛马知识非常自信的50多岁的富有男士，被称为“Smarty Steve”。

沙阿公布了公司赛马场的情况，并与芝加哥附近的Arlington公园一起策划了测试活动。Arlington的工作人员从数据库中挑选出55 000名用户，并将其细分成九类。然后每个客户群会直接收到广告邮件，这个邮件包括其定位及反映属性的信息。回复率非常高，近10%收到邮件的人在下一赛季来到该公园。

沙阿声称：“更惊人的是，细分后的客户在两星期前带来了160万美元的收益，而一年前，同样的客户只产生了95万美元的收益。”

该活动的成功在许多方面凸显了Churchill Downs数据的价值。

很显然，在中小型企业中实施CRM，数据可以转化为销售量的增加。

ISM公司的戈登堡反复强调，尽管如此，公司需要确保在推出任何重大的CRM计划前，数据是有序的。他认为，在大多数情况下，是CRM应用程序而非数据提供了商业价值，但它们显然有关联。“如果没有准确、完整、全面的数据，任何CRM努力都不会取得理想的效果。”

这使我们回到了NetSuite公司的纳尔逊的预测：在从现在开始的几年时间里，小公司将围绕其较大的竞争对手运作，这主要是因为，在小公司建立客户数据的主记录（master record）不像在大公司那样困难。在纳尔逊看来，建立统一的客户数据资源将有利于新兴公司取得成功。他说：“一旦你在恰当的地方获取数据，以前很琐碎的事情将被整合在一起。”

也许并不像喝咖啡、吃丹麦酥皮饼一样平常而琐碎，但如果没有数据，CRM恐怕也不会那么强大。

资料来源：Adapted from Tony Kontzer, “CRM's Secret Is in the Date,” *InformationWeek*, August 15, 2005; and Charles Babcock, “Looking for a Clearer View of the Customer,” *InformationWeek*, August 8, 2005.

问题

1. Berlin Packaging和Churchill Downs这类公司可以从CRM实施中得到哪些好处？你认为将来CRM还有哪些用处？举几个例子。

2. 你是否同意小企业应用 CRM 更有效？为什么？

3. 本案例中提到的一个主要问题是"好的"数据对 CRM 实施有重要作用。我们在第 5 章比较文件处理和数据库管理方法时进行了讨论。在本案例中你如何看待之前讨论的问题？如何应用 CRM 解决这些问题？举例说明你的观点。

实践

1. NetSuite 公司是面向需求的企业应用软件（如本案例中提到的 CRM）的主要供应商，其他重要供应商包括 Salesforce.com 和 Siebel On Demand。利用互联网搜索这三家供应商，找出它们在竞争日益激烈的行业中是如何应对的。对比它们的产品特点，了解它们提供的产品是差异较大还是较相似。

2. 本案例中 CRM 的实施强调客户、客户偏好和活动等信息的重要性，并强调如何运用这些信息理解和发现更好的营销方案。另一方面，很多人都非常关心这些公司定位目标客户的程度。企业和客户可以从 CRM 中获益，并保护客户隐私，将你的同学分成小组探讨他们的关注点。

□ 跨职能的企业应用

现今，许多企业利用信息技术发展整合的**跨职能的企业系统**（cross-function enterprise systems），它是指打破传统的职能边界，重组和改进整个企业的核心业务流程。企业将其视为应用 IT 共享信息资源，改进业务流程效果和效率，发展与客户、供应商以及商业伙伴战略关系的一种战略选择。图 7—1 展示的就是一个跨职能的企业系统。

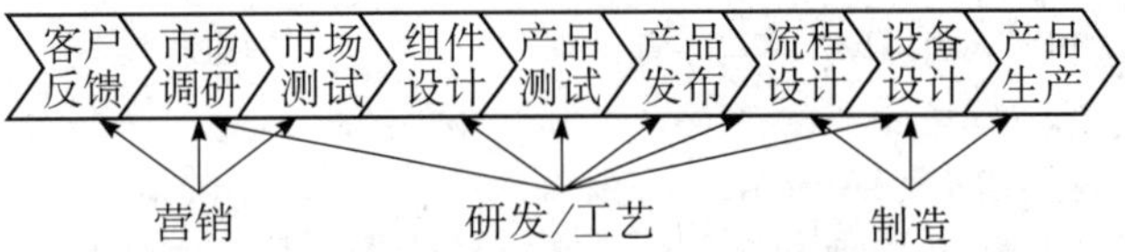

图 7—1　制造型企业的新产品开发流程

许多企业首先由单一职能的、基于大型主机的系统转变为整合的、跨职能的客户机/服务器应用。这种转变主要涉及 SAP American、甲骨文或其他公司的企业资源计划、供应链管理或客户关系管理软件的安装。这种企业软件更关注对企业运营所涉及的整体业务流程的支持，而非业务职能对于信息处理的要求。

正如我们在案例 7.1 中所见，目前商业企业正利用互联网技术，重组和整合企业内部业务流程以及与客户和供应商之间的信息流。全球企业都在应用万维网以及企业内联网和外联网作为技术平台，发展跨职能的以及企业内部的信息系统。

企业应用架构

图 7—2 展示了一个**企业应用架构**（enterprise application architecture），说明了目前许多企业已经拥有或正在安装的主要跨职能企业应用的内部联系。这个架构并不展示细节化的应用蓝图，而是作为一种概念框架，有助于构想基本的组件、流程以及主要的企业应用和内部联系的接口。同时，这个应用构架也突出了这些系统在支持客户、供应商、合作伙伴和企业员工方面的重要作用。

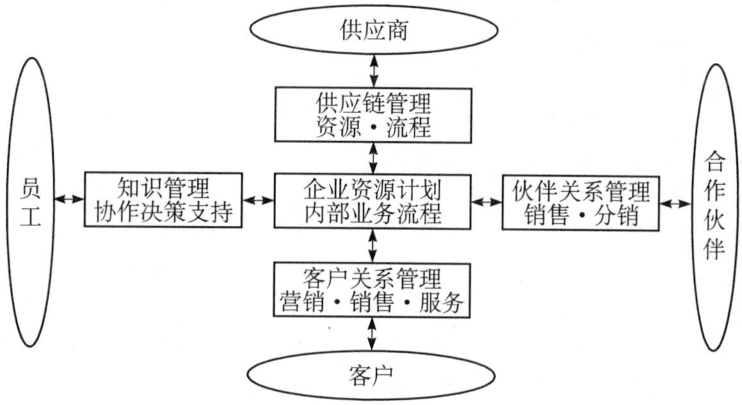

图 7—2　企业应用架构

资料来源：Adapted from Mohan Sawhney and Jeff Zabin，*Seven Steps to Nirvana*：*Strategic Insights into e-Business Transformation*（New York：McGraw-Hill，2001），p. 175.

值得注意的是，企业应用并非只关注传统业务职能或只支持企业内部业务流程，它们更强调在与企业客户、供应商、合作伙伴以及股东的共赢中完成基本业务流程。因此，企业资源计划（ERP）关注企业生产、销售和财务过程的效率。客户关系管理（CRM）关注通过营销、销售和服务过程获得和留住能带来利润的客户。伙伴关系管理（PRM）关注发展和维系对企业产品和服务的推广有益的合作伙伴。供应链管理（SCM）关注与企业产品和服务所需的供应商一起，发展最有效果和效率的资源和采购过程。知识管理（KM）关注为企业员工提供支持团队协作和决策支持的工具。

我们将探讨 CRM，ERP 以及 SCM 的具体应用，在第 9 章将讨论知识管理的应用。下面让我们看一下现实世界中的一些例子，涉及一些在全球化、跨功能系统中的一些挑战。

奥美广告公司和美国大都会人寿保险公司：推行全球化应用的人际关系挑战

阿提菲·里亚兹（Atefeh Riazi）的 25 万飞行里程证明了一个事实，地球毕竟不是个小星球。作为奥美广告公司（Ogilvy & Mather Worldwide）的首席信息官（CIO），里亚兹已经在过去的几年中推行全球应用，如协同工作流系统、创造性的资产管理、知识管理、信息传递、纽约市的营销巨头的安全防护。最近，里亚兹一直在努力说服亚洲、欧洲和拉丁美洲的办事处更新原有的负责财务、人力资源和生产的北美 SAP 企业资源计划系统。她说，一个企业系统应能为奥美广告公司遍布 100 多个国家的 400 个办事处提供实时信息，使它们能够迅速作出决策，更好地应对市场变化以及降低成本。

事实上，全球化为选择不同的工作地点增加了新的动力，固执地坚持美国商业模式的 CIO 将走向失败。他们必须抛弃被动适应全球办事处的想法，转向通过全世界员工的合作构建全球化的结构。

如果让企业应用一个具有高带宽要求的全球系统，这个系统可能不适合在中东或亚洲的 IT 主管，那里的传输费用比纽约高。标准化系统是多语言的吗？它可以在不同国家间转换货币汇率吗？它能适应复杂的国家税收法律吗？

对于全球性项目而言，可行性至关重要，也是最大的挑战之一。美国大都会人寿保险公司（MetLife）的运营和技术服务副总裁乔治·萨瓦雷塞（George Savarese）表示："你现在就面对不同的语言、不同的文化、不同的时区。"例如，他星期一下午6点召开的会议，在韩国的上午8点、巴西的下午9点举行。萨瓦雷塞补充道，电话和电子邮件不会因此而中断。"你必须置身其中才能理解。"他说自己每月会有一半的时间在国外。

奥美广告公司的里亚兹说："全球化每天都在挑战你的人际沟通技巧。"例如，在英国，员工往往依赖定性研究，他们需要更多的时间用于决策，而美国的员工往往更注重采取行动。里亚兹最近在尝试让美国和英国办事处合作推出一个通用的系统时，遇到了很大的阻力，因为她没有花足够多的时间去分析英国办事处员工的想法。

让国际团队运行全球项目还有一段漫长的路要走。例如，在奥美广告公司管理一个来自爱尔兰的财务报告项目时，她说："那里的IT主管有欧洲人的视角，所以我们不会盲目采取不可行的方案。"

谈及在奥美广告公司的纽约总部，她说："我们已经放松控制，但许多全球企业做不到，它们抓得太紧了。这是具有破坏性的。"

资料来源：Adapted from Melissa Solomon, "Collaboratively Building a Global Infrastructure," *CIO Magazine*, June 1, 2003.

使所有天鹅排成行：企业层次的管理

你可能从没想过会在信息系统教材中看到这个问题：你注意过天鹅怎么飞吗？它们起飞时十分混乱，然而很快就会排成一行或V字型。就像你想的那样，它们一直保持这种飞行队形并不是巧合。它们这样飞，可以使每一只鸟都能通过前面的鸟减少阻力，尽管帮助很小但很重要。这使得这些鸟可以比随意选用其他方式飞行得更远。当然，领头的天鹅任务艰巨，但天鹅们也找到了一种方法来解决这个问题。它们中会有一只鸟向上飞以减轻当前领头鸟的压力。通过这种方式，整个鸟群相互分担压力，向着同一个方向飞行。

那么这对于信息系统有哪些启发呢？本章我们将讨论贯穿整个企业并对三个方面的企业运作（即客户关系、资源计划、供应链）起支持作用的系统。

每个运作都有一个独特的关注点，因此需要一个独特的系统去支持，但它们也有一个共同目标：使整个企业有序地向着同一个方向前进，就像天鹅那样。

我们可以以任何方式排列组合这些重要的企业系统，如果我们问三个人要如何做，可能会得到三种不同的答案。为了达到目的，我们将从企业的共同关注点——客户着手。我们将把视角扩展到企业后台操作，并最终扩展到管理原材料和成品流通的系统。当然，我们的最终目标就是使企业中所有的"天鹅"以尽可能有效的方式向着同一个方向翱翔。

客户关系管理：商务焦点

如今，客户起着决定性作用，他们可以比以往任何时候都更容易地比较店铺、影响企业，只需点击鼠标即可。因而客户关系成为一个企业最有价值的财富。这些关系比产品、库存、工厂、网址甚至员工更重要。每个企业策略都要关注如何发现和保留可能的潜在客户。

客户关系是最重要的企业价值已经不容置疑。我们已在第2章中强调，客户导向是信息技术支持的最重要的策略之一。因此，许多企业都将应用客户关系管理（CRM）策略和信息系统视为客户导向或客户中心策略的一部分，以提升企业在现今竞争环境中的成功几率。下面，我们探讨基本的客户关系管理概念、技术，以及当企业应用CRM系统作为客户导向策略的一部分时，企业面临机遇和挑战的一些实例。

□ 什么是客户关系管理

全面的管理客户关系涉及两个相关的目标：其一，为组织和面向客户的员工提供一个统一、全面的视角，来看待通过各种渠道、各种联系方式接触的每一个客户；其二，为客户提供一个统一、全面的视角来了解企业及其各种渠道。

这就是企业转向**客户关系管理**（customer relationship management，CRM），以提升以客户为中心的企业策略的原因。CRM利用信息技术创建一个跨职能的企业系统，从而整合并自动执行企业销售、市场营销以及与用户相互影响的其他客户服务的许多流程。客户关系管理系统也搭建了一个网络驱动的软件和数据库的信息化平台，将这些流程和企业其他的业务运营整合起来。CRM系统包括一系列软件模块，它们为企业和员工提供工具，使他们能为客户提供快速、方便、可靠和持续的服务。Siebel Systems、甲骨文、SAP AG、IBM以及Epiphany公司是开发CRM软件的引领者。图7—3展示了客户关系管理系统的主要应用组件，我们将逐一加以了解。

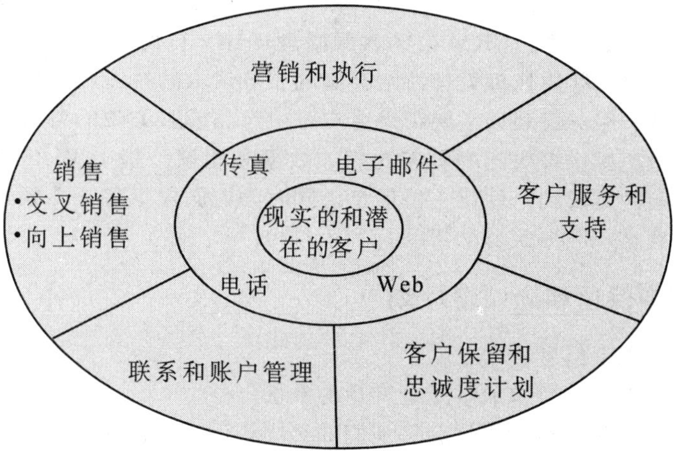

图7—3 客户关系管理的主要应用

联系和账户管理

CRM软件有助于销售、营销，并能够帮助专业服务人员捕捉和追踪每个历史的和计划的、与潜在的和现实的客户相关的数据。这些信息可以通过诸如电话、传真、电子邮件、公司网站、零售店、售货亭以及私人联系等方式获得。CRM系统将数据存储到公用的客户数据库中，这个数据库整合了所有的客户账户信息，为达到销售、营销、服务或其他客户关系管理目的，可以使整个企业通过互联网、内联网或其他网络使用该数据库。

销　售

CRM系统为销售人员提供软件工具和公司数据资源，以支持和管理销售活动，优化交叉销售和向上销售。交叉销售是一种销售方式，它基于这样一种观点：购买某产品或服务的客户可能对购买相关产品或服务感兴趣，比如汽车保险的客户可能对房屋保险感兴趣。通过应用交叉销售技术，销售人员可以在更好地为客户服务的同时促进销售。向上销售指的是向客户销售比他们目前想要购买的产品更好的产品的销售方式，例如强调更好的销售前景和产品信息、产品配置、销售报价。CRM也提供单一入口的实时访问，可以让销售代表在安排他们的销售访问之前查看客户的账户状态和历史信息。例如，CRM系统可以提醒银行销售人员拜访那些高储蓄额的客户，从而向他们推销重要的信用和投资服务。又如，可以提醒销售人员注意未解决的服务、配送或付款问题，并通过与客户个别沟通加以解决。

营销和执行

通过自动定位目标市场、安排和追踪直销的邮件等方式，CRM系统帮助营销专家完成直接的销售活动。CRM软件还能帮助营销人员捕捉和管理CRM数据库中市场和客户的反馈数据，并分析企业直销活动的客户价值和商业价值。通过快速安排销售联系以及提供产品和服务的准确信息，CRM还有助于实现市场前景以及客户反馈和要求，同时为CRM数据库获取相关信息。

客户服务和支持

CRM系统为客服代表提供软件工具，让他们实时获取由销售和营销人员共享的公共客户数据库。CRM帮助客服经理创建、分配和管理客户的服务要求。呼叫中心软件根据客户代理处理特定类型的服务请求的技能和权限，为他们分配不同的呼叫。客户服务代表通常要帮助客户解决产品或服务中的各种问题，帮助热线软件可以为他们提供解决问题所需的相关数据和建议。基于Web的自助服务可以使客户在公司网站得到个性化支持信息，同时为他们提供了一个新选择——通过网络和电话得到客户服务人员的帮助。

客户保留和忠诚度计划

考虑以下信息：

- 新客户的营销成本是老客户的6倍。
- 一个不满意的客户会将他们的经历告诉8～10人。
- 一个公司当年将客户保持率提高5个百分点就可以增加85%的利润。
- 将产品卖给新客户的可能性是5%，而将产品卖给老客户的可能性是50%。
- 如果企业可以快速关注服务问题，70%产生不满情绪的客户还会继续和企业做生意。

这就是巩固和优化客户保留和忠诚度计划是客户关系管理的主要战略和目标的原因。CRM系统试图帮助企业识别、奖励最忠诚和最有价值的客户，并向他们进行营销。CRM分析软件包括数据挖掘工具和其他市场分析软件，CRM数据库包括客户数据仓库以及CRM数据交易中心。这些工具用以识别有价值和忠诚的客户，并引导和评估企业目标市场以及该市场中的关系营销计划。表7—1是用于评估嘉信理财客户保留绩效的基于Web的建议报告的一部分。

表7—1　评估嘉信理财客户保留绩效的建议报告

	导航	绩效	运作	环境
客户保留	客户保留率 家庭客户保留率 平均客户合作时间	客户群保留率 客户细分占有率 客户忠诚度	客户中活跃的网络使用者的比例 通过邮件沟通的比例 客户活动减少 客户背离倾向	竞争者提供的产品和服务等 投资股份 相对的客户合作时间
客户体验	客户细分满意度 客户群满意度 用户场景满意度	客户感到满意的是： ● 任务 ● 接触点 ● 渠道伙伴 对等效能 对所提供信息质量的满意度	工作任务持续时间 搜索结果的准确性 价格调整后的交易率 每小时的邮件回复率	相对满意度 竞争者： ● 其他在线证券公司 ● 其他金融服务公司 ● 产品和服务
客户花费	客户平均收入 客户平均利润率 客户资产增长率 客户终身价值	客户细分收入 客户细分利润 细分客户资产增长率	开市期间每日登录量 每日交易量 客户资产增长率 接触点服务成本	证券资产总额 证券资产增长率

客户关系管理的三个阶段

图7—4从另一个角度说明了客户、企业价值以及客户关系管理组件。我们可以将CRM视为Web驱动的软件工具和数据库的整合系统，它完成一系列客户导向的企业流程，并支持企业和客户关系的三个阶段。

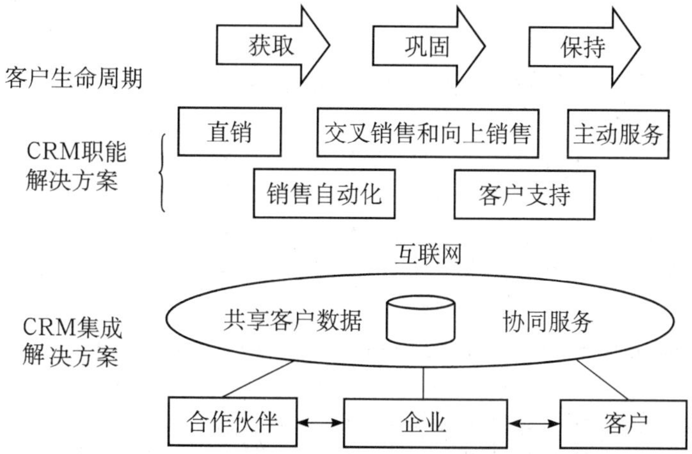

图7—4　CRM如何支持企业和客户

● 获取。企业利用CRM软件工具和数据库，通过沟通管理、销售探查（sales prospecting）、销售、直销、销售实现（fulfill）等前期工作，帮助获得新客户。其目标就是让客户感知到该公司提供的优质产品的价值。

● 巩固。联网的CRM账户管理以及客户服务和支持工具，为客户提供优质的服务，使客户获得愉快的体验。这些服务由销售人员和服务人员组成的、有责任感的网络团队以及企业合作伙伴提供。CRM销售自动化和销售实现工具帮助公司对客户进行交叉销售和向上销售，以增加企业利润。客户感知到的价值是吸引人的价格和一站式采购的便捷。

- 保持。CRM分析软件和数据库帮助企业预先识别和奖励最忠诚且最有价值的客户，以通过目标市场营销和关系营销计划保持和扩展其业务。客户感知到的价值是从个性化商务中获得的回报。

□ 客户关系管理的机遇和挑战

客户关系管理潜在的机遇有很多，比如，CRM可以使企业识别和定位最佳客户（给企业带来最大利润的客户），这样就可以通过提供更好、更有利润的服务使这些客户成为长期客户。CRM使基于客户欲望、需求、购买力和生命周期的个性化的产品和服务成为可能。CRM还能记录客户和企业的沟通时间，无论采用的是何种沟通方式。另外，CRM系统可以使企业在客户选择的所有接触点提供持续服务和支持。所有这些优势能给企业提供战略性的商业价值，为客户提供主要的客户价值。

美国大陆航空公司：了解客户

如果你丢了行李或遇到飞机晚点，航空公司的员工为此向你真诚地表示歉意，你的感觉应该不错吧？如果乘坐美国大陆航空公司（Continental Airlines）的头等舱，你就会收到这样的道歉。

自2001年以来，休斯敦的航空公司日益重视飞行报告，在飞机降落前为服务人员提供了更多关于乘客的细节信息。例如，除了指出乘客所点的套餐外，识别出高价值的客户，列出诸如他们是否刚丢了行李或遇到飞机晚点这样的细节。有了这种信息，飞机上的服务人员就能关注乘客，在飞行期间为不够便捷的服务道歉。这种贴身的、个性化的服务提高了客户的忠诚度，尤其是美国大陆航空公司最有价值的客户的忠诚度。

美国大陆航空公司将客户根据带来的利润分为不同的等级。自构建这一系统以来，该航线在400 000个有价值的客户中平均从每位客户身上赚取了200美元，并从定位于最大利润层的35 000位客户中平均从每位客户身上额外收入了800美元，所有这些都源于公司提供了更好的服务。

美国大陆航空公司希望提升在市场竞争中的排名，构建了实时的数据企业仓库（enterprise data warehouse，EDW），EDW从1998年开始开发，它的初始目的是从27个子系统中获取数据，使公司可以更准确地预测收入。在此之后，公司用它确认客户忠诚度是否真的影响收入。通过对30 000个遇到飞机晚点的客户的测试，美国大陆航空公司发现，那些收到道歉或一定补偿的客户会忘记这次事件或不再抱怨，这类补偿可以是下次搭乘飞机获得免费鸡尾酒或额外的飞行里程。事实上，美国大陆航空公司声称公司从收到道歉信的乘客那里获得的收入会提高8%。

利用EDW中的运营数据和客户数据，数据仓库团队找到了方法来解决登机处服务员面临的最头疼的问题：因航班取消或延迟给乘客带来的不便。这个团队开发了一个程序自动重新预订机票，此程序开发之前，登机处服务员不得不靠人工重新安置乘客。现在，航班取消或延迟发生时，系统会做这些工作，例如当系统自动识别出一个高价值的客户的航班已经取消时，登机处会决定让这位客户搭乘其他航班，以使这位客户尽快出发，保持愉快的心情。

美国大陆航空公司的数据仓库负责人艾丽西亚·埃斯博（Alicia Acebo）说："在使用数据仓库之前，叫喊声最大的客户会获得最好的服务，而现在最有价值的客户会获得最好的服务。"

资料来源：Adapted from Meridith Levinson, "Getting to Know Them," *CIO Magazine*, May 9, 2007.

客户关系管理的失败

客户关系管理的商业利润并不能得到保证，对许多公司来说，CRM 被证明是难以理解的。行业研究组织的调查报告显示，超过 50％的 CRM 项目都没有达到预期的结果。另一份报告显示，20％的被调查企业实施 CRM 实际上损害了长期存在的客户关系。在一项高层管理者对 25 种管理工具的满意度调查中，尽管有 72％的管理者希望在不久之后应用 CRM 系统，可是 CRM 的客户满意度几乎排在最后。

为什么 CRM 会有如此高的失败率和如此低的满意度呢？研究显示，主要的原因是熟悉程度，即缺乏了解和准备。也就是说，企业管理者常常依靠一种新的信息技术（如 CRM）的应用来解决企业问题，而不是首先改变企业的业务流程或管理流程。在很多案例中，失败的 CRM 项目在企业利益相关者未参与的情况下就予以实施。因此，员工和客户并没有做好迎接新的流程和挑战的准备，而这些都是 CRM 实施中的一部分。我们将在后面的章节中讨论信息技术管理系统的失败以及进一步改革管理等主题。

Unum Group：CRM 还有很长的路要走

20 世纪 90 年代末，多个公司合并成立了 Unum Group 保险公司，该公司拥有数十亿美元的收入、数千名员工，并产生了许多不能兼容的客户数据系统。总之，在 Provident，Colonial，Paul Revere 和 Unum 之间存在 34 个不连续的政策和理赔后台系统，这些系统中有重要的客户数据。因此，Unum Group 公司负责业务整合和数据架构的副总裁鲍勃·多尔莫维奇（Bob Dolmovich）强调，"你很难获得信息"。例如，在新合并的公司中，Unum 集团客户的账户可能存放在多个地方，导致产生大量的浪费。

在合并后的最初几年，Unum Group 使用本土化的数据存储解决方案。可是到 2004 年，残疾保险的保额达 100 亿美元，公司不得不采用新的主数据管理战略，以统一这些分散的客户数据，包括账户活动、保险费、赔偿等数据。

Unum Group 的策略的核心是客户数据集成（customer data integration，CDI）中心，通过 Web（实际上是 Web 服务）使用连接应用程序的标准化协议，构建面向服务的架构。该项目于 2005 年初启动，已改善了数据质量，缓解了同一客户有多个记录这一令人头痛的问题，创造了在公司范围内深入进行客户分析的可能性。但多尔莫维奇承认，仍然有很长的路要走，原有的 34 个系统目前只解决了其中 4 个的问题。不过他仍很乐观。

多尔莫维奇希望，新的 CDI 方法最终会使公司全方位地了解客户。在 20 世纪 90 年代，诸如甲骨文、PeopleSoft 和 Siebel 等企业软件供应商都会销售单一客户视图，但实施合并的高成本令许多首席信息官十分苦恼。

CDI 中心有别于传统的 CRM 解决方案，允许公司自动将所有的客户数据集成到一个数据库中，同时在发送到集成中心存储前确保数据的质量和准确性。一个独立的 CRM 系统却做不到，因为它不能将结算、市场营销、ERP 和供应链系统整合在一起，而且无法处理跨平台的不一致数据。

多尔莫维奇说，首先加载到 CDI 中心的数据，是 2005 年底来自业务客户和中间商的数据。

多尔莫维奇表示，利用新系统，“我们现在不必借助其他经纪机构就可以得到一些统计数据并据此更好地了解与中间商的关系”。Unum Group 现在正致力于建立客户的个人概况描述，当新客户账户被创建或访问，或者更改地址或添加新的客户信息时，所有的保险公司的员工——无论他们使用什么——都会同时看到这些变化。他说：“理想的最终状态是 CDI 中心拥有涉及所有产品的所有客户的信息。”

资料来源：Adapted from Thomas Wailgum, “The Quest for Customer Data Integration,” CIO Magazine, August 1, 2006.

□ 企业资源计划：商务中枢

微软、可口可乐、思科、礼来（Eli Lilly）、美国铝业（Alcoa）、诺基亚等公司有什么共同点？与大部分企业使用用了 25 年的后台系统不同，这些市场领导者在危急时刻应用被称为企业资源计划（ERP）的交易中枢来重组业务。这些企业用 ERP 系统帮助减少库存、缩短生产周期、降低成本、改进整体运作。

各类企业现在都在应用 ERP。ERP 就像跨职能的企业中枢，它在企业生产、物流、销售、会计、财务和人力资源等方面，整合许多内部业务流程和管理系统并实现自动化。许多大公司在 20 世纪 90 年代开始安装 ERP 系统，作为概念框架和业务流程重组的促进因素。ERP 也是整合和完成跨职能过程所需的重要的软件引擎。现在，ERP 被认为是现今动态商业环境下的必要因素，能帮助企业获得成功所需的效率、敏捷性和响应。

□ 什么是企业资源计划

企业资源计划（enterprise resource planning，ERP）是电子化业务的技术中枢，是企业中与销售订单处理、库存管理和控制、生产和分销计划以及财务相关的事务处理框架。

ERP 是跨职能的企业系统，由支持企业内部基本业务流程的软件模块的整合套件所驱动。例如，制造企业的 ERP 软件主要从销售、库存、运输、发货等环节获取数据并跟踪其状态，同时预测原材料和人力资源需求。图 7—5 显示了 ERP 系统的主要应用。

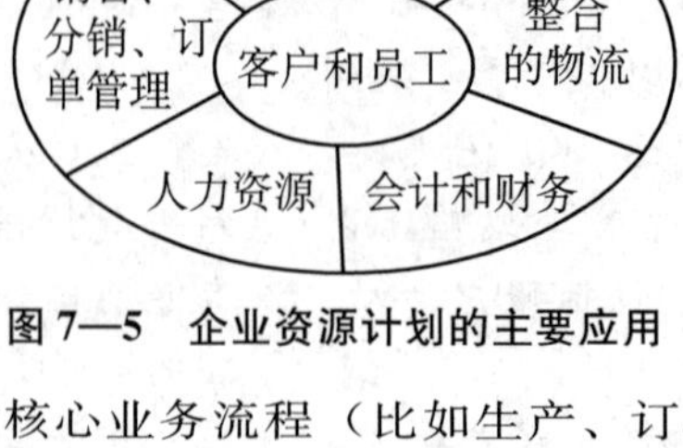

图 7—5　企业资源计划的主要应用

ERP 为企业提供了对核心业务流程（比如生产、订单处理、库存管理）综合的实时监控，这些流程都通过数据库管理系统支持的 ERP 应用软件和一般数据库联系在一起。无论哪个部门（如生产、采购、销售、财会部门）将数据录入系统，ERP系统都可以跟踪业务资源（如现金、原材料和生产能力），以及有关业务的合约（如客户订单、采购单、员工工资单）的状态。

ERP软件套装主要包括制造、分销、销售、财务和人力资源应用的整合模块。支持生产流程的模块有物料需求计划、制造计划和产量计划。ERP支持的销售和营销流程有销售分析、销售计划、定价分析，主要的分销应用包括订单管理、采购和物流计划。ERP系统支持许多重要的人力资源流程——从员工需求计划到工资和津贴管理，同时完成必需的财务记录和管理会计应用。图7—6展示了高露洁-棕榄公司安装的ERP系统支持的流程。我们可近距离地了解ERP的应用经验。

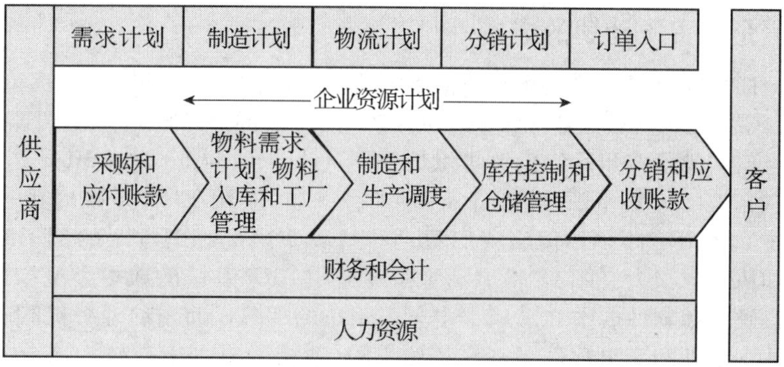

图7—6　高露洁-棕榄公司实施的ERP系统

高露洁-棕榄公司：ERP的商业价值

高露洁-棕榄公司是大型消费品生产企业，应用了SAP的R/3企业资源计划系统，以使公司获取更及时准确的数据，最大限度地减少运营资金，降低生产成本。对于公司而言最重要的要素是能否应用软件覆盖所有业务。公司需要全球化协作和本土化经营的能力，而贯穿其整个供应链的SAP系统有助于增加利润。现今，公司安装的SAP增加了全球范围的销量，而SAP预期可以扩展到公司全球的分支机构。同时，采购过程的全球化以及生产和包装的标准化也节约了大量成本。

- 在应用ERP前，任何地点的美国分公司都需要花费1～5天的时间获取订单，还需要1～2天处理订单。现在，订单的获取和处理只需要4天。分销计划和选择过去需要4天，现在只需要14个小时。总体而言，从下订单到交付的时间缩短了一半。
- 在应用ERP前，按时交付率只有91.5%，正确交付率是97.5%，使用R/3后分别上升为97.5%和99.0%。
- 应用ERP之后，内部库存减少了1/3，应收账款回款时间从31.4天缩短到22.4天。运营资金占销售额的比重从11.3%下降到6.3%。每批货物的运输总成本降低了近10%。

□ 企业资源计划的机遇和挑战

正如从高露洁-棕榄公司的案例中看到的，ERP系统能给企业带来巨大的商业利润。许多国家已经发现了以下几种基本ERP应用的商业价值。

● 质量和效率。ERP 创造了整合和改进公司内部业务流程的框架，该框架能显著改善质量，提升客户服务、生产和分销环节的效率。

● 降低成本。很多公司报告称，与非整合的遗留系统相比，新的 ERP 系统的交易成本以及硬件、软件和 IT 支持员工的成本都明显下降。

● 决策支持。ERP 能快速地为管理者提供重要的、跨职能的业务绩效信息，这可以显著增强整个企业及时作出更好的决策的能力。

● 企业敏捷性。实施 ERP 系统打破了许多正式部门和职能的界限，包括业务流程、信息系统和信息资源的界限。这种敏捷性带来了更灵活的组织结构、管理职责和工作角色，因此更敏捷、适应性更强的组织和劳动力可以更容易地抓住新的商业机会。

企业资源计划的成本

ERP 的实施就像是给企业做大脑移植。我们把每个企业应用移植到 PeopleSoft 软件，带来的风险就是业务中断，如果没有恰当地应用 ERP，就会毁掉公司。

位于佛蒙特州的绿山咖啡烘焙公司（Green Mountain Coffee Roasters）的首席信息官吉姆·普雷沃（Jim Prevo）谈及成功应用 ERP 系统时也这样表示。尽管 ERP 的益处有很多，但当我们看到一些真实案例和书本中的例子时，会发现其成本和风险也很大。图 7—7 展示了企业应用 ERP 系统的成本类型和比重。我们注意到，硬件和软件成本在总成本中只占很小的部分，而重组业务流程和为新系统准备人才（培训和变更管理层）在实施 ERP 系统的成本中占较大部分。将数据从原有系统转换到新的跨职能的 ERP 系统的成本也是 ERP 应用的主要成本。

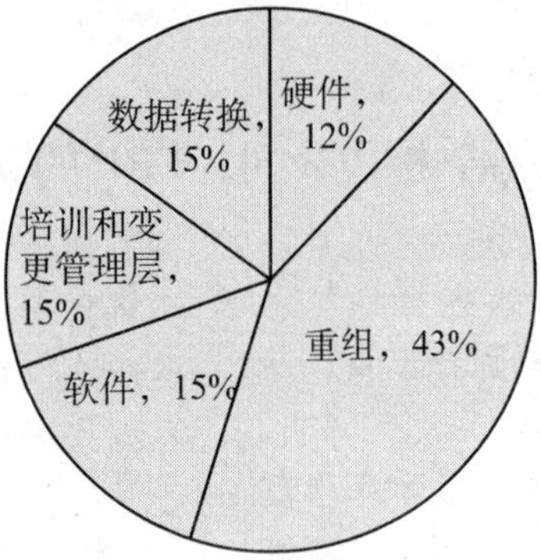

图 7—7 应用 ERP 系统的成本

ERP 系统失败的成本和风险都很大。一些企业成功地应用了 ERP 系统，可是大多数企业失败了，付出的代价很大，严重破坏了企业的整体业务流程。当核心业务流程和信息系统无法正常运行时，收入、利润、市场份额都会遭受巨大损失。在许多案例中，订单会流失，库存变化没有准确的记录，不可信的库存水平使得公司几周甚至几个月都没有预售商品。像好时食品公司（Hershey Foods）、耐克、A-DEC 和 Connecticut General 这类公司有时会损失几亿美元。例如，FoxMeyer Drugs 这个资产达 50 亿美元的药品批发商因此不得不申请破产保护，随后被竞争对手 McKesson Drugs 收购。

American LaFrance：失败的 ERP 应用导致企业受损甚至破产

American LaFrance（ALF）是消防车、救护车等紧急设备的制造商，它在 2008 年 1 月 8 日申请破产保护。法庭文件显示，其软件供应商在安装和转换新的

ERP 系统对造成了库存和产品问题。ALF 从 1832 年就开始制造火灾和应急响应设备，其管理者本以为转换 ERP 系统是使公司更强大的十分安全的重组过程。

安装新 ERP 系统导致的运营中断以及过时的库存清单使得 ALF 破产，但 ALF 的前所有者福莱纳公司（Freightliner）并没有指出具体原因。一家美国投资公司 Patriarch Partners 于 2005 年底收购了 American LaFrance，具体价格未公开。

公司管理者在一份声明中指出："由于过时的存货清单和持续的 ERP 问题，ALF 承担了近 1 亿美元的有担保债务。这些问题导致减产、大量产品积压以及缺少充足的维持运营的资金。"

2005 年 ALF 收购了福莱纳的业务。根据新闻报道，作为购买协议的一部分，福莱纳在 2007 年前一直负责管理库存、工资和生产流程。南卡罗来纳州查尔斯顿市的报纸 *The Post and Courier* 中提到，ALF 本打算通过创建自己的内部系统来掌控这些职能。

报纸引用了公司声明的内容："这两个系统完全不兼容，大量的财务信息在变革中丢失。库存管理混乱，工人们不能找到他们所需的部件。"根据美国破产法院的文件，新系统是 ALF 公司在软件供应商的帮助下建立的，有很严重的缺陷，这些问题导致企业运营陷入瘫痪。

报纸报道，大量的业务和 IT 问题迫使 ALF 向 1 000 多个债权人寻求保护，这些债权人共拥有 2 亿多美元的债权。最近的一项关于 21 世纪的 ERP 系统及其重要性的调查结果，解释了像 ALF 这样的公司的技术危机为什么发生以及怎样发生。有超过 85%的被调查者同意或非常同意"ERP 系统对业务核心非常重要并且不可或缺"。

资料来源：Adapted from Jennifer Zaino，"Modern Workforce：Capital One Puts ERP at Core of Work，" *InformationWeek*，July 11，2005.

企业资源计划失败的原因

导致 ERP 项目失败的主要原因是什么？在几乎所有案例中，企业管理者、IT 专家都低估了新 ERP 系统所需的计划、开发、培训的复杂性，使新的 ERP 系统难以从根本上改变企业业务流程和信息系统。在规划和开发阶段没有相关员工的参与，或者系统转换过程中改变太多或太快，都是 ERP 项目失败的主要原因。ERP 系统所需的关于新工作任务的培训不够，未能进行充分的数据转换和测试，也是失败的原因。在许多案例中，ERP 的失败原因还包括企业或 IT 管理过度依赖 ERP 软件供应商以及聘请的指导 ERP 实施的咨询公司。下面一个公司的案例能帮助我们了解成功的 ERP 实施所需的要素。

第一资本金融公司：应用 ERP 系统取得成功

就在几年前，第一资本金融公司（Capital One Financial）的 10 位人力资源专家签署了变更地址的表单，导致全球成千上万名员工有大量的文件要签名。如今，通过一个自主应用软件就可以实现地址变更，这使人力资源部可以将时间用在安置员工、方案规划、变革管理方面。

这说明，这家年收入 26 亿美元的金融服务公司自应用 PeopleSoft 软件以来发生了巨大的变化。执行副总裁兼首席信息官格雷戈尔·贝勒（Gregor Bailar）表示："这是一种文化的变迁，它使人们摆脱细枝末节，去处理有商业价值的事情。"

"这真的是革命性的。"贝勒认为未来会实现更多的自动化，财务部门会紧随人力资源的"精益过程"（lean-process）的设计，去处理财务团队在组织内部收到的大量数据请求。

PeopleSoft 的 ERP 系统被作为第一资本金融公司对财务、人力资源、资产管理和供应链流程的基础服务，支持包括 15 000 家联营公司及一些商业合作伙伴在内的 18 000 个用户。这些应用程序可以通过基于 BEA Systems 公司的技术的门户网站获得。

现在，既然改正数据和连接过程这项艰难的工作已经完成，第一资本金融公司正在探索与 ERP 应用服务提供商合作的可能性。运行应用程序可能不仅仅是一项商业活动，应用程序本身是公司未来工作主动性的支柱。贝勒将其描述为“一个变化的、互动的、协作的环境”，旨在支持该公司最大的资产——知识工作者的需求。它的特点不仅包括广泛的 Wi-Fi 接入，支持 VoIP 功能、即时通信和黑莓系统，而且在大多数情况下为用户提供电子化的工作流。贝勒表示：“每个人在日常生活中都一定程度地使用了这种应用组件。”

资料来源：Adapted from Jennifer Zaino, “Modern Workforce: Capital One Puts ERP at Core of Work,” *Information* Week, July 11, 2005.

供应链管理：商务网络

开展电子商务需要创意、资金和技术方面的知识，进行实际运营则需要供应链管理（SCM）技巧。成功的 SCM 策略基于准确的订单处理、实时的库存管理以及按时的订单实现。SCM 日益重要，表明 10 年前的理论上的流程已成为现今有竞争力的武器。

这就是许多公司将供应链管理作为最重要的战略目标和主要的电子化应用的原因。从根本上说，供应链管理帮助企业在恰当的时间、恰当的地点，以恰当的成本生产恰当数量的恰当的产品。SCM 的目标是通过预测需求、控制库存、巩固企业供应链各环节的商务网络关系，有效地管理流程。为了达到这一目标，现在许多企业都转向互联网技术，通过 Web 实现供应链流程管理、制定决策和传递信息。

什么是供应链管理

传统供应链受到不必要的步骤和冗余的库存商品的影响。例如，早餐盒从生产厂到超市竟然需要 104 天，要通过难以置信的迷宫般的流程，涉及销售商、分销商、中间商和装箱人，每一个流程中都有仓库。电子商务的机遇取决于每个公司的内部系统与供应商、合作伙伴、客户的合作。这种合作要求公司更好地整合企业供应链流程，以提升生产效率和销售效果。

供应链管理（SCM）是跨职能的企业间的系统，通过应用信息技术，支持和管理企业核心业务流程与供应商、客户、合作伙伴之间的联系。SCM 的目标是创建快速、有效、低成本的商务关系网络或供应链，使企业产品从概念走向市场。

什么是企业的供应链？我们假设一家公司想生产产品并向其他公司销售。为了完成这一过程，它必须购买原材料和一些合约服务。这就需要设计和构建与供应商、客户、分销商以及其他企业的关系，并且销售产品，这些过程所构成的企业实体、关系和网络就成为供应链。由于每个供应链过程都需要为企业生产的产品和服务增加价值，因而供应链也经常被称为价值链，这两个不同却相关的概念在第 2 章已有过讨论。如今，许多企业应用网络技术为供应链管理创建企业间的电子化系统，从而帮助企业简化传统的供应链流程。

图7—8说明了供应链生命周期中基本的业务流程以及SCM流程，也强调了如今企业如何利用网络技术和供应链管理软件重组其供应链流程。例如，企业所处的竞争环境要求生产商应用内联网、外联网和电子商务网络门户帮助其重组与供应商、分销商和零售商的关系。其目的是显著降低成本、提高效率、缩短供应链运作周期。SCM软件也能帮助改善企业间的协作，使商业伙伴间的分销和渠道网络更有效。PC Connection公司的网络创新说明了这一点。

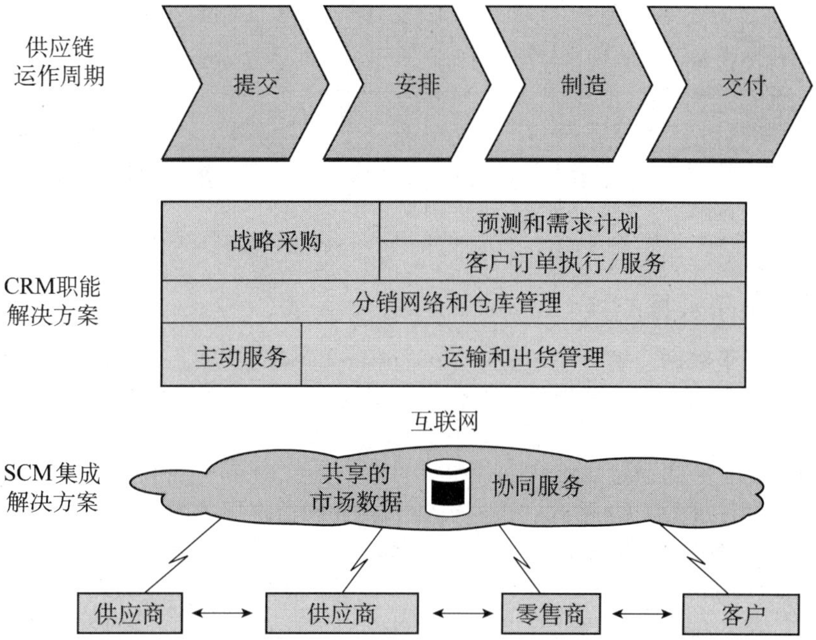

图7—8　SCM软件和互联网技术帮助企业重组和整合

PC Connection公司：应用系统加快发展

PC Connection公司只有微薄的利润。为了保持良好的运营状态，这家年销售额达18亿美元的高科技经销商在最近几年尽可能地消除低效率现象。尽管财务状况紧张，公司仍大幅投资以维护其供应链，构建ERP系统前端的Web服务模块，从而更有效地与合作伙伴和供应商合作。这种努力能帮助公司抓住新的商业机会（如销售软件许可证），这将比硬件带来的利润更高。

虽然PC Connection公司近几年发展迅速，但也并非一帆风顺。虽然公司现在销售来自1 400多家制造商的商品和服务，但是自企业直接向客户销售以来，其核心的ERP系统并没有太大的改变。公司的财务主管兼首席财务官杰克·弗格森（Jack Ferguson）提到Oracle JD Edwards ERP系统时表示："这个系统是当初为方便选货、包装、运输而构建的。"在过去的几年里，随着公司扩大产品类别和网络（包括十几家外部合作伙伴），以处理更多更复杂的转运配送订单，系统问题日益严重。弗格森说："我们面对越来越多的产品，却希望减少库存。"

公司很快发现该系统不能处理这样一个多层次的网络。"一旦涉及转运配送，问题就变得复杂了。"弗格森注意到，即使是计算订单销售税这类最基本的需求，也会受到转运配送安排的影响。不久之后，来自PC Connection公司不同部门的经理纷纷要求，变更公司的ERP系统以满足新的需求。但是，这一过程难以管理。因此，PC Connection去年决定开始彻底检查其执行系统。

IT员工发现现有的电子商务套件、所

有软件都存在问题。因此，公司集中大量人员，在内部为现有的 JD Edwards 系统开发新的前端模块。利用 Web 服务和传统 EDI 构建的这些模块，可管理该公司日益增多的合作者网络。

第一套改进 JD Edwards 系统的模块在不久前上线，弗格森认为它们在节约成本方面已经取得成功。“在过去，我们的买家需要登录多个系统，做的很多工作都是人工的且非常耗时，而现在每天可以免除90%的人工工作。”

除此之外，目前的模块可以自动确定最快捷、最经济的方式来履行订单——直接从公司仓库发货或者从某一特定区域的合作者那里发货。弗格森说，PC Connection 公司仍在为未来的发展投资，即使业务量增加，新系统也能使客户的订单以更快的速度更准确地得到履行。

他说：“这是一个客户满意度问题，为了企业的生存，你必须不断更新你的系统，以满足日益增加的需求。”

资料来源：Adapted from Paul McDougall, “PC Connection Learns to Stop, Drop, and Ship,” *InformationWeek*, September 15, 2008.

电子数据交换

电子数据交换（electronic data interchange，EDI）是供应链管理最早应用的信息技术之一。EDI 是指供应链合作者（企业、客户和供应商）之间通过互联网或其他网络交换业务交易文件。业务交易文件（如订单、发票、报价单、运输通知）的数据在企业间通过标准化文件格式自动交换。EDI 主要用于将企业自身的文件格式转换为标准的 EDI 格式，不同行业和企业间协议标准的 EDI 格式不同。因此，EDI 是电子商务供应链流程系统化的例子。利用虚拟专用网络的 EDI 在 B2B 电子商务中的应用越来越多。

格式化的交易数据在电脑上通过网络链接直接传递，而没有纸质文档或人为干预。此外，第三方服务也被广泛应用。诸如通用电气全球交互服务公司（GE Global Exchange Service）以及 Computer Associates 之类的增值的网络公司现在提供互联网上安全、低成本的 EDI 服务。图 7—9 展示了典型的 EDI 系统。

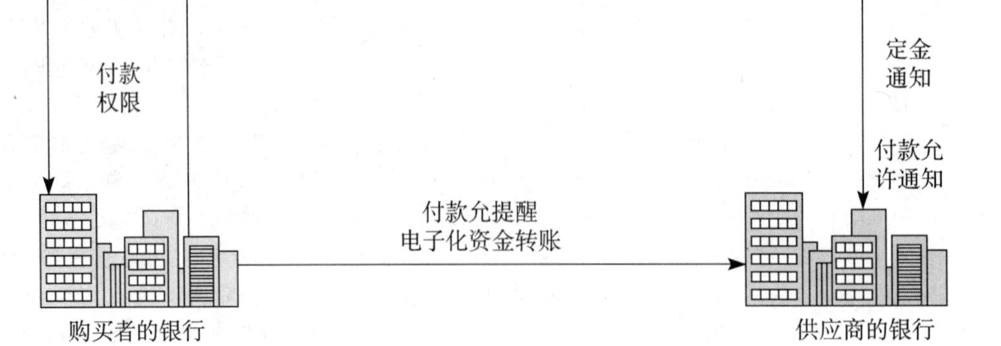

图 7—9　EDI 在 B2B 电子商务中的应用

尽管 EDI 日渐被基于 XML 的网络服务所取代，但它仍是贸易合作伙伴间的常用数据转换格式，主要用于自动化的重复性交易。EDI 自动记录存货订单的变更，产生订单、发票和其他交易相关文件，并能安排和确认运输和付款。通过采用数字方式整合供应链，EDI 可以简化流程、节约时间、增强准确性。通过应用互联网技术，低成本的基于互联网的 EDI 服务在小企业中也可以应用。

□ 供应链管理的作用

表 7—2 帮助我们更清楚地理解供应链管理在企业中的作用和活动。表 7—2 上面的三层是战略、策略及运营目标和结果，这些随后通过供应链中企业合作伙伴在执行 SCM 阶段实现。SCM 中信息技术的作用是通过企业间的信息系统支持这些过程，从而产生企业有效管理供应链所需的结果。这就是许多企业安装 SCM 软件、开发基于网络的 SCM 信息系统的原因。

表 7—2　　供应链管理的目标和结果

SCM 目标		SCM 结果
是什么？ 制定目标、政策和运营蓝图	战略	● 目标 ● 供应政策（服务层面上） ● 网络设计
多少？ 安排资源以匹配需求	策略	● 需求预测 ● 生产、采购、物流计划 ● 存货目标
时间和地点？ 安排、监督、控制和调整产量	运营	● 工作中心安排 ● 订单/存货跟踪
做法？ 构建和运输	执行	● 订单周期 ● 材料运输

到目前为止，SCM 软件产品主要用于供应链计划或执行应用。i2 和 Manugistics 等供应商提供的 SCM 计划软件支持供求预测等应用。供应商 EXE Technologies 和 Manhattan Associates 等公司提供的 SCM 执行软件支持订单管理、物流管理和仓库管理等应用。像甲骨文和 SAP 这样的大型 ERP 供应商提供了包括 SCM 模块在内的电子化应用软件套装，比如甲骨文的 e-Business Suite 和 SAP 的 mySAP。

□ 供应链管理的机遇和挑战

构建实时的 SCM 基础设施是目前一项十分艰巨的任务，并且常由于一些原因而失败。主要的原因是随着技术的快速发展和企业合作伙伴数量的增加，SCM 解决方案的规划、选择和实施日益复杂。

表 7—3 中列出了可预见的结果，强调了有效的供应链管理系统能够产生的主要商业利益。企业知道 SCM 系统可以带来诸如更快捷、更准确的订单处理，更少的库存，更迅速的市场反应，更低的交易成本和原料成本，与供应商的战略关系等商业利益。这些利益有助于企业在满足客户需求和业务伙伴需求时敏捷、快速地响应。

表 7—3　　供应链管理职能和 mySAP 的 SCM 模块带来的潜在利益

SCM 职能	SCM 结果
规划	
供应链设计	● 优化供应商、工厂和配送中心的网络。
协同的供需计划	● 通过共享多层次的供需预测信息，准确预测客户需求。 ● 互联网协作方案，如协同规划、预测和补货（CPFR），供应商管理库存。
执行	
物料管理	● 共享准确的库存和采购订单信息。 ● 确保在正确的时间和地点获得产品的物料需求。 ● 减少原材料花费、采购成本、安全库存、原材料和产成品库存。
协同实现	● 保证送货时间。 ● 通过订单管理、运输计划、运输工具安排来实现订单。 ● 支持全面的物流流程，如选择、打包、装运和国外的配送。
供应链事件管理	● 监督供应链流程的每个阶段，从价格协商到客户收到产品以及问题产生时收到提醒。
供应链绩效管理	● 报告供应链的主要测量指标，如充足率、订单周期和资金利用率。

然而，开发有效的 SCM 系统被认为是将信息技术应用于业务运营的复杂而困难的工作。所以，实现商业价值和客户价值的目标以及供应链管理的目标（如图 7—10 所示），对大多数公司都是一个巨大的挑战。

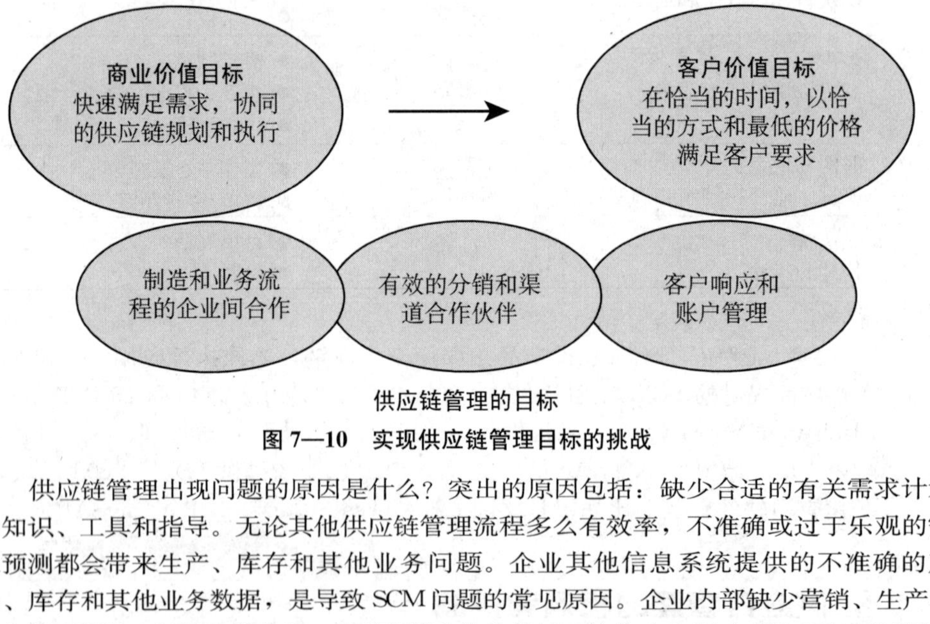

图 7—10　实现供应链管理目标的挑战

供应链管理出现问题的原因是什么？突出的原因包括：缺少合适的有关需求计划的知识、工具和指导。无论其他供应链管理流程多么有效率，不准确或过于乐观的需求预测都会带来生产、库存和其他业务问题。企业其他信息系统提供的不准确的产品、库存和其他业务数据，是导致 SCM 问题的常见原因。企业内部缺少营销、生产和库存管理部门，以及与供应商、分销商等合作伙伴缺乏协作也会影响 SCM 系统的运行。许多安装了 SCM 系统的企业认为，SCM 软件工具本身不成熟、不全面且难以实施。

□ 企业应用集成

企业如何连接各种跨职能的企业系统？许多公司应用**企业应用集成**（enterprise application integration，EAI）软件连接主要的电子化业务应用（如图 7—11 所示）。EAI 软件可以使用户将业务流程模块化，包括实现商务应用软件间的交互作用。EAI 也提供中间件，实现数据转换和协作，提供交流和信息服务，获得涉及的应用软件接口。因此，EAI 软件可以根据用户开发的业务流程模块所衍生出的规则，通过数据交换整合企业应用软件群。例如，一个典型的规则是：当订单完成时，订单应用软件通知会计系统发送账单，并提醒运输货物。

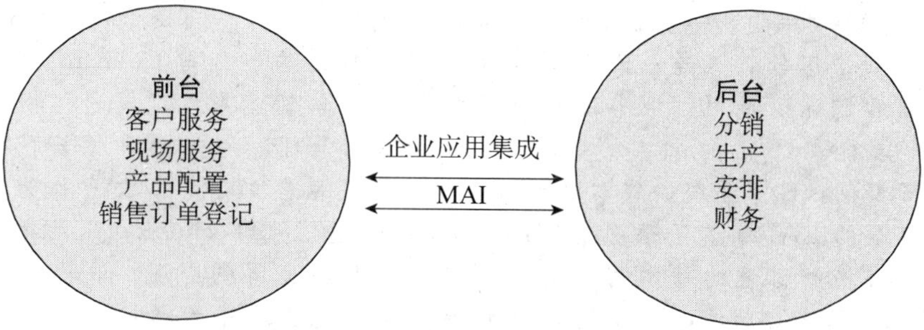

图 7—11　企业应用集成软件连接前台与后台应用

如图 7—11 所示，EAI 软件可以整合业务的前台和后台应用，将其简化并作为整体运作。这项重要的能力给那些必须快速、有效地响应业务事件和客户需求的业务型企业提供了商业价值。例如，企业应用软件群显著提升了客户呼叫中心的响应速度和效率，因为 EAI 整合了销售代表快速为客户服务所需的客户和产品数据。EAI 也简化了销售订单流程，使产品和服务可以更快地传递。由于快速响应，EAI 改善了与客户和供应商的业务（如图 7—12 所示）。

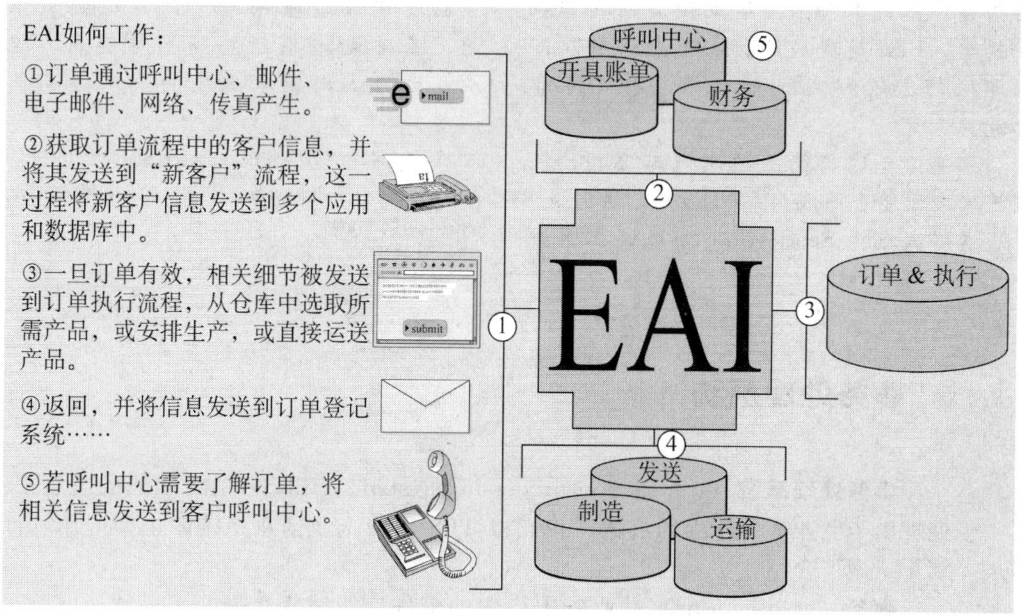

图 7—12　新客户订单流程示例

企业应用集成：成本高、实施难但物有所值

如果你从 Bose 公司订购扬声器，订单会进入被首席信息官罗伯特·拉姆拉德（Robert Ramrath）称为“通用订单接口”（Common Order Interface）的系统。

大约 3 年前，拉姆拉德的团队构建了这个客户框架。主要利用微软工具创建的两个传统的呼叫中心应用以及一个网络商业应用，都与一个基础数据库相连，并连接到企业后台 ERP 系统，所以你的订单不管在哪里都会传送到 SAP 中。

企业应用集成（EAI）的工具就是这样诞生的。EAI 软件通过一个中央消息发送集线器与其他应用软件相连；EAI 工具也有数据解析和翻译以及根据业务流程自动发送信息的功能。

毫无疑问，EAI 系统的成本很高。

最高端的 EAI 涵盖了很多功能：一系列通过业务流程管理的基本的收发信息等功能。为实现核心功能，EAI 的客户需要购买适配器以连接其他应用程序（如 SAP 或 Siebel 的适配器），如果要获得特殊的应用，则需要自定义适配器。EAI 的总成本要比软件成本高很多。

EAI 项目有三大风险：咨询费用、维修费用和前两项成本的数据定义问题。这些都是典型的 IT 项目需要考虑的，但值得为此付出代价，因为早期供应商在营销中提出，EAI 是现成的、一劳永逸的、即插即用的。然而实践者表示，事实并非如此。

总部位于底特律的通用汽车公司，因其庞大应用组合而成为 EAI 应用的典范。

通用汽车将 SeeBeyond 的 EAI 工具进行了标准化。众多的应用软件包括所有通用汽车面向消费者的 Web 活动、Siebel 的 CRM 系统、经销商支持系统、来自 iPlanet 的接口软件。通用汽车公司的供应链应用基础设施包括与 Covisint 的连接、定制车辆订单管理系统、规划和物流应用，以及库存管理。一些通用汽车下属单位（较小地区的单位）使用 SAP 作为基础，另一些则没有。i2Technologies 的供应链管理应用程序包也得到应用。该软件包将取代原有规划软件，作为通用汽车的整个订单交货过程的重组部分。

通用汽车这类大公司表示，一旦信息中心处在正确的位置，接口重用开始启动，某些一体化项目可节约高达 80% 的费用。小公司则面临艰难的决策，然而有多种业务或关键业务整合需要的小企业也可以体验到 EAI 带来的好处。企业应用集成是基础框架，考虑到成本问题，基础设施项目总是很难销售。但是从长远考虑，成本更高的应用并不使用这些工具。

资料来源：Adapted from Derek Slater, "INTEGRATION- Costly, Painful, and Worth It," *CIO Magazine*, January 15, 2002.

□ 事务处理系统

事务处理系统（transaction processing systems，TPS）是跨职能的信息系统，处理由于商业事务产生的数据。我们将 TPS 作为企业信息系统的主要应用软件在第 1 章做了介绍。

事务（transactions）是业务中产生的事件，如销售、采购、存款、取款、退款、付款。例如，无论企业何时通过赊销方式向顾客卖东西，不管是通过零售店还是电子商务网站，都会产生数据。因此，必须获得并处理关于客户、产品、卖方、商店等方面的数据。这种需求促进了额外的事务，如信用审核、客户账单生成、库存变更、应收账款余额增加，这些事务又产生了更多的数据。因此，需要事务处理活动来获取和处理这些数据，否则业务运作会停滞。现今，事务处理系统在支持企业运营方面起到至关重要的作用。

联机事务处理系统（online transaction processing systems，OLTP）在电子商务和联机业务处理方面起到战略性作用。为了进行联机事务处理，许多公司利用互联网和其他网络，与客户和供应商通过电子化方式联系起来。这种即时获取和处理事务的实时系统，帮助企业为客户和供应商提供更好的服务。这一能力为产品和服务增加了价值，并成为区别于其他竞争者的重要手段。

Syntellect公司的联机事务处理

图7—13说明了由Syntellect公司互动服务部为有线电视付费系统开发的联机事务处理系统。有线电视观众可以通过手机和网络选择有线电视公司提供的按次收费节目。按次收费订单首先被Syntellect公司的交互式语音响应系统或Web服务器获得，然后传送到公司数据库应用服务器。在那里订单得到处理，客户和销售数据库得到更新，经确认的订单会返回有线电视公司的视频服务器，这个服务器将按次付费的视频节目发送给客户。Syntellect公司团队和700多家有线电视公司提供了这项应用普遍且利润丰厚的服务。

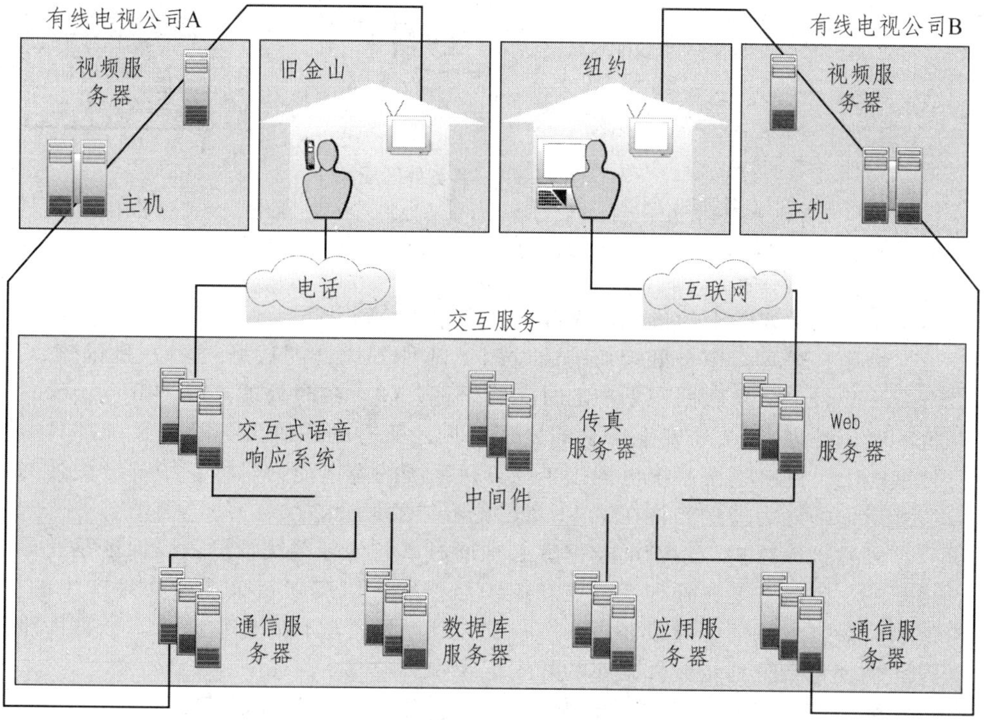

图7—13　Syntellect公司按次计费的联机事务处理系统

事务处理周期

像Syntellect公司开发的系统一样，事务处理系统可以获取和处理描述商业事务的数据、更新组织数据库、产生许多信息产物。你可以将其理解为基本活动的**事务处理周期**（transaction processing cycle）。图7—14显示了事务处理周期的五个阶段。

● 数据输入。事务处理周期的第一步是获取业务数据。例如，通过光学条形码扫描仪和零售店信用卡读取器，获取POS机终端的交易数据；通过互联网上的电子商务网站获取交易信息。为了更快更准确地获取数据，恰当地记录和编辑数据是

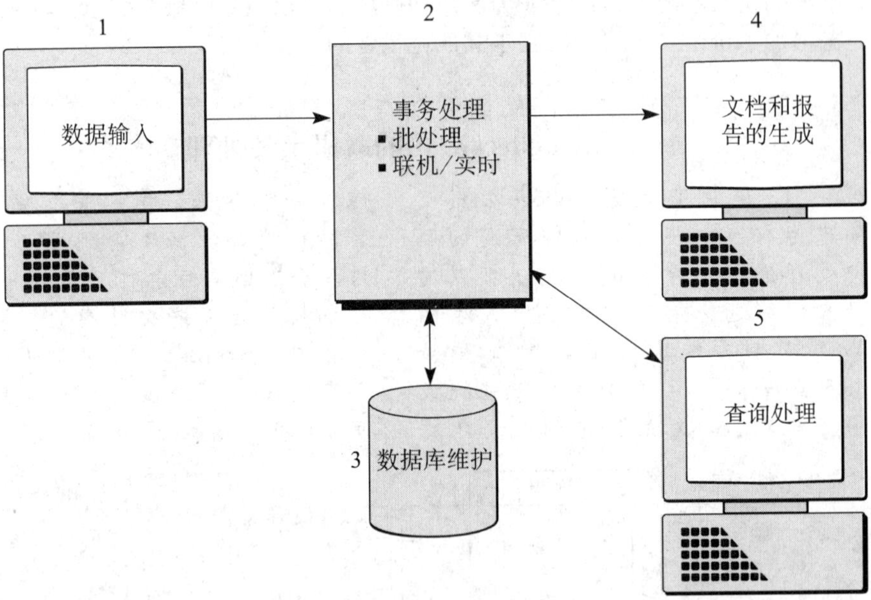

图 7—14　事务处理周期

说明：事务处理系统有五个阶段：数据输入、事务处理、数据库维护、文档和报告的生成、查询处理。

信息系统的主要的设计挑战，这部分将在第 12 章讨论。

- 事务处理。事务处理系统通过以下两种方式处理数据：（1）**批处理**（batch processing），交易数据积累一定时间后处理；（2）**实时处理**（real-time processing，也称联机处理），交易发生后立即处理数据。所有的联机事务处理系统都具有实时处理能力。许多连接系统也依赖于计算机系统的容错能力，即系统部分失效时还能继续运作的能力。我们将在第 11 章讨论容错的概念。
- 数据库维护。组织的数据库必须通过事务处理系统维护，以保证是正确的和最新的，因此，事务处理系统更新组织数据库，以反映每天业务交易产生的变化。例如，对客户赊销会导致客户账户收支差额增加、现有库存量减少。数据库维护确保此类变化反映到企业数据库的数据记录中。
- 文档和报告的生成。交易处理系统产生了大量文档和报告。事务文档包括采购订单、工资支票、销售收据、发票和客户声明等。事务报告可能采用事务列表的形式，如工资记录或用于描述处理中发现的错误的编辑报告。
- 查询处理。许多事务处理系统允许通过互联网、内联网、外联网和 Web 浏览器或数据库管理查询语言，查看和接受事务处理活动结果的响应。响应一般显示为各种具体的形式和图像。例如，你可以检查销售订单状态、财务收支平衡或库存量，并通过个人电脑收到即时响应。

□ 企业协作系统

真正难以解决的业务问题总是涉及多个方面。一个重要决策经常依赖于对一两条辅助信息的重点搜索以及对可能出现的情况的快速分析，需要利用软件工具来反复组合处理众多来源的数据，需要借助互联网来了解各种研究。分布在各地的人们需要合作并以不同方式处理数据。

企业协作系统（enterprise collaboration systems，ECS）是跨职能的信息系统，它可以加强业务团队和工作组成员间的交流、协调和合作。对于正式或非正式项目团队以及工作组成员来说，信息技术（尤其是互联网技术）为成员间合作提供了工具，促进了成员间交流思想、共享资源、协调工作。因此，ECS 的目的就是帮助人们更容易、更有效地一起工作。

- 交流。相互共享信息。
- 协调。相互协调个人的工作和对资源的利用。
- 合作。在共同的项目和任务中一起合作。

例如，工程师、专业商务人员、外部咨询师可能会构成项目中的虚拟团队。团队可以借助内联网和外联网，通过电子邮件、视频会议、论坛和项目网站上提供工作进度信息的多媒体数据库进行合作。企业协作系统可以利用连接到各种服务器上的个人 PC 工作组，这些服务器上存储着有关项目、企业和其他方面的数据库。此外，网络服务器可以提供多种软件资源（比如 Web 浏览器、组件、应用软件包），帮助团队协作完成项目。

企业协作工具

内联网、外联网以及互联网的能力和潜力正影响着企业对更好的企业协作系统的需求。诸如 Web 浏览器和服务器、超媒体文档和数据库、内联网和外联网等互联网技术，为商业用户所需的企业合作提供了硬件、软件、数据库以及多种软件工具所需的网络平台。图 7—15 列出了一些电子通信、电子会议和协同工作管理的软件工具。

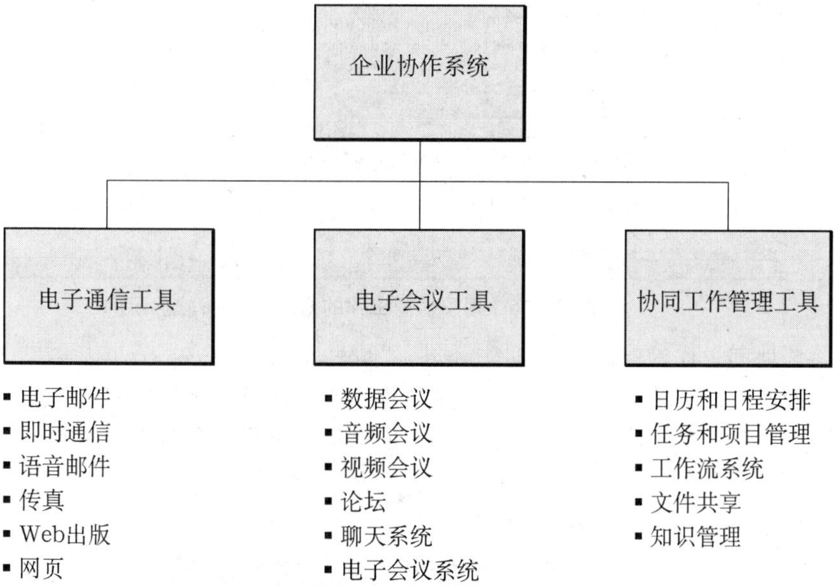

图 7—15　电子通信、电子会议和协同工作管理的软件工具

电子通信工具（electronic communication tools）包括电子邮件、语音邮件、传真、Web 出版、BBS 和网络电话系统。可以使用这些工具，通过互联网发送消息、文档以及数据、文本、声音、多媒体文件。无论你的团队成员身处何地，电子通信工具都能让你们共享资源，无论是语音、文本信息还是项目文档和数据文件副本。

这种沟通的便捷和高效是协同过程的主要贡献。

电子会议工具（electronic conferencing tools）帮助人们在一起工作时加强沟通和合作。多种会议工具使处于不同地点的团队和工作组成员可以更方便地交流。这些方法包括数据会议、音频会议、视频会议、聊天系统和论坛等。电子会议选项又包括电子会议系统、其他群体支持系统，团队成员可以在决策室（decision room）里在同一时间开会，或在世界任何地点通过互联网协同工作。图 7—16 给出了一个例子。

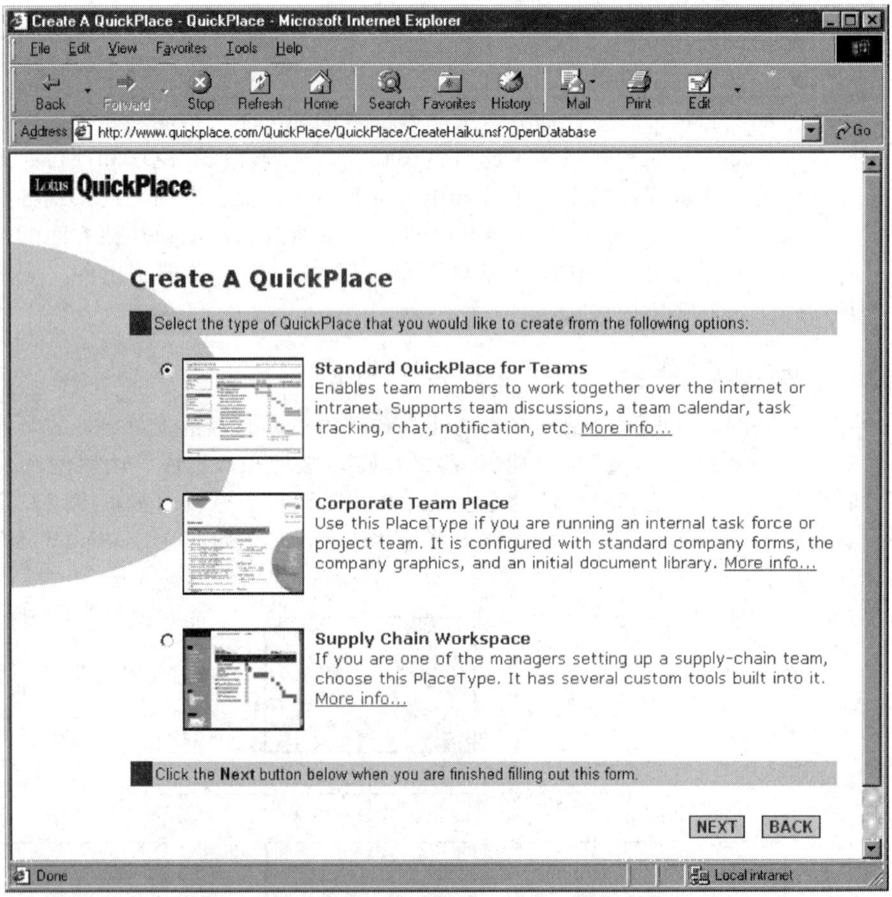

图 7—16　用于协同工作的 Quick Place 软件示例

协同工作管理工具（collaborative work management tools）帮助人们完成或管理团队工作。这类软件包括日历和日程安排、任务和项目管理、工作流系统、知识管理工具（其他协作工具，如联合文档创建、编辑、修改工具）在第 4 章讨论的软件套装部分有所涉及。

将虚拟世界作为协作工具

对于工作在 95 号州际公路的紧急救援人员而言，事故不是游戏，它们关系到人的生死。因此，当马里兰大学（University of Maryland）的研究人员表示消防队员、警察、医务人员可以在虚拟世界中相互合作处理翻车、连环相撞、危及生命的事故时，我们觉得很奇怪。

“虚拟世界”这个词经常与 Second Life

联系在一起，后者是由Linden实验室开发的广为人知的3D游戏，该游戏允许用户与朋友交谈，卖T恤，乘地毯到处飞，甚至建游乐园，简言之就是娱乐。马里兰大学运输技术中心推出虚拟世界试点项目，该项目可容纳数百名紧急救援人员进行培训。该中心的研究主任迈克尔·帕克（Michael Pack）表示，“直到我们开始做详细演示时，救援人员才意识到其真正潜力。”

行业分析师和虚拟世界项目的开发商认为，通过使用户投身于一个支持社会活动的互动环境，虚拟世界有可能在其他协作技术（如电话会议）失败的地方获得成功。电话会议可能在人员或服务器的控制下突然开始和结束。而在虚拟世界中，员工之间的谈话能够在虚拟的空间继续，就像会议结束后他们在公司走廊上交谈一样。

然而，在大范围应用虚拟世界之前，企业必须克服许多技术和文化上的障碍。企业必须解决员工的在线身份问题，这或许比技术挑战更重要。人们的3D形象（即虚拟化身）的构建必须使虚拟世界的用户相信他们正在和正确的同事交谈。该游戏存在安全挑战，现在大多数使用虚拟世界的公司在公共或外部托管平台进行这项活动，这样的平台只能有限地保护企业数据。

帕克认为，在虚拟世界进行训练是现实生活训练的理想替代方式，现实世界的训练成本高昂且效率低下。“你需要到野外，弄翻汽车，让人们扮演受害者。”训练者不能引入许多变量（如增加车流量）。“它应该尽可能模拟人类，所以任何事情都会发生。”他说，“我们将很多的场景放在一起，从轻微事故到20车的连环相撞。我们把‘参与者’放在危险的情况下，看看他们如何应对。”在虚拟世界，帕克和他的团队可以在软件中设计多种场景。例如，如果第一位救援者走出汽车时没穿上交警的反光背心，那么系统可能让一辆汽车撞击他的虚拟化身。

“你希望人们在虚拟世界感到舒适而不用担心如何使用它，”帕克说，“他们不用考虑如何左转或与某人交谈。他们需要关心的是如何做好自己的工作，就像他们在现实世界中一样。”

资料来源：Adapted from C. G. Lynch. “Companies Explore Virtual Worlds as Collaboration Tools,” *CIO Magazine*, February 6, 2008.

7.2 企业职能系统

企业管理者正从原来回避或忽视有关IT的决策，转变为必须依靠这类决策才能制定营销、生产、国际化、组织或财务计划。

有多少要开展的商业活动、要解决的业务问题、要追求的商业机遇，就有多少应用信息技术的地方。企业职能是一个公司想要成功所必须实现的，作为专业的商务人士，你应该对支持企业职能的信息系统有基本的理解和判断。因此，本节我们讨论企业职能系统，即支持企业会计、财务、营销、运营管理和人力资源职能的不同类型的信息系统（事务处理系统、信息管理系统、决策支持系统等）。

阅读下面的真实案例，从中可以了解IT对人力资源职能的影响。

案例7.2

OHSU、索尼、诺华等公司的战略信息系统——人力资源系统

“人才是我们最有价值的资产”，这个口号你听到过多少次？近年来，人力资源部门非常注重通过提高技术来降低成本，如将非战略、交易导向的流程（如

福利登记和工资单）外包或实现自动化。因此，员工的许多事务都可以在线完成，这些事过去需要HR员工的参与，比如更改个人信息或者进行福利登记。

然而，现在不仅要求HR部门减少雇用、保留、补偿员工的成本，而且要使企业智力资本最优化。如果劳动力是你最大的资本，为什么不使其以最佳方式支持企业目标呢？

想象一下，工厂管理者使用ERP软件控制装配线，并以同样的电子化方式控制员工的雇用。这就是在Oregon Health & Science University（OHSU）公司发生的事。位于波特兰的OHSU公司HR管理系统的管理者乔·托恩（Joe Tonn）表示："HR越来越多地被看作战略合作伙伴。"

回报是显著的：由于使用甲骨文公司的iRecruitment软件，大学空缺职位的填补速度比原来快了两周，每个职位至少节省1 500美元。作为甲骨文公司E-Business Human Resources Manage-ment Sustem（HRMS）套件的一部分，iRecruitment应用软件使管理人员可以电子化方式申请新员工和进行流程管理。该软件处理大多数耗时的行政工作，包括到管理者那里申报表单、在网站上张贴工作需求。托恩说："我们希望能够在早上提出岗位需求，在下午就招到有能力的应聘者"。

事实上，现在OHSU在大学网站上张贴工作需求，几分钟后就能收到申请表，招满这些岗位仅需4周而不是6周或更久。大学最近也引入了甲骨文公司的Manager Self-Service模块，以记录员工状况的变化（如，晋升或休探亲假），并使用甲骨文的Employee Self-Service应用软件帮助管理。

托恩希望未来几年能在绩效评估、接班计划、学习管理等方面增加软件。

像OHSU这样的大中型企业越来越多地关注员工管理应用程序——通常被称为人力资本管理（human capital management，HCM）或劳动力优化软件，从而自动处理原来需要以书面形式完成的事情。

位于波士顿的AMR Research公司的分析员克赖斯特·曼宁（Christa Manning）表示："人力资本管理涉及管理、引进、跟踪人力资源的全部原则。"AMR Research公司预测，到2010年，60亿美元的HCM市场每年会出现10%的负增长率。市场的负增长主要归因于"婴儿潮"时期出生的人即将退休，这将减少现有的劳动力。公司需要自动化的系统，以便更好地识别那些希望留住的员工，然后为他们提供职业发展路径。

索尼电脑娱乐（美国）公司（Sony Computer Entertainment America Inc.）使用来自WorkforceLogic的招聘软件，自动处理聘用合同工的过程。人力资源总监萨莉·布坎南（Sally Buchanan）说，该软件在确保人事经理了解和遵守合同工和受薪员工之间的不同法律方面特别有用。

布坎南说："招聘合同工时，必须通过WorkforceLogic界面回答一系列问题，应用程序将提交一份建议，表明这个合同工或工资单上的某人是不是该岗位的最优人选。"

员工绩效管理、职业发展和继任计划都是HCM应用软件可以自动完成的职能。例如，泰科国际有限公司（Tyco International Ltd.）使用Kenexa的CareerTracker跟踪员工的表现和晋升情况。软件配有泰科的绩效标准和评级系统，可以将员工的表现绘制在图表上来确定最佳员工——无论是在工作成就方面，还是在满足泰科的领导行为标准方面。

利用员工的资格证明和专业知识数据库，泰科还可以找到最好的人才来填补关键职位的空缺，并分析他们需要哪些类型的培训。位于新泽西州普林斯顿的一家公司的组织开发总监肖恩·西廷（Shaun Zitting）说："我们可以识别出拥有哪些员工，如何让他们更适合岗位的需要。"

AME公司的曼宁称，大部分企业管理人员拥有了一个工具，帮助他们按照完全客观的标准评估和督促员工。她说："他们知道这不是'我和乔每天一起吃午饭，所以我喜欢他'这样简单的逻辑，在这个过程中引入了真正的科学，不仅能识别出最佳员工，还能知道为什么他们是最佳员工。"因为"婴儿潮"一代退休，组织必须找到替代人选，职业发展和继任计划应用也变得越来越重要。

继任计划不仅仅局限于首席执行官和其他高级管理人员，曼宁说："随着获取员工信息越来越容易，这项工作开始渗透到组织中。"

管理者可以将重要特征和具体的工作联系起来，并分析成功的员工的主要特点。员工自身也可以利用这些数据找到他们在组织中最可能实现的职业发展路径。薪酬管理作为HCM工具的另一个职能，促使组织设计激励计划，将薪酬和绩效目标捆绑在一起，分析工资和变化趋势。

安排27 000名医护人员在多个部门、多个地点轮班工作是一项艰巨的任务。在Banner Health——基于Phoenix的最大医院系统中，Kronos日程安排系统的应用可以自动化地处理其中的大部分工作。Banner Health的信息主管凯西·舒尔茨（Kathy Schultz）介绍说，Banner利用Kronos应用记录工作时间以及制定日程安排计划。

整合工作时间和未来工作安排的数据，可以确定那些因为经常加班而不想继续工作的员工。舒尔茨表示："你真正工作的时间并不是你被安排工作的时间，将时间安排和考勤信息相结合非常重要。"

在制药业巨头诺华公司，销售和研发的专业人士要上各种类型的课程，使他们紧跟最新的产品和趋势。在约550门网络和面对面课程中，原来基于纸和Excel的管理培训过程显得不灵活且浪费时间。诺华负责新技术学习的领导约翰·塔兰卡（John Talanca）表示，通过使用Saba Software公司的学习套件，管理工作可以减少50%。塔兰卡说："过去，管理者每天花费大量的时间管理这些事，该软件使得管理者可以更有效率并有时间从事其他工作。"

HR应用软件经常包含大量的员工数据，如工资、经历、受教育情况、工作表现、福利保障等。分析工具能帮助HR管理者充分利用数据制定战略决策。例如，他们可以根据企业标准跟踪员工绩效，预测将来项目所需的工作技能，分析各区地域和专业领域的工资增长情况，或者预测福利保障和成本。

例如，OHSU公司的托恩希望通过使用分析工具更有效地评估招聘过程。

不断分析校园招聘，有助于以较低成本招聘到更好的候选者。"我们可以知道特定资源能提供多少申请者，我们是否曾利用该资源雇用到员工。如果我们雇用了员工，那么他们是不是优秀的员工？通过在*The Oregonian*上登广告可以吸引1 000名申请者，但如果我们没有雇用他们中的任何人，那么此举将毫无用处。"

像泰科这类公司将员工视为与产品和信息系统不同的，有待战略性获取、培养、安排的企业资产。特殊的软件类别——人力资本管理——传递着这样一种理念：员工是应该得到最优化的一种投资。曼宁表示："管理者想要了解所雇用的员工正在做些什么，也想利用企业人力资本达到企业目标，如增加销售量和利润，提升客户满意度。"

各种HCM工具单独而言都非常有效，可是为了达到最优化，它们需要整合到一起。比如，如果众多HCM功能分布在不同的企业部门，或者HRM组件不得不在多个运行不同ERP或HR软件的业务单位实施，可能会出现许多组织问题。

将你的HR系统从事务型转换为战略型需要花费3～5年的时间，但此后就可以做许多重要的事情。随着我们从工业经济转向知识经济，给我们带来竞争优势的并不是我们制造了什么，而是我们的员工知道什么。

资料来源：Adapted from Sue Hildreth, "HR Gets a Dose of Science," *Computerworld*, February 5, 2007;

and Mary Brandel, "HR Gets Strategic," *Computerworld*, January 24, 2005.

问题

1. 本案例中描述了哪些技术的商业优势？除了自动化事务处理程序外，举几个其他例子。

2. 你是否认为这些 HRM 应用软件的商业价值取决于企业类型，比如企业从事咨询、制造、专业服务。为什么？请解释。

3. 开发和应用 HRM 系统的挑战和障碍是什么？这些只是这种系统才会遇到的吗？面对这些挑战，你建议企业采取哪些策略？提供几条具体的建议。

实践

1. 本案例中提到将员工视为“与产品和信息系统不同的，有待战略性获取、培养和安排的企业资产”，也提到这些系统使管理者可以基于客观标准评价、提拔员工。你是否认为这些技术的广泛使用会导致员工管理缺乏人性化？为什么？分组讨论这些问题，然后概述你的观点。

2. 考虑该领域技术的战略性应用，HR 有哪些趋势？这个领域最近有哪些新发展？在互联网上搜集 HRM 中信息技术的创新性应用，并写一份报告说明你的发现。

□ 商务中的信息技术

作为一名专业的商务人士，详细了解信息系统如何影响特定业务职能（如营销），或者与你的职业目标直接相关的特定行业（如银行业）非常重要。例如，某人的职业目标是银行的市场推广员，他就应该了解银行是如何应用信息系统的，以及信息系统是如何支持银行或其他企业的营销活动的。

图 7—17 说明了信息系统是如何按业务职能分类的。根据信息系统支持的业务职能，本节将通过不同职能领域的几个例子分析信息系统。通过这种方式，你可了解小型和大型公司应用的各种企业职能系统。

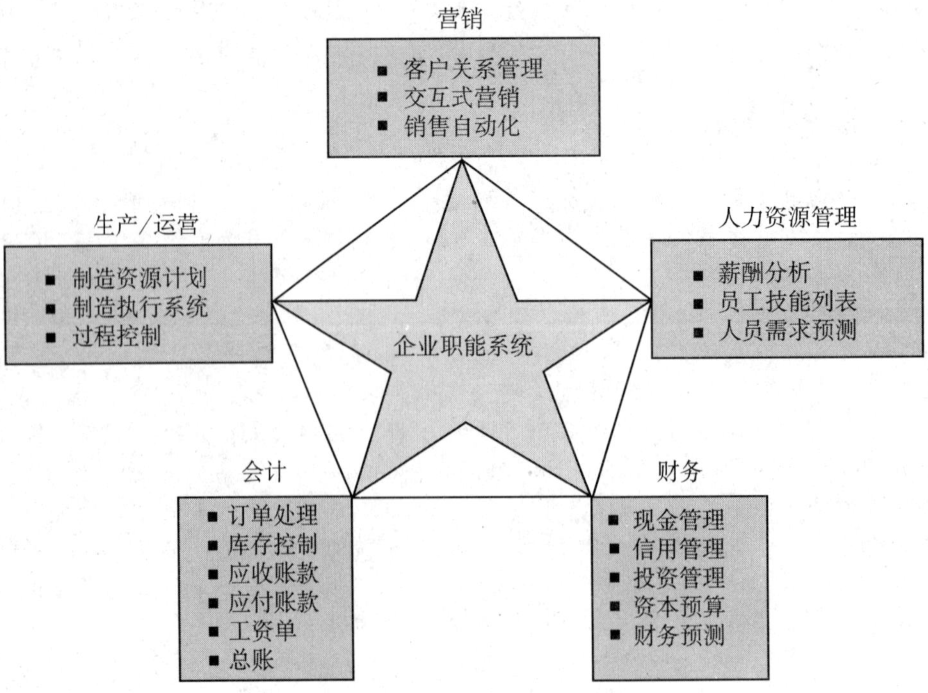

图 7—17 企业职能系统

□ 营销系统

营销职能要考虑现存市场既有产品的价格、推销和销售，以及新产品和新市场的开发，从而更好地吸引现有和潜在客户并为他们服务。因此，市场营销在商业企业运营中发挥着重要作用。为了应对现今快速变化的环境，商业企业日益关注应用信息技术，以帮助自己实现重要的营销职能。

图7—18说明了**营销信息系统**（marketing information systems）如何提供支持营销功能主要组件的信息技术。例如，互联网或内联网的Web站点和服务使交互式营销成为可能。在交互式营销中，客户在创建、营销、采购、改进产品和服务等环节成为企业的合作者。销售自动化系统应用移动计算机和互联网技术，为支持和管理销售活动而实现信息处理的自动化。其他营销系统在客户关系管理、产品计划、定价等产品管理决策、广告、促销、目标市场战略、市场调研和预测方面帮助营销管理者。让我们具体了解其中的三种营销应用。

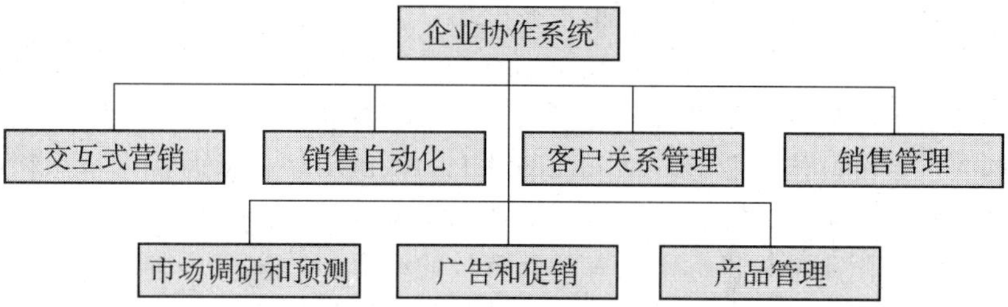

图7—18 营销信息系统为主要的营销职能提供信息技术

交互式营销

交互式营销（interactive marketing）用于说明客户导向的营销过程，这一过程利用互联网、内联网和外联网构建企业与客户间的双向交易。交互式营销的目的是使企业可以利用这些网络吸引和保留客户，这些客户能在创建、购买、改进产品和服务等方面成为企业的合作者。

在交互式营销中，客户不仅是购买前接收媒体广告的被动参与者，而且能积极参与到网络化的主动和交互的过程中。交互式营销鼓励客户参与产品开发、运输和服务。这种参与可以通过各种互联网技术得以实现，比如聊天室和讨论组、Web表单和问卷调查、即时通信、电子邮件。交互式营销的预期目标是获取重要的营销数据、新的产品创意、销售量和良好的客户关系。

目标营销

目标营销（targeted marketing）已成为为加强电子商务（以及传统市场）主动权而开发广告和促销策略的重要工具。如图7—19所示，目标营销是有关广告和促销管理的概念，包括五个方面：

- 团体。企业可根据客户定制Web广告和促销方式，从而吸引特定团体中的成员。它们可能是兴趣团体，如在线运动、艺术和手工艺品的爱好者团体，或者由城市或其他当地组织的Web网站形成的区域性团体。
- 内容。电子公告板或标语等广告除了放在公司网站上之外，还可以放在其他

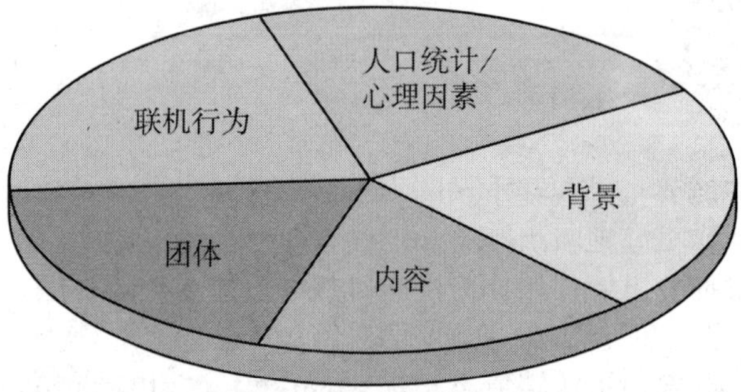

图 7—19 电子商务目标营销的五个主要组成部分

选定的网站上。这些信息的内容取决于目标客户。典型的例子就是将产品广告放在互联网搜索引擎的首页上。

- 背景。广告仅出现在与产品和服务相关的网页上，所以广告的目标人群是正在搜寻与公司产品（如租车服务）相关的主题信息（如度假旅游）的人。
- 人口统计/心理因素。Web 营销可以针对特定类型或阶层的人，如未婚、20 岁左右、中等收入、男性大学毕业生等。
- 联机行为。广告和促销可为每个访问站点的人量身定制。这一策略基于各种跟踪技术，如网页的"cookie"文件在访问者磁盘驱动器上存有之前的访问记录。这项技术可以使企业追踪某人在网站上的联机活动，从而根据每次访问网站的个体制定营销方案（如零售店或电子商务网站发放优惠券）。

电子化业务和目标市场有趣而有效的结合使数字广告牌应运而生。据估计，美国有近 450 000 个广告牌。尽管只有很少一部分是数字广告牌，却对整个国家的市场有巨大的影响。

数字广告牌非常简单，它由成百上千个 LED 组成，这些 LED 通过网络受一个计算机接口控制。发布广告的人可以快速地改变广告信息的内容，一天中可以改变多次。例如，一家餐厅可以早上为早餐做广告，晚上宣传晚餐。房地产经纪人可以宣传所售房屋，并在房屋售出后改变广告的内容。出版和广播新闻媒体通过数字广告牌发布新闻头条、天气变化、节目信息。通过数字广告牌在晚间新闻中发布突发新闻和更新的信息，WCPO-TV 迅速提升其排名。该电视台从 2002 年排名最后变成了当地第三大 ABC 附属公司。2007 年明尼阿波利斯的 I-35 桥坍塌时，许多司机并不知情。几分钟之内，该地区数字广告牌的内容从显示广告转换为提醒司机该桥已发生坍塌。晚些时候，数字广告牌建议机动车司机选择替代路线。目标营销是一种新的方式，在数字竞技场上用新方法做旧事情。

销售自动化

计算机和互联网不断为**销售自动化**（sale force automation）提供基础。许多企业销售人员都有笔记本电脑，安装了 Web 浏览器和销售关系管理软件，这些工具把他们与互联网、外联网和企业内联网的营销网站连接起来。这不仅会提高销售人员个人的效率，而且能显著提升各地营销管理者收集和分析销售数据的速度。营销自动化可以使营销和销售管理人员加快信息的传播速度，并对销售人员提供支持。因此，许多公司将销售自动化视为在销售生产率和营销响应方面获得战略优势的手段。图 7—20 给出了一个销售自动化软件的例子。

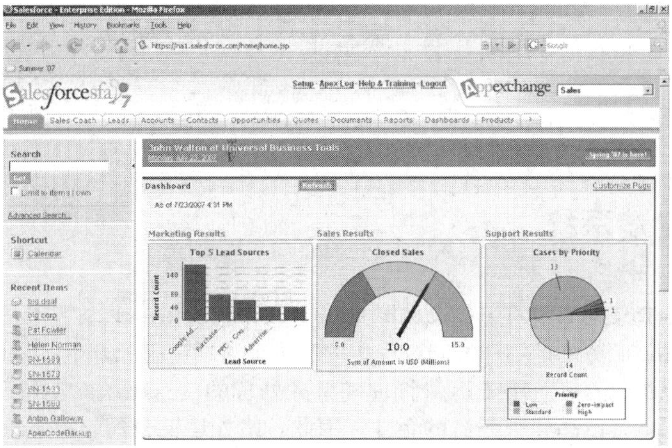

图 7—20　销售自动化软件

资料来源：Courtesy of Salesforce. com.

例如，销售人员在白天拜访客户和潜在客户时，用个人计算机记录销售数据，在晚上则可以通过调制解调器和电话连入互联网和外联网，访问公司内联网或其他网络服务器。他们能上传销售订单、销售需求等销售统计数据，并可以发送电子邮件和登录网站销售支持系统。网络服务器也能下载产品的可用数据、销售预期的信息列表和电子邮件信息。

Baker Tanks 公司：基于 Web 的销售自动化

Baker Tanks 是美国工业集装箱和转移设备领域的领军企业，其客户遍布全美各行业，从建筑行业到航天行业。由于客户多样化，销售人员了解每次和客户交流的细节就显得尤其重要且具有挑战性。该公司的 50 名销售人员每周有 4 天都在访问客户的路上。在这种情况下，跟踪客户信息并在需要的时候获取这些信息就成为另一种挑战。

过去，销售人员通过填写纸质表格记录客户信息，随后这些信息被存入电子数据库。这个过程让销售人员没有更多的时间做他们最擅长的工作——销售。更糟的是，销售人员无法在客户所在地连接电子数据库。他们收集了大量的信息，却不能有效地获取和利用这些信息。

系统管理员斯科特·惠特福德（Scott Whitford）负责无线 Salesforce. com 解决方案，他说：“他们每天在纸上记录信息，这是非常低效的工作方式，我们正在找寻改善沟通的解决方案，不仅包括企业和区域员工的沟通，还包括员工和客户的沟通。”Baker Tanks 的营销经理达雷尔·约希纳格（Darrell Yoshinaga）补充道：“我们正在寻求可以快速应用的工具，这个工具可以使我们更有效率且更加灵活。”

销售自动化系统具有基于 Web 的功能、快速的执行能力、较低的资本投入等优势，迅速吸引了 Baker Tanks 公司。能够在任何时间、任何地点连接到销售系统的能力也是一个有吸引力的特点。所以 Baker Tanks 从纸质系统转向了基于 Web 的系统，消除了由纸质文档向数据库传输信息的多余步骤。随后，销售人员配备了支持 Salesforce. com 服务的个人数字助理（PDA）。惠特福德表示：“我们的销售人员是真正的领跑者，我们需要扩展系统，满足他们的需求，而不是使他们向系统靠拢。”

每个 PDA 都配备了无线调制解调器，这可以使销售人员连接到 Salesforce. com，从而获取或修改客户联系数据、销售历史记录以及客户历史文件。销售人员也能用 PDA 更快速地给客户发电子邮件，通过整合预约安排和日程安排改善时间管理。约希纳格表示：“我们已经实现了更好地与客户沟通这一主要目标，我们的销售人员变得更加高效，因为他们具有直接获取信息和电子记录的能力。”

资料来源：Adapted from “Baker Tanks Leverages Saleforce. com's Wireless Access to ExtendRange of Customer Service,” saleforce. com，2002.

制造系统

制造信息系统（manufacturing information systems）支持生产运营职能，包括与生产产品或服务的计划和控制过程相关的所有活动。因此，生产运营职能主要关注运营过程和系统的管理。用于运营管理和事务处理的信息系统，支持所有需要计划、监控库存、采购、产品和服务流的企业。因此，诸如运输公司、批发商、零售商、金融机构、服务公司等企业，必须使用生产和运营信息系统来计划和控制企业运营。这里，我们将关注基于计算机的制造应用软件，从而了解支持生产和运营职能的信息系统。

计算机集成制造

制造商以前采用简单的按库存生产模式，如生产 100 件或 100 000 件产品，并通过分销网络销售出去。他们保持既定存货的库存，当库存水平低于某临界值时就生产更多的产品。这项工作不仅原始而且成本很高，可供选择的配置方案也很有限。现在情况发生了改变。诸如即时存货、按订单生产（build-to-order，BTO）、端到端的供应链可视化、合同制造业、基于 Web 的电子化业务系统开发等概念给工厂的管理带来了革命性的改变。

各种制造信息系统中有许多是 Web 化的，被用于支持**计算机集成制造**（computer integrated manufacturing，CIM）。如图 7—21 所示，CIM 是一个整体概念，它强调制造业中基于计算机的系统必须达到以下目标：

- 简化（重组）生产过程、产品设计、工厂组织，是自动化和集成化的基础。
- 使生产过程和业务职能实现自动化，通过计算机、机器、机器人给予支持。
- 使所有生产和支持过程实现集成化，利用计算机网络、跨职能业务软件和其他信息技术。

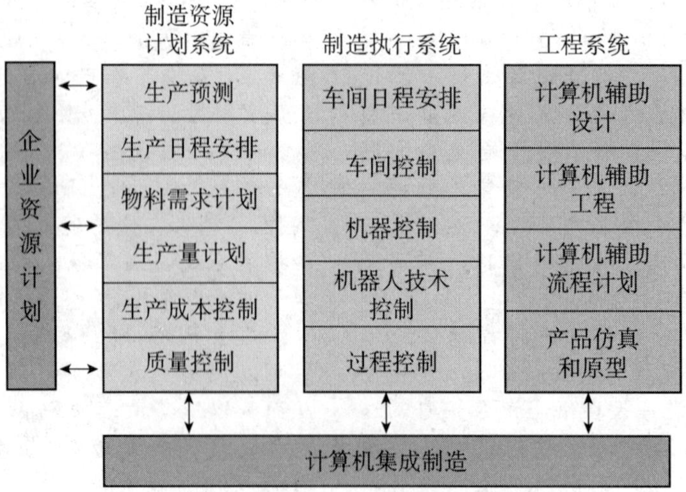

图 7—21 计算机集成制造

说明：制造信息系统支持计算机集成制造，制造资源计划系统是 **ERP** 系统的应用类别之一。

CIM和其他制造信息系统的整体目标是创建灵活、敏捷的制造过程，从而高效地生产高质量的产品。因此，CIM支持柔性制造系统、敏捷生产、全面质量管理等概念。应用这类制造理念可以使企业通过高质量的产品和服务，快速响应和实现客户需求。

制造信息系统帮助企业简化、自动化、集成化生产产品所需的多种活动。例如，借助计算机，工程师可利用计算机辅助工程（CAE）和计算机辅助设计（CAD）系统更好地计划产品，利用计算机辅助流程计划实现更好的生产流程。计算机还可用于帮助计划生产过程所需的物料种类，即物料需求计划（MRP），可以通过生产日程安排和车间控制整合MRP，即制造资源计划。许多制造资源规划系统的流程都包含在本章7.1节讨论的企业资源计划（ERP）的模块中。

计算机辅助制造（computer-aided manufacturing，CAM）系统是自动化的生产过程。例如，通过控制工厂的生产过程（制造执行系统）或直接控制物理过程（过程控制）、机器工具（机器控制）或其他人工智能的机器（机器人），就可以完成这种自动化过程。

制造执行系统（manufacturing execution systems，MES）是车间运行情况的监控系统。监控、跟踪、控制生产过程涉及五个基本要素：物料、设备、人员、生产指令、生产工具。MES包括车间日程安排、车间控制、机器控制、机器人技术控制、过程控制等。这些制造系统监控、报告、调整生产要素的状态和性能，帮助企业实现灵活且高质量的制造过程。

过程控制（process control）利用计算机控制正在进行的物理过程。此类计算机在石油冶炼厂、水泥厂、钢厂、化工厂、食品生产厂、纸浆厂、电厂等工厂中控制其物理过程。此类计算机系统需要使用特别的传感设备，以评估其物理现象，如温度或压力的变化。这些连续的物理检测值通过模数转化器转化为电子格式，并传送给计算机进行处理。

机器控制（machine control）利用计算机控制机器的运行，也经常被称为数字控制。基于计算机对各种产品的生产进行控制的工具，是一种典型的数字化控制应用，被全球许多工厂所应用。

□ 人力资源系统

人力资源系统（HRM）的功能包括组织中的人员招聘、岗位安排、绩效评估、薪酬和职业发展。人力资源管理的目标是有效且充分地利用企业人力资源。因此，**人力资源信息系统**（human resource information systems，HRIS）用于支持符合企业人员需求的计划、员工的全面发展以及人员政策和流程的控制。最初，基于企业的信息系统用于制作工资单、维护人员记录、分析业务运营中人员的使用情况。许多公司不仅需要这些传统的人员管理职能，而且开发了人力资源信息系统来支持以下方面：（1）人员的引进、甄选、雇用；（2）职位安排；（3）绩效评估；（4）福利分析；（5）培训和开发；（6）健康、安全和保险（如图7—22所示）。

人力资源管理和互联网

网络已经成为影响人力资源管理的主要因素。例如，在线人力资源管理系统用于通过企业网站进行员工招聘。企业也利用网络上的商业招聘服务和数据库，在选定的新闻组上发送消息，通过邮件与应聘者交流。

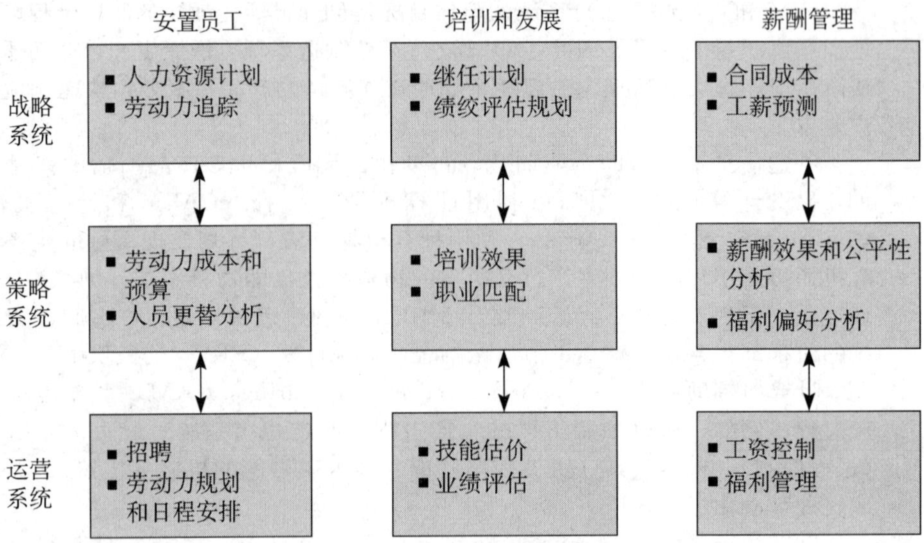

图 7—22　人力资源信息系统

说明：人力资源信息系统在人力资源战略以及运作等方面为组织提供支持。

网络为应聘者和招聘者提供了有价值的信息和沟通渠道。著名的网站有 Monster. com，HotJobs. com，CarrerBuilder. com。这些网站中有大量的报告、统计数据和有用的 HRM 信息，比如行业报告及按行业或专业列出的顶级招聘市场。

人力资源管理与企业内联网

内联网技术使得企业可以利用企业内联网来处理日常的人力资源管理事务。企业的内联网可以帮助人力资源管理部门为其客户——企业的员工提供 24 小时不间断的服务。通过内联网，人力资源管理部门可以比传统的渠道更快速地发布有价值的信息。员工可以通过内联网在线提交他们的人力资源信息。管理者与员工也可以在人力资源管理部门较少干预的情况下，通过内联网完成人力资源管理工作。图 7—23 给出了一个例子。

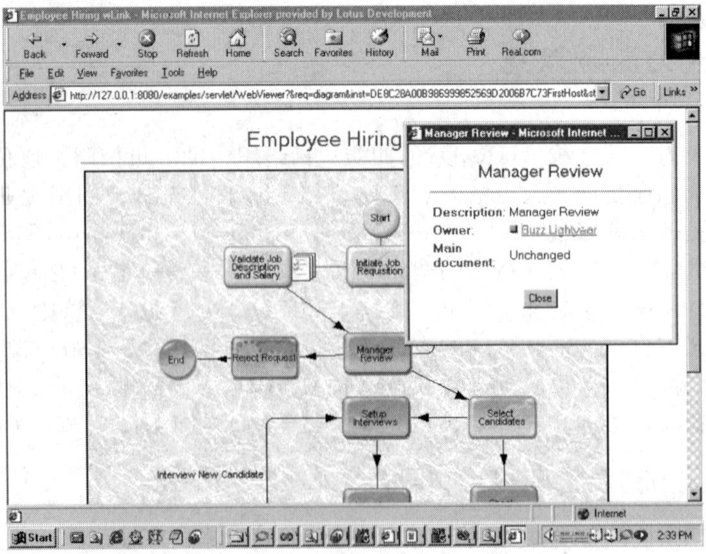

7—23　员工招聘评价系统示例

资料来源：Courtesy of IBM.

内联网中的一项功能——员工自助服务，可以让员工查询自己的福利，输入出差以及开支报告，核对聘用以及工资的信息，查阅和更新个人信息，并且输入有时间限制的数据。通过这个完整的电子流程，员工可以通过台式个人计算机、移动计算机或者工作地点附近的内联网信息厅，利用网络浏览器来查询工资、福利等个人信息。

内联网的另一个应用就是它可以作为一种超级培训工具来为员工提供服务。员工可以根据自己的需要来下载指南和流程以获得信息及培训内容。另外，使用新技术的员工可以根据自己的需要选择通过内联网观看培训的录像资料。因此，内联网的应用使公司省去了外借和追踪培训录像带的环节。员工也可以通过内联网来制作自动生成的工资表，联机选择计时卡。这些电子表格使得查询、输入以及调整工资信息对于公司的员工和人力资源管理者来说都变得更加容易。

Chiquita Brands 公司：找到准确统计员工数量的方法

每个公司的人力资源部门和企业资源计划部门似乎都能够回答这样一个简单的问题：你的公司究竟有多少名员工？

然而，以蓝色香蕉而著名的世界《财富》500强企业 Chiquita Brands 的首席信息官曼吉特·辛格（Manjit Singh）说："我们无法回答这个问题。我们需要花几个星期来汇总数据，到那时，公司的员工数量可能又发生了变化。"

Chiquita 公司在全球六大洲的70个国家拥有大约23 000名员工，其中绝大多数员工都分布在美国。2008年，位于辛辛那提的食品生产部门引入了一种传统的、通用的人力资源系统，事实证明这种系统不适用于管理 Chiquita 公司区域分散的员工。公司经常使用手工的纸质表格来进行日常的管理，效率很低。

辛格说，当公司需要招聘一名新员工时，书面文件要经过相关部门20～30个环节。"如果文件在上述任何一个环节中丢失，将会使整件事情陷入混乱。许多时候，报到的新员工会发现自己没有分配办公室或者个人电脑以及电话。显然，公司没能使新员工在进入公司后立即高效地工作。这些失误有损公司的形象，并且对新员工的利益造成了损害。"

2008年10月，Chiquita 公司开始使用 Workday 公司开发的人力资源管理系统，来管理在美国工作的5 000名员工，以及在全球其他42个国家工作的500名经理。辛格根据公司的特点选择使用 Workday 定制的管理功能。为了缩短工作时间，他和他的团队会尽量使用系统的规范流程来管理公司在拉丁美洲工作的18 000名员工以及在欧洲工作的3 000名员工。

现在 Chiquita 的北美分公司已经开始从新系统的员工招聘、职位更换、薪酬等人力资源管理的核心功能中受益。"现在我们可以通过系统确切地了解员工招聘的各环节。保证在新员工报到的同时，公司已经准备好相应的办公室、个人电脑以及电话等。并且新员工可以根据职位的不同，拥有访问相应的系统数据库的权限。"

Chiquita 公司共有200多名 IT 人员。最近，新的人力资源管理系统使得他们中的许多人从原来的工作中解放出来，投入到更高价值的项目开发中。辛格说："我希望我们的技术人员的工作不仅仅是保障系统的正常运行，他们可以与营销人员一起研究如何通过公司流程的改革，使我们的产品更快地推向市场。"

资料来源：Adapted from Thomas Wailgum, "Why Chiquita Said 'No' to Tier 1 ERP Providers and 'Yes' to SaaS Apps from Upstart Workday," *CIO Magazine*, April 7, 2009.

□ 会计系统

会计信息系统（accounting information systems）是企业最早使用也是最广泛使用的信息系统。基于计算机技术的财务信息系统，为公司提供历史数据记录，汇报组织的资产变动情况，并提供如资产负债表以及损益表等重要的财务报表。该系统也可以对未来的运营情况作出预测，如提供预计财务决算以及财务预算。通过对预测数据进行会计分析，可以估计公司的财务业绩。

会计运营系统强调保存法定的和历史的记录，并生成准确的财务决算。通常，这些系统包括交易处理系统，主要负责订单处理、库存控制以及应收账款、应付账款、员工工资和收支总账管理等。会计管理系统主要负责公司运营的计划和控制，主要的功能包括会计成本报告的编制、财务预算的开发和财务决算的预测，以及项目的实际成果与项目计划的对比分析报告等。

图 7—24 展示了企业普遍采用的基于计算机化的几个重要会计信息系统之间的相互关系。许多会计软件包可以在技术上支持这些应用。表 7—4 对六个被企业普遍使用且十分重要的会计信息系统的作用进行了总结。

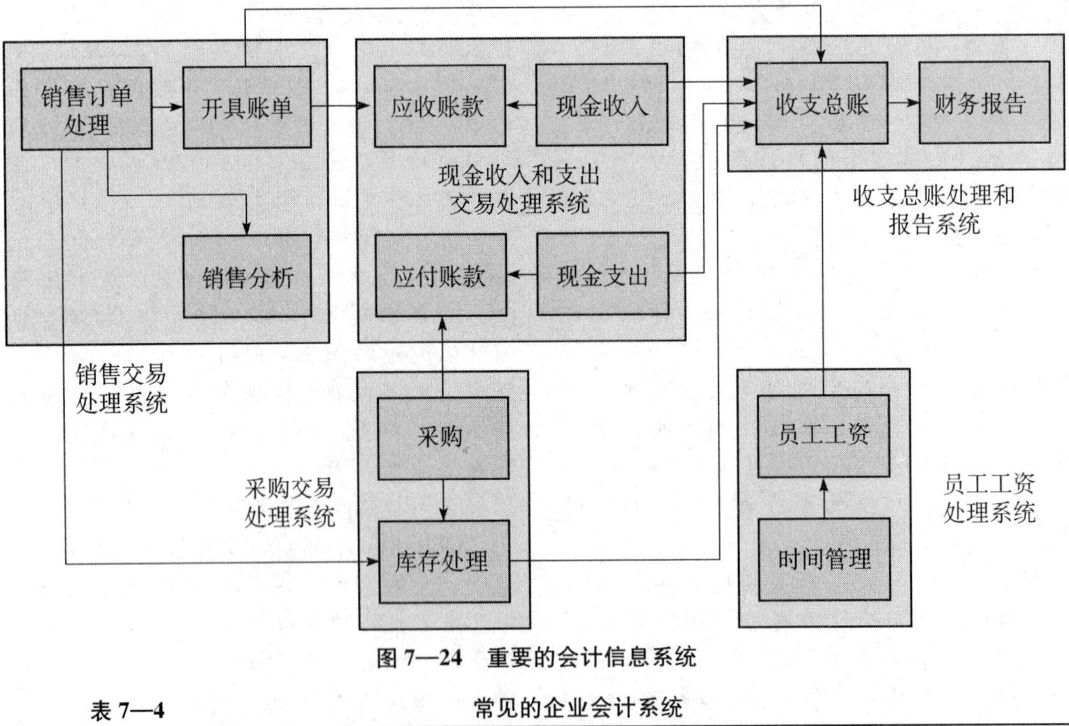

图 7—24　重要的会计信息系统

表 7—4　常见的企业会计系统

- 订单处理
  收集和处理客户订单，并为库存控制以及应收账款生成数据。
- 库存控制
  处理反映库存变化的数据，提供货运以及再订购信息。
- 应收账款
  记录客户欠款并生成客户发票、客户每月清单以及信用管理报告。
- 应付账款
  记录因采购所欠账款，以及给供应商的付款，并生成现金管理报告。

- 员工工资
  记录员工工作以及补贴数据，并形成工资支票以及其他工资文档和报告。
- 收支总账
  从其他的会计系统中汇总数据，并生成阶段性的财务决算和业务报告。

在线会计系统

随着科技的进步，图 7—24 以及表 7—4 中所示的财务信息系统会因互联网技术的发展而改变。互联网以及其他网络的出现，改变了财务信息系统对公司财务运作的监督和管理方式。这种互动的在线网络需要企业采取新的交易管理、交易流程以及交易记录的方式。这些变化主要涉及订单管理、库存控制、应收账款和应付账款等系统。如表 7—4 所示，这些系统直接关系到公司与客户以及供应商之间的交易处理。因此，许多公司为了建立在线交易处理系统，正在利用互联网以及其他网络与这些贸易伙伴建立连接。图 7—25 显示的就是一个在线会计报告的例子。

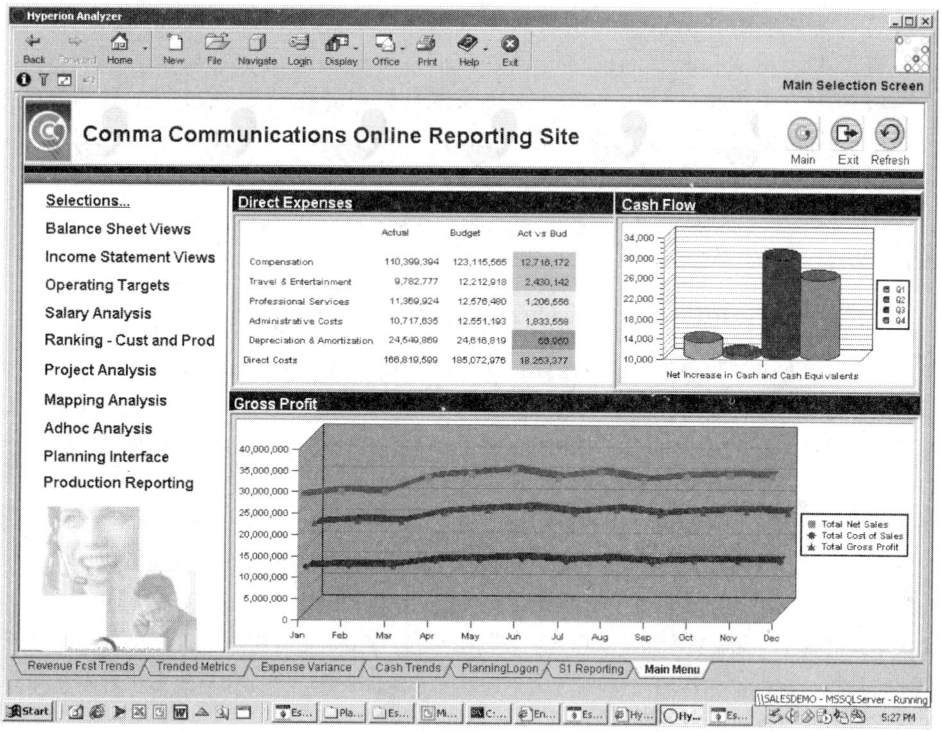

图 7—25　在线会计报告示例

资料来源：Hyperion.

财务管理系统

基于计算机技术的**财务管理系统**（financial management systems）可以从两个方面对业务经理和专业人员给予决策上的支持：(1) 公司的财务情况；(2) 公司内部的财务分配和控制情况。财务管理系统的主要功能包括资金和投资管理、资本预算、财务预测以及财务计划等（见图 7—26）。

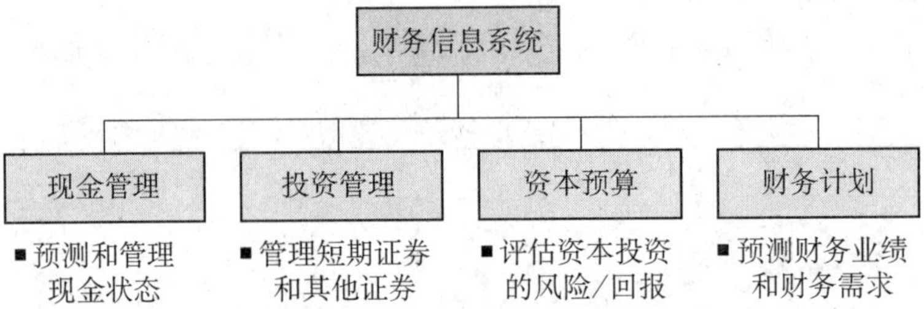

图 7—26　财务管理系统

例如，资本预算过程包括估计资本支出的收益率，以及该支出对公司财务的影响。对设备仪器的长期资本投资可以通过各种估计投资回报率的方法来分析。在实际应用中，需要大量使用电子表格模型，对预期资金流的现值以及风险的概率进行分析，来决定公司最优的资本项目组合。

财务分析同样要利用电子表格以及其他的财务规划软件来对企业目前以及计划的财政运行情况作出估计。该系统还可以帮助企业确定融资需求，并且分析融资的可选方式。财务分析师利用与财务预测相关的经济环境、公司运营情况、可选的融资类型、利率和股票的价格等各方面信息，来为公司制定最佳的融资计划。公司可以利用电子表格软件包、决策支持系统软件以及网络讨论组等工具来建立和使用自己的财务模型。财务分析师或管理者在评估不同的融资和投资方案时，可以利用假设分析或者人工智能的方法来分析。我们将在第 9 章进一步讨论这些应用。

小结

- 跨职能企业系统。图 7—2 所示的企业应用框架总结了企业在电子化业务中的应用以及这些应用之间的关系。这些应用包括了一些跨职能的企业系统，例如企业资源计划系统（ERP）、客户关系管理系统（CRM）以及供应链管理系统（SCM）。这些应用可以被集成到企业应用集成系统（EAI）中，以便企业的业务人员更容易地获得他们需要的信息，来为企业的客户、供应商以及商业伙伴提供服务。企业协作系统（ECS）是一种跨职能的系统，该系统的作用是加强组织中团队和工作组之间的沟通和协作。图 7—11 和图 7—14 对企业应用集成系统以及企业协作系统中电子商务的应用作了简要介绍。

- 事务处理系统。联机事务处理系统在企业的运营中起到了非常重要的作用。事务处理包括数据输入、事务处理、数据存储、生成文档报告以及查询处理等过程。许多企业利用互联网、内联网、外联网以及其他的网络来为事务处理系统服务，并为企业的客户以及供应商提供优质的服务。图 7—14 展示了事务处理系统的基本功能。

- 客户关系管理：商务焦点。客户关系管理系统是一种跨职能的信息系统。该系统的作用是将产品销售、宣传以及售后服务中与客户沟通的过程集成化、自动化。该系统以信息系统技术为基础，并为企业向以客户为中心的商业策略转化提供支持。该系统最重要的应用包括与客户联络、账户管理、产品宣传和销售、客户服务与支持、保持客户的忠诚度等方面，其目的在于帮助企业与客户建立并保持良好的关系。然而，许多企业发现由于管理层以及受影响的员工缺乏足够的了解和准备，使得客户关系管理系统难以发挥预期的作用。

- 企业资源计划：商务中枢。企业资源计划系统是一种对生产、库存、分配、财务以及人力资源等企业内部流程加以整合并实现自动化的跨职能系统。因此，ERP 系统作为企业信息系统的关键支柱，帮助企业提高效率并在环境不断变化的商业竞争中获得成功。ERP 软件通常由集成的模型组成，这些模型为企业提供对核心业务实时的、跨职能的管理，如生产、订单处理和销售核心业务处理的功能，以及资金、原材料和人力资源的管理。然而，在企业内部合理地应用 ERP 系统是一个极其困难且成本很高的过程。许多企业为了适应新的ERP系统而重组业务流程，但低估了相应的计划、开发以及员工培训等工作的重要性，使企业遭受巨大损失。ERP系统软件（例如网络支持模块以及电子商务软件等）需要不断地进行更新和升级，使ERP系统更加灵活、更容易使用，将ERP系统从企业的内部扩展到企业的合作伙伴。

● 供应链管理：商业网络。供应链管理系统是一种跨职能的企业内部信息系统。该系统的作用是整合并使公司与原料供应商、客户、投资方以及商业伙伴之间的业务流程和关系实现自动化。该系统的目标是帮助企业通过与商业伙伴建立一个高速、高效且低成本的供应链，提高企业设计、制造以及销售产品的能力，并使企业可以更灵活、更高效地处理客户以及供应商的需求。供应链管理由如下几个功能组成：负责供求预测的供应链计划功能，负责库存、物流以及仓储管理的供应链执行功能。事实证明，对于许多企业来说，建立一个高效的供应链系统并实现企业供应链的目标是一项复杂而且困难的挑战。但是由于企业普遍加强了与商业伙伴的交流与合作，并希望提高供应链以及企业的运行效率，因此供应链管理始终是企业关注的重点，并且成为电子商务战略的核心内容。

● 企业职能系统。企业职能信息系统的作用是通过如图7—17所示的一系列电子商务流程以及管理信息系统来支持企业的生产、运营、销售、财务和人力资源管理等企业职能。

● 营销。营销信息系统的作用是支持企业的电子商务和传统营销过程以及对营销职能的管理。该系统主要包括企业网站的在线销售、销售自动化、客户关系管理、销售管理、产品管理、市场目标、市场调研以及广告宣传等与营销相关的业务。该系统可以在电子商务产品的开发、客户关系的决策、产品的促销战略，以及开发新的和现有产品的电子商务潜能及分销新渠道等方面帮助销售经理更好地作出决策。

● 制造。基于计算机技术的制造信息系统可以帮助企业实现计算机集成制造，使生产过程简单化、自动化并将许多生产工序整合，从而使企业以更快的速度以及更高的质量来制造客户满意的产品。例如，在新产品和流程设计方面，利用协同制造网络的计算机辅助设计帮助工程师协作。制造资源计划系统可以帮助企业计划在产品的生产过程中需要的资源类型。制造执行系统通过车间日程安排及其控制、过程控制、机器控制或其他人工智能的机器人监控工厂车间的产品生产。

● 人力资源管理。人力资源信息系统负责组织中的人力资源管理。该系统包括员工招聘、培训、薪酬等信息系统。基于互联网或者公司内联网的企业人力资源管理网站，已经成为企业为员工或者未来员工提供人力资源服务的重要工具。

● 会计和财务。会计信息系统主要负责记录、汇报以及分析企业管理过程中发生的事件和企业事务。表7—4总结了订单处理、库存控制、应收账款、应付账款、员工工资以及收支总账等六个最基本的财务系统。财务信息系统可以为企业管理者提供企业融资以及企业内部财务资源分配等方面决策的帮助。财务信息系统包括现金管理、在线投资管理、资本预算、财务计划以及财务预测等功能。

关键术语和概念

会计信息系统（accounting information systems）
批处理（batch processing）
计算机辅助制造（computer-aided manufacturing，CAM）
计算机集成制造（computer-integrated manufacturing，CIM）
跨职能的企业系统（cross-functional enterprise systems）
客户关系管理（customer relationship management，CRM）
电子化业务（e-business）
电子数据交换（electronic date interchange，EDI）
企业应用架构（enterprise application architecture）
企业应用集成（enterprise application integration，EAI）
企业协作系统（enterprise collaboration systems，ECS）
企业资源计划（enterprise resource planning，ERP）
财务管理系统（financial management systems）
企业职能系统（functional business systems）
人力资源信息系统（human resource information

systems）
交互式营销（interactive marketing）
机器控制（machine control）
制造执行系统（manufacturing execution systems，MES）
制造信息系统(manufacturing information systems)
营销信息系统（marketing information systems）
联机事务处理系统（online transaction processing systems）
过程控制（process control）
实时处理（teal-time processing）
销售自动化（sales force automation）
供应链（supply chain）
供应链管理（supply chain management，SCM）
目标营销（targeted marketing）
事务处理周期（transaction processing cycle）
事务处理系统（transaction processing systems，TPS）

讨论题

1. 参考本章关于 NetSuite，Berlin Packaging 以及 Churchill Downs 的案例。你了解或者接触过的客户关系管理系统是怎样帮助企业提供更好的服务的？除了前面介绍的案例以外，请给出几个例子。

2. 为什么在企业信息技术应用中有一种将企业的各系统进行跨职能整合的强烈趋势？

3. 你认为图 7—22 总结的会计信息系统的工具中，哪些是企业必须具备的？哪些是由于企业类型或者其他因素的影响而可以选择具备的？请解释原因。

4. 参考本章有关企业应用集成的例子。除了应用集成系统之外，还有什么可以解决企业信息系统之间不兼容问题的方法？

5. 参考本章有关 Chiquita Brands 的案例。公司需要给员工提供的最重要的人力资源服务是什么？请解释原因。

6. 企业实现销售自动化将对销售人员的工作效率、营销管理以及企业的竞争优势有何影响？

7. 如何利用互联网技术来提高企业某项工艺的水平？举一个例子并估计其商业价值。

8. 参考本章关于战略人力资源管理技术的案例。企业应该为员工提供的最重要的人力资源服务是什么？请解释原因。其中是否有本章案例中没有提到的服务？

9. 请你给小型企业推荐电子商务的几个应用功能，帮助它们应对经济时代的挑战，并求得生存和成功。请说明推荐的理由。

10. 参考本章关于虚拟世界的案例。这些系统对企业的最终效益有什么影响？请解释原因。

分析题

1. 应用服务提供商市场

传统的 ASP 的定义包括网络接口和外部的基于互联网、服务器端处理以及数据存储。然而，商业领域并不总是受到这些概念的限制。微软、McAfee，QuickBooks 以及其他企业提供的基于互联网的应用服务并不一定能达到这些严格的标准。

微软提供自动的在线应用维护，只需要一次性支付许可费用。通过自动升级，微软可以在没有 IT 人员参与并且不给终端用户带来不便的情况下，实现软件的更新、安装以及安全补丁的安装。

与微软相反，McAfee 公司每年收取一定的服务费用，包括日常应用以及病毒库的升级。McAfee 提供一年的服务，作为软件许可的一部分。一年后，拥有软件许可的用户可以继续使用软件，但他们如果想更新软件，就需要支付一定的费用。用户通常会通过付费更新软件来保护自己免受病毒的袭击。

a. 你愿意使用或者把 Intuit 公司的在线应用服务（www. intuit. com）推荐给小公司吗？

b. 美国在线提供免费的即时通信服务。只需下载并安装一个软件，用户就可以免费使用即时通信、文件共享以及音频和视频会议。美国在线的运作属于 ASP 吗？为什么？

c. 访问美国在线的“企业 AIM 服务”网站（www. aimatwork. com）。美国在线还为企业提供了哪些服务？你为什么会认为美国在线为企业提供的解决方案偏离了 ASP 模式？

2. eWork Exchange 和 eLance. com：在线职位匹配和拍卖

对于那些提供重要职位、免费代理、申请竞标项目拍卖服务以及专门职位和技能的网站来说，有很多机会在等待着它们。从事顶级职位匹配和拍卖业务的网站包括 eWork Exchange 和 eLance. com。

eWork Exchange（www. eworkexchange. com）：不再过滤不相关的搜索结果；不需要其他操作，只需填写你的技能，然后让 eWork Exchange 利用它的技术来为你寻找最合适的工作。

eLance. com（www. elance. com）：这个全球性的拍卖市场不仅仅包括 IT 职位；它的经营范围从占星术、机械工程到社团工作和烹饪职业。用户只需登记情况说明，或者直接浏览空缺职位的列表，然后提出申请。反馈区可以让雇主和无职业者进行相互评价。

a. 检验 eWork Exchange，eLance. com 以及其他在线求职网站。

b. 依据网站的使用容易程度，以及网站对于求职者和雇主的价值等两个指标来对网站进行评估。

c. 你最喜欢哪个网站？为什么？

3. 职位检索数据库

访问 Monster. com 以及本章提到的其他网站，收集空缺职位的信息。找到并且记录下至少 10 个你感兴趣或者符合你的指导老师制定的标准的空缺职位。

a. 建立一个数据库列表来存储这些职位的关键属性。将下表中的所有职位属性作为数据库列表中的字段，也可以增加你感兴趣的字段。对于一个特定的职位，如果某些字段（如工资范围）的数据无法确定，则该字段保留空白。

b. 编写一条职位检索，先按照区域，再按照业务功能查询。

c. 创建一个按地区分类的职位报告，并在每个区域内按业务功能将职位分类。

职位表	
字段	样本数据（根据该练习，找到你自己的字段）
雇主	Techtron Inc.
职位名称	系统分析师
地区	东北部
位置	马萨诸塞州斯普林菲尔德市
商业职能	信息技术
职位描述	与团队一起分析、设计和开发电子商务系统；需要具备系统分析、相关数据库设计以及 JAVA 编程的技术
资格	获得信息系统或者计算机科学专业学士学位，并具有两年 JAVA 编程经验
工资范围	根据经验确定，约 48 000～60 000 美元

4. 进行一个行业的财务分析

员工使用他们的技能为组织带来利润。除了需要与从事业务相关的专业技能之外，员工还需要对所处的商业环境有敏锐的洞察。商业环境包括组织的业务和财务结构，以及组织与竞争对手、客户和相关的管理机构之间的关系。

面试官希望应聘者拥有以上领域的背景知识。通过这些背景知识，可以了解应聘者对相关职位的兴趣，并帮助面试官确认应聘者对所申请职位的了解程度。实际上，经过大量的检索和研究后，求职者会根据检索的结果排除掉一些不适合自己的工作职位。互联网技术以及良好的数据库技术可以帮助求职者简化上述工作。

a. 针对问题 3，访问至少 3 家你了解的公司的网站。获得关于诸如纯销售（或纯收入）、税后收入等公司财务运作的信息，以及当前对组织或行业产生影响的信息。

b. 利用你为解决问题 3 而建立的数据库创建一个新表格，包括下面将提及的字段，也可以增加一些你感兴趣的字段。

c. 在前面的练习中建立的职位表中添加一个名为组织标识的字段，字段的类型为数字（长整型）。编写一条更新检索，利用组织表中组织标识的字段内容，为新的字段赋予合适的取值。为了实现上述步骤，将职位表和组织表与雇主和组织名称的字段连接起来。当使用的名称一致时，这个连接才能成立。因此，应确认已经按照上述要求输入了正确的名称。执行检索并完成更新。前面已经将表与雇主和组织的名称进行了连接，为什么还要把它们与组织标识连接？职位表中雇主的字段还有必要保留吗？

d. 创建一份报告，按行业的类别显示各职位的机会。在每个行业中，将记录按照组织的名称排序。在每条记录中包括职位名称、全球化、纯收入以及竞争者等信息，并且用组织标识的字段连接职位表和组织表。

组织表	
字段	样本数据（根据该练习，找到你自己的字段）
组织标识	设置为第一关键字，并由数据库自动生成该值
组织名称	确保名称的拼写与你在职位表中输入的名称相同（最好采用复制和粘贴方式输入）
行业	法律、医药、咨询、教育等
全球化	本地、地区、国家、国际
收入	最新财务报告的纯销售或收入
纯收入	来自最新的财务报告
竞争者	关键竞争者的名字
员工	员工数量

案例 7.3

Perdue 农场和零售商：当供应链管理遇到圣诞假期

虽然大多数人在感恩节这天只需要1只火鸡，但Perdue农场的人们要在24小时之内将100万只火鸡送到全美各地家庭的餐桌上。自从5年前食品和农产品公司在农场的供应链管理技术上投资了2 000万美元之后，这项任务就不再像以前那样棘手了。

在使用了Manugistics公司的预测软件以及供应链计划工具之后，对于Perdue农场来说，在准确的时间将准确数量的火鸡送到客户的手中变得容易多了。首席信息官唐·泰勒（Don Taylor）说："到了每年的11月，我们只需要点击鼠标就可以获得即时的信息。"在对供应链管理以及预测软件进行投资以前，Perdue农场的管理者只能通过直觉来估计供需数量以及各季度的销售情况。

整个系统运行良好，创建于1920年的Perdue农场目前每年的销售额达到2.7亿美元。泰勒说，预测软件以及供应链系统帮助农场监督全年火鸡的生产情况，当感恩节临近时，监督的力度会加大。虽然11月的第三周是Perdue农场一年中最忙碌的时候，但在此期间，公司的火鸡产量并没有出现明显的变化。最大的不同在于火鸡的销售方式。在其他时间段，火鸡通常被分成不同的部位销售或者卖给熟食店，而在这段时间内，火鸡都是整只销售的。

将火鸡从农场运到客户的餐桌上是一项与时间赛跑的挑战，因此Perdue农场引进高科技的主要目的是保证自己的产品能及时到达客户的手中。农场的每辆运货车均装备有全球定位系统，通过追踪系统，公司可以随时掌握货物从公司的四个物流中心出发到运达目的地期间的具体位置。一旦有货车出了故障，公司会立即派出另一辆来代替。"我们随时知道公司每一辆货车的确切位置。"Perdue农场的物流经理丹·迪格拉齐奥（Dan DiGrazio）说。

Perdue农场采用电话、电子邮件以及视频会议等方式与客户联系。泰勒说："我们不断寻找可以帮助我们与客户沟通的新技术。"

"黑色星期五"以及"网络星期一"这两个名词似乎并不像实际情况那样令人感到喜悦，它们听起来甚至有些不吉利并且令人感到害怕。对于许多生产商以及销售商来说，在这两个关键的日子以及随后的一个月时间里，销售情况都如同这两个名词一样可怕。

对于许多零售商以及生产消费品的公司来说，感恩节过后的购物狂潮是实现第四季度销售预期目标的重要保障。由于无法准确预测在这段时间内哪种商品会畅销、哪种商品会滞销，因此他们对于这两天能否达到预期的销售目标十分担心。

在这段时间内，与其他的任何部门相比，负责供应链的部门将承受更大的压力，这种季节性的销售热潮带来的喜悦被不安所代替。北卡罗来纳大学 Kenan-Flager 商学院负责运营、技术以及创新管理的助理教授布赖恩·汤姆林（Brian Tomlin）说："假期对于生产商以及零售商来说都是一个艰难的时期。"他们会推断和猜测哪种商品的需求将会增长，但并不是每次都能猜对。

从感恩节到新年的这一段时间对于零售商和制造商的供应链以及电子商务系统来说都是巨大的挑战，并不是所有人都能经受得住这种挑战。汤姆林说，零售商以及制造商都面对微妙的平衡关系。"如果他们对市场形势估计得过于乐观，就会积压大量的商品，并且只能通过降价甩卖的方式来处理库存；如果相反，对市场形势估计得过于悲观，就会失去大量的销售机会，并且导致客户不满。"

有许多因素可以解释零售商和制造商遇到的困惑。

首先是消费者的偏好可能在一夜之间发生变化，尤其是对于一些玩具、电子产品以及服装的偏好。"这些产品的流行时间很短，今天很流行的款式也许明天就不再流行。"负责供应链需求反馈的 Kinaxis 公司首席技术官戴夫·哈斯金斯（Dave Haskins）说。谈到他女儿最近购买手机的话题时，他说："她买手机的目的是追赶潮流，而不是考虑手机的功能，现在的消费者有时候难以捉摸。"

另一个因素是，圣诞礼物在全球的流行程度超出了营销经理最大胆的想象。由此产生的爆炸性影响成了圣诞节最好的新闻。汤姆林说："这种情况很难预料，许多人都认为某些报道出了错误。"虽然这种情况对于许多人来说是一件好事，但是对于希望增加库存的制造商以及希望将商品摆满货架的零售商来说是一种两难的抉择。

对于易变的需求来说，最重要的是采取快速的反应以及灵活的对策。但是对于某些制造商以及零售商来说，由于他们的供应链有一半在亚洲，想做到以上两点是不可能的。哈斯金斯说："由于董事会希望降低运费，因此许多供应商运输货物需要5周。长距离的运货路程使得供应链似乎变得更长。"

由于公司需要提前做好营销计划以及制定库存策略，因此这种在物流成本与灵活反应之间的取舍使得假期的情况变得十分复杂。"供应商面临的困难在于需要提前作出决策，而作出决策之后，市场需求仍难以确定。"汤姆林说，"公司普遍会避免采用积累过多的库存这种错误的策略。"

"聪明的公司会合理地利用信息来代替生产大量的库存。"他说，"积累大量的库存是一种代价高昂的策略。"

哈斯金斯在一家销售供应链相关软件的公司工作，他说，许多制造商的供应链系统是以月为周期来安排生产计划的，这样提供的信息量远远不够。不同的制造商所采用的系统之间存在很大的差异，系统所能提供的数据以及这些数据的参考价值也不尽相同。公司需要随时调整实际的销售数据以及库存数量，使它们之间相互协调。许多公司都在努力实现这一目标。

由于留给企业根据市场需求的波动来调整商品供应数量的时间很短，因此假期的购物狂潮会使供应链存在的问题暴露出来。供应链系统功能较完善的公司将会在假期以及随后的一年中取得较好的业绩。

哈斯金斯建议零售商以及他们的供应商现在就问自己以下几个问题：如果在我的供应链中有某个环节出了问题，我的反应有多迅速？我为我的供应商提供良好的、可执行的信息以及足够多的数据了吗？我对从供应商那里获得的最新数据作出相应的反应了吗？我确切地知道每天有哪些商品在市场上销售吗？

针对第一个问题而言，快速、灵活地针对供应链出现的问题作出反应是一种重要的策略，它可以帮助生产商以及零售商转移更多的商品。例如，与西部相比，美国的东部地区对于公司产品的需求更为强烈，公司要有相应的信息系统及时发现这一需求，并迅速将情况上报。相应地，公司也应该通过正确的步骤以及库存的转移来满足这一需求。

哈斯金斯说："公司的策略宁可更灵活一些，也不要把程序设定得过于死板。"及时接收供应链传送过来的信息，并正确理解以及迅速反应，这一系列过程对于许多生产商以及零售商来说仍然是一项人力资源以及技术上的挑战。"当仓库的管理员告诉你没有库存了时，就已经太晚了。"

生产商以及零售商需要注意的另一个趋势是逐渐火爆的"代金卡消费季节"，近几年来已经形成了数亿美元的市场。2006年AMR公司的报告表明，人们利用代金卡消费，会使得每年1—2月的消费量增加，并对公司的库存以及员工招聘造成显著的影响。

美国零售联合会（National Retail Federation）的联络主管艾伦·戴维斯（Ellen Davis）提供的数据表明，只有20%的代金卡会在圣诞节后的一周内被使用，其余80%的消费会分散在1—2月之间。

为了更好地适应假期的市场情况，哈斯金斯给生产商和零售商提供了一条很实用的建议：在假期相互之间的沟通和配合比其他任何时间都重要。"记住，只有当你与你的供应商做得一样好时，你的供应链以及供应商才会对市场的供求情况有一个迅速、完整的掌握。"

资料来源：Adapted from Sharron Luttrell, "Perdue CIO Talks Supply Chain Management," *CIO Magazine*, November 1, 2003; and Thomas Wailgum, "The High-Stakes Search for Supply Chain Excellence during the Holiday Rush," *CIO Magazine*, November 16, 2007.

问题

1. 在假期里，决定供应链成败的关键因素是什么？在这些因素中，有哪些是公司可以掌控的，还有哪些是直接面向消费者的商家才能掌控的？请举几个例子。

2. 如果在假期，人们使用更多的代金卡来代替礼品，会给人们的需求预期以及供应链管理带来哪些影响？假设你不知道人们会使用代金卡购买哪种商品，零售商以及他们的供应商会采取什么策略来面对这些影响？

3. 布赖恩·汤姆林说："明智的公司会利用更多的信息来代替库存。"你怎样理解这句话的含义？你认为公司应该如何利用大量准确的信息来提高库存以及供应链的管理水平？请举几个例子。

实践

1. 在网上找几个在圣诞节假期里公司库存出现问题的案例。你怎样把这些案例与前面介绍过的案例联系起来？这些公司应该对自己的供应链做出怎样的调整？为什么？请验证你的推断。

2. 你有过像本案例中介绍的圣诞节假期的购物经历吗？你从什么时候开始做购买计划以及消费预算？分小组讨论，分享你们的购物经验，并体会本案例中介绍的需求的不确定性与消费计划。

第8章　电子商务系统

学习目标

1. 识别电子商务应用的主要类型和趋势。

2. 识别电子商务系统的基本过程，举例说明该过程如何在电子商务应用软件中实施。

3. 识别并举例说明成功的电子商务所需的关键因素以及网上商店的需求。

4. 识别并解释几种类型的电子商务市场的商业价值。

5. 讨论选择网上虚拟交易与实体交易的利弊。

8.1　电子商务基础

电子商务导言

电子商务正改变着竞争的形式、行动的速度、相互作用的效果、生产、客户与公司以及公司与供应商间的支付方式。

对如今大多数公司来说，电子商务已不仅仅指在网上买卖产品，而是包括在世界范围内的商业伙伴网络的支持下，全球客户联网交易的开发、营销、销售、运输、服务以及支付产品和服务费用的全部过程。事实上，许多人认为电子商务这个概念有点过时。我们可以看到，现在许多年轻的企业家在成长的过程中总是会应用到电子商务，电子商务与电子化业务之间的区别将很快消除，人们会认为这一切只是普通的商业活动。到那时，我们将仍然保留电子商务这个概念，因为它给我们提供了一个清晰的画面，以区别在线交易和传统的商业交易。

我们在本章将会了解到，电子商务系统依靠互联网资源和其他信息技术来支持流程中的每一个步骤，许多公司正从事着某种形式的电子商务活动。因此，发展电子商务已成为今天大多数公司应该考虑的重要选择。

阅读下面的真实案例，从中可以了解更多关于公司面临的网络世界的挑战。

案例 8.1

厨房帮手和加拿大皇家银行：对在线品牌采取保护措施了吗

声誉是脆弱的——商标图片很容易被窃取，在聊天室中公司机密可能被匿名泄露，互联网博客上的无聊推测和恶意评论可以影响公司股票的价格。品牌不断受到攻击，但是像BrandProtect，MarkMonitor和NameProtect（现在在Corporation Services公司旗下）等公司正在采取行动以保护它们的品牌和声誉。

厨房帮手（KitchenAId）是惠而浦公司的一个品牌，它的营销总监布赖恩·梅纳德（Brian Maynard）遇到了一个相当特别的问题。与经典的可口可乐瓶子、迪士尼米老鼠的耳朵一样，厨房帮手的搅拌机的标识是一个独特的剪影，这也是一个注册商标。尽管该剪影在20世纪90年代中期才成为注册商标，但是从30年代这个设计被启用以后，就很快成为一个众所周知的标识。梅纳德说："厨房帮手搅拌机是一项十分珍贵的资产，所以保护它的名字和形象以避免被泛化对我们来说非常重要。"梅纳德指出，这一品牌资产的预估值可达数百万美元。任何违规行为都可能迅速损害这一珍贵的资产。

厨房帮手在网上遇到了品牌仿冒和越权使用搅拌机图片的问题，处理众多商标侵权问是一项艰巨的任务。梅纳德知道，历史经验表明，那些没有被所有者好好保护和监管的公司商标通常被法院裁定无效——阿司匹林和电动扶梯就是例子。

梅纳德说："纵观历史，因为人们没有保护产权，像电动扶梯和阿司匹林这样的术语很容易泛化。""为了避免这样的悲剧，你必须向法院证明自己已经竭尽全力去保护品牌。如果你没有好好监管你的商标，法庭通常会判定那个商标再无意义，可以被普遍使用。"所以当接到来自BrandProtect公司的陌生电话时，他很感兴趣。

然而，那些伪装的为盈利而盗用在线公司品牌的罪犯也加大了力度。MarkMonitor公司是一个位于旧金山的品牌保护服务提供商。被他称为"品牌劫持"的行为已经成为一些著名品牌的主要威胁。MarkMonitor的首席营销总监弗雷德里克·费尔曼（Frederic Felman）说："滥用商标的行为很多，令人担忧的是这些滥用商标者正在成为精明的推销者。"MarkMonitor在首个品牌劫持报告中指出，该公司用3周的时间监控那些不合法或者不道德的行为（比如域名抢注，点击付费广告欺诈），来追踪排名前100位的品牌中的25个。在目标品牌中，媒体公司所占比例最大。

域名抢注通常指注册一个包含真实品牌名称的网络域名，这种行为最常见。MarkMonitor在3周时间内追踪了286 000多个例子。梅纳德说："当听到这个问题的解决方案时，我甚至都没有意识到还有这样的事情，我立刻明白，当我还没有意识到问题存在时，已经解决了这个问题。"

BrandProtect公司使用一种可以映射网络并且能够识别所有隐藏的网络活动的技术平台，其工作原理与网络蜘蛛类似。这种映射技术是与过滤器和人工分析组件结合在一起使用的。对于那些可能对公司形象带来负面影响的非法活动的可操作数据，人工分析组件可以进行识别，并且反馈给客户。依据客户所选择的服务级别，可以识别22种违规行为——从网络欺诈到伪造、滥用公司商标和产品形象、违规注册域名、员工博客泄露公司商业机密等。BrandProtect公司的营销副总裁凯文·乔伊（Kevin Joy）说："如果不想进行永无止境的打地鼠游戏，就要消除那些滥用公司在线商标的方式，这是一个挑战。"

然而，对于在网络上运营的企业而言，保护商标的挑战已经呈指数级增长。"一些事情随着互联网的到来发生了。"梅纳德解释说，"现在世界上的所有人都可以看到搅拌机的标识，所以滥用商标的可能性也变得更大。因为它如此有名，其他公司制造仿冒产品并以另外的名字来推销，就会带来更大的风险。所以现在不遗余力地保护品牌和商标变得比以往任何时候都重要。”

随着厨房帮手在线监管活动的加强，其他类型的违规行为也逐渐显现出来。一些违规行为不是很严重，比如一些网站未经许可使用其商标，发一封警告信就可以很容易地解决这类问题。其他的违规行为，比如使用一些商标和一些非法的网站进行链接，处理起来就没有这么简单了。梅纳德说：“我们在培训员工和监管网上活动方面花了大量的时间。”

许多成功的案例表明这些努力是值得的。最近，梅纳德对他可以如此快地解决域名违规注册一案感到惊讶。一个和厨房帮手合作的小型供应商为便于营销注册了shopkitchenaid.com和buykitchenaid.com之类的网络域名。梅纳德收到了关于该公司的报告，注意到了这些新的网络域名，并且也意识到侵犯网络域名的所有者的权利。他和该公司取得了联系，说明只有惠而浦公司才能拥有包含“KitchenAid”的网络域名。梅纳德说：“该公司甚至不知道它没有这些网络域名的所有权，并且对我们如此迅速地了解这件事情感到惊讶。”

对厨房帮手来说品牌战略十分重要，BrandProtect在帮助厨房帮手保护品牌方面发挥了重要作用。梅纳德说：“保护这个品牌是我的责任，在我任职期间，绝不允许任何品牌的权益遭受损失。事实上，随着时间的推移，搅拌机的剪影的价值不断增加。在BrandProtect公司参与进来之前，我已着手做这件事情，但现在我可以让品牌受到更好的保护。”

作为加拿大皇家银行（Royal Bank of Canada）品牌标准部门经理，萨莉·比森（Lise Buisson）深知在线保护银行品牌包括很多内容，不仅仅是找出那些未经允许就把标识用于自己网站的人。“因为现在人们更加重视品牌，任何对于品牌的不恰当使用都会招致信誉风险。不管我们是否允许，当他人用了你的品牌标识，就实际上构成一种背书。我们必须提防那样的事情。”加拿大皇家银行及其子公司以RBC这个品牌名开展经营。

加拿大皇家银行是加拿大最大的银行，拥有70 000名全职和兼职员工，通过办事处为北美地区和其他34个国家的1 500万人提供服务。

比森说：“我们没有预料到会遇到品牌劫持问题。我们被泛化了。没有人意识到浏览我们的网站然后窃取我们的标识放到其他地方是多么容易。我们必须集思广益，想办法解决这个问题。”她很快就发现大部分记录下来的违规行为的危害不是很大，并且也不需要进一步考虑。“在大多数案例中，大部分使用者都是非恶意的。”她说，“可能是慈善团体的网页或者抵押合作者使用了我们的标识，我认为90%的这类事件都是无害的。”

“BrandProtect公司立刻标记并查处了在北海地区一家曾使用过我们标识的银行，并且让它们改用另外的名字。每当有机构以我们的分支机构的身份来误导大众时，我们就很不安。”比森如是说。当发生类似情况时，加拿大皇家银行会采取一些措施，如发出要求使用者停止使用侵权商标的警告，乃至采取法律行动。“在大量的案例中，一个礼貌的警告就足以解决问题。”加拿大皇家银行每年都会进行一年一度的品牌政策评估，以确保这些报告能继续反映它们的首要问题。加拿大皇家银行已经制定了一些政策，以确保必要时采取适当的后续措施。“比如，如果我们发现某个赌博网站利用我们的标识做广告，现在就有应对的政策。”

比森说，由于互联网活动的数量与日俱增，她意识到对在线品牌活动的监管工作对于部门员工来说太繁重。“我个人认为这种问题应该咨询专家并且和他们通力合作。与一个能够以我们的利益为出发点的公司合作让我们备感安心。这也帮助我们中的一些人晚上可以睡个好觉。”

资料来源：Adapted from Daintry Duffy, “Brand Aid for a Manufacturer's Online Property,” *CIO Magazine*, September 17, 2001; *Royal Bank of Canada Case Study* and *KitchenAid Case Study*, www.bdbrandprotect.com, accessed April 22, 2008; and Gregg Ketzer, “‘Brandjackers’ Make Millions Feeding Off Internet Brand Names,” *Computerworld*, April 30, 2007.

问题

1. 仔细想想你自己的网上购物模式。当你在网上购买商品或者服务时，对一个品牌的名称、标识或者其他商标（比如厨房帮手的剪影）有多重视？你是否曾停下来想想自己有没有被误导了？我们如何辨识这其中的区别呢？

2. 惠而浦公司的布赖恩·梅纳德指出互联网的发展改变了品牌监管方式。这些改变是什么呢？你能否想出一些在网络世界出现之前并不存在的新的挑战？举出几个例子。

3. 在本案例中提到的公司（比如惠而浦、加拿大皇家银行、迪士尼和可口可乐）都是在互联网到来之前就树立了强烈的品牌意识，并且从中受益。你认为网络公司面临和它们同样的问题吗？为什么？说明理由。

实践

1. 在线信用服务提供商如eTrust（www.etrust.org）和其他的审查隐私政策（包括信息的收集和应用、分享和披露以及安全性）服务提供商要确保网站能够达到要求。达到要求的公司可以展示自己的标识以扩大影响。我们可以在网上搜索来发现这些服务提供商是如何阻止擅自使用它们所认证的网站标识。准备一份报告来概括你的发现。你是否曾注意这些标识？一个网站有没有标识对作为客户的你是否有影响？

2. 本案例介绍了BrandProtect（www.brandprotect.com）研发的技术的特点，它的竞争者包括MarkMonitor（www.markmonitor.com）和NameProtect（www.cscprotectbrands.com）。访问上述网站，比较它们提供的产品。然后分成几个小组来比较你们的发现，并且讨论它们缺少哪些新的特点，并且解释你认为这些提供商应具有这些特点的原因。

□ 电子商务的范围

图8—1介绍了电子商务涉及的一系列业务流程，其中包括营销、购买、销售以及产品售后服务。不管作为买家还是卖家，电子商务公司都要依靠基于互联网的技术，以及电子商务应用软件和服务，完成营销、调研、交易处理以及产品售后服务。例如，电子商务可以包括交互式营销、订货、支付，以及在电子商务目录与万维网竞拍网站上的客户支持过程。电子商务还包括如下电子化业务过程，如客户和供应商通过企业外联网访问存货数据库（交易处理）、销售人员和客户服务代表在企业内联网访问客户关系管理系统（服务和支持），以及通过电子邮件交换和互联网新闻组，在产品开发中进行客户协作（营销）等。

电子商务的优势使得几乎世界上任何地方、任何规模的企业都可以在任何地方和任何人进行交易。不难想象，一个位于意大利偏僻村庄的小型橄榄油制造商可以将他的产品销售给主要的百货商店，也可以把特色食品供应给纽约、伦敦、东京和其他大都市的市场。电子商务的力量使物理障碍消失，使得地球上所有的用户和企业都成为潜在的消费者和供给者。

电子商务技术

什么是电子商务所必需的技术？简而言之就是我们在本书中讨论的与电子商务系统相关的大多数信息技术和互联网技术。图8—2对此进行了详细的描述，并给出了电子商务系统需要的技术资源。该图描述了FreeMarkets公司用来提供B2B网上竞拍电子商务服务而使用的硬件、软件、数据和网络组件。

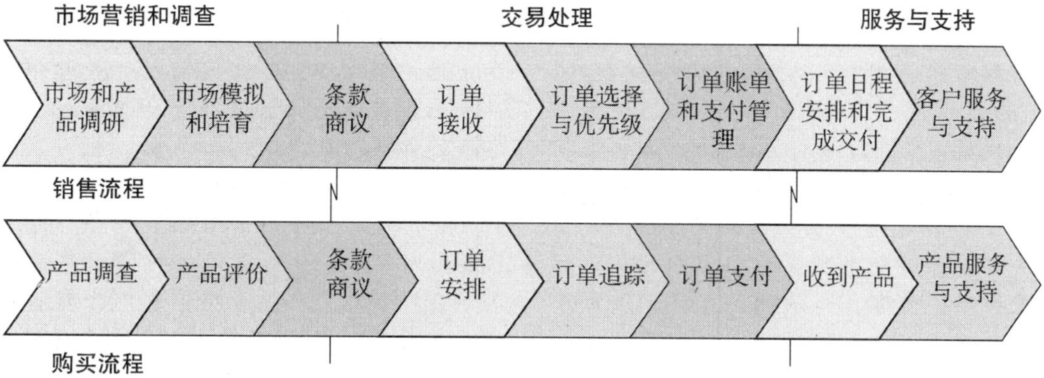

图 8—1　电子商务涉及的业务流程

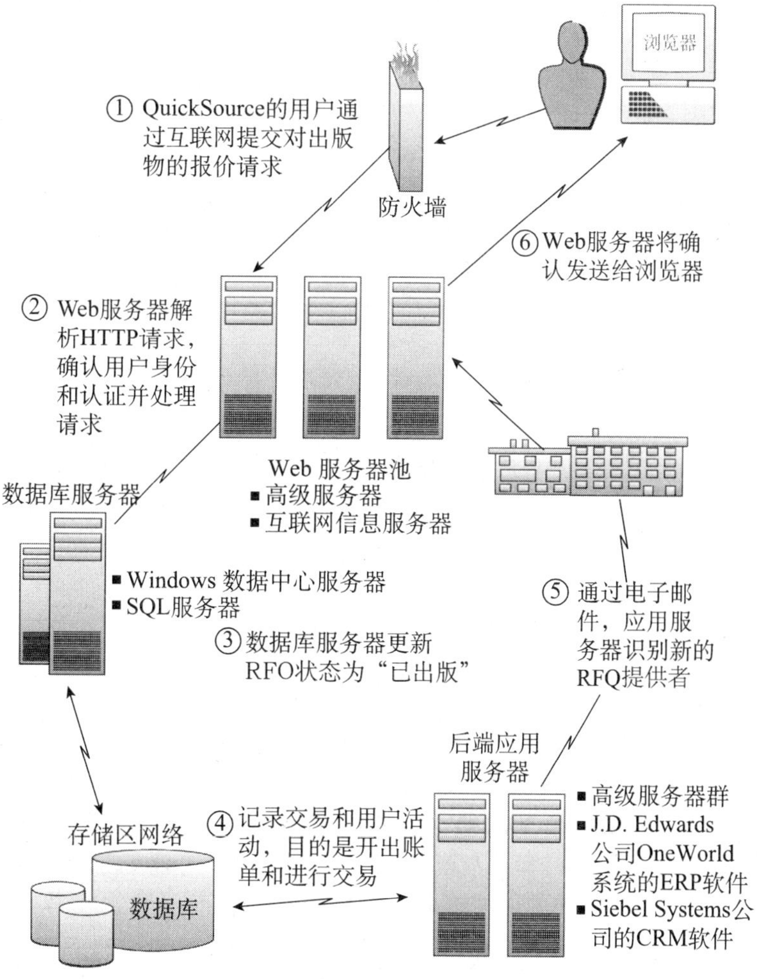

图 8—2　基于互联网的 QuickSource 竞拍服务

说明：图中显示了 B2B 网上竞拍提供商 FreeMarkets 使用的硬件、软件、网络、数据库组织及 IT 架构。

弗雷斯特：Web2.0有良好的发展前景

根据弗雷斯特研究公司的研究报告，Web2.0作为一个标准的企业工具，有着良好的发展前景，这是因为到2013年各公司预计花费4.6亿美元来整合企业的计算机环境。尽管它仍被认为是一项新兴技术，弗雷斯特相信便利的网络2.0技术——如社交网站、博客、资讯聚合、wiki、mash-up、播客、widget控件等——正迅速成为与员工和客户交流的方式。该报告强调，诸如通用汽车、麦当劳、西北相互人寿保险公司、富国银行等大型企业早已进入Web2.0时代。另外，56%的北美和欧洲企业认为Web2.0是一项先进技术。

“如果我想在哪里实现Web2.0技术的经济效益，应该是在企业。”报告的作者、弗雷斯特研究公司的分析师奥利弗·扬（Oliver Young）说，“我们看到企业级的软件正在兴起，但我们是从非常低的价格点看到的，所以Web2.0将不再是一个巨大的市场。尽管Web2.0技术在企业营销产品和优化劳动力方面产生了主要影响，但它最终将会消失。”

面向消费者、依靠广告资助的Web2.0网站（如Facebook，MySpace和Delicious）也将遇到类似的技术引进方面的难题。扬说：“谷歌在销售广告时也经历了艰难的时期。”现在购买Web2.0仍然可以有很多收获，比如了解公司如何采用相关的技术。公司中的小组更倾向于采用blog，wiki，mashup和widget技术。他补充说，关键是要显示在使用Web2.0的过程中会产生怎样的企业价值。从这一点来说，Web2.0并不是公司必不可少的，但你在竞争中可以使用它并因此更快地得到结果。

资料来源：Adapted from Michael Singer, “Web2.0: Companies Will Spend $4.6Billion by 2013, Forrester Predicts,” *InformationWeek*, April 21, 2008.

电子商务的类型

现如今许多公司正在开展的电子商务业务有四种基本类型：企业对消费者（B2C）、企业对企业（B2B）、消费者对消费者（C2C）电子商务以及企业对政府（B2G）。本书中不具体讨论企业对政府（B2G）电子商务以及电子政务的应用。尽管许多电子商务的相关概念都包含这方面的内容。

企业对消费者（B2C）电子商务。在这种形式的电子商务中，企业必须开发有吸引力的电子市场支持客户销售产品和服务。例如，许多公司提供电子商务网站，网站提供虚拟的店面和多媒体目录、交互订单处理、安全的电子支付系统，以及网上客户支持的环境。

消费者对消费者（C2C）电子商务。在像eBay之类通过网上竞拍取得巨大成功的电子网站上，消费者（或企业）可以在竞拍过程中进行买卖，这种模式已经成为一种重要的电子商务战略。因此，参与或者发起消费者及企业的竞拍活动是B2C、C2B（消费者对企业）或B2B类型电子商务方式的一种选择。另外，在新闻网站、消费者电子商务门户或个人网站上刊登产品或服务的电子广告也是C2C电子商务的形式之一。

企业对企业（B2B）电子商务。如果说B2C是冰山的顶端，那么B2B就代表冰山藏在水下的部分——冰山最大的部分。这种电子商务包括电子商务市场以及公司之间直接的市场对接。例如，许多公司为企业客户和供应商提供安全的互联网或外联网电子商务目录站点。为企业提供竞拍和交换市场的B2B电子商务门户同样重要。公司与其大公司客户和供应商之间可以通过互联网和企业外联网，依靠电子数据交换实现计算机到计算机的电子商务文档交换。

□ 基本的电子商务流程

图 8—3 说明了成功运作和管理电子商务活动所需的主要流程，图中概括了电子商务流程框架的九个组件，这个框架是如今许多公司启动电子商务的基础。我们将重点讨论这些流程在电子商务系统中所起的作用，你应该能够看出，其中的部分组件也用作非电子商务活动的应用软件。例如，公司员工使用的企业内联网人力资源系统，应用了除图 8—3 中的目录管理和产品支付以外的所有流程。下面简要介绍每个流程的情况。

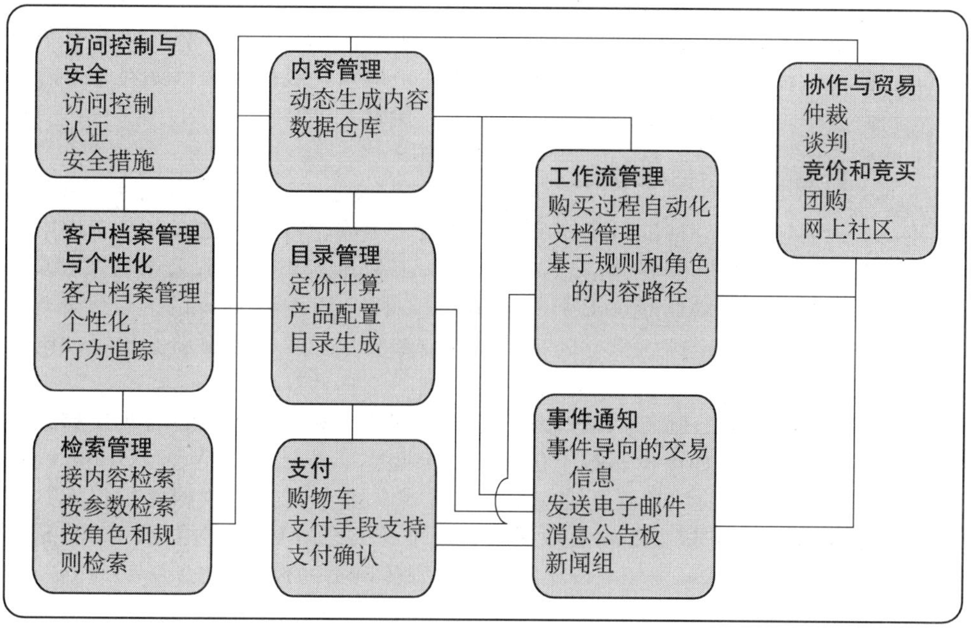

图 8—3　电子商务流程

访问控制与安全

在电子商务流程中，必须凭借用户识别、授权访问和强制的安全性，在参与者之间建立一个彼此信任和放心的通道。例如，通过用户名和口令、密钥、数字证书和签名等措施建立消费者与电子商务网站间证明身份的机制，电子商务站点必须授权用户访问网站中为完成特定交易所需的网页。通常情况下，你可以访问除他人账户、受限制的公司数据以及站点管理员管理范围之外的网站所有资源。从事 B2B 电子商务的公司依靠安全的行业交易软件采购产品和服务，或允许注册用户利用 Web 交易门户网站访问贸易信息和应用软件。其他安全流程保护电子商务网站资源免受黑客、盗用密码或信用卡号以及系统故障的威胁。我们将在第 11 章讨论这些威胁及其特点。

客户档案管理与个性化

一旦你访问了一个电子商务网站，客户档案管理过程就开始收集有关你访问网站的行为及所选产品和服务的数据，并对你的特点和偏好进行分析。客户档案管理利用用户注册信息、cookie 文件、站点行为跟踪软件和用户反馈等分析工具。这些分析用于识别每个用户，为用户提供个性化的网站浏览内容，向用户推荐产品和提供个性化广告等，这些都是一对一的营销策略。客户档案管理还被用于账户管理和支付中的用户身份识别，并为客户关系管理、市场营销规划和网站管理收集数据。我们将在第 11 章讨论客户档案管理过程中存在的伦理道德问题。

检索管理

有效的检索能够使顶级电子商务网站帮助客户寻找所想评估或购买的指定产品和服务。电子商务软件包可以包含网站搜索引擎，或从谷歌和 Requisite Technology 等提供检索技术服务的公司购买定制的电子商务搜索引擎。搜索引擎可以融合几种检索技术，包括按内容（如产品描述）检索，或按参数（如对一个产品的多个属性高于、低于某个值或介于某个范围）检索。

内容管理与目录管理

内容管理软件帮助电子商务公司开发、生成、传输、更新以及存储电子商务网站上的文本数据和多媒体信息。例如，BarnesandNoble. com 公司的大股东之一——德国传媒大亨贝塔斯曼（Bertelsmann），利用 StoryServer 的内容管理软件生成网页模板，使位于全球六个办公室的编辑能够轻松地发布和更新卖给其他电子商务站点的图书评论以及其他产品信息。

电子商务内容通常采用产品信息的多媒体形式，因此内容管理主要是生成和管理目录内容。例如市值达数十亿美元的工业零部件分销商 W. W. Grainger 公司，利用 CenterStage 的一套目录管理软件从 2 000 多个供应商数据库中提取数据，为了便于 Web 应用，该公司将获取的数据标准化并翻译成 HTML 或 XML 格式，从而提高了网站（www. gramger. com）上多媒体网页的传输速度。

利用内容和目录管理软件与客户分析工具可以使用户端显示的网页内容个性化。例如，Travelocity. com 公司利用 OnDisplay 公司的内容管理软件，当用户在网上进行有关旅游方面的交易时，网站会向用户推荐个性化的其他旅游促销信息。

最后，内容与目录管理可以扩展到网站客户自助服务和公司产品大批量定制的产品配置流程，配置软件帮助客户选择、设置成品中最适合的一系列产品特性。例如，戴尔和思科等公司都利用配置软件向网上客户销售按订单制造的计算机和网络处理器。

利用电子商务工具达成交易

没有比一个电子零售商看到消费者在即将完成交易之前的几秒钟内放弃购物车中全部商品更令人心痛的事了。这多么令人沮丧！这对于零售商来说也是不小的打击。一些零售商正使用虚拟的工具来诱使、哄骗、推动消费者实现购买——但是这些手段有效吗？他们是不是失去了更多的消费者？

“大多数失败很短暂，”电子商务的资深总监、MarketNet 的交互式营销主管马修·布朗（Matthew Brown）说："首先要做的是花更多的时间思考网站的架构，而不是关注使用工具和技术去帮助消费者。"

许多理论反复探讨为什么消费者会在最终的短暂时刻发生巨大的改变，每个理论都有很多技术上的解答。"针对减少这种放弃和持续增长的在线转换，零售商不断地测试技术和特征。"Resource Interactive的零售战略主管杰西卡·里德（Jessica Ried）说："从我们的经验看来，如果没有用零售商的客户基础来测试某种特定商品，或者至少通过网站分析和调查对网站上的消费者行为有一定的了解，就很难知道和确定这种商品对零售商来说是否有效。"

一旦网络零售商了解到达成交易的真实障碍，就会有很多可行的工具可以清理障碍，从而带来更大的利润，最普通的战略是在线聊天、弹出折扣广告、后续的电子邮件系统。一些可以通过cookies的标准化使用来实现，其他的可通过触发器实现，第三方背书也经常被使用。"使用由用户产生的诸如评级、评论等内容也能使零售商有效地促进转换。"里德解释说，"消费者更加确信自己的选择，因为他们可以在零售商的网站上发表无偏见的意见，而不是只依赖营销文案。"

"我们主要使用Liveperson聊天。它一直是一个可靠的工具，能在交易的最后时刻回答任何最后的疑问。"DNA11的创始人、电子商务交易额达数百万美元的艺术品零售商阿德里安·萨拉穆诺维奇（Adrian Salamunovic）指出，"我们的平均交易价格超过500美元，这对我们来说非常重要。"

他补充说："对我们来说，用弹出窗口中断客户端或者邀请客户聊天真的不起作用，事实上会起反作用，我们观察到，消费者在被弹出窗口中断后会迅速退出。"

没有两个消费者是完全相同的。至少存在一些个性化的消费者。要注意，一些被零售商认为有帮助的做法却让消费者感觉受到侵扰。"一些消费者希望得到帮助，另一些却会感到不安，这通过'老大哥'效应可以看出。"里德说，"在评估首先开发哪种技术、特征和功能时，首先要了解消费者行为。"

资料来源：Adapted from Pam Baker, "Rescuing the e-Commerce Deal When the Customer's Walking Way," *E-Commerce Times*, April 24, 2009.

工作流管理

利用工作流管理软件，可以管理电子商务软件中的许多业务流程，并可以实现部分自动化。用于企业协作的电子化业务工作流系统，可以帮助员工完成基于知识库业务流程的结构化的工作任务。电子化业务和电子商务中的工作流管理建立在工作流软件引擎的基础上，其中包括要实现的业务流程的软件模型。工作流模型体现了一系列预定义的业务规则、利益相关者的作用、授权需求、路径选择、使用的数据库以及每个电子商务流程所需的任务序列。因此，工作流系统可以确保正确的交易、决策和活动，并且把正确的数据和文档传递给正确的员工、客户、供应商以及其他利益相关者。

在处理业务时，你将会承担这样的责任：降低现有业务流程的成本，保持或提高流程的有效性。当你理解技术有益于业务，力争取得更大的成绩时，会将开发及管理工作流作为优化成本和整个业务有效性的关键。

例如，图8—4介绍了微软公司MS Market系统的电子商务采购流程。微软的员工利用建立在MS Market上的企业全球内联网、目录和内容管理以及工作流管理软件引擎，通过公司的外联网连接到被确认的供应商，每年要采购超过30亿美元的企业供应品和物料。

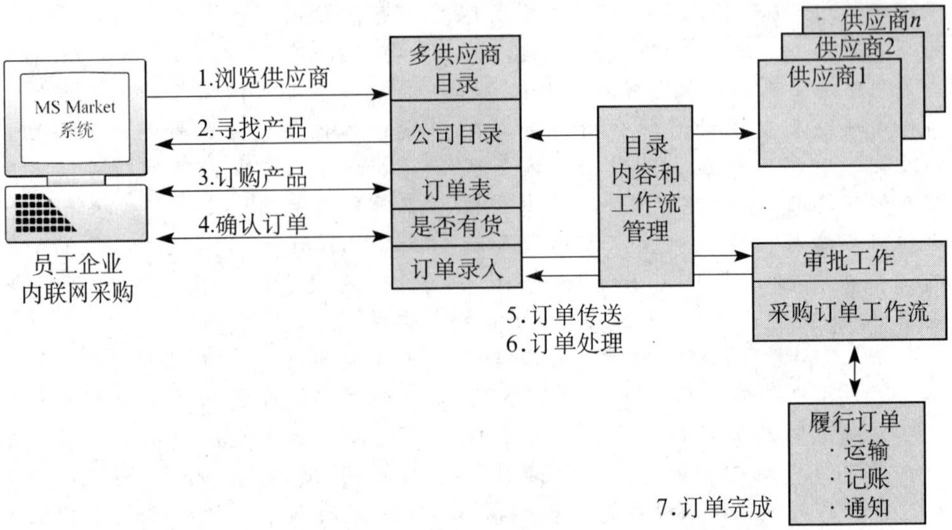

图 8—4 工作流程管理

微软：电子商务采购流程

MS Market 是一个运行在微软内联网中的内部电子商务采购系统。MS Market 减少了所需的人员，达到了低成本的要求，并且给员工提供快速、轻松的方式去订购物料，免去了繁重的纸质工作和麻烦的流程。小额的交易占所有交易量的 70%，却仅占微软应付账款总额的 3%。过去员工常常把时间浪费在采购订单和努力遵循业务规则及流程上。管理者要求简化流程并使之更有效率，所以，企业决定开发工具，把员工认可的方式全部嵌入网络。员工希望有一个容易使用的联网方式订购供应品，其中包括连接采购伙伴——如 Boise Cascade 公司和万豪国际（Marriott）的外联网界面。

该系统如何工作呢？我们假设微软的一名员工需要一本技术方面的书，他访问微软内联网的 MS Market 站点，站点通过他登录的 ID 立即识别其偏好并核准编码，这名员工选择链接到巴诺书店（Barnes & Noble），调出目录、订单表和数百本书的标题列表，以及微软与巴诺书店协商好的价格。他选择一本书，把它加入订单，经过检验其工作组成本中心编码及经理姓名后完成订购。订单立即被传送给供应商，交付时间与支付供应商应付款项的时间都缩短了。完成订购后，Ms Market 产生一个图书订单追踪编码，通过电子邮件给员工的经理发送通知，并通过互联网向巴诺书店传输订单。在这个案例中，因为采购总值仅为 40 美元，所以不需要经理的特别许可。两天后，图书被送到员工的办公室。这样，MS Market 使员工能够低成本地轻松订购低价格商品，而不用履行复杂的审批过程。

资料来源：Adapted from Microsoft IT Showcase, "MS Market：Business Case Study," 2002.

事件通知

大多数电子商务应用软件都是事件驱动型系统，从一个新客户首次访问网站到支付和交货，以及从客户关系管理到供应链管理活动，系统对大量事件进行响应。**事件通知**（event notification）流程之所以在电子商务系统中能起到重要的作用，是因为客户、供应商、员工和其他利益相关者必须知道哪些事件在交易中会对自己造成影响。事件通知软件和工作流管理软件一起对所有的电子商务流程进行监控，记录相关事件以及无法预料的变化和产生的问题。之后，事件通知软件结合客户分析软件的功能，采用用户喜欢的电子消息发送方式（如电子邮件、新闻组、传呼以及传真等）向所有重要的交易事件相关者发出通知，包括通知公司管理层，使他们能够监控员工对电子商务事件的响应以及客户和供应商的反馈。

例如，当你在一个零售电子商务网站（如亚马逊网站）上采购产品时，会自动收到有关订单的电子邮件，接下来你可能收到产品或运输情况的通知，最后会有一封电子邮件通知你订购的产品已装运，订单完成。

协作与贸易

电子商务流程的这部分功能支持客户、供应商和其他利益相关者，目的是完成电子商务交易所需的重要协作和贸易服务。在第 2 章中，我们讨论了针对目标客户的电子商务如何利用电子邮件、聊天室和讨论组等工具，在员工和客户中培育网上社团，从而提高电子商务的服务质量并建立客户忠诚度。互联网贸易服务还在商业贸易伙伴间提供协作支持，例如，Ariba 公司和 Commerce One 公司的 B2B 电子商务门户网站在企业购销方之间提供协调、谈判及仲裁服务。另外，B2B 电子化业务非常依赖提供网上交易和拍卖服务的门户网站与互联网交易平台。因此，像 Free Markets 这样的公司所开发的网上拍卖和交易引发了许多大公司的采购流程革命。我们将在 8.2 节讨论这些内容及电子商务在其他方面的应用。

□ 电子支付流程

为购买产品和服务进行支付是电子商务交易的重要处理流程之一。然而，由于在联网的计算机系统间，购买者和销售者几乎是匿名交易，涉及许多安全问题，因此支付流程并不简单。多种多样的借贷卡以及金融机构和中介参与，是支付流程复杂的另一个原因。为此，人们开发出了各种类型的**电子支付系统**（electronic payment systems），新的支付系统仍在开发和测试中，需要面对互联网电子商务安全和技术方面的挑战。

网上支付过程

大多数企业对消费者（B2C）的电子商务系统利用信用卡完成网上支付。但是大部分 B2B 型的电子商务系统建立了更为复杂的支付流程，并且是基于所使用的采购订单（如图 8—4 所示）。然而，这两种电子商务形式都用到了电子购物车流程，即消费者从网站目录中选择产品后，把产品临时放进一个虚拟的购物车中以便随后检查和处理。图 8—5 介绍了拥有几种支付方式的 B2C 电子支付系统。

电子资金转账

电子资金转账（electronic funds transfer，EFT）系统是银行和零售业内部电子

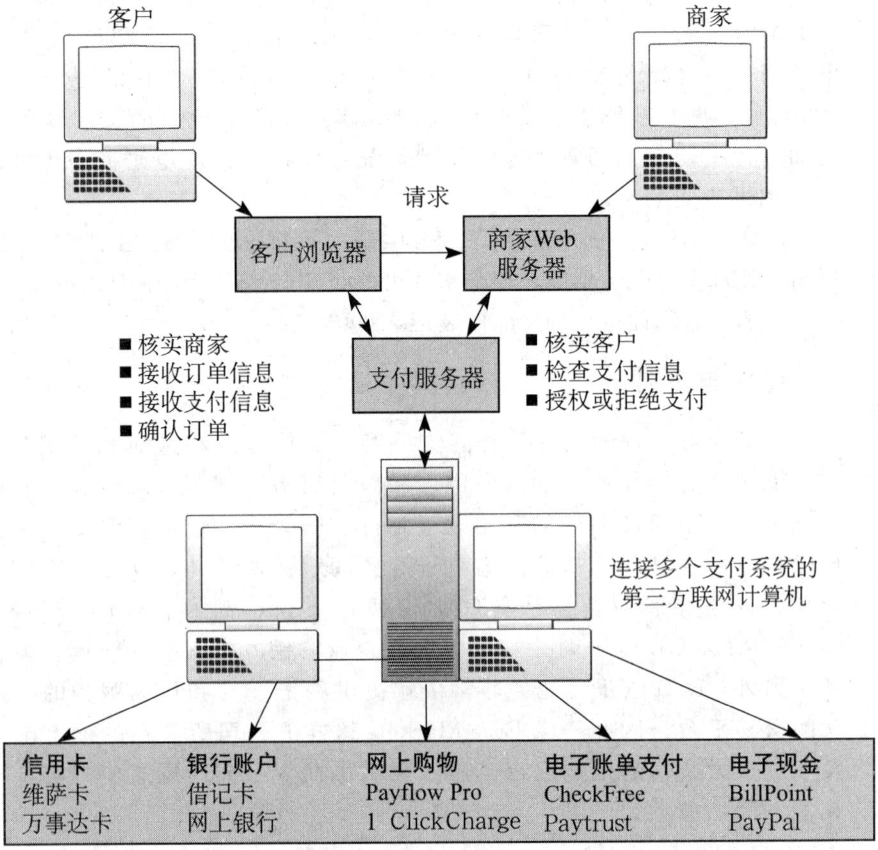

图 8—5 电子支付系统示例

支付系统的一种主要形式。EFT 系统利用各种信息技术收集和处理银行与企业及其客户间的货币和信用卡转账。例如，银行的网络为其各个网点的终端柜员机和遍布世界各地的自动取款机（ATMs）提供支持。银行、信用卡公司和部分企业还支持电话支付服务。网上的支付服务也很普遍，例如 PayPal 公司和 BillPoint 公司提供现金转账服务，CheckFree 和 PayTrust 公司支持账单自动化支付，这使银行客户和账单支付服务能够利用互联网进行电子支付。另外，零售店中的大多数销售点终端都与银行的 EFT 系统联网，使你可以利用信用卡或借记卡随时支付汽油、水果或其他商品的费用。

安全电子支付

当你在互联网上采购时，你的信用卡信息很容易被识别信用卡号的网络探测器软件窃取，解决这个安全问题有几种基本手段：(1) 对客户与商家之间传输的数据进行加密（编码并打乱）；(2) 对客户与授权信用卡交易公司之间的数据进行加密；(3) 将敏感信息脱机处理。由于加密和其他安全问题将在第 11 章讨论，在此不解释其工作方式。

例如，许多公司使用网景公司开发的安全套接协议（Secure Socket Layer，SSL），对从你的电脑到商家服务器的传输数据进行自动加密。但是，敏感信息一旦被解密（解码并恢复）并存储到商家的服务器上，很容易受攻击并被滥用，因此人们开发了数字钱包系统。使用数字钱包系统能够给浏览器增加安全软件附加模块，对你的信用卡数据进行加密，只有那些获得商家授权的信用卡交易银行才能看到信息，通知商家确认你的信用卡交易。

安全电子商务（Secure Electronic Transaction，SET）标准对数字钱包技术进行了扩展，该方式对每笔交易进行软件进行加密，进而生成每个交易支付细节的数字认证。维萨、万事达、IBM 、微软、网景和其他行业的大多数企业已经同意使用 SET 标准。因此，SET 体系可能成为互联网上的安全电子支付标准(见图 8—6)。

图 8—6　VeriSign 提供电子支付、安全和多种电子商务服务

资料来源：Courtesy of VeriSign Inc.

8.2　电子商务应用问题

电子商务就在我们身边。Web 和电子商务是关键的行业驱动力，改变了很多公司开展业务的方式，为我们的客户建立了新的渠道。众多公司正处于电子商务的十字路口，前方有多条路可以选择。

不管是企业内部还是外部，电子商务正在改变公司与客户、供应商及其他合作伙伴的经营方式。公司在经营中应用电子商务的方式随管理者遇到的电子商务类型的不同而变化。经历了几个阶段的应用，企业电子商务逐渐成熟起来。例如，B2C 电子商务从只在公司的网站上提供多媒体信息（小册子）过渡到通过电子目录和网上销售方式在网上直接提供产品和服务。另一方面，B2B 电子商务从利用网站支持或帮助企业客户自助服务，转向企业内联网和外联网相结合的自动采购系统。

阅读下面的真实案例，从中可以了解那些试图进行在线营销的公司面临的挑战与机遇。

案例 8.2

LinkedIn，Umbria，美泰等公司：网络上的热门话题

戴维·哈恩（David Hahn）发现了一种趋势。作为流行的在线业务网站 LinkedIn 的董事，他正被许多广告商要求帮助寻找在 LinkedIn 社区内最可能评论并传播某种产品或经验的"影响者"。"有些人的要求是具体的，有些人则是含蓄的，但涉及的是同样的事。"哈恩说，"市场营销人员对在线社区网络的价值，以及在线网络中领军者如何带动他人的行为非常感兴趣。"

并不是只有哈恩关注此趋势。

"在线影响者在当今的市场营销中非常重要。"Umbria 的首席执行官珍妮特·埃丹-哈里斯（Janet Edan-Harris）说："他们帮助监控社区网络上的聊天者。公司想知道其品牌和产品在网络上得到的评价，因而非常迫切地想收买那些在线影响者，如果收买成功，正如传统谚语所说，'你将会身处营销天堂'。"

但是从新的研究以及业务经验来看，提出这样的想法可能过于简单。使用网络口碑活动，或使用个体而不是传统媒体广告去传播产品，越来越多地被看成是寻找消费者的有效途径。但是，人们通常认为这种现象经常发生，即有一些特殊的个体，他们作为支撑整个在线社区核心的关键特殊人物，是被操纵的。

戴维·哈恩也这样认为。作为口碑营销公司 Bzz Agent 的 CEO，巴尔特（Balter）3 年前就得到了一个启示：影响者或意见领导者在网络社区中不会被轻易影响，这使口碑营销获得成功。"我们确实相信这种观点，影响者在某点上驱动市场趋势。"巴尔特说，"但通过近期的观察，我们发现这种趋势并没有加强。公司的销售数据和我们已经锁定的意见领导者的活动并不匹配，而且这使得我们不得不重新评估一些核心的假设。"如今，当客户带着发挥影响者的作用这一目标而来时，巴尔特说："我们告诉他们那是假黄金。"

"听起来很好，但结果并不乐观。"这确实是埃丹-哈里斯从她的工作经历和在线社区的工作经验中总结出来的。对于"这真的是一个正确的假设吗？网络上的个体行为真的有这么大的影响吗？"等问题，她的回答是："并不是每个人都认为答案是肯定的。"

尽管如此，公司还是投入了大量资金，努力找到这些在线意见领袖，不论他们是博客、讨论板的贡献者，还是在线社交网络的成员。事实上，所有的营销人员都需要启动一个成功的营销战略，即找到互联网意见领袖的名单，在这一想法的影响下，一部分产业已涌现，如 MySpace，Facebook，LinkedIn 等博客、在线社区和社交网络正在全球范围内扩大，相关的需求变得更加强烈。随着宽带的普及以及博客和在线社区日益流行，使得影响者变得更具影响力。

然而，这些意见领袖的支持者作为社会和商业发展趋势的推动者，讨论的不是媒体明星或名人，而是看似普通的社区成员，通过与其他人建立联系，增加了解，进而改变他们。毫无疑问，几乎所有营销人员都开始尝试利用在线社区网络的优势进行营销。

"大型公司已经开发了基于影响力的程序，并且将模型扩展到在线社交网络空间。"微软 Live 实验室负责跟踪在线市场趋势的科学家梅特休·赫斯特（Metthew Hurst）说，"这不是传统的影响，而是全新的，是科技使这种影响变得更加深入。"帮助公司识别网络空间影响者的公司正在迅速增加。2007 年成立的 Buzz logic 公司就是其中之一。

Buzzlogic 公司致力于识别在线社区网络的意见领袖，并测量他们的影响力。

Buzzlogic公司早期的客户Protuo.com是为雇主和潜在的员工服务的职业管理网站，由于没有资金在电视、广播或主流印刷媒体上做广告，市场营销副总裁珍妮弗·格拉赫（Jennifer Gerlach）聘请Buzzlogic找到最具影响力的有关人力资源/员工的社区空间，联系他们，与他们讨论产品。“我们注意到，一旦一个博客写了关于我们的服务的文章，然后会有一群人关注相关内容，评论者众多。”格拉赫说，她刚刚发现了公司的一个主要特色活动，并将其归功于在线影响者的努力，认为这种活动取得了巨大的成功。

尽管已经取得成功，很多在线营销专家认为这种成功并不是Protuo.com的广泛宣传导致的结果。Buzzlogic的目标博客只是跟随时代潮流而已。但在这种情况下，运用互联网使雇主和候选人相互选择比传统方式更有效。

事实上，越来越多的学术派认为，在已在进行的或者即将引发的社会活动中，那些主流趋势所产生的影响要比影响者本身大得多。因此，成功的营销者并不像研究者那样依赖于发现有影响力的人并向他们传播思想，研究者更倾向于研究发现萌芽趋势，然后帮助有影响力的人发现这种趋势。

这事实上就是Umbria所做的，它专注于跟踪发生在讨论区和社交网络以及博客的在线对话。“识别那些有增长势头的评论主题比找到意见领袖更重要。”埃丹-哈里斯说，“你想追赶浪潮而不是试图提出自己的观点。”先倾听谈话，然后聪明地使用互联网，追随现有的趋势，“你可得到更多更好的结果，而不必尝试发起你自己的讨论”。

Protuo.com的格拉赫同意其中一些观点：“必须有一个有关你的产品的故事，并且必须引起共鸣，这样意见领导者战略才有效。”

这就存在接受影响者理论的问题。大多数流程运行采用的是逆向工程技术。一旦一些事情发生，例如，有一本畅销书无处不在，或者经历了一次令人惊讶的政治动荡，你总是想回到最初，找到引起事件的事或人。回想一下，你总是能讲述故事的原委。

美泰公司（Mattle）负责全球消费者洞察的副总裁迈克尔·肖尔（Michael Shore）越来越多地监控博客、社交网络、论坛，以找到市场需要什么，从美泰公司的玩具产品中可得到什么。但是与许多全球消费类品牌公司不同，美泰公司对找到那些在在线社区自上而下传播营销信息的有非凡影响力的人不感兴趣。

尽管这已成为战略性的话题，但迈克尔·肖尔的哲学是从整体上考虑问题。

“我们不只是对意见领袖感兴趣，我们看待问题的视角过于狭窄。”肖尔说。除聘请MarketTools.com帮助自己开发和参与在线社区外，他也利用网络来进行文化评估，包括分析语言、行为模式和价值观。肖尔说，美泰公司从互联网上得到有价值的信息，用于未来的产品开发以及营销活动。

如果说有一件事是每个人都赞同的，那就是营销人员需要把大量的精力投入到如何利用在线社交网络和互联网社区，切实将产品和服务提供给普通用户。“这是一个新兴的媒介，而规则尚未建立。”Umbria的埃丹-哈里斯说，“我们仍在学习什么可行，什么不可行。”

资料来源：Adapted from Alice LaPlante，“Online Influencers：How The New Opinion Leaders Drive Buzz on the Wb，” *InformationWeek*，May 5，2007.

问题

1. 公司怎样才能受益于美泰公司定期开展的文化评估？组织怎样才能通过获得的信息创造商业价值？提供多个实例加以说明。

2. 本案例指出，既然没有证据能证明在线意见领导者的有效性，为什么许多公司仍然致力于识别在线意见领导者，并努力与他们取得联系？

3. 本案例中有人指出，“你想追赶浪潮而不是试图提出自己的观点。”这句话是什么意思？如果公司没有开创这些潮流，它们从何而来？

实践

1. 近年来由于技术与文化的发展，导致新兴社交网络和博客大量出现，上网调查公司正如何紧跟这些趋势，以及这种结果带来了什么新的市场经验，准备一份报告总结你的发现。

2. 反思自己的购买行为，你有多依赖博客、反馈和以往顾客形成的意见来做你自己的决定？你为什么如此信赖这些信息的来源，你相信这些信息大多是无根据的吗？和你的同学组成一个小组来讨论这些问题，并且准备你的回答。

电子商务趋势

图8—7描述了本节提到的电子商务应用的一些趋势。要注意，B2C电子商务如何从简单的网上商店发展成为能够为客户提供个性化购物体验的交互式营销模式，之后又发展成为支持各种客户购物体验的全面整合的网上商城。B2C电子商务正在向自助服务模式发展，通过软件进行客户档案管理，为客户提供定制化的产品和服务，以及客户所需的在线支持。

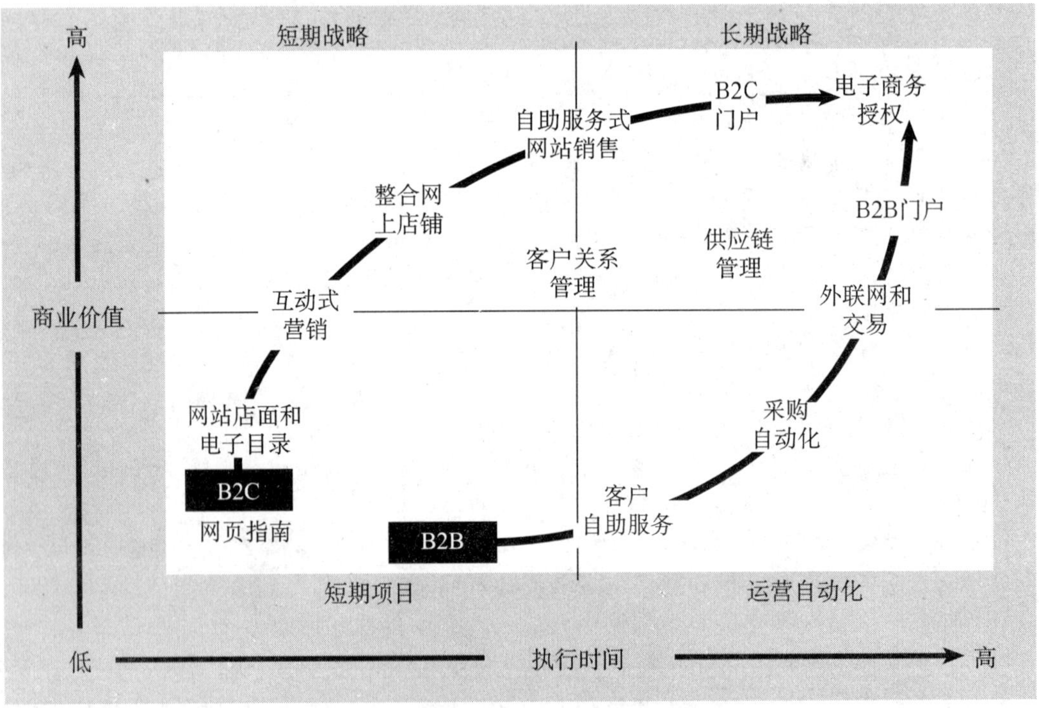

图8—7　B2C和B2B电子商务的发展趋势

资料来源：Adapted from Jonathan Rosenoer，Douglas Armstrong，and J. Rusell Gates，*The Clickable Corporation：Successful Strategies for Capturing the Internet Advantage*（New York：The Free Press，1999），p. 24.

实施B2B电子商务的企业很快从网站的自助式服务转向提供配置和定制能力，并与贸易伙伴通过外联网相互连接。随着B2C电子商务转向全面服务和选择广泛的零售门户网站，B2B也在向为业内或跨行业的客户提供商品目录、交易与竞拍市场的电子商务门户方向发展。显然，这两种趋势都是由客户关系管理和供应链管理等电子化业务能力推动的，同时也是以客户为中心、全面实现供应链联网的电子商务企业的重要特征。

□ B2C 电子商务

以消费者为中心的电子商务软件有一个共同的重要目标：吸引潜在的购买者，进行商品交易和提供服务，以及通过周到的个性化服务与有吸引力的社区特征来建立客户忠诚度。

如何创建成功的 B2C 电子商务企业？这是许多觉醒了的 B2C 网络公司在失败后提出的问题。答案之一是培育网络企业的创新精神，利用有吸引力的产品或服务向客户提供最大价值，企业的计划应建立在起初一两年经营收益的预测上，而这是许多失败的网络公司不具备的条件。但是失败未能阻挡众多企业把业务转移到网络上的潮流，我们来看看一些从事 B2C 或 B2B 电子商务的公司获得成功的基本因素及其网站所拥有的能力。表 8—1 给出了排名前几位的从事零售业的网络公司。

表 8—1　　几个顶级零售网站

- 亚马逊（www. amazon. com）：网络销售额达 148 亿美元
  亚马逊的网上零售商店是消费者更喜欢在真实世界购物规则的一个例外。作为购物网站的鼻祖，亚马逊提供了大量的图书、音像制品、DVD 、CD 、厨具、电器，甚至家具和园艺用品，向数百万的忠诚用户销售。
- 史泰博公司（www. staple. com）：网络销售额达 56 亿美元
  史泰博公司在三大网络办公用品供应商中名列第一，但欧迪办公和奥菲斯公司也是排名前十位的零售网站。消费者在网络上可以搜索到全部商品目录，在 24 小时内——通常是在同一个营业日内购买商品并送货到家或办公室。
- 西尔斯（www. sears. com）：网络销售额达 26 亿美元
  互联网已成为西尔斯发生转变的推动力，自 1999 年首次启用网站以来，西尔斯的网络销量每年都有所增长。如今，消费者可以在线订购任何产品，而且可以在线支付运费使购买到的产品直接发送到家或公司，或者在当地的实体店购买产品而无须增加额外的运费。

电子商务成功的因素

互联网打破了时间、距离和形式的限制，企业能够每年 365 天、每天 24 小时处理世界各地消费者的产品销售和服务交易。在特定情况下，它甚至可以把一个有形商品（CD 、软件包、报纸）转换成一个虚拟商品（MP3 音频、下载的软件、HTML 格式的信息）。

与零售业重要的成功因素“位置，位置，还是位置”相比，互联网零售业的基本特点是所有的零售网站距离都一样，没有哪个网站比其他网站离客户更近，同时竞争者都只是通过鼠标的点击提供类似的产品和服务。这使企业寻找提高客户满意度、忠诚度和改善客户关系的方式变得至关重要，只有这样客户才会再次访问网上商店。因此，网上零售的成功在于优化几个关键因素，例如选择与价值、性能与服务、形象与感觉、广告与促销、个性化关注、社区关系、安全与可靠性以及强大的客户交流等。表 8—2 列出了 B2C 企业成功的重要因素。

表 8—2　　电子商务成功的关键因素

- 选择与价值：有吸引力的产品、具有竞争力的价格、满意度保证以及售后服务
- 性能与服务：快速、易浏览、购物和采购以及按时装运和送货
- 形象与感觉：有吸引力的网站店面、网站购物区、多媒体产品目录页和购物特色
- 广告与促销：目标式网页广告和电子邮件促销、折扣和特价，包括联盟网站上的广告
- 个性化关注：个性化网页、个性化的产品推荐、网站广告和电子邮件通知以及对所有客户的交互支持
- 社区关系：由客户、供应商、公司代表等组成，通过新闻组、聊天室以及相关网站的链接形成的虚拟社区
- 安全与可靠性：客户信息与网站交易的安全性、产品信息的真实行，以及订单履行的可靠性
- 强大的客户交流：容易找到的客户联络信息、在线订单状态、产品支持专家

选择与价值。很显然，公司必须以有竞争力的价格向网上购物者提供有吸引力的产品和服务，否则他们很快就会离开网站。但如果公司建立了高质量、令客户满意的保证和售前售后客户服务，那么不一定要将价格降至最低。例如，排名前几位的电子零售商 REI. com 的网站上有一个“如何选择”目录，帮助你选择徒步旅行所需的高质量户外设备，并且对购物提供退款保证。

性能与服务。人们不希望在网上商店浏览、选择或支付时等待时间过长。网站必须为访问和购买活动设计足够的服务器能力和网络容量，以避免网络阻塞。除了访问速度快和方便以外，网络购物和客户服务还必须有友好的界面，并向客户提供帮助。另外，向客户提供的产品应备有存货以便及时发货。

形象与感觉。B2C 网站能够为客户提供有吸引力的网站店面、购物空间和多媒体产品目录，以及多种令人兴奋的购物体验——从音频、视频和移动的图形，到更简单、更舒适的外观。大多数零售电子商务网站能够让客户在产品区浏览、挑选并把产品放入购物车，当客户准备支付订单时，再转到一个虚拟的收银台。

广告与促销。有的网上商店在传统媒体上做广告，但大多数广告利用有针对性的和个性化的广告栏，把广告刊登在网页上，或者通过电子邮件进行促销。大多数 B2C 网站还向购物者提供物质奖励以鼓励其购买和再次光顾。有代表性的优惠措施包括优惠券、折扣和特价以及提供其他网络服务等。有时，一些网站也与友情链接的其他商家进行联合促销。许多商家还与众多其他网上零售商联合，通过互相刊登网络广告来扩大市场。图 8—8 对传统营销和电子商务营销购买流程的每个步骤所选择的主要媒体进行了比较。

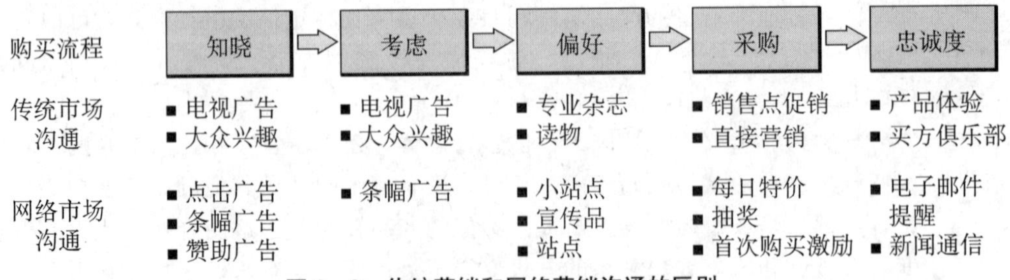

图 8—8　传统营销和网络营销沟通的区别

个性化关注。网站个性化的购物体验鼓励客户购买并再次访问。电子商务软件可以自动记录你访问的细节，并为你和其他购买者建立用户配置，许多网站还鼓励你注册并填写有关个人兴趣等的表格。无论你何时再次访问，网站都会通过显示

你的名字或个性化网页欢迎你，向你提供特价产品，并引导你访问网站中你最感兴趣的内容。这种一对一的营销和建立关系的能力是个性化网上零售商的主要优势之一。

社区关系。让有特别爱好的网络客户感觉自己属于志趣相投的独特群体中的一员，能够帮助企业建立客户忠诚度和客户价值。因此，基于良好的关系与有亲和力的营销计划，利用各种 Web 协作工具，可建立起客户、供应商、公司代表的虚拟社区——论坛或新闻组、聊天室、公告板系统，以及相关网站社区的交叉链接。

安全与可靠性。作为一个成功网站的客户，你必须确信你的信用卡、个人信息和交易是安全的，未经授权不许访问。你也必须与值得信赖的公司打交道，确保广告宣传的产品和其他相关信息是可信的。网站能够按要求完成你的订单并在承诺的期限内发货，同时有良好的客户支持等，这些都是网上零售商可靠性的衡量标准。

强大的客户交流。当越来越多的消费者改变购买习惯，即从传统的实体商店购买方式转向在线购物时，有一点变得比以前更加重要：要有与消费者持续地交流信息的渠道。无论网上购物是多么方便，消费者仍然有许多问题需要得到解答。他们的问题涉及从产品信息到订单下达或修改，他们提出问题时仍采用传统方式。著名的户外服装零售商 Land's End 通过电话和聊天室访问客户代表，甚至帮助客户实时挑选商品。

网上商店的必要条件

大多数 B2C 电子商务企业采用了在互联网上建立零售业务网站的形式。不论是像亚马逊那样的巨型零售门户网站，还是小型专业的网上零售商，都非常重视开发、运行和网站管理，所以这些网站成为消费者购买产品和服务的首选目的地。因此，这些网站验证了前面提及的电子商务成功的关键要素。下面，我们将讨论支持一个成功的网上零售企业所必不可少的要素。表 8—3 对此进行了说明和总结。

表 8—3　　企业成功开发电子商务业务的条件

开发网上商店		
● 设立	● 营销	
网站设计工具	网页广告	
网站设计模板	电子邮件促销	
客户化设计服务	与联盟网站交换网页广告	
网站主机托管	搜索引擎注册	
向客户提供服务		
● 服务	● 交易	● 支持
个性化网页	灵活的订单处理	网站在线帮助
动态多媒体目录	信用卡处理	客户服务电子邮件
目录搜索引擎	配送和税额计算	讨论区和聊天室
整合式购物车	电子邮件订单确认	链接到相关网站
网上商店管理		
● 管理	● 运行	● 保护
网站访问统计	全天候主机托管	用户密码保护
销售和存货报告	在线技术支持	订单处理加密
客户账户管理	可升级的网络容量	站点管理加密
链接到会计系统	备选服务器和电源	网络防火墙和安全监控

创办网上商店

在互联网上创办自己的零售店前，你必须建立一个电子商务网站。许多公司利用简单的网站设计软件，利用网站主机托管服务所提供的事先设计好的模板，创办自己的网上零售店。主要任务包括建立网站店面和产品目录网页，以及提供特色购物车、订单处理、信用卡支付工具。当然，较大规模的公司可以利用自己的软件开发人员或聘用一个外联网站开发商，帮助建立定制的电子商务网站。像大多数公司一样，你可以与你的互联网服务提供商（ISP）或专门提供网站主机托管服务的公司签约，委托它们运行和维护你的B2C网站。

一旦建立了网站，你就必须通过各种营销手段吸引客户访问你的站点，并把他们变成忠实的客户。因此，网站应该利用针对访问者和客户的网页、电子邮件广告，以及与其他网上商店交换网页广告等各种促销手段。你也可以用网站的域名注册自己的网络公司（如 yourstore. com），并在主要的搜索引擎上注册你的网站，以便让网上的冲浪者更容易找到你的网站。另外，你可以以小型商业伙伴的身份与雅虎和网景这类大型门户网站合作，或与亚马逊和 eBay 等网络零售商以及微软的 Small Business Center 等小型商业网络中心合作。

让消费者找到你

你的网上商店已建成，并不意味着消费者会聚集到你的网站主页。你的网站需要被你的客户发现，这意味着你的网站需要被列入流行的搜索引擎。

你可以将你的网站提交给搜索引擎，例如 Yahoo，Google，Live 或其他的搜索引擎，每个搜索引擎都会浏览你的网页，当正确的搜索概念被输入时，你的网页会列示在搜索引擎中。要使你的网站有竞争力，与其他类似的网站排名相当，可能需要几周甚至几个月的时间。有一种搜索引擎排名的技术，它是网络商店成功必不可少的要素。

搜索引擎优化（search engine optimization，SEO）作为搜索引擎营销的一个子集，解决的是如何通过“自然”（又称为“有机”或“算法”搜索引擎）的排名来提高站点访问者的数量和访问质量。SEO 也指搜索引擎优化程序，代表客户执行最优项目的行业顾问。

搜索引擎在结果页显示不同种类的结果，包括按点击数付费的付费广告结果，付费收录结果，未付费的有机搜索结果和特定关键词结果，如新故事、定义、地图定位和影像。作为一种网络营销战略，SEO 考虑了搜索引擎如何工作以及为人们搜索什么。

优化一个网站涉及内容编辑和 HTML 代码编辑，以及增加相关特定关键词和消除对搜索引擎索引活动的障碍等问题。因为搜索引擎需要对网站的源代码进行更改，所以当搜索引擎优化策略纳入网站开发和设计时是最有效的，如利用该策略可以简单有效地优化网站设计、菜单、内容管理系统、购物车等。

SEO 中战略与技术应用的范围包括改变网站的代码（即页内优化），从其他网站获取链接（即页外优化）。这些技术包括两大类：一些搜索引擎认为良好的技术；一些搜索引擎不赞成并试图使其影响最小化的技术，即垃圾索引。比如链接工厂的方法，即将一群网站相互超链接；关键词堆砌的方法，即在一个网页中非常密集地放置关键字标签或内容，这就是 SEO“黑帽”技术的例子。这种技术服务只被用来降低搜索结果的相关度和搜索引擎的用户体验。

SEO 作为一种营销战略通常能带来好的回报。但是，由于搜索引擎并不需要支付因自然搜索而产生的流量，算法的使用会改变。此外，抓取网页和排名时也会产生很多问题，没有成功的保障。由于缺少保障和确定性，SEO 经常被用来和传统的 PR 做比较，如点击付费广告更近似于传统广告。

服务客户

一旦你的零售店在网上开业并接待访问者，网站必须通过个性化和高效率的方式欢迎他们并提供服务，使他们变成你的忠实客户。因此，大多数网络销售商都用多种网站工具建立用户档案、客户文件以及个性化的网页，开展促销活动，从而帮助培育一对一的客户关系。其中包括鼓励访问者注册的激励措施、开发自动识别再次访问者的 cookie 文件，或与 DoubleClick 等提供网站追踪服务的公司签约购买有关软件，以便自动记录和分析访问者的网上行为细节和购买偏好。

当然，你的网站应该让人感到有一定的吸引力，有友好的界面和较高的效率。也就是说，网站应具有电子商务的特性，如动态变化和更新及时的多媒体目录、快速的搜索引擎，以及整合了购物、促销、付款、发货、客户账户信息的购物车系统。订单处理软件应该能快速反应，并按个性化的促销方式和客户要求进行适当调整，如派送礼品、提供特价信息、改变信用卡支付方式，以及有发货和交税等方面的更多选择。同时，在处理订单和发货时，应自动向客户发送电子邮件通知。

提供客户支持是网上商店的基本功能之一，许多零售网站都能提供帮助菜单、购物指南和常见问题解答（frequently asked questions，FAQ）列表等功能，以便为购物者提供支持服务。当然，也可以通过网站客户服务代表向客户发送电子邮件，给客户提供更多个性化的帮助。为促进客户和商店员工之间的沟通交流，可通过建立网站论坛和聊天室，创建个性化的网上社区，向客户提供更多宝贵的支持，建立客户的忠诚度。在网站上提供相关网站的链接，不但可以帮助客户找到额外的信息和资源，还能从与其他零售商建立的市场联盟中获得一定的佣金。例如，亚马逊向提供其网站链接并完成购物活动的网站支付高达购物额 15% 的佣金。

网上商店的管理

网上商店不但要当作一个网站来管理，更要作为一个企业进行管理。大多数提供电子商务主机托管服务的公司在提供相关软件的同时还提供相应的服务，帮助你开展这些管理工作。例如，Freemerchant，Prodigy Biz，Verio 等公司向使用其主机托管服务的网站提供各种分析网络访问流量、存货和销售结果的管理报告，还提供客户电子邮件列表与网页促销列表、客户关系管理等特色服务，目的是帮助你留住客户。有的电子商务软件还把下载的存货和销售数据链接到 QuickBooks 这样的会计软件，以便进行会计记账和准备财务报表。

当然，提供网站主机托管服务的公司必须能够使客户的站点每年 365 天、每天 24 小时运转。这就要求这类主机托管公司具有良好的网络性能，能够处理高峰时期的通信流量，并且需要容错性强的网络服务器和电源，以应对系统或电源故障。大多数提供主机托管服务的公司都提供电子商务软件，利用密码和加密技术保护网上商店的交易和客户记录，并利用网络防火墙和安全监视器抵制黑客攻击和其他安全威胁。有的公司还 24 小时为客户提供技术支持，帮助客户解决任何可能出现的技术问题。我们将在第 11 章讨论该问题以及其他电子商务安全管理方面的问题。

在线购买：怎样实现冲动购买

你看到它后，就想要它，于是购买了它。电子商务网站就是依靠每个假期的冲动购买迎来购物旺季的。在阻止并处理了基本的问题（如购物车和信用卡审批）后，在线零售商会意识到他们未来的销售模式主要是向上销售和交叉销售，也就是冲动购买。然而，利用电子商务来吸引客户要比利用现实世界的声音、嗅觉、氛围难得多。

电子邮件营销、在线建议、弹出式对话框和在线聊天都是激发购买者购买比他们预期更多商品的最普通的方法，但并不是所有的零售商都能利用好这些工具。运送服务方面的促销总是很有吸引力。弗雷斯特公司的研究表明，61%的客户投票说他们更喜欢在提供免费运送服务的在线零售商店购物。

另一种错误的做法是购买者一登录网站就向他们提供太多的商品，User Interface Engineering 公司的 CEO 贾里德·斯普尔（Jared Spool）说，Massachusetts. Macys. com——位于英格兰北部布拉德福德的一个在线咨询公司就是这样做的。如果你搜索“男士牛仔裤”，会找到 422 种商品，其中大多数不是男士牛仔裤。“你不得不费力挑出自己真正感兴趣的商品。这项工程对你来说太巨大了。”斯普尔说，“这是百货商店的想法，它们把自己的网站看成是星期天的传单。”

电子商务网站应该在购买者将商品放入购物车后再提供建议，那才是“容易受诱惑的时刻”——在购买者发现他想要什么之后和结账之前。然后推荐一件毛衣以搭配他的衬衫，为他的相框搭配一个盒子。Landsend. com 使用弹出式对话框来给出建议，Anntaylorloft. com 则通过屏幕右侧可点击的图片来实现。这两种方法都有效。

根据弗雷斯特公司的研究，如果你曾经在线购物，你的收件箱正在被填满，因为在客户关系维系方面电子邮件是最具有成本效益、最成功的工具。73%的零售商给客户发送有关新产品的电子邮件。尽管如此，对于电子商务公司来说，通过电子邮件的方式吸引买主比美国邮政服务公司的直接邮寄更加有效。纸质邮件的回复比例是 2%或者 3%，电子邮件的回复比例却可以达到 5%～30%。部分原因是那些对此感兴趣的收件人选择查看或者至少不会清除这些邮件。这些营销者的态度是：“如果你在网站上注册登记，这封邮件就肯定不是垃圾邮件。”

资料来源：Adapted from Kim Nash, “Online Shopping: How to Get the Impulse Purchase,” *CIO Magazine*, November 16, 2007.

□ B2B 电子商务

B2B 电子商务是指商务流程中的批发方和供应方与其他企业进行买卖或交易。B2B 电子商务依靠不同的信息技术，其中大多数技术建立在互联网和企业内联网、外联网上。B2B 应用软件包括电子目录系统、电子贸易系统，如交易和竞拍类的门户网站、电子数据交换、电子资金转账等。我们前面讨论过的建立成功的零售网站所需的要素也同样适用于 B2B 电子商务网站。

另外，很多企业正在把它们的供应链管理系统、客户关系管理系统、网上交易处理系统以及传统的会计电算化系统和业务信息系统与网络电子商务系统整合在一起。这就保证了所有电子商务活动与业务流程的整合，最及时地得到存货等相关数据库的支持。反过来，这些数据库又通过网络销售活动得到自动更新。

SpecEx.com：无线频段的B2B交易

像Craigslist和Freecycle这样的网上无线频段交易市场使得人们能够以较低的成本销售甚至免费交换物品，这些交易通过成熟的技术系统变得高效。

部分企业尝试在网上B2B市场上应用一套类似的模式。

联邦通信委员会（Federal Communications Commission，FCC）拥有对电波频段授权许可的权力，这些电波频段大多为手机运营商使用，或者用于首次接收器及通信设备。但是其中有很多频段由于各种原因没有被使用。

Spectrum Bridge的SpecEx.com作为一个频段交易网站，其目标是为这些未使用的频段创建一个二手交易市场。该公司声称网站能够简单有效地在买家和卖家之间建立起联系。这个潜在的市场可能会很大，因为公共安全机构以及威瑞森公司（Verizon Wireless）和美国电话电报公司这样的大型无线运营商一般会在二手市场购买频段。电缆公司同样也可能成为潜在的购买者，特别是那些关注无线语音空间的公司。Spectrum Bridge通过收取这些交易的手续费来盈利。

所有交易的频段必须经过FCC认可，但是在过去代理商也能支持频段交易。

组建一个频段交易的二手市场并不是一个新主意，但是之前的尝试都未获成功，因为没有足够的买家和卖家。“频段的世界就像一个部落，”Spectrum Bridge的首席技术官彼得·斯坦福（Peter Stanforth）说，“它包括相互熟悉的几群人，并且手工完成每一件事。”这对于更小的群体来说并不是一个有效的系统，即无法达到SpecEx的最佳点。“通过实现功能的自动化并加入更多的买家和卖家，我们正使这些小群体变得更加具有流动性和价值。”

Spectrum Bridge的首席运营官里克·罗通多（Rick Rotondo）将SpecEx和Craigslist做了比较。Craigslist是消费者进行交易的一个热门网站，由于已建立好几年，使得小型的消费品交易变得更加有效，这正是SpecEx在无线频段交易的小群体中所要实现的目标。“例如，你想要卖掉一副用过的太阳镜，可能标价25美元。在网上自动分类出现之前，将大量的潜在买家推荐并成功交易的成本可能很高，因为仅广告就可能花费你20美元。”这和无线频段类似，“交易成本正在吞噬小型买家和买家的大部分利润”。

电子商务技术能够将大量的处理过程标准化，斯坦福说：“我们正在努力做的就是成为无线频段世界中的eBay，即一站式商店，在这里企业能够卖出闲置的频段，而频段的需求者可以用合理的价格买到闲置的频段。”

资料来源：Adapted from Erika Morphy，“The Corperate Bargain Hunters' Quest for a Business Model，” *E-Commerce Times*，January 20 2009；and Martin Perez，“Spectrum Bridge Launches Online Secondary Market，” *InformationWeek*，September 5，2008.

□ 电子商务市场

最新的电子商务事务处理系统是规模化和定制化的，使买方和卖方能够聚集在各种快速运行的贸易平台，比如各种拍卖、分类目录和交易平台。

现在，任何规模的企业都可以在B2B**电子商务市场**（e-commerce marketplaces）上购买从化工产品到电子部件、从建筑材料到纸制品等几乎所有的产品。表8—4概括了电子商务市场的五种主要类型。许多B2B电子商务门户（e-commerce portals）同时提供几种类型的市场，可以为一个行业中众多供应商的产品提供电子**目录**（catalog）订购网站，或以**交易**（exchange）的形式通过招投标过程或以协商价格为买卖双方提供服务。更普遍的是为企业间出售产品和服务提供服务的电子**拍卖**（auction）网站。图8—9描述了一个提供交易、拍卖和反向拍卖（销售者向购买企业投标）的B2B贸易系统。

表8—4　　　　电子商务市场的类型

- 一对多：卖方市场。由一家主要供应商主持，该厂商主导着产品目录和价格，如思科和戴尔公司。
- 多对一：买方市场。吸引许多供应商与一家主要的卖方进行交易，如通用电气或美国电话电报公司。
- 少对多：分销市场。几家主要供应商综合其产品目录，以吸引更多的买主，如VerticalNet和Works.com。
- 多对少：采购市场。联合主要购买者，通过组合其采购目录来吸引更多的供应商，以获得更有竞争力或更低的价格，例如汽车产业。
- 多对多：众多买方和卖方组成的拍卖市场。可以开展多种买方和卖方参与的拍卖活动，动态地决定最佳价格，如eBay和FreeMarkets。

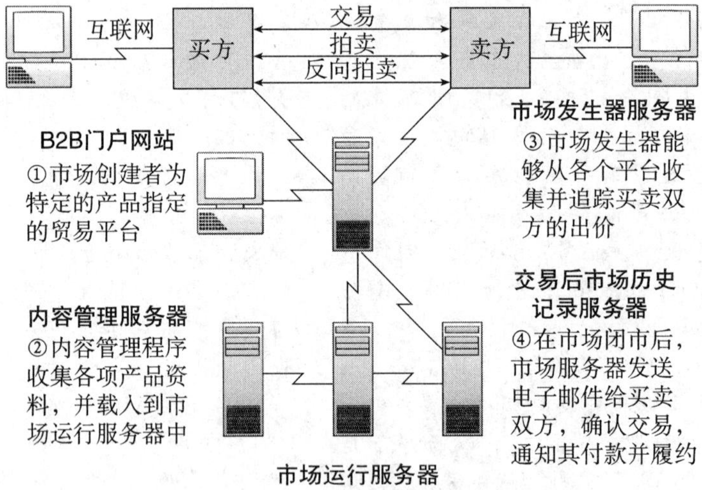

图8—9　B2B电子商务门户示例

这种B2B电子商务门户主要是由第三方经纪公司开发和创办的，这些公司以**信息中介**（infomediaries）的形式提供服务，把买卖双方带进这个交易和拍卖市场。这类信息中介的例子包括Ariba，Commerce One，VerticalNet等成功的公司，它们都为电子商务市场提供软件产品和服务。

这些B2B电子商务网站使企业的采购决策更迅速、更简单而且成本更低，因为公司可以在网上进行搜索并可以与多个商家进行交易。企业买家不但能进行一站式购物，获得准确的采购信息，还可以从信息中介那里获得从供应商或分销商自己的网站上得不到的公正建议。因此，公司可以与众多供应商进行协商或竞价，以争取到更合理的价格。当然，供应商也通过遍布全球的来访客户获得更多的利润。下面让我们来看一个真实的案例。

ChemConnect 和 Heritage Services 公司：公用 B2B 交易市场和专用 B2B 交易市场

公用 B2B 交易市场。网上拍卖结束前的定价变得越来越残酷。一家北美的化学药品生产商以每公斤 4.35 美元的价格向一家在《财富》杂志排名第 20 位的企业销售一种塑料稳定剂，但在限定时间到来前 2 分钟，一家中国公司在 ChemConnect 网站（www.chemconnect.com）上报出了一个更低的价格。ChemConnect 是一家位于旧金山的化工行业公共网站经营者。北美生产商于是降低了自己的价格，随着两个企业的来回出价，ChemConnect 的工作人员眼看着价格一分一分地往下降，最终，中国公司出价 4.23 美元，北美生产商以 4.20 美元的价格赢得了这份价值 50 万美元的合同。这仅仅是 8 月的一个上午发生在 ChemConnect 网站上的 20 个竞买中的一个，来自北美、欧洲和亚洲的其他公司都在为这个利润可观的、期限为 6 个月的合同竞价。

在星期一上午，ChemConnect 在几个小时内主持完成了这项拍卖业务。若不是网上拍卖，即使采用电子邮件的方式，相关的公司要完成同样的过程至少要用 3 个月的时间。过去，公司向所有想参与竞标业务的供应商发送电子邮件，在接下来的几天时间内，供应商对标的进行投标，买者则可能会驳回竞标，每个回合都会浪费多达一周的时间。ChemConnect 不但帮助企业节约了时间，还为分散的行业提供了网络核心功能。根据美国化学制品协会的统计，全世界有89 000多家公司生产化学制品。位于旧金山某高层建筑内的 ChemConnect，替众多商家找到起初互相并不了解的卖方或买方。

专用 B2B 交易市场。2001 年，Heritage Environmental Services 公司总裁肯·普莱斯（Ken Price）决定参加两个由 FreeMarkets 主持的 B2B 网上公开拍卖，竞标当年的合同。但它最终没有赢得合同，原因是网上拍卖过程强调价格的竞争，这意味着 Heritage 不得不靠降低费用去竞争。

Heritage 的管理层很快断定这种网络商务形式不适合自己，他们决定使用不同的战略建设自己的网络门户，把 Heritage 和已有的客户连接起来。Heritage 的 B2B 交易允许客户在网上订购危险废弃物的管理服务。由于接受网上付款方式，提高了账单处理速度，普莱斯期望通过这个专用门户网站使公司今年的业务增加 15%，他说："我们已成为不错的中心，每个人在这个过程中都能看到事情的进展情况。"

Heritage 位于 B2B 电子商务专用交易市场的最前沿。这种形式的网上交易吸引了对公共互联网市场上的拍卖和团购不满的众多公司。和 Heritage 一样，许多供应商都不愿在公开的互联网市场上面对降价的压力。

一些担心在公开 B2B 市场上泄露销售信息和相关重要数据的企业也正在转向专用交易市场。许多小型公司（如 Heritage）和大公司（如戴尔、英特尔和沃尔玛）都已经建立了连接供应商和客户的专用网上交易场所，简化了业务并且推动了销售。这些公司的高层称，专用交易市场提供了更多控制，更容易实现发送采购订单或检查交货日程等流程的定制化和自动化。

资料来源：Adapted from Eric Young, "Web Marketplaces That Really Work," *Fortune/CNET Tech Review*, Winter 2002.

□ 电子商务中的虚拟与实体

很多公司逐渐认识到，那些采取虚拟与实体相结合的策略来连接虚拟的和真实的世界的公司将获得成功。不同的公司应根据不同的方式来决定其互联网方式与传统运营模式之间的整合程度。

图8—10介绍了在选择电子商务“虚拟与实体”战略时，企业面临的利益平衡问题及解决方式。电子商务管理者必须回答这样一个问题：我们是应该把虚拟业务与传统实体业务整合在一起，还是保持其分离的现状？如图8—10所示，某些公司已经实施了一系列整合战略和分离战略，找到了利益平衡点，对这一问题给出了答案。我们来看一些选择方案。

图8—10　电子商务的两种战略

电子商务整合

互联网仅仅是进入商务领域的另一个渠道。

办公用品零售商欧迪办公（Office Depot）的首席信息官比尔·塞尔策（Bill Seltzer）表示，企业已将OfficeDepot. com电子商务销售渠道与其传统的业务运作完全整合到一起。许多公司选择了虚拟与实体相结合的战略，欧迪办公就是一个典型的例子，它的电子商务业务按照几种主要方式整合到公司的传统业务运作中。这种战略依赖于：

- 在公司传统的业务运作中，利用能够支持电子商务业务的任何独特战略。
- 从电子商务与公司传统业务的整合中获取战略利益，如共享现有的品牌和重要业务信息，获取联合的购买力和分销效率。

例如，欧迪办公已经成功地利用专业呼叫中心和一个由2 000多辆运输汽车组成的车队开展其目录销售业务。先进的信息系统将其1 825家门店和30个仓库联网，该系统实时提供完整的客户、供应商、订单和产品存货数据。这些企业资源为利用目录和店铺来协调公司的电子商务活动与客户服务奠定了宝贵的基础。这样，客户就可以在家、公司或店内信息终端登录OfficeDepot. com进行购物，然后决定是到店里采购，还是要求送货上门。另外，Web化的电子商务应用软件与欧迪办公传统商店的整合帮助实体商店增加了交易量，同时提高了生产率和平均订单量。

Borders. com和Amazon. com：分开总是不容易

Borders. com一直是由Amazon. com运营的。它具有和Amazon相同的货品清单、网站内容、实施过程以及客户服务能力，甚至销售收入都归Amazon，Border仅仅获得其中的一部分。当Michigan的图书销售商Ann Arbor进行转型时，新的Border网站在其业务和电子商务战略上正经历一个重要时刻，即它将与Amazon合作七年。

2001年，相互竞争的零售商签署协议决定共同开发一个合作品牌网站，这是一件互利的事。建立于1997年的Amazon. com当时面对转变其第一种盈利方式的压力，Borders像其他传统的实体商店一样，正在努力利用电子商务为自己服务，以建立一个消费者信任的经过测试、用户友好的电子商务网站。它们从来没有将Amazon当作竞争对手。

“和Amazon的关系使得我们在那时能够致力于我们的实体商店，同时拥有一个名为Borders的在线渠道。”Borders的发言人安妮·罗曼（Anne Roman）说，公司在与Amazon合作之前拥有自己的电子商务网站，但是其运营成本超过了收入。

现有的和Amazon的关系使得Borders无法进一步为客户提供更加集成化的、多渠道的体验，例如使Borders的用户可以通过在线视频浏览公司在安娜堡市的旗舰店的书籍。Borders同样期望客户在网上消费时通过累积积分参与其荣誉计划。目前，当用户使用这个合作品牌网站时，并不能累积积分，因为这仅仅是Borders的一项分支业务。“一旦我们建立了这个网站，荣誉系统将会完全集成在其中。”罗曼说。

但是，Borders必须给顾客提供充分的理由，让其通过Borders. com而不是Amazon. com购买图书、电影碟以及音乐碟。考虑到Amazon已经建立起顾客忠诚度并且在价格上具有竞争力，所以这并不是件容易的事。Gartner Research公司的分析员亚当·萨尔内（Adam Sarner）说，网站影响了40%的线下业务。但如果Borders利用好这个优势，将能够更好地与Amazon展开竞争。“如果它们的网站能够成为一个领先的管理工具，使得更多的人进入商店挑选图书或者访问商店次数增多，那么这对它们来说将会是更好的模式。”萨尔内说，“Borders从实体店中获利，这就是它们和Amazon的不同之处。”

资料来源：Adapted from Meridith Levinson，“Borders Tries to Open New Chapter with Web Site Relaunch Separate from Amazon. com,” *CIO Magazine*，October 2，2007.

其他虚拟与实体战略

如图8—10所示，其他虚拟与实体战略包括利用合资和战略伙伴实现部分的电子商务整合，乃至完全分离为独立的电子商务公司。

例如，KB Online Holdings，LLC（KBtoys. com）是由玩具零售商KB Toys和BrainPlay. com创建的电子商务合资企业，之前经营儿童产品。虽然该公司80%的股份为KB Toys所有，但它拥有自己独立的管理团队和分销系统。KBtoys. com成功地利用了共有品牌和KB Toys的销售力量，以及使消费者再次光顾1 300多家KB Toys零售店的能力，反过来，这些零售店也大力宣传了它的电子商务网站。

Rite Aid药品零售连锁企业和Drugstore. com建立的战略伙伴关系是电子商务不完全整合的典型例子。Rite-Aid仅拥有Drugstore. com 25%的股份，Drugstore. com有自己独立的管理团队和企业品牌。然而，两家公司分享了联合带来的好处，如成本降低和收益增长、整合的分销中心、共同的药品品牌以及在Rite Aid连锁店内联合开处方等。

最后，让我们来看一个采用虚拟与实体完全分离战略的例子。Barnesandnoble. com是从巴诺图书零售连锁企业中彻底分离出来的一家独立的电子商务公司。这使它获得了几亿美元的风险投资，得以建立企业文化，加强质量管理，保持企业高度的灵活性，并加快决策的制定。但是，这个图书电子零售商从一开始就经营不善，并在与主要竞争者亚马逊争夺市场份额时失利。许多企业分析家认为，巴诺书店没有将其数千家书店与 Barnesandnoble.com 的市场营销和运作相整合，从而错失关键的战略机会。

电子商务渠道选择

表 8—5 概括了公司的管理层在做虚拟与实体决策以及电子商务渠道的开发过程中需要回答的一些关键问题。**电子商务渠道**（e-commerce channel）是指一家公司为引导和管理它所从事的电子商务活动而建立的营销或销售渠道。如何把电子商务渠道与传统的销售渠道（零售和批发、目录销售、直接营销等）整合在一起，是实施电子商务战略时需要考虑的一个主要问题。

表 8—5　　开发电子商务渠道战略的关键问题

1. 我们想接触的用户是谁？
2. 我们需要这些用户采取什么行动？是了解我们，向我们提供他们的信息，进行询价，从我们的网站购买产品，还是通过其他渠道购买？
3. 组织内部谁拥有电子商务渠道？
4. 规划的电子商务渠道与其他渠道是否并行？
5. 我们有生成、认可、发布和撤销内容的流程吗？
6. 我们是否利用品牌形成新的渠道，是否需要改进这些渠道？
7. 我们将如何在市场上推销渠道？

下面的例子强调的是：对于每个公司、每个行业或每种业务类型，并没有通用的虚拟与实体战略或渠道选择方式。电子商务无论采取整合还是分离方式，都有优点和缺点。因此，在进行虚拟与实体战略决策及电子商务渠道决策时，很大程度上取决于公司的独特业务运作是否为其电子商务渠道提供战略资源和战略能力，以支持能够盈利的商业模式。如前述例子所示，大多数公司都在尝试将虚拟与实体相整合，因为“整合的好处太大了，以至于不舍得完全放弃”。

REI：衡量电子商务的高山

户外装备零售商 REI 在希望提升其销量时，将目光放在了它的网站上。2003 年 6 月，REI.com 向在线订购的用户推出了免费店内推荐服务。其背后的逻辑是：那些通过进入实体店来结算其网上订单的顾客将会更容易被说服花费较多的钱，具体取决于服装、登山设备、自行车以及野营设备的多样性。

REI 的直觉得到了验证。“1/3 的在线购买用户到实体店结算时会额外消费 90 美元。”REI 多渠道项目副总裁琼·布劳顿（Joan Broughton）说。这使商店的销售额增长了 1%。

正如布劳顿所看到的那样，真正的多渠道零售商应该坚持“任何方式的销售都是可行的，不管是通过在线、实体店还是其他渠道”。网络并不是简单的孤立的渠道，它有自己的运作规律或者独有的客户群体。

由于网络已经成为一个成熟的零售渠道，因此消费者将在线销售作为一个补充渠道来和零售商交互，而不是作为商店等现有渠道的一个替代品。

为了使这个战略尽可能地节省成本，公司使用那些补充库存的卡车来运送在实体店结算的在线订购的商品。为了实现这个目标，REI 必须将网站的订单信息和从华盛顿州各分销点发出的进货信息集成起来。

REI 主管信息化的副总裁布拉德·布朗（Brad Brown）认为将这两种类型的订单信息集成起来并不复杂。真正的难题在于，如何协调在线订单和进货信息之间的关系，因为“网上订单并不像进货信息那样会被存储起来”。在线订购的货物在下订单时从仓库提出，然后等待装入货车直至满载，进货订单则是由自动订货系统根据每周或者每两周的进货安排下达的。

为了使实体店结算更符合实际，布朗的团队编写了一个“预测算法”，用它在顾客下订单时告知顾客预计的运送日期。当下订单的日期处于安排卡车运送进货订单的日期之前时，时间计算可以做到很精确。例如，如果一个在线订单是在周一晚上下达的，而卡车准备在周二上午出发，系统就会预测顾客的订单将在一周后到达，因为这个订单将使用下周的卡车运送货物。但是，REI会尝试将订单加入即将出发的卡车中，如果能够成功，那么REI以及顾客会很高兴，因为货物到达的时间比预期的更早。

建立一个高效的B2C零售网站并不仅仅是为了增加销售额，还包括提供用户期望的运送功能以及使用网站选择其他渠道运送的功能。只有实现了IT集成才能做到这一点。

资料来源：Adapted from Megan Santosus, “Channel Integration—How REI Scaled e-Commerce Mountain,” *CIO Magazine*, May 15, 2004.

小结

● 电子商务。电子商务包括有关产品和服务的开发、营销、销售、运输、服务与支付的全部网上流程。互联网等相关技术与互联网上的电子商务网站以及公司的内联网与外联网组成电子商务市场的技术平台，为B2C，B2B和C2C的电子商务消费者和企业提供服务。所有电子商务应用软件中应包括以下基本内容：访问控制与安全、客户档案管理与个性化、检索管理、内容与目录管理、工作流管理、事件通知以及协作与贸易。

● 电子商务问题。许多电子商务企业正通过整合以客户为中心的流程和相互连接的供应链，向提供全面服务的B2C和B2B电子商务门户发展。另外，公司在选择虚拟与实体结合战略以及电子商务渠道时，必须对各种电子商务整合或分离的方案进行评估，并权衡利弊。

● B2C电子商务。在电子商务网站上向消费者出售产品与服务，通常提供吸引人的网页、多媒体目录、交互式订购处理、安全的电子支付系统和网上客户服务。成功的网上销售商利用多种因素建立客户满意度和忠诚度，如选择与价值、广告与促销、个性化关注、社区关系以及安全与可靠性等。另外，建立网上商店有几个必要条件，包括网上商店的设立和营销、为客户提供服务和支持以及网站的管理等。

● B2B电子商务。B2B电子商务应用建立在互联网、内联网和外联网网站和门户上，为买卖双方提供电子目录、交易和拍卖市场的服务。许多B2B电子商务门户是由被称为信息中介的第三方中介公司开发和运作的，可以集合大公司，为各行业的客户提供服务。

关键术语和概念

虚拟与实体战略（clicks-and-bricks strategy）
电子商务渠道（e-commerce channel）
电子商务市场（e-commerce marketplaces）
拍卖（auction）
目录（catalog）
交易（exchange）
门户网站（portal）
电子商务流程（e-commerce processes）
访问控制与安全（access control and security）
协作与贸易（collaboration and trading）
内容与目录管理（content and catalog management）
电子支付系统（electronic payment systems）
事件通知（event notification）

客户档案管理与个性化（profiling and personalizing）
检索管理（search management）
工作流管理（workflow management）
电子商务（electronic commerce）
企业对企业电子商务（business-to-business，B2B）
企业对消费者电子商务（business-to-consumer，B2C）
消费者对消费者电子商务（consumer-to-consumer，C2C）
电子资金转账（electronic funds transfer，EFT）
信息中介（infomediaries）
搜索引擎优化（search engine optimization）

讨论题

1. “大多数企业应该致力于互联网上的电子商务。”你是否同意这个观点？

2. 对主要在互联网上从事电子商务的企业，你有兴趣投资、拥有、管理或为它工作吗？

3. 参考本章有关 eBay 的真实案例。eBay 成为有实力的卖家或交易助手的优势和局限是什么？

4. 你为什么认为零售电子商务公司中太多的企业都失败了？

5. 表 8—2 中列出的电子商务成功因素能避开电子商务企业的风险吗？列举几个可能出现问题的例子，你如何应对这样的挑战？

6. “如果个性化客户网站体验是关键的成功因素之一，那么用电子客户档案追踪网站行为就是必要的。”你同意这个观点吗？

7．所有公司的采购应该在电子商务市场中完成，以代替使用固定价格目录或协商价格的 B2B 网站。解释你对这个建议的看法。

8. 参考本章关于 LinkedIn，Umbria，Mattel 和其他公司的案例，在公司将其采购系统与客户和供应商的系统整合的过程中，公司面临的业务挑战和 IT 挑战分别是什么？针对此问题有什么解决方案？

9. 如果你开始经营一个电子商务网上商店，按照表 8—3 总结的要求，哪些是你自己应该做的？哪些是要外包给网站开发商或主机托管公司的？为什么？

分析题

1. 小型企业电子商务门户网站

在网络上，小企业能变成大企业。作为一个真正的大企业，微软也想从中分一杯羹。微软的 Small Business Center（www. microsoft. com/smallbusiness）是为小企业转向电子商务提供建议和服务的众多网站之一。无论是免费的还是付费的服务，大多数功能可能都是你需要的：许多链接和信息可以基于 Prodigy Biz（www. prodigybiz. com）或 Entrabase. com 的导航建立起来。然而 Small Business Center 坚持要为其提供的广告和营销服务收取适当费用（参见图 8—11）。

一个程序可帮助企业制作横幅广告，并把广告放在据称 60%的网上冲浪者都会访问的网站上。使用其“网络横幅广告”程序，购买者不用事先支付很多费用，而且不必为访问者猛增多付佣金。相反，这个程序允许小企业根据保证的点击数（为了访问你的网站去点击广告的人）支付少量固定费用。Small Business Center 在相关网站上发布这些横幅广告，一旦达到保证的点击访问数量，就立即撤掉广告。这消除了有关流量和费用的担心。三个软件包分别对应 100 个、250 个和 1 000 个访问者，将每位访问者的费用削减至 50 美分。

a. 访问 Small Business Center 以及上面提到的其他电子商务门户网站，分析企业使用这些网站服务的优势和局限。

b. 你最喜欢哪个网站？为什么？

c. 你会向那些打算进入电子商务领域的小企业推荐使用哪个网站？为什么？

2. 购买轿车的电子商务网站

现在，可以在微软的 MSN Autos 网站上购买新轿车，配置梦寐以求的轿车，就像福特、通用和其他汽车公司的网站提供的功能一样。还有一些独立的网上轿车采购和搜索公司也提供类似的

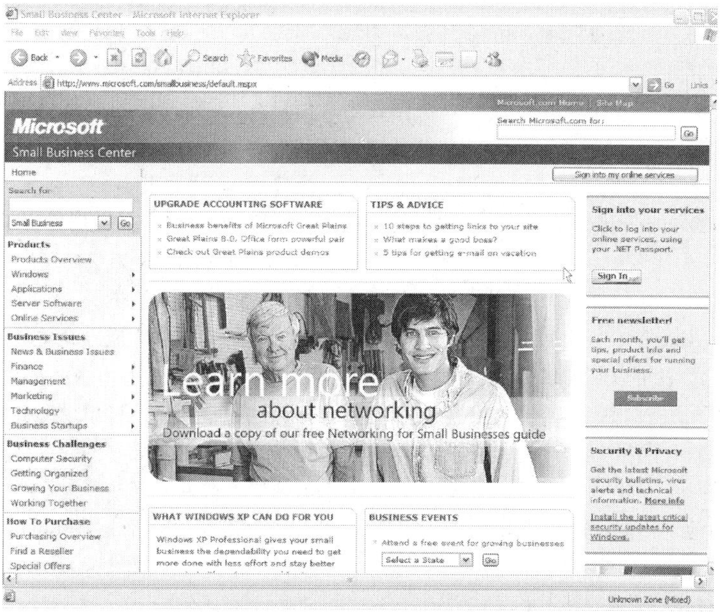

图 8—11　微软的 Small Business Center

服务（参见表 8—6）。在过去的几年里，由制造商、经纪人网站、轿车经销商、金融机构和消费者推出的提供轿车购买信息的网站已经数不胜数。

表 8—6　　最佳轿车购买网站

- Autobytel. com　　www. autobytel. com
  输入款式和型号，会有本地经销商与你联系，向你提供报价，可以选择送货上门。
- AutoNation　　www. autonation. com
  每个款式和型号都有现货，还有贷款和保险信息，提供送货上门和试车服务。
- 微软 MSN Autos　　www. autos. msn. com
  提供汽车评论、详细的机动车说明、安全排名以及新车和二手车购买服务，包括定制你自己的福特轿车。
- cars. com　　www. cars. com
  调研工具包括汽车评论、型号报告、经销商位置以及贷款信息。
- CarsDirect. com　　www. carsdirect. com
  研究价格和设计，为你订购汽车并把车送到你家，是一个顶级网站。
- Edmunds. com　　www. edmunds. com
  向购买者提供客观的评论、安全升级和折扣信息。
- FordVechicles. com　　www. fordvechicles. com
  这个站点为你研究、配置、报价和订购你自己的福特轿车、小货车、卡车或越野车。
- GM BuyPower　　www. gmbuypower. com
  能够访问近 6 000 家通用汽车销售商，购车者可以得到报价、试车和购买日程。

然而在互联网时代，汽车工业对那些可能威胁现有供应链的改革（如轿车代理权）还是很谨慎的。美国新轿车购买者还不能简单地跳过中间商，直接从制造商那里购买汽车。这不仅仅是一个制造商的商业决策，这是规则。

尽管如此，许多轿车购买者依然把互联网作为一个搜索采购商品的地方。像加利福尼亚州的 Autobytel. com 网站，不是直接销售新轿车，而是把当地经销商介绍给消费者，消费者可以在经销商那里试车或与经销商讨价还价。Autobytel. com 从 1995 年就开始向购买者介绍新车或二手车的经销商，并提供网上理财和保险服务。网上的轿车购买站点使消费者减少了对经销商拥有的车型的依赖。在网上，客户可以在购买之前通过选择装饰、涂料、颜色等选项定制轿车、货车或运动型多用途车，还可以通过 CarBuyingTips. com 等网站，为最后的协商过程做准备。

a. 访问表8—6中介绍的几个网站，根据是否易用、提供的信息是否合适及你认为的重要条件对它们作出评价。

b. 如果你或你的朋友要买一辆车，你会使用或推荐哪个网站？为什么？

c. 在网上查询美国消费者联盟关于反竞争新车购买法的研究。如果能在网上直接从制造商那里购买轿车，估计消费者可以节约多少钱？

3. 比较电子商务网站

在这个练习中，你将通过电子购物体验，比较几个电子商务网站。首先你要选择在网站上广泛使用的产品分类（如图书、CD、玩具等），接下来挑选5种特别的产品在互联网上的定价，比如你可能对购买5张特殊的CD感兴趣。检索3个销售这类产品的电子商务网站，并记录每个网站对每种产品的要价。

a．利用电子表格，记录一组显示每种产品的信息。（因你选择的产品种类不同，将有不同的产品分类描述，如CD类产品可以按名称或表演者分类描述。）详见表8—7。

b．对每个产品根据要价对公司排名，等级为1的是最低价格，3为最高价格。如果一个网站没有你需要的产品，该网站对应的产品等级为4。按照产品给每个网站生成一个价格或可用性的等级。

c. 根据你在这些网站的体验，依据其易用性、信息的完整性以及订单填写和配送项目为这些网站排名。将你感觉最好的网站评为1级，第二好的评为2级，最差的网站评为3级。

d. 准备一组 PowerPoint 幻灯片或类似的演示资料，对关键结果进行总结，并对你所比较的网站进行全面评价。

表8—7

图书名	作者	价格			等级		
		网站A	网站B	网站C	A	B	C
The Return of Little Big Man	Berger，T	15.00	16.95	14.50	2	3	1
Learning Perl/Tk	WaJsh，N. & Mui，L	26.36	25.95	25.95	3	1.5	1.5
Business at the Speed of Thought	Gates，W	21.00	22.95	21.00	1.5	3	1.5
Murders for the Holidays	Smith，G		8.25	7.95	4	2	1
Designs for Dullards	Jones	17.95	18.50	18.50	1	2.5	2.5
汇总排名（低分数代表最喜欢的等级）					11.5	12	7.5

4. 电子商务的阴暗面

互联网的匿名交易有其阴暗的一面。研究网站的各项条款，为每项条款准备一页报告。你的论文应该在描述问题的同时提供一些案例，如果可能的话请附上图示。建议以如何警惕防范各种网络诈骗来结束你的论文。

a. 搜索“庞氏骗局”或“金字塔骗局”。找一些现有的例子，可以利用搜索引擎搜索“plasma TV $50”，“cash matrix”或“e-Books”以及“Matrix”或“gifting”。

b. 搜索“网页仿冒”和“一致性”。如果可能，可以从你或熟人收到的电子邮件中找到现实的例子。

c. 搜索“第三方担保”。这项服务有什么合法的法律功能？举一个为互联网交易提供第三方担保服务的例子。互联网上第三方担保系统如何被用来实施诈骗？

d. 准备一页纸描述以上未涉及的网上诈骗类型，向同学演示你准备的资料，包括对诈骗的描述、如何识别以及如何避免诈骗。如果可能的话请使用图示。

案例8.3

Entellium，Digg，Peerflix，Zappos及Jigsaw：电子商务中后进入者的成功经验

任何看过冬奥会短道速滑比赛的人都知道，紧跟领先者不是件容易的事。排在第二位的选手紧跟领先者以保存宝贵的体能，他要注意领先者的一举一动，判断在什么时间和地点超越领先者，以赢得金牌。如今美国公司和速滑有很多共同之处。

没有绝对安全的领先者。

对于基于互联网建立的公司来说，后进入者的优势似乎更大。这就是保罗·约翰斯顿（Paul Johnston）要深深感谢马克·贝尼奥夫（Marc Benioff）的原因。

约翰斯顿开创的Entellium公司自2004年从马来西亚搬到西雅图后，打败了贝尼奥夫的Salesforce.com和其他竞争对手，赢得了数百份合约，其销售收入在2005年增长了5倍，不过，约翰斯顿感到高兴的是，他在向公司推销时，不再令它们产生“让外来者管理客户关系管理软件”的想法。

创始人可以很快将新企业送入正轨并参与竞争，这使得新企业能够相对容易地快速跟进热门的战略。廉价的开放资源工具能够帮助你迅速地部署新的商业软件。

离岸制造商可以批量制造任何产品——从半导体到发动机零件。网络使市场营销人员拥有大量测试者，而天使投资人和风险投资家时刻准备注入新的资金。

当然，快速跟进不是简单地说“我也是”。要击败已存在的领先者，你需要有恰当的产品和战略，以及渊博的知识。以下是在发令枪响后如何超越对手并持续保持成功的方法。

第一：更好，更快，更便宜，更容易

约翰斯顿知道，要想从贝尼奥夫那里抢业务，Entellium必须有所不同，“这对任何跟随者来说都是如此”。

这就是约翰斯顿所说的“卓越，卓越，永无止境”。第一个“卓越”是指Entellium公司软件的性能，曾担任苹果公司销售主管的约翰斯顿旨在给乏味的企业软件带来由消费者轻松操作的产品，就像谷歌地图和角色扮演游戏Everquest那样，他甚至从游戏行业雇来开发人员，以借鉴界面技巧。

在凭借产品的可用性吸引顾客之后，约翰斯顿利用价格击败了近40%的竞争对手，这是第二个“卓越”。第三个“卓越”是让Entellium公司成为低风险的选择。

谁愿意为一个从未听说过的新企业冒险？约翰斯顿提供全天候的服务来吸引新客户。

第二：利用其他领域的策略击败领先者

通常认为，资讯科技网站已经过多，但Digg公司的创始人杰伊·阿德尔森（Jay Adelson）和凯文·罗斯（Kevin Rose）并不赞同这种观点。

一年前，阿德尔森和罗斯决定开发一个比知名资讯科技网站Slashdot更好的网络，其灵感来自MySpace这样的社交网站。MySpace的用户可以对音乐、对每件事进行排名，阿德尔森和罗斯决定采用同样的方法。

Digg让读者投票选出他们认为最重要的新闻报道，位居前15名的报道将放在首页。据ComScore Media Metrix公司统计，5—11月，Digg网站的每月浏览量激增到40.4万次，上升284%，Slashdot的浏览量仅为36.7万次。此外，最近阿德尔森和罗斯从包括eBay的创始人彼埃尔·奥米迪亚（Pierre Omidyar）与网景的创始人马克·安德森（Marc Andreessen）在内的投资者那里获得280万美元的投资。

为了自身的发展，阿德尔森和罗斯即使向看似无关的公司借再多钱也不会犹豫。很快，他们开始追踪调查亚马逊的用户在阅读什么，并提供亚马逊推荐的故事。Digg还涉足非技术文章领域，在那里读者可以使用有特色的社会书签进行分类。“很多公司都害怕改变原有的技术，害怕重新考虑开始业务的条件。”阿德尔森指出，“但是一旦不再害怕，你就会赶超领先者。”

第三：借鉴他人的商业模式，开始自己的竞争

当比尔·麦克奈尔（Billy McNair）和丹尼·罗宾逊（Danny Robinson）萌生成立一个新DVD公司的想法时，Netflix已实现了他们的部分商业计划。消费者已了解到，通过邮寄方式租赁DVD很容易。麦克奈尔和罗宾逊相信自己比仅仅租赁DVD做得更好。毕竟，eBay已让他们明白如何去做。

通过将两者的优势相结合，他们创办了Peerflix。在这个网站，人们花99美分的交易费就可以交换DVD。与eBay一样，Peerflix在交易中处于中介的位置，他们把影迷联系到一起并促成一些活动。但是，为了避免与eBay进行直接竞争，麦克奈尔和罗宾逊从低价商品开始做起，即销售那些售价低于25美元、不值得拍卖的商品。

“我们已将在线租赁服务和在线二手市场最好地结合在一起。”麦克奈尔称。Peerflix在9月推出后，已帮助达成近20万次DVD交易，它的创始人现在正考虑将这种方式拓展到视频游戏和其他项目中。

第四：跟随你能发现的最大的领先者

早在6年前创立Zappos时，尼克·斯温默（Nick Swinum）就瞄准了其他在线销售鞋的卖家，这些竞争者只有几个有限的品牌来满足利基市场，比如，女士时装鞋或男士户外靴。斯温默推断，Zappos作为网上商店可以提供各种品牌和款式的商品，将打败竞争对手。

这是正确的想法，但他关注了错误的竞争对手，网上鞋业市场是如此之小，即使Zappos占主导地位，也不会有足够多的业务使公司蓬勃发展。为了自身的发展，它不得不从实体店抢客户，2001年之前，Zappos没有库存，而是要求经销商直接将商品出售给消费者。

这是一种简单、省钱的方式，但问题是，Zappos不能保证服务质量。8%的客户想买的鞋都处于缺货状态。斯温默说：“我们意识到自己真正的竞争对手是谁，我们必须找到一种有效的存货运转模式。”

为此，Zappos开始拉拢供应商。与行业惯例不同的是，斯温默和制造商共享其产品销售数据，传统上，卖家与零售商是一种对立的关系。“我们认为，开诚布公可以帮助我们扩大业务，不应试图隐瞒品牌的信息。”他们的确做到了！很多鞋业代理商帮助Zappos做促销活动，以增加销售。

自从将目标转向传统鞋店，Zappos得到了快速发展，2001年，该公司有860万美元的销售额，第二年它创造了3 200万美元的销售额。2005年，Zappos公司通过扩大生产线，从鞋、手提包和其他皮革商品中获得超过3亿美元的收入。

第五：以先行者的致命弱点为目标

当吉姆·福勒（Jim Fowler）担任网上营销店Digital Impact的销售副总裁时，他观察到该领域的销售代理商因屡遭失败而渐渐产生挫折感。问题何在？即使像Dun&Bradstreet的子公司Hoover的数据库这类先进的网络数据库，也无法提供最新联系名单，只有在销售人员完成交易后才能做到这一点。福勒决定改变这些卖家，而不是听它们抱怨。

他的公司Jigsaw提供一种新的“联系订阅服务”：Jigsaw的数据库中所有的姓名和地址都来自其用户。销售代表每月支付25美元就可以联系数以千计的公司，或者他们自己提供25个联络人就无须支付费用。用户可以监督名单以确保其准确性。

自2004年12月Jigsaw的计划实施以来，其数据库的联络人已从20万个扩大到超过200万个，每天大约有38 000个用户正在增加10 000个联络人。通过Jigsaw你可以找到美敦力公司的16 000个联络人，而Hoover只能提供大约30个联络人。福勒说："如果你比别人更聪明，做得更好，就永远都不会太晚。"

问题

1. 后进入始终是一个好的经营策略吗？请以本案例中的公司为例说明你的答案。

2. 领先者可以采取什么方法来应对后进入者的攻击？请用本案例中领先者的例子说明你的答案。

3. 后进入者在网络商务领域中总是有优势获胜吗？为什么？请评价本案例中列出的五种策略和使用这些策略的公司，说明你的看法。

实践

1. 利用互联网来研究本案例中提到的公司目前的业务状态，后进入者仍能成功地使用它们的策略吗？还是领先者打败了它们？有新的强有力的公司进入领先者和后进入者行列吗？商业经济、社会市场会使这些市场竞争的性质发生改变吗？

2. 假设你将基于互联网开展业务。你会成为你所选择的市场的领先者、后进入者还是再后进入者？你如何区分自己与其他竞争者或潜在的新进入者？分小组分享你们的想法，并就最好的基于网络的商业机会达成一致。

第 9 章　决策支持系统

学习目标

1. 了解决策支持在商业中的应用和应用形式的变化。

2. 了解管理信息系统的作用和报告形式。

3. 描述联机分析处理如何满足管理者对关键信息的需求。

4. 解释决策支持系统的概念及其与传统管理信息系统的区别。

5. 解释下列信息系统如何支持主管、经理和业务人员的信息需求：主管信息系统；企业信息门户；知识管理系统。

6. 了解神经网络、模糊逻辑、遗传算法、虚拟现实和智能代理在商业活动中的应用。

7. 列举几个专家系统在商业决策中应用的例子。

9.1　决策支持在商业中的应用

□ 引　言

公司由于要向电子商务模式的转变，因此投资建立新的数据驱动的决策支持应用框架，来帮助实现对市场环境及客户需求变化的快速响应。

企业要想获得商业上的成功，需要信息系统来支持管理者和业务人员获得各类信息及制定决策。在本节，我们将深入探讨如何利用管理信息系统、决策支持系统和其他信息系统来实现目标。我们将关注互联网、内联网以及其他基于网络的信息技术是如何增强信息系统，并为管理者和知识工作者提供决策支持的。

阅读下面的真实案例，从中可以了解很多商务智能项目的价值。

案例 9.1

Hillman 集团、Avnet 公司和 Quaker 制药公司：通过商务智能部署实现业务转型

Hillman 集团是一家市值达 3.8 亿美元的企业，生产和销售刻制技术及金属制品，如钥匙和标签。吉姆·霍纳坎普（Jim Honerkamp）是 Hillman 集团的 CIO，他为自己新的商务智能（business intelligence，BI）系统感到自豪。为什么不呢？有了它可比过去的情况好多了。例如，在过去，总经理若想查询销售信息，就不得不让程序员在旧系统的数据库里进行人工搜索。按照霍纳坎普的说法，这样的延时使得报表“在生成时就没用了”。

有了新的 BI 系统，Hillman 集团的总经理现在可以自己在系统中查询，随时获得很多关键问题的答案，例如对未履行的客户订单进行实时跟踪。不过还有一个问题没有解决，那就是新系统并没有改善公司的业务状况——至少目前还没有——仅仅改善了信息传递的方式。

这也是 BI 存在的普遍问题，在应用软件来分析企业原始数据（如销售交易数据）并从中提取有用信息时会遇到类似的问题。尽管如此，大多数 CIO 仍然把 BI 当作一个报表和决策支持工具。虽然这些工具在近期并没有得到多大改善，但是 BI 工具经过一些 CIO 的部署也有了小的革新。若使用得当，BI 项目能够改变某些业务流程以及依赖于这些流程的流程，使它们更可靠、更有意义。

想让 BI 更上一层楼并不容易，需要从 CEO 到下级都对企业内信息的价值有新的认识。信息能给人带来力量，但有些人并不喜欢分享它。然而，分享对于 BI 至关重要，因为参与流程的每个人对信息都必须拥有完全的控制权，只有这样，他们才能改变其工作方式。

使用 BI 改进流程的另一个障碍是，大多数企业对其自身的流程不够了解，以至于并不知道如何对其进行改进。企业需要关注自己选择的业务流程。如果该流程对于利润的产生没有直接的影响，或者业务不利用企业标准化流程来完成，那么整体 BI 的效果就会大打折扣。企业需要了解组成特定业务流程的所有活动，信息和数据如何在不同流程中传递，数据如何在不同业务人员间传递，以及人们如何利用它们执行流程中的特定任务。他们需要在 BI 项目开展之前就对此有所了解——如果他们确实希望提高员工的工作效率的话。

BI 项目为 CIO 提供了全新的、更加广阔的视野，便于结合业务活动研究企业流程，进而确定使用哪些工具和视角改善业务活动的效果更好。与仅仅使用 BI 发挥监督作用的公司相比，那些通过使用 BI 发现有业务流程缺陷的公司往往会获得更有利的竞争地位。事实上，那些不懂得利用 BI 来完善业务运行的 CIO 使企业处于劣势。如果 CIO 能够克服困难，成功地利用 BI 改进企业流程，他们一定会觉得所有的努力都是值得的。

Avnet 是一家提供计算机系统、组件及内嵌子系统的制造企业。它采用新的面向流程的 BI 策略，直接作用于关键业务流程：销售和客户服务。公司集成了 3 家 BI 供应商提供的系统——Informatica，Business Objects 和 InfoBurst——用来生成订单报表、运输计划以及特定产品的停产期限。但是，报表仅仅是一个开始。为了改进销售和客户服务流程，身为 CIO 的史蒂夫·菲利普斯（Steve Phillips）向2 000名销售人员开放了这个系统，这样他们就能将企业信息融入日常工作以及与客户的互动。

员工使用这些信息对自己及团队的工作进行调整，进而提高业绩表现。当销售主管看到团队间绩效差距较大时，就会带领落后的团队迎头赶上。菲利普斯说：

“我们尝试通过使用报表工具找到各个工作团队中效率最高的解决办法，然后将它推广到整个团队。”

这个系统最好的应用之一就是，当客户以前购买过的产品即将停产时，及时告知客户。销售人员能够保证客户已经为未来的需求做好了充分的准备，或者在零部件无法买到之前找到新的替代品。这种交流不仅可以促进销售业绩的提高，而且使客户认识到Avnet的销售人员对客户需求和兴趣的关注。

BI系统使得Avnet的销售团队更加灵活，并且愿意适应信息化的发展。菲利普斯说：“我们的销售团队非常灵活，成员们都很乐意从BI系统报告中获取信息，如果发现改变流程可以获得更好的结果，那么他们会选择那么做。”有时，小组成员并没有意识到他们正在改变自己的工作方式——这是一种有机的重组变革。确实，销售人员从高质量的信息中直接获益，同时也增加了企业的收益——这正是企业推广BI的最好动力。

然而，信息与业务流程间的简单关系并非凭空而来。菲利普斯认为，公司之所以能够有效地使用BI系统，是因为信息技术人员和业务人员能够密切协作。他说：“我们需要知道每天究竟发生了什么事，而不仅仅了解文件中的内容，这样我们才能在需要时对业务需求进行预测。”

目前BI系统与公司业务处理紧密结合，改进了原有流程，分享这些成果变得更加容易。“BI系统不仅仅涉及报表，”菲利普斯说，“它让我们更聪明了。”

Quaker制药公司通过使用BI系统彻底改变了应收账款的管理方式。过去，会计部门员工最重要的工作就是跟踪客户是否已经付款，以及付款是否及时。负责账款管理的经理使用公司的财务系统检查账款是否已经过期，但是他们掌握的过期账目结算的详细信息有限。这导致他们仅能观察到明显的付款问题——哪些客户在60天或更长的时间内没有付清账款——并不能对有可能无法付清账款的客户进行监控。有时，他们会让一名销售经理参与进来，但是让他们全程参与检查哪些客户没有付款或者为什么不付款，或者让销售人员也参与进来，就极少见了。

为了改进应收账款的管理，2005年初，Quaker制药公司决定让销售人员在回收账款过程中扮演更重要也更正式的角色。毕竟，他们是与客户最早接触并进行频繁交流的人，同时也是更理解客户不能付款的原因的人。

为了让销售人员参与进来，IT部门创建了一个数据集市，里面的数据是从公司交易系统中提取出来的应收款项信息。它的作用是分析客户和交易的历史支付数据以及历史结算数据，然后导入数据仓库。通过使用SAS的BI工具对付款记录进行分析，例如Quaker制药公司从开具发票到从客户那里收齐款项需要多久，或者客户分几次才能将款项付清，哪些客户经常过期付款，哪些客户根本不付款等。IT部门编写数据库程序，系统能够自动报告哪些客户仍有未付款项。然后，系统每月定期将这些报告直接发送到负责的销售经理处，让他们方便地进行跟踪处理。回收账款再也不需要手工收集信息了。

Quaker制药公司的CIO欧文·泰勒（Irving Tyler）认为，流程改革之所以能够成功，部分原因在于这些报告中的信息技术仅仅向销售人员传递了最具体的、最相关的信息。“如果不能聪明地关注并传递信息，人们不会理解怎样把它们应用到工作中。”泰勒认为，这种流程的重大变革需要与总体的策略联系起来，“信息没必要改变所有的东西，但你必须有计划地引导它们该如何改变”。

Avnet公司和Quaker制药公司证实，BI不仅可以为决策提供支持，借助技术和CIO应用技术手段的进步，BI还拥有完善企业的潜力。像Avnet的菲利普斯和Quaker制药的泰勒这样的CIO成功地使用BI改进了业务流程，相对于使用传统报告工具来说，意义更加深远。“BI系统为我们提供信息，帮助获得更高的效率。”Avnet 的菲利普斯如是说。

资料来源：Adapted from Meridith Levinson, “Business Intelligence: Not Just for Bosses Anymore,” *CIO Magazine*, January 15, 2006; and Diann Daniel, “Five Ways to Get Your Employees Better Information More Quickly,” *CIO Magazine*, January 10, 2008.

问题

1. 诸如 Avnet 公司和 Quaker 制药公司部署的 BI 系统为企业带来了哪些好处？数据和业务流程在这个过程中扮演着怎样的角色？

2. 要让人们改变 BI 工具仅仅是报告工具这种思想，面临的挑战有哪些？公司应如何应对？列举本案例中的例子说明你的答案。

3. Avnet 公司和 Quaker 制药公司等都实施了系统和流程的变革，从而影响了销售人员的工作。它们是通过怎样的方式从中受益的？它们的认可对项目成功有怎样的影响？探讨企业采用新系统还可以有哪些策略。

实践

1. 在网上寻找其他仅使用报告和商务智能工具管理企业的例子。比较它们和本案例中的例子有哪些相似之处和不同之处。使用一般报告和利用 BI 进行流程转型的主要不同点是什么？准备一份报告来总结你的发现。

2. 你认为对某些信息的控制和使用会对组织产生影响吗？你认为企业应当扩大信息的开放程度，还是应当限制其使用？为什么？分组讨论这些问题，然后阐明你的立场。

信息、决策和管理

图 9—1 描述了企业中决策制定者所需的各类信息，这些信息与管理决策制定的层次以及它们所处的决策环境的结构化程度直接相关。即使在今天组织规模缩小、组织结构趋于扁平化或无等级的情况下，图 9—1 所示的经典管理金字塔框架依然适用。管理决策制定的层次仍然存在，但是它们的规模、特点和参与者随着现今组织结构的变化而改变。在成功的企业中，必须由信息技术支持的管理决策层次包括：

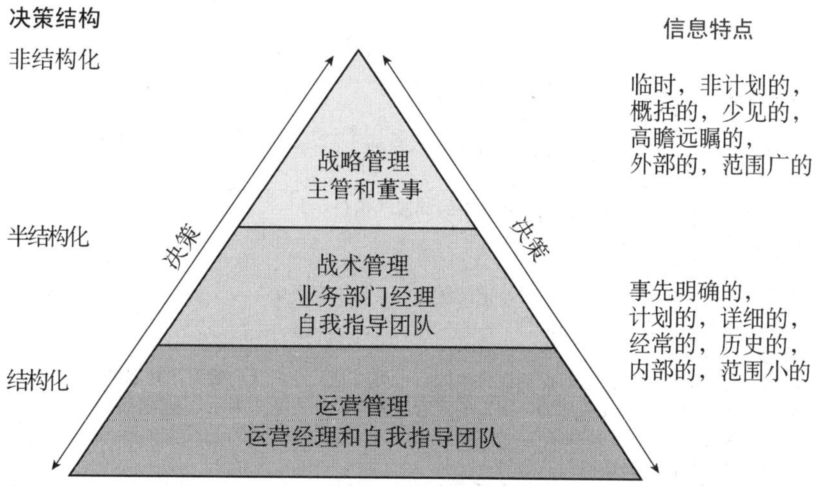

图 9—1　决策制定者的信息需求

说明：董事、主管、经理和自我管理团队的成员需要的信息类型，与管理决策的层次和决策环境的结构直接相关。

● 战略管理：一般来说，董事会和由 CEO 以及高层管理者等组成的执行委员会制定企业总体目标、策略、政策和任务，这是战略规划过程的组成部分。同时，他们也会监督企业执行战略，掌握政策、经济、竞争环境的大方向。

● 战术管理：目前，越来越多的自我指导团队内的业务专家和业务部门经理会制定短期和中期计划、日程安排、预算，为下级部门制定政策、流程和业务目标。他们还负责分配企业资源，监督下级部门、分支机构、过程团队、项目团队和其他工作组的工作表现。

● 运营管理：自我指导团队的成员或运营部门经理制定短期计划，如周生产计划。他们按照为团队和其他工作组制定的流程、预算和时间计划等，指导资源的使用和任务的执行。

信息质量

信息产品的哪些特质使得它们对你有价值或者有用？要回答这个问题，我们必须首先研究**信息质量**（information quality）的特点或者属性。信息如果是过时的、不准确的或者难以理解的，那么对你或者其他业务专家来说就不可能有用、有意义或者有价值。人们需要高质量的信息，也就是说，信息产品的特点、属性或者质量使得信息本身对他们更有价值。可以认为信息质量有三个维度，即时间、内容和形式，这有助于了解信息。图 9—2总结了信息质量的重要属性，并按照这三个维度进行了划分。

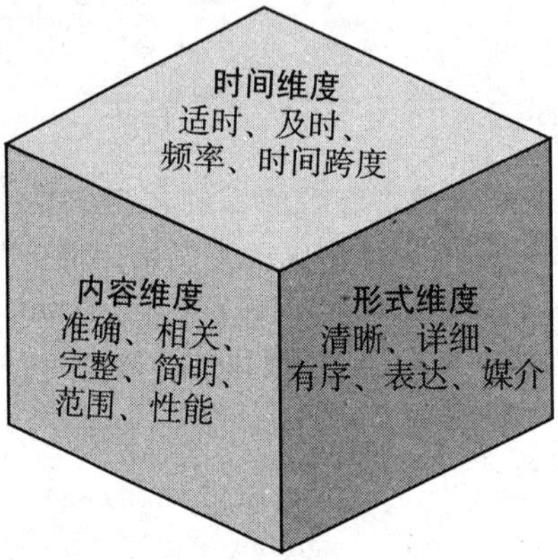

时间维度
适时：应当在需要的时候提供信息
及时：提供的信息应当是最新的
频率：应当按照需要的频率提供信息
时间跨度：可以提供过去、现在和将来时间段的信息
内容维度
准确：信息应当是没有错误的
相关：信息应当与特定条件下对特定问题的信息需求有联系
完整：应当提供所有需要的信息
简明：只提供需要的信息
范围：信息的范围可以是广泛的或狭小的，也可以是关注内部的或关注外部的
性能：通过检测已完成的活动、指定的流程或者累计的资源来展示信息的性能
形式维度
清晰：应当以简单易懂的形式表达
详细：信息可以是详尽的，也可以是简洁的
有序：信息可以通过事先定义好的顺序来安排
表达：信息可以通过文字叙述、数字、图片或者其他形式来表达
媒介：信息可以通过打印的纸质文件、视频或者其他媒体形式来表达

图 9—2 信息质量的属性

说明：本图概括了高质量信息产品应当具有的属性。

决策结构

通过观察**决策结构**（decision structure）可以了解决策的制定。运营管理层次的决策更倾向于结构化，战术管理层次的决策更倾向于半结构化，战略管理层次的决策更倾向于非结构化。结构化的决策是按照流程进行的，当需要决策时，可以事先设定流程。重新安排存货就是一个多数企业都会遇到的典型的结构化决策的例子。非结构化决策则无法事先确定流程计划。大部分与长期策略有关的决策都可以被认为是非结构化决策。（例如，“未来 5 年我们将开发什么产品线?”）多数商业决策都是半结构化的，也就是说，有些决策过程是可以事先确定的，但还无法提出一个明确的建议。例如，开发新的电子商务服务的产品线，或者对员工福利作出重大调整，就是介于非结构化和半结构化之间的决策。当没有现成的流程或者规则可用来参考时，作出的决策是非结构化的。这些不同类型的决策都需要多种信息源的支持，并且决策通常依赖于经验和“感觉”。“十年后公司的业务状况是怎样的?”这个问题的答案可能就是一个非结构化决策的例子。表 9—1 给出了根据决策结构类型和管理层次划分的不同商业决策的例子。

表 9—1　　按照决策结构和管理层次类型划分的决策

决策结构	运营管理	战术管理	战略管理
非结构化	现金管理	业务流程重组	新电子业务创新
		工作组绩效分析	公司重组
半结构化	信用管理	员工表现评价	产品规划
	生产计划	资金预算	兼并和收购
结构化	日常工作安排	项目预算	区域定位
	库存控制	项目控制	

因此，信息系统经设计应能提供不同的信息产品，以满足企业决策制定者的需求变化。例如，战略管理层次的决策制定者可能更关注决策支持系统，以获取更加概括的、有针对性的、非计划的报告，以及预测信息和外部智能，来支持更加非结构化的计划和政策制定。相对地，运营管理层次的决策制定者可能更加依赖于管理信息系统，来获得预先设定的内部报告。这些报告强调当前数据与历史数据的比较，用以支持日常运行中更加结构化的职责。表 9—2 比较了管理信息系统和决策支持系统的信息和决策能力，对此本章还将进行深入探讨。

表 9—2　　管理信息系统和决策支持系统在信息和决策支持能力方面的主要区别

	管理信息系统	决策支持系统
● 提供决策支持	提供组织绩效的信息	提供信息和决策支持技术来分析特定问题或机会
● 信息的形式和提供频率	定期的、例外的、所需的报告和回答	交互请求和响应
● 信息格式	事先指定的固定格式	Ad Hoc 模式的、灵活的、可修改的格式
● 信息处理技术	通过提取和处理业务数据产生信息	通过模型对业务数据的分析产生信息

决策支持趋势

个性化的决策支持、建模、信息恢复、数据仓库、假设分析以及报告是新兴应用的关注焦点。

正如在第1章中提到的，利用信息系统来支持企业决策已经成为信息技术应用于商业的主要推动力之一。然而，在20世纪90年代，学术界和实务界都发现，起源于经典的管理信息系统（60年代）、决策支持系统（70年代）、主管信息系统（80年代）的传统管理视角正在不断扩展。诸如PC硬软件、客户机/服务器网络、网络化PC版本的DSS软件等新兴信息技术，使得决策支持也适用于较低的管理层次，以及非管理层的个人和自我指导团队的业务专家。

随着互联网以及利益相关的公司间使用的内联网和外联网的快速发展，这个趋势也在加快。很多公司正在实施的电子化业务和电子商务创新拓展了信息和决策支持的使用，并提高了企业员工、管理者、客户、供应商和其他业务伙伴的预期。图9—3表明，所有业务相关的企业都希望获得简单、即时的信息以及网络化的、可以实现自我服务的数据分析。今天的企业正应用各种个性化、主动的、网络化的分析技术，为所有委托人的决策制定提供支持。

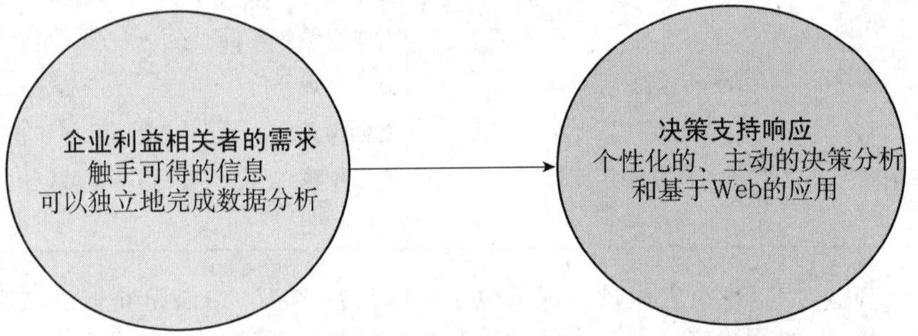

图9—3 企业利用决策支持满足利益相关者的需求

因此，公司内联网、外联网以及Web的成长已经加速了管理层信息的传递，促进了低层次管理者、个人及业务小组对决策支持软件工具的使用。此外，这种变化也为供应商、客户和其他相关公司使用诸如客户关系管理、供应链管理和其他电子化应用的**商务智能**（business intelligence，BI）工具敞开了大门。

1989年，霍华德·德雷内（Howard Dresner）（之后成为Gartner Group公司的一名分析家）提出了BI的概念，并用一个伞状图来描述。他认为BI是“使用基于论据的支持系统来改进企业决策制定的概念和方法”。BI直到20世纪90年代末才得到推广。今天，BI被认为是企业制定及执行战略过程中必要且关键的因素。以下是Gartner Group公司在2009年得到的研究成果：

- 预计到2012年，全球5 000强企业中将有超过35%的企业经常发生由于信息、流程和工具的缺乏而导致的业务及市场重大变革方面的决策失误。
- 预计到2012年，业务单元将至少将企业总预算的40%用于商务智能。
- 预计到2010年，20%的企业会将专门的行业分析应用软件作为商务智能原型的一个标准组件。
- 在2009年，协作决策制定将作为一个新的产品类别出现，把社会性软件与商务智能平台功能结合起来。

看到这些研究结果，很容易让人想到BI正迅速成为现代企业决策制定的中流砥柱。在不久的将来，它将成为很多行业内竞争力的必要组成部分。

图9—4展示了几种主要的信息技术，通过定制可实现个性化和Web化，为经理、业务专家和企业利益相关者提供重要的业务信息。本章将探讨这些商务智能工具在不同类型的信息和决策支持系统应用中的发展趋势。

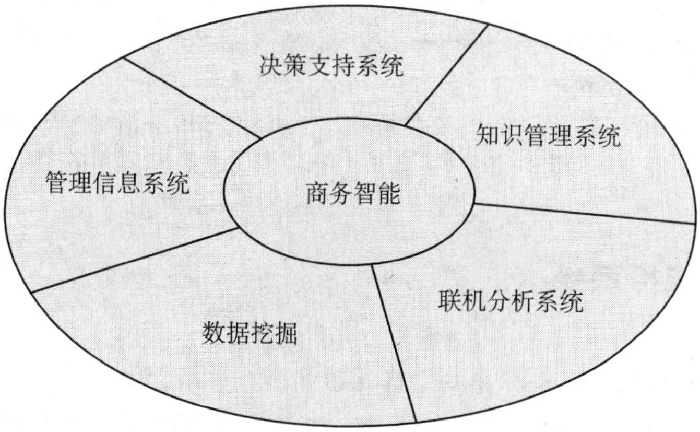

图9—4 商务智能的应用

凯悦酒店：用仪表盘整合金融信息与运营信息

几年前，总部位于芝加哥的凯悦酒店认为，公司需要一种能够将分散的财务数据整合起来的方法，以便更容易地预测未来的销售额，制定相应的业务计划。也就是说，公司需要在系统中为上级管理者安装一个提供仪表盘和计分卡功能的标准财务绩效管理模板。但是经过几次讨论，公司发现标准化的安装无法满足现有的需求。

格布哈特·雷纳（Gebhard Rainer）是主管凯悦酒店财务和系统的副经理，他想将预算、计划、建模和报表等财务元素与酒店的运营数据结合起来。他希望每位经理和酒店管理人员全面了解酒店每天的业绩，但是如果这些数据分布在不同的仪表盘中，就无法实现。

促使这个概念发展的动因正是当今不断变化的全球环境，恐怖主义和自然灾害成为令人难以捉摸的变化因素，影响着原有的商业秩序。雷纳的酒店地处中东，在数年前曾经历过恐怖袭击。这家酒店和位于新奥尔良的另一家酒店遇到了相同的问题，因为格尔夫海岸经常受到龙卷风的威胁。对于他们来说，首先考虑的当然是顾客的安全问题。但是纵观全局，酒店必须对其商业目标进行预测，要考虑方方面面的因素——从资源配置到挑剔的顾客。这些信息都不可能从工作表中获得。

凯悦是最早采纳Hyperion公司System 9系统的客户之一，选择Hyperion公司的产品是看中它与现有资源系统的集成能力，以及良好的用户体验。起先，凯悦希望在小范围内安装，对40名用户开放System 9的仪表盘。“这是一个试水阶段。”凯悦财务系统的助理副经理苏费尔·巴尔卡（Sufel Barkat）说：“我们想简单了解一下这些工具的功能，下一阶段将会有大动作。”最终的计划是将系统从凯悦总公司扩展到美国和海外分公司的每个人——一个全面运营BI的系统。最终，酒店经理都能够访问仪表盘，每个人都可以看到相同的页面，当地的员工能够浏览总部信息并利用这些相同的信息对本地问题作出决策。

凯悦过去在全球的每个酒店都使用分散的ERP系统，最后它们使用Teradata公司的数据仓库软件对运营信息数据进行了清理。公司还通过数据仓库来存储和清理外部市场信息，例如市场竞争情况以及各地区的市场份额等。

在财务方面，其他的信息源包括各分公司的基本分类账目系统和一个甲骨文公司的数据库，这些系统已经对凯悦的初始业绩管理费用进行了整合和统一。

凯悦公司下一步的打算是将仪表盘扩展到500～600名用户，力图保证各区域管理层能够使用。完成形态的BI系统将使用户扩充到3 000名。目前仍处在早期阶段，巴尔卡还不能使用实时的数据来计算System 9的结果。但是，用户已经开始对测量过程提供反馈，对他来说，这预示着凯悦领导层内将会有剧烈的“文化和业务的变革”。

资料来源：Adapted from Scott Eden, “Hyatt Merges Financial, Ops Data,” *InformationWeek*, January 17, 2006.

□ 决策支持系统

决策支持系统（DSS）是基于计算机的信息系统，它能够为经理和业务专家在决策制定过程中提供互动信息的支持。决策支持系统借助分析模型、特定的数据库、决策制定者自己的视点和判断，以及交互的、基于计算机的建模过程来支持半结构化的商业决策。

例　子

销售经理一般会依靠管理信息系统来完成销售分析报告。这些报告包括销售业绩信息，如产品线、销售人员、销售地区，等等。然而，决策支持系统还可能向销售经理展示不同的因素（如促销成本和销售人员薪酬）对销售业绩的影响。决策支持系统也可以参照某种标准（如期望毛利和市场份额）对不同销售业绩影响因素的组合进行评估和打分。

因此，决策支持系统应该被设计成一个由决策制定者发起并控制的、特定的、快速响应的系统。决策支持系统能够直接支持特定类型的决策、个人的决策风格和主管、经理及业务专家的需求。

DSS组件

与管理信息系统不同，决策支持系统依赖于**模型库**（model base）和数据库作为重要的系统资源。DSS模型库就是一种软件组件，由计算和分析程序中使用的、用算术方法表达变量间关系的模型组成。例如，一个工作表程序可能包括表达简单会计关系的模型，如收益－成本＝利润。DSS模型库也可能包括某些模型和分析技术，用来表达更复杂的关系，例如线性程序模型、多元回归预测模型以及资本预算现金模型等。这样的模型可以以数据表模型或者模板，抑或统计和数学程序及程序模块的形式来存储。图9—5展示了网络化决策支持系统的构成。

另外，DSS软件包可以将模型组件进行组合来创建集成的模型，用以支持特定类型的决策。DSS软件一般包括内置的分析模型程序，同时允许用户建立自己的模型。现在很多DSS软件包都支持微型计算机和网络环境。当然，在某些更加强大的DSS软件中，电子工作表软件包也提供一些建模（工作表模型）和分析模型

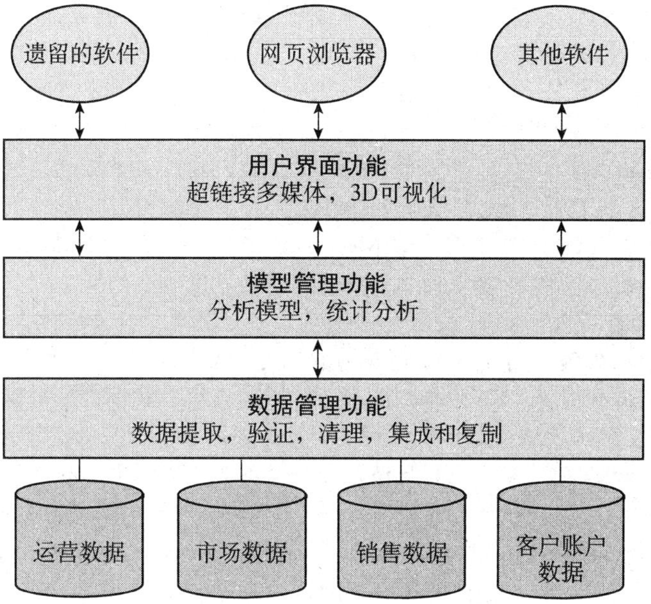

图 9—5　网络化市场决策支持系统的构成

（假设和单变量分析）功能。随着企业越来越了解决策支持系统的功能，会不断扩展 DSS 的使用领域。表 9—3 列举了企业使用的决策支持系统。

表 9—3　企业使用的决策支持系统

功能	描述	实例
供应链管理	模拟和优化供应链流程；减少库存和缺货情况	戴尔，沃尔玛，亚马逊
客户选择、忠诚度培养以及服务	识别客户潜在价值 增加客户对产品和服务的吸引力 培养客户忠诚度	Harrah's，Capital One，Barclays
定价管理	制定合理价格，实现利润最大化	Progressive，万豪
人力资本管理	为特定任务或工作选择最合适的员工	New England Patriots，Oakland A's，Boston Red Sox
产品和服务质量管理	尽早发现并减少质量问题	本田，英特尔
财务绩效管理	更好地了解财务绩效的驱动因素以及非财务因素的影响	MCI，Verizon
研发管理	提高质量和绩效，改善产品和服务的安全性	Novartis，亚马逊，雅虎

资料来源：Adapted from Thomas H. Davenport，"Competing on Analytics," *Harard Business Review*，January 2006.

掷骰子：完善决策制定的技术

最新的经济研究已经证实了大多数主管的质疑：即使有完善的数据，人们仍会作出错误的决策。我们可能错误地理解、错误地解释、错误地处理了重要问题。这并不是因为我们很愚蠢，而是因为我们的思考过程有很多缺陷。新兴技术的出现可以帮助我们弥补这些缺陷。决策支持系统已应用多年，但它的最新形态对目前的计算处理能力提出了挑战，它要产生成千上万种情景来模拟现实世界的各种问题。像@risk和XL Sim等产品就允许人们通过不断产生随机数来测试他们的假设，这和掷骰子的原理是相同的。这种名为“Monte Carlo仿真”的技术能够将常规的工作表变为可能出现的场景，便于作出更好的决策。

“幸运的话，廉价、简单易用的Monte Carlo仿真的兴起将会减少那些单纯依赖平均值来制定的愚蠢的决策。”萨姆·萨维奇（Sam Savage）如是说。他是XL Sim的创立者，也是基于工作表进行统计研究的先驱，同时还是斯坦福大学的顾问教授。

硅谷的产品经理曾被要求预测下一代微型芯片的需求量。“经理一般会说，大约50 000～150 000个。”萨维奇说。但问题是，老板并不想听到这样一个范围值，他希望得到确切的数字。所以经理就说“100 000”，正好是中间值。于是，老板就把10 000个芯片的成本记录到工作表中。结果，他上报的是平均预期收益，盈利1 000万美元。假设需求是这个过程中唯一不确定的变量，100 000是正确的平均值，那么1 000万美元一定是最准确的预期收益。这样计算正确吗？错了！

萨维奇把这种现象称作“平均值的缺陷”，这样计算出来的预期平均收益一定会少于用预期平均需求计算出来的实际收益。如果需求量小于100 000个，那么收益将会低于1 000万美元。然而，收益永远无法高于1 000万美元，因为工厂的最大产能基于的是一个有缺陷的平均值。可见，产品经理正确的平均需求预测导致了一个夸大的平均收益预测。

萨维奇预测，总有一天，每个管理产能的经理、每个研究股票投资组合的投资者、每个有退休金的员工都会使用Monte Carlo仿真方法来测试利用他们的直觉假设所得到的平均回报以及平均损失。

资料来源：Adapted from Michael Schrage, “Decision Support Software Shows You the Scenarios,” *CIO Magazine*, January 1, 2003.

□ 管理信息系统

第1章中提到，管理信息系统（MIS）是为管理决策制定提供支持的信息系统的原始形态。MIS生产信息产品，用来满足管理者和业务人员每天制定决策的需求。通过事先指定需要的内容，系统产生的报表、展示和响应结果为决策制定者提供了充分的信息。这类事先定义的信息产品满足了运营层次和战术层次的决策制定者对更加结构化的信息的需求。例如，销售经理非常依赖销售分析报告来评估那些销售相同产品给同类顾客的销售人员的业绩表现。他们清楚地知道需要哪些关于销售结果的各类信息（如产品线、销售区域、顾客、销售人员等），从而有效地管理销售业绩。

管理者和其他决策制定者使用MIS来查询联网的工作站的信息，以支持他们的决策制定活动。这些信息以定期报告、例外报告、需求报告和即时响应的形式提供给请求者。Web浏览器、应用程序和数据库管理软件提供了获得内联网和其他运营数据库信息的通道。要记住，运营数据库通过交易处理系统来维护，在需要时，可以从互联网或者外联网数据库得到这些关于企业环境的数据。

管理报告的类型

管理信息系统为管理者提供了多种信息产品，有四种主要的报告类型可供选择。

- 定期预订报告。这是一种传统的管理者获取信息的形式，系统按照预先指定的形式有规律地提供信息。典型的例子就是每日销售分析报告、每周销售分析报告，以及月度财务状况报告。

● 例外报告。某些情况下，例外报告仅在例外事件发生时产生。其他情况下，这些报告也是定期产生的，但仅仅包含例外信息。例如，管理信用的管理者可以得到只包含超出信用限制的客户信息。例外报告降低了信息负载，而不会给决策者过于详尽的报告信息。

● 需求报告和响应。无论何时，管理者都可以得到想要的信息。比如，借助 Web 浏览器、DBMS 查询语言和报告生成器，使用 PC 工作站的管理者能够立刻获得即时的响应，或者查找并得到定制的报告。因此，管理者不必等到定期预订报告生成就能得到想要的信息。

● 推送报告。信息推送到管理者的网络工作站。因此，很多公司使用软件进行网络发布，通过公司内联网向管理者及专家的联网计算机有选择地发布报告和其他信息。

市场营销智能系统的组成见图 9—6。

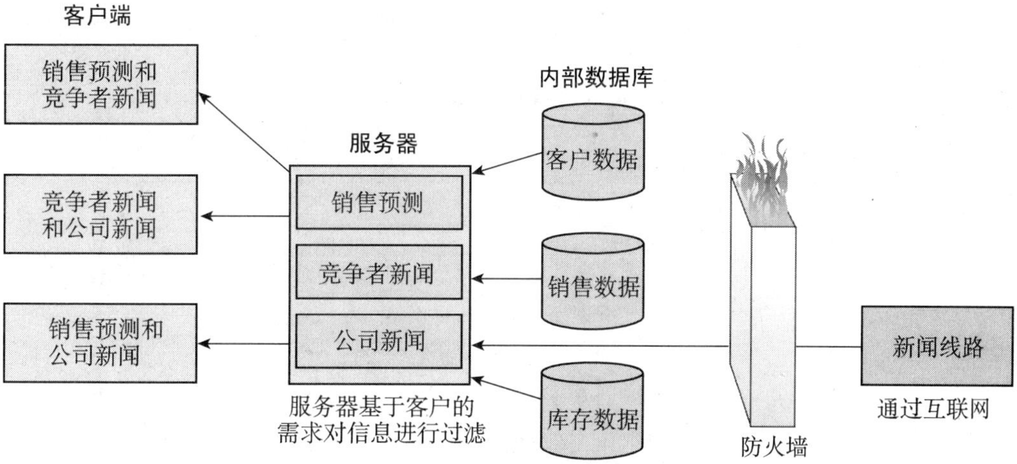

图 9—6　市场营销智能系统的组成

□ 联机分析处理

在股东大会上，百事公司前 CEO 韦恩·卡洛韦（D. Wayne Calloway）说："10 年前我能告诉你们 Doritos 玉米片在密西西比西部卖得怎么样。如今，我不仅可以告诉你它在密西西比西部卖得怎样，还能告诉你，在加州奥兰治县的欧文的一个镇、当地的 Vons 超市周四的一次促销活动中，第四个货架卖了多少。"

在当今全球竞争和变化的商业环境下，企业管理者和分析人员对信息系统提出了新的需求，那就是能够快速进行复杂的商业查询。信息系统领域已经作出响应，开发出了诸如分析数据库、数据集市、数据仓库、数据挖掘、多维数据库结构（详见第 5 章），以及专门的服务器和支持联机分析处理（OLAP）的联网软件产品。

联机分析处理让企业管理者和分析人员能够互相检查和使用大量具体的、经过处理的各类数据。OLAP 能够分析存储在数据集市、数据仓库和其他多维数据库中上千甚至上百万个数据项之间的复杂关系，发现其中的模式、趋势和例外情况。

OLAP 能够对管理者或分析人员的查询作出快速响应，这样分析或决策过程就不会被干扰（参见图 9—7）。

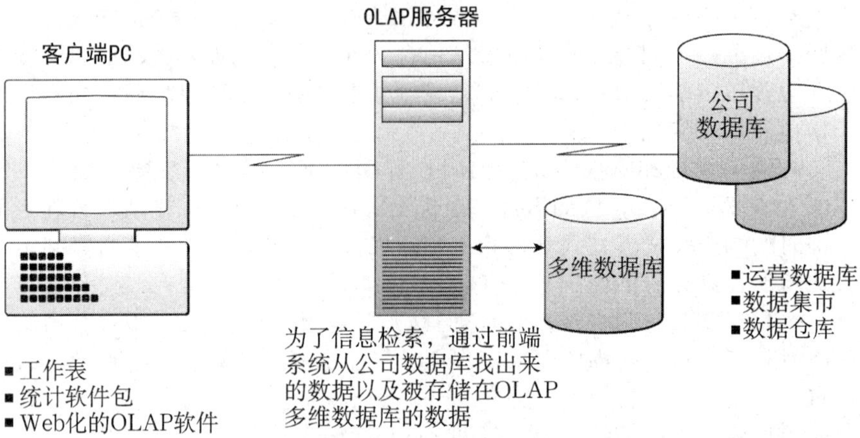

图 9—7　联机分析处理

联机分析处理包括几个基本的分析操作，即合并、“向下钻取”、“切片和切块”。图 9—8 给出了一个例子。

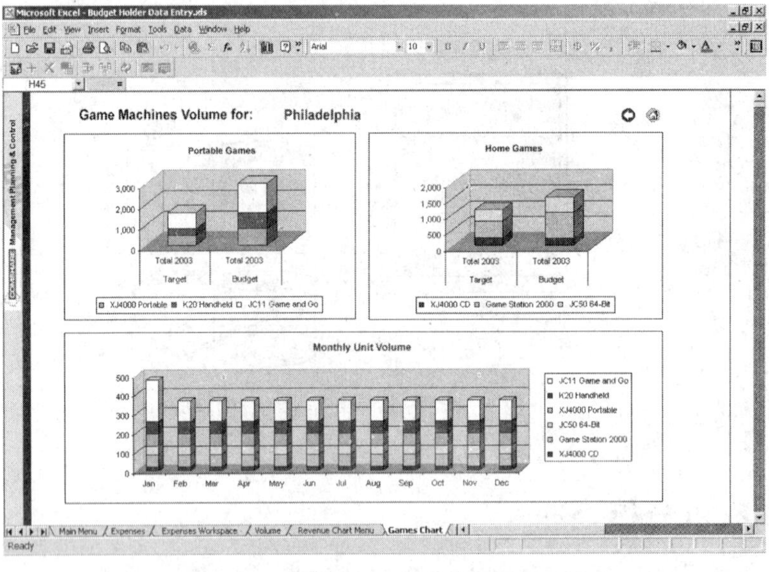

图 9—8　联机分析处理的分析操作示例

资料来源：Courtesy of Microsoft®.

● 合并。合并就是对数据进行聚合，包括简单的向上汇总或相对复杂的相关数据分组。例如，销售部门的数据能够汇总到区域级别，区域级别的数据能够汇总到地区级别。

● 向下钻取。OLAP 也能够从相反的方向，将合并好的数据进行拆分得到详细的信息，这就叫向下钻取。例如，可以很容易地得到区域总销售额中每个产品或者销售代表的销售情况。

● 切片和切块。切片和切块是指从不同的视角认识数据库的能力。销售数据库的一个切片可能包括区域内一个产品类型的总销量，另一个切片可能包括每个产品类型下不同销售渠道的情况。切片和切块经常针对一个时间轴上的数据使用，分析它们的趋势，找到数据中基于时间的变化模式。

联机分析处理的例子

要想全面了解 OLAP 的威力，最好的办法就是看看这项技术在一般商业中的应用。OLAP 的真正实力来自大量数据与模型的紧密结合。通过彼此的结合，管理者能够解决很多以前看似过于复杂而无法有效解决的问题。在一般商业领域内，OLAP 能解决以下问题：

- 市场和销售分析；
- 点击流数据；
- 数据库营销；
- 预算；
- 财务报表和合并；
- 盈利能力分析；
- 质量分析。

让我们看两个 OLAP 在现代商业环境中应用的例子。

临近财务季度结算了，高层主管担心几种新产品的市场接受情况。他让一名分析人员为他提供更新的信息。问题是，由于 CEO 需要的是最新的数据，分析师必须保证在一小时内实现数据的更新。分析师实际上仅有几分钟的时间来分析少数几种产品的市场接受度，因此他决定将上市时间在 6～9 个月的 20 种产品分成一组，与上市时间在 2～3 年的 50 种商品进行比较。分析人员只需要定义两个新的产品组，计算新产品组和旧产品组的比值就可以得到答案。然后，他就能跟踪在不同区域、不同时间段、不同客户或者不同销售团队条件下，销售收益或者销售量的比率。定义新的分组和比率只需要几分钟的时间，即使数据库中有上万种商品和数百个地区的信息，分析人员也能用几秒钟的时间得到结果。用不了 15 分钟，他就能发现哪些地区的商品接受情况不如其他地区。

然后，分析人员可以调查这样的结果是否由于促销活动不多、新产品不适用、缺乏销售动力，或者一些地区接受新产品的速度总是比其他地区更慢。通过这种新旧产品的对比，他观察到同一地区总是对价格高的商品持有保守的态度。接着，他利用这些信息来观察这些接受新产品速度较慢的地区是否会随着时间的推移而变得比先前更慢。鉴于这样的分析结果，高级管理层决定在对下个季度的销售情况进行评价后再深入讨论。

再看一个例子，假设一个零售商想开展电子零售业务，希望将公司网站与业务紧密结合起来，并且已经开始利用点击流数据分析网站客户成交前离开网站的原因。公司分析的重点是被放弃的购物车的价值。当一个客户在购买过程中途离开网站时，无论是什么原因，公司都要看看被放弃的购物车中有什么商品，然后将这些数据与其他购物车的类似数据进行比较：

- 被放弃的购物车代表多少收益。（换句话说，由于客户提早离开，公司减少了多少收益。）
- 购物车内的商品是高利润商品，还是经常被人遗弃的商品。
- 其他被放弃的购物车内是否可以找到和该购物车中一样的商品。
- 购物车内，商品的数量和商品类别的数量是多少。
- 被放弃的购物车的账单价格是不是在某个价格范围内。
- 与没有被放弃的购物车（一直到结账阶段完成交易）相比，被放弃的购物车的平均账单价格和总账单价格是怎样的。

利用 OLAP 进行分析引发了一些有趣的设想。例如，有可能购物车里的全部商品不能给顾客带来足够的吸引力以使他继续购物。顾客可能对频繁的询问（比如

“您还想继续购物吗?”）感到厌烦。当购物车总价达到某个值时，客户可能会改变主意而选择离开。顾客看到购物车里的商品时也可能会想到，在另一个网站上买同样的商品可以享受更高的折扣。

必须承认，这些设想仅仅是假设。毕竟，顾客的网络连接出现故障，或者网站本身有问题迫使用户重启，这类情况都有可能发生。不过，使用统一的标准进行定期测量，点击流就能够揭示出有趣的模式。经过几次分析，电子零售商就能对网站加以完善。

首先，电子零售商让网站在顾客添加商品时显示总价格，这样顾客就能在购物过程中看到总金额，一旦达到预算就会进行结账。另外，网站让顾客点击鼠标，在弹出窗口内就能得到某种商品的信息，而不必打开新的网页。最后，厂商决定将点击流数据和更多特定顾客的行为信息（包括客户关系管理系统中的信息）进行整合。

除了研究顾客的浏览习惯和猜测他们的行为外，电子零售商还可以将这些模式与更多的特定顾客数据（例如该产品类别的先前购买记录、客户的主要属性特征、消费心理或者客户价值得分等）相结合，得到对顾客价值和偏好的全面认识。分析结果可以告诉你，流失的顾客是一次性消费的顾客，还是高价值的顾客。一个量身定制的电子邮件信息或者电子优惠券可能会在高价值顾客下次登录时产生明显的效果——即使是那些在前一次购买中没有得到关注的商品，也会吸引顾客。

下面是一个现实世界中OLAP帮助企业解决复杂商业问题的例子。

Direct Energy公司：挖掘BI来保留客户

在不良贷款对按揭行业造成巨大影响之前，Direct Energy公司对其有所察觉，比如发现客户流失导致利润受损。公司找到了解决该问题的有效方法：商务智能。约翰·卡奇罗斯（John Katsinos）是负责Direct Energy公司大众市场运营的信息系统的副经理，他认为：“不同工作组从不同的系统中调用数据，如果没有获得集成的信息，就无法把同一客户生命周期的终端数据连接起来。”

没有对客户记录的整体把握，Direct Energy公司的分析人员很难了解客户的流失情况，更不要说如何避免了。所以公司使用了BI Jumpstart，在开展商务智能的初期让分析人员了解客户的哪些行为最终导致其放弃公司的服务，以及预测不良贷款工具的使用情况。这些做法让公司节省了上千万美元，并且通过更准确的定价、预测和市场定位更主动地保留了客户。

“我们希望降低业务和顾客资源的风险，并且扩大顾客基础和利润。”卡奇罗斯补充道。

“这意味着我们的客户数据要达到可以用来预测客户行为的水平。”卡奇罗斯为使用BI Jumpstart组建了一个精锐的分析团队，由一名IS项目经理、一名数据建模员、两名ETL开发人员、一名分析开发人员、一名BI架构师和一名BI管理员组成。之后，该团队实施了一个“多角色商务智能”策略，涉及数据仓库、数据集市、OLAP储藏室和ETL。

它成就了数据挖掘人员的梦想：Direct Energy公司的分析人员能够使用集成的BI程序预测客户在哪些方面有可能产生回报，然后调整公司的服务、定价以及相应的营销广告。

例如，通过合理使用BI Jumpstart，Direct Energy现在能够确定为什么某一项市场策略会导致2%的客户流失，而另一项策略导致20%的客户放弃服务。

除了有助于公司获得利润外，BI Jumpstart还帮助Direct Energy公司发挥了最大的潜能。“现在我们可以大展拳脚了。”卡奇罗斯如是说。

资料来源：Adapted from Tom Sullivan, “Direct Energy Mines BI to Conserve Revenue Streams,” *InfoWorld*, November 17, 2008.

地理信息系统与数据可视化系统

地理信息系统（geographic information systems，GIS）和**数据可视化系统**（data visualization systems，DVS）是 DSS 的特殊类别，它们继承了数据图形和其他 DSS 的特性。地理信息系统使用地理数据库来建立和显示地图，以及其他影响人口与资源地理分布的决策的图形。很多公司正在使用 GIS 技术并结合全球定位系统（GPS）进行新店的选址、优化配送路径，或者分析目标客户的统计特征。例如，李维斯公司、Abry's 公司、Consolidated Rail 公司和联邦快递公司使用 GIS 软件包将地图、图像和其他地理数据与工作表及统计软件包内的公司数据进行集成。诸如 MapInfo 和 Atlas GIS 等 GIS 软件是其中应用最广泛的商业 GIS 产品。

数据可视化系统使用交互的三维图形（如表格、图片和地图等）表示复杂的数据。当数据以图形的形式呈现时，DVS 工具帮助用户对数据进行排序、细分、组合和整理。这种辅助工作帮助用户在知识发现和决策制定过程中，识别商业数据或科学数据中的规律、关系和异常。诸如数据挖掘等商业应用一般使用交互图表来让用户深入分析实时数据，通过处理商业模型中的隐含数据来理解它在商业决策制定中的意义。

地理信息系统和数据可视化系统并不是新的概念。这个概念最早可以追溯到 1854 年。英格兰某个地区在 5 天之内有 500 人死于霍乱。约翰·斯诺（John Snow）是当地的一名医生，他对这类霍乱疫情已经研究了一段时间。为了确认霍乱的来源，斯诺医生记录了伦敦某地区内每例霍乱死亡患者的位置，他在地图上用一个圆点来标记死者的家庭地址。图 9—9 是原始地图的复制品。

图 9—9　原始地图

资料来源：E. R Tufte，*The Visual Display of Quantitative Information*，2nd ed.（Cheshire，Connecticut；Graphics Press，2001），p. 24.

从地图上可以看到，斯诺医生用圆点标记了死亡病例，11 个叉代表水泵。通过检查这些圆点的分布和聚类情况，他发现霍乱死亡病例有一个共同的特点：患者都生活在某条街道附近，并且从街上的水泵处取水。为了验证这一假设，他请求将水泵的把手移走，使其无法操作。在很短的时间里，那场宣称造成 500 多人死亡的霍乱就终止了。

摩根大通和Panopticon公司：利用可视化为固定收益债券交易者服务

信用市场数据量庞大，使用传统技术（如图形和表格）对理解数据及其可视化非常重要。通过浏览这些数据来查找特定报告和分析信息令人生畏，传统的信息传递机制已经呈现出无力驾驭的趋势。

如今，市场数据分析和所有权分析普遍使用网络作为传输媒介，因而服务提供商必须为客户提供更加直观的可视化和浏览服务，使其获得更多的价值。

固定收益研究和分析的供应商正在寻求新的数据可视化方法，以便为使用者提供更有价值、更直观的服务，而不仅仅提供简单的在线表格、图形和报告。

摩根大通公司使用软件开发公司Panopticon的产品开发了自己的信用/地图应用软件，为客户提供公司债券市场上实时行情的图形展示。摩根大通提供有用信息的研究，进行有价值的分析，这让它们赢得了欧洲货币大奖——“最佳在线固定收益研究奖”。

摩根大通使用新的可视化工具和导航工具，让使用者能更快地访问现有在线信息。它们以Panopticon公司的交互树状图可视化工具作为展示层，利用导航系统提供数据的宏观视图，允许用户深入挖掘特定报告和分析结果。

摩根大通的信用/地图软件允许用户通过改变颜色、字号及其他大量简单的自定义界面，对信息进行可视化操作。这个界面起到催化剂的作用，能让用户识别数据模式、分析信息，并且比以往任何时候都快速而准确地制定决策。在应用信用/地图软件之前，经纪公司的客户只能阅读公司债券市场的文本报告，查看各种统计分析表格，但是由于市场太大，很难全面掌握信息或者了解投资机会。

在电脑屏幕上看CreditMap软件，就是一些由方格拼接而成的画布，上面显示了公司所有债券的信息。屏幕按照不同的部门进行划分，每个方格代表了不同部门的债券情况。方格的大小代表债券的多少，颜色表明债券的表现。这样，投资人只要瞥一眼就能知道哪个部门或者哪种债券很热门，债券的数量是否与投资需要相匹配。点击一个方格就开启了一个窗口，里面有债券的基本信息——包括评价和相关分析人员的姓名及电话，还有下拉菜单供选择，用以提供详细的研究数据。

“Panopticon的树状地图增强了实现用户信用市场可视化的能力，方便了分析人员——这是我们赢得欧洲货币大奖的重要原因。”摩根大通的欧洲投资组合与指数策略的负责人李·金麦蒂（Lee McGinty）如是说。

资料来源：Adapted from Case Study：*JPMorgan CreditMap*，www.panopitcon.com. March 2008.

使用决策支持系统

决策支持系统包括一个交互的**分析建模**（analytical modeling）过程。例如，提供决策支持的DSS软件包可以产生一系列输出，作为管理者拟提出方案的可能结果。这就与管理信息系统的需求响应有所区别，因为决策制定者需要的不是事先指定的信息，而是发现可能的结果。因此，他们不必事先明确提出信息需求。实际上，他们希望使用DSS来找到能帮助自己作出决策的信息。这就是决策支持系统这一概念的精髓。

使用决策支持系统时包括四种基本的分析建模活动：（1）假设分析；（2）灵敏

度分析；（3）目标分析；（4）优化分析。下面简要介绍这些决策支持中用到的分析建模类型（见表9—4）。

表9—4　分析建模类型

分析模型的类型	活动和举例
假设分析	观察已选变量的变化如何影响其他变量。 举例：我们将广告减少10%如何？销售会怎样？
灵敏度分析	观测一个单一变量的重复变化如何影响其他变量。 举例：我们减少广告费100美元，以观察它对销售的影响。
目标分析	对选择的变量做重复的变化，直到一个已选变量达到了目标值。 举例：让我们试着增加广告投入，直到销售额达到100万美元。
优化分析	在给定的限制下，选择变量寻找最优化值。 举例：给定预算和选择的媒体，广告的最佳投入是多少？

假设分析

在**假设分析**（what-if analysis）中，使用者改变变量或者变量间的关系，观察其他变量值的变化情况。如果你使用的是工作表程序，在一个简单的财务工作表模型中，你就可以改变利润（变量）的数值或者税率方程（变量间的关系）。然后，你可以命令工作表程序重新计算所有受影响的变量的值。管理者能够观察和评估每个变量的变化带来的影响，特别是像税后净利润这样的变量。对于很多管理者来说，税后净利润是一个重要的数据，对于制定决策非常关键。这类分析可以重复进行，检验各种可能的决策方案产生的影响，直至令管理者满意的结果出现。图9—10是一个假设分析的例子。

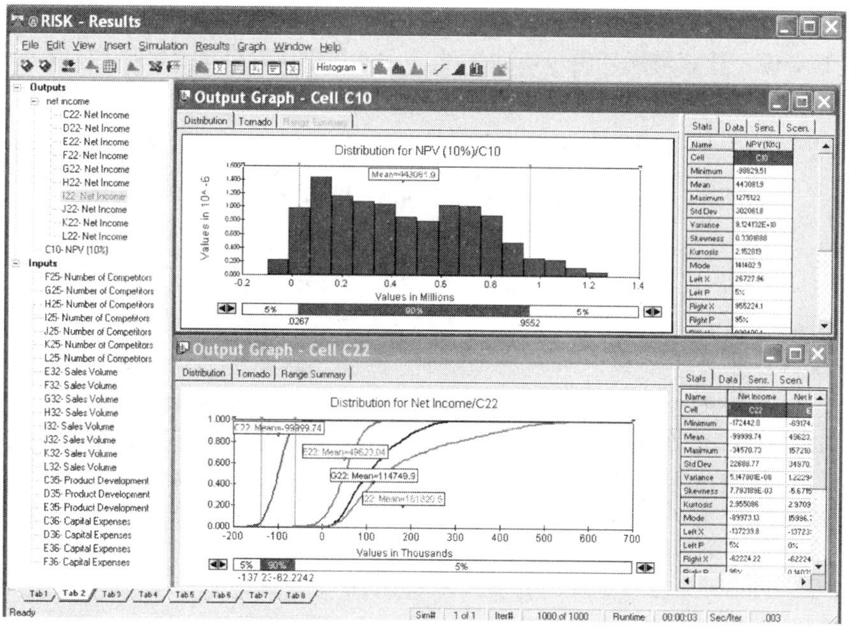

图9—10　假设分析示例

资料来源：Courtesy of Palisade Software.

灵敏度分析

灵敏度分析（sensitivity analysis）是假设分析的一个特例。一般来说，在反复改变变量值的过程中，仅针对一个变量观察其他变量的变化结果。灵敏度分析就是这样的方法，即在假设分析中每次只改变一个变量的值。在进行灵敏度分析时，一些DSS软件包会自动对某个变量做微小的改变，并重复进行。通常，决策制定者在不确定某个关键变量的数值假设时，会使用灵敏度分析。在前面提到的工作表的例子中，可以小幅增加利润值，然后观察并评估其对工作表内其他变量的影响。这个过程可以帮助管理者了解各利润水平对决策中涉及的其他因素的影响程度。

目标分析

与假设分析和灵敏度分析恰好相反，**目标分析**（goal-seeking analysis）不是观察一个变量如何影响其他变量，而是为变量设定一个目标值（目标），然后不断改变其他变量，直到得到目标值。例如，可以设定某项商业投资的税后净利润目标值是200万美元。接着，可以不断改变工作表模型中的收益值或者成本，直到达到200万美元的目标值。这样，你会得到该项商业投资的税后净利润为200万美元时需要达到的收益值或者成本水平。这种形式的分析建模将会回答“我们如何才能使税后净利润达到200万美元”这样的问题，而不是“如果我们改变收益或者成本将会发生什么”。综上所述，目标分析是另一种重要的决策支持方法。

优化分析

优化分析（optimization analysis）是目标分析的一种更复杂的拓展形式。它不是为变量设定一个目标值，而是在某个限定条件下，找到一个或多个变量的最优值。在限定的条件下，不断调整一个或者多个变量，直到找到目标变量的最优值。例如，希望通过改变所选定的利润源和支出项目，确定利润可能达到的最高水平。可以为这些变量设定调整的范围，如生产流程的能力限制或可用资金的限制等。一般来说，计算最优结果可以使用软件，如微软Excel的Solver工具，或者其他优化技术的软件包，如线性模型程序。

Casual Male Retail Group：即时响应的商务智能

丹尼斯·赫恩里奇（Dennis Hernreich）是Casual Male Retail Group（CMRG）的COO和CFO，如果问在改用即时响应的商务智能报告系统之前他的生活是怎样的，他只能用“令人沮丧”来形容。

CMRG是一家年销售额达4.64亿美元、专门销售超大规格男士服装的公司。目前公司正在使用一个预订响应报告系统进行目录营销（公司还拥有520家零售折扣店和自己的电子商务网站）。但是，该系统中的报告功能设计得“异常糟糕”。赫恩里奇这样形容：“业务可视性？糟糕。实时信息？不存在。想要按尺码来统计某个款式？不可能。”

“简直令人难以忍受。”赫恩里奇说。另外，你只能查看那些被设计好的报告内容（缺少例外报告等功能），然后打印出来。“报告有上百页之多，”他回忆道，“和现在的运作方式大相径庭。”

这并不是说CMRG没有得到所有的信息；只是没有以一种直观简单的方式为实时目录营销提供有关销售和存货趋势的信息。这种情形在2004年得以改变，CMRG开始使用Oco公司（www.oco-inc.com）提供的即时响应的商务智能系统，该系统接管了公司所有的数据，建立和维护线下销售的数据仓库，创建了“实时响应的报告仪表盘，用户和我们只要动动指头就能得到所需的信息”。

如今，赫恩里奇和公司的销售策划以及买家都能够轻松获得全部目录数据的销售仪表盘：“今天有哪些款式在销售？今天销售的商品库存有多少？哪家店铺的库存不足了？哪家店铺需要订货？不同尺码的商品的销售情况怎样？哪种商品卖光了？”赫恩里奇说：“与商业运营有关的所有基本问题，我们每天都可以从报告中得到。”

最棒的是，公司终于不必打印报告了。

资料来源：Adapted from Thomas Wailgum, “Business Intelligence and On-Demand: The Perfect Marriage?” *CIO Magazine*, March 27, 2008.

面向决策支持的数据挖掘

我们已经在第5章中讨论了数据挖掘和数据仓库，它们是企业组织和探索数据资源的重要工具。数据挖掘的主要目的是通过知识发现的过程，为管理者和业务人员提供决策支持。数据挖掘软件试图通过分析大量的、为分析准备的历史业务数据，发现它们的模式、趋势和隐藏在数据中的相互关系，帮助公司改善业绩。

数据挖掘软件可以进行回归分析、决策树分析、神经网络分析、聚类分析或者市场购物篮分析（market basket analysis，MBA）。图9—11给出了一个例子。数据挖掘过程能够寻找购买模式，揭示客户购买倾向，削减冗余开支，也能找到潜在的获利机会。例如，很多公司使用数据挖掘寻找更多的获利渠道，开展成功的直接邮购服务（包括电子邮购），或者发现更好的店铺陈列方式，设计更好的电子商务网站，获取潜在的盈利客户，识别无法获利或者获利很少的商品和客户。

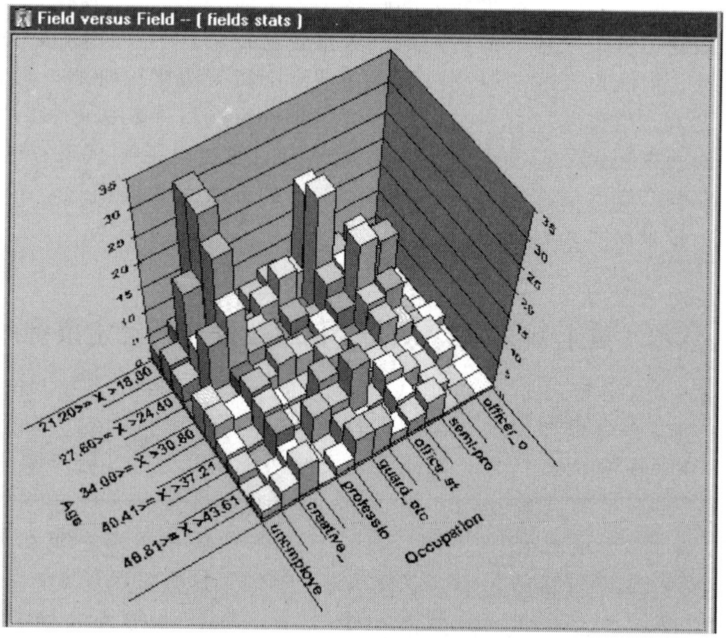

图9—11 数据挖掘软件示例

资料来源：Courtesy of XpertRule Software.

市场购物篮分析是营销中最常见、最有用的数据挖掘方法。市场购物篮分析的目的是确定哪些商品是客户在购买其他商品时会一并选购的。市场购物篮分析的名称源于客户在杂货店选购商品时会将所有要买的商品都扔进一个购物车（购物篮）中。了解客户会同时购买哪些商品对零售商或其他公司都很有帮助。商店能够利用这些信息将客户经常一并购买的商品陈列在同一个区域，目录营销或网络营销人员可以利用这些信息决定目录的内容和排列的顺序。直销人员可以使用市场购物篮分析的结果决定把哪些新产品推荐给老顾客。

在其他情况下，有些商品很显然是会一同购买的。每家快餐店都会问购买三明治的顾客："还想要炸薯条吗?"但是有时候，某些合购商品的组合并不那么明显。有超市进行了一次市场购物篮分析，发现尿不湿和啤酒在周四会常常被一同购买。尽管这个结果有一定道理——夫妻在周末前会为自己和孩子做储备，但这和直观感觉相距甚远。市场购物篮分析的强项就是：通过使用计算机数据挖掘工具，人们没有必要从逻辑上思考客户会合购哪些商品；客户的购买数据会说明一切。这亦是数据驱动营销的很好的例子。

考虑以下几个MBA的典型应用：

- 交叉销售：向在店内购买任何一种商品的顾客推荐合购商品。
- 商品陈列：相关商品（例如面包和黄油、纸巾和感冒药、薯片和啤酒）可以放置在邻近的位置。如果顾客看到它们，很有可能会一起购买。
- 亲和力营销：根据合购商品的组合来设计促销活动。
- 调查分析：由于进行市场购物篮分析时自变量和因变量都是数值型数据，这使得它对调查问卷的分析非常有用。
- 欺诈检测：根据信用卡使用数据，可以检测某次购买行为是否与欺诈相关。
- 客户行为分析：将客户的属性、社会经济信息（如年龄、性别、偏好）和购买行为相结合，可以生成对营销非常有用的发现。

一旦知道购买了某种商品的顾客很有可能购买另一种商品，公司就能同时为两种商品制定营销策略，或者使购买者很容易找到其中一种商品。如果发现购买尿不湿的顾客可能也会购买啤酒，那么在尿不湿货架边摆放啤酒，顾客购买啤酒的几率就会更大。类似地，如果知道顾客通过邮件订购目录购买毛衫时可能会购买同一目录中的夹克衫，公司的电话销售员就可以向通过电话购买毛衫的顾客推荐夹克衫。锁定那些已知的潜在顾客，营销策略的有效性会大大提高——不论营销方式是店内陈列、目录展示还是向客户直接推荐。

波士顿凯尔特人队：利用数据分析确定票价

每年1月，波士顿凯尔特人队（Boston Celtics）的管理者都需要为凯尔特人队主场内的18 600个座位进行定价，现在他们使用数据分析工具来完成这项工作。其NBA团队安装了StratBright公司的StratBright. net工具，监控顾客的需求，实时显示体育场内已售票和空座情况。现在，团队官方在制定月度计划时会使用该工具确定下季度基本票价。

新工具帮助公司快速制定促销和售票策略，分析基于长期销售趋势的收益状况。波士顿凯尔特人队的运营与信息副经理达里尔·莫里（Daryl Morey）说："在使用这个工具之前，由于票务公司无法快速知道哪些座位是可以出售的，我们很难提出动态的促销策略，现在我们能够随时看到每个座位的情况以及它们的售价。"

自2006年使用StrtBridge. net以来，公司每一两周就能产生5位数的收益，到现在共获得了7位数的投资回报。在使用数据分析工具之前，销售经理使用Excel工作表来调整定价，并且只能对场地内12个区域的所有座位统一调价。莫里说："以那种水平的数据来衡量，我们有180度的转变。"

例如，使用分析工具，规划者发现某些区域的通道附近的座位很受顾客欢迎，销售团队就会关注对该区域内座位的营销。现在，在售票处，团体票和个人票的销售人员可以通过等离子屏幕看到场内座位的图示，不同颜色的方块标识出当前座位是否可以售票以及赛事的收益情况。销售经理能够通过他们的电脑桌面访问这些信息，了解销售趋势，设计新的促销活动。

StratBridge. net 从内部资源和外部资源中提取数据，并通过网络浏览器和微软办公软件显示出来。可以用 Word，Excel，Power point 和 Adobe PDF 文件显示分析结果。比尔·霍斯特曼（Bill Hostmann）是 Gartner Group 公司的一名分析人员，他说很多营销"不易保存"商品（比如篮球比赛票、宾馆客房住宿或直播电视节目观看）的公司，都开始使用这种数据分析方法，目前航空公司使用得最好。"可以看到越来越多的软件将此类分析作为一项基本功能，而不仅仅是用于旬计划或周计划。"霍斯特曼说，"这类软件的投资回报非常快。"

资料来源：Adapted from Heather Havenstein, "Celtics Turn to Data Analytics Tool for Help Pricing Tickets," *Computerworld*, January 6, 2006.

□ 主管信息系统

主管信息系统（EIS）是结合了很多管理信息系统和决策支持系统的特点的信息系统。在最初的开发阶段，它关注的是如何满足高层管理人员对战略信息的需求。因此，主管信息系统的首要目标是为高级主管提供关于公司**关键成功要素**（critical success factors，CSFs）的及时、简洁的信息，也就是影响公司完成战略目标的关键因素。例如，连锁零售商店的经理可能会考虑诸如电子化营销和传统营销的业绩比较，或者产品线如何组合等关乎企业生存和成败的重要问题。

主管信息系统在经理、分析人员和其他知识工作者中广泛应用，有时被人戏称为"每个人的信息系统"。它还有其他流行的称呼，如企业信息系统和主管支持系统（executive support systems，ESS）。这些名称都反映了越来越多的特性被添加到系统中，诸如网页浏览、电子邮件、群组工具、DSS 和专家系统等对于管理者和业务人员更有用。

主管信息系统的特性

在 EIS 中，信息的表达形式是根据管理者使用系统的偏好定制的。例如，大多数主管信息系统强调图形界面的使用，并根据管理者使用 EIS 时对信息的偏好将图形信息展示出来。信息的其他表现方式还包括例外报告和趋势报告。系统向下钻取的能力也很重要，也就是允许管理者快速获得更低层次的详细信息。

图 9—12 展示的是基于 Web 的 Hyperion 的主管信息系统的画面。可以看到显示的图像很简单，注意它是如何让系统使用者对感兴趣的较低层信息进行快速钻取的。除了向下钻取的能力之外，Hyperion 的 EIS 还强调趋势分析和例外报告功能。这样，使用者就能快速发现关键因素的作用方向，以及关键因素偏离预期结果的程度。

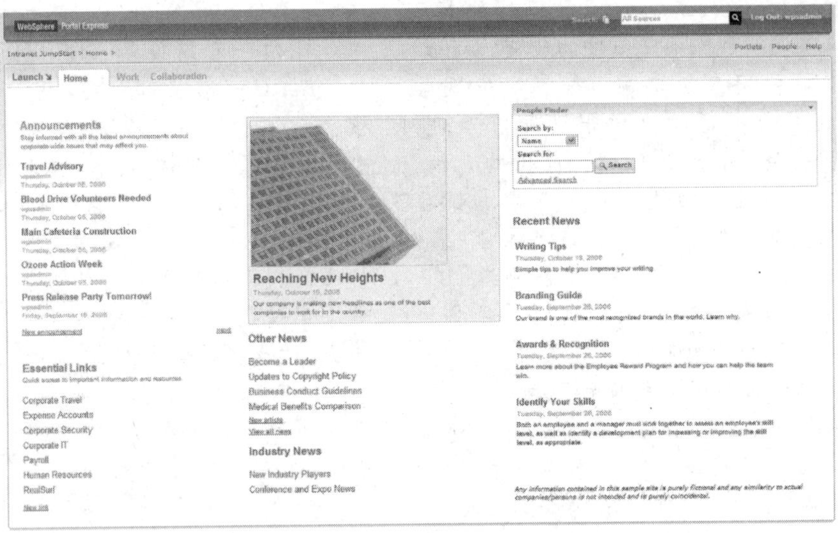

图 9—12　主管信息系统示例

资料来源：Courtesy of IBM.

由于对中层管理者及业务人员的灵活性和重要性有充分认识，以及客户机/服务器网络和公司内联网的成本降低，主管信息系统已经广泛应用于该层级。例如，有关某个流行的 EIS 软件包的统计显示，只有 3%的使用者是高层经理。

西南航空与摩托罗拉公司：EIS 对每个人的价值

20 世纪 80 年代的主管信息系统（EIS）停留在管理软件的水平，提供流行的财务数据的饼状图。现在这些商务智能工具已经找到了新的用武之地，仪表盘不仅仅应用于财务数据。“出于多种原因，我们现在从整个企业的角度来看待它们。”约翰·哈格蒂（John Hagerty）说。他是位于波士顿的 AMR 研究公司的一名分析人员，他所调查的 135 家公司中有超过半数正在使用仪表盘，而且已推广到很多非财务部门。

“在西南航空公司，它们被称作‘驾驶舱’，并经过了特别的设计，以便让负责给飞机供应花生的员工与负责加油的员工看到的视图不同。”软件供应商 Hyperion Solutions 公司的科技部门主管约翰·科普克（John Kopcke）说。

这样做的好处是，将仪表盘数据传递给一线员工，就等于就将商务智能交到每天制定如何省钱的决策的人手中。例如，摩托罗拉公司为采购部门的 200 台电脑配置了 Informatica 公司提供的商务智能软件。法尔格恩·帕特尔（Falgun Patel）是位于伊利诺伊州的摩托罗拉公司负责资源系统的高层管理人员，他认为仪表盘功能为他提供了前所未有的采购信息。

“我们从 2002 年中期开始实施并运行该系统，”帕特尔说，“在那之前，我们不得不从分布在全球各地的大量工作表和客户数据库中提取合适的信息。”事实上，现在仍然是这样，不同的是，现在由 Informatica 的软件来完成提取工作，像帕特尔这样的资源管理人员能够随时进行复杂的查询。

“以前，我们的采购主管要想收集全球的数据需要花费 20 天时间。”摩托罗拉公司的 IT 负责人·菲利普斯（Chet Phillips）说，“而现在，在我的仪表盘里，可以马上看到我们在全球范围内从某个供应商处采购的总支出，我可以将数据按照不同的形式进行拆分——各种图表、历史记录、各部门的采购情况等。这正是我们与供应商洽谈时所需要的。”

菲利普斯说，仪表盘还让他的决策更加主动。帕特尔说：“通过综合考虑采购分析与目前市场形势，我可以决定是清货还是进货。”这个结果产生了可观的投资收益。菲利普斯说：“我们估算，系统在2002年为我们每月节省了1 500万美元。”

资料来源：Adapted from Mark Leon, "Business-Intelligence Dashboards Get Democratic," *Computerworld*, June 16, 2003.

企业门户和决策支持

不要将企业门户和已经在某些行业应用多年的主管信息系统弄混了。门户的对象是公司中的所有人，而不仅仅是主管。你希望一线员工使用浏览器和门户制定决策，而不只是主管使用专门的主管信息系统软件。

我们在本章提到，传统的MIS，DSS，EIS工具都发生了较大的变革和扩展，以便为管理者提供制定决策所需的信息和模型。终端用户计算机与联网技术、互联网与网络技术、网络化的业务应用等的快速发展，促使企业中的决策支持不断发生变化。管理信息系统和决策支持系统中的主要变化之一就是企业信息门户的快速成长。

企业信息门户

用户查看电子邮件、公司股价、可用假期以及接受客户的订单，都可以通过电脑的浏览器来完成。这就是下一代的公司内联网，也叫公司/企业信息门户。有了它，浏览器便成为日常业务工作的仪表盘。

企业信息门户（enterprise information portal，EIP）拥有基于网络的界面，并且整合了MIS，DSS，EIS以及其他为内联网和外联网用户提供内部和外部业务应用及服务的技术。例如，内部应用可能包括：访问电子邮件、项目网站和讨论组；人力资源网络自助服务；客户数据库、库存数据库和其他公司数据库；决策支持系统；知识管理系统。外部应用可能包括：行业新闻、金融新闻和其他网络新闻服务；链接到行业讨论组；链接到客户和供应商网络以及外联网网站。企业信息门户一般根据企业用户个体或用户组进行定制，为他们提供个性化的信息资源和应用的数字仪表盘。图9—13给出了一个例子。

企业信息门户的商业价值包括为业务人员提供更加具体的选择性的信息，为主要公司内联网资源提供简单的接入口，发布行业和业务新闻，为某些客户、供应商或业务伙伴提供更好的公司数据访问。企业信息门户也能帮助避免公司员工过量访问互联网，使他们更方便地接收或查找需要的信息和服务，进而提高员工生产率。

图9—14说明了公司如何开发企业信息门户，使其为主管、经理、员工、供应商、客户和其他业务伙伴提供网络化信息、知识和决策支持。企业信息门户是定制的、个性化的公司内联网的网络化界面，使用户更容易获得多种内部和外部企业应用、数据库和服务。例如，图9—13中的EIP可以让授权用户安全应用DSS、数据挖掘和OLAP工具、互联网和网络、公司内联网、供应商或客户外联网、运营和分析数据库、数据仓库，等等。

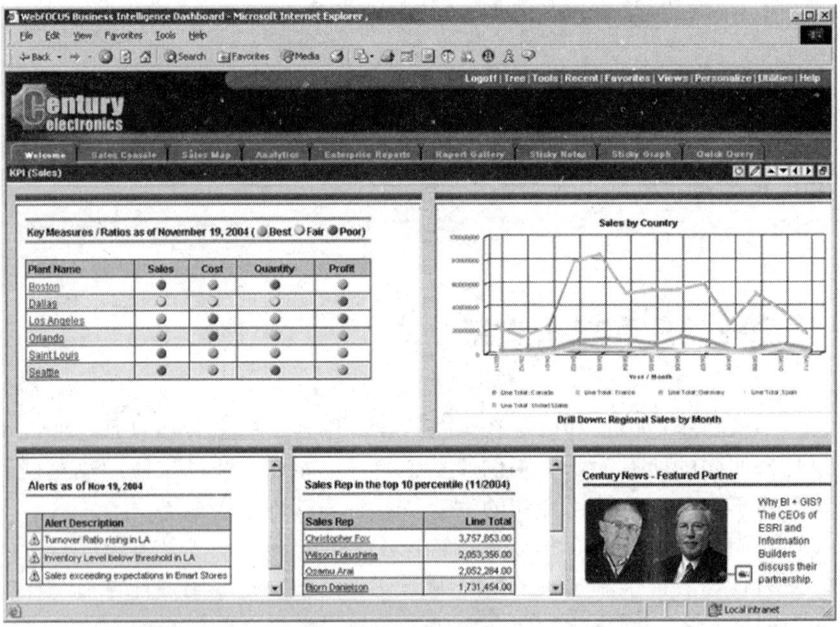

图9—13　企业信息门户示例

资料来源：Courtesy of Information Builders.

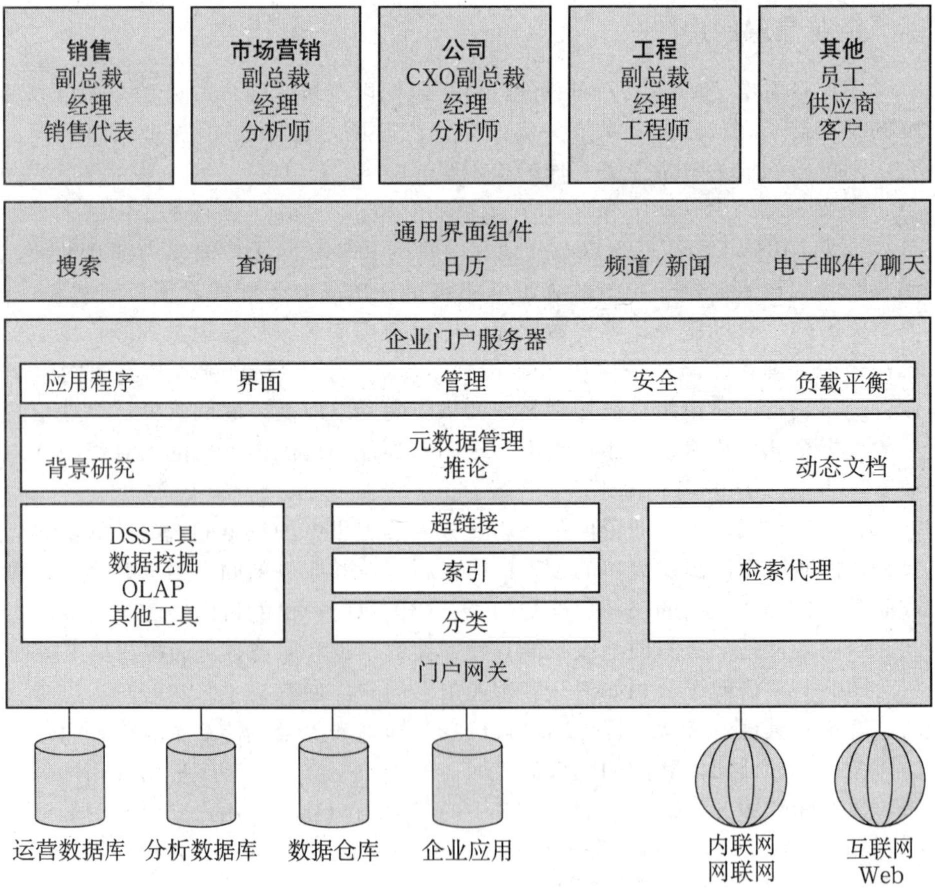

图9—14　企业如何开发企业信息门户

□ 知识管理系统

我们在第 2 章介绍了**知识管理系统**（knowledge management systems），通过信息技术的使用，知识管理系统帮助企业实现业务知识的收集、组织和共享。在很多组织中，公司内联网站的超级媒体数据库（hypermedia database）已经成为存储和分享企业知识的知识库。通常，知识包括公司项目、团队、业务单元和企业级的最佳实践经验、政策和业务解决方案。

对很多公司来说，企业信息门户是访问作为知识管理系统的公司内联网的入口，这也是这些门户被称为企业信息门户的原因。在管理者和业务人员制定决策时，**企业知识门户**（enterprise knowledge portals）将内联网作为知识管理系统分享和传播知识，起到了关键的作用（见图 9—15）。下面让我们看看企业中知识管理系统应用的例子。

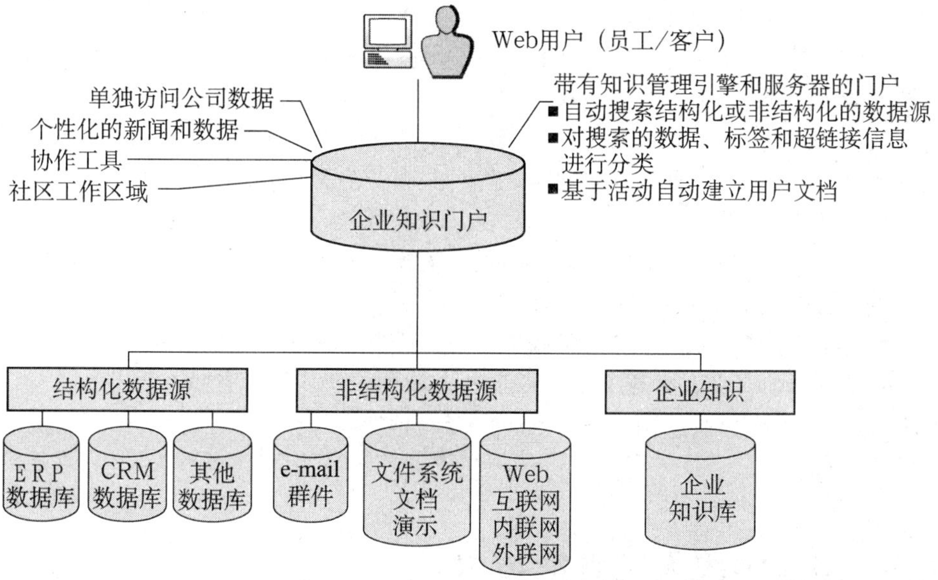

图 9—15　应用 Web 化知识管理系统的企业知识门户

Northrop Grumman 公司：知识传承

1997 年冷战刚刚结束时，数千名曾参与 B—2 轰炸机研发的工程师被要求调离 Northrop Grumman 公司的集成系统部门。当时该部门有将近 12 000 名工人离开，只剩下 1 200 人，离开的工人同时带走了制造当时最复杂的轰炸机积累的经验和知识。

Northrop Grumman 知道，要想长期维护 B—2 轰炸机，必须确保足够的知识储备，因此新成立的知识管理团队在那些高级专家离开之前，与他们进行深入访谈，并用录像机记录整个访谈过程。但是，要想从一次访谈中得到所有的东西是很难的。Northrop Grumman 集成系统部门西部地区的知识管理负责人斯科特·谢弗（Scott Shaffar）说："我们确实丢失了很多知识。通过一次离职访谈，你可以了解某些事，但不可能得到一生的经验。”

几年之后，公司在工程师退休之前使用各种工具保留和传递他们的知识。谢弗和他的团队配备了文档管理系统，用来记录工程师如何完成他们的工作，作为未来的参考。他们已经将国内的新老工程师联合起来，通过电子邮件或面对面交流的方式共同解决技术难题。他们使用的软件能够帮助快速找到公司内的相关专家。

大多数公司无法处理上千名技术人员突然离职带来的问题，就像 Northrop Grumman 在 20 世纪 90 年代末遇到的情形一样。它们和政府部门都需要为这些重要经验和技术知识的丢失做好准备，因为“婴儿潮”一代在未来的 20 年内会退休。到 2010 年，美国超过半数的工人将超过 40 岁。多数高层领导都清楚，不久的将来他们会面临大量员工退休，但真正为此做准备的人却很少，主要的原因是很难量化这些丢失的知识的成本。

90 年代，由于公司规模缩小，Northrop Grumman 发生了巨变。尽管大多数劳动力即将退休，在过去的 4 年中员工的平均年龄却从将近 50 岁下降到 45 岁，这是因为公司开始招募更多的大学毕业生。谢弗说，他现在的工作是将老员工的知识逐渐传递给新员工，让新员工获得重要的技术知识。例如，Northrop Grumman 的项目之一是设计一种代替原有的太空船飞往月球（最终目标是飞往火星）的“载人探险交通工具”，公司的工程师在申请该项目时，就有一群老员工即将退休，而他们在 35 年前参与了阿波罗登月计划。

使用一种名为“Quindi”的电脑软件和一种笔记本电脑上的摄像头，工作人员记录下退休员工讲述的他们在登月计划中克服技术难题的经历。该项目的工程师可以通过网页了解这些故事。谢弗希望员工尽量找其他人而不是系统请教问题，他认为这能够帮助员工掌握知识，否则它们很快会被丢失。

谢弗认识到一个人遇到的困难总是超出他目前所知的技能。“总会有新的一代人出现，在这方面我们没有什么不同。”他说，“指导、培训和传承知识不是那种能在最后一分钟做好的事。你必须提前做好准备。”

资料来源：Adapted from Susannah Patton, “How to Beat the Baby Boomer Retirement Blues,” *CIO Magazine*, January 15, 2006.

9.2 商业中的人工智能技术

企业与人工智能

在企业中，**人工智能**（artificial intelligence，AI）以各种方式为管理者和业务人员提供改进决策的支持。例如，人工智能软件应用于信息发布和检索、数据挖掘、产品设计、制造、检查、培训、用户支持、手术计划、资源安排和复杂资源管理。

确实，对于任何安排、计划和配置资源，设计新产品、使用互联网、开发软件的人来说，要对产品质量负责，要考虑收回投资，要在不同领域应用 IT 技术，使用人工智能可能会带来竞争优势。

阅读下面的真实案例，从中可以学到很多关于人工智能在企业中的应用。

案例 9.2

固特异，JEA，OSUMC和孟山都等公司：以技术创造竞争优势

如果说需求是发明的动力，那么资本一定是创新的动力。企业为了获得竞争优势，使用那些很酷的技术来开发独一无二的应用产品。“到现在为止，我们开发出的那些很酷的东西，已经成为很棒的工具。”固特异的CIO斯特凡妮·韦内特（Stephanie Wernet）说，“它应该为商业终端服务。这个工具让我们比竞争对手更快地推出更具创新性的产品。”

通过和桑迪亚国家实验室（Sandia National Labs）合作，固特异的IT部门开发了虚拟设计和测试轮胎的软件。过去，公司需要生产轮胎的物理原型，然后行驶数千公里来测试它们。使用数学模型，软件可模拟轮胎在不同条件下的行为，这样，设计师就能看到轮胎在不同情况下的表现，例如在汽车下坡、颠簸、转弯、急停和积水、干燥、冰雪路面等条件下，轮胎的推、拉、伸缩等情况。固特异希望缩短产品进入市场的时间。3名研发人员想到了利用计算机测试原型产品，以提高工作效率。

公司之前从没有尝试过仿真方法，但从初期投入和后续维护的成本来看是值得的。固特异的商品成本和销售成本在2003—2004年降低了2.6%，在此期间，公司首个完全采用仿真技术开发的轮胎产品问世了，测试和设计轮胎的研发预算减少了25%。

在并行计算环境下，数百台Linux电脑的处理器运行着这款定制软件。固特异投入了600多万美元来建立这个强大的运算环境。公司未来的计划是根据开发新轮胎的需要，对Linux集群进行扩展和升级，提高虚拟测试的准确性。公司相信自己是第一家应用计算机来设计和检测轮胎的制造商。尽管汽车行业从20世纪80年代起就已经应用计算机辅助设计，然而这项技术并没有应用于轮胎行业，因为可塑材料难以进行仿真。

使用这个系统，设计人员对新轮胎的测试次数可以是从前的10倍多，产品投放到市场的时间从2年缩短到9个月。固特异的销售额由2003年的150亿美元增长到2005年的200亿美元，公司将此归功于技术上的变革。

公共事业领域的JEA公司使用神经网络技术创建了一个人工智能系统，并且于近期实施。该系统可以在给定燃料价格和电力需求的条件下，自动确定锅炉设备所需的石油及天然气的最优组合比例。同时，它还可以保证电力制造过程中一氧化氮排放量不超过政府规定的水平。

由于2002年石油和天然气价格骤然上涨，JEA公司需要减少运营支出，特别是燃料费用。在JEA公司的13亿美元预算中，作为锅炉动力的石油及天然气的采购费用占到40%，因此，电力生产过程中一个微小的改变就可能为公司带来数百万美元的收益。JEA公司使用神经网络技术建立电力生产过程模型，应用NeuCo公司的优化软件确定低成本目标下的石油与天然气的正确组合，同时保证将有害气体排放量降至最低。

JEA公司在佛罗里达州杰克逊维尔市和周边3个郡县拥有超过360 000名客户，是全世界第一个将神经网络技术应用于循环流化床锅炉的电力公司。它们建立了一个系统，可以利用历史运营数据和多达100项与燃烧过程相关的数据（如气流和百万瓦特产出等）进行决策。系统通过对锅炉进行实时调整，形成最优的燃料组合，并能够通过假定特定燃料的成本来预测未来的生产过程。“以前，石油价格对我们的影响很大，天然气的价格从每BTU（英国热量单位）4美元涨至14美元以上，也对我们造成影响。为了减少气体排放量，我们需要使用天然。这个解决方案帮助我们平衡了这些因素。”JEA公司的

CIO万尼奥伊·肯德里克（Wanyonyi Kendrick）说。

这个由IT驱动、耗资80万美元的项目最终耗费8周完成。该系统使天然气的使用量有所减少，一氧化氮排放量减少了15%，预计每年可以节约480万美元。考虑到目前天然气的价格是每BTU 11美元，JEA公司预计2006年可以在燃料费用上节省1 300万美元。不仅如此，JEA公司还发现，可以将这项新技术应用到公司水资源的相关项目上。

俄亥俄州立大学医学中心（OSUMC）将其铺轨运输系统替换为46台自动引导机器人运输工具，负责为拥有1 000个床位的医院搬运亚麻制品、食品、垃圾和医疗补给等。这些机器人不和患者进行互动，完成的是医院员工以前做的常规性事务。面对不断下降的利润和持续上升的成本，OSUMC需要在节约开支的同时提高患者护理质量。为此它组建了一个统筹委员会，由IT部门及医院其他部门、咨询顾问和供应商负责这个项目。它向医院员工说明项目的价值，展示新技术和沟通方式将如何改进工作环境和患者护理。医院本来就计划升级目前的系统，改变材料的运输方式被认为是节约成本的途径之一。

这些机器人由FMC技术公司提供，通过思科公司的红外无线网络实现引导。为了方便机器人使用，网络设备被安置在走廊墙壁以及电梯内。网络连接到3台Windows系统服务器，用来保障机器人的工作以及行驶路线。OSUMC是美国第一家通过实施红外线引导自动系统来运送物资的医院。医院的员工使用连接到服务器的计算机触摸屏呼叫机器人，例如把运送床品的小车送到洗衣间。为了实现从A地点到B地点的移动，机器人依赖于预先存储的医疗中心电子地图，通过轮子旋转的圈数来记录移动的距离。也就是说，如果一个机器人从一栋楼的厨房移动到六楼需要转到1 000圈，那么转动500圈时刚好走了一半的路程。如果机器人与网络失去了联系，会自动停下来。

医院预计，使用这套价值1 800万美元的系统可以在未来25年内每年节省开支100万美元。自该系统于2004年上线以来，OSUMC每年仅在日用品运输上就可节省27 375美元。OSUMC的CIO德特勒夫·斯马尔兹（Detlev Smaltz）说，系统解放了人力，从而改善了患者护理。“如果我们可以让员工不必处理像倒垃圾这样的工作，而全身心地投入到医护专业工作中去，那么系统带来的好处就会更多。”

孟山都公司的IT部门开发了一个检测基因的软件，可以识别植物抵抗干旱、除草剂和害虫的能力；这些基因特征可用来预测应该繁殖哪种植物种苗来生产最健康高产的农作物。该软件收集并比较世界范围内的种苗数据，用彩色的、易于理解的形式呈现出来。通过准确描述最优繁殖育苗，培育人员挑选优质基因育苗的概率从一兆分之一提高到五分之一。孟山都的全球育种组织促成了这个项目。

在孟山都公司的除草剂Roundup专利过期后，St. Louis公司着手开发种子与基因产品，其产值占到公司总收入63亿美元的一半以上，在2005年获得2.55亿左右的利润。孟山都坚信，如果农民知道公司的种子只需使用更少的杀虫剂和除草剂就能出产更健康的作物，同时降低成本，公司就能卖出更多的玉米种、黄豆种、棉花种。

孟山都公司的科学家使用软件来设计种子，使其有效地耐旱、抗虫，这样人和动物食用起来更加健康。他们将那些具有遗传特质的种子移植到新的种子中，使新的种子更抗虫或者更有营养。遗传学之父格雷戈尔·门德尔（Gregor Mendel）会怎么看待这件事呢？“这和培育员培育农作物完全不同，”孟山都的CIO马克·肖沃斯（Mark Showers）说，“他们无法处理分子层的问题来决定和筛选作物，只能年复一年地向前推进。”

孟山都公司从软件中获得了利润，但是不愿公开开发成本。2004—2005年，其每股收益从1.59美元持续增长到2.08美元，上升了30%。预计2006年每股收益将上升20%。“在过去的四五年中，我们从竞争对手那里夺得了很大的市场份额，每年都会增长几个百分点。”肖沃斯说。

资料来源：Adapted from Meridith Levinson, “IT Innovation: Robots, Supercomputers, AI and More”, *CIO Magazine*, August 15, 2006.

问题

1. 思考在本案例中项目产生了怎样的成果。与一般的系统实施相比，这些项目的成果更好，完成得更快。为什么会这样？这些项目与你所经历的项目有哪些不同？请给出几个例子。

2. 这些技术是如何为组织创造价值的？它们在实施的过程中有哪些相似之处，又有哪些不同之处？请用例子来支持你的答案。

3. 本案例中的公司都有迫切的需求去探索新技术。你认为它们与那些已经运行良好的公司相比是否有所不同？为什么？企业的创新与它们面对的问题和危机有怎样的关联？

实践

1. 选择本案例中出现的一家公司，上网搜索来了解目前的项目进度。同时，也看看它的竞争者是如何面对案例中所提到的问题的。它们会采取相似的行动吗？

2. 当技术发展到已经超越人类的能力时，人类所担任的角色会发生怎样的变化？你是否认为这些技术赋予了人类突破极限的能力，并且扩展了人类的能力范围？你认为这些技术会降低人们的判断力，以至于不加鉴别地对结果全盘接受吗？分成几个小组来探讨这些问题，注意用论据支持你的论点。

□ 人工智能概述

什么是人工智能？人工智能（AI）是基于计算机科学、生物学、心理学、语言学、数学和工程学等多学科的技术领域。人工智能的目标是开发可以思考、看、听、说、移动和感知的计算机。开发人工智能就是为了让计算机实现对人类智慧的仿真，如推理、学习和解决问题（见表9—5）。

表9—5　智能行为的属性

- 思考和推理
- 利用推理解决问题
- 从经验中学习或理解
- 获取和应用知识
- 展示创造力和想象力
- 处理复杂或令人困惑的情况
- 快速和成功地适应新环境
- 识别某种情况下相对重要的因素
- 处理模糊的、不完全的或者错误的信息

自20世纪50年代正式开展人工智能研究以来，关于人工智能的争论一直非常激烈。智慧的、能够思考的机器所引发的技术的、伦理的和哲学的问题不计其数。例如，英国的人工智能领域先锋阿兰·图灵（Alan Turing）在1950年曾建议，测试机器是否可以思考。根据图灵的测试，让一个人与另一个他看不见的人及一台他看不见的计算机对话，如果测试人分不清哪个是人，哪个是计算机，就认为计算机可以思考。尽管进行了大量实验，评论家始终认为计算机不可能通过图灵的实验。他们认为不可能开发出具有人类智慧的计算机，但是研究工作仍在进行。看来能否实现这个在科幻小说中出现的雄心勃勃的目标只有靠时间来验证了。

由图灵测试衍生出了CAPTCHA，它正在为在线社区创造实际的价值。CAPTCHA（Completely Automated Public Turing test to tell Computers and Humans Apart）是一类广泛使用于计算应用的挑战——响应测试，用来确定使用者是真实的人，而非计算机。有时把CAPTCHA看作图灵测试的逆测试，因为它的执行者是机器，而对象是人，而一般的图灵测试中，执行者是人，而对象是机器。这个测试过程是一台计算机（例如一台零售网站的服务器）要求用户完成一个简单的能够由计算机生成并评分的测试。由于其他计算机无法完成CAPTCHA，因此可以判定能回答出正确答案的就是人。CAPTCHA的一般形式是让用户输入被扭曲的字母图片，有时屏幕上的字母或数字的顺序很模糊。许多人在注册新账户或者在网上购物结账时看到过这种字母。图9—16给出了几种常见的CAPTCHA的例子。

图9—16　常见的CAPTCHA示例

人工智能的领域

图9—17展示了AI研究和发展的主要领域。AI应用主要涉及三个领域：认知科学、机器人技术和自然界面——这种分类彼此交叉，还可以使用其他的分类方法。要注意的是，专家系统只是众多AI应用中的一种。下面简要介绍AI应用的主要领域以及一些最新技术。表9—6概括了人工智能在商业应用中的一些最新发展。

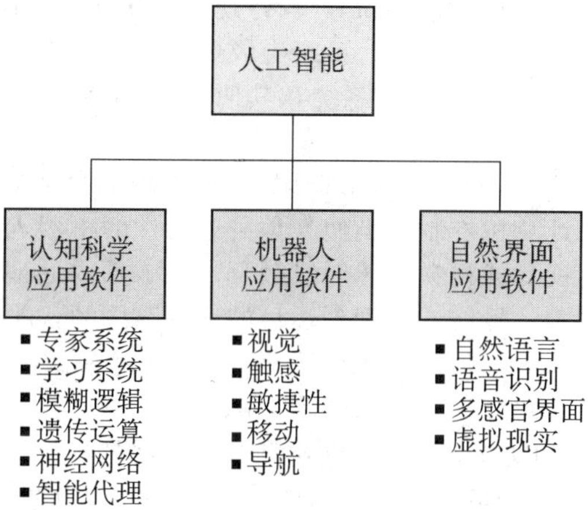

图9—17　人工智能的主要应用领域

表9—6　　AI的最新商业应用

决策支持

- 智能工作环境将帮助你发现工程设计和决策支持的原因和要素。
- 智能化人—机界面系统可以理解人的语言和姿势，并通过支持组织范围的协作提供问题解决方案，以便解决特定问题。
- 环境评估和资源分配软件主要用于航空、机场以及物流中心。

信息检索

- 基于AI的企业内联网和互联网系统，定期提供信息波动情况并以简单形式表示。
- 自然语言技术可以获取任何类型的联机信息，从文本到图片、录像、地图和音像片段，回复英语问题。
- 数据库挖掘用于市场趋势分析、财务预测和降低维护成本等。

虚拟现实

- 通过增强可视化程度，可产生类似X射线的视觉影像，让脑外科医生"看透"内部组织，以便手术治疗、监控和判断病情发展。
- 自动操作和可触摸界面允许用户通过触摸与虚拟目标互动（例如，医学专业的学生可以"感觉"缝合主动脉的方式）。

机器人技术

- 机械影像检测系统可用于衡量、指导、识别和检测产品并提供生产竞争优势。
- 尖端的机器人技术的应用包括从微型机器人到认知机器人及可培训的模块化影像系统。

认知科学。人工智能在这个领域是基于生物学、神经学、心理学、数学及很多学科的研究。它致力于研究人类的大脑如何工作以及人类如何思考和学习。在**人类信息处理**（human information processing）研究中得到的结果是各类基于计算机应用的人工智能的发展基础。

认知科学领域的AI应用包括专家系统和其他基于知识的系统的开发，也就是为信息系统增加知识基础和推理能力。另外，还包括适应性学习系统（adaptive learning systems），它可以在运行过程中基于当前的信息基础来修改系统行为。下棋系统是这类应用的简单例子，还有更多的此类应用正在实施。**模糊逻辑系统**（fuzzy logic systems）可以处理不完整或者不明确的数据，也就是模糊数据（fuzzy data）。因此，它们可以通过开发像人类那样的近似推理和解答过程，使用不完整的知识来处理半结构化问题。**神经网络**（neural network）软件能够通过处理样本问题和解决方案进行学习。一旦神经网络开始识别问题模式，就会自行运算来解决问题。**遗传算法**（genetic algorithm）软件使用达尔文进化论（适者生存）、随机化和其他数学函数来模拟进化过程，不断生成更好的解决问题的方法。另外，**智能代理**（intelligent agents）使用专家系统和其他 AI 技术为各种终端用户提供软件代理服务。

机器人技术。AI、工程学和心理学是机器人技术的基础学科。这项技术生产具有计算机智能、由计算机控制、类似人类身体特性的机器人。因此，该领域的应用包括：赋予机器人视力或视觉、感知或触觉；灵敏性或处理、操作的能力；运动或在区域内移动的能力；导航或发现到达目的地的路线的智能。

自然界面。自然界面的开发被认为是 AI 应用的主要领域，也是改善计算机易用性的基础。例如，自然语言开发和语音识别是 AI 在该领域的主要动力。AI 研究的目标是能够用人类的语言与计算机和机器人进行对话，让它们像人类彼此理解一样，很容易地“理解”我们。这个目标需要语言学、心理学、计算机科学和其他学科的参与。其他的自然界面的研究应用包括开发多感知设备，即通过使用各种身体动作来运行计算机，这与虚拟现实这种新兴应用领域相关。虚拟现实包含使用多感知人机界面，使人类使用者体验计算机模拟的对象、空间、活动和仿佛真实存在的“世界”。下面，让我们通过实例看看 AI 是如何与商务世界紧密相关的。

人工智能在商业中的应用

今天，AI 系统可以在“非常庞大而复杂的世界中”完成任务，微软研究院的 AI 研究员埃里克·霍维茨（Eric Horvitz）说：“由于小型软件代理不能完整地展现世界的全貌，它们的行为具有不确定性，因此，它们要学习了解发生各种事情的可能性，了解使用者的偏好和产出的成本，最重要的是，它们要了解自己。”

这些能力的来源叫做机器学习，它是很多现代 AI 应用的核心。简单地说，程序员着手建立一个待解决问题的粗略模型，使软件能够根据经验来适应和改进。

例如，语音识别软件可以通过学习你说话的细微差别来更准确地识别，Amazon.com 根据访问经历可以更准确地预测你在网络购物时的偏好。机器学习当然需要聪明的算法，但促使其在近几年持续发展的动力是有大量的数据可供使用，包括互联网数据，以及通过实体传感器收集的数据。

例如，微软研究院在公路交通预测模型中结合了传感器、机器学习和人类行为分析。传感器和计算机非常适合用来解决交通瓶颈的预测问题。但是微软研究院意识到大多数驾驶员根本不需要知道周一下午5点小镇出口会不会塞车，他们真正需要的信息是何时何地出现异常情况，他们可能更想知道这将会在哪里发生。因此，微软研究院建立了一个“异常预测”模型，通过学习历史交通数据来预测30分钟后可能会发生的情况，这些历史数据都是通过传感器获得的真实数据。在测试中，系统能够预测出西雅图地区50%左右的意外情况，现在这个系统已经被数千名驾驶员使用，他们可以通过使用 Windows 移动设备来接收提示。

很少有公司像搜索引擎公司那样需要大量的数据。例如，如果一个用户使用 Google 搜索引擎搜索“玩具车”，然后点击一个在结果页顶端的沃尔玛广告，那么这对沃尔玛有多重要？谷歌应当为这次点击收取多少钱？答案可以通过 AI 找到，它的专长就是提供“数字交易代理”，沃尔玛和谷歌等公司在自动在线竞拍中使用的就是这项技术。

迈克尔·韦尔曼（Michael Wellman）是密歇根大学教授和市场营销专家，他解释说：“关键词有几百万个，可能仅一个广告商会对上百种或者上千种关键词感兴趣。他们不得不控制关键词的价格，决定如何分配预算，光靠谷歌或者雅虎是无法理解某个关键词值多少钱的。它们得通过竞价的过程让市场作出决策。”

当查询“玩具车”时，在不到一秒的时间内谷歌会查看哪个广告商对哪些关键词感兴趣，然后看他们出价多少，接着决定哪些广告可以被展示出来，以及在页面的什么位置展示。韦尔曼说：“我感兴趣的问题是，一个广告商如何决定竞拍哪个关键词，他愿意支付多少钱，以及如何通过广告的效果来了解每个关键词有多少个竞争对手。”

资料来源：Adapted form Gary Anthes，“Future Watch：A. I. Comes of Age，” *Computerworld*，January 26，2009.

专家系统

在商业中人工智能技术最可行、最广泛的应用就是专家系统和其他基于知识的信息系统的开发。基于知识的信息系统（knowledge-based information system，KBIS）在其他类型的基于计算机信息系统的主要组件上增加了一个知识库。专家系统是基于知识的信息系统，利用特定的、复杂应用领域的知识为终端用户提供专家顾问服务。专家系统使用专业知识库中的知识，通过类似人类的推理，为特定领域内的问题提供答案。它们还必须能够为用户解释推理的过程和结论，因此能够以特定领域专家顾问提供建议的形式，为终端用户提供决策支持。

专家系统的组成

专家系统包括知识库和可以根据知识库中的知识进行推理并针对用户的问题提供答案的软件模块。表 9—7 显示了专家系统的相关组件。

表 9—7　　专家系统知识库中描述知识的四种方式

- 基于案例的推论。在专家系统知识库中，知识以案例的形式来呈现，例如过去的表现、发生的事件和经验知识。
- 基于构架的知识。知识以分层或者网络化的构架来呈现。构架是关于知识实体的知识集合，知识由描述实体属性的复杂的数据包组成。
- 基于对象的知识。知识以由对象组成的网络的形式来呈现。对象是包含了数据和作用于数据的方法或过程的数据元素。
- 基于规则的知识。知识以规则和表述的形式来呈现。规则通常是具有前提和结论的陈述，例如前提（If），结论（Then）。

- 知识库。专家系统的知识库包括：（1）关于特定主题的事实（例如，约翰是一名分析师）；（2）表达专家对某个主题的推理过程（例如，如果约翰是一名分析师，那么他需要一个工作站）。在专家系统中，知识的表现形式可以有很多种，例如，基于规则的、基于框架的、基于目标的、基于案例的。图 9—18 展示了知识库的构成。

- 软件资源。专家系统软件包括推理引擎，以及其他提炼知识并与用户交流的程序。**推理引擎**（inference engine）程序处理与特定问题相关的知识（例如规则和事实），然后向用户指出推荐方案的关联和推论。此外，它还需要与终端用户交流的用户界面程序，包括在用户发出请求后，向其解释推理过程的解释程序。知识获取程序不是专家系统的一部分，而是开发知识库使用的软件工具，专家系统外壳

（expert system shells）与之类似，也是用来开发专家系统的工具。

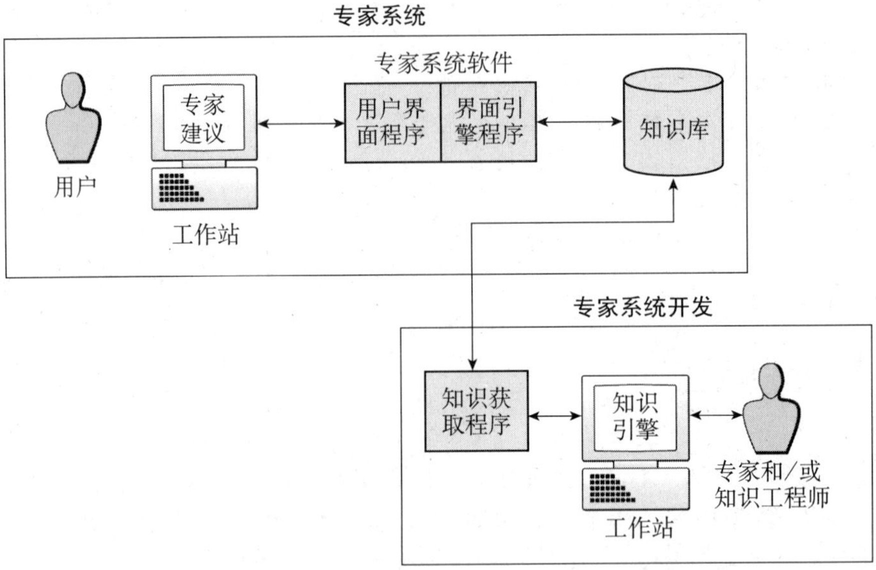

图 9—18　知识库

专家系统应用

使用专家系统包括一个交互的基于计算机的会话，要处理的问题在这里解决，专家系统为终端用户扮演顾问的角色。专家系统向用户提问，在知识库中搜索事实、规则或其他知识，在需要时解释推理过程，为用户提供该领域的专家建议。图 9—19展示了一个专家系统应用。

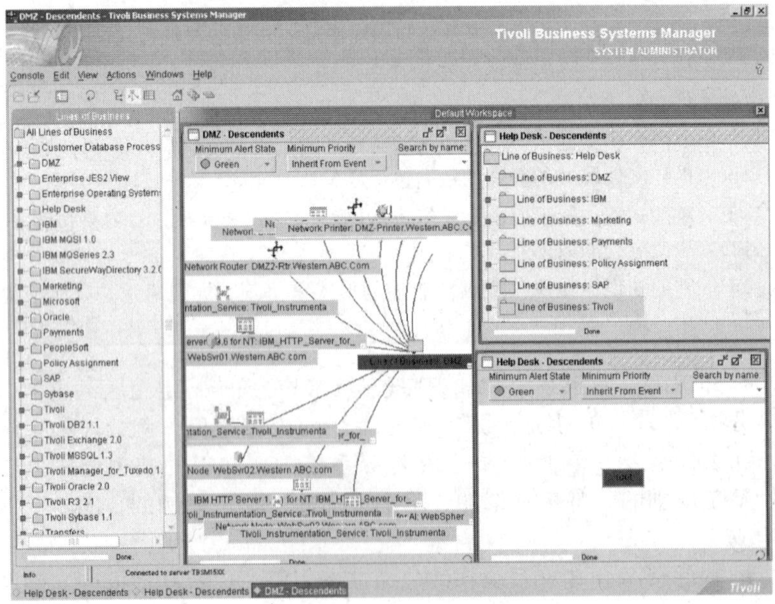

图 9—19　专家系统应用示例

资料来源：Courtesy of IBM.

专家系统的应用有多种类型，并且其多样性还在不断扩大。然而应当认识到，通常专家系统只完成一项或多项一般性任务。表 9—8 概括了专家系统活动的五个基本分类。如你所见，很多领域都在使用专家系统，包括医药、工程、物理科学和商业。如今，专家系统可以帮助诊断疾病、勘探矿藏、分析化合物、提出维修建议和制定财务规划。从企业战略的角度看，专家系统可以并且已经用来改善商业产品周期的每个步骤，从寻找客户到运输，再到提供客户服务。

表 9—8　典型专家系统的实例和主要应用分类

- 决策管理
  根据在调查阶段提供的条件，系统评估环境或考虑多个选择并作出推荐方案：
  贷款利率分析
  员工绩效评估
  保险费用
  人口统计测评
- 诊断/修理故障
  系统根据报告的原因和历史数据推断：
  设备标准
  帮助热线运行
  软件推断
  医疗诊断
- 设计/配置
  系统帮助设置设备组建，给出已有的限制：
  计算机配件安装
  制造能力研究
  通信网络
  优化集合计划
- 选择/分类
  系统帮助用户从大的或复杂的方案中选择产品或流程：
  原材料选择
  逾期账款识别
  信息分类
  嫌疑犯识别
- 过程监视/控制
  系统监视并控制工序和流程：
  机器控制（包括机器人）
  控制存货
  监控生产
  化学测试

专家系统的优势

在基于计算机的信息系统中，专家系统收集专家或专家组的专门技术，因此在面对很多问题时，它比一个人类专家更胜一筹。专家系统反应更快、更可靠，同时具有多名专家的知识，而且不会因为过度操劳或压力而疲劳或焦虑。专家系统还可以帮助保留或重现专家的知识。在专家离开之前，公司能够保留他们的知识。然后，这些知识可以通过在专家系统知识库和软件中重现而被其他人分享。

专家系统的局限

专家系统的主要局限源于它们被限定在有限的范围、无法学习、存在维护问题以及开发成本高等。只有在应用有限领域知识解决特定类型问题时，专家系统的优势才能体现出来。当面对需要广泛知识基础的问题和主观问题时，它们只能甘拜下风。专家系统可以胜任特定类型的选择性任务或分析性任务，但是难以为主观管理问题提供决策。

专家系统的开发和维护可能会非常困难且成本高昂。知识工程师的成本、占用专家的时间、软件与硬件资源的成本可能过高，让一些应用无从获利。另外，专家系统不能自我维护，也就是说，不能从经验中学习，在需要新的专业知识开发特定领域时，只能向它们传授和修改新的知识。

尽管专家系统有实际的应用，但是它们都有局限性和指向性，如前面讨论过的，这是因为专家系统的知识范围比较狭窄。一个有趣的例子是，有人用专门诊断疾病的专家系统给生锈的旧车做诊断，得到的结论是它可能得了麻疹。另外，一旦新鲜感消失，大多数程序员和开发者都会意识到，一般的专家系统的逻辑和多数计算机程序一样，只是更加精密而已。现在，很多应用于开发专家系统的技术都被应用在大型的复杂程序中，这不足为怪。

Healthways：在医疗保健中应用专家系统

Healthways是美国健康保健行业的领军企业，为健康人群和长期患病人群提供服务，依靠SAS识别高风险病人，并采取预防措施。公司了解疾病管理的关键是正确识别那些最需要护理的人员。借助SAS，Healthways节约了成本，并通过预测那些有较高患病风险的人员来帮助他们改善健康状况。这样不仅可以协调治疗计划，而且能防止并发症的出现。

在全美50个州、哥伦比亚、刚果和波多黎各，Healthways为超过200万健康计划成员提供治疗和护理管理服务，公司的服务代表了美国最先进的医疗水平。它在呼叫中心雇用了数千名护士，在全美收集数据，为医疗计划会员和医生提供临床支持。

Healthways的目标是让健康计划会员有效地管理自己的健康状况。公司通过使用SAS（用于数据挖掘）和人工智能神经网络实现了这一目标。为了支持预测分析，Healthways会访问数百个数据点，那里包含了上百万个健康计划会员的护理数据。

"我们希望开发预测模型，不仅能够对高风险患者进行识别和分类，而且可以估计谁最有可能患上某种疾病或并发症，然后决定哪些成员可以用推荐的标准治疗方案来治疗。"Healthways的健康研究中心统计部门主任亚当·霍布古斯（Adam Hobgood）说，"特别是，我们希望用支持程序来预测他们能否治疗成功。我们希望通过识别高风险患者，并针对未来的情况采取预防措施，在患病之前控制治疗费用。"

Healthways用SAS建立了预测模型，可以评估患者患病的风险，作为今后服务的起点。一旦Healthways将患者的风险水平录入"临床专家系统"，系统会对医院的临床信息、护士通过电话收集的信息和健康计划会员的报告信息等进行评估。

最后，临床专家系统基于新的输入信息和专家临床判断，对初始风险水平进行调整。成员的风险水平是通过多种解决方案获得的，它结合了复杂的人工智能神经网络预测模型、临床相关的基于规则的模型，以及临床专家的判定。

"这是一个强大的方案，我们已经与公司的临床专家密切合作，将我们一流的临床专家系统与神经网络预测模型进行整合。"Healthways健康中心高级经理马修·麦金尼斯（Matthew McGinnis）

说，“经验丰富的临床医师利用他们专业的临床判断对模型进一步完善，得到风险水平结果。我们相信这些复杂的评价模型对于帮助评价大量成员是必要的。将其与接受专业培训的临床医师相结合，我们已经推出了业内领先的解决方案。”

资料来源：Adapted from “Healthways Heads off Increased Costs with SASRR,” www. sas. com, accessed April 25, 2009.

开发专家系统

专家系统最适合解决什么类型的问题？回答这个问题的一种方法是看看目前专家系统的应用情况，包括它们可以解决的一般问题（如表 9—8 所示）。另一种方法是识别出适合专家系统解决的问题的标准。表 9—9 概括了一些重要的标准。

表 9—9　适合专家系统开发的软件包的条件

- 域：问题的域或目标领域是一个相对小的并且定义好的问题区域。
- 专业技术：解决问题需要专家的贡献智慧，也就是说，只有少数人掌握所需的知识和技术。
- 复杂性：解决问题是一项复杂的任务，可能需要基于常规信息处理难以完成的逻辑推理过程。
- 结构：解决过程必须可以处理结构不合理的、不确定的、丢失的和相冲突的数据，并且随着时间的推移使问题发生变化。
- 可用性：专家善于表达和乐于合作，支持管理并支持参与目标系统开发的终端用户。

表 9—9 强调很多现实世界中的条件无法满足专家系统解决问题的标准。即使是简单的问题，也有可能需要上百条规则来描述假设、实施和推理。例如，一项任务可能只需要一个专家花上几分钟的时间完成，专家系统则需要几百条规则，耗费几个月的时间来开发。

开发专家系统最简单的方法是使用**专家系统外壳**（expert system shell）作为开发工具。专家系统外壳是由没有内核的专家系统组成的软件包，也就是没有知识库，只剩下一个具备一般推理和用户界面功能的软件外壳（推理引擎和用户界面程序）。其他的开发工具（如规则编辑器和用户界面生成器）可以添加到外壳中，使其开发功能更加强大。

目前可以使用专家系统外壳作为价格相对低廉的软件包，帮助用户在微型计算机上开发自己的专家系统。接受过培训的用户可以为特定专家系统应用开发所需的知识库。例如，一个外壳使用电子表格模板帮助终端用户开发 IF-THEN 规则，根据用户提供的实例自动生成规则。一旦知识库建好了，就可以配合外壳的推理引擎和用户界面模块，作为一个完整的针对特定领域问题的专家系统。使用其他的软件工具开发专家系统可能还需要 IT 专家的帮助。图 9—20 给出了一个例子。

知识引擎

知识工程师（knowledge engineer）是与专家工作，并获取他们处理过的知识（事实和经验法则）的专业人员。知识工程师通过迭代、原型来建立知识库，直到对专家

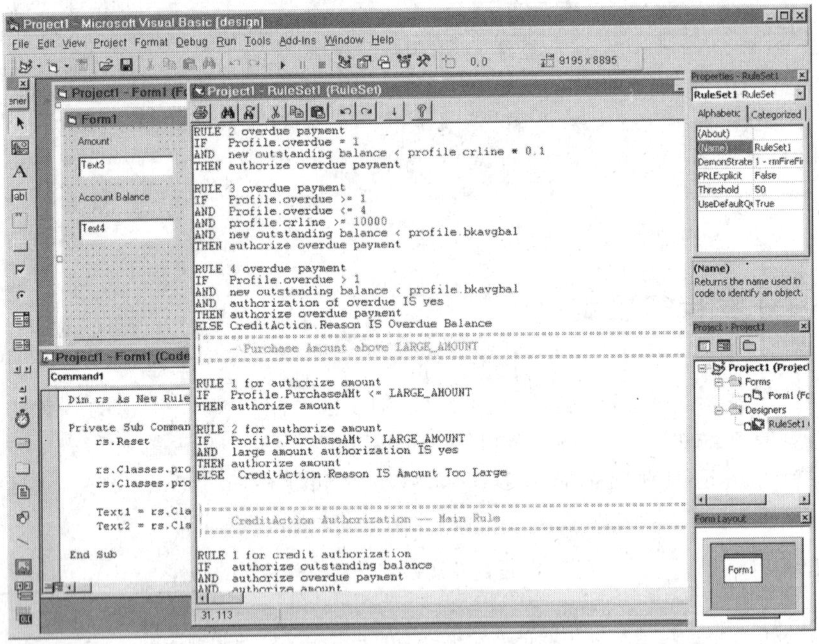

图 9—20　专家系统开发示例

资料来源：Courtesy of Trading Solutions.

系统满意为止。因此，知识工程师的角色和传统的信息系统开发分析师相类似。

一旦决定开发专家系统，就需要组建一个由一个或多个领域的专家以及知识工程师组成的团队。熟悉专家系统外壳的专家也可以开发自己的专家系统。如果使用了外壳，那么可以借助规则编辑器或者其他知识获取工具，对特定领域的事实和经验规则进行定义，并输入知识库。接着就能使用外壳的推理引擎和用户界面程序构建、测试和评估有限的知识库工作原型。知识工程师和领域专家能够修改知识库，然后重新测试系统，评估结果。重复这个过程，直到知识库和外壳的结果达到对专家系统的要求。

□ 神经网络

神经网络是一种模拟人类大脑网状的、被称为神经元的互连处理元素的计算系统。当然，神经网络在构架上要简单很多。（据估计，人类大脑有超过 1 000 万个神经元脑细胞！）但是，与大脑类似，神经网络中互连的处理器是相似的且交互的。这种交互作用使得网络可以"学习"处理过的数据。也就是说，可以学习这些数据中的模式和关系。接受的输入数据越多，就越能很好地学习和复制实例处理后的结果。因此，为了响应接收到的数据的模式变化和产生的结果，神经网络会改变互连处理元素间的互连强度。图 9—21 给出了一个例子。

例如，神经网络可以通过训练来学习信用的哪些特点会导致优质贷款和不良贷款。信用评估神经网络的开发人员可以使用来自信用应用软件和贷款结果的很多实例来实现，在不同神经元之间还可以调整信号的强度。神经网络可以不停地训练，直到能够非常准确地复制最近的实例的结果。到那时，网络已经完成训练，可以开始进行新信用的评估。

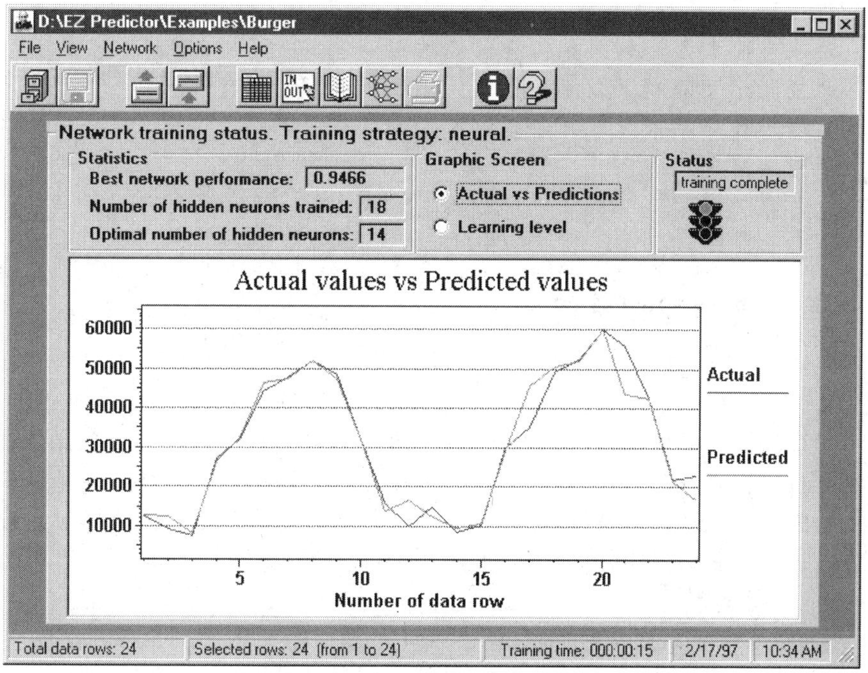

图 9—21　神经网络示例

资料来源：Courtesy of Trading Solutions.

现代神经外科：神经网络帮助拯救生命

神经外科需要对大脑和脊髓实施手术，其技术水平和成功率在过去的10年中已经得到很大提高。摘除脑部肿瘤是神经外科技术最广泛的应用之一。目前，外科医师通过将金属探针插入大脑来寻找肿瘤。借助诸如MRI/CT扫描等超声波和现代成像技术，他们主要通过触觉反馈来定位肿瘤。但是，这种方法的精度不高，肿瘤很容易在手术过程中转移，导致将健康组织当作肿瘤组织进行错误的处理。如果探针不小心切断了动脉，会增加患中风的风险。

目前已经开发出一种结合软件和硬件的新技术，能够帮助神经外科医生在人脑中找到合适的路径，同时尽量减少操作造成的伤害。硬件的关键部件是一个机器人探针，在它的末端有若干小型感应器，由一个内窥镜负责传送图像，还有一些仪器用来测量组织密度和血流量。探针会被插入大脑内，通过它的指引，机器装置能够比人手更加精密而准确地活动。

然而，这项神奇技术背后的力量来自复杂的、具备适应能力的神经网络软件，有了它才能实现对探针收集数据的实时且深入的分析。外科医生可以在手术室查看电脑屏幕，得到关于病人大脑的大量有用的实时信息，例如探针是否接触到健康组织、血管或者肿瘤。神经网络软件是自适应的，也就是说，它能通过经验来学习区分正常组织和肿瘤组织。实验室活组织检查结果被用来验证训练神经网络软件的数据的有效性。一旦训练完成，神经网络就能用来识别手术过程中遇到的真实的病变组织。学习成功后，探针能实现自动操作，检测到与学习过程中的正常组织特征有明显区别的病变组织。从这一点来说，病变组织的识别过程是自动完成的，并在外科手术时得以应用。这样，手术就能对病变组织进行及时而合理的处置。

这项新技术为外科医生实施复杂的脑部手术提供了更精确的仪器。总之，新的技术将增加外科手术过程的安全性和准确性，并提高效率。

资料来源：Adapted from Bioluminate Inc.，Press Release，“Bioluminate to Develop'Smart Probe' for Early Breast Cancer Detection，” Devember 5，2002；and “NASA Ames Research Center Report，” Smart Surgical Probe，Bioluminate Inc.，2003.

模糊逻辑系统

别管这个名称是否滑稽，模糊逻辑系统代表了企业中一种小型但是重要的AI应用。模糊逻辑是一种与人类推理类似的推理方法，它允许采用近似值和推论（模糊逻辑），以及不完整或不确定的数据（模糊数据），而不仅仅依赖清晰的数据，例如二进制选择（是或否）。图9—22列举了评估商业投资选择时，分析和提取信用风险信息所采用的部分规则（模糊规则）和模糊SQL查询。

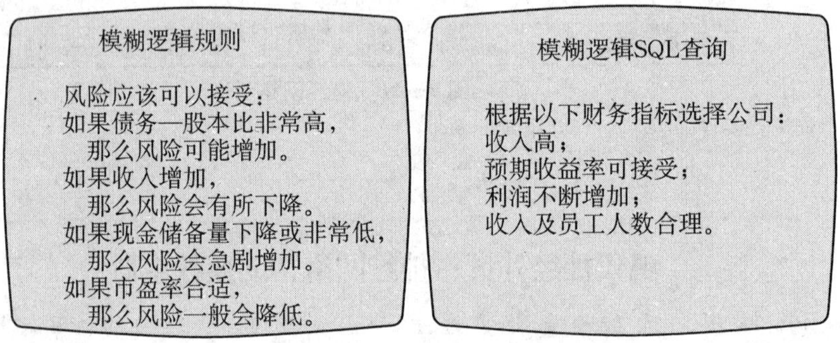

图9—22 风险分析应用软件中的模糊逻辑规则和模糊逻辑SQL查询

要注意的是，模糊逻辑使用的描述都是慎重的、不准确的，例如“非常高”、“增加”、“有所下降”、“合适”或者“非常低”。这些语言使得模糊系统可以处理不完整的数据，快速提供近似的但可以接受的解决问题的方法，而采用其他方法很难解决问题。因此，对数据库的模糊逻辑查询（例如图9—22中的SQL查询）可以改善商务数据库中数据的提取。有一点很重要，模糊逻辑并不是模糊或者不精确的思考，实际上它让决策情境变得比以前更精确了。

商业中的模糊逻辑

模糊逻辑的应用案例在日本有很多，但是在美国却很少。美国更喜欢用AI方法，如专家系统或者神经网络，而日本已经开展了很多模糊逻辑应用，特别是针对特定用途的模糊逻辑微处理器芯片，也被称为模糊处理控制器。因此，日本的地铁、电梯、汽车大量使用Hitachi和Toshiba公司生产的模糊处理控制器提供导航或支持。很多日本生产的商品模型也都配备了模糊逻辑微处理器。应用项目还在增加，包括自动对焦相机、自动防抖摄像机、节能空调、自调节洗衣机和自动变速器等。

□ 遗传算法

遗传算法源于人工智能应用的不断发展。遗传算法软件使用达尔文定律（适者生存）、随机排列和其他数据函数来模拟可以不断产生更优解决方案的进化过程。遗传算法一开始被用来模拟生物学、地理学以及生态系统的进化过程，在计算机上只需几分钟就能模拟几百万年的进化过程。遗传算法软件目前被用来建立各种科学和技术模型以及商业流程模型。

在有上千种可行方案且评价后产生最优方案的情况下，遗传算法特别有用。遗传算法软件使用一系列数学过程的规则（算法），说明各环节或步骤是如何组合的。这个过程可能包含随机尝试和随机过程组合（变异）、优良过程的局部组合（交叉），以及选择优秀过程而放弃劣质过程（选择），从而生成不断完善的解决方案。图 9—23 展示了一个遗传算法软件的商业应用。

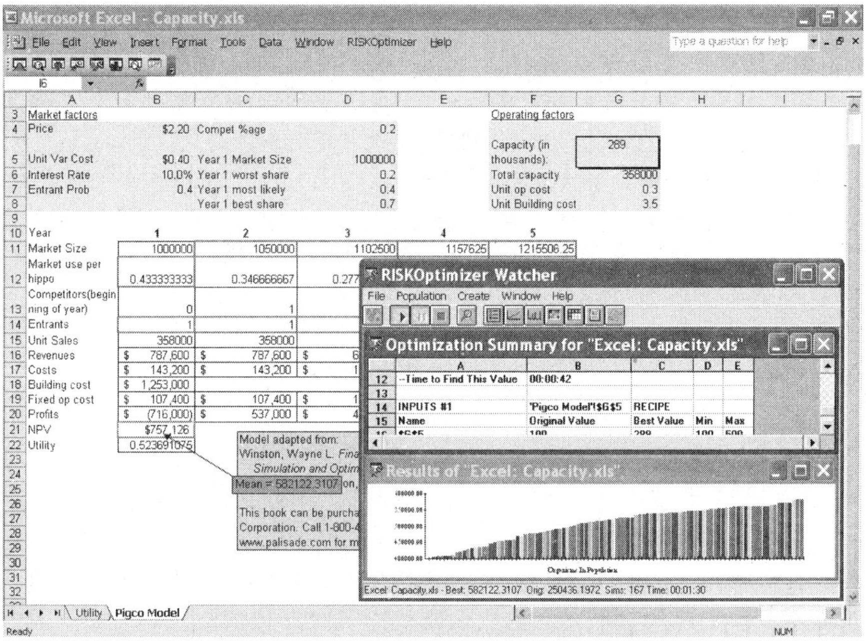

图 9—23　遗传算法软件的商业应用示例

资料来源：Courtesy of Palisade Software.

United Distillers：利用遗传算法搬运木桶

United Distillers（现在是 Diageo PLC 公司的子公司）是世界上规模最大、最赚钱的烈酒生产商。United Distillers 公司的两种谷物蒸馏酒占全球谷物威士忌产量的 1/3，同时它们生产的 Johnnie Walker 品牌威士忌是世界顶级的威士忌，每年销售 1.2 亿瓶。

尽管如此，United Distillers 公司负责库存与供应链的经理克里斯蒂娜·赖特（Christine Wright）指出，某些业务环节并没有得到足够的关注："每周，公司在苏格兰的 49 个仓库内有 2 万只木桶用于威士忌生产中的搅拌环节。仓储活动是人工参与的流程，往往成为业务生产中容易被人忽视的环节。”但是，从去年开始引入的计算机遗传算法技术为公司的搅拌流程注入了新的活力。

“我们希望在不影响质量的条件下实现运营效率的最大化。”赖特说。仅在某一个地区，United Distillers 就有大约300万只木桶，可见这是一项多么艰巨的挑战。在之前提到的每周需要搬运的2万只木桶中，有1万只实际上并没有被使用，而仅仅是在执行流程。“尽管我们掌握着100%准确的库存定位信息，仍然必须计算所选木桶的数量。在仓储管理实践中，很少确定存储的木桶的数量。”

系统内存储各类信息，例如配方、车间条件以及混合程序等，都会输入 XpertRule 软件包，由此计算出用于混合流程的最佳库存组合。除此之外，还有关于木桶的位置信息作为补充。然后，系统对需要的木桶信息进行优化处理，使得木桶进出仓库的次数最少。还有一些限制条件也要满足，例如每个仓库当前的工作能力、仓库的维护工作，以及当前工作进程中的库存补充工作等。XpertRule 软件有限公司是基于 Lancashire 的专家系统领域的行家，它们与 United Distillers 公司密切合作，开发了使用 XpertRule 的应用程序。该系统是基于遗传算法的应用，利用达尔文自然选择的核心思想优化了选择过程。

“木桶调度的低效状况得到改观，搬运的木桶从先前的50%骤降至可以忽略不计的4%，木桶的利用率也提高了一倍。”她补充道，“新技术使得员工能够专注于他们期望完成的目标，而不是如何实现这些目标的机制。他们能够专注于期望克服的限制条件，然后让系统找到在限制条件下最佳的工作方案。这就意味着实现了由主要目标驱动业务运作。”“仓储部门员工不仅能够更好地完成自己的工作，而且可以预先制定工作计划和长期的维护措施。它还促进了积极的战略化意识，赋予经理管理各自事务的能力。”

资料来源：Adapted from XpertRule Case Study, “A Break from Tradition in Blend Selection at United Distillers & Vintners”, http://www.xpertrule.com/pages/case_ud.htm, accessed April 23, 2008.

虚拟现实

虚拟现实（virtual reality, VR）就是用计算机模拟的现实。虚拟现实是人工智能中发展迅速的领域，它的出现就是为了建立更加自然、现实、具有多感官的人机界面。因此，虚拟现实依赖于输入/输出设备的多种感知，例如戴在头上的带视频的护目镜、立体声的跟踪耳机或听筒、数据手套、能追踪人体运动光纤感应的连衣裤、监视脚步移动的步行机，通过视觉、听觉与触觉感受计算机模拟出的三维“虚拟世界”。虚拟现实也可以叫做电子呈现（telepresence）。例如，你可以进入计算机生成的虚拟世界，四处观察，拾起和移动物体，随意走动。也就是说，虚拟现实允许用户与计算机模拟的物体、实体以及环境进行交互，就好像它们真实存在一样。

虚拟现实应用软件

目前虚拟现实软件应用广泛，包括计算机辅助设计（CAD）、医学诊断和治疗、物理学和生物学中的实验、训练飞行员和宇航员的模拟飞行、产品展示、员工培训和娱乐，特别是3D视频游戏。CAD是应用最广的VR软件。它允许建筑师和其他设计人员对产品和建筑的电子3D模型进行测试，在输入模型后可以从各个角度对零件和部件进行检查、触摸和控制。这种科学的可视化能力也被用于制药和生物公司，开发和检测新药品及新材料的计算机模型，医学研究人员还可以为内科医生开发进入患者身体进行检查的虚拟现实。

VR的使用者无论是独自使用VR系统，还是进行远程合作，在世界的任何地方都能获得很强的现场感。一般情况下，在需要让远程设备操作人员的视觉和触觉感受更真实时，可以用到VR系统。例如进行虚拟手术，医生和病人可能身处地球的两端；在化工厂或核反应堆等危险环境下，对设备进行远程控制。

当今最热门的VR应用是Linden实验室开发的在线游戏Second Life。用户可以创建角色来代表自己，并传送到游戏里上千座岛屿中的任何一个，建立自己的领地，“买”土地，在那里实现自己最疯狂的幻想。尽管实际的用户规模和数量统计结果一直受到争议，Second Life确实已经得到发展壮大。如今，那里有个人玩家、商业组织、大学、政府（马尔代夫是第一个在里面建立大使馆的国家）、教堂、体育娱乐、艺术展览、现场音乐会和电影院。就像在那里发生的事情一样，随着科技的进步，现实生活和虚拟生活的界限可能会变得模糊。

Norsk Hydro：利用虚拟油田制定勘探决策

Norsk Hydro的总部设在挪威的奥斯陆，它是一家在全球40多个国家运营，并入选《财富》500强的能源及铝金属供应商。它是石油及天然气生产的领军企业，是世界第三大铝金属供应商，同时也是再生能源资源开发的领导者。此外，它还是虚拟现实技术的创新者。Norsk Hydro利用VR技术制定决策，因为如果决策失误，可能给公司带来数百万美元的损失，更重要的是还会对环境造成破坏。Troll油田计划就是公司使用VR技术的成功案例之一。

Troll油田位于北海。在该地区的东部，有一条宽度仅为39～46英尺的储油区域，但是储量有大约22亿桶。开采石油的水平井就位于石油与海水交汇点之上1.5～5英尺。

在水平井钻取的过程中，钻头首先进入质量相对较差的沙土中。但是，在计划的钻井路线上，无法根据地理模型预测储层沙的质量。计划的深度大约为820英尺，因此，何时终止钻井是一个很重要的决定。如果能够适时地作出终止钻井的决策，公司面临的损失就是钻井到当前程度所耗费的成本，不会对环境造成伤害。但是，如果公司没有正确地终止钻井，就会永远失去那些有价值的石油储备。

虚拟现实技术成为公司终止钻井决策的基础。所有的数据都录入系统以备分析之用。在一个虚拟现实进程中，钻井团队会发现地形数据与地理模型之间不一致。通过观测，他们会迅速对一些关键的地形边界进行重新定义，并对钻井位置周边的地理模型进行更新。

更新的模型会通过判断沙土的质量，改变对后续钻井进程的预测，然后决定是否继续钻井，并且新的预测也被证明是正确的。最后，在钻井终止时，发现了175米厚的更高质量的沙石，以及大约10万立方米的石油。

资料来源：Adapted from Norsk Hydro Corporate Background，www.hydro.com，2004；and Schlumberger Information Solutions，“Norsk Hydro Makes a Valuable Drilling Decision，” Schlumberger Technical Report GMP-5911，2002.

□ 智能代理

智能代理是一种越来越受欢迎的、在软件中使用人工智能的应用，用来帮助用户完成各类电子化业务和电子商务中的任务。智能代理是一种协助终端用户或流程满足需求或完成活动的软件代理。智能代理使用内置的、关于个人或流程的可学习的知识库制定决策，按照使用者的意图完成任务。有时，智能代理被赋予图形化的形象或角色，例如用爱因斯坦代表科学顾问，用夏洛克·福尔摩斯代表信息搜索代理等。因此，智能代理（也叫做软件机器人或“bots”）是有特定任务的、基于知识的信息系统，协助使用者完成任务。表 9—10 概括了智能代理的主要类型。

表 9—10　　不同类型的智能代理

用户界面代理
- 界面代理观察用户计算机操作、更正用户错误，并提供高效使用软件方面的提示和建议。
- 显示代理按用户喜好以各种报告、展示窗体和媒体显示信息。
- 网络导航代理发现找到信息的路径，并提供用户喜欢的浏览信息的方法。
- 角色代理做假设分析游戏，利用不同角色帮助用户理解信息并作出较好的决策。

信息管理代理
- 检索代理帮助用户发现文件和数据库，搜索所需的信息，并建议和发现新的信息产品类型、媒体和资源。
- 信息中介为满足用户业务或个人需求，提供发现和开发信息资源的商业服务。
- 信息过滤器接收、发现、过滤、丢弃、保存、传送以及提示用户关注收到或需要的产品信息，包括电子邮件、语音邮件以及所有其他信息媒体。

在微软 Office 和其他软件套装中用到的向导程序就是智能代理最有名的例子。这些内置的向导程序能够分析终端用户正在如何使用软件包，并提供如何完成各类任务的建议。因此，向导程序可能帮你改变文档的边距，电子表格单元格的格式，查询数据库，或者创建图形。向导程序和其他软件代理也调整用户使用软件包的方式，预测用户什么时候会需要它们的帮助。图 9—24 给出了一个例子。

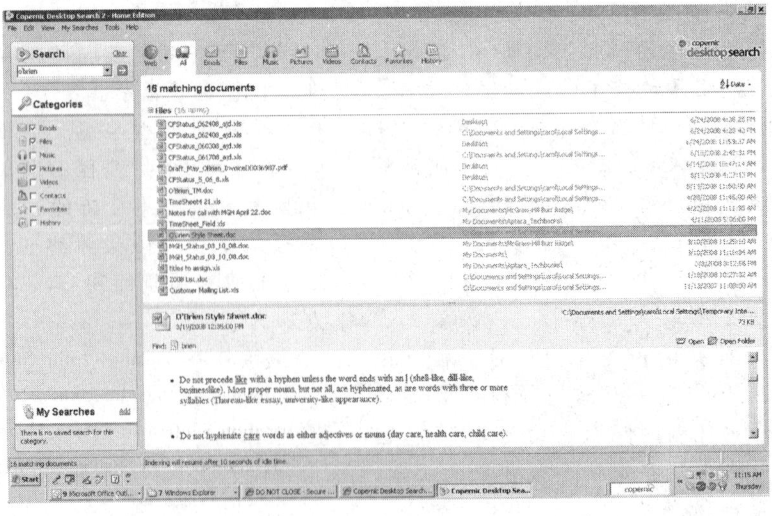

图 9—24　智能代理示例

资料来源：Courtesy of Copernic.

智能代理的应用发展迅速，不仅简化了软件使用，帮助在互联网和企业内联网上搜索网站，还能帮助用户在上网购物时对不同电子商务网站进行比较。随着各类软件包越来越复杂，互联网和万维网不断扩张，以及信息资源和电子商务选择呈指数级增长，智能代理正成为必要的工具。事实上，一些评论家预言未来很多的计算都将由为用户执行任务的智能代理来完成。

智能软件代理在安全领域的应用

2002年，美国军方开始用智能软件代理替代人力，将需要接受安全检查的士兵资料发送给负责检查的机构。结果是，以前需要几天才能完成的工作，现在只要24小时就能完成。由于军方积压的任务减少了，现在位于马里兰州的军事检查机构每年可以多处理30%的工作。智能代理从现有记录中找到必要的背景信息，为每个案例建立电子文件夹。然后它会检查文件，确定它们是安全的还是存在危险信号的，比如存在经济问题、犯罪前科，或者其他显示那个人可能受到过不良影响的情况。调查员会对棘手的案例深入调查。

智能代理是半自治的、前瞻的、适应性的软件系统，可以根据用户的行为采取行动。给智能代理设立一个目标，例如帮助美国大使在国外遇到恐怖袭击时挑选一条安全的撤离路线，智能代理能在收集天气信息、新闻报道、航班时刻表、公路信息和警察局报告等信息后，提出最优计划。

这样的代理也能够帮助投资人识别异常的活动模式，位于马萨诸塞州MIT媒体实验室的软件代理工作组的科学家兼负责人亨利·利伯曼（Henry Lieberman）说："智能代理可以对法律的实施提供帮助，例如'如果有人从最近发生大宗银行转账的中东敏感国家入境的话，要立刻通知'，像国家安全局和外汇局这样的政府机关也可以利用它们来监控财务报告，预防欺诈，也许能在安然事件发生之前就发现问题。"

尽管如此，信任问题可能会限制其在商业中的广泛应用。"人们仍然不习惯使用这类产品。"利伯曼说，"刚开始使用这种代理工具时，你不得不提高警惕，确保它只完成你需要的工作。但是慢慢地它们的作用显现出来。代理工具只是提供一个计划，决定权还在你的手中。"

资料来源：Adapted from Stephanie Overby, "Security Strategy Includes Intelligent Software Agents", *CIO Magazine*, January 1, 2001.

小结

● 信息、决策和管理。信息系统可以支持各类管理层次的决策制定和决策。包括三个管理活动层次（战略层、战术层以及运营层的决策制定）和三种决策结构（结构化、半结构化和非结构化）。信息系统提供广泛的信息产品，以支持组织各层次的决策类型。

● 决策支持趋势。主要的变化发生在为管理者决策制定提供信息和建模的传统的MIS，DSS和EIS工具。受到终端用户计算和联网技术的快速发展、互联网和Web技术以及Web化商业应用的驱动，商业中的决策支持也在发生变化。公司内联网、外联网以及Web的成长，加快了诸如企业信息门户和Web化商务智能软件工具的发展，并被较低管理层、个体和企业专家团队使用。另外，电子商务和电子化业务应用的发展，扩展了企业门户和DSS工具在供应商、客户和企业其他相关人员中的使用。

● 管理信息系统。管理信息系统提供预先指定的报告，响应管理者对系统各类定期报告、例外报告、需求报告或推送报告等的需求，为决策制定提供信息支持。

● 联机分析处理和数据挖掘。联机分析处理交互地分析存在于多维数据库中的大量数据间的复杂关系。数据挖掘分析数据仓库中为分析而预备好的海量历史数据。两种技术都可以发现公司数据中的模式、趋势和例外条件，以支持商业分析和决策制定。

● 决策支持系统。决策支持系统是交互的、基于计算机的信息系统，通过DSS软件、模型库及数据库，为单个管理者面对的半结构化及非结构化决策问题提供定制的信息支持。系统利用决策制定者的认知和判断，通过专门的、交互的、分析的建模过程，完成特定决策。

● 主管信息系统。主管信息系统最初是为了支持高层领导对战略信息的需要，但是现在它们的使用范围已经扩展到较低层次的管理者和业务专家。EIS易于使用并可使管理者找到他们需要和偏好的信息。因此，EIS能够为管理者提供关于企业关键成功要素的信息，帮助完成计划制定和控制任务。

● 企业信息和知识门户。企业信息门户为企业内联网提供定制的和个性化的基于Web的界面，使得用户能够轻松地访问各种内部及外部商业应用、数据库，获得根据个人偏好和需要定制的信息服务。因此，EIP可以提供个性化的基于Web的信息、知识，为经理、管理人员、业务专家、客户、供应商和其他商业伙伴提供决策支持。企业知识门户是由EIP扩展的公司内部门户，包括知识管理功能和知识库资源，因此它已成为公司知识管理系统的主要形式。

● 人工智能。人工智能（AI）的主要应用领域包括各类认知科学、机器技术和自然界面中的应用。人工智能的目标是开发与人类物理和精神上的能力相关的计算机功能，例如能看、听、说、感知和移动的机器人，以及能够推理、学习和解决问题的软件。因此，人工智能被广泛应用于商业运作，管理决策制定，以及很多其他领域。

● AI技术。图9—17概括了很多AI应用领域，包括神经网络、模糊逻辑、遗传算法、虚拟现实和智能代理。神经网络是基于大脑神经结构的简单模型建立的硬件模型或软件模型，它们可以通过学习来识别数据的模式。模糊逻辑系统利用近似推理解决数据不完全或不明确的问题。遗传算法使用选择、随机处理和其他数学函数来模拟进化过程，从而产生更好的解决问题的方法。虚拟现实系统是多感知系统，让人类用户体验计算机模拟的环境，就好像它们真实存在一样。智能代理是基于知识的软件代理，适用于完成已经选定的任务。

● 专家系统。专家系统是基于知识的信息系统，使用软件和关于特定、复杂应用领域的知识库，在很多商业和技术应用中为使用者充当专家顾问的角色。软件包括存储在知识库中的根据事实和规则进行推理的推理引擎程序。知识库由特定目标领域的事件和解释专家推理过程的规则组成。在很多问题中，专家系统的优势（如保存和复制专门技术）与局限同时存在。

关键术语和概念

分析建模（analytical modeling）
目标分析（goal-seeking analysis）
优化分析（optimization analysis）
灵敏度分析（sensitivity analysis）
假设分析（what-if analysis）
人工智能（artificial intelligence）
商务智能（business intelligence）
数据挖掘（data mining）
数据可视化系统（data visualization system）
决策结构（decision structure）
决策支持系统（decision support system）
企业信息门户（enterprise information portal）
企业知识门户（enterprise knowledge portal）
主管信息系统（executive information system）
专家系统（expert system）
专家系统外壳（expert system shell）
模糊逻辑（fuzzy logic）
遗传算法（genetic algorithm）
地理信息系统（geographic information system）
推理引擎（inference engine）
智能代理（intelligent agent）
知识库（knowledge base）
知识工程师（knowledge engineer）
知识管理系统（knowledge management system）
管理信息系统（management information system）
模型库（model base）

神经网络（neural network）
联机分析处理（online analytical processing）
机器人技术（robotics）
虚拟现实（virtual reality）

讨论题

1. 提供给管理者和业务人员的信息和决策支持系统的形式及使用方式在不断变化和扩展吗？为什么？

2. 组织中自我指导团队的成长是否改变了商业中制定战略决策、战术决策和运营决策的需求？

3. 管理者在获取实时需求信息时，使用 MIS 与使用 DSS 有什么不同？

4. 参考本章关于商务智能的案例。公司怎样了解自己何时需要这些类型的系统？它们如何决定开展哪个项目？在后一个问题中讨论政策性变化的影响。

5. 使用电子表格软件会以什么方式提供决策支持系统的功能？

6. 企业信息门户是否让主管信息系统无用武之地了呢？解释你的理由。

7. 参考本章有关固特异，JEA，OSUMC 和孟山都等公司的案例。考虑到使用这些技术会面临很大的风险，你会如何选择一个商业案例进行投资？谈谈你的想法。

8. 计算机可以思考吗？将来会实现吗？解释你的看法。

9. 在商业运营和管理过程中，哪种 AI 应用具有最高的潜在价值？

10. 在使用诸如专家系统、虚拟现实和智能代理等 AI 技术时，会遇到哪些限制和风险？如何才能将这些影响降至最小？

分析题

1. 电子商务网站简介

BizRate（BizRate. com）实时提供数百家在线商店信息。涵盖的商品包括图书、音乐产品、电子产品、衣服、硬件以及礼品等。客户评论帮助商家自信地选择商品和零售商。BizRate 也有一种名为“明智的选择”的特殊标签，它综合了零售商评论、价格和其他因素，给出“最优的购买推荐”。

a. 使用 BizRate. com 找到感兴趣的商品。网站提供给你的商品信息和零售商建议是否全面、有效，并且有价值？作出解释。

b. 零售企业如何使用类似的基于 Web 的评论系统？给出一个例子。

c. BizRate 网站的功能与决策支持系统有怎样的相似之处？

2. 企业应用集成

来自各类商业系统的信息能够以统一、完整的形式呈现在管理者的桌面上。通常这也被称为“数字仪表盘”，在这样的视图下包含的信息可能包括管理者的日程表、当前电子邮件信息、产品延期的简要列表、主要过期账户、当前销售简报和金融市场简报。尽管在单个屏幕上不可能满足企业的所有信息需求，但是可以根据管理者指定的需求概括地描述数据，然后作为起始点或门户，完成进一步的查询。

这样一个系统看起来是什么样的？像 my. Excite. com，my. MSN. com，iGoogle（www. google. com/ig）和 my. Yahoo. com 这类门户就是很好的通用需求信息门户的例子。这些网站包含了面向业务的类似网站的共性。它们提供很多不同来源的信息，如电子邮件、即时消息、日历、任务列表、股票信息、天气和新闻。它们允许用户决定希望看到哪些信息源，例如，用户可以选择只显示与商业相关的新闻，而去掉体育新闻、彩票结果和星座占卜。它们也允许用户过滤浏览的信息，例如，用户可能选择只查看当地的天气情况，包含特定关键词的新闻，或者只包含用户所购买股票的市场结果。它们允许用户自行安排信息的显示位置，这样用户可以在正确的地方找到最重要的信息内容。最后，它们允许用户深层次挖掘信息，找到重要信息的更多细节。

一旦用户建立了账户，设定了使用偏好，这些公共门户就会记住用户的偏好，只向用户传递他们请求的信息。用户可以随意改变使用偏好，只需点击就能完成这些操作。

a. 访问一个上面提到的门户网站。设置这个网站，使其满足你自己对信息的需求。提交打印的结果。

b. 查询20/20Software网站（www.2020software.com）的数字仪表盘，阅读商品的特点，并用自己的语言进行描述。

3. 基于案例的市场营销

基于案例的推理系统是专家系统的一种类型。它试图利用现有信息与先验案例的数据库进行匹配。当基于案例的推理系统在数据库中找到一个或多个案例与现有信息相似时，就会评价和报告相同的结果。只要有足够数量的案例，这样的系统就会很有用。更好的情况是，如果基于案例的系统能够在案例发生时自动收集案例，那么它将随着获取“经验”来不断调整结果，成为一个强大的工具。

亚马逊依靠这样的系统向用户推荐图书。像很多电子商务网站一样，亚马逊允许用户搜索、购买和评论图书。亚马逊将数据库的这种交互行为推进了一步：给出特定的书名，基于案例的推理引擎会检查所有关于这本书的销售记录，看看购买这本书的其他顾客是否分享过其他图书。然后系统产生一个简短的列表，将结果展示给用户。这就像是一个销售员说：“哦！如果你喜欢这本书，那么你很可能也想读一下那本书。”而亚马逊系统的交易经验远远超过了最博学的销售人员。

有了这些信息，顾客可能会考虑额外的图书，或者这些信息使顾客更确信自己选择了正确的图书。更好的信息增加了顾客购买的信心，同时促进了额外的销售。

a. 亚马逊在线图书推荐系统背后的专家资源是什么？

b. 你如何看待在线商店跟踪和使用你的购买行为来推荐额外销售？

c. 哪些措施能够防止政府利用亚马逊保留的个人历史购买信息？

d. 尽管亚马逊不会分享个人信息，但它仍然利用了顾客的购买数据。这是合乎道德的吗？亚马逊是否应该为顾客提供选择退出此类信息收集活动的权利？

4. Palm City 警察局

Palm City警察局有8个管理辖区。辖区内的警察对辖区内所有活动负有首要责任。下表列出了每个辖区内的当前人口、暴力犯罪数量以及辖区内官员数量。警察局建立了关于警察服务的目标。每名警察负责的人口比例和每名警察负责的暴力犯罪案件都按辖区计算。该城市的这些比例都显示在下表中。

管辖区	人口	暴力犯罪	警察数量
Shea. Blvd	96 552	318	85
Lakeland Heights	99 223	582	108
Sunnydale	68 432	206	77
Old Town	47 732	496	55
Mountainview	101 233	359	82
Financial District	58 102	511	70
Riverdale	78 903	537	70
Cole Memorial	75 801	306	82
合计	625 978	3 315	629
每位警察	995 196	52 270	

a. 建立一个数据表进行分析并打印出来。

b. 目前，没有资金来雇用更多的警察。基于全市的比例，警察局决定制定新的计划，使得每个辖区内每名警察负责的人口不超过1 100人，每名警察负责的暴力案件不超过7件。警察局将会从那些能轻松完成这个目标的辖区把警察调派到那些超过规定比例的辖区内。在数据表中进行“目标搜索”，调配警察直到满足要求。你可以使用目标搜索工具来查看多少警察将会被调配到其他辖区，然后判断怎样减少满足要求的辖区的警察数量。打印出一组满足这些要求的结果，并把得到这个结果的过程汇报给教师。

案例 9.3

Harrah's Entertainment，LendingTree，DeepGreen Financial 和思科等公司：自动决策制定的成功与挑战

大半个世纪以来，人工智能（AI）领域承诺计算机将会让管理者和业务人员从制定各类决策中解放出来。计算机程序会分析数据，作出明智的判断，配置复杂的计算机，诊断和治疗患者的疾病，或者决定何时搅拌一桶汤，只需要很少甚至不需要人工的参与。

自动决策制定的实现进展缓慢。很多早期的人工智能应用只是解决问题的途径，对提高组织绩效的贡献很小。以医学为例，医生很少有兴趣使用机器来诊断病人的疾病。在商业领域，即使在实际问题中使用专家系统，从决策制定者处获取正确的特定知识并对其持续维护比想象的要困难。

现在，自动决策制定终于迎来了新的发展时代。但是，新一代应用与以往基于AI的决策支持系统在几个重要方面有所不同。首先，早期系统非常依赖知识工程师的专业能力，新的系统与其相比更容易建立和管理。其次，新的应用不需要人来识别问题或者对分析进行初始化。事实上，决策制定能力嵌入一般的工作流后，它们的启动不需要人的干预：它们感知在线数据或条件，应用经过整理的知识或逻辑制定决策——整个过程将人为干预控制到最小。最后，与早期的系统不同，新的系统可将决策快速转化为行动，既准确又有效。

当然，人类还是要承担一定的职责。管理者仍然需要参与决策的审核和确认，在一些例外的情况下，要作出实际的决策。同时，即使是高度自动化的系统，也要依赖专家和管理者来创建和维护规则，监控结果。

今天的自动决策系统最适合那些使用电子化信息、必须经常且快速制定的决策。在这些系统中，知识和决策的标准需要高度结构化，需要考虑的因素必须被充分理解。如果专家可以熟练地对决策规则进行编码，并且数据质量较高，那么自动产生决策的条件是成熟的。

银行信用决策是一个很好的例子。这些决策是重复性的，有统一的标准，同时可以使用大量的客户信用数据。相反，关于聘请谁担任CEO的决策就不适合自动决策。因为这种决策很少发生，不同的人有各自不同的标准，而这在计算机模型中很难实现。

运输行业是最早大规模使用自动决策系统的行业之一。自航空公司最先用来进行票价优化后，决策制定技术被应用到更多领域，包括航班计划、机务人员和机场员工的计划等。

效益管理程序在相关业务中也有所采用，比如用于解决住宿问题。例如，Harrah's Entertainment是全球最大的赌场运营商，它们通过优化旗下酒店的入住率和为忠诚顾客提供不同的房价，每个月可以收入上百万美元。使用效益管理程序进行酒店住房定价很常见，但是与忠诚度管理相结合就不常见了。这样的结合保证了最好的顾客得到最优惠的价格，反过来，这些顾客将会用他们的忠诚度来回报企业。

投资公司也依赖基于AI的决策制定技术进行交易和套汇。不过近期在金融领域发生的很多活动都围绕着开发新的应用，目的是寻找好的银行和保险顾客，满足他们的需要。在线信用信息和金融历史信息的广泛使用，快速客户服务的差异

化需求，以及在线金融服务提供商的成长，促使自动决策的应用增加。

为了与LendingTree公司竞争，贷款公司不得不提高自动化程度，利用自动决策引擎来帮助自己保持竞争力。例如，位于俄亥俄州克利夫兰市的DeepGreen金融公司就是依靠自动决策技术发展壮大的。DeepGreen最早通过网站和合作者网站LendingTree，priceline.com以及MortgageIT.com为46个州提供贷款。它们也为抵押破产者提供家庭收支贷款服务，为私有品牌或合资品牌提供家庭收支贷款技术和实施服务。据DeepGreen的CEO杰里·谢利托（Jerry Selitto）介绍，公司自2000年起已经应用互联网技术处理了超过325 000个项目，家庭信用贷款额超过44亿美元。

DeepGreen建立了基于互联网的系统，可以在几分钟内找到信用最好的客户，每天只需要8名员工就能处理大约400个申请。DeepGreen将竞争点不放在利率上，而是放在贷款容易申请并且批准迅速方面。公司几乎实时、无条件地作出决策，而不需要传统的审批，也不需要贷款者提前提交纸质文件。

客户可以在5分钟内完成申请，整个自动过程是这样的：首先生成一份信用报告，对信用进行评分，使用在线数据完成资产评估，在考察欺诈记录和洪水保险后进行确认，最终的结果决定贷款金额。大约80%的情况下，客户可以在2分钟内获知最终的决定。（在某些情况下，DeepGreen只能提供有条件的承诺，因为某些信息——通常是评估信息——在网络上查询不到。）在批准后，系统选择客户家附近的公证处，客户选择一个办理日期。所有的贷款文件都是自动生成的，并且邮寄到公证处。

DeepGreen的竞争优势来自若干因素的共同作用。核心因素是，它依赖于先进的分析技术和基于规则的AI技术，否则不可能开展业务。公司还借助这些技术更加清楚地了解变化的市场环境和价格的动态变化。由于DeepGreen应用了大量在线信息，这些因素使得公司能够定制借贷合同条款，满足贷款人的需要。另外，公司关注高端客户，保证了办理贷款的速度、服务以及便利性。针对富裕而风险较低的贷款人作出信用决策相对容易。此外，高端贷款人更了解互联网，如果你的在线服务能够满足他们的特别需求，他们更愿意到这里办理业务。

如果没有认识到自动决策系统的局限性，会带来重大影响。几年前，在电子商务繁荣发展时期，位于加州圣何塞的思科公司发现自己太依赖自动订单和供应链系统。管理层意识到有些订订单并不像公司想象的那样，在多种可能的情况下不会被运送。这个小失误使得公司不得不为多余的库存浪费20亿美元。

除了密切监控风险等级，负责自动决策系统的管理者还必须处理例外事件。另外，他们需要提前决定当计算机只有少量数据可供决策时要如何处理（这是经常要遇到的例外情况）。公司应当有明确的标准来判断什么情况下不能自动处理，以及由谁来处理这些意外事件。同时，他们还应该认识到例外事件是进行内部学习的好机会，并非系统的错误。

资料来源：Adapted from Thomas H. Daveport and Jeanne G. Harris, "Automated Decision Making Comes of Age," *MIT Sloan Management Review*, Summer 2005; Thomas H. Daveport, "Competing on Analytics," *Harvard Business Review*, January, 2006.

问题

1. 为什么以前使用人工智能技术的尝试会失败？新的基于AI的应用与之前相比有哪些不同，以至于作者宣称自动决策制定的时代到来了？

2. 什么类型的决策最适合使用自动决策制定？结合本案例中几个成功的应用来阐述你的答案。

3. 在自动决策制定应用中人的作用是什么？管理者在应用自动决策制定系统时面对的挑战是什么？哪些解决方案能够克服这些困难？

实践

1. 使用互联网寻找几个公司应用自动决策制定系统或其他AI应用的例子。你可以从本案例中提到的几个公司入手，然后找到其他的公司。你从中发现了哪些商业利益或挑战？

2. 商业中应用的人工智能应用（如自动决策制定）为企业指出了潜在的商业风险，就像思科公司经历的那样，同时还能发现其他潜在风险（如人力安全等）。与你的同学分组讨论这些风险，并提出控制和防范其发生的措施。

第4篇

开发过程

商务专家如何利用信息技术设计、发展和实施战略与对策，以迎接当今商务环境下的机遇与挑战？本篇的目标就是回答这一问题。本篇将集中讨论基于信息技术基础的商务软件的开发和实施过程。

第10章：开发业务和信息技术解决方案。介绍信息系统传统的开发方法、原型法和终端用户方法，并讨论新信息技术商务应用的实施过程和管理问题，包括用户抵触、参与和变革管理等。

第 10 章 开发业务和信息技术解决方案

学习目标

1. 以本章介绍的系统开发过程和第 1 章的信息系统信息技术模型作为解决问题的框架，帮助你为简单的商务问题提供信息系统解决方案。

2. 描述并举例说明如何利用信息系统开发周期的每个步骤来开发和实施一个商务信息系统。

3. 解释原型法如何被终端用户和信息系统专家用来改进系统开发过程。

4. 理解项目管理的基本方法及其对系统开发成功的重要性。

5. 识别新信息系统实施过程所涉及的活动。

6. 比较四个基本的系统转换策略。

7. 描述在评估购置软硬件和信息系统服务时应考虑的几个评估因素。

8. 识别在终端用户抵制新信息系统实施时的几种变革管理解决方案。

10.1 业务系统的开发

信息系统开发

假如总裁要求你提出一个用 Web 化的方法从公司销售人员那里获得和发布信息的方案，你将如何着手？你将做些什么？你是否想仅凭埋头苦干就找到一个理想的解决方案？如何判断你的方案是否适合公司？你是否会想到可能有一种系统方法可以按照总裁的要求来开发一个好的解决方案？确实有这样的方法，这是一个解决问题的过程，被称作系统方法。

当这种解决问题的系统方法被用于商务问题信息系统解决方案开发时，就被称为信息系统开发或应用软件开发。本节将向你说明在开发商务系统和应用软件的过程中如何应用系统方法，满足公司、员工及股东的业务需求。

阅读下面的真实案例，从中可以了解很多全球化组织在开发过程中面临的挑战。

案例 10.1

PayPal：全球化站点不同语言的同步更新

对于一个不断扩张的全球化企业来说，如何保证所有的客户站点在不耗费大量时间和金钱的情况下保持当地语言的同步更新？

PayPal负责核心技术的副总裁马修·门格林克（Matthew Mengerink）说，PayPal在5年前就意识到，如果不解决这个问题，它将成为阻碍这个电子商务支付公司成长的拦路虎。门格林克的职责涉及PayPal的总体架构和支付系统基础设施。今天，PayPal为了保证从法国到波兰的15个站点能够同步更新，已经重构了它的软件系统。开发团体将这个不寻常的成果称为“多语言同步转运”或“SimShip”。

弗雷斯特研究公司全球化事务专家、首席分析师罗恩·罗格夫斯基（Ron Rogowski）说：“这是一个困扰我们很长时间的大问题，对大部分企业来说，对网站内容进行本土化是一项困难的工作，因为这个领域的解决方案还不多见，并且需要解决谁负责哪部分内容这种组织间冲突。企业更愿意自己进行翻译工作，来实现内部和外部的成本节约。但是真正的利益来源于潜在的收入增长以及快速跟随市场调整的能力。”

这种能力在今天已转变为PayPal的大部分基本收入：国际业务占总净收入的44%，这笔收入在2008年第一季度就已达到5.82亿美元，并仍以32%的速率逐年增长。2007年末，PayPal每秒平均处理1 806美元的支付，它的代码重构技术在这种增长中扮演了重要角色。

PayPal现在是在线拍卖巨头eBay旗下的一个子公司，它需要将业务拓展到全球以满足客户的需求。门格林克说：“美国以外的用户要求eBay让他们使用PayPal（eBay上主要的购买机制），并且期望他们使用的PayPal像英文版那样完美。因此，公司要做的就不仅仅是简单地将英文翻译成法文、德文等工作。”想象你走进一家银行并想要说法语，柜员可以说法语，但是这还不够。你希望感觉自己身在法国，希望在墙上看到法国国旗。特别是对于银行业而言，用一种自然的方式表现自己以获得客户的信任极其重要。

过去，企业解决本土化问题往往是通过第三方的翻译公司，由翻译公司负责将网站的英文转化为不同的语言。问题是，如果你不能给它们一个最低限额的文字量，翻译价格就会变得很高。门格林克说：“PayPal整个网站的内容必须翻译，而我们作为互联网公司每六周要更新。翻译的过程怎能不拖整个公司的后腿呢？”

PayPal要开发一个解决方案的决策是不寻常且很有趣的。在负责网站翻译的领域，只有很少的几家软件商。很多公司甚至不能解决和翻译相关的组织上的难题。罗格夫斯基说：“应该考虑与此相关的很多组织上的问题，要确定谁负责什么。”例如，他强调面向客户的电子公司在不同国家的网站内容看起来都不相似，更不用说完全相同了。罗格夫斯基警告说，网页上的内容层出不穷，在你的公司可以将全部站点成功翻译之前，你可能已经被组织中的各种事务缠身。

5年前，门格林克和一群信息技术本土化的专家开始实施他们的项目来集中处理这一问题。他说：“面临网站本土化问题的企业通常的做法是剪切和粘贴代码，然后将它翻译为不同语言，这可能带来很大麻烦，因为维持代码的简明和一致不是件简单的事情。”处理文字比处理代码要简单得多。

PayPal决定重构代码来解决语言的本土化问题，完全是出于对商务执行速度的考虑。门格林克说：“如果有合理的结构，就能更快地进入新的国家”。由于市场上没有成形的商务工具可用，因此整个开发过程都是由一个小型IT团队完成的。PayPal不会透露这个团队的具体规模或成本。

他指出，“有人提出了国家码和语言码的概念。你的软件要理解两件事，即在哪个国家以及这个国家使用何种语言。这十分重要，因为在除美国外的国家（如加拿大），人们可能无法想象没有多种语言的生活。我们首先考虑的就是广泛使用国家码和语言码。”他的开发团队还需要创造一套比原代码有更大灵活性的基本代码，用它来引导软件。比如，要确保字符串信息（如邮箱地址、客户电话及时间等）随着国家码的变化而变化。

PayPal 项目成功的第二个关键在于，PayPal 本土化事务主管加桑·阿达(Ghassan Haddad) 以及开发团队开发了一种工具，可以将新加入的待翻译的内容在代码中以其他颜色显示，与此同时，软件会提取出这些新内容。这样，PayPal 就可以只翻译这些新内容，而非全部内容。这通常要花费 5～10 天，时间长短取决于每次发布内容的多少。之后会在所有的站点同时发布相关内容。

门格林克和他的开发团队面临的下一个挑战是什么？他说："我们利用工程技术对内容进行了良好的管理，接下来的问题就是我们如何将内容管理方面的工作交到真正处理这些业务的人手中。他们不想通过中间人，而是希望自己直接改变网站内容，他们总是抱怨'我们尊重你们的成果，但是能不能让我们自己来做'。考虑到开发工具的持续发展，这是一个挑战。"

PayPal 并不许可其他企业使用该技术。门格林克说："我们的工具是为 PayPal 开发的，我们也鼓励别人开发自己的工具。"他的团队主要利用 HTML 工作，编程语言并不是最重要的选择，方法论才是真正关键的部分。"我们开发了客户工具，这些工具每半年就有一次改动。这是一个新兴的产业。当你将目光投向发布工具和内容工具时，会发现它们中的大多数很适合预展和发布。"

还有比 PayPal 所用的更简单的方式，例如，频繁地将新内容与新特征相关联。"很多人担忧，问为什么我们所做的不能成为行业规范。在你的能力范围内，你一定要善于创造自己的工具。刚开始的时候肯定会存在质疑的声音，即便是在公司内部。你的领导、开发人员也许会不停地提醒你有多少公司尝试即时翻译却失败了，一些开发团队中的成员也许仍然认为这不可行。但它一旦成功，我们发现它不仅易于管理，而且已成为核心优势。"

企业越早着手开发 SimShip 项目越好。一旦你足够壮大，就会发现变革的成本更高。因为需要从头开始创造基本代码，做好接下来的每件事情。

门格林克团队的底线是什么？他说："现在我们有 15 种语言、17 种货币、190 种市场。我们的基本代码已经比原来多了很多。所有的新代码都是基于正确的结构编写的，必须做到国际化。"重构代码系统在 PayPal 的不断扩张中保证了电子商务的发展，在 PayPal 2007 年的净支付总额中，交易总额为 470 亿美元，比前一年增长了 33%。PayPal 2007 年第四季度的总支付额为 140 亿美元，占全美电子商务量的 12%，几乎达到了世界电子商务成交量的 8%。

资料来源：Adapted from Laurianne McLaughlin, "How PayPal Keeps e-Commerce Humming in 15 Languages at Once," *CIO Magazine*, March 14, 2008.

问题

1. PayPal 设法解决了多语言同步更新的问题，之后面临的挑战是找到一种好方法将这个解决方案直接交到业务处理人员手中，而不用每次都由 IT 部门经手。解决方案一方面要有很好的响应性和灵活性，另一方面还要确保 IT 部门对它的控制以保证各方面协调顺畅，你觉得应该如何平衡这两个方面？请为处于这种矛盾中的管理者提供一些参考意见。

2. PayPal 选择了开发自己的技术而非依靠行业标准来满足自己的需求。你认为这样的选择在什么情况下是有利的？需要考虑什么因素？请讨论并举例。

3. 尽管新系统很成功，PayPal 决定不将该技术授权给其他公司，在该问题的解决方案极少的背景下，这个决定意味着 PayPal 放弃了以此谋利的机会。你认为 PayPal 为什么选择不出售这项技术？你认为这真的会成为竞争中的一项战略优势吗？竞争对手模仿这个成果的难度又有多大？

实践

1. 选择两三个你感兴趣的拥有全球化

业务的公司，访问它们在不同国家的网站。尽管语言不通，但你可以观察这些网站是否有相似的外观、给人相似的感觉，在什么方面相似，又在什么方面有差异，在不知情的情况下可否看出它们属于同一家公司。准备做一个展示，与同学分享你的成果。

2. PayPal 选择了一种集中化的方法来保证在不同国家的网站的外观和内容，其他企业则选择了在不同国家的网站中采用不同的外观和内容。你认为应在什么情况下采取何种方法？应该取决于企业自身、产品、市场、国家还是其他因素？请分组讨论。

系统方法

系统方法（systems approach）从系统的角度出发，定义问题和机会，从而开发出最合适并可行的解决方案。分析问题并制定解决方案涉及以下几个相关活动：

- 用系统思想来识别并定义问题或机会。
- 开发和评估可选的系统方案。
- 选择最能满足需求的系统方案。
- 设计所选的系统方案。
- 实施所设计的系统并评估效果。

系统思想

用**系统思想**（system thinking）理解问题或机会是系统方法最重要的方面。管理顾问和作家彼得·圣吉（Peter Senge）将系统思想称为第五项修炼（其他四项修炼为个人超越、改善心智模式、建立共同愿景和团队学习）。圣吉认为，在不断变化的世界里掌握系统思想对于个人实现价值和企业成功至关重要。系统思想的精髓是在任何情况下“同时看到树木和森林”：

- 事件发生时不只看到线性因果关系，同时要看到系统中的相互关系。
- 变化发生时不只看到离散的各阶段变化，同时要看到系统中变化的过程。

练习系统思想的一种方法是试着在各种情形下寻找你所研究的系统、子系统和构成系统的组件，这也被视为从系统背景角度或用体系化的视角来分析环境。例如，当商业组织或业务流程中出现问题时，可将它看成是包括输入、处理、输出、反馈和控制单元的一个系统。为了理解和解决问题，你必须确定是否正确执行了这些基本的系统功能（见图10—1）。

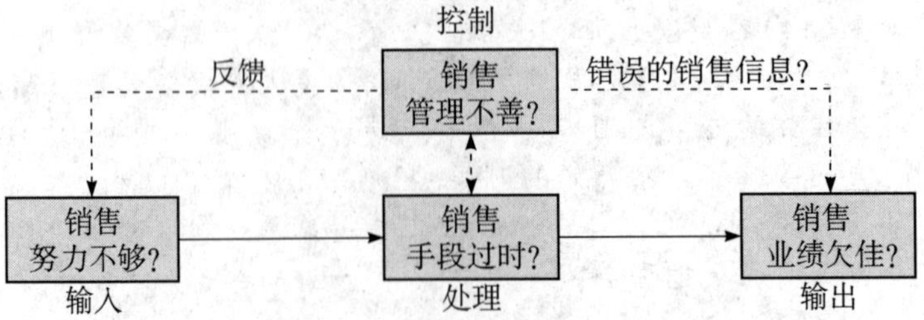

图10—1 系统思想

说明：通过识别和评估一个销售系统的各组成部分，你能更好地理解销售中的问题或机遇。

实例。企业的销售过程可以看成是一个系统。你可能会问：销售业绩欠佳（输出）是否因为销售努力不够（输入）？是因为过时的销售手段（处理），错误的销售信息（反馈），还是销售管理不善（控制）？图 10—1 展示了这个问题。

系统分析与设计

信息系统在组织内被设计和实施的整个过程称为**系统分析与设计**（systems analysis and design，SA&D）。整个过程包括：识别商务问题；以信息系统形式提出解决方案，识别一个或多个问题；设计和实施所提出的解决方案来实现组织的目标。

在今天，SA&D 已经可以通过很多方法来实现。两种最常见的方法为**面向对象分析与设计法**（object-oriented analysis and design）和**生命周期法**（life cycle approach）。尽管它们各有优劣势并且在很多方面有所区别，但都是成功的信息系统分析设计方法。在大多数情况下，方法的选择取决于系统类型，以及用户清晰表明他们需求的程度。本书在此简要介绍面向对象方法，重点介绍最常见的方法——生命周期法。

除了这两种最常见的方法，近年来也开发出了很多方法来弥补这两种方法的缺陷。一些方法可缩短周期时间或项目长度；另一些方法创建了多任务环境，使得不同的步骤能同时执行；还有一些方法着眼于提高项目计划阶段的成功率。这些方法无疑需要用大量的章节来讨论，因而超出了本书的范围。只要你理解了两种主要方法的基本概念，便可以很容易地理解其他的方法。不管方法的名称是什么，本质是一样的。我们决定重点关注生命周期法，是因为它为所有的其他方法奠定了基础。

系统开发生命周期

系统开发生命周期（system development life cycle，SDLC）是用系统方法来开发信息系统解决方案的方法之一，也是组织系统分析设计中使用最广泛的方法，可以被看作一个多步骤循环重复的过程。图 10—2 说明了这个过程中每一个阶段的任务：（1）调查；（2）分析；（3）设计；（4）实施；（5）维护。

然而，应该认识到系统开发生命周期涉及的所有活动都是高度相关和互相依赖的。因此，在实践中几种开发活动可能会同时发生，某种活动可能重复发生。用户和系统分析人员都有可能在任何时候循环重复先前的活动，以修正和改进开发中的系统。我们将在本章讨论系统开发生命周期中每一个步骤的活动及结果。

启动系统开发过程

我们还有商务机会吗？我们的优势在哪里？如何利用信息技术提供的信息系统解决方案来增强企业的优势？这些都是在**系统调查**（system investigation）阶段——系统开发的第一个阶段——需要回答的问题。这个阶段要考虑企业信息系统

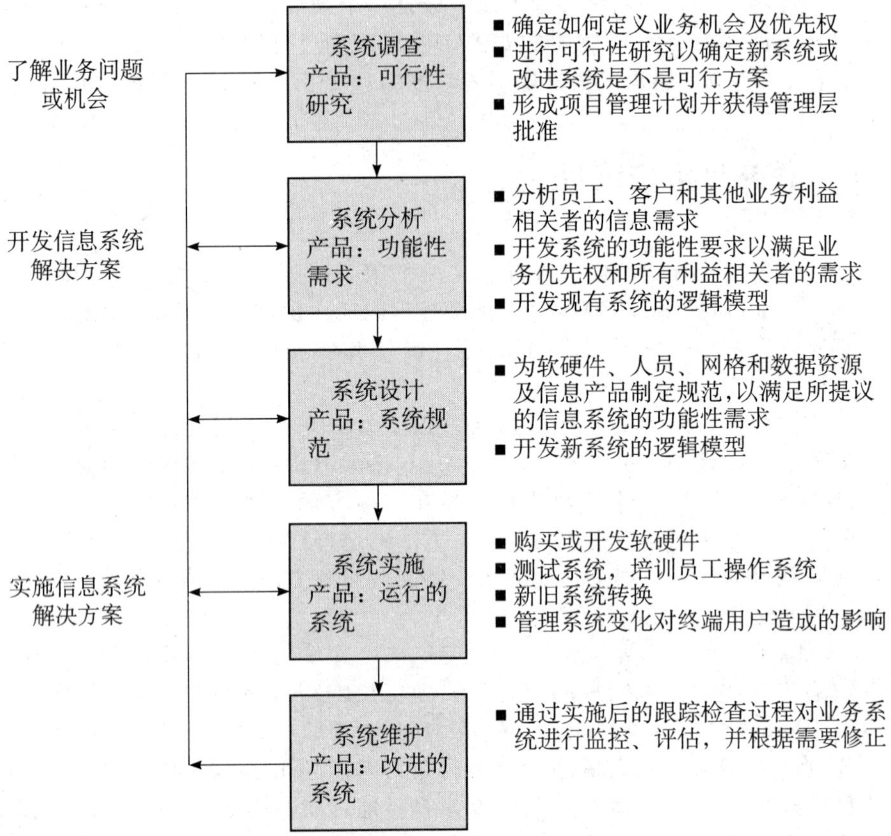

图 10—2　传统的信息系统开发生命周期

说明：注意周期的各步骤是如何基于系统开发方法的各阶段的；各阶段交付的产品是什么；当需要做更多的工作时，可以循环重复先前的活动。

规划过程中产生的提议，我们将在第 12 章讨论这个问题。特别地，这一阶段还要进行可行性研究，以评估所提出的信息系统解决方案能否增强在策略制定阶段所发现的企业的优势和机会。

可行性研究

系统开发的过程可能耗资巨大，因此在系统调查阶段特别需要进行**可行性研究**(feasibility study)。在这一阶段，可行性研究初步决定预期用户的信息需求、资源条件、成本、收益以及提交项目的可行性。接着，业务专家和信息系统专家小组会对研究结果形成正式的书面报告，报告内容包括初步说明和开发计划。如果公司的管理层认可可行性报告的意见，系统开发过程就可以继续进行。

在设计之初，项目的初步可行性研究只是一个非常粗略的分析，必须不断地进行修改。不过这个初步分析是最终确定开发系统的第一步。然而在一些情况下，初步可行性分析并不必要。对于很小或者明显有意义的项目来说，它可能只会浪费时间。此外，不管可行性评估的结果如何，业务环境的改变都有可能导致需求的改变。例如，如果政府改变了对员工收入征税的政策，组织除了对薪水发放政策作出改变之外别无他法；如果一个关键项目出了重大差错，组织除了正视它并予以解决以外也别无他法。换句话说，对于必须予以解决的问题，评估可行性的做法意义不大。在这些情况下，可行性评估更像是对于待解决问题的一些代替方法进行的分析，而并不是对问题本身的分析。尽管如此，全面的初步可行性研究仍应当作为组织启动系统开发前的必要条件，对任何试图忽略这一步的决策都应当谨慎考虑。

初步可行性研究的目的是评估几种供选择的系统解决方案，并选择最可行最满足需求的应用系统来开发。一个商务系统的可行性可以从五个角度来评估（如表 10—1 所示）。

表 10—1　操作、经济、技术、人力和法律政策因素

操作可行性	经济可行性
● 提议的系统在多大程度上能够支持组织的业务优势 ● 提议的系统在多大程度上能够解决组织面临的问题 ● 提议的系统在多大程度上能够适应现有的组织结构	● 成本节约 ● 收益增加 ● 减少投资需求 ● 利润增加 ● 成本/收益分析
技术可行性	**人力因素可行性**
● 软硬件和网络性能、稳定性和可用性	● 员工、客户、供应商的接受度 ● 管理层的支持 ● 决定正确的人来担当不同的新角色或修改后的角色
法律政策可行性	
● 专利、版权和许可 ● 政府限制 ● 受到影响的利益相关者及管理机构	

说明：除了成本节约和软硬件可用性外，还有更多可行性因素。

操作可行性

操作可行性（operational feasibility）关注的是在综合考虑了开发进度、交付日期、企业文化和现有的业务流程后，项目与现有的业务环境和企业目标的协调程度，也评估了项目能够在何种程度上帮助实现提议阶段制定的具体业务目标。在操作可行性评估的早期阶段，我们主要关注的问题是被识别的问题是否值得解决，或者所提出的解决方案是否解决了我们面临的问题。我们还需要关注**进度可行性**（schedule feasibility），即我们能否在合理的期限内找出问题并加以解决。在操作可行性评估的后期阶段，比如在系统开发生命周期的物理设计阶段，我们将注意力转移到某个策略的适应性和组织影响上。比如，所提出的物理系统在何种程度上需要对企业组织结构加以调整，或在现有职权范围内需要做什么改变来适应新系统。

经济可行性

经济可行性（economic feasibility）关注的是所提出的系统能为组织贡献积极的经济效益的程度。这包括系统期望的全部效益的识别和量化，也包括项目的预期成本的分析。在项目的早期阶段，想要精确得出新系统带来的所有收益和成本是不可能的，因此经济可行性评估需要不断地衡量短期成本和长期收益。如果经判断一个项目不具有经济可行性，那么无论其他类别的评估结果如何，关于这个项目的提议都应该被撤销。

经济可行性涉及**成本收益分析**（cost/benefit analysis）。如果成本和收益可以被很确定地量化，就被视为有形的，反之则视为无形的。有形成本（tangible costs）的例子有硬件软件的费用、员工工资及其他在开发和实施信息系统方案过程中可量化的花费。无形成本（intangible costs）则指难以量化的费用，包括在新系统安装过程中由于错误和中断而导致的客户关系的损失、员工士气的下降等。

有形收益（tangible benefits）是令人可喜的结果，比如由于人事精简或存货减少而引起的薪酬成本的降低。无形收益（intangible benefits）则很难估计，更好的客户服务、更快捷准确的管理信息等都属于这一类。表10—2列举了典型的有形收益和无形收益的例子，反之则是有形成本和无形成本。

表10—2　新信息系统可能带来的收益与例子

有形收益	例子
● 销售收入或利润增加	● 基于信息技术的产品开发
● 信息处理成本下降	● 过滤不必要的文件
● 运营成本下降	● 存货持有成本下降
● 所需投资减少	● 存货投资需求减少
● 运营效率提高	● 更少的损坏、浪费和闲置时间
无形收益	**例子**
● 信息获得性得到改善	● 更及时准确的信息
● 分析能力得到提高	● 联机分析处理和数据挖掘
● 客户服务得到改善	● 更及时的服务响应
● 员工士气得到提高	● 减少繁重的工作任务
● 管理决策制定得到改善	● 更好的信息和决策分析
● 竞争地位得到提高	● 锁定客户的系统
● 商务形象得到改善	● 向客户、供应商及投资者展现积极进取的形象

说明：与所列各种收益相反的特点可能就是新系统的缺陷。

技术可行性

技术可行性（technical feasibility）关注的是组织现有的技术资源及它们对提议的新系统的适用性。分析人员要评估现有的技术资源，包括软硬件和操作系统等，要考察它们为满足新系统需求而需要升级或增加的程度。如果现有的技术设备已足够，那么从技术上看项目显然可行。如果技术设备不足，则还需确认满足系统需求的技术是否存在。可能存在的风险是项目所需的技术尚不成熟，尽管供应商宣称可以满足任何需求，分析人员仍要谨慎地考察项目所需技术是否稳定、是否适合。表10—3给出了一个例子。

表10—3　电子商务系统的可行性分析示例

操作可行性	经济可行性
● 提议的电子商务系统在何种程度上符合公司关于开发网络销售、网络营销及网上财会系统的计划 **技术可行性** ● 网店的软硬件和管理服务的可用性、性能和可靠性	● 劳动力成本节约 ● 销售收入增加 ● 存货投资减少 ● 利润增加 ● 可接受的再投资

法律政策可行性	人力因素可行性
● 不侵犯相关专利或版权	● 员工的接受度
● 软件的许可	● 管理层的支持
● 无政府方面的限制	● 顾客的供应商的接受度
● 相应管理机构无变化	● 担任开发工作的员工掌握必要技术

人力因素可行性

评估所提出的系统发挥作用的程度是一件事，评估系统是否会有效则是另一件事。**人力因素可行性**（human factors feasibility）的评估着眼于确保一个系统成功执行的最关键部分：管理者和终端用户。不管技术有多么先进，如果管理者和终端用户不支持，系统就不会取得成效。我们需要评估所提出的系统面对的抵制、终端用户在开发过程中扮演的角色、新系统给终端用户的工作环境带来的变化程度，以及现阶段能够参与项目并管理和使用系统的人力资源。

法律政策可行性

在项目初期及分析阶段，这个可行性因素往往被忽视。**法律政策可行性**（legal/political feasibility）包括对任何由新系统的安装和实施而导致的潜在法律风险进行全面分析。这类问题包括侵犯版权或专利、违反反托拉斯法律（1998 年微软由于 Windows 和 Internet Explorer 被美国司法部起诉）、对外贸易限制或任何组织的契约债务。

对于政策的评估集中于探讨组织的主要利益相关者是谁，以及所提出的系统将会对权利的分配有哪些正面作用或负面影响。权利分配可能产生政策上的重大反响，也可能导致相关的开发活动失败。

□ 系统分析

什么是**系统分析**（system analysis）？无论你打算迅速开发一个新的应用系统还是参与一个长期项目，都需要完成几个基本的系统分析活动。这些分析很多都是可行性研究结果的进一步扩展，但系统分析不是初步研究而是一项深入的研究，要分析终端用户对信息功能的需求，这些需求是设计新信息系统的基础。系统分析一般涉及以下研究细节：

- 公司和像你一样的终端用户的信息需求。
- 当前信息系统涉及的活动以及使用的资源和产品。
- 符合你及其他企业利益相关者信息需要的信息系统能力。

组织分析

组织分析（organizational analysis）是系统分析的第一步。如果人们不了解系统所处的组织环境，又何谈改进系统呢？因此，开发小组的成员必须了解组织及其管理结构、成员、商务活动、涉及的系统环境和现有信息系统。对于特定的业务单元或终端用户工作组，开发小组的某些成员还需更具体地了解这些信息，因为新改进的信息系统将对他们造成直接影响。例如，为仓储部门设计新的存货控制系统时，只有在开发小组了解大量公司信息和影响存货业务的活动后，才能设计该系统。这就是企业终端用户常常加入系统开发小组的原因。

现有系统分析

在设计新系统前，必须对即将改进或替换的现有系统（如果存在）进行研究，这一点很重要。你需要分析这个系统如何利用软硬件、网络和人力资源来转换数据资源，如将交易数据转换成报告或多媒体展示等信息输出。接下来要记录这些信息系统的活动，如输入、处理、输出、存储和控制是如何实现的。

例如，你可能会评估输入和输出活动的形式、时间、数量和质量。这种用户界面活动对终端用户和计算机系统之间的有效互动非常重要。然后，在系统的设计阶段，你可以为设计中的系统指定需要的资源、输出和活动来支持用户界面。

沃尔玛和其他企业：对网站的节假日压力进行检测

在圣诞节即将到来之际，大批消费者蜂拥而至，使零售商不得不在客流最高峰时关门歇业。这种看起来不可思议的事，在2006年却发生在沃尔玛、梅西百货和其他零售商的身上。

沃尔玛在感恩节的第二天——“黑色星期五”的遭遇最令人难以置信。据互联网监测公司Keynote Systems的数据显示，Walmart. com在那天瘫痪了10小时之久，不得不用“请稍后再来”的告示迎接源源不断的消费者。沃尔玛本来预计当天的订货活动为上一年黑色星期五的两倍，实际情况却是7倍多。沃尔玛为这次假日制定了宏伟的计划，用了13个月的时间为网站添加了快捷结账台和一个互动玩具栏目，希望借此吸引3亿名访问者，结果却大相径庭。

Keynote公司的数据显示，梅西百货的网站在黑色星期五当天有9小时表现糟糕，瘫痪1小时，在接下来的周二也出现了同样的情况。Zappos和Foot Locker等网站也都出现了这样的问题，但是包括沃尔玛在内的大多数零售商网站都在接下来的周一恢复了正常。

在网络带来巨额销量的今天，为什么零售商在网站的表现会有如此多失误？其实在多数情况下，它们还是表现不凡的。很多零售商网站都利用Keynote和Gomez等公司提供的工具进行了负荷测试、预报和监测等工作，并且也利用分布式网络来提速。它们在建立电子商务架构时也都着眼于网站表现，对经常出现问题的地方进行了冗余处理，但即便如此，网站仍然有可能失败。

Gomez公司的专业服务副总裁马修·珀塞尔（Matthew Poepsel）认为，造成这种局面的原因之一就是不同的团队（市场营销人员、网站设计人员、系统监测人员）看待问题和共享资源的标准不一。如果各团队只关心自身，例如营销人员自顾自地进行产品推广，而不考虑网站设计和容量能否承受，就只能导致个体看似成功而整体溃败。珀塞尔说，当一个问题发生时，80%的时间被用来寻找问题。“一旦你知道问题出在哪里，就能很快地处理，除非是一个纯粹的带宽问题。”

客户对于网站的糟糕表现从来都是无情的。Gomez公司对1 173名在线购物者的调查结果显示，如果一个站点的加载时间过长，53%的人会选择其他网站，21%的人会拨打客户服务电话。Keynote 公司表示，在检测网站应对黑色星期五的承载能力时，零售商通常确定为上一年容量的 2 倍，实际情况却相当于除节假日外的平均承载水平的 6 倍多。

在节假日能够维持网站运营的商家往往能够一鸣惊人。然而当一个主要竞争对手的网站崩溃时，其他商家都要承担分流客户的压力，其反应时间比开车变速的反应时间都要少。

资料来源：Adapted from Mary Hayes Weier, "Opening Holiday Weeks Show Uptime Isn't Easy For Online Retailers", *Information Week*, December 4, 2006.

逻辑分析

在系统分析阶段最重要的工作之一就是为现有系统建立一个**逻辑模型**（logical model）。逻辑模型可以被看作一个现有系统的蓝图，它只反映现有系统做了什么而非如何做。通过建立和分析现有系统的逻辑模型，系统分析人员可以更容易地理解业务的各个流程、功能以及系统涉及的数据，而不用纠缠于与软硬件相关的细节问题。同时，系统中除计算机以外的组成部分都可以连接起来。例如，新订单被输入电脑之前可存储在某人的收件箱里。在逻辑模型中，这个收件箱就相当于计算机硬盘或者其他电子存储媒介，因为从逻辑角度来说，它只不过是另一种存储信息的空间而已。

功能性需求分析

这是系统分析中最难的步骤之一。你可能需要与信息系统专家及其他终端用户一起，以团队的方式合作确定你特有的业务信息要求。例如，首先你需要确定各个业务活动分别需要哪种类型的信息，信息的格式、数量、频率和必要的反应时间是怎样的。其次，你必须试着确定信息系统的各项活动（输入、处理、输出、存储和控制）所要求的信息处理能力，以满足信息的需求。就像逻辑模型建立阶段一样，你的主要目标是识别应当做什么而非怎样去做。

当生命周期的这一步完成时，我们已经得到了新系统的一系列**功能性需求**（functional requirement）。功能性需求是终端用户的信息需求，与终端用户在当前或新系统中所使用的软硬件、网络、数据和人力资源无关。例如，表 10—4 列出了为一个企业设计的电子商务应用的功能性需求。

表 10—4　电子商务系统的功能性需求示例

- 用户界面需求
  产品数据的自动录入和网络用户易于使用的数据输入界面。
- 处理需求
  快捷、自动地计算销售总额及配送成本。
- 存储需求
  产品、价格和客户数据库中数据的快速存取及更新。
- 控制需求
  提示数据输入错误，客户通过电子邮件快速确认。

□ 系统设计

一旦生命周期的分析步骤完成，**系统设计**（systems design）阶段就可以开始了。在该阶段，对现有系统的逻辑模型进行修改直至展示新系统的设计蓝图。这个版本的逻辑模型代表了新系统所做的事情。在这一阶段的物理设计部分，用户和分析人员将集中探讨系统如何实现它的目标。这就涉及软硬件、网络、数据存储、安全和其他一些将要讨论的问题。系统设计包括设计活动，最终形成物理系统的细则，以保证系统分析阶段发现的功能性需求得到满足。

系统设计的实用设计框架如图 10—3 所示，体现了系统设计阶段产生的三个主要交付成果。在这个框架中，系统设计包括三项活动：用户界面设计、数据设计和过程设计。它为用户界面类型和产品、数据库结构、程序及控制流程提供了具体的规范。

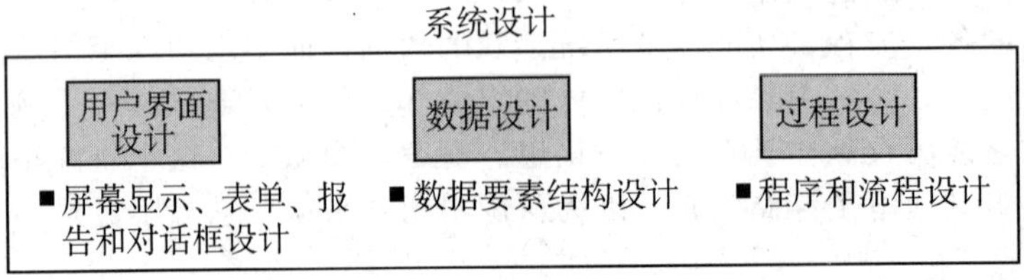

图 10—3　系统设计的框架

原型法

在设计阶段，系统开发过程通常采用或包含原型法。**原型法**（prototyping）是在交互和重复的过程中，信息系统专家和业务人员都使用的迅速开发和测试新系统工作模型或原型的方法。原型法使得开发过程更快、更简单，尤其是对于终端用户的要求很难界定的项目。原型法还对终端用户开放应用软件开发过程，因为它简化并加速了系统的设计。原型法扩大了利益相关者在系统开发设计中的影响，使速度更快和反应敏捷的开发过程成为可能，因此原型法又称敏捷系统开发（agile systems development，ASD）（见图 10—4）。

原型法的步骤

原型法在大型应用系统或小型软件开发中都能使用。通常大型商务系统仍需要使用传统的系统开发方法，但这类系统的一部分常常可以建立原型。终端用户需要的商务应用软件使用多种软件开发工具可以很快开发出原型，原型系统被反复修改直至能够被用户接受。

如图 10—4 所示，原型法是一个重复、交互的过程。经验丰富的终端用户利用系统开发工具可以自己建立原型，也可以与信息系统专家合作，通过一系列的讨论开发一个原型系统。例如，你可以开发、测试并改进管理报告、数据录入或输出显示等的原型。

通常，原型在被终端用户接受前需要修改多次。接下来，程序员应用系统开发软件和传统的编程语言开发程序模块，然后将最终版本的应用系统交给终端用户使用。尽管原型法可以使终端用户参与开发小型软件应用，但它作为一个开发工具最重要的能力体现在帮助分析人员和用户完成大型商务系统中各种界面和功能的开发。表 10—5 介绍了一个典型的基于原型法的业务系统开发过程。

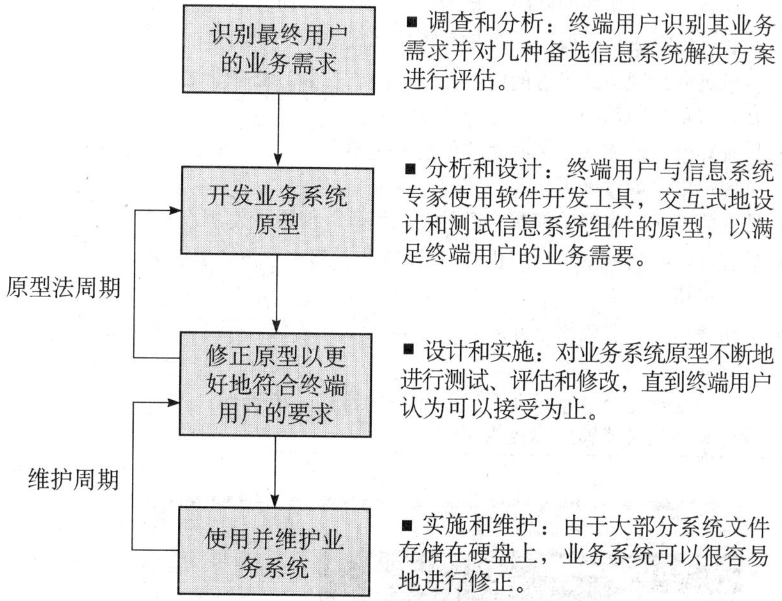

图 10—4　利用原型法进行系统开发

说明：注意原型法是如何结合系统开发周期的步骤，改变传统的信息系统专家和终端用户的角色的。

表 10—5　原型法在软件开发项目中的典型应用

原型法开发的例子
● 团队：几个终端用户和信息系统开发人员组成小组来开发业务软件。
● 示意图：开发最初的原型示意图的设计方案。
● 原型：使用原型法工具将示意图转换成一个简单的点击原型。
● 展示：向用户展示一些屏幕显示内容和路径链接。
● 反馈：小组获得用户的反馈后对原型进行反复修改。
● 重复：反复向用户展示原型并修改。
● 研讨：与信息技术顾问就现有标准的可行的改进措施进行研讨。
● 完成：原型被作为模型转化成完工的软件。
● 验收：用户评估并通过新业务系统的验收。
● 安装：新的业务软件安装到网络服务器上。

用户界面设计

我们来进一步看看**用户界面设计**（user interface design），它是最贴近终端用户的系统元素，因此也是用户最愿意帮助设计的部分。用户界面设计活动关注终端用户与计算机软件之间的交互过程。设计者专注于设计有吸引力且有效的用户输入输出形式，如易用的互联网或内联网网页。

如前所述，用户界面设计常常是应用原型法的过程，在获得终端用户的反馈后往往要对工作模型或用户界面的原型进行多次设计修改。用户界面设计过程为信息产品制定了详细的设计规范，如屏幕显示、用户和计算机的交互对话、语音响应、表单、文件和报告等。表 10—6 给出了在电子商务网站多媒体网页的设计中涉及的用户界面设计元素及其他指导性建议。图 10—5 展示了 State Farm Insurance 公司的工作日程软件在用户界面设计前后的屏幕显示。

表 10—6　设计商务网站的一些建议

- 记住客户：成功的网站完全是为客户建立的，而非取悦公司总裁。
- 具有美感：成功的设计同时具有快速加载的图表和简单的色调，以使网站易于阅读。
- 容量足够：网站最优秀的内容（包括小段视频）必须能被大部分网络用户读取，但不要把它作为站点的核心。
- 易于导航：保证从一个网页能够轻松地转到另一个网页；提供一个站点地图，保证从每个页面都可以链接进来。
- 搜索能力：很多网站都有自己的搜索引擎，但很少使用。确保你的搜索引擎是实用的。
- 兼容性：有的网站用台式机的 IE 浏览器看起来很棒，但在笔记本电脑上用 Netscape 打开时却一团糟。
- 注册表格：注册表格是获取客户资料的实用方法，但不要把表格做得太长，使人们一看到就想放弃。
- 无效链接：无效链接是所有网络用户的毒药，应确保你的链接及时更新。现在有很多网络设计软件工具能够给你提供帮助。

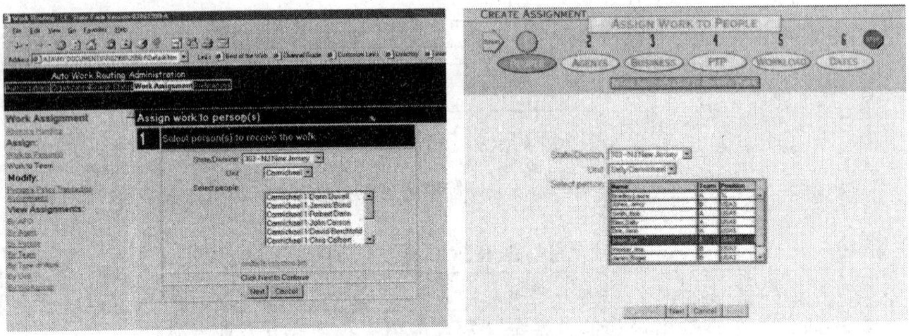

图 10—5　用户界面设计过程示例

资料来源：Courtesy of the Usability Lab of State Farm.

谷歌的界面设计：自由性与一致性

对多数人来说，谷歌代表着搜索，包括谷歌的高层管理者也这么认为。在搜索页和结果页上，烦琐的设计装饰一直被保持在最少的状态，因为谷歌版面的设计宗旨是给用户提供最快捷有效的服务。尽管如此，工程师和分析师一直在研究给页面加上颜色、阴影等效果和改变页面元素位置的影响。结果发现，即便是最微小的改动都会影响企业的收入。

随着谷歌产品在搜索之外的领域迅速发展，为了保证一致的品牌形象，设计变得越来越关键。谷歌的用户体验部主管艾琳·奥（Irene Au）说："谷歌的首要宗旨就是依据表现和性能来决定如何设计。谷歌关注速度，所以我们希望用户体验到迅速。"这不仅仅是指前端反应快速，即页面下载速度快，同时也包括让用户更有效率地使用电脑。她说："我们的很多设计来源于认知心理学的研究，如人们在白色背景中阅读黑色文字的速度要远快于在黑色背景中阅读白色文字，无衬线体字体比衬线体字体看上去更清晰。"

谷歌有一个自下向上的文化，这使得统一设计比较困难。人们只做有利于自己的产品利益最大化的事情，而不太顾及全局。艾琳·奥说："我们不希望所有的事情都听命于领导层，但是我们确实希望找到一个平衡。比如谷歌的各项应用的外观都不相同，当你在不同应用间切换时会发现它们的键盘快捷方式、保存模式也不相同，缺乏一致性。不同的应用构建在不同的背景之上。但是我们正在努力将它们融合到一起。在未来，这些经验会越来越多地融合，也许我们会在其他应用中借鉴搜索经验中的可重用部分。对我们来说，公用基础设施和公共接口变得越来越关键。”

在谷歌存在自上向下的对一致性的支持，但不是要求。中层管理者总是听到拉里·佩奇（Larry Page）和谢尔盖·布林（Sergey Brin）等高层管理者明确表示谷歌应当统一做事的方法。艾琳·奥说：“不一致性让佩奇和布林感到很困惑。所以公司内部关于这一点有越来越多的共识。作为一个团队，我们正试图做到抓住机会并且脚踏实地。设计团队需要走在前面，因为我们要设计所有产品的统一的目标方向。”

资料来源：Adapted from Helen Walters, “Google's Irene Au: On Design Challenges”, *BusinessWeek Online*, March 18, 2009.

系统规范

系统规范（system specification）将用户界面模式和产出、数据库结构以及处理和控制过程的设计规范化。因此，系统设计者会时常为新系统制定软硬件、网络、数据和人员方面的具体要求。表 10—7 给出了一个电子商务公司的系统规范的例子。

表 10—7　　一个公司新电子商务系统的规范示例

- 用户界面规范
  使用个性化的屏幕显示来迎接多次访问的客户，并提供产品推荐。
- 数据库规范
  使用面向对象或关系型的数据库管理软件来开发数据库，对客户信息、存货数据以及多媒体产品信息进行组织和存取。
- 软件规范
  用一个电子商务软件引擎快速响应所有的电子交易，即获得必要的产品信息并在一秒钟内计算销售总额。
- 硬件和网络规范
  为公司电子商务网站的主机安装额外的 Web 服务器和充足带宽的通信线路。
- 人员规范
  聘用电子商务经理、相关专家、网站管理员以及网页设计师，来计划、开发和管理电子商务的运营。

终端用户开发

在传统的系统开发周期里，你作为终端用户与作为客户的角色很相似。你提出安装新系统或改善现有系统的要求，回答关于特殊信息需求和信息处理的问题，并且提供现有的业务系统的背景信息。接着，信息系统专家和你一起分析问题并给出一些可供选择的建议。当你选择最佳方案后，下一步就是设计和实施。你可能会参加原型设计过程或者作为实施小组成员和信息系统专家一起工作。

然而在**终端用户开发**（end-user development）过程中，信息系统专家担任顾问的角色，而你要亲自开发应用。有时用户顾问可能会帮助你和其他终端用户进行开发，例如进行应用软件包的培训，帮助选择软硬件，协助你从组织数据库中获取数据，并且会在你所需的业务软件的分析、设计和实施的整个过程中提供帮助。

关注信息系统活动

终端用户开发应当关注信息系统的基本活动，这一点非常重要。这些基本活动包括输入、处理、输出、存储和控制，如第1章所述。图10—6说明了系统的组成部分及其强调的问题。

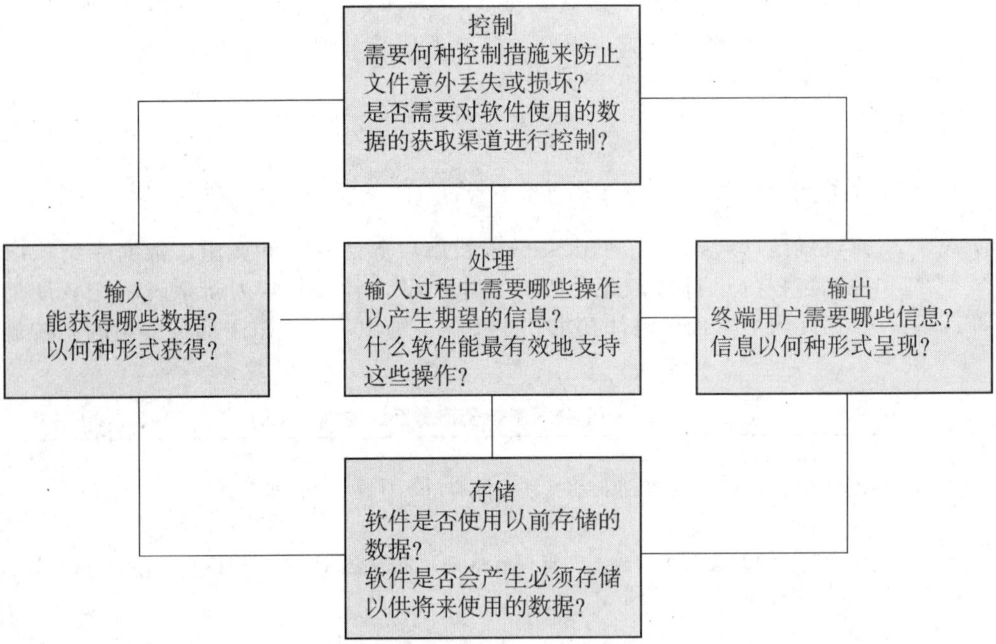

图10—6　终端用户开发应关注的基本信息处理活动

在分析一个待开发的应用系统时，首先应该关注程序产生的输出，即需要哪些信息？信息以何种形式输出？接下来，考察提供给系统的输入，如能获得哪些数据？来源是哪里？以何种形式获得？然后你就可以调查处理信息的需求。把输入的数据转换成期望的输出需要哪些操作或转换步骤？所有可供开发者使用的软件包中，哪一个可以取得最好的执行效果？

你可能发现已有的输入信息并不能产生期待的输出结果。如果是这样，你要么对期待的输出做出调整，要么再寻找其他的输入信息来源，包括存储在外部资源中的文件或数据库。就终端用户的应用软件来说，存储的重要性有很大的不同。例如，一些应用软件大量使用存储的数据，或者必须存起来备用的生成数据。这些应用软件更适合作为数据库管理开发项目，而不适合用于电子数据表开发。

对于终端用户应用软件的必要控制很大程度上取决于应用软件使用的范围和时间、应用软件的用户数量与性质，以及所涉及的数据的性质。例如，保护终端用户的文件不致突然丢失或破坏，就需要采取控制措施。防止丢失的最基本的保护措施是对经常使用的、系统的文件进行备份。另外，电子表格的单元格保护功能可避免关键单元格的内容被使用者误删。

进行终端用户开发

在终端用户开发过程中，在没有信息系统专家直接参与的情况下，你和其他业务人员可以开发完成本职工作的新方法或制定改进方法。嵌入终端用户软件包的应用软件的开发功能可以使许多用户较容易地开发自己的计算机解决方案。例如，图 10—7 描述了一种网页开发工具，可以帮助你为业务部门开发、升级和管理一个内联网站，你还可以用电子表格包为公司的销售经理开发一个分析每周销售情况的小程序，或者用网页开发包为小型商务网或部门的内联网设计网页。很多公司都鼓励终端用户自己进行网页开发，表 10—8 给出了一个例子。

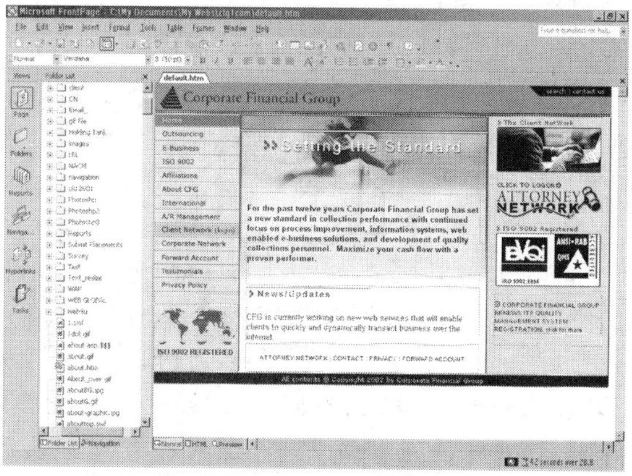

图 10—7　网页开发工具示例

资料来源：Courtesy of Microsoft®.

表 10—8　　　公司鼓励终端用户开发内联网

- 寻找合适的软件工具
  有些网页开发工具功能太强大、成本太高，用户一般不用这些功能。
- 激发创意
  开展部门间的最佳网站设计比赛，激发用户使用内联网进行创新。
- 设置一些限制
  控制是必不可少的，要对用户能够更换哪些网页进行限制，并规范谁能更换什么网页。整个组织需要保持 一定的一致性。
- 让管理者承担责任
  业务部门经理应安排专人负责网页发布，对网页的内容负责，以避免有些用户发布不合适的内容。
- 使用户感到舒适
  对用户进行良好的软件培训，使他们有信心管理和更新网站，增强他们处理小问题的能力，从而减少给信息技术人员带来的麻烦。

Blue Prism 公司：隐蔽 IT 在流行

隐蔽 IT（“shadow” IT）是指没有经过企业 IT 部门正式批准使用的 IT 解决方案，往往是终端用户为了弥补 IT 部门的不足而自行使用的不受控制的技术，企业界现在逐渐接受了隐蔽IT这种文化的存在。根据Blue Prism公司的调查，这种IT技术包括用户擅自安装的软件，对已有软件进行篡改或不经IT部门同意而私自使用的宏命令。67%的受访者表示预算和资源的限制是导致这一现象的原因。24%的人相信隐蔽IT在自己的公司并不存在，而10%的人表示他们甚至不知道这个概念。

这些隐蔽使用的系统并不一定是Excel电子表格的简单变化版本。相反，它们可能很复杂且很有竞争力，甚至超越了IT部门提供的任何解决方案。这些系统可能是谷歌的小应用，也可能是特别的定制系统。终端用户了解到IT部门不可能保证总是按要求提供最佳可行方案，这就导致了组织内隐蔽IT技术的产生，员工总是在日常工作中试图自行安装应用或尝试自己的解决方案。

这通常是因为IT部门需要管理最关键的业务项目，有时不得不牺牲满足终端用户变化的需求。在调查中，52%的IT部门说自己的工作重点是有战略意义的项目，40%的IT部门将满足日常业务需求变化作为优先考虑的职责。

然而，Blue Prism公司的调查也表明传统观念受到了挑战，IT部门因为终端用户对隐蔽IT的使用而头疼。调查显示，很多IT部门完全能理解为什么隐蔽IT得以存在，当问及如何处理这一问题时，很多IT部门也同样讲求实效。

由于这种终端用户和IT技术间关系的变化，IT部门对技术知识的垄断正在逐渐消失，随之而去的还有权力。在这个问题上，技术专家越想通过强制实施传统模式的方法来反对，他们就越被孤立，他们的意见就越不被重视，从而导致他们的方案不被使用。

隐蔽系统能够成功的一个主要原因是在一线工作的人们有需要。当他们遇到问题并能自行找到一个良好的解决方案时，这种要求就得到了满足。而IT部门在解决问题时过分强调技术层面。而非问题本身。这会导致终端用户不用官方提供的解决方案。IT部门往往对用户自建系统进行搜查和禁止，它们忽视了终端用户不使用它提供的解决方案的原因，毁掉了一个组织拥有的IT策略和竞争优势的来源。

资料来源：Adapted from Tom Jowitt，"Shadow IT Culture' on the Rise for Business"，*CIO Magazine*，July 5，2007；and Sandy Behrens，"Time to Rethink Your Relationship with End Users，" *CIO Magazine*，July 24，2007.

□ 技术笔记：面向对象分析与设计法概述

如本章前文所述，系统分析与设计有两种方法：系统开发生命周期法（SDLC）和面向对象法。尽管SDLC一直是软件开发界首屈一指的方法，但面向对象法得到了越来越多的青睐，特别是在处理多样数据结构（如音频、视频、图像、文件、网页等）的复杂系统中。

我们在第5章引入了对象的概念和面向对象数据库。在此不详述面向对象法的具体内容，只作简短的介绍。让我们从一个面向对象的简单定义开始。

一个**面向对象系统**（object-oriented system）是由对象组成的。一个对象可以是任何一个程序员想要管理或操纵的事物，如汽车、人、动物、储蓄、事物、业务部门、组织、客户，几乎任何事物都可以。一旦程序员定义了一个对象，它的属性就可以让它与其他对象互动，或者将信息传递给其他对象。面向对象系统的行为包括所有这些对象间的互动，系统的状态就是所有系统中对象的状态的总和。

对象间的互动需要在它们之间传递信息。对象间传递的信息的含义可能不同，取决于建模的系统类型。在一些系统中，“传递一条消息”就是指“使用一种方法”。而在另一些系统中，“传递一条消息”可能涉及利用一个预先指定的媒介来传送数据。在面向对象系统中需要关注三个概念，即面向对象编程、面向对象分析和面向对象设计。

面向对象编程（object-oriented programming，OOP）是利用“对象”来设计应用和计算机程序的编程范例。它采用已有范例中的技术，包括：

- 遗传性：一个对象继承高一级别对象属性的能力。例如，所有的汽车都有轮子，因此被定义为跑车的对象和其他类型轿车的对象必须都有轮子。
- 模块化：一个程序作为一系列有内部联系的独立模块的程度。
- 多态性：一个对象根据它产生行为动作的条件不同而有不同行为动作的能力。例如，一只猫和一条狗作为对象都继承了对象类“动物”的行为“说话”。它们都有被定义为“说话”的行为，当狗对象被要求“说话”时，它会吠叫，而猫对象则会喵喵叫。
- 封装性：将与某一对象相关的所有属性都封装在对象里。这样，只通过定义一个子对象就可以继承对象的属性。例如，对象“飞机”包含了所有飞机的属性：机翼、机尾、舵、飞行员、速度、高度，等等。

面向对象编程起源于20世纪60年代，但直到90年代才在主流的软件系统开发中被普遍使用。如今，很多流行的编程语言（如ActionScript，Ada95/2005，C＃，C＋＋，Delphi，Java，JavaScript，Lisp，Objective-C，Perl，PHP，Python，RealBasic，Ruby，Squeak，VB. Net，Visual FoxPro和Visual Prolog）都支持面向对象编程。

面向对象分析（object-oriented design，OOA）的目的是为问题域建模，也就是为我们需要解决的问题建立一个面向对象系统。分析的是已成文的需求陈述和说明需求的图表材料。

与系统开发生命周期模型相似，面向对象分析模型也不考虑执行约束（比如并发、分布、连续或遗传），也不考虑系统如何构建。因为面向对象系统是模块化的，系统的模型可被分为很多域，每个域可以被分别分析，并代表不同的业务、技术或概念。面向对象分析的结果是一个描述，用概念和概念间的关系来说明构建的系统，这被称为概念模型。

面向对象设计（object-oriented design，OOD）是设计者在利用对象化的思想寻找解决问题的逻辑方案过程中所涉及的活动，利用了面向对象分析得到的概念模型、环境产生的执行约束、编程语言和工具选择，以及作为系统基础的架构假设。

概念模型中的概念被映射到具体的类、抽象的接口，以及对象在不同情形下的各类角色。接口和它们在具体概念中的作用都是可以反复利用的。在面向对象分析中，不具体的概念会形成类的基础，构成执行环境，并形成根据具体情形而变化的逻辑和算法。面向对象设计的结果是关于系统如何构建的具体说明。

综上所述，面向对象的思想与传统的SDLC方法有很多共通之处。它只不过是从另一个角度看待程序设计，因此从另一个方向为系统开发提供了解决问题的方案。

在系统设计之后，我们将继续探讨系统开发的另一个阶段——系统实施。

10.2 业务系统的实施

实 施

新的信息系统一旦设计好，就要作为工作系统付诸实施，并进行维护以保持其正常运行。本节所讲述的实施过程紧跟前文所讨论的系统开发生命周期中的调查、分析和设计阶段。实施是信息技术部署中的一个重要环节，目的是向公司的员工、客户及其他利益相关者提供支持。

阅读下面的真实案例，从中可以了解公司为开展新型IT业务而变革的过程中面临的挑战。

案例 10.2

Blue Cross and Blue Shield公司：变革背后的科学理论

在过去的一年中，凯文·斯帕克斯（Kevin Sparks）一直试图让员工改变数据中心监管和运行的方式，却毫无成效。

他并没有遇到抵制，至少没有遇到公开抵制。堪萨斯子公司的员工都对他表示赞同，认为安装自动监测软件、集中控制室和采用标准化的问题解决程序会比他们目前的方式更有效率。

斯帕克斯是公司的副总裁兼CIO，他说："有逻辑的理论总是会战胜一切，大家会认识到我们需要作出改变。"然而实际情况却是开会时会议室空空如也，该参加会议的人都在上一次的争论后退出了。"我告诉他们，如果想改变现状，就需要他们来参加会议。但是一旦谈及将监管权力从他们的手中拿走，事情就会变糟。"

为了让员工接受新的方案，斯帕克斯已经表示不会因此裁员，尽管新方案带来的自动化监管和高效流程会导致人员需求减少。这个新方案实际上只是公司计划实施IT基础知识库以提高生产力的一部分内容。斯帕克斯沮丧地说："我并不是要减少人员，而是希望现有的人能干更多的事。"

斯帕克斯的员工似乎没有合理的理由来反对这些变革，但是在你认为他们是一群脑筋僵化的胆小失败者而解雇他们之前，你要意识到：他们代表了你，你也是他们中的一员。

或许你对变革的抵制可以有另一种解释。就像我们害怕看到护士给自己抽血或者害怕在婚礼上起舞一样，我们总是不愿意改变自己固有的方式。而这其中的原因往往很难说清楚，直到你开始从一个科学的视角来看待它。在过去的几年中，大脑分析技术的进步已经可以让研究者在大脑中追踪一个想法的形成路径，就像可以在循环系统中追踪血液的流动一样。

这为长期困扰CIO的领导力挑战——变革管理提供了有力的科学依据。大脑图像显示，人类对于变革的反应是可预知的，并且是具有普遍性的。

从神经学的角度来讲，我们对待变化的反应都是企图避免它。但是明白大脑的机制可以给我们带来一些启示，从而帮助CIO更好地处理变革带来的危害，并且增强人们适应新方法的能力。

变革是痛苦的。不是那种感觉上的折磨，而是实际存在的生理和心理上的痛苦。大脑图像为这一点提供了有力证明。

经历变革的大脑图像的前额皮层有一部分是亮的，这部分的作用就像RAM在计算机中的作用一样。前额皮层反应迅速快捷，可以同时处理多个逻辑思路来实现快速计算。像RAM一样，前额皮层的容量是有限的，超过这个限度就会产生一种可感知的不适感、疲乏感甚至愤怒。

对变革的抵制是不可避免的。大脑的前额皮层是有限度的，但是也同时负责分析和自我控制。只有人类才具有意识到习惯的刺激并作出相应反应的能力。

加州大学洛杉矶分校的精神病研究专家杰弗里·施瓦茨（Jeffrey M. Schwartz）说："大脑前额皮层在人类的行为中具有重大的影响力，但并不起绝对的作用。我们自身是可以决定被它影响的程度的。"

遗憾的是，传统的变革管理策略更多地依据生物训练理论而非人类心理。管理者对服从改变的人施以奖金和升职奖励，惩罚那些不服从者去负责次要的工作或者威胁他们会丢掉工作。Results Coaching-Systems咨询公司的创始人兼首席执行官戴维·罗克（David Rock）说："这种奖励—惩罚的方法从大的层面看是有效的，比如给销售部门现金奖励以增加在南美洲的销量，从而促使南美顾客的数量增加。但这种方法在个人层面却是无效的。个人的行为动机很复杂。耐心才是关键，你需要勾画一个变革的图景，并且不要帮助人们去填补计划中的空白。"

"他们必须自己去填补空白。如果你提供过于详细的计划，就会阻止人们建立自己联系。"对CIO来说，故意为计划留出空白是很难的事情，他们的思维总是面向过程的，而且很有野心，总是对所有的细节思前想后，认为自己掌握了所有变革计划中的步骤和注意事项。总的来说，他们总是想要教育所有人如何去做这件事。

威斯康星州的CIO马特·米兹维斯基（Matt Miszewski）说："当我提出变革计划时，我很清楚我们为什么应当作出这些改变，所以当人们表现出反抗情绪时，我总想说服他们。但是这样就导致失去人心，你越想解释，他们就越想反抗。"

为了将人们的注意力集中到个人见解上并改变他们的行为，罗克利用了心理分析学者一贯使用的技术——提出问题。他说："当你开始问某人问题时，你就将他们的注意力集中到了这个问题上。因为人们对一件事越关注，就会在大脑中越多地将自己与之联系起来。"罗克认为，通过这种方式，可以让人们发表自己的见解。"让人作出改变的最好方式就是列出几条变革的基本目标，然后询问为了实现这些目标他们会做些什么。"

管理者，尤其是CIO，在试图说服持怀疑态度的员工时所犯的最大错误之一就是，认为所有的人都和他们一样是以追求为动力的。然而很多人，尤其是从事IT的人，最大的动力是他们所做的工作（如软件开发），因为他们需要借此获得升迁。Center for Creative Leadership咨询公司的高级企业顾问说："大多数人的目标其实不是担任领导。这一点很难被察觉，因为他们怕老板质疑自己的勇气和进取心。"如果这些人看不到变革实际上对于他们是一种机遇，就看不到坚持下去的好处。他们就会继续保持怀疑状态，更糟的情况是转向活跃的抵制者的阵营。

纽约州工人赔偿委员会（New York Sate Worker's Compensation Board）打算将赔偿案件从纸质文件转为电子文档来管理，它们首先在员工中开展了关于变革的准备的调查，结果发现员工首要的需求就是培训。工人赔偿委员会的CIO南希·马尔霍兰（Nancy Mulholland）说："他们希望得到保证，就是不会让他们不经相关培训就去从事新工作。"

对面向过程的CIO来说，变革管理是一项费时且难量化的工作，但是拒绝这样的挑战则是失败的开端。一家医药服务公司PharMerica的CIO理查德·图尔（Richard Toole）说："任何人都可以用2 000美元找到员工来完成一项工作，但是从长期来看，只有鼓励员工追随自己的人才是真正成功的领袖。"亲和力和说服力很重要，但是鼓励员工参与变革并不只依靠魅力和领导力。

斯帕克斯最新的涉及员工大脑前额皮层的战略就是引入一个外部的顾问，来共同探讨IT基础知识库项目。“我们有一个出色的引导者，她可以解决很多问题。很多怀疑的目光已经开始变得缓和了。”斯帕克斯回忆说，“在一次很长的会议后，我的一位同事站起来说‘我们早在六个月前就应该开工了’。”

资料来源：Adapted from Christopher Koch, "Change Management-Understanding the Science of Change," *CIO Magazine*, September 15, 2006.

问题

1. 尽管一个非常详尽的变革计划可能阻碍人们建立属于自己的联系，正如案例中所讨论的那样，它也可能导致其他人认为这个计划不清楚或没有完成。你认为应当如何在这两种情况下取得平衡？你用什么指导方针来保证自己没有向任何一方偏离过远？

2. 堪萨斯子公司的凯文·斯帕克斯在说服员工公司需要作出改变时遇到了很大的困难。未阅读本案例前，你会给他什么建议？读了案例后呢？你的建议为什么会有这种改变？

3. 组织变革早已不仅仅关乎升职和下岗。除了本案例中提到的方法，你还有什么方法可以说服人们从容面对变革？列举几点建设并说明理由。

实践

1. 在网上查找最近成功和失败的IT实施的案例。员工的参与和抵制各扮演了什么角色？公司在变革管理过程中应用了什么策略？成功多大程度上取决于这些策略？准备一份报告，与全班同学分享你的研究成果。

2. 分小组讨论。选择一家你熟知的公司，或者在本课程和其他课程中了解的公司，探讨你认为它采取什么样的变革管理策略才能保证在变革期间平稳过渡。你将如何平衡它带来的积极和消极的影响？推选一个组员阐述你们的观点，与全班分享。

□ 系统实施新系统

图10—8介绍了**系统实施**（systems implementation）的过程，包括软硬件的获得、软件的开发、程序的测试、数据资源的转换及多种可选方法等，还涉及对终端用户及操作新系统的专业人员进行培训。

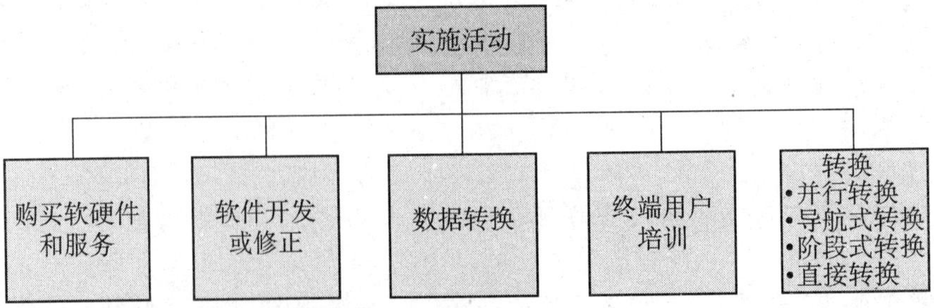

图10—8　系统实施过程

说明：实施活动将新开发的信息系统转为用户可操作的系统。

系统的实施是一个艰难且费时的过程。然而，它对于确保任何新系统的成功开发至关重要。即使是一个设计良好的系统，如果没有正确实施，也会导致失败。这也是**实施过程**（implementation process）需要进行项目管理，要求信息技术部门与业务部门经理共同参与的原因。他们必须按项目计划实施，包括工作职责、研发阶段的时间期限以及财务预算等。如果要在预算内按时完成项目并达到设计目标，就有必要制定计划。图10—9描述了一个公司的人力资源部在实施基于内联网的新员工福利系统时对活动和时间的要求。

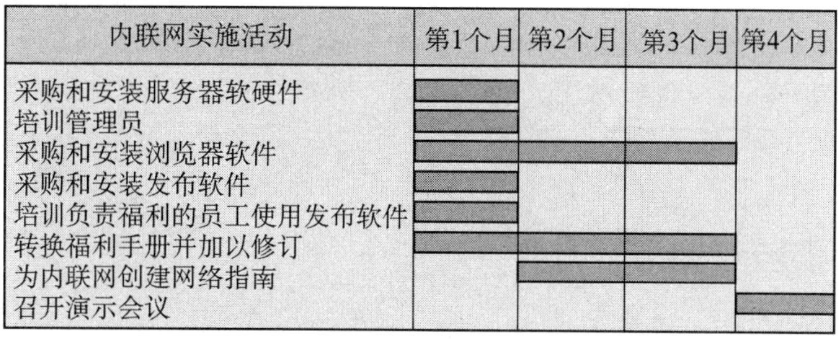

图10—9　实施基于内联网的新员工福利系统的活动和时间要求示例

项目组合管理

对整个美国来说，IT部门要么是最受宠的，要么是最被轻视的，一些从业者甚至争论到底是这两个极端中的哪一个带来了主要的麻烦。在当今社会，我们不可避免地要面对一个现象，那就是对工作表现出色者的奖励往往是做更多的工作。一旦一个IT小组得到了业务部门的信任和赏识，接下来要做的事就是在越来越多的新项目的考验下得以生存。接受超出能力的工作量，很容易导致项目在推进过程中崩溃，而好的企业和好的老板是不会允许这种现象发生的。

聪明的组织懂得应用项目组合管理（project portfolio management，PPM）技术，根据项目的轻重缓急来安排先后次序，如果有必要，还会毫不犹豫地终止不好的项目。与风险管理类似，对一些发展相对成熟的学科来说，PPM不是什么新鲜的管理技术。弗吉尼亚州的一个IT项目经理约翰·纳姆（John Nahm）说："我们才刚刚跟上建筑和工程领域几年前的水平。"

IT Process Institute最近的一项研究认为，IT领域中的最佳表现者在项目推进过程中被取消项目的概率是那些表现欠佳者的两倍。其主管库尔特·米尔恩（Kurt Milne）说："这看起来似乎违背常理，然而仔细想想却发现有它的道理。"在商务界，人们习惯了尝试各种新举措，也习惯于硬着头皮继续下去，即便这些举措毫无成效可言。但是正如米尔恩指出的，从IT的角度来说稳定性十分关键，所以人们总是很犹豫要不要采取行动。"我并不知道IT从业者是否一定要有这样的能力，但是从逻辑上讲，终止糟糕的项目是很有意义的。"

业务部门的主管知道从能力角度进行规划，也懂得制定优先级，然而他们期望这些是用专业语言来呈现的。他们不知道，IT部门可能会在项目前期作出言过其实的承诺，实则达不到应有效果，甚至导致交付日期延迟或者根本无法完成项目。除非IT人员能够精通PPM，否则永远也不可能消除这种信用问题。

一旦开始实施PPM，就不可避免地要制定政策。PPM的魔力在于，它能够很清晰地帮助判断为什么一个项目无法在现有的IT管理策略下成功。考虑如下情况：PPM结果显示某部门的项目不该做或者不适合现在做，但是该业务部门（有自己的预算并有一定独立性）仍决定继续该项目，尽管没有得到IT部门的支持。这种超出控制的技术需求是不恰当的，也可能无法与企业系统很好地整合，还给IT部门带来了紧急的计划外的任务。在这种情况下你会怎么做？

米尔恩用另一个问题回答了这个问题："如果你的总体战略认为'我们不应进军拉美市场'，而一个部门仍然这样做了，你会如何处理？"如果你的PPM过程已经很好地融合到整体战略中，却仍有部门选择特立独行，那么根本不需要IT部门对它们予以管束。因为组织会约束它们，不管有没有IT的参与。

资料来源：Adapted from Jonathan Feldman, "Project Management Keeps IT from Being a Victim of Success," *InformationWeek*, April 5, 2008.

项目管理

如果没有包括**项目管理**（project management）的基本概念、技术和工具，那么任何关于信息系统设计和开发的讨论都是不完整的。因此，在我们进一步探讨系统实施前，有必要了解我们的项目是如何在预定的时间与预算内进行到这一步的。本书不会对项目管理进行详尽讨论，但会给出一个整体介绍，并让读者了解这一过程中的每一个步骤。一个优秀的项目经理所必备的知识和技能会反映到实际的项目环境中，具备这些能力的人往往是组织追踪的目标。

何为项目

项目（project）是一系列具有明显开始和收尾的活动。每个项目都有一些目的、目标和任务，而且也有一些限制和约束。尽管每个项目的内容不尽相同，但整个过程有很多相似点。首要的且最重要的一点是，现代项目管理方法将项目分为一系列步骤和阶段。系统开发生命周期（SDLC）就是专为信息系统的设计开发的项目管理方法。在把注意力转向像SDLC这样具体的项目管理方法之前，我们先看一个一般的项目管理模型。无论是何项目，都需要借助三个要素对它进行有效且有效率的管理，这就是过程、工具和技术。

项目管理过程

现代项目管理方法确定了项目管理过程中的五个阶段（见表10—9）。

表10—9　项目管理的五个阶段

项目管理阶段	活动举例
启动和定义	● 陈述问题和目标 ● 制定具体目标 ● 保护资源 ● 进行可行性研究，分析成本和收益
计划	● 识别活动并排序 ● 识别关键路径 ● 估计所需的时间和资源 ● 撰写详细的项目计划

续前表

项目管理阶段	活动举例
执行	● 将资源分配到具体的任务 ● 如有必要则增加资源和人员 ● 启动项目
控制	● 建立汇报机制 ● 创建汇报工具 ● 比较项目进展与进度底线 ● 如有必要则启动干预机制
结束	● 安装交付物 ● 向利益相关者汇报成果 ● 释放项目占用的资源 ● 整理并留存项目文档 ● 撰写最终报告

启动和定义。项目管理的第一个阶段是后续几个阶段的基础。这一阶段最重要的目标是对项目所要解决的问题给出清晰简洁的陈述，或者确定项目希望达到的总体目标。无论后续执行过程多么出色，这一阶段的任何含糊不清都将给项目带来厄运。同时，这一阶段还有一个任务就是识别项目执行过程中所需的资源，分析项目的成本和收益，并且识别过程中存在的风险。你可能已经意识到，这与系统开发生命周期中的调查阶段开展的工作是相同的。

计划。项目管理的下一个阶段涉及项目的计划。在此，所有项目的具体目标和所有相关的活动都要确定下来并排序。为了对活动排序，人们开发了一些工具，包括依赖关系图（dependence diagrams）、计划评审技术（program evaluation and review，PERT）、关键路径法（critical path method，CPM）以及用于时间规划的常用方法甘特图（Gantt chart）。这些工具在项目管理中都有独特的应用，但它们共同的作用是协助与项目目标相关的活动计划和排序，使得各种活动符合逻辑顺序，并且没有遗漏或冗余。这些工具还能协助项目经理确定每个活动的持续时间，从而估计项目的持续时间。在后续阶段，这些工具还可以用来检查项目是否偏离进度。若是，通过它们可以看出是在哪里出现了延误，以及应该做些什么来追上进度。

执行。一旦计划阶段的所有活动完成，详细计划已被建立和批准，项目的执行过程就可以开始了。所有的计划在此阶段被付诸实施。资源、任务以及时间表被联系起来，工作小组建立起来并开始从事各自所分配的工作。从很多方面来看，这是项目管理过程中最有趣的部分。系统分析和系统设计是系统开发生命周期中涉及项目执行的主要阶段。

控制。一些项目管理专家认为控制过程只是执行阶段的一部分，另一些专家则建议将其视作独立的阶段。无论怎样，人们都应当对它给予足够的重视，从而保证项目的各项目标进展顺利，保证在规定的期限内完成项目。

控制项目的最重要工具就是报告，一般有三种常见类型。差异报告（variance report）描述了实际的项目进度与计划的项目进度的差别，用来鉴别一个项目是否已经偏离轨道或延迟，但是并不能对造成这种情况的原因提供充分证据。

第二种和第三种报告则可以提供充分的信息来判断造成延迟的原因和合适的修正方法。状态报告（status report）是一种开放性的报告，记录了导致当前项目状态的详细过程。通过分析报告，项目经理可以查明延迟是从何时开始的，并制定一个计划来弥补。这时资源分配报告（resource allocation report）就该起作用了，通过它可以识别出不同的资源（如人力、设备等）是如何分配到各项具体活动中的，以及当前未被使用的可用资源。

结束。项目管理的最后一个阶段主要是为了使项目有一个成功的收尾。项目结束阶段以所有项目交付物的安装和实施为标志。下一步就是正式地释放所有的项目相关资源，使得它们可以再次被其他项目使用。该阶段的最后一步就是对最终文档进行回顾，发表最终的项目报告。在此阶段，所有与项目相关的信息被记录和保存，对项目后续评价有意义的各种元素得以留存。

很多飞行员都将飞机降落视作飞行中最关键的步骤之一，就是在这最后的时刻，即便是原本顺利的飞行也有可能遭遇人们不想看见的后果。从这一点来说，项目也是如此。严密计划、顺利执行和严格控制的项目也可能由于糟糕的实施过程而失败。正因为如此，我们要将注意力转回到系统实施。

评估软硬件和服务

系统开发生命周期（SDLC）的实施阶段的一个主要活动就是获得用来实施新系统的软硬件。表10—10显示了公司应如何评估并选择软硬件和IT服务。在系统开发的设计阶段，大公司通常要求供应商在制定好的系统规范的基础上投标和提供项目建议书，并针对软硬件的物理设备和性能特点确定最低的可接受要求。多数大公司和所有政府机构会将这些需求列示在文件里，这些文件被称为方案征询书（request for proposal，RFP）或报价邀请函（request for quotation，RFQ）。然后，它们把这些文件发给合适的销售商，销售商以此为基础起草购买协议。

表10—10　　IBM公司提供的软硬件和信息服务

硬件

提供所有类型的服务器，包括为中小企业提供的xSeries服务器、iSeries中型服务器、为UNIX客户提供的RS/6000服务器及为大企业提供的z900型大型机，并提供全面的存储方案。

软件

Web服务器：Lotus DominoGo Web服务器。

前端：WebSphere Commerce Suite（原Net. Commerce）用于前端和目录的创建、关系营销及订单管理，能够与后端系统及内容管理的目录架构整合在一起。

中间设备和交易服务：WebSphere软件服务器对交易进行管理。MQ Series提供消息队列技术及连接管理功能。客户信息控制系统用于处理交易。

数据库：DB2通用数据库。

工具：WebSphere Studio包括一套预定义的模板和常用业务逻辑。

其他应用软件：处理信用卡和管理数字证书的IBM Payment Suite。

服务

IBM全球服务，为零售业、金融业等主要产业提供电子商务软件的设计、安装和主机服务。

当公司购买软硬件有多种备选方案时，通常使用评分系统（scoring system）进行评价。它们为每一个**评估因素**（evaluation factor）分配最大的可能分值，然后依据这个因素对用户具体规范的满足程度，来为每个竞争者的方案打分。针对多份方案的评分系统有助于组织和记录下整个评估过程，同时可明显地看出各方案的优势和劣势，以便比较。

无论硬件生产商或者软件供应商做出何种声明，软硬件的性能都要经过论证和评估。可以通过独立的软硬件信息服务提供商（如 Datapro 和 Auerbach 公司）来获取详细的测评信息。评价生产商与供应商的情况还有一个更好的信息来源，那就是其他用户。这就是建立互联网新闻组和日志来共享特定软件或硬件销售商及商品信息的原因，如今这种渠道已成为获得产品使用经验方面的最新信息的最好来源。

大公司通常通过特殊的基准测试程序和测试数据来评估所建议使用的软硬件。基准测试在一些计算机上模拟典型的工作过程以评价软硬件的性能。用户可以评估测试结果，以决定哪个硬件设备或软件包表现出了最佳的性能特点。

硬件评估因素

在评估新的商务软件所需的硬件时，你应该对每个计算机系统或者需要购买的计算机外围设备的物理和性能特点进行调查，尤其是一些重要因素的细节。表 10—11 总结了 10 个硬件评估因素。

表 10—11　　硬件评估的 10 个因素

硬件评估因素	等级
性能：速度、容量和吞吐量如何？	
成本：租赁或购买价格是多少？运行和维护成本是多少？	
可靠性：故障风险和维修要求是什么？错误控制和诊断方式是什么？	
兼容性：是否与现有的软硬件兼容？是否与其他供应商提供的软硬件兼容？	
技术：产品寿命是几年？是否使用了未测试的新技术或技术是否有过时的风险？	
人体工程学：设计是否考虑了用户因素？界面是否友好，设计是否安全易用？	
连接性：能否轻松地连接到使用不同网络技术和带宽的广域网或局域网？	
可测量性：能否应对不同的终端用户、交易、查询以及其他信息处理需求？	
软件：可用的系统和应用软件是否适合使用该硬件？	
支持：是否提供支持和维护所需的服务？	
总体评估	

说明：注意如何利用这些因素来评估计算机系统或外围设备。

硬件评估不仅仅取决于计算机设备的反应速度或者价格。例如，在做技术评估时还应注意设备是否过时。另外，人体工程学因素要求计算机的软硬件对用户是友好的，也就是说是安全的、舒适的、易于使用的。连接性是另一个重要的评估因素，有很多可供选择的网络技术和网络带宽能使计算机连接到互联网、内联网和外联网。

软件评估因素

你可以通过与评估硬件相类似的一些因素来评估软件。因此，性能、成本、可靠性、实用性、兼容性、模块性、技术、人体工程学以及支持等都是评估所要购买的软件时应该考虑的因素。另外，还应考虑表 10—12 中总结的**软件评估因素**（software evaluation factors）。你应该回答这些问题以正确评估将要购买的软件。例如，一些软件包运行速度非常慢，难以使用，有很多程序缺陷，或者生成的文件不适用，即使价格很有吸引力，也不是一个好选择。

表 10—12　软件评估的多个因素

软件评估因素	等级
质量：程序是否有缺陷或有很多编码错误？	
效率：是否会占用很多 CPU 时间、内存和磁盘空间？	
灵活性：是否无须进行重大改动就能轻松处理业务流程？	
安全性：是否对错误、故障和不当使用提供了控制程序？	
连接性：是否支持 Web 方式连接互联网、内联网和外联网？还需要另外的网络浏览器或其他软件支持吗？	
维护性：软件开发人员能否轻松地实施软件新特性并修复缺陷？	
文档：软件是否提供文档说明材料？是否有帮助界面并提供软件支持服务？	
硬件：是否存在最适合使用该软件的硬件？	
其他因素：软件的性能、成本、稳定性、模块性、兼容性、技术及支持等特性如何？	
总体评估	

说明：大部分评估硬件的因素也可以用于评估软件。

评估信息系统服务

很多软硬件产品的供应商为终端用户和组织提供了多种多样的**信息系统服务**（IS service），如帮助公司建立网站、安装软硬件、提供员工培训以及硬件维护，其中有些服务是无偿提供的。

企业若需要其他类型的信息系统服务，可以与外部的公司协商价格。例如，当组织将计算机运营外包给系统集成商（system integrator）时，系统集成商要对组织的计算机设施负全部责任。他们可能还承担涉及多个销售商和转包商的大型系统项目的开发和实施责任。增值转售商专门提供有行业特点的软硬件以及特定制造商的服务。终端用户还可以选择其他服务，如系统设计、合约规划、咨询服务等。表 10—13 总结了评估信息系统服务的因素与关注的问题。

表 10—13　信息系统服务的评估因素

信息系统服务的评估因素	等级
业绩：对照过去的承诺来看表现如何？	
系统开发：是否有可以利用的网站和其他电子商务开发商？服务质量和成本如何？	
维护：是否提供设备维护服务？服务质量和成本如何？	
转换：在系统转换期间提供什么系统开发或安装服务？	
培训：是否提供必要的人员培训？服务质量和成本如何？	
备份：是否提供同样的计算机设备以供紧急备份使用？	
便利性：销售商是否提供当地或区域性的销售、系统开发及硬件维护服务？其网站上是否有客户支持中心？是否有客户热线？	
商务地位：销售商的财务状况是否良好，是否有乐观的产业市场前景？	
硬件：是否提供多种类型的兼容的硬件设备和配件？	
软件：是否提供多种可用的企业电子化软件和程序包？	
总体评估	

说明：这些因素关注商务用户可能需要的支持服务的质量。

□ 其他实施活动

系统测试、数据转换、文档整理与培训是新系统成功实施的关键。

系统测试

系统测试（system testing）包括检测和调试软件、测试网站性能以及检测新的硬件。测试的一个重要部分是检查屏幕显示、报告和其他输出的原型。原型应当由提出该系统设想的终端用户来检测，以发现可能出现的错误。当然，检测不仅仅在系统实施阶段进行，而应当贯穿整个系统开发过程。例如，你可以在系统设计阶段检查输入文件、屏幕显示、处理过程等系统原型。及时的终端用户测试是原型法的优点之一。

数据转换

对如今的许多组织来说，实施新的信息系统通常意味着取代原有的系统及相应的软件和数据库。在这种情况下，在安装新的软件包时需要一个非常重要的实施活动，我们称之为**数据转换**（data conversion）。例如，安装新的软件包可能需要转换数据库里的数据元素，使其适应新的应用程序所要求的新格式。其他的数据转换活动包括改正错误的数据，过滤不需要的数据，从几个数据库中合并数据，将数据组成新的数据子集，如数据库、数据集市和数据仓库。良好的数据转换过程非常重要，因为数据组织不当或数据格式错误通常是实施新系统失败的主要原因之一。

在设计阶段，分析人员会编写一个数据字典，既描述了新系统中的各类数据元素，也特别说明了从旧系统到新系统的一些必要转换。在一些情况下，仅数据的名称发生了改变，比如旧系统中的 CUST _ ID 变成新系统的 CLIENT _ ID。而另一些情况下，数据本身的格式发生了变化，因此需要编写一些转换程序将旧数据转为新格式。比如为了扩展或合并两个系统，需要新创建一个数据格式 CUSTOMER _ ID。这种类型的数据转换需要更长的时间，因为每一个元素在被写入新的数据集前都需要经过转换。

但是还存在转换数据的时间问题。尽管新系统使用的有可能就是已有的数据文件，但这种情况并不常见，特别是当新系统的设计是为了取代一个十分陈旧的系统时。转换旧数据所需的时间会影响数据转换过程和最终选择何种策略。

考虑如下情况：假设向新系统转换的数据来自 10 个不同的数据文件，平均每个记录长度为 1 780 字节，10 个文件包含的总记录数约为 1.2 亿条，估计大致的传输速度（字节/分钟），就可以计算总的传输时间了。假设在没有任何转换算法的前提下，传输速度为 10.5Mbps（相当于快速以太网），那么：

1 780 字节×120 000 000 条记录＝213 600 000 000 字节
213 600 000 000 字节/10.5Mbps＝20 343 秒
20 343 秒＝5.65 小时

尽管从上述计算来看，转换过程所用的时间可以接受，但我们要指出的是这个计算假设传输无误，不存在格式转换，而且对带宽的利用率达到了 100%。如果用速度较慢的传输媒介，速度为 1.25Mbps，那么总传输时间会达到 47.47 小时。

这里要考虑的不仅仅是影响传输的时间，还要考虑在转换过程中如何保护当前数据文件的完整性。如果用 4.5 小时左右就能完成传输，那么从理论上讲，下班后开始运行，第二天上班前就可完成。如果整个过程要花费两整天时间，那么可以在周五下班时开始传输，到周日下午即可完成。如果过程中发生了小故障，那么只有两种选择，要么等到下一周重新传输，要么就要承受日常操作中的程序中断或数据丢失。为此，在为新系统选择最适合的数据转换策略时，一定要对相关方面进行谨慎考虑。

文档整理

开发用户**文档**（documentation）是实施过程中非常重要的一部分，样本数据录入显示屏、表单和报告等都是文档的例子。在使用计算机辅助系统工程方法时，由于文档存储在磁盘上的系统知识库（system repository）中，因此很容易创建并修改用户文档。对于负责开发、实施和维护计算机系统的人员来说，文档起着沟通媒介的作用。安装并实施一个新设计的系统，或者修正现有的软件需要详细的系统设计记录。文档对诊断系统错误和修正系统非常重要，尤其是在开发系统的终端用户或系统分析师离开组织以后。

培　训

培训是至关重要的实施活动。信息系统人员（如用户顾问）应当确保终端用户接受过操作新业务系统的培训，否则会导致实施过程的失败。培训可以仅仅涉及数据录入，也可以包括与新系统使用相关的任何内容。另外，管理者和终端用户应该接受新技术如何影响企业运营和管理的相关培训。培训中还应当补充新的硬件设备、软件包及它们在特定活动中的应用等知识。图 10—10 描述了企业在公司内部开发内联网和互联网时，在实施过程各阶段如何协调终端用户的培训。

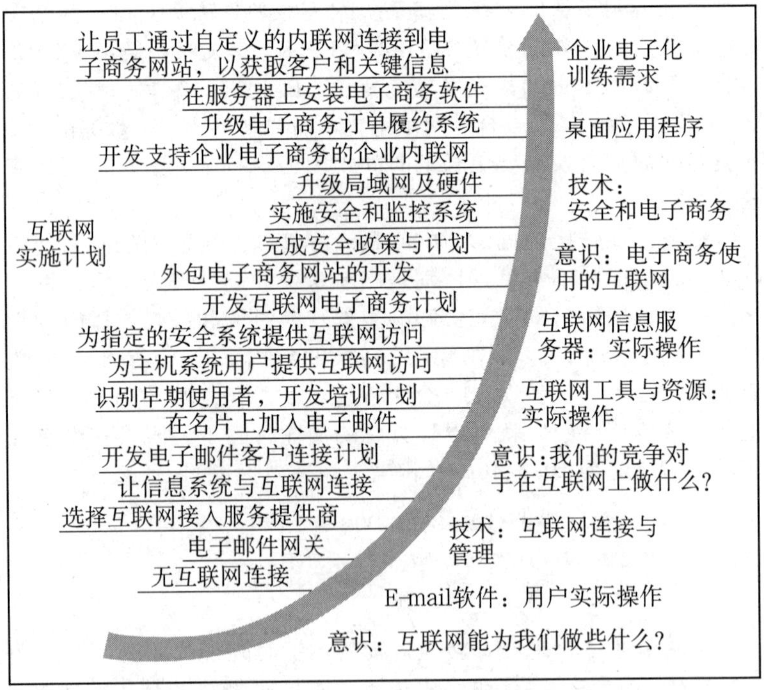

图 10—10　培训项目的开展

系统转换策略

新系统投入运行之初可能很艰难。从使用现有系统到换用新系统或改进后的系统，需要一个**转换**（conversion）过程。好的转换方法可以降低企业引进新信息技术的不良影响。图 10—11 介绍了四种主要的系统转换方法，包括：

- 并行转换；
- 导航式转换；
- 阶段性转换；
- 直接转换。

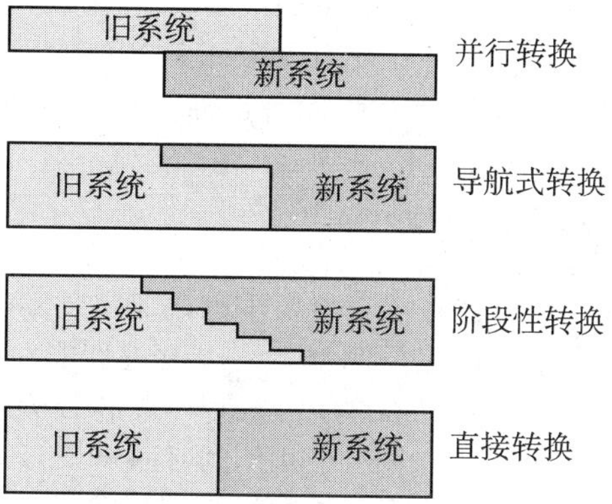

图 10—11　系统转换的四种方法

直接转换。最简单但也可能对组织造成影响最大的转换策略，就是直接切入新系统。正因为如此，**直接转换**（direct conversion）方法有时也称**灌篮法**（slam dunk）或**一劳永逸法**（cold-turkey strategy）。这种方法要求完全放弃旧系统，替换新系统。它是所有可行策略中最节省费用的，也是在需要紧急启用新系统或新旧系统不能并存的情况下唯一可用的策略，然而风险也最大。一旦新系统上线，终端用户就必须面对所有可能的错误或功能欠佳的情况，因此系统完成工作的质量也就取决于这些问题的严重程度。只有在极端情况下或无法采用其他转换策略时，才可以考虑直接转换。

并行转换。与直接转换策略相反，**并行转换**（parallel conversion）策略承担的风险是最小的。新旧系统同时运行，直至终端用户和项目协调人都对新系统的表现完全满意，并且觉得旧系统已不必再运行。采用这种并行模式，无论是停用一个系统，还是在一个预定日期停止并行操作，抑或按模块功能阶段性地关闭对应的旧系统，并行转换都不会失效。

尽管拥有风险低的优势，但是并行转换策略的成本很高。要想正确贯彻并行转换策略，终端用户必须做到用双系统来执行所有的功能，这样就带来了巨大的冗余，相当于工作量加倍。实际上，除非新系统的运行成本远远小于原系统，否则并行操作的成本会达到原系统的三四倍。在并行转换过程中，要对双系统的所有运行结果进行比较以测试一致性和准确性，直到确定新系统至少不会比原系统表现差。在自动化系统替代手工系统的情况下，并行转换是最佳策略。如果终端用户不能处理两个系统经常发生的混淆性冗余，则并行转换策略不可行。另外，如果组织没有可用的电脑资源以供双系统同时运行，那么这个方案也是不可行的。

导航式转换。在一些情况下，新系统可能被安装在不同地点，如银行支行或连锁零售店铺。有时，转换必须着眼于地理因素来规划。在这种情形下就可能用到**导航式转换**（pilot conversion）策略。该方法选择一个试验地点实施新系统转换，采用直接转换或并行转换方法均可。它的优势在于，可以选择一个最具有代表性的、在损失时间或过程延误方面承担较小风险的地点。一旦在该试验点的系统安装完成，就可以评估整个过程，然后对系统做出改变，以使得在试验点发生的问题不会在以后的其他地点的系统安装中发生。如果独立地点有某种特殊情况，使得前述两种策略不具有可行性，也可以采取此策略。

阶段性转换。阶段性转换（phased conversion）策略也称渐进式转换（gradual conversion），它集中了直接转换和并行转换两种策略的优点，同时减小了风险。这个渐进式的系统转换方法将新系统看作一系列功能部件，各部分按特定步骤上线，以保证对终端用户和业务流程的影响最小。

阶段性转换好比是软件开发商发布一个应用程序的不同版本。每个版本的软件都更正了一些错误，并与前一版无条件兼容。尽管风险小，但阶段性转换耗时最长，因此会给组织带来较大的麻烦。

实施后期阶段

在系统实施完成后还有一个重要步骤，那就是实施后期的维护阶段。系统维护的主要目标是更正系统错误，调整系统以改进性能并适应变化的组织和业务环境。在一个典型的组织中，系统维护所需的程序员和分析人员要多于系统开发阶段。并且，尽管新系统花费了几个月甚至几年的时间来设计和开发，耗资巨大，但系统可昼夜不停地使用5～10年甚至更长时间。实施后期的主要活动是在用户使用系统的过程中根据他们的变革请求（change requests）来调整系统，变革请求可以小到处理一个测试阶段未被发现的程序缺陷，大到设计一个现有功能的升级包。

系统维护

管理和处理变革请求只是**系统维护**（systems maintenance）阶段的活动之一。从某种程度上说，一旦进入维护阶段，就意味着下一轮的生命周期开始了：提出新的需求，进行分析和设计，考察可行性，测试程序和实施。尽管维护需求的本质和范围会因系统的不同而不同，但总的来说系统维护一共有四大类：（1）矫正型；（2）适应型；（3）完善型；（4）预防型。

矫正型系统维护（corrective maintenance）主要修正在系统实施的测试过程中没有发现的程序缺陷和逻辑错误；**适应型维护**（adaptive maintenance）是为适应业务或操作环境的变化而对系统已有功能进行调整和添加；**完善型维护**（perfective maintenance）着眼于提升系统的性能而进行改变；**预防型维护**（preventive maintenance）则包括为降低系统崩溃的可能性或升级系统寿命而采取的行动。尽管预防型系统维护往往是优先级最低的维护活动，却具有高附加值，对组织实现系统投资的价值有重大意义。

实施后评价

系统维护活动还包括新系统**实施后评价**（postimplementation review），以确保新实施的系统能够实现公司的发展目标。系统开发和使用中发现的错误必须在维护阶段加以纠正。这个过程包括定期检查和系统审核，以确保系统运行无误并能实现既定的目标。

项目成败：我们懂得却容易忽略的道理

许多项目成功或失败的原因都是有迹可循的，近千年来人们一直在探讨有效率的项目管理。

2 000多年前，孙武就在《孙子兵法》一书中描述了如何成功地组织复杂的项目（军事战争）。弗雷德·布鲁克（Fred Brooks）的经典著作《人月神话》（The Mythical Man-Month）也为大型 IT 项目的管理提供了很多借鉴。英国国家审计办公室（U. K. National Audit Office）最近发布了一份关于成功实施 IT 业务变革的指南。在过去的 10 年里，几乎所有与 IT 相关的出版物都刊发过关于大型项目成败的文章。

尽管硬件设备齐全，IT 部门牵头的主要项目超过一半都会半途夭折。我们其实都明白原因何在，只是从来不重视。

● 无效的执行组织者。一个无能的执行组织者注定了项目会失败。在领导力很弱的情况下，这些本来应该包含 IT 元素的业务都变成了单纯的 IT 项目。

● 糟糕的业务案例。一个不完整的业务案例会导致人们对系统产生错误的期望。

● 业务案例失效。市场的频繁变化经常会导致原来的业务失效，但是项目团队往往会忽略这一点而按原计划执行。

● 项目过大。越大型的项目需要越精细的规范。

● 资源分散。大项目需要员工投入大量精力且甘于奉献。但是项目中的关键人物总是一边做原来的本职工作，一边参与项目。

● 监督不力。成败也取决于你的供应商，不要放弃对他们的监督。

● 不必要的复杂。如果一个项目希望做到面向所有人和所有工作，那么这意味着对所有人来说都不易使用，会导致最终失败。

● 文化冲突。与组织文化不一致的项目往往不会取得好的结果。

● 没有突发事件处理机制。意外总是会发生，项目要有灵活性来应对不可避免的意外变化。

● 过长时间没有交付物。多数组织都希望在 6～9 个月内能看到进展，长期的项目如果没有中期交付结果就有可能失去人们的兴趣、支持甚至资源。

● 依靠不成熟的技术。

● 不固定的交付时间。由日期驱动的项目很难获得成功。公司应该在选定好交付时间前就做好计划。

资料来源：Adapted from Bart Perkins, "12 Things You Know About Projects But Choose to Ignore," *Computerworld*, March 12, 2007.

实施中的挑战

实施新的业务或 IT 战略，特别是当它们涉及大范围的创新技术时，就会涉及重大的组织变革。对很多组织而言，进入电子商务领域代表着 20 世纪 80 年代以来的第四次或第五次重大变革。这些新战略和应用的成功实施需要对关键组织维度的重大变革进行管理，如业务流程、组织结构、管理角色、员工工作任务及与利益相关者的关系等。表 10—14 分析了 100 家企业在开发实施新企业信息门户和企业资源计划系统过程中面临的各种挑战。

表 10—14　开发和实施企业内部信息门户和企业资源计划系统面临的最大挑战

企业内部信息门户的挑战	企业资源计划的挑战
● 安全、安全、安全	● 终端用户赞成
● 定义门户的范围和目标	● 日程和计划
● 时间和资金的投入	● 集成遗留系统与数据
● 确保数据质量的一致性	● 管理层赞成
● 员工愿意使用	● 能够应对多个站点或企业伙伴的要求
● 组织数据	● 文化思想变革
● 寻找技术专家	● IT 培训

续前表

企业内部信息门户的挑战	企业资源计划的挑战
● 将企业各部门数据一体化	● 获得并保留 IT 人员
● 门户易于使用	● 转移到新的平台
● 所有用户都能够接入	● 性能和系统升级

用户抵触和参与

任何事情在采用新方式时都会引发有关人员的抵触心理。例如，新的业务支持技术的实施经常让员工感到害怕并产生抵触心理。消除用户对信息技术的抵触情绪的关键方法就是适当的教育和培训。更重要的是，让用户参与到组织变革及新信息系统的开发中。组织有很多方法来管理变革，一个最基本的要求是，高层管理者和所有受新业务系统影响的利益相关者参与进来并承担义务。

在新系统实施之前，指导终端用户参与业务计划和项目开发对最终消除终端用户潜在的抵触情绪是非常重要的。这就是终端用户通常被安排作为系统开发小组成员或者自己也从事一些开发工作的原因。这样的参与使得终端用户确定系统的所有权，并且让设计满足他们的需求。无论系统的技术多先进，处理数据的效率有多高，如果用户感到不方便或困惑，那么该系统就不是有效的系统。例如，图10—12显示了在业务系统中知识管理应用的主要障碍。我们注意到，终端用户抵制共享知识是知识管理应用中遇到的最大障碍。我们来看一下有关终端用户抵触和相应解决方案的一些真实案例。

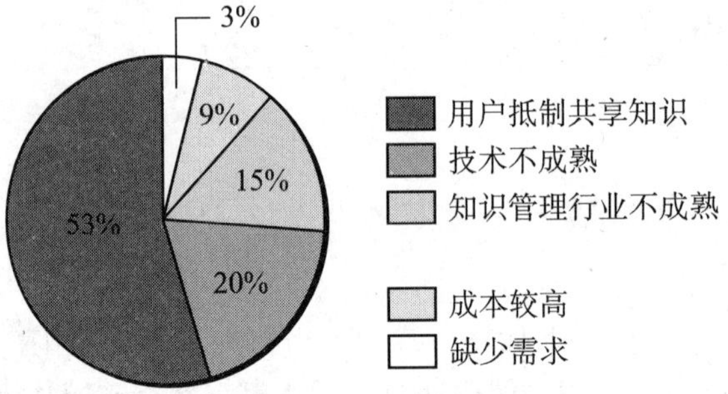

图10—12 知识管理应用的主要障碍

蒙特利尔运输公司：颠簸上路，顺利前行

扩展到郊区对运输公司意味着带来大量的业务，然而从服务器的角度来说是另一回事，加拿大的蒙特利尔运输公司（Société de Transport de Montréal，STM）就是一个很好的例子。STM的高级系统工程师迈克·斯特凡纳基斯（Mike Stefanakis）说，他们转向虚拟技术主要是为了防止服务器拓展。他希望合并服务器，特别是公司的开发服务器，它们每年能提供3.6亿次公交和地铁的服务。

他说："我们从数字背后发现，这样的发展将会在不远的将来造成一些麻烦。"按照现在的发展状况，在现有的180个Wintel架构的基础上，公司每年还需要新增20～30个服务器。"如果想满足客户的需求，我们将需要大量的服务器。"

尽管在早期已经说服员工认可虚拟技术会带来好处，公司的终端用户却并不这么认为。有几个因素导致了最初的抵触情绪。首先，人们对陌生的事物必然有一种担忧。人们总会问“这个新技术有多稳定”，“你说我将要和其他服务器共享我的资源，这是什么意思”，等等。潜在用户认为这可能会使得他们的效率降低。

为了使他们不再惶恐，斯特凡纳基斯在解释新技术优势时着眼于人们需要了解的信息，如业务软件需要较长的反应时间，以及故障的恢复情况。斯特凡纳基斯和他的手下一直在说服员工：“虚拟化这个词不停地出现在我们的预算、策略和开发会议中。我们将信息传递给合适的对象，让我们部门的所有人都知道虚拟化正在到来。”

STM公司从2005年12月开始应用虚拟环境下的产品服务器。

第一台虚拟服务器被用来恢复一台崩溃的产品服务器，因而被安装在STM公司的测试中心。之后，抵触情绪很快消失了。“人们看到虚拟平台的稳定性和优良性能后，就不再像从前一样有抵抗情绪了。虚拟化的心理障碍已被消除。现在用户们会很随意地要一台新服务器，就好像在点一杯咖啡一样。”

资料来源：Adapted from Mary Ryan Garicia, “After Bumpy Start, Transit Agency Finds Virtualization a Smooth Ride,” *Computerworld*, March 8, 2007.

变革管理

图10—13给出了**变革管理**（change management）的一些关键因素，并以它们的难度和对业务的影响为横纵轴进行了比较。新的信息技术的引入会导致商务策略、IT应用等发生变革，图中列出了在这一过程中涉及的人员、流程和技术因素。图中列出了技术因素，如系统集成商和外包商，我们将在随后几章详细讨论。比如，系统集成商是咨询公司或其他外包合同公司，负责新电子商务应用的开发和实施，包括设计和组织变革管理活动。还要注意，在变革管理设计的各维度中，人员因素有着最高的难度等级，所需花费的时间最长。

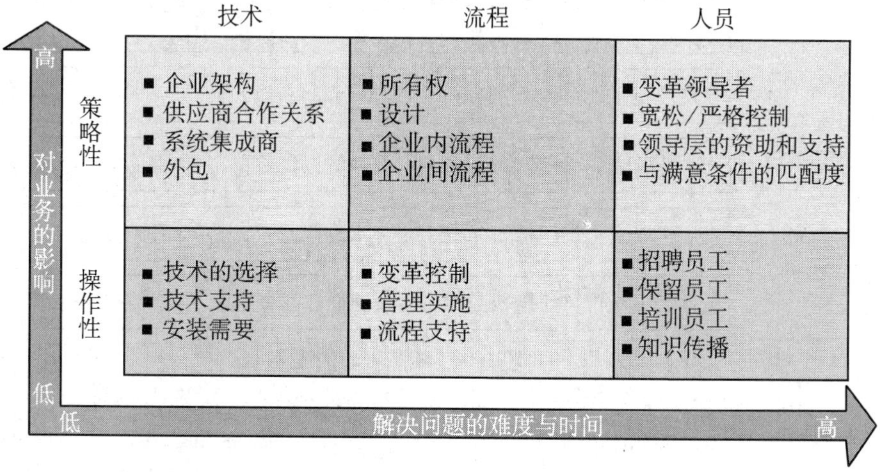

图10—13　变革管理中的关键维度

资料来源：Adapted from Grant Norris, James Hurley, Kenneth Hartley, John Dunleavy, and John Balls, *E-Business and ERP: Transforming the Enterprise* (New York, John Wiley & Sons, 2000), p. 120. Reprinted by permission.

因此，人员是组织变革管理中的最关键因素，包括利用创新的方法来衡量、激励和奖励员工，制定合适的方法来招聘和培训员工以使其具备在一个变化的环境中所需的核心竞争力。变革管理还包括对组织面临的所有挑战进行分析和界定，制定方案以减少风险和成本，并使变革带来的利益最大化。例如，实施一个客户关系管理的电子商务系统，可能需要制定一个变革行动计划（change action plan），任命指定的管理人员作为变革责任人（change sponsor），建立员工变革小组，并鼓励人们对组织变革进行开放式的沟通和反馈。一些变革管理专家提出了以下关键策略：

- 让尽可能多的人参与业务和 IT 规划及应用软件的开发。
- 让持续的变革成为企业文化的一部分。
- 尽可能频繁地向每个人告知有关公司的尽可能多的事务，私下交流效果更佳。
- 要制定有效的金钱激励措施。
- 在工作中融入公司文化而非置之身外。

变革管理流程

图 10—14 显示了组织变革管理的流程的八个层次。有很多模型可应用于管理组织变革，这些变革往往来自企业新的业务策略、新的应用或业务流程的变化，该变革管理模型只是其中之一。该模型认为，在战略规划阶段制定的企业变革愿景应该以一个具有吸引力的变革故事（change story）的形式呈现给组织中的人们。接下来，要评估组织内对变革的准备情况，据此制定变革策略，选择并培训变革领导人。

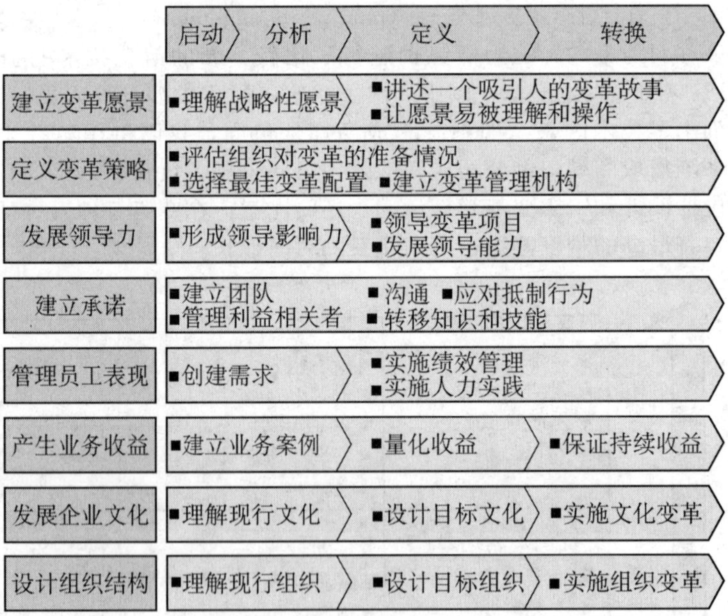

图 10—14 变革管理的流程

说明：图中列举了由于实施新的业务流程而导致的组织变革所涉及的活动。

资料来源：Adapted from Martin Diese, Conrad Nowikow, Patric King, and Amy Wright, *Executive's Gride to E-Business: From Tactics to Strategy*, p. 190. Copyright © 2000 by John Wiley & Sons Inc. Reprinted by permission.

这些变革领导人负责领导变革小组和其他的业务相关者，建立一个业务案例来反映技术、业务流程、工作内容和组织结构上的变化。他们也会与组织沟通这些变革能给组织带来的好处，并且领导与新业务系统相关的培训活动。当然，很多变革管理模型也提到要对员工表现进行衡量，并且要对配合变革的员工给予奖励。另外，利用互联网、企业内联网和讨论小组给员工和业务相关者提供一个交流的平台，从而在组织内培育新的电子商务文化，也是一个很有价值的变革管理策略。在实施新的电子商务系统的过程中，这样的小组起到了鼓励利益相关者接受并参与变革的作用。

小结

● 系统开发周期。业务终端用户和信息系统专家使用系统方法来帮助他们开发信息系统解决方案来达到业务目标。该方法频繁地涉及一个系统开发生命周期，包括信息系统专家和终端用户构想、设计和实施业务系统的整个过程。图 10—2 概括了信息系统开发周期中的各个阶段、活动和产出。

● 原型法。除了传统的信息系统开发生命周期方法外，原型法是最常用的系统开发方法。通过使用原型工具和方法，形成一个循环反复的互动性过程，为用户接口和其他的信息系统提供部分开发原型。

● 终端用户开发。应用系统在构建的过程中被分为很多终端用户软件包，这使得终端用户开发自己的业务应用变得更加容易。如图 10—6 所示，终端用户应当集中精力开发那些可以受益于信息系统的业务流程。

● 实施信息系统。表 10—14 总结了信息系统项目的实施过程。系统实施包括系统的开发、测试、文档整理、培训、安装和转换等相关活动，整个过程将一个新设计好的业务系统投入终端用户的实践。

● 评估软硬件和服务。业务专家应当知道如何评估信息系统资源的可获得性。IT 供应商的计划书应当以系统开发的设计阶段得到的具体规范为准。经过正规的评估过程，购买不正确或不必要的软硬件的可能性将大大降低。表 10—11 至表 11—13 总结了主要的评估因素，为评估软硬件和服务提供了借鉴。

● 实施业务变革。实施活动包括管理在业务流程、组织结构、工作分配中引入的变革，以及由于新业务策略（如电子商务、二次设计项目、供应链联合及新技术）而带来的变革。公司采用变革管理策略（如提高用户参与度），来减少终端用户的抵触情绪，并使得业务变革最大限度地被所有利益相关者接受。

关键术语和概念

变革管理（change management）
转换（conversion）
成本收益分析（cost/benefit analysis）
数据转换（data conversion）
文档（documentation）
经济可行性（economic feasibility）
终端用户开发（end-user development）
可行性研究（feasibility study）
功能性需求（functional requirements ）
人力因素可行性（human factors feasibility）
实施过程（implementation process）
无形收益/成本（intangible）
法律政策可行性（legal/political feasibility）
逻辑模型（logical model）
操作可行性（operational feasibility）
组织分析（organizational analysis）
实施后评价（postimplementation review）
项目管理（project management）
原型法（prototyping）
系统分析与设计（systems analysis and design）
系统方法（systems approach）
系统开发生命周期（systems development life cycle）
系统实施（systems implementation）
系统维护（systems maintenance）
系统规范（systems specifications）
系统测试（system testing）
系统思想（systems thinking）
有形收益/成本（tangible benefits/costs）
技术可行性（technical feasibility）
用户界面设计（user interface design）

讨论题

1. 为什么在开发业务软件时，原型法成为一种流行的方法？其优缺点分别是什么？

2. 参考本章关于 PayPal 的真实案例。PayPal 的马修·门格林克认为银行柜员说法语并不足以让客户感觉身在法国，同时也强调了企业传达出的信任感和舒适感对客户的重要意义，比如努力让客户有身在法国之感。你认为为什么人们会重视这样的感觉？这给你对于网站功能以外的设计带来怎样的启示？

3. 回顾本章关于沃尔玛和其他超市的案例。这些公司如何做准备来应对可能导致网站崩溃的需求变化？

4. 在评估计算机硬件时，最重要的三个因素是什么？在评估软件时呢？解释原因。

5. 假设在走上新岗位的第一周，你需要使用一种从未接触过的业务软件。在你开始使用该软件之前，你的公司会为你提供哪种类型的用户培训？

6. 参考本章关于 Blue Cross and Blue Shield 公司组织变革的案例，凯文·斯帕克斯提出了一个变革管理策略，就是让 IT 部门之外的人员参与系统变革计划的讨论。你认为它的价值在哪里？它为什么会成功？解释原因。

7. 在信息系统转换中，并行转换、直接转换、阶段性转换和导航式转换之间的区别是什么？哪种转换策略最好？为什么？

8. 回顾本章关于谷歌公司的案例，你会对谷歌搜索页面的接口以及其他网页产品做出什么改变？说明你的观点。

9. 回顾本章关于项目失败因素的例子。既然这些因素都为人熟知，为什么公司会一次又一次地忽视它们？背后的原因是什么？

10. 选择一个你愿意利用计算机来完成的商务任务。你将如何运用图 10—2 中信息系统开发周期环的各步骤来帮助自己？举例说明。

分析题

1. 实践中的 SDLC

系统开发生命周期（SDLC）提供了一个结构化的软件开发问题解决方法。然而一般来说，能够解决信息系统相关问题的方法也可以对许多业务问题有所帮助。SDLC 提供了一个遵循逻辑顺序的架构，它可以提高可信度并帮助组织确保正在用正确的方式做正确的事情。

你也可以应用 SDLC 来解决商务问题。考虑在你生活的环境（如校园、工作或社区）中存在的问题，从导师那里获得一些指导。选择一个问题，按照 SDLC 各步骤来完成解决方案，并准备一份报告详细说明各步骤。由于这个练习具有地域特殊性，因此希望你可以亲自进行调研和访问。

a. 选择一个问题，量化其影响。

b. 识别出现问题的原因。

c. 描述该问题的多种解决方案，估计各方案的成本和收益。

d. 选择一个方案，并制定它的实施方案。

e. 识别负责监督和维护该方案的群体。他们会用什么指标来监测结果？

2. 计划——向成功进发

项目依赖的因素有很多，任何因素都可能成为导致失败的因素。即使一个输入不理想，也可能致使项目无法达到最终目标。有效的项目计划则帮助项目经理在项目开始前有一个整体规划，并提前准备好沟通策略。

a. 阅读 2004 年 8 月的 *Darwin Magazine* 杂志上的文章《如何制定清晰的项目计划》（www.darwinmag.com/read/080104/project.html），并总结其主要观点。

b. 通读上面“实践中的 SDLC”练习，在导师的指导下选择一个问题。

c. 为你所选的问题准备一个项目计划。

d. 将你的项目计划展示给全班同学，征求同学的意见。

3. 《美国残疾人法案》

《美国残疾人法案》禁止在公共设施和商务设备方面对残疾人有歧视。这个法案中也包括了对一些信息系统的限制。所有的信息系统开发项目在开发过程中都应当将《美国残疾人法案》纳入考虑范围，残疾员工和用户的权益永远不能被忽视。

即便你现在没有身体方面的限制，在未来，你本人或者你手下的员工也有可能需要特殊的工具来使用信息系统。研究信息系统的可用方案，其中包括一个软硬件解决方案、方案提供商，以及解决下列问题的成本：a. 部分视力损伤；b. 全部视力丧失；c. 手的灵活性损伤。

4. 伦敦市中心拥堵收费计划

伦敦因历史古迹、剧院和拥挤的交通而闻名。尽管有错综复杂的地铁系统，很多交通问题（如交通堵塞、噪声污染、交通事故等）仍层出不穷。经过长时间的商议，伦敦市政府采用了伦敦市中心拥堵收费计划。该计划决定围绕伦敦市中心建造一个收费站包围圈。该计划并不要求车辆停下来交费，而是在所有收费区域安装了摄像头。这些摄像头都连接到一个账务系统上。通过该系统，每个机动车拥有者都要交纳通行费来获得一个有期限的再进入权限。相当于 8 美元的高昂通行费起到了限制机动车进入伦敦市中心的作用。

居住在伦敦市中心通行费区域内和邻近区域的市民，以及一些政府公务员，则获得了特殊折扣。通行费在周一至周五的工作时间收取，机动车车主在每天结束时可通过邮件、短信、网络、收费亭等渠道缴纳费用。

通行费的征收导致机动车明显减少，公共交通的使用增加，交通事故减少，运行时间缩短，而且没有对市民生活和业务往来造成很大影响。同时，这一举措也带来了不少的收入，可用来维护系统运行并改善公共交通。

这个计划涉及大量工作，包括说服公众、标记所有进入通行费区域的街道、安装摄像头，以及建立信息系统。信息系统本身就需要很多功能，如处理采集回的图像，将驾驶执照与支付数据库相匹配，接收支付，发送拖欠支付的通知，处理投诉，等等。警察还需要利用系统的数据库来处理各种法律强制执行的工作。

a. 简要说明将各转换策略（并行转换、导航式转换、阶段性转换和直接转换）用于伦敦市中心拥堵收费项目的优缺点。

b. 你认为哪个转换策略最适合该项目？

c. 详细说明你的观点及理由。

案例 10.3

印孚瑟斯技术有限公司：实施知识管理的挑战

印孚瑟斯技术有限公司（Infosys Technologies）的总部位于印度信息中心班加罗尔市，它是世界上最大的软件开发公司之一，2005 年收入达 16 亿美元，在 2006 年初雇用了超过 5 万名软件工程师和其他员工。公司很早就开始尝试利用员工创造的知识来增强公司的竞争力。公司内部流传着一句话：“知识只需学习一次，却可用在任何地方”，强调的就是以知识的积累和再利用为目的持续学习的重要性。这句话也同时表明了公司的核心观念，那就是知识不仅属于创造它的员工，而且属于整个公司。

20 世纪 90 年代初，公司就开始为把员工知识转化为一个组织范围内的资源库而展开行动。1999 年，公司成立了一个中心知识管理小组（knowledge management（KM） group）来推行全公司范围内的知识管理计划，包括为实现组织知识的积累和再利用而建立一个内联网络知识门户 KShop。

但是 2000 年初，公司员工对于 KShop 的热情并不高。各项目组和团队的员工依然使用自己内部非正式的网络来获取知识，因此这些专业知识资源只在小组内部传播。换句话说，知识体系的不同层次间并没有相互联系，也没有彼此补充。

为此，KM 小组在 2001 年第一季度采取了一个重要举措——“知识货币奖励机制”（Knowledge Currency Unit（KCU） Incentive），激发了员工对 KShop 作出贡献的热潮。根据此计划，对 KShop 作出贡献的员工将获得知识货币KCU的奖励，员工可以累计并将其兑换成金钱。而且，员工累计的KCU得分可以在KShop的一个得分板上展示，这也提高了贡献大的员工的知名度。

这些措施开始显现出效果，特别是在KCU奖励机制引入之后。例如，在引入KCU机制一年内，KShop新增了2 400多个新的知识资产计划提议、案例研究和可再利用的软件代码，有约20%的员工至少贡献了一项知识资产。KM小组分配了超过13万个KCU给作出贡献的员工。

尽管这些举措正在实施，但KM小组开始质疑KCU奖励计划是否过分成功。原因之一就是信息过载和由此导致的对可再利用知识的高搜索成本。正如KM小组员所说，“有些人私下告诉我们，他们逐渐发现通过自己的渠道或询问熟人来获取这些知识要比查询知识库更快捷”。

KShop有几名志愿评审者对知识库的新增贡献进行审核，而日益复杂的呈爆炸性增长的内容给他们带来了很大的负担，出现评审者短缺现象。这使得KM小组难以确保新贡献在KShop发表前经过高质量和高相关性的检查。随着员工对知识库的贡献加速，评审进度很难与其保持一致，KShop上开始出现质量不稳定的知识资产。若这些质量尚不确定的贡献被同事评价为高质量的，那么评价体系本身都应受到严格审查。

人们也开始关注KCU机制可能对组织其他层次的知识处理造成的影响。一个方面就是KCU奖励机制有可能对公司内部的企业文化造成破坏。原来员工们无偿交流知识，现在却由于KCU奖励机制而被货币化。过去曾经无偿分享知识的员工会问：“为什么不对我作出的知识贡献给予奖励和认可，而现在其他人都可以得到奖励。”另一方面就是一些项目组和团队一旦对KShop失望，有可能转而构建自己的本地知识库，不再对中心门户作出贡献。

意识到KCU奖励机制可能危及公司的知识管理计划，KM小组采取了几项行动。首先，它将知识分享与经济奖励分离开来，因为经济奖励有可能威胁到公司乐于无偿分享的气氛和人们对KShop的认可。2002年4月，KM小组修改了KCU奖励机制，更强调知识分享者个人的认知度，而非金钱奖励；同时提出了一个新的KCU得分公式，不仅仅通过评审者或同行的意见来评价知识资产给公司带来的贡献，更强调实际使用者的意见。其次，为了增加评价贡献的评审者和使用者所承担的责任，KM小组开始要求高级别的评价都要有确切的证据。最后，KM小组明显减少了对KShop作出贡献者的KCU奖励数额，并提高了将KCU得分兑换为现金的最低限额。KM小组希望这些做法可以使员工共享知识的动机远离金钱奖励。

接下来的措施则着眼于提升项目小组和执行团队内部的知识管理表现。

团队需要在严格的时间期限内完成项目，项目时间上的巨大压力会减少团队形成知识资产的时间和精力。为了解决这个问题，KM小组修改了项目的相关模板和表格，以便利用自动化工具来获取知识。它们还在KShop上应用了一个项目跟踪工具，以记录公司内部所有项目相关的细节和交付物。采取这些举措的目的就是使各团队在从事日常项目相关工作的过程中将获取和形成知识变为可能。

尽管付出了努力，各项目团队形成知识资产的情况仍然差异很大。为了解决这个问题，KM小组引进了一个角色层级机制，来代理项目组、执行团队和整个组织的知识共享。

在各项目组中，一个人将志愿作为知识管理主管，负责鉴别小组在不同项目中的知识需求，并促进这些需求的满足。他还要保证，在每个项目完成后，小组将在项目完成期间得到的重要知识进行汇集，并在全公司分享。在执行团队和更广泛的组织层级，KM小组设置了一个名为“知识先锋”的角色，负责带动和促进在某关键技术或最新方法上的知识共享。KM小组还鼓励员工在KShop上交流心得，探讨如何推动个人和团队的知识和经验共享。

自从引入了改进后的KCU机制，那些为了得到金钱奖励而对KShop作出贡献的人减少了。例如，在引入改进了的KCU之后的两个季度里，每个季度的新贡献者数量下降了近37%，新增知识资产的数量减少了26%。然而在初期显著减少后，贡献给KShop的新增知识资产稳步上升。最终，KShop用户反映，搜索成本有所降低，并且KShop中心门户的知识资产质量显著提高。

展望未来，KM小组对于知识管理主管和知识先锋在项目组和开发团队中发挥的积极作用持乐观态度。一位从开始就关注知识管理举措的经理针对公司知识管理实施过程中面对的挑战发表了如下观点：

"我们逐步认识到知识管理需要的不仅仅是技术，也要关注知识管理涉及的文化和社会问题。除了花费时间和资源来管理内容外，我们还要继续进行宣传。人们很容易在最初误以为知识管理是一项简单的任务，但是如果走错一步，就很难说服人们回头。"

资料来源：Adapted from Raghu Garud and Arun Kumaraswamy, "Vicious and Virtuous Circles in the Management of Knowledge: The Case of Infosy," *MIS Quarterly*, March 2005; and Julie Schlosser, "Infosys U.," *Fortune*, March 20, 2006.

问题

1. 为什么印孚瑟斯技术有限公司的知识管理系统在实施过程中会面对这么多严峻的挑战？谈谈你的看法，并用本案例中的例子来说明你的答案。

2. 印孚瑟斯技术有限公司的KM小组采取了什么举措来提高公司知识管理系统的参与度？为什么有些举措起了反作用？KM小组采取了纠正的对策。你认为这些对策会成功吗？为什么？

3. 在尝试开发和实施知识管理之前，KM小组应当采取怎样的变革管理措施？说明你的观点，特别要注意文中结尾处引用公司知识管理经理的话。

实践

1. 在互联网上寻找成功实施了知识管理系统的例子。这些公司取得了什么样的成功，它们给出的知识管理举措成功的理由是什么？

2. 如果知识管理在任何情况下都能成功，人们会觉得印孚瑟斯技术有限公司这类持续发展的IT公司一定会取得极大的成功。针对印孚瑟斯技术有限公司、在互联网上找到的案例或自己选择的一家公司，分小组讨论，要想确保知识管理成功，应当采取什么变革管理方法和其他实施战略。

第5篇

管理挑战

信息系统对当今的商业企业提出了哪些管理挑战？本篇的两章将着重阐述在全球化经济背景下，管理者和业务人员是如何成功应用信息技术的。

第 11 章：安全与道德挑战。本章将讨论信息技术的道德内涵和社会影响，并讨论企业信息系统性能和安全方面所面临的威胁以及必需的防范措施。

第 12 章：信息技术企业与全球化管理。本章将讨论信息技术给企业管理者带来的主要挑战、信息系统管理的组成部分，以及在全球化经营中应用信息技术的管理学内涵。

第 11 章　安全与道德挑战

学习目标

1. 识别信息技术的应用影响雇佣、个性、工作环境、隐私权、犯罪、健康以及社会问题的解决方案等方面带来的一些道德问题。

2. 识别多种安全管理策略及防范措施，并且说明如何实施以确保企业信息技术应用的安全性。

3. 就如何减少信息技术的不利影响，并提高其有利影响给企业管理者和业务人员提出一些建议。

11.1 信息技术带来的安全、道德及社会方面的挑战

引　言

毫无疑问，信息技术的应用给企业的安全带来了严峻的挑战，同时也带来了严重的道德伦理问题，并且影响着社会的许多重要方面。在本节，我们将讨论各种类型的计算机犯罪及其他违反道德的行为对企业和个人造成的诸多威胁。稍后，我们将研究企业用于完善和管理其业务系统安全性的各种方法。

阅读下面的真实案例，从中可以了解信息技术在社会和各种组织中的广泛应用所带来的一系列安全和道德问题。

案例 11.1

伦理道德的困境和艰难的选择：信息技术带来诸多挑战

布莱恩（Bryan）6 年前在一位执行官电脑中看到的东西至今让他深感不安。他发现这位先生用公司的电脑浏览亚洲女性和儿童的色情图片。最让他烦恼的是，这个人后来竟被提拔并且派到中国管理一家制造工厂。“直到今天，我仍后悔当初没有把他扭送到联邦调查局去。”当时布莱恩（他不愿意透漏自己的姓氏）在一家德国公司的美国子公司担任 IT 指导，那家跨国公司的总资产将近 5 亿美元。

公司的互联网使用政策是在布莱恩的上级的要求下制定的，这项政策禁止员工

使用公司的电脑登录色情或成人网站。布莱恩的职责之一便是利用美讯智科技公司（SurfControl PLC）的产品对员工浏览网页的情况进行监控，并将任何违规行为报告给管理人员。

这位执行官职位比布莱恩高一级，在另一个部门工作。布莱恩知道他在美国子公司及德国母公司都挺吃香，但当设备显示这位执行官的电脑曾经浏览过数十个色情网站时，他还是选择了遵守规章制度。“那是应该的。我不会因为遵守了制度而陷入麻烦。”他给出了这样做的理由。

布莱恩的经历就是一个典型的道德困境的例子，这是所有IT指导在工作中都有可能遇到的问题。从事IT行业的员工有权接触到整个公司的电子信息，无论是个人信息还是专业信息，并且有操纵这些信息的技术能力。因此，他们既有权力也有责任监控员工并报告员工的违纪事件。IT从业人员也有可能发现同事的其他违纪行为（如贪污）的证据，或者有可能想窥探别人的薪水信息或个人邮件。然而没有人能指导他们，在这种让人不自在的情况下究竟该怎么做。

来自霍尼曼律师事务所（Honigman Miller Schwartz and Cohn LLP）的高级律师琳恩·海因兹（Linn Hynds）建议，在这种情况下，就应该像布莱恩那样做。如果布莱恩知道这一点，他也许会感到宽慰些。琳恩说：“就让公司来处理吧。你只需确保自己将违纪行为报告给了正确的公司管理人，并且出示了证据。剩下的事就交给那些应该做决策的人吧。”在理想的状态下，公司的政策应该覆盖到法律没有覆盖的范围，监控公司的道德状况，以清除中间的灰色区域，并且尽可能多地消灭不平等的个人主观判断。

“如果不阐明你的政策和行动准则，不确保人们都能认识自我并理解自我，你就无法使员工具有责任心。”美国国税局和时代华纳公司前首席信息官约翰·里斯（John Reece）如此说。里斯现在是约翰·C·里斯联合有限责任公司（John C. Reece and Associates LLC）的咨询主管，他说，当发现违纪的人是他们的朋友、下属或监督人时，拥有一个明确的指导方针有利于员工放下思想上的包袱。拥有适当政策的组织通常会把精力放在它们过去遇到困难的地方，或者专注于最让它们担忧的事情。例如，里斯在美国国税局工作时最关注的就是对纳税人的信息加以保密。

美国安全组织SANS研究所（SANS Technology Institute）主席、《IT道德手册：IT从业者的对与错》（IT Ethics Handbook：Right and Wrong for IT Professionals）一书的作者史蒂芬·诺斯卡特（Stephen Northcutt）说，美国国防部的政策通常强调的是采购制度。一个依赖高水平技术员工的组织可能会在这方面更加宽容，这就使事情变得更复杂。诺斯卡特曾在弗吉尼亚州的海上战争中心从事IT安全工作，在那里，拥有博士学位的人是很吃香的。“有人很明确地告诉我，如果让很多博士不高兴而离开的话，我也将会保不住自己的工作。”诺斯科特说。

当然，这些是写在制度手册上的，因此诺斯卡特只能自己去体会言外之意。“我的理解是：有关儿童色情图片的事就不管了，但如果某位领头的数学家想要下载裸女图片的话，那么我会警告他。”

诺斯卡特说他曾经发现两起浏览儿童色情图片的案件，那些人最后都受到了惩罚。而当诺斯卡特遇到其他的浏览不良图片的情况时，他向他的上级指出这种情况可能要负法律责任，并引用了最高法院的规定：若在军事基地发现类似图片，说明那里的性骚扰情况很普遍。他这样说很管用。“一旦他们发现事情涉及法律问题，会更愿意改变公司的文化和政策。”诺斯卡特如是说。

如果公司的政策不明确，IT员工就需要根据自己的判断来作出道德决策，这通常是因人而异、视具体情况而定的。例如，加里（Gary）在中西部一家非政府机构做技术指导，当一位首席执行官助理想要用一名新员工从她前任雇主那里偷来的一个邮件发送清单时，遭到了他毫不客气的拒绝。但是，加里（他不愿意透露自己的姓氏）没有阻止他的上司在个人电脑上暂时安装一款未经授权的软件，虽然他自己不会这么做。“问题是这样做并不会在多大程度上伤害到谁。我们 99.5%的软件都是合格的。因此我觉得没有关系。”他说大约一周之后，就得到他的上司的允许并卸载了这款软件。

诺斯卡特说，IT 从业人员应该拥有两种素质，这两种素质是法学和会计从业人员长期具备的素质，即道德和行事的准则。这样，即使公司不存在相关的政策或者政策不明确，IT 人员也仍然有章可循。

这种方法也许对在位居《福布斯》500 强的一家农业企业做系统管理的蒂姆（Tim）适用。当蒂姆（他不愿意透露自己的姓氏）在经理的电脑上偶然看到未加密的薪酬信息时，他把它拷贝下来，但并没有利用这些信息来获得好处或把这些信息告诉任何人。他承认，那是个冲动之举，因为他对公司感到不满。“我并不是出于什么恶毒的目的去获得这个信息的，我只是为了证明我能做到。”

蒂姆的行为反映了一种令人担忧的趋势：IT 工作者试图为他们的不符合道德准则的行为辩解。这最终将导致犯罪，欺诈行为调查员查克·马特尔（Chuck Martell）说。马特尔在密歇根州绍斯菲尔德的一家安防公司 Veritas Global LLC 工作，负责管理调查服务。他说：“大约七八年前我们就开始了一些案件的调查工作，而如今我们要调查无数的案件。”

作为一个企业领导者，美国全食超市（Whole Foods Market）董事长兼首席执行官约翰·麦基（John Mackey）不怕在道德问题上公开表明自己的立场，数年后终于赢得了良好的信誉。在其他公司还未意识到善待环境需要付出代价时，全食超市公司就制定了要善待动物的规定。2006 年，麦基做了一个大胆的决定：把自己的年薪降至 1 美元，并承诺其他的钱作为员工的应急基金。麦基从不害怕表达自己的观点，甚至对像诺贝尔奖得主米尔顿·弗里德曼（Milton Friedman）这类大思想家关于道德问题的观点提出质疑。像多数领导者一样，麦基似乎很享受公众的关注。

然而 2007 年 7 月 20 日，麦基却受到了意想不到的关注。据《华尔街日报》报道，麦基长期用笔名“Rahodeb”在雅虎金融论坛上发帖赞扬自己的公司，诋毁其竞争对手。这件事情引发了严重的金融后果甚至法律后果，但最终结果还不得而知。

麦基网上化名事件的曝光引发了人们的愤怒，然而除了愤怒之外，重要的是我们应该看到，问题的关键在于快速发展的商业领域的道德和领导问题。

迄今为止，商业道德已经成为企业经营的一部分，在美国乃至全世界都是如此。人们不再开玩笑说“商业与道德是矛盾的”，因为现代社会不仅期望而且要求商业行为遵循基本的道德和诚信准则。企业要始终关注道德和领导者，不过这些经验教训也会随着新的发展而发生变化，包括那些促成新的网上交流方式的科技进步。企业的领导者绝不能小看这些挑战，因为哪怕是走错一小步都足以毁掉一个有道德的领导者的声誉。

资料来源：Adapted from Tam Harbert, “Ethics in IT: Dark Secrets, Ugly Truths—and Little Guidance,” *Computerworld*, October29, 2007; and David Schmidt, “What Is the Moral Responsibility of a Business Leader?” *CIO Magazine*, September12, 2007.

问题

1. 企业出于法律上的原因而制定道德政策和行为准则，同时也是为了表明在公司什么是可以接受的，什么是不可以接受的。你认为本案例所列举的情形中有哪些问题需要企业表明立场？对于本案例中被认为不恰当的行为，你有什么不同看法？你认为是什么原因导致了这些事情的发生？

2. 从第一个例子中可以明显看出，布莱恩认为公司的决定并没有最终伸张正义。他应不应该把这件事交给警方？还是如琳恩·海因兹所建议的那样，他只需通过适当的渠道把问题向上汇报，让上级组织来处理？你对这个事件的立场是怎样的？解释理由。

3. 在例子中，加里并没有阻止他的上司安装未经授权的软件，尽管他自己并不会这么做。如果安装未经授权的软件本身是不对的，那么自己不去做与不阻止别人去做有什么区别吗？对于他所说的这样做不会伤害到任何人的观点，你认可吗？为什么？

实践

1. 上网搜索有关约翰·麦基的故事的后续情况，以及其他符合下列两个条件的案例：（1）案例中IT是一个重要的因素；（2）存在有争议的行为。观察一下这些案例是个别现象还是越来越普遍。管理层一般怎样处理这些问题？这些处理引起了什么样的反应？准备一份报告对你的发现进行总结。

2. 本案例中列举了很多例子，其中包含一些值得商榷的不道德的行为，包括浏览儿童色情图片，用公司电脑浏览色情内容，安装未经授权的软件等。其中的一些行为是否比另一些行为更加恶劣？有没有哪一种行为你认为是没有问题的？分小组讨论这些问题，提出本案例中未提及的其他涉及IT的道德问题，列出一份清单。

商业和信息技术的安全、道德及社会问题

信息技术在商业中的应用对社会产生了重大影响，因而也引发了犯罪、隐私、个性、雇佣、健康、工作环境等方面的道德问题（见图11—1）。

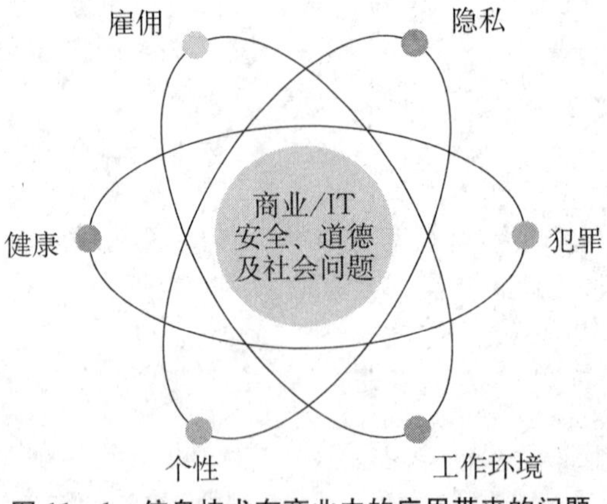

图11—1　信息技术在商业中的应用带来的问题

但是，也应该认识到，信息技术在给社会和以上这些领域带来负面影响的同时，也带来了许多积极的影响。例如，用计算机控制生产流程带来了失业问题，但是也改善了工作环境，能够以更低的成本生产出更高质量的产品。因此，作为企业管理者或业务人员，应该通过管理自己和他人的工作，使信息技术应用的不利影响最小化，而使有利影响最大化。这就要求我们遵守道德，负责任地应用信息技术。

□ 业务人员的道德责任

作为一名业务人员，你有责任督促人们在工作中应用信息技术时遵守道德准则。不管你是否负有管理责任，都应该承担与你的工作相关的道德责任，包括在组织中帮助改进和应用业务系统，恰当地履行义务。作为一名管理者或业务人员，你的责任就是对涉及道德的业务活动及信息技术的使用作出决策。

例如，你是否应该对员工的工作活动及电子邮件实施电子监控？是否应该允许员工利用工作单位的电脑处理私人事务或将软件拷回家供个人使用？是否可以通过电子方式取得员工的个人记录和工作站文件？是否可以将从交易处理系统中提取的客户信息卖给其他公司？这些就是你必须作出的包含道德问题的决策的例子。下面让我们进一步关注商业和信息技术中有关**道德准则**（ethical foundations）的基本问题。

商业道德

商业道德（business ethic）是管理人员必须面对的在其日常商业决策中会遇到的道德问题。表 11—1 列出了道德问题的基本类型，以及某些会造成严重道德后果的商业行为。要重点强调的是知识产权问题、客户和员工隐私权、公司记录和工作场所的安全问题，因为它们是信息技术引发的道德争议中最主要的方面。

表 11—1　　**商业道德问题的基本类型**

公平	权利	诚信	公司权力的运用
高级管理者工资 可比价值 产品定价 **知识产权** 非竞争性协议	公司法律上的正当程序 员工健康保护 **客户隐私** **员工隐私** 性骚扰 反歧视行动 平等雇佣机会 股东权益 自由雇佣 告密	员工利益冲突 **公司信息安全** 不恰当的赠与 广告内容 政府契约问题 财务及现金管理程序 国外有争议的商业手段	产品安全 环境问题 撤回投资 公司捐赠 宗教组织引起的社会问题 工厂倒闭、设备停用及裁员 政治活动委员会 **工作场所安全**

如果遇到表 11—1 中列出的商业问题，管理人员应该如何作出道德决策呢？他们可以基于公司的社会责任理论作出选择。例如，在企业道德方面，股东理论认为管理者是股东的代理人，管理者的唯一道德责任便是在不违反法律、不搞欺诈的前提下增加企业的利润。

社会契约理论则强调，企业对社会全体成员负有道德责任，这种责任按照社会契约的约定允许企业的存在。社会契约的第一条要求企业提高员工和消费者对经济的满意度，它们必须在不污染环境或耗尽自然资源、不滥用政治权力、不迫使员工适应非人性化的工作环境的前提下做到这一点。第二条要求企业没有欺诈行为，尊重员工的人权，不开展可能破坏社会系统任一组成部分的活动。

商业道德中的风险承担者理论认为管理者有道德责任为了所有风险承担者的利益而管理企业。凡是与公司的利益相关或者对公司有求偿权的个人或团体都是风险承担者，通常包括公司的股东、员工、客户、供应商及当地的社会机构，有时也包括影响该公司或受到该公司影响的所有团体，如竞争者、政府机构和特殊利益团体。对于管理者来说，平衡有利益冲突的风险承担者的要求显然不是件容易的事。

技术道德

另一个重要的道德问题是有关使用任何类型的技术引发的道德问题。表11—2列出了技术道德的四项原则，这些原则是基本的要求，企业应该遵循这些原则，以便在信息技术和信息系统实施过程中不违背道德。

表11—2　评估使用新技术带来的潜在危害及风险的道德原则

- 均衡。新技术带来的好处必须大于其坏处；另外，没有更好的选择，即不存在另一种能带来同样多的好处却能减少危害或风险的技术。
- 知情后同意。受技术影响的人应该了解并接受这些风险。
- 公正。公平地分配技术带来的利益和负担。受益的人应该承担相应的风险，没有受益的人不应该成为日益增长的风险的受害者。
- 风险最小化。即使满足上述三条原则，在应用技术的过程中也应该避免一切不必要的风险。

技术道德的一个常见例子是，在延长数据录入岗位的工作时间时，使用计算机的员工会面临健康问题。许多组织通过安排工间休息和限制数据录入员工盯着显示屏的时间，使他们患上眼疾和手疾等职业病的风险最小化。本章稍后将讨论信息技术对健康的影响。

道德准则

我们已经列出了几条适用于管理者、终端用户和信息系统专家的基本道德行为准则，但是否还有更具体的道德行为准则？现在许多企业和组织采取的办法是制定详细的守则来规范员工对计算机和互联网的使用。例如，许多守则都明确规定，公司的计算机和网络是公司的资源，无论是使用局域网还是互联网，只能用于做与工作相关的事情。

另一种办法是检查信息系统专家的职业操守准则中包含的有关责任的陈述。信息技术专业协会（Association of Information Technology Professionals，AITP）的职业操守准则就是一个很好的例子。AITP是一个由计算机领域的专家组成的协会，其准则中列出了信息系统专家的主要责任中包含的道德因素。表11—3列出了AITP行为准则中的一部分内容。

表11—3　AITP职业操守准则摘录

认识到对雇主的责任之后，我应该：

- 避免利益冲突，确保我的雇主察觉到所有潜在的冲突。
- 保护所有交给我的信息的隐私和机密性。
- 不误传或隐瞒与形势密切相关的信息。
- 不试图利用雇主的资源来获取个人利益或达到任何未经批准的目的。
- 不利用计算机系统的弱点来获取个人利益或满足个人需要。

认识到对社会的责任后，我应该：

- 在我的专业知识所涉及的任何领域，利用我的技术和知识向大众提供信息。
- 尽我所能保证工作中使用对社会负责的产品。
- 支持、尊重并遵守当地、州及联邦的法律。
- 不误传或隐瞒与公众所关心的问题有密切联系的信息，也不允许这样的信息一直不被重视。
- 不在未经允许的情况下使用机密或私人信息来获取个人利益。

说明：此准则可作为企业终端用户及信息系统专家的道德行为标准。

资料来源：2007 PricewaterhouseCoopers Global Security Survey.

企业和信息系统专家要通过自愿遵守这些准则来履行自己的道德责任。例如，如果做到以下几点，你就能成为一名负责任的专家：（1）诚信做事；（2）提高个人的业务素质；（3）为个人业绩制定高标准；（4）承担与工作相关的责任；（5）保护公众的健康、隐私及其公共福利。做到了这些，就说明了你的行为是符合道德的，避免了计算机犯罪，并且增加了你所开发或使用的信息系统的安全性。

安然公司：丧失商业道德导致失败

关于安然公司，大多数的说法是，人们对该组织顶礼膜拜使得它成为“世界领先企业”。事实上，由于安然公司滥用互联网技术，它所做的许多事情都并非偶然：例如，经常以股票期权的形式疯狂地向行政部门派发红利（这种做法不仅隐藏了真实的薪酬，而且会鼓动管理者肆意抬高股票价格）；年复一年地承诺不寻常的业绩增长，对它所进入的每个市场作出可笑的、自负的预言，而这些市场通常都是未经检验的；从不对外承认自己的弱点；当其业务和财务实践遭到同行的质疑，被认为不道德甚至违法时，它对此不屑一顾。

然而商业信用来之不易，只有通过多年的诚信口碑，或者在特殊的情况下（如2001年的“9·11事件”）表现出非凡的领导才能，才能得到获得这种信用。而失去信用却很容易，不是谎言被戳穿，就是说得多做得少。至少，这两点是克拉克·马尔代和巴托洛梅奥（Clark Martire and Bartolomeo）为 *Business 2.0* 杂志所做的针对管理层的专门调查得出的结论。

接受调查的管理人员认为安然公司的董事长兼首席执行官肯尼斯·莱（Kenneth Lay）是本次调查中最不可信的商人。人们的这种看法也许和他的下列说法有关：

- “我们的业绩再好不过了；我们的业务模式再强不过了；我们的成长再确定不过了……我对公司的前景再看好不过了。”——致员工的一封信，2001年8月14日
- “公司也许正处于最强盛、最好的状态。”——《商业周刊》采访，2001年8月24日
- “26%的（利润）增长表明我们在核心能源业务的批发零售和天然气管道方面取得了丰硕的成果。”——新闻发布会，2001年10月16日

然而，仅仅3周之后，安然公司承认它自1997年以来虚夸了5.86亿美元的利润。在其后的几个星期内，安然公司又公开了其第三季度令人震惊的6.38亿美元的亏损并申请破产。

迪克·哈德森（Dick Hudson）是总部设在休斯敦的石油钻探公司——Global Marine公司的前首席信息官，现任得克萨斯州一家IT咨询公司Hudson & Associates的总裁，他认为安然公司开始使用了一个不错的商业策略，如果没有单纯地追求表面上的强大，它很有可能成为一家成功的《财富》1 000强企业。但是，它不切实际地把目标定在了《财富》10强，因此它把宽带作为自己的一个市场，这个市场对于行业领袖来说都是件棘手的事。“这些休斯敦的杰出管理人员不得不跟大人物同行。”哈德森说，“他们就是贪婪和管理不善的反面教材。”

2006年5月25日，肯尼斯·莱被指控犯有六项与安全和通信欺诈有关的罪行，并被处以共45年的监禁。然而在最后的判决通过之前，2006年7月5日，莱就去世了。他的追随者杰弗里·K·斯基林（Jeffrey K. Skilling）被指控起诉书列举的28项罪名中的19项成立，并被处以24年的监禁。前财务主管安德鲁·法斯托（Andrew S. Fastow）由于合谋导致安然公司破产被处以6年监禁。他的前助理迈克尔·科珀（Michael Kopper）由于协助调查而减刑，被处以37个月监禁。

资料来源：Adapted from Melissa Solomon and Michael Meehan, “Enron Lesson: Tech Is for Support,” *Computerworld*, February 18, 2002.

计算机犯罪

计算机犯罪正日益增加。如今，从窃取知识产权、欺诈到散布病毒、制造网络恐怖事件，都是犯罪分子犯下的罪行。

犯罪分子或某些不负责任的人利用计算机和互联网等的广泛使用和一些漏洞来犯罪，如今，计算机犯罪已成为社会的威胁，也对信息技术应用过程提出了严峻的挑战。同时，计算机犯罪对诚信、安全以及大多数业务系统的生存造成了严重威胁，因此，开发有效的安全措施成为许多企业首先要解决的问题。表11—4列出了大企业实施自我保护的一些做法。

表11—4　　大企业如何保护自己不受计算机犯罪的侵害

使用的安全技术	安全管理
杀毒 99% 虚拟专用网 91% 入侵检测系统 88% 数据备份 82% 年度安全计划检测 48% 安全计划审计 27% 生物测定学 19%	● 在发达国家，安全费用约占IT预算的6%～8%。 ● 74%的企业现在已经或计划在未来两年内设立安全总监或信息安全总监的职位。 ● 40%的企业已经设立了最高隐私官的职位，另外有6%的企业准备在未来两年内设立这一职位。 ● 44%的企业承认在过去的一年中，它们的系统在某种程度上受到了危害。 ● 37%的企业购买了网络风险保险，另外有5%的企业打算购买这种保险。

资料来源：2007PricewaterhouseCoopers Global Security Survey.

AITP将**计算机犯罪**（computer crime）定义为：（1）对软硬件、数据及网络资源未经授权的使用、处理、修改和破坏；（2）未经授权的信息发布；（3）未经授权的软件复制；（4）阻止终端用户使用自己的软硬件、数据或网络资源；（5）利用或密谋通过计算机或网络资源非法获取信息或实物。AITP在《新型计算机犯罪法案》（Model Computer Crime Act）中修改了这一定义，这一定义在许多有关计算机犯罪的法律中都有所反映。

反网络钓鱼的艰难斗争

几个月前，加里·沃纳（Gary Warner）接到了一项反网络钓鱼的任务，而他并不是在为安全服务提供商、银行或者任何关心网络钓鱼的企业工作。沃纳作为网络侦探始于2000年的万圣节，他所在的公司网页遭到了一个名叫“Pimpshiz”的家伙的攻击，这次攻击是前Napster互联网涂鸦运动的一部分。

“我的老板对我说：‘找出是谁干的，把他扔进大牢。’”沃纳当时是亚拉巴马州一家石油和天然气公司Energen的一名IT员工。这是一次让人大开眼界的经历。“我打电话报警，警察却说：‘你想要我们为你做什么？’”数月后，得知Pimpshiz攻击了美国宇航局的服务器，沃纳出马了，他打电话告诉美国宇航局的员工：“嘿，我们知道这个家伙是谁。我有他的姓名和地址。”

从那以后，沃纳就悄悄变成了美国反网络钓鱼最受尊重的权威人物，联邦特工以及银行的IT工作者如果想要知道怎样抓住那些坏蛋并关掉他们窃取信用卡的网站，就会打电话向他求救。

在沃纳的帮助下，Pimpshiz终于被捕了，他的真实姓名是罗伯特·利特尔（Robert Lyttle）。

沃纳说，Pimpshiz 案件表明用法律程序在互联网上抓坏蛋是一件多么不容易的事情。“这次经历告诉我，他们不是不关心这件事，而是被法律的程序缚住了手脚。”

2007 年 7 月，在美国联邦调查局和特情局人员的推荐下，沃纳成为伯明翰亚拉巴马大学计算机犯罪取证研究室主任。同时，他也开始从事法律执行方面的工作，不但要告诉联邦调查局和特情局的员工计算机犯罪是如何做到的，还要帮助他们追踪罪犯及处理记录。

对于沃纳来说，这其实算不上一份真正意义上的工作，因为作为一名计算机科学家，这是他的道德责任。“从一开始我感到担心的一件事就是有人利用我所研究的领域来攻击其他人。”他说，“在我看来，这就是互联网。而我会坚决保护属于我自己的东西。”

沃纳现在正集中精力与网络犯罪做斗争，并且培训一批新的网络犯罪取证调查员。

“他们收到一封来自一个网站管理员的邮件，上面说‘感谢你们通知我，我会把它关掉的’，他们看到邮件时，眼睛里的表情简直让人难以置信。”伯明翰亚拉巴马大学的期末考试结束后，4 名学生来到实验室帮忙关闭网络钓鱼网站，尽管这样做对他们的分数并没有任何帮助。

“每个公民都能够提供帮助，我们正在努力从别人身上激发出这种想法。”他说道。

资料来源：Adapted from Robert McMillan，“Crime and Punishment：The White Knight of Phish-Busting，” *Computerworld*，December 31，2007.

黑客与骇客

计算机盗贼手上有很多危险的工具——从可以侦查网络软件程序错误的“扫描器”到可以获取口令的“嗅探器”。

在计算机术语中，**黑客**（hacking）指过度沉迷于计算机，或在未经授权的情况下进入或使用计算机网络系统的人。黑客使用互联网或其他网络来盗取或破坏数据与软件，可能是外部人员，也可能是内部员工。关于黑客有一个问题：如何处置那些仅仅是非法入侵的黑客？这些黑客进入计算机系统浏览文件，但并不窃取或破坏任何东西。这种情形在被起诉的计算机犯罪案件中相当普遍。法官认为，在多数案件中，禁止恶意入侵计算机系统的典型的计算机犯罪法律条款也适用于任何未经授权进入他人计算机网络的情形。表 11—5 列出了黑客的常见手段。

表 11—5　　黑客通过互联网和其他网络攻击公司的常见手段

拒绝服务。这已经成为一种常见的网络恶作剧。通过不断向网络设备发出请求，攻击者可以有效地阻碍系统，迫使其减速运行，甚至可以将网络摧毁。这种让计算机超负载的方法有时可以用来掩盖攻击。 **扫描**。通过对互联网大范围的探查来获悉计算机、服务器一级连接设备的类型。罪犯通过这种方法来利用计算机与软件程序的某个弱点。	**嗅探器**。该程序经过互联网时能悄悄搜索个人数据包，获取口令信息甚至全部内容。 **电子欺骗**。伪造一个电子邮件地址或网页来骗取用户输入其关键信息，如口令和信用卡号码。 **木马程序**。一种用户并不知情的程序，包含利用某些软件中已知漏洞的指令。 **后门**。一旦最初的进入点被发现，利用一些隐秘的方法可以很容易地由此进入，而很难被发现。	**恶意小程序**。用常见的 Java 语言编写的一种小程序，它们会滥用你的计算机资源，篡改你硬盘上的文件，发送伪造的电子邮件，或者窃取口令。 **战争拨号器**。这些程序会自动拨出上千个电话号码，以通过调制解调器的连接寻找一个入口。 **逻辑炸弹**。计算机程序中包含的一种指令，该指令会引发一种恶意操作。

缓冲期溢满。通过向计算机存储器发送大量数据来控制或摧毁计算机的一种技术。

密码破解高手。可以猜测密码的软件。

社会工程学。通过与信任的公司员工交谈而获取诸如密码等重要信息，从而进入其计算机系统的一种策略。

垃圾搜寻。在一家公司的无用信息中搜寻信息以帮助侵入其计算机，有时也用于黑客的社会工程学的尝试，使之看起来更加可信。

黑客可以监控电子邮件、网络服务路径或文件传递器以获取密码或盗窃网络文件，或在系统中植入数据使系统无法识别入侵者。黑客也可以利用远程服务在一台计算机上执行网络上另一台计算机中的程序，从而获取网络中的访问特权。Telnet——一种供远程计算机交互使用的互联网工具，能帮助黑客发现信息从而计划下一次攻击。例如，黑客利用 Telnet 进入计算机的电子邮件端口，通过监控电子邮件信息来获取密码及个人用户和网络资源的其他信息。这些只是黑客在互联网上定期作案的典型类型。这也是互联网安全措施对电子贸易及其他电子商务应用至关重要的原因所在，11.2 节中将要讨论的加密和防火墙就是有效的安全手段。

黑客组织善于区分黑客和骇客，后者（又称黑帽黑客）是恶意或犯罪的黑客。除了在安全产业圈子内部或现代的一些程序员以外，很少有人使用这一术语。大众通常把黑客与骇客混为一谈。黑客——与白帽黑客相对，在计算机术语中有更广泛的含义。

骇客通常指的是这样一种人，他们保留自己发现的计算机或网络的弱点并利用其获取个人利益，而不会将这些弱点公之于众或让开发商采取补救措施。许多骇客提倡个人自由和可达性高于隐私和安全。骇客会想办法扩大系统的漏洞，如果他们会为软件打补丁，通常都是为了阻止别人来攻击一个已经完全在他们掌控之下的系统。在最极端的情况下，骇客会恶意造成损害或为了敲诈威胁而这样做。

为了不让"黑客"一词被滥用，理查德·斯托尔曼（Richard Stallman）创造了"骇客"（cracker）一词（同"黑帽黑客"）。该词的使用通常仅限于计算机和安全的某些领域，然而即使在这些领域，这个词也颇有争议。自称黑客的那群人认为黑客是技术高超的电脑迷，另外一些人却认为黑客是指那些企图在未经授权的情况下进入计算机系统的人，后一种用法更为普遍。尽管认同前者的许多成员试图说服人们将入侵者称为骇客而不是黑客，但这种普遍的用法已经根深蒂固。

网络盗窃

许多计算机犯罪都涉及盗取钱财。多数情况下，这些犯罪活动上都是内部作案，包括未经授权的网络访问，对计算机数据库的欺诈性更改，从而掩盖相关员工的痕迹。当然，许多计算机犯罪都涉及互联网的使用。早期的一个实例是 1994 年犯罪分子从花旗银行盗取了 1 100 万美元。俄罗斯黑客弗拉基米尔·莱文（Vladimir Levin）和他的同伙在圣彼得堡通过互联网进入花旗银行在纽约的计算机主机系统，成功地将花旗银行许多他人账户上的资金转入他们在芬兰、以色列和加利福尼亚等地银行的账户。

在大部分案例中，这类金融损失所波及的范围远比事件报道的要广。大多数公司不愿意透露它们曾是计算机犯罪的目标或受害者，因为它们担心顾客会受到惊吓或招致股东的埋怨。事实上，包括伦敦银行在内的一些英国银行宁愿付给黑客 50 多万美元，让他们不要将非法闯入的消息传出去。

网络恐怖主义

网络恐怖主义是指对政府、组织的计算机系统及信息进行攻击，尤其是以互联网为媒介的犯罪行为，其目的是造成暴力或公共设施的毁坏。有人认为网络恐怖主义实际上是黑客或信息战争的一种形式，反对将其视为一种恐怖主义，因为现在的攻击和防护技术很难通过电子方式在人群中造成恐慌、重大的实际损失或伤亡。

美国各州立法联合会对“网络恐怖主义”给出了更为精确的定义：

> 恐怖组织或个人利用信息技术来执行其计划，包括应用信息技术组织和实施对网络、计算机系统及通信设备的攻击，交流信息或发布威胁信息。

网络恐怖主义可以对很多人产生广泛的影响，可以极大地削弱一个国家的经济，从而阻断其关键资源的来源，使其更易受到军事攻击。网络恐怖主义也可以威胁到互联网商务。与传统的零售商及服务提供商一样，任何营利性的网站（无论其收入是来自广告、货物买卖还是收费型服务）在网络罪犯制造故障期间都将蒙受损失。随着互联网商务对国家经济的作用越来越重要，网络犯罪变得更加政治化，从而与“恐怖主义”产生了联系。

到目前为止还没有对美国进行网络攻击的报道，然而其他国家已发生一些大规模的网络恐怖袭击事件。其中一次袭击发生在罗马尼亚，网络恐怖分子非法入侵南极研究站控制生命维系系统的计算机，导致 58 名科学家命悬一线。所幸的是在真正造成危害之前，犯罪分子进一步的行动被阻止。大多数出于非政治目的的蓄意破坏也造成了经济及其他方面的损失。如澳大利亚马卢奇郡的一个员工为了发泄自己的不满，让未经处理的下水道污物流入了自来水。计算机病毒也曾导致核电站的一些非关键的系统功能削弱甚至关闭，但是人们普遍认为这并不是恶意攻击。

2007 年 5 月，位于爱沙尼亚塔林的俄罗斯第二次世界大战纪念碑刚被移走，爱沙尼亚便遭到了大规模的网络袭击。这次袭击是一次分布式的拒绝服务攻击，被攻击的网站遭到“轰炸”被迫下线，爱沙尼亚几乎所有政府部门的网络以及两家主要银行的网络都被强制下线，并且，爱沙尼亚总理安德鲁斯・安西普所在政党的网站上刊登了一封伪造的安西普关于移走纪念碑的道歉信。尽管有人怀疑这次攻击是俄罗斯政府协助所为，但是爱沙尼亚国防部长承认没有找到任何相关证据。俄罗斯声称有关俄罗斯参与了此次事件的指控是“毫无根据”的，而且北约和欧洲委员会的专家也没有找到任何证明俄罗斯参与这次袭击的证据。2008 年 1 月，爱沙尼亚的一名男子由于发动反对爱沙尼亚革命党的攻击而被定罪并处以罚款。

离职？请不要带走任何东西

一些员工在入职时签订了竞业禁止协议，而后又违约去一家竞争对手的公司工作，这些员工恐怕要格外小心了。他们的前雇主可以依照《计算机欺诈与滥用法案》（Computer Fraud and Abuse Act）控告他们涉嫌盗取公司的知识产权。颇具影响力的法律咨询公司 Greenberg Trauring 的一名股东格雷戈里·特里马尔奇（Gregory Trimarche）说，这个法案原本旨在保护政府计算机、惩罚黑客，经过修订之后已经适用于任何与互联网相连的计算机。

敏感数据可以是顾客和员工的详细联系单，也可以是内部的促销材料。特里马尔奇认为，知识产权和商业机密是可以产生“独立的经济效益”而并非“众所周知或公众及竞争者可以接触到”的信息。这一分类不包括员工的知识或才能，但包括公司的分机电话号码。

塞尔吉奥·科比列夫（Sergio Kopelev）是法律经济咨询集团的一名计算机法律专家，这家公司专为解决纠纷提供独立的证据、分析和咨询服务，科比列夫的工作便是搜集证据。他说：“70%的员工都曾在工作中窃取关键信息。”通过查看元数据，他们可以知道一份文件是什么时候打印出来的。“例如，你可以通过点击右键查看属性来获得在微软窗口上运行的文件的元数据。”他说，“你也可以查看文件是何时被复制到闪存盘里的。如果你有像在法庭上一样的查找动力，就可以发现是否有人曾经将文件复制到闪存盘上。”

元数据分为操作系统元数据和依赖于软件的元数据，有些可由计算机收集，另外一些由用户收集。科比列夫说：“最常被盗的是电子邮件、地址、联系单和顾客数据库。”

如果公司有管理人员离职去了竞争对手的公司工作，除了将其告上法庭外，还有什么其他的办法？一些报复心强的雇主可能会撤回股票期权。Greenberg Trauring 公司的一名企业律师兼股东约翰·焦万诺内（John Giovannone）说现在有一种叫做“加税补偿提供”的趋势，即赋予雇主在某些情况下停止股票期权，或者要求员工偿还期权价格和市场股票价格的差价的权利。

特里马尔奇说，Greenberg Trauring 公司的律师都“按照惯例”将《计算机欺诈与滥用法案》列为反对员工跳槽到竞争对手公司的一项法律。在过去的几年中，他曾多次使用该法案中的条款。“这是一种新工具，到最近才被普遍使用。即使一个新的条款成了强有力的工具，也需要一段时间才能让包括法官在内的法律圈子接受。”

资料来源：Adapted from Laurie Sullivan, “Companies Urged to Prosecute Ex-Employees for Bringing Info to Competitors,” *InformationWeek*, May 29, 2006.

工作中未经授权的使用

对计算机系统和网络的**未经授权使用**（unauthorized use）也称为对时间和资源的窃取。一个常见的例子就是员工在未经授权的情况下使用归公司所有的计算机网络，进行个人咨询、个人理财，玩电子游戏或未经授权使用互联网。一种名为“嗅探器”的网络监控软件，经常被用于监控网络流量来评估网络性能，也可以用来为非法使用提供证据。表11—6列举了工作中的互联网滥用行为。

据一项调查显示，90%的美国员工承认在工作时间浏览娱乐网站，有84%承认他们在工作时间发送私人邮件。仅有以上行为并不会导致公司解雇你，然而在工作中进行其他的互联网活动有可能立刻让你失去工作。例如，《纽约时报》解雇了23名员工，因为他们在公司的电子邮件系统中散布有关种族歧视的言论和淫秽的笑话。

表 11—6 工作中的互联网滥用

互联网滥用	行为
常见的电子邮件滥用	包括垃圾邮件、干扰、连锁信、游说、电子欺骗、病毒或蠕虫的繁殖以及诽谤的言论。
未经授权的使用和访问	密码共享以及未经许可的网络访问。
版权侵犯/剽窃	使用非法或盗版软件，因侵犯版权导致组织损失上百万美元。复制网站和有版权的标识。
新闻组张贴	张贴各种与工作无关的消息——从性话题到草地维护建议。
传播保密数据	利用互联网展示或传播商业机密。
色情	在工作场所登录直白的有关性的站点，展示、传播并浏览这些令人厌恶的站点。
黑客	对网站进行恶意攻击，可能发动拒绝服务攻击或进入组织的数据库。
与工作无关的下载和上传	占用办公带宽进行软件复制，使用允许传播电影、音乐和图片资料的程序。
使用互联网进行休闲活动	在互联网上闲逛，包括购物、发送电子贺卡和私人邮件、在线赌博、聊天、玩游戏、拍卖、进行股票交易或从事其他个人活动。
使用外部互联网服务提供商的服务	利用一个外部的 ISP 连接以避免检测。
从事第二职业	利用网络和计算机等办公资源组织或从事个人事务（兼职）。

资料来源：Adapted from Keng Siau，Fiona Fui-Hoom Nah，and Limei Teng，"Acceptable Internet Use-Policy，" *Communications of the ACM*，January 2002，p. 76.

施乐公司曾开除 40 多名员工，因为他们一天内在色情网站上逗留了 8 小时。一些员工甚至下载色情视频，占据了大量的网络带宽，导致公司网络堵塞并妨碍了其他员工收发电子邮件。施乐成立了一个由 8 人组成的 SWAT 小组，专门调查计算机滥用的情况，他们每天用软件监控公司 40 000 名计算机用户所浏览的每一个网站。其他公司的约束更加严格，安装了 Surfwatch 之类的软件来监控并阻止员工进入禁止访问的网站。

调查：解雇滥用电子邮件及互联网者

大家有没有想过如果违反公司政策，比如滥用电子邮件及互联网，会被公司解雇？美国管理协会（American Management Association）及美国电子商务研究所（ePolicy Institute）开展的一项调查发现：在 304 家规模不一的公司中，超过 1/4 的公司因员工滥用公司邮件将员工解雇，1/3 的公司因员工在工作中滥用互联网将员工解雇。

绝大多数（84%）因员工滥用互联网而解雇员工的老板谈到，被解雇的员工利用互联网获取色情或其他不合适的内容。尽管在上班时间浏览不宜内容是错误的行为，令人惊讶的是，很多员工被解雇只是因为他们在浏览网页。根据该调查：34%的管理者对于员工上班时间滥用网络置之不理。

在所有因员工在工作中滥用邮件而解雇员工的管理者中，64%的管理者是因为员工的行为违反了公司相关政策，62%的管理者是因为员工所发送的邮件中含有不宜信息和侵犯性语言。超过 25%的老板是因为员工在工作中滥用电子邮件处理个人事务，22%的老板是因为员工发送的电子邮件违反了公司的相关保密规定。

许多公司对员工滥用互联网及电子邮件感到担忧，因此该研究所调查的公司中，66%的公司采用了互联网连接方式加强监管，65%的公司使用先关软件隔离不宜网站，18%的公司屏蔽了互联网网页地址以防止员工访问外联网络。

企业采取不同措施监管员工的电脑，该调查中涉及的45%的措施用于跟踪内容、键盘按键次数及所用时间，有43%的措施用于存储和浏览电脑文件，有12%的措施用于监视工作日志以跟踪与公司相关的内容，有10%的措施用于监管社会网络。

研究人员发现，尽管只有两个州要求其企业告知员工被公司监控，但美国绝大多数公司都告知员工公司采取了相关措施监视其行为。在调查中，83%的企业告知员工监控内容、键盘按键次数及所用时间，84%的企业告知员工公司监控浏览电脑的情况，71%的企业告知员工公司监控了员工的电子邮件。

资料来源：Adapted from Nancy Gohring, "Over 50% of Companies Fire Workers for E-Mail, 'Net Abuse'" *CIO Magazine*, February 28, 2008.

软件盗版

电脑程序对公司具有重大价值，由此引发了从公司电脑系统中盗用相关程序的行为。未经授权而复制软件或使用**软件盗版**（software piracy），是盗窃软件的一种主要形式。公司员工使用盗版软件的情况比比皆是，由此引发了软件出版协会（Software Publishers Association，一家软件开发商行业协会）的起诉，指控美国大公司允许其员工未经授权复制该协会出版的软件。

未经授权复制软件是非法行为，因为软件的知识产权受版权法及用户许可协议的保护。比如，在美国商业软件包受到《联邦版权法案》（Federal Copyright Act）中有关电脑软件盗版及防伪修正的法律的保护。在很多情况下，购买商业软件包仅仅意味着许可该终端用户公平合理地使用该软件。因此，许多公司签署站点使用协议，以保证该公司员工可在特定地点使用该软件包的复制品。其他替代方案包括共享软件和公共领域软件，前者允许为他人复制该软件，后者则无相关版权。

商用软件联盟（Business Software Alliance）是一个包括苹果、IBM、英特尔及微软等公司的反盗版组织。该联盟最近的研究显示，盗版软件占2007年全球使用软件总量的38%。据报道，2007年因软件盗版给企业带来的损失接近480亿美元，其中高达80亿美元的损失是在前一年造成的。该联盟执行副主席鲍勃·克鲁格（Bob Kruger）认为，由盗版造成的损失几乎达到该产业利润的1/3。根据该研究，在2007年价值1 000亿美元的软件交易中，仅500亿美元是合法采购。换句话说，在全球采购软件时每花费1美元，就有50美分用于非法获得软件。

知识产权侵权

软件并不是基于电脑的唯一侵权对象，其他**知识产权侵权**（intellectual property theft）行为时有发生，通常侵犯诸如音乐、视频、杂志、文章、图书及其他著作等有版权的作品，这些行为在绝大多数法庭都被判定为违法。电脑系统可轻易获取上述产品的电子版本，并可通过互联网使用或下载，还可通过电子邮件附件传播。对等网络技术的发展（第6章讨论）使得享有版权的电子作品更可能在未经授权的情况下被非法使用。比如，对等文件共享软件可保证个人电脑和互联网上其他用户直接传送音乐专辑中特定的视频文件。因此，这种软件为成千上万的互联网用户创建了一个对等网络，这些人通过电子商务方式交易存储在个人电脑上且享有版权的或公开的音乐产品。最近，音乐发行商及音乐产品制造商致力于为用户提供合法的、可以相对便宜的方式获取的不同格式的在线音乐。正是因为这一主动态度，音乐行业报告显示非法下载音乐和视频的势头有所趋缓并将持续显著趋缓。让我们看一个IT发展给知识产权带来威胁的真实例子，进一步了解在这一领域的有关争论。

音乐盗版侵权：一场持久战

在美国有一群以仿制有版权流行歌曲为生的出版商，被音乐经销商戏称为“加拿大海盗”。他们利用电子邮件联系购买者。美国音乐经销商协会成员断言，美国合法音乐发行产业在过去12个月内的利润减少了50%。调查显示，所有的流行碟片都曾被非法复制过，尽管这些碟片都受版权保护，但仍被一些不知名的出版商以每张2～5美分的价格出售，而这些原装碟片的价格是每张20～40美分。

这听起来很熟悉吧？也许你太年轻，不知道这段话曾在1897年6月3日刊登于《纽约时报》。如你所见，音乐盗版绝不是最近这些年才出现的，但在过去的两个世纪里已达到令人难以置信的程度，音乐下载软件也从Napster发展到Torrent，当然还包括远不如上述软件复杂却广泛流传的光盘刻录机。

然而，Napster问世仅几年后，在线音乐交换业务在美国音乐录制产业协会发起的一项维权运动中遭受沉重打击，Napster及Audiogalaxy等高端服务网站都被迫关闭，Kazaa和Morpheus等软件也在劫难逃，因为它们的使用者也受到了音乐录制协会的起诉。

其他网络（如Gnutella）则经受住了法律的制裁。通过客服服务器将音乐汇集并散播到全球各地，免费音乐黑客希望他们创建的网络能够避免被关停的厄运。糟糕的是，这些网络最后也都不能使用了。肖恩·范明（Napster的创始人）遭受重创，因为Napster提供获取音乐收藏品的快捷方式。这导致该公司的非法模拟器运行很长时间却只能找到为数不多的音乐。

关于音乐产业侵权问题的关注点不时转移到盗版和复制物理CD上。请看下面的一组数据：行业报告显示，在2003年有超过60亿张空白光盘被售出——意味着全世界每人一张，同时有4 400万个驱动器被售出。2004年，全世界范围内售出的音乐光盘、光盘存储器及一次性光盘达300亿张以上。此外，成千上万的人拥有可写光驱——比当年Napster及其替代者所做的最乐观预期还要多。正如该行业较悲观的预言家——Gartner Group咨询公司的分析师玛丽·克莱格（Mary Craig）所说，“我们可以看到每台个人电脑上都有可写光驱，却并非用于备份文件”。

如今，对等Torrent用户比比皆是。LimeWire是一款老牌对等文件分享软件，今天依然是最受欢迎的音乐、视频交换软件。这些通过互联网交换的音乐、视频、软件等多有侵权嫌疑。据Digital Media Desktop Report显示，2007年9月，17.8%的个人电脑使用了LimeWire软件。由于被调查者中约50%的个人电脑安装了至少一个对等共享软件，因此LimeWire软件在所有使用该类软件的用户中使用率达到了36.4%，该使用率是第二大受欢迎的Torrent软件的3倍。

资料来源：Adapted from Paul Boutin, “Burn Baby Burn,” *Wired*, December 2002; and Eric Lai, “Study: LimeWire Remains Top P2P Software; μTorrent Fast-Rising No. 2,” *Computerworld*, April 17, 2008.

电脑病毒和蠕虫

制造电脑病毒和蠕虫是极具破坏性的电脑犯罪手段之一。**电脑病毒**（computer virus）是较常见的术语，从技术上讲，它是一串程序编码，当且仅当这段编码被植入另外一个程序时方能被激活。电脑蠕虫则是单一程序且可以独立运行。如果某一联网系统接触了感染病毒或蠕虫的电脑，或使用了从感染病毒或蠕虫的计算机中拷贝出来的磁盘介质，那么这些病毒程序会不断地将有干扰或者破坏性的路径复制到联网电脑系统中。因此，电脑病毒和蠕虫可在众多用户中造成破坏并蔓延开来。尽管它们偶尔传递的是幽默的消息，但通常会给内存内容、光盘及其他存储工具带来损害（详见表 11—7）。

表 11—7　　已发现的五类病毒

MyDoom　　首次发现日期：2004 年 1 月 26 日

- 通过电子邮件和 Kazaa 文件共享网络来传播。它在电脑中安装了某种形式的后门组件，并且对 SCO 公司的网站内容拒绝服务。
- 电子邮件伪装成退回信息，或者不能被正确发送的标准码信息，要求用户点击附件查看信息。
- 该蠕虫有一个后门组件，有两个 TCP 口，它们甚至在病毒终止日期之后仍保持开放。
- 受到病毒侵袭后，打开记事本副本，均是大量乱码。

Netsky　　首次发现日期：2004 年 3 月 3 日

- 在所有本地文件中发现了把自己发送至所有电子邮件地址的群发邮件病毒，同时映射到了网络驱动器。
- 它试图通过对等文件共享申请来传播。它把自己复制到申请文件共享的共享文件夹中（它寻找那些文件夹名中包含“共享”二字的文件夹），为自己重命名，伪装成其他 26 个常见文件中的一个。

SoBig　　首次发现日期：2003 年 6 月 25 日

- 群发邮件病毒以名为“Movie _ 0074. mpeg. pif,”“Document 003. pif”，“Untitled 1. pif”，或者“Sample. pif”的附件形式传播。邮件主题为“Re：Movies”，“Re：Sample”，“Re：Document”，或者“Re：Here is that sample”，并且看起来来自 big@boss. com 网站。
- 病毒会扫描受害者电脑中全部 WAB，DBX，HTML，HTM，EML 和 TXT 文件，寻找那些可以把自己发送出去的电子邮件地址，并且这些病毒试图蔓延到整个本地网络。

Klez　　首次发现日期：2002 年 4 月 17 日

- 以邮件附件形式发送的群发邮件病毒带有随机文件名。蠕虫在 MS Outlook 中搜索已知漏洞，对未安装补丁的用户自动执行。一旦运行，蠕虫会试图使安全申请瘫痪，尤其是病毒扫描，同时试图把自己复制到全部本地和网络驱动器上，用随机文件给自己重命名。
- 病毒具有破坏力强大的负载：它传播 W32/Elkern 病毒，会删除它在已感染电脑中能找到的全部文件，以及在全部双数月中的任何映射网络驱动器。

Sasser　　首次发现日期：2004 年 8 月 24 日

- 通过搜索近期的微软漏洞来传播，不需要用户干预就可在电脑之间传播。
- 蠕虫多线程蔓延，其中一些扫描一级子网掩码，另一些扫描二级子网掩码，还有一些则完整扫描随机掩码。只有蠕虫在本地掩码中时，才会扫描在 10.0.0.0～192.168.0.0 之间的公共区间。

代价

- 通过迅速激增的软件代理（包括特洛伊木马、病毒和蠕虫），曾经使 200 个国家的近 11.5 亿台计算机受到感染。
- 全球 1 100 万台计算机——大部分是家用和小公司用计算机——确认永久感染了病毒，被犯罪组织和罪犯利用来发送垃圾邮件，进行拒绝服务攻击、敲诈、身份窃取、网络钓鱼，或者传播新病毒。
- 2004 年，新增了 480 种病毒，病毒激增造成的全球经济损失总量据 mi2g Intelligence Unit 估计为 16 600 亿～20 200 亿美元。
- 全球大约 60 亿基于 Windows 系统的用户使用中，每台已安装的机器的平均损失为 277～336 美元。

资料来源：Mi2g. com，“2004：Year of the Global Malware Epidemic—Top Ten lesson，” November21，2004.

电脑病毒通过电子邮件、网络文件传输，非法或借用软件进入电脑系统。从网络下载的共享软件备份可能是电脑病毒的另一来源。电脑病毒通常自己向电脑操作系统文件中进行备份，然后向主要内存传播，并在电脑硬盘及其他插入式移动磁盘上进行备份。电脑病毒通过电子邮件、文件传输、其他通信活动或移动磁盘等介质从被感染电脑传播开来。因此，好的防病毒措施包括在使用软件时检查可疑软件源是否带有病毒，同时定期使用杀毒软件，帮助诊断电脑中毒情况，并从硬盘中删除已感染病毒的文件。关于电脑病毒防范，我们将在11.2节进一步讨论。

老套而有效的攻击：过往的威胁并未远离

还在为通过邮件肆虐网络的暴风蠕虫感到担忧吗？赛门铁克公司研究员表示，风暴木马（也称为Peacomm）现在通过美国在线AIM、Google Talk和Yahoo Messenger等软件在网络上传播。

赛门铁克的部分用户被告知新感染的暴风蠕虫具有一定隐蔽性，因为包含在该蠕虫内的信息（如隐藏的LOL）和网页地址可以被发起攻击者动态更新。更糟糕的是，根据赛门铁克公司安全响应组高级总监阿尔弗雷德·休格（Alfred Huger）的研究，暴风蠕虫将感染的信息和网络地址植入已经打开的窗口，而不是仅植入随机弹出的窗口，而且针对的是当前正与你聊天的人。这一技术使得暴风蠕虫得以在网络中快速传播。

IBM公司互联网安系统安全战略总监甘特·奥尔曼（Gunter Ollmann）认为，最常见的电脑恶意软件攻击来自史莱默蠕虫。奥尔曼介绍，自2003年袭击互联网以来，该病毒始终以自己的方式在互联网及公司网络中传播，且在网络中越传越盛。事实上，史莱默蠕虫并不是唯一一款仍在网间施虐的旧的恶意软件。

“恶意软件程序员以前编写的程序仍然存在，并且继续在网络流传并感染电脑。”奥尔曼谈道，“部分恶意软件较其刚生成时更有传染性，其所有的弱点并没有完全消失。”史莱默蠕虫过去通过攻击微软公司的SQL Server而让众多网络臣服，如今仍被奥尔曼认为是最令人头疼的恶意软件。

“当新的电脑蠕虫及零日漏洞攻击之时，史莱默蠕虫仍然很猖獗。”奥尔曼说，“史莱默蠕虫仍然存在于很多受感染的主机上，并不断向外发送恶意网络流量和恶意软件包。当用户在电脑崩溃后重新存储数据时，这些数据很可能因源于旧系统且没有升级补丁而再次感染蠕虫”。

另一问题在于很多用户并未安装本应安装的补丁。更有甚者，由于SQL Server是其他应用软件运行的支撑软件，很多用户并未注意到SQL在自己的电脑上运行。如果他们没察觉到该软件的存在，也就不知晓该如何保护它们。

奥尔曼认为：“所有这些老套的蠕虫病毒永远不会完全消失。”

资料来源：Adapted from Sharon Gaudin, “Oldies but Goodies: Slammer Worm Still Attacking,” *InformationWeek*, August 24, 2007; and Gregg Keizer, “ ‘Storm Trojan ’ Ignites Worm War,” *Computerworld*, February12, 2007.

广告软件和间谍软件

另外两个可携带蠕虫攻击电脑脆弱之处的软件是广告软件和间谍软件。由定义可知，广告软件在为某些功能服务和完成该功能的同时，允许网络广告商展示其横幅广告或在未经用户同意的情况下弹出其广告。更有甚者，广告软件可搜集终端用户的信息并通过互联网将其发给广告商，这种特殊广告软件也被称为间谍软件。通常认为，在用户不知情或未经用户许可的情况下，利用用户互联网连接的任何软件都可被称为间谍软件。间谍软件程序搜集终端用户的相关信息，从人口统计信息（如姓名、地址等）到信用卡的网络消费习惯、社交网络安全账户、用户名、密码及其他个人信息。当然，并非所有广告软件都是间谍软件。尽管这种广告有时会令人不快，但对许多广告软件公司而言，正确的广告软件代理一种可行的利润模式。如果使用正确，这些广告软件公司可帮助我们免费获取想要的商品且不会给个人隐私带来任何威胁。相比之下，间谍软件则被认为会给个人隐私带来一定威胁。

正确的广告软件允许电脑用户可以选择是否免费使用该类软件，间谍软件却以相对另类的模式运行。请考虑以下几点：

- 你非法进入银行电脑系统并将一隐秘软件植入该系统。如果被警方侦查到或被逮捕，你可能会被起诉甚至被判坐牢。
- 你写了一个蠕虫或病毒程序并将其在互联网和其他网络上散播。如果被警方侦查到或被逮捕，你可能会被起诉甚至被判坐牢。
- 你写了一个程序，该程序在联网计算机系统中传播间谍软件，并从感染了该病毒的电脑中窃取个人信息，影响用户的网络习惯，并利用他人的网站或浏览器展示你的广告。如果被警方侦查到或被逮捕，你可能会变得很富有且不用坐牢，电脑用户可能需要重建系统以删除间谍软件。

间谍软件可窃取个人的有用信息，这令众多电脑用户深恶痛绝。此外，间谍软件还有许多其他特征。它可向感染该软件的电脑用户发送用户不需要的广告。更常见的是，间谍软件监视用户在线活动并将该信息发给开发该间谍软件的公司。间谍软件将广告链接添加到他人的网页中，并且不给网页所有人任何回报，甚至将网页附带合法广告的利润转移到间谍软件开发者的账户上。其他烦人的特征还包括为受感染的系统设置浏览器主页，并将搜索引擎导向间谍软件开发商的主页（通常情况下载有广告），并且阻止用户将设置改回原状态（即主页劫持）。在极端情况下，广告软件能够使调制解调器不停地拨号，且通常是拨通话费高昂的电话号码，造成昂贵的电话费（该部分费用通常给了间谍软件开发商）；或在受感染的系统中留下漏洞，允许间谍软件开发商（在特殊情况下允许任何人）在受感染的电脑中下载并运行相关软件（该下载被称为木马）。在所有案例分析中，我们发现间谍软件无一例外地大幅降低了电脑系统的运行能力。如你所见，除了给其所有者带来利益外，间谍软件没有任何益处。间谍软件被普遍使用，如未能较好地采取防范措施，电脑系统将会受到感染。

一般而言，要防范广告软件和间谍软件，需要购买并安装一些防止软件被任意下载和安装的程序。一旦电脑被感染，删除程序并不能完全清除广告软件和间谍软件的侵扰。

Commtouch：病毒、垃圾邮件及网络钓鱼软件的发展趋势

作为一家实时反垃圾邮件及反病毒技术开发商，Commtouch在期刊上提供垃圾邮件及电脑病毒的相关统计数据。尽管每天都会出现数以千计的新病毒威胁，但只有一个季度的情况就能让大家关注连续发生的问题。

以下是2009年第一季度的几则要闻。

本季度的主要新闻是迅速扩散的Conficker蠕虫。研究表明，自2008年12月出现以来，该蠕虫的3个变种至少影响了1 500万台电脑，编织成了一张庞大的僵尸网络。僵尸网络静静地潜伏了几周，让电脑用户紧张而脆弱，随后便活跃起来，发动了恶意攻击。

另一个增长的趋势是使用社交网络站点（Facebook、推特）实施网络钓鱼计划。

其中一个诈骗活动针对推特用户，给他们发送信息告知某个博客内容和该用户有关或已将有趣的照片上传到特定的推特网络。如果用户点击带有可疑信息的链接，该链接将把他们直接引导至另一个和推特网站主页极度相似的网页，当然，这并不是真的推特网页。然而，只有仔细查看，才能发现该网络地址和推特网站址略有不同，比如：http：//twitter. access-logins. com。

2009 年第一季度，Commtouch 公司根据网站包含的病毒或钓鱼软件对网站进行了分类。正如意料的那样，在易感染病毒的网站名单中，黄色和色情网站名列前茅；但出乎意外的是工作招聘网站排在最后。该季度犯罪活动网站从第一位滑落到第六位。

垃圾邮件制造者继续开发合法网站以寄存他们的资料。他们将其邮件地址掩饰起来，并借用那些合法知名网站的形象，以跳过垃圾邮件过滤器。当年 1 月，有人曾在哥伦比亚广播公司新闻网站的新闻标题中嵌入“新闻摘要”一词。尽管该标题包括不同的网页地址，但所有的网页地址都连接到了一家医药品垃圾邮件网站。另一个事件是盗用必胜客网站“现在就预订”和“寻找唯一的在线交易”按键。案犯企图通过在邮件中植入合法网站链接，来迷惑传统的垃圾邮件过滤器。

2008 年第四季度，贷款类垃圾邮件占垃圾邮件总量的 3%，在 2009 年第一季度达到垃圾邮件总量的 28%并跃升到第一位，这也在一定程度上反映了当时的经济形势。医药类垃圾邮件占 2008 年第四季度垃圾邮件总量的 42%，名列该季度第一位，在 2009 年第一季度下降到总量的 19%，位列第三。下表罗列了 2009 年第一季度最流行的垃圾邮件种类：

邮件类别	占总量的百分比
贷款	28
复制品	20
医药	19
增强器	11
减肥	7
约会	6
学位	4
软件	1
其他	4.6

第一季度垃圾邮件平均流量占所有邮件流量的 72%；高峰期出现在 1 月，达到 96%；最低流量出现在 2 月，大约为 65%。

资料来源：Commtouch，“Q12009 Internet Threats Trend Report，” April 14，2009.

隐私问题

信息技术的发展使得收集、存储、整合、交换以及回复数据和信息在技术上和经济上都变得可行。这一特征有利于计算机信息系统提高效率和有效性。然而，信息技术存储和恢复信息的能力对个人隐私保护也会产生负面影响。例如，许多公司都对员工的机密电子邮件信息进行监控，收集员工每次浏览网页的信息。因此，信用部门、政府机构和企业的计算机数据库中的机密个人信息容易被窃取或滥用，从而导致侵犯隐私、欺诈或其他不公正现象的发生。在未经授权的情况下使用这些数据将会严重损害个人的隐私权，而这些数据一旦发生错误也会严重损害个人的信用等级或声誉。

世界各国政府都在关注隐私问题并着手制定各种法律来规范，尤以美国为甚。关于互联网的使用，**选择性加入**（opt-in）还是**无条件接受**（opt-out）是争论的焦点。消费者保护组织通常都赞同选择性加入的方式，认为保护隐私是毫无疑问的。选择性加入的系统在用户不希望自己的数据被收集时会自动保护其信息。而大部分企业支持无条件接受的方式，认为这样才不会中断电子商务流程。有趣的是，现行的法律在这方面的规定是介于美国和欧洲之间的。在美国，默认的是无条件接受方式；然而在欧洲，用户必须选择性加入，否则他们的信息将不能被使用。

其他有争议的隐私问题包括：

- 获取个人邮件往来及计算机记录，收集并共享他人在访问网站和新闻组时留下的个人信息（侵犯隐私权）。
- 由于手机和寻呼业务与人的关系比与地点的关系更为密切，因此随时都能知道别人在哪里（计算机监控）。
- 使用从多种渠道获取的顾客信息开展促销活动（计算机匹配）。
- 收集电话号码、电子邮件地址、信用卡号以及其他个人信息以建立个人客户资料（未经授权的个人资料）。

互联网上的隐私

如果你没有采取合适的防范措施，那么，你只要发一封电子邮件，登录一个网站，在一个新闻组张贴一次信息，使用网上银行或者网购……总之，不管你是在线谈生意还是休闲，你的个人数据都有可能被任何不认识你的人蓄意收集。幸运的是，通过使用加密和匿名重邮器，以及有选择地浏览网站和提供信息，你可以将自己的隐私被侵犯的可能性降至最低（如果不能完全消除的话）。

对于在现实生活中容易成为关注的焦点、隐私极易遭到侵犯的用户来说，互联网能给他们一种隐秘的感觉，而互联网也正是因为这一点而臭名昭著。如今大部分互联网以及电子邮件、聊天室和新闻组都是开放的、不安全的领域，因为没有关于个人和私密信息的硬性规定。每次你登录一个网站或新闻组，信息就会被合法且自动地获取，并用一个 cookie 文件记录下来保存在你的硬盘上。然后你所登录的网站的主人，或像 DoubleClick 这样的在线审核服务就有可能将从 cookie 文件中获取的信息或你使用互联网的其他信息卖给第三方。更糟的是，黑客会拦截和窃取互联网用户提供给网站的个人信息，而大部分网络都很容易成为他们的目标。

当然，有几种方式可以保护你的隐私。例如，可以通过加密的方式来保护私密的邮件，只要邮件发送方和接收方在自己的邮件程序中安装兼容的加密软件即可。通过用匿名重邮器发送新闻帖，可以使你在发表评论时身份不被泄露。你也可以要求互联网服务提供商不要将你的名字和个人信息卖给邮件列表提供商和其他营销者。另外，你还可以拒绝给在线服务商提供个人数据以及网络用户资料，以减少你受到电子诈骗的几率。

盗取身份：只需盗取一张支票

20世纪60年代，弗兰克·W·阿巴纳莱（Frank W · Abagnale）在5年里一直在伪造支票。现在他创办了一家名为“Abagnale and Associate”的金融诈骗咨询公司。他的人生经历为电影《逍遥法外》（Catch Me If You Can）提供了创作灵感，莱昂纳多·迪卡普里奥和汤姆·汉克斯饰演了片中主角。

40年前，很少有人料想到盗取身份竟然会如此猖獗。要保护你的身份，就必须亲自把信送到邮局而不是放到邮筒里等人来取，在丢弃文件之前先将其粉碎，或者使用一支2美元的笔（中性笔而非圆珠笔）就能阻止一个犯罪行为，这都是人们所不曾想到的。

“我们要在身份被盗取之前就采取保护措施。这些措施能大大减少犯罪，但永远不可能让其完全消失。如果你还没有成为身份盗窃的受害者，那仅仅是因为还没有轮到你。如果我们不作出改变，很快就会轮到你。要阻止这类犯罪，并不仅仅是遵从一些建议就可以的，而是有相关教育——这是我们学会保护自己的最重要的因素。”阿巴纳莱说。

虽然越来越多的人开始使用网上银行，但美国7 800万名“婴儿潮”时期出生的占美国人口15%的一代人中，大部分还在使用纸质文件。据Consumer Action估计，诈骗受害者中有30%来自这一群体。

“一张支票上就有盗取你的身份所需的全部信息：姓名、地址、银行账户以及汇款码。如果信息是用圆珠笔写的，用一种叫做check washing的方法就可以很轻松地得到这些信息，这是盗取身份的一种常见方法。这种方法用一种常规的家用化学试剂就可以将已经填写好的支票或文件上的字迹清除，然后填上新的金额或接受方姓名。”阿巴纳莱说。如果你疏忽大意，你的个人支票就会成为每天填写的120万张诈骗支票之一，即每秒钟超过13张。

美国银行家协会表示，支票诈骗正在以每年25%的速度增长。为了减缓这种增长，很重要的一点就是弄清楚它是怎样运作的。“支票诈骗的运作十分简单，对此我掌握了第一手资料。大约40年前，在5年中，我在美国各州和其他26个国家借助诈骗支票提取了250万美元的现金，因此卷入了一场高风险的身份盗窃游戏。我知道这种操作是十分简单的，而预防这种诈骗也同样简单。”他说。

犯罪分子利用我们犯的错误来使他们的工作变得轻松。只需采取一些预防措施就能减少你被盯上的几率。不要把你的信件留在信箱里隔夜或隔周再取，在填写支票或者重要文件时使用中性笔，这样盗贼们就无法清除字迹换上其他信息。另外，对于含有个人信息的废弃文件，在丢掉之前先将其粉碎或撕碎。买一台高质量的粉碎机的花费远比身份被盗的损失要小。

“让我们面对这个事实吧，我们无法将这个世界上发生的所有事情掌控在自己手中，因此必须采取行动来掌控那些我们可以掌控的事情。除了应用技术外，也可用简单而低成本的方法来阻止填写支票时被盗窃身份。记住，犯罪分子总是寻求通向财富的最便捷的道路，因此不要替他们指路。从现在开始，主动出击，开始自我保护。”阿巴纳莱说。

资料来源：Adapted from Frank Abagnale, “Abaganale: Top Tips to Prevent Identity Theft and Fraud,” *CIO Magazine*, May 24, 2007.

计算机匹配

在个人数据的**计算机匹配**（computer matching）过程中，计算机智能分析及出现的错误也是对隐私构成威胁的争议性问题之一。由于分析软件在对外表轮廓或个人数据进行匹配时发生错误，一些人被错误地逮捕、监禁或信用申请被拒绝。另外一个威胁就是在未授权的情况下将从交易处理系统数据库里提取出来的个人信息进行计算机匹配，并将其卖给信息中介或其他公司。最近的一个威胁是在未经授权的情况下将从你所登录的互联网站或新闻组收集的信息进行匹配并出售。不仅你的隐私会受到侵犯，你还会收到成堆的未经请求发送的促销材料和采购合同。

隐私法。许多国家在企业和政府机构收集和使用个人信息方面有十分严格的规定。许多政府的隐私法试图对计算机文件和交流中的隐私实施强制管理。例如，在美国，《电子通信隐私保护法案》（Electronic Communications Privacy Act）

和《计算机反欺诈和滥用法案》（Computer Fraud and Abuse Act）禁止拦截数据通信信息，窃取或损毁数据，或擅自闯入联邦的相关计算机系统。由于联邦的计算机系统也是互联网的一部分，律师们认为这两部法律也应要求公司告知员工使用互联网是否被监控。另一个例子是美国《计算机匹配与隐私权保护法案》（Computer Matching and Privacy Act）规定联邦机构文件中的数据匹配必须经审查合格。

最近，试图保护个人隐私的新法案对组织提出了新的挑战。《萨班斯-奥克斯利法案》、《健康保险流通与责任法案》（Health Insurance Portability and Accountability Act，HIPAA）、《美国金融服务法案》（Gramm-Leach-Bliley）、《爱国者法》（USA PATRIOT Act）、《加州安全破坏通知法》（California Security Breach Law）以及美国证券交易委员会的第17a—4项规定仅仅是组织所面临的部分挑战。据估计，要遵循这些法律，一个普通的公司要将其IT预算的3%～4%花在相关应用及项目上。

《健康保险流通与责任法案》。该法案是1996年由美国国会颁布的一项法案。这是一项应用范围比较广的法案，旨在解决与健康保险相关的一系列问题。它包含两个重要部分，即隐私规定和安全规定。这两部分都用来保护个人与健康相关的信息在未经同意或授权的情况下不被使用、泄露或传播。隐私规定适用于纸质的和电子形式的受保护健康信息，安全规定则专门针对电子形式的受保护健康信息。这些规定列出了三种形式中的安全保护规定：行政、实物和技术。对这三种形式中的每一种都有一系列安全标准，而每一条标准都有必需的和可选择的补充细则。HIPAA规定，必需的细则一定要遵守并且执行，而可选择的细则更加灵活。覆盖个人的条款可以帮助评估他们的现状并给出实施可选择细则的最佳方案。

《萨班斯-奥克斯利法案》。又称《2002年公众公司会计改革和投资者保护法案》，是2002年7月30日颁布的一部联邦法律。这部法案是针对一些主要公司及其财务丑闻的一个回应，这些丑闻涉及安然公司、泰科国际、阿德菲亚传播公司、Peregrine Systems公司以及世通公司。随着这些公司的股票价格下跌，投资者损失了数十亿美元，这些丑闻沉重打击了公众对国家证券市场的信心。参议员保罗·萨班斯和众议员麦克·G·奥克斯利是这部法案的倡导者，这部法案就是用他们的名字命名的，以众议院334比90以及参议院99比0的票数通过。这部法案由总统布什签字生效，他称这部法案是“罗斯福时代以来美国商业最具影响力的改革”。

这部法案对所有美国公众公司的董事会、管理层以及公众会计公司提出了新的标准或得到改进的标准。不过，这部法律不适用于私有企业。该法案共有11个部分，涵盖了从公司董事会的附加责任到犯罪处罚规定等内容，并要求美国证券交易委员会补充相关的规则以适应新的法律。

关于这部法案带来的利益和所付出的代价的争论还在继续。支持者认为这项法律是必要的，通过加强对公司财务的控制，它在恢复公众对国家的资本市场的信心方面发挥了重要的作用。反对者则认为它削弱了美国相对于国外金融服务提供商的国际竞争力，把一个过于复杂和监管性强的环境引入了美国金融市场。

计算机诽谤及其审查

与隐私权相对立的争论是知晓别人企图保密的事件的权利（信息自由）、对这些事件发表观点的权利（言论自由）以及出版这些观点的权利（出版自由）。这些争论中以电子公告牌、电子邮箱、互联网上的在线文件以及公共信息网络（如美国在线、微软网络等）争议最大。垃圾邮件、火焰邮件、诽谤法以及审查制度等都成为论战中人们的武器。

滥发垃圾邮件（spamming）是指不加区分地向许多互联网用户发送未经请求的电子邮件信息（垃圾邮件）。滥发垃圾邮件是大量发送未经请求的广告（即垃圾邮件）的发送者最惯用的伎俩。滥发垃圾邮件的方法也被犯罪分子用来传播计算机病毒或潜入许多计算机系统。

火焰邮件（flaming）是指向其他互联网用户或在线服务发送的极具批判的、贬损的且通常十分粗俗的电子邮件信息或新闻组。滥发火焰邮件在互联网上某些特殊利益群体中用得较为普遍。

网上曾有许多种族歧视事件或诽谤性言论被要求审核或遭到了起诉，另外，互联网上的色情内容也促使许多团体和政府采取法律和审查行动。

□ 网络法律的现状

“网络法律”（cyber law）这一术语描述的是用来规范互联网或电子数据通信活动的法律。网络法律涉及大量的与互联网及其他通信技术相关的法律和政治议题，包括知识产权、隐私权、言论自由和司法权等。

技术与法律的交集通常也是一个颇有争议的话题，有人认为互联网不应该（或者不可能）受到任何形式的规范。况且，随着加密和密码学等复杂技术的发展，想用传统的形式来规范互联网是很难的。再者，互联网端到端（end-to-end）的本质决定了一旦某种形式的通信受到了规范或被强制关闭，总会有另一种方法改进并且迅速替代它。用电子前沿基金会（Electronic Frontier Foundation）创始人约翰·吉尔摩（John Gilmore）的话来说，就是“互联网视审查为毁灭，因此只会绕开它”。

支持网络法律的一个例子是关于美国联邦贸易委员会的 Consumer Sentinel 项目的。Consumer Sentinel 是一个特殊的网络调查工具，为 Consumer Sentinel 网络的成员提供来自数以百万计的消费者的投诉数据，投诉的内容包括身份盗窃、违反拒绝来电登记制度、计算机、互联网、在线拍卖、奖金、商业机会以及在家工作计划、健康及减肥产品、收债、信用报告和其他金融问题。

Consumer Sentinel 项目基于这样一种假设：信息共享能使法律得到更有效的实施。为了达到目的，Consumer Sentinel 网络不仅为成员提供可与数据提供商共享的客户投诉数据，而且为法律实施成员提供客户直接面向联邦贸易委员会的投诉。

根据美国联邦贸易委员会 2007 年度的报告，Consumer Sentinel 一共处理了超过 800 000 次投诉，其中与互联网相关的投诉占所有投诉的 11%，涉及计算机的身份盗窃占 23%。虽然许多投诉都很难诉诸法律（也不是不可能），但是我们对于网络犯罪的处理有了越来越多的资源。

网络法律是在互联网兴起之后出现的新事物。众所周知，互联网的成长相对来说没有多少计划性和规范性。甚至连互联网先驱也没料到互联网能发展到今天这样的规模。

其他挑战

我们再来研究由于企业中使用信息技术而引起的其他挑战（见图11—1)。这些挑战包括企业应用信息技术时代在雇佣、个性、工作环境和健康等方面带来的潜在的道德和社会影响。

雇佣的挑战

信息技术在雇佣方面的影响与工作活动的自动化有直接联系。毫无疑问，使用信息技术能够创造新的工作并提高效率，但同时也使某些工作机会显著减少。例如，计算机在被用于会计系统或机器设备的自动控制时，从事的是以前由很多员工与机械师所做的工作。同样，信息技术创造的工作与减少的工作相比，需要多种类型的技术和教育背景。除非员工得到新职位的相关培训，否则就可能被解雇。

但毫无疑问，互联网技术创造了大量新的机会，带来了许多支持电子商务应用的岗位，包括网络管理员、电子商务经理、系统分析员以及技术顾问。由于信息技术使依靠其他方法不可能生产的复杂的工业技术产品和服务成为可能，因此，十分依赖信息技术的活动创造了空间探索、微电子技术和电信等领域的工作。

计算机监控

在企业中，关于工作场所隐私和工作环境质量的最热门的道德问题是**计算机监控**（computer monitoring)，即计算机被用于监控员工在工作中的生产率和行为。据说雇主通过多种方法才能收集到有关员工提高效率和服务质量的生产率数据。然而，人们批评计算机监控是不道德的，因为它不仅监控了工作，而且监控了人，持续的监控侵犯了员工的隐私和个人自由。例如，当你打电话订票时，一些航空预订代理商能够记录每个打进来的电话的确切号码和时间，同时也监控了你的预订活动。

计算机监控因侵犯隐私而受到批评，因为在很多情况下，员工不知道自己正受到监控，也不知道相关信息如何被使用。还有人批评说，不正确地使用收集到的数据来做人事决策，会损害一名员工法律上的正当权利。计算机监控增加了员工必须在持续的电子监控下工作的压力，造成了受监控员工的健康问题，因而受到指责。另外，计算机监控使员工觉得失去了工作尊严。实际上，计算机监控导致了“电子血汗工厂”现象，员工被迫在恶劣的环境中从事繁忙的工作。

政治方面的压力日益增加，以禁止和规范工作场所的计算机监控。例如，美国许多工会和一些立法者强烈要求州和联邦政府采取行动，推出规范计算机监控的法律，并保护员工了解相关情况的权利和隐私权。同时，反对雇主监控员工的法律案件也在增加。因此，计算机监控作为企业中的一个道德问题一时不会消失。

工作环境的挑战

信息技术减少了办公室和工厂中以前需要由工人完成的单调的、易造成人身伤亡的工作。例如，文字处理和桌面出版系统使办公文件操作变得更加容易，而机器人可以在自动化行业中从事一些重复的熔接和喷涂工作。这使员工可以集中精力做更具挑战性和趣味性的工作，提高工作的技术水平，并在计算机行业及组织内部创造需要更高技术水平的挑战性工作。因此可以说信息技术提高了工作质量，因为它改善了工作环境的质量，改善了工作活动的内容。

当然，切记信息技术的有些工作是很复杂且程序化的，如数据录入。而且，就计算机在自动化方面使用的程序来看，信息技术对装配线方面受到批评是有责任的，这类工作需要不断重复基本工作，迫使员工更像一台机器而不是像一名娴熟的技术工人。许多自动操作也因使员工充当“不做任何事”的角色而受到批评，员工的大部分时间花在等着去按一些按钮等工作上。这给工作质量带来了不利的影响，但也要看到信息技术带来的负担减轻和更具创造性的工作等好处。

对个性的挑战

常见的针对信息系统的批评是它对个性方面的负面影响。人们批评计算机系统，认为它属于不具有人格特征的系统，系统被计算机化从而失去了任何特性，因为它们减少了存在于非计算机系统间的人际关系。

丧失个性的另外一方面表现为对个人的支配，这似乎是一些计算机系统所要求的。这些系统看起来并不具有灵活性，这些系统如果要运行，就需要严格遵守详细的程序。有些配有计算机处理程序的组织在纠正自身错误时是非常固执和粗心的，这更增加了信息技术对个性的负面影响。很多读者可能熟悉这样的情况：计算机化的客户账单和会计系统向一个已付款的客户提出付款要求并发出警告通知，而无视该客户不断地试图纠正这个错误的行为。

然而，很多信息技术应用经设计以使去个性最小化及对个人支配最小化。例如，很多电子商务系统的设计正在强调个性化及社区特征，以鼓励用户重复浏览该网站。因此，个人计算机及互联网的广泛使用已经显著改善了面向个人和个性化的信息系统的发展。

□ 健康问题

工作场所中使用信息技术引发了很多健康问题。据报道，过多使用计算机会引发健康问题，如工作压力、手臂损伤、颈椎疾病、用眼疲劳、辐射，甚至在计算机造成的事故中丧生。例如，计算机监控被指责是造成与计算机有关的工作压力的主要原因，员工、工会和政府官员批评计算机监控给员工造成了如此之大的压力，以至于引发了健康问题。

坐在计算机工作台或视频显示终端前从事快速、重复的键盘工作的员工很容易患上一些疾病，一般称为累积创伤失调。他们的手指、手腕、手臂、颈部和背部变得疼痛难忍而无法工作，长期下去会酿成肌肉紧缩和神经损伤。尤其是一些计算机员工可能患上腕骨综合征，这是一种手部和腕部疼痛导致的疾病，需要动手术才能治好。

长时间对着视频显示器会引发员工的眼疾等健康问题，大多数视频显示器的阴极射线管造成的辐射也带来了健康隐患。阴极射线管会产生一种电磁场，使在视频监控前工作时间过长的女员工出现了流产和畸胎等。尽管研究表明还没有找到有关这个问题的确凿证据，但有些组织还是建议怀孕的女员工尽量避免受到阴极射线管的辐射。

人类工程学

人类工程学（ergonomics）技术是某些健康问题的解决方案，有时也称人因工程学。人类工程学的目标是为员工设计工作场所、工作站、计算机和其他机器甚至软件包时，要考虑道德健康因素。例如，需要制定政策，让使用视频显示器过多的员工有休息时间，以及减少怀孕员工与阴极射线管的接触。人类工程学工作设计还为将大多数时间花在计算机上的员工提供多样化的工作任务（见图 11—2）。

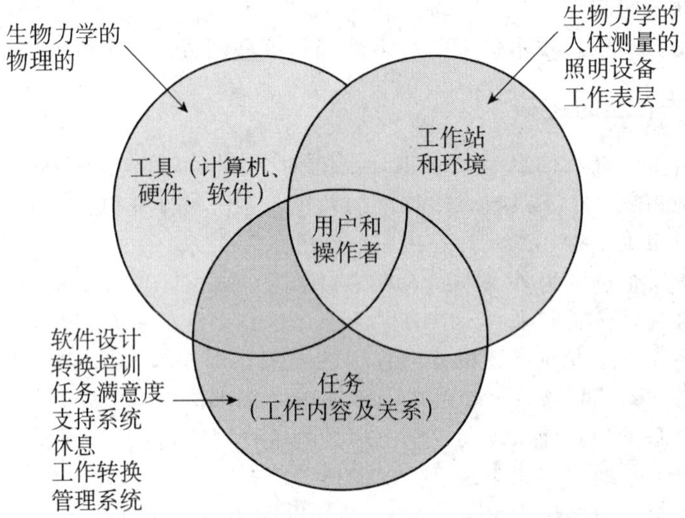

图 11—2　工作场所的人类工程因素

说明：注意，良好的人类工程设计要考虑到工具、任务、工作站和环境。

社会解决方案

正如我们在本章章首提到的，互联网和信息技术对社会有很大的影响。我们可以在一些**社会解决方案**（societal solutions）中利用信息技术来解决社会问题，如医疗诊所、计算机辅导指导、政府项目计划、环境质量控制及法律执行等。例如，计算机可以帮助诊断病情、开处方，并监控医院病人的治疗过程。计算机辅助教学和基于计算机的培训使根据学生的需要设计互动的指导成为可能。电信网络、视频会议、电子邮件等技术对远程教育提供了支持。

信息技术通过不同法律的实施来控制犯罪。例如，计算机报警系统可以使警察对犯罪活动的证据迅速识别并作出反应。计算机曾被用来监控大气和水的受污染程度，查处污染来源，并在危险来到之前提前报警。计算机也被许多政府机构用于项目计划，包括城市规划、污染密度、土地使用研究、高速公路计划和城市运输等领域。在工作安排系统中，计算机被用来帮助未被雇用的员工找到工作。这些应用说明信息技术可以用来帮助解决社会问题。

显然你应该知道，信息技术的许多不利影响是由于组织和个人不对其行为承担责任造成的。与其他强大的技术一样，信息技术给所有人都既带来巨大的伤害又带来巨大的利益。假如管理者、业务人员和信息技术人员能履行他们的道德责任，那么信息技术会为所有人创造一个更美好的世界。

11.2 信息技术的安全管理

引　言

随着互联网访问的迅速增加，也许有人认为电子商务中最大的障碍是带宽不够。其实不然，首要问题是安全。该问题一定程度上表明互联网的发展基于互用性而不是抗入侵能力。

如前所述，企业信息系统在安全方面存在很多重大问题。因此，在本节我们探讨企业安全管理的一些方法。管理者和业务人员都对其业务部门信息系统的安全、质量及性能负有责任。与其他重要的企业资产一样，软硬件、网络和数据资源都必须通过一系列安全措施来保证它们的质量和性能，这就是企业安全管理的价值所在。

阅读下面的真实案例，从中可以了解为什么 IT 经理越来越关心敏感数据的安全性，以及他们如何面对这些挑战。

案例 11.2

Raymond James Financial，BCD Travel，Houston Texans 等公司：令人担心的是什么

吉恩·弗雷德里克森（Gene Fredriksen）担心的并不是流入公司网络的信息，而是从公司网络流出的信息。作为加利福尼亚圣彼得堡的 Ramond James Financial 公司证券经纪部门的首席安全官，对客户敏感数据和产权信息的泄露是他要优先考虑的事情。问题并不仅限于电子邮件信息中的内容，而是员工可使用的各种交流工具（包括即时通信、博客、文件传输转移、网络邮件、留言板）急剧增加。弗雷德里克森认为，仅仅监管电子邮件是不够的，“我们必须时刻跟随商业的脚步”，因为“变化越来越快”。

为此，弗雷德里克森推出了一个基于网络的控制外泄内容的系统。这个软件是由位于旧金山的 Vontu 公司开发的，它可以保护网络，管理往来通信，其方式类似基于网络的入侵探测系统。Vontu 并不是关注传入流量，而是监管 Raymond JamesFinancial 公司的 16 000 名用户的网络活动。它对每个网络包的内容进行实时监测，并且在发现违规情况时会发出警报。

基于网络的系统不仅仅是根据规则对社会保险号和其他容易辨识的内容进行扫描。公司开始关注所拥有的敏感信息，外泄内容管理工具被应用于管理流出信息。通常，它们对敏感的文件和内容的类型进行分析，然后对每个对象都产生一个独特的辨识方式，之后管理员制定与内容相关的政策，系统通过语义分析来识别敏感数据，并且当信息流出公司局域网时更严格地执行政策。这个系统既可以检测完整的文件，又可以检测衍生文件，比如在即时通信中，用户粘贴了某个文件的一部分。

当 BCD Travel 公司为处理客户信用卡数据而开始调查什么能够帮助它得到支付卡行业的认证时，技术部高级副总裁布雷恩·弗林（Brian Flynn）意识到，他还没有真正了解他的员工是如何处理这些数据的。不仅支付卡行业认证的申请可能会被驳回，而且旅行社的声誉和生意可能会受到影响。全国橄榄球联赛中的休斯敦

得州人队的信息技术部门主管尼克·伊格纳季耶夫（Nick Ignatiev）在开始研究支付卡行业认证时，也意识到了这个问题。

在这两个案例中，与他们合作的供应商都提出了一项新型技术：外泄内容管理工具，它可用于搜寻那些可能通过电子邮件、即时通信或者其他途径而泄露到公司外部的产权信息。弗林开始使用Reconnex的iGruard网络设备，并且产生了明显的效果。“当我看到外泄信息时，十分震惊，这让我们意识到应该采取行动。”伊格纳季耶夫在利用Palisade系统的PacketSure设备检测了公司的消息流向后，同样意识到他的员工应该在保护包括客户信用卡、调研报告和团队名册等关键数据方面做得更好。

这项技术的工作原理是什么？基本原理是：这个工具过滤通过电子邮件和即时通信等各种通信渠道流向外部的信息来判断它们是不是敏感信息。它们基于某些相同的技术——比如模式匹配和上下文检测——用于帮助反病毒程序和反垃圾邮件工具阻挡外来入侵。

工具通常和一些基本模式相连。这些基本模式涉及社会保险号、信用卡号以及诸如法律文件、人事数据和产品测试结果等常见私人信息。

Cryptography研究咨询公司的主席保罗·科克（Paul Kocher）指出，公司通常利用这些工具寻找三种类型的信息。第一种类型——也是最简单的一种类型——个人身份信息，例如社会保险号和信用卡信息。第二种类型是公司机密信息，比如产品说明书、薪酬信息、法律文件或供应商合同。科克指出，尽管这些信息很难辨别出来，但是当样本足够大时，大多数工具是可以发现模式的。第三种是不当使用的公司资源，比如可能存在竞争性的通信攻击。

保障安全的传统方法可能是敏感数据仅提供给合法使用者，但是弗林和伊格纳季耶夫发现，即使是合法使用者也会给这些数据和他们的公司带来风险。BCD Travel是一家提供旅游服务的公司，它的1万名员工中几乎80%都在呼叫中心工作，因此他们有权访问敏感客户信息。BCD Travel和Houston Texans都没有发现蓄意破坏行为。相反，它们发现人们根本没有意识到这些安全风险，比如当商家没有预订系统时，为了预订一个航班或者房间会通过电子邮件发送一个客户的信用卡号。

佛罗里达西棕榈滩的Fidelity Bancshare公司正在使用加利福尼亚州帕罗奥图市PortAuthority Technologies公司的PortAuthority技术，这项技术以信息拦截为特征。那些通过电子邮件而被外泄的信息（例如社会保险号、账户号、贷款号或者其他个人财务数据等）会被拦截，并且会返回给用户，同时会附以如何能够安全发送电子邮件的指导。

网络服务部门的副主管乔·科米尔（Joe Cormier）说，他也用PortAuthority技术来捕获那些粗心的回复。客户经常发邮件咨询一些问题，并且邮件内容会包含他们的账户信息。他说：“客户服务代表经常没有对这些电子邮件进行修正就回复了。”

弗雷德里克森指出：“对于这种类型的系统的挑战是它们最终和你解决问题的步骤一样重要。”另一个成功的关键因素是培训使用者，是他们掌握监测技能。“我们应该确保用户理解我们这样实施系统的原因以及它们的用途。”

马克·里佐（Mark Rizzo）是位于旧金山的Perpetual Entertainment公司负责运营和平台设计的副总裁。他在做前一份工作时知道了不对知识产权进行保护的后果。他说：“我一直支持事物间的彼此竞争，在竞争中它们消失或者兴起。”这个新兴网络游戏的研发者利用Tablus的内容警报来解决这个问题。里佐利用它来搜寻那些可疑的活动，比如大型文件流出公司局域网。他说，既然基本政策和规定已经制定，系统就不需要特别多的持续维护。里佐不使用信息拦截，因为那样做需要花费大量的时间制定更多的政策来避免判断错误。

尽管在那些高度监管的行业中，公司投资于外泄内容监测和拦截工具是合理的，但其他的公司必须努力证明这项成本的合理性。实施这些措施的成本很高。弗雷德里克森曾开发了一个可支持16 000用户的系统。他说如果你有 20 万美元的预算，那么开发可支持 20 000 用户的系统是一件很容易的事情。

Aon 咨询公司负责财务咨询和诉讼业务的副总裁克利夫·施尼尔（Cliff Shnier）说，通过使用外泄内容管理工具，“你可以构造出一个非常复杂的概念过滤器”。通常，这些工具有大多数企业想要过滤的数据类型的模板，它们可以分析服务器的内容和数据库，然后将公司具体的信息导出过滤器。（咨询公司可以通过语言学家和专家来提高过滤器的性能。）

正如所有反垃圾邮件工具用户所知，所有的过滤器都不是完美的。顾问科克说：“太相信这些工具是错误的。它们不能代替信任和教育。”他说，如果有人下决心窃取信息，这些工具难以阻止。即使恰当地应用了这些工具，它们也不能为企业筑起一道牢不可破的屏障。例如，它们不能拦截那些通过 Skype VoIP 或者 SSL 连接而流出的信息。而且，记录中可能充满误报，使信息技术安全负责人很难识别出真正问题所在。

首席信息官应该将外泄内容的管理看作一种辅助工具，可以用它来限制对敏感数据的偶然传播或者未察觉的传播，而不是将它看作主要的防御手段。弗雷德里克森说，尽管 Vontu 很重要，但它仍然只是整体策略中的一部分，在整体策略中还包括与 Raymond James 用于抵制内部威胁的控制系统相重叠的部分。“这增强了用于控制和阻拦特定端口的入侵检测和防火墙系统的性能，”他说，“但并不代表万事大吉。”

资料来源：Adapted from Galen Gruman, “Boost Security with Outbound Content Management,” *CIO Magazine*, April 9, 2007; and Robert Mitchell, “Border Patrol: Content Monitoring Systems Inspect Outbound Communications,” *Computerworld*, March 6, 2006.

问题

1. 在案例中除非法活动外，为什么你认为那些起到重要作用的组织员工没有意识到他们对专有权和敏感信息的松散管理会带来危险？你是否曾想到过这些问题？

2. 组织应该如何在检测和侵犯员工隐私之间保持平衡，即使在这么做合法的情况下？为什么对公司来说保持这种平衡很重要？太偏向任何一方会造成怎样的后果？

3. 本案例中信息技术部门的高管都指出，对外泄内容的监测和管理技术仅仅是整体策略中的一部分，而不是他们主要的防御措施。这个策略的其他组成部分包括什么？你会对人为因素和技术因素各赋予多少权重？为什么？

实践

1. 诸如 Skype VoIP 这样的技术以及其他类似的产品使得检测外流信息变得更加困难。搜索网络，帮助你理解这些技术以及这些问题产生的原因。除了禁止信息外流，你会建议公司如何面对这个问题？准备一次展示来阐述你的建议。

2. 作为本案例中的众多公司提及的客户或者同一行业其他公司的客户，你期望这些公司采取什么保护措施来避免你的私人信息被泄露？在阅读本案例后，你是否改变了你的期望？和你的同学分小组讨论这些问题。

安全管理工具

安全管理（security management）的目标是确保所有信息系统程序与资源的准确性、完整性和安全性。因此，有效的安全管理能够使连接企业与其客户、供应商的信息系统中的错误、欺诈及损失最小化。如图11—3所示，信息安全管理是一项复杂的工作。安全部门经理需要获得并且掌握很多安全工具以及保护公司信息资源的方法。我们将在本节中讨论这些安全措施。

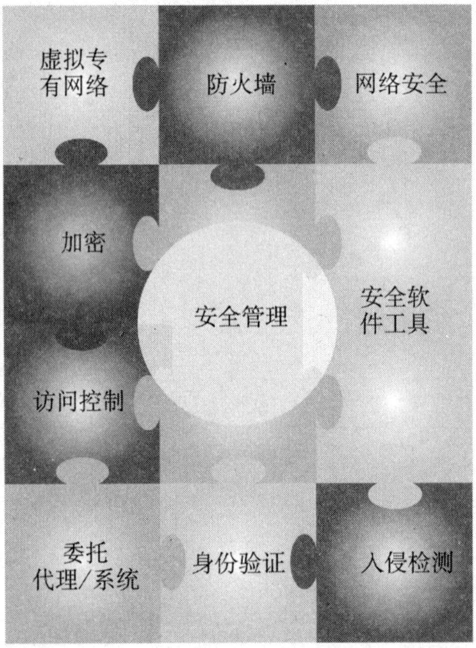

图11—3 信息系统安全管理的重要措施

资料来源：Courtesy of Wang Global.

高层主管同意将信息安全放到第一位

高管们和其他企业领导者究竟是如何看待信息安全的？《信息周刊》进行的调研以及访谈的结果显示，他们与信息安全小组处于同一条战线。你想象的情形也许是当谈到信息安全时，非IT主管可能只是知道它。实际情况是，这些高管不仅知道信息安全的重要性，而且积极支持IT小组，努力保护公司资产和降低风险。

但常见的情形是：IT小组大骂吝啬的主管，认为他们对关键的安全问题一无所知，以为安全措施会妨碍业务。事实上，主管们和IT组织间存在矛盾仍很普遍。当有大量安全风险的赚钱机会到来时，主管们会听不进信息安全小组的劝阻。实际上安全小组并不总认为风险是不可能完全消除的，或者某些安全措施会使信息技术用起来不方便。

威廉·麦克纳布（William McNabb）是Vanguard集团公司的执行总裁，有很强的安全意识。他将公司的信息安全责任概括如下：“我们掌握着数以万亿计的他人的资金。他们如此信任我们，我们必须全力以赴保护他们的资金。”75%的调查对象认为，信息安全是最优先事项之一。

这些高管给予支持的主要原因有四个。第一，有大量的信用卡信息、社会安全码和私人数据曾被盗。这类攻击在 2005 年成为头条新闻，当时 DSW Shoe Warehouse 和 Choice Point 遭到了袭击。在关于 DSW 的案件中，盗贼从 25 个州窃取了 140 万个信用卡号码。与此同时，ChoicePoint 的控制系统很弱，使诈骗者摆出合法交易的姿态来接触客户的记录，窃取其身份。从那时起，发生了一连串大规模信息失窃案，涉及 Hannafield Bros 杂货连锁店、Monster.com 就业网、TJX 零售店以及 Heartland Payment Systems 等。这使得主管们不得不注意：这些破坏不可能作为独立事件被处理。

第二，猖狂的盗窃活动已经导致一些州违反有关信息披露的法律，迫使公司公开私人身份信息被窃或丢失事件。公司还要面对行业数据保护标准，其中最重要的是支付卡行业数据安全标准，这需要有各种安全措施以保护接收或处理信用卡业务。

第三，信息泄露的代价日益增大。从诉讼支出到罚款，到为受害客户提供信用监控服务的支出，主管们看到了信息安全问题的代价有多大。一个隐私控制调查机构的报告透露，2008 年美国公司为每个信息泄露的记录平均支付 202 美元，而 2007 年为 197 美元；2008 年每个公司平均为每起信息泄露事件付出的总代价为 660 万美元，而 2007 年为 630 万美元，2006 年为 470 万美元。

第四，公司品牌和声誉方面遭受的损失很大。很难为失去的顾客信任或修复品牌和声誉所付出的努力标价，没有哪个执行总裁愿意计算这个损失。

资料来源：Adapted from Andrew Conry-Murray, “A Unified Front,” *InformationWeek*, February 16, 2009.

网际互联的安全防范

几乎没有谁比 IT 经理所要面对的问题更多，IT 经理必须制定互联网安全条例，以应对网络基础设施的迅速变化。他们如何平衡互联网安全与互联网访问？是否有充足的安全预算？内联网、外联网以及网络应用软件的发展会对安全结构带来什么影响？如何制定最好的互联网安全条例？

因此，安全对联网的商业企业来说是一项重要的管理挑战。许多公司仍然在为开展电子商务而将网络与互联网全面连接，并与客户、供应商等业务伙伴的内联网相连接。这就需要电子商务的安全管理措施。下面介绍几种重要的安全防范方法。

数据加密

数据加密（encryption）已经成为保护数据和其他计算机资源（尤其是在互联网、内联网和外联网上）的一种重要方法。口令、消息、文件等数据可以用加密的形式进行传递，由授权用户的计算机系统进行解密。加密包括使用专门的数字算法或密码在传递数据前转换为加密的编码，然后在接收时进行解码。使用最广泛的加密方法是使用一对公钥和私钥，私钥对每个人来说都是唯一的。例如，发送者可以使用唯一的公开密钥加密电子邮件，邮件发出后，只有接收者的私有密钥能够为消息解码（见图 11—4）。

加密程序作为单独产品或作为加密过程嵌入其他软件中出售。软件加密标准有很多种，最好的两种是 RSA（RSA 数据安全公司制定）和 PGP（pretty good privacy），它们是互联网上受欢迎的加密程序。软件产品包括微软 Windows XP，Novell Netware 及 Lotus Notes，它们都提供 RSA 软件的加密功能。

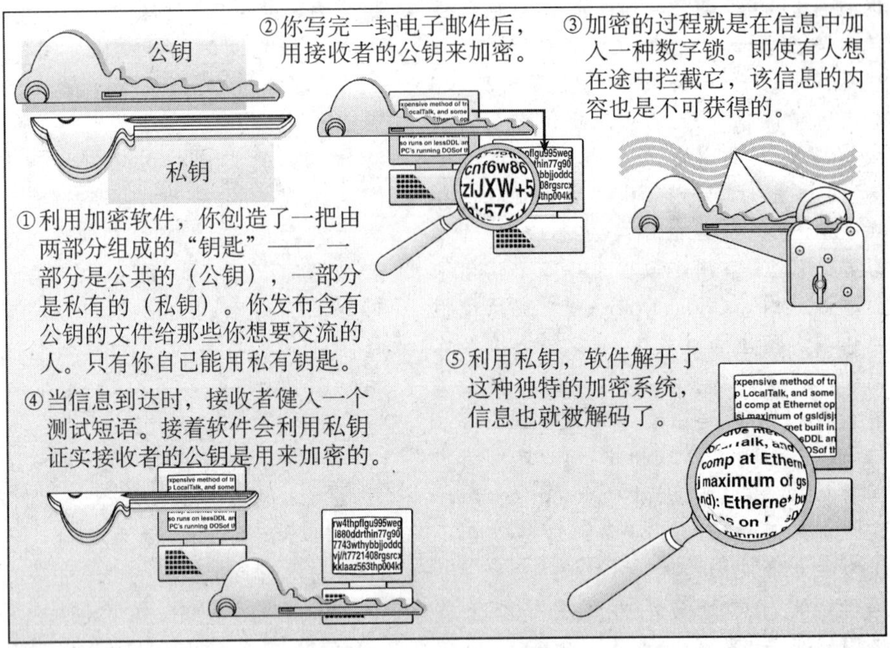

图 11—4　公钥和私钥是如何工作的

防火墙

加强互联网控制与安全的另一种重要方法是使用**防火墙**（firewall）计算机和软件。网络防火墙可以是通信处理器（如路由器），或配有防火墙软件的专门服务器。防火墙以“门卫”系统的形式，作为接入互联网和其他网络的过滤器和安全转换点，保护企业的内联网等计算机网络免受外部入侵。它检验所有的网络流量是否有正确的口令或安全编码，只允许授权的信息在内联网与外联网间进行传输。防火墙软件也是通过 DSL 或调制解调器与互联网连接的个人计算机中关键的系统组件，由于它总是处于连接状态，因此容易遭受攻击。图 11—5 介绍了一家企业的互联网和内联网防火墙系统。

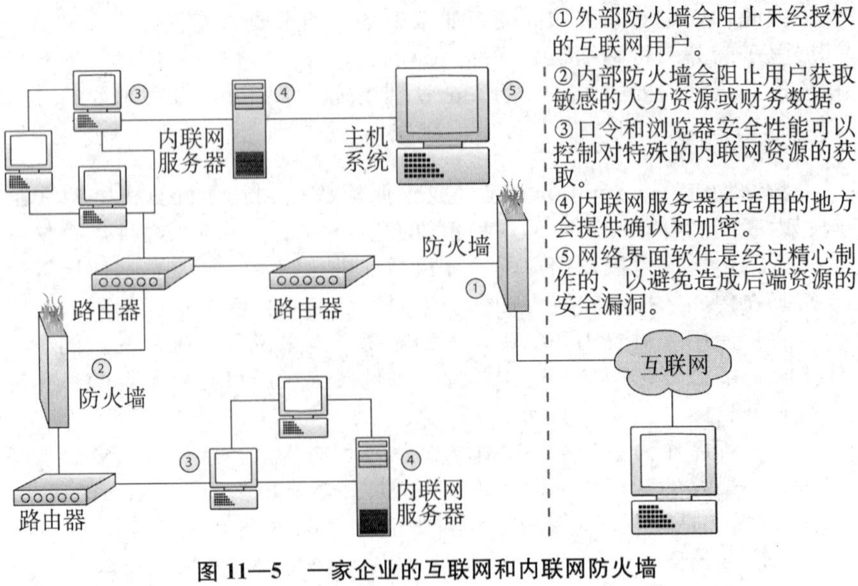

图 11—5　一家企业的互联网和内联网防火墙

防火墙可以延缓未经授权（黑客）进入计算机系统，但不能完全阻止。某些情况下，防火墙只允许防火墙内的计算机访问可信任的互联网站点，或者只允许“安全”的信息通过。例如，防火墙可能允许用户阅读来自远程站点的电子邮件，但不能运行某些程序。有时它难以区分安全的网络服务与不安全的网络服务，因此会阻止所有的请求。防火墙会为某些网络服务提供替代物（如电子邮件或文件转换），这些替代物能起到大部分相同的作用，但是不易被侵入或破坏。

白帽子安全系统：“黑匣子测试法”将发现弱点

杰里迈亚·格罗斯曼（Jeremiah Grossman）想让你知道，防火墙和 SSL 加密无法阻止黑客入侵你的电子商务网站、危害你的客户数据、偷走你的钱。这是因为目前网络袭击利用了网络应用程序本身的缺陷，而不是应用程序的操作系统。

格罗斯曼是白帽子安全系统的创建者兼首席技术官，他的位于硅谷的公司提供外购网站弱点控制服务。通过将专有的扫描技术和所谓合乎道德的入侵行动相结合，白帽子会评估用户网站的安全系统，寻找可供开发的弱点。

白帽子的扫描是在没有客户原编码且未使用防火墙所用标准 HTTP 协议的情况下进行。这种方法有时被称为“黑匣子测试法”，因为网站的内容对于安全系统评估者是不透明的。当然，黑匣子测试法的问题是，肯定会错过很多隐藏在原编码中的弱点和后门。黑匣子测试法只能找到网站在使用时所能见到的弱点，但这种方法的优势是可以精确地模拟黑客最可能侦察和入侵的方式。由于白帽子有一定的优势，格罗斯曼已经看到几家组织将微软的原版 ASP 迁移到 ASP. NET。“经典 ASP，是 ASP 网站的第一代，一般看不透弱点。”他说。然而，当这些组织运用 ASP. NET 重写它们的应用程序时，应用程序会突然惊人地提高安全系统的灵敏度。“同样的开发者，不同的架构——这不是一个教育问题，而是一个技术问题。”

在另一家公司——一个财务机构，白帽子发现一个很容易被利用的弱点，这个弱点可以让客户偷钱。这家公司在 24 小时内火速解决了问题。几个月后，这个弱点又出现了。“开发者马上开始寻找一种解决方法，准备在两三个月内公布。一些开发者没有在产品服务器及开发服务器中使用火速修复软件。所以，当三个月后紧急事件发生时，他们又急着处理弱点。”

你可能不是这种安全方法的粉丝，但如果你和格罗斯曼聊上几小时，他将说服你，这是电子商务网站每天必须面对的工作。是的，它会通过更好的编码来消除那些臭名昭著的缺陷，但是我们仍生活在现实中。寻找缺陷，然后修复，这比只是祈祷希望它们不出现要好得多。

资料来源：Adapted from Simson Garfinkel，“An Introduction to the Murky Science of Web Application Security,” *CIO Magazine*，May 11，2007.

拒绝服务式攻击

在过去的几年中，大部分对于电子商务以及企业网站的攻击已经表明，互联网面对大规模的黑客攻击是十分脆弱的，尤其是面对**分布式拒绝服务攻击**（distributed denial of service，DDOS）时。表 11—8 列出了组织为保护自身免受 DDOS 攻击可以采取的措施。

表 11—8　　　　　　　　怎样防御拒绝服务式攻击

- 僵尸机器：制定和执行安全政策；定期扫描是否有木马程序和安全隐患；关闭不使用的端口；提醒用户不要打开 .exe 的邮件附件。
- 互联网服务提供商：监控和阻止流量阻塞；过滤虚假的 IP 地址；和网络提供者就安全问题展开合作。
- 受害者的网站：建立备份服务器和网络连接器；限制和每个服务器的连接；为进入的网络流量安装多种入侵检测系统和多种路由器，从而减少障碍节点。

来自互联网的拒绝服务式攻击依靠三层网络计算机系统：（1）受害者的网站；（2）受害者的网络服务提供商；（3）“僵尸”（zombie）站点或被网络罪犯操纵的从属计算机。例如，2000 年初，黑客闯入了上百台服务器——大部分是大学里未严格保护的服务器，并植入了木马程序，接下来这些程序同时发出一系列服务请求，对电子商务网站如雅虎和 eBay 进行攻击。

如表 11—8 所示，安全防御措施需要在三层计算机网络上实施。这些步骤是公司或组织用来保护其网站免受拒绝服务式攻击的基本措施。下面来看一个实例。

不仅仅是网络钓鱼：拒绝服务式攻击

凯文·多尔蒂（Kevin Dougherty）与其他金融服务领域的 IT 领导者已经看到垃圾邮件和网络钓鱼日益增加。某个电子邮件发送者的名字让他脊背发凉：这是 Central Florida Educator's Federal Credit Union（CFEFCU）董事会的一名成员。电子邮件提及令人信服的细节，即新的维萨信用卡出现了问题，而该卡被推荐给了信用合作社的顾客。虚假信息催促顾客点击某个链接，从而连接到一个犯罪嫌疑人创建的假网站，导致他们的账户信息被窃取。

但是在周五下午发生了一件事：在资深 IT 兼营销副总裁多尔蒂从网站上删除信用卡有关信息后，出现的一个提醒顾客防范欺诈的警告把他吓坏了。

在下午两点左右，网页突然变黑。多尔蒂意识到他正在处理一些从没见过的东西。他不能用诸如网络钓鱼和垃圾邮件等术语来描述它。这是一个有组织的犯罪阴谋，目标是他的银行。“这不是无计划的，”他说，“他们看我们用信用卡做什么，然后袭击我们。”

多尔蒂的网站因为一个毁灭性的分布式拒绝服务而瘫痪，达到顶峰时，他的服务器每秒钟收到大约 60 万个虚假服务请求，来自全球受控制的计算机。犯罪团伙运用技术和远见，对多尔蒂和他的顾客发动了一个双重袭击。在过去的几年内网络犯罪十分猖狂，据 Cartner 公司调查，涉案金额已达到 28 亿美元。

显然，多尔蒂要做的事是停止这个攻击。他不得不紧急组织一个供应商和顾客的同盟，并且说服总裁采取有些极端的做法——暂时切断顾客与他们的网上账户联系的所有可能性，直到问题完全解决。多尔蒂想将他的电信供应商 BellSouth 暂时列入黑名单，以摆脱袭击，减轻网站的压力，使他有时间采取防御措施。但是总裁拒绝了他的要求，就好像没有遭受袭击一样。“他想继续为会员服务。”多尔蒂说。

在晚上 11 点，经过与袭击者抗争，并制定出对策，多尔蒂终于说服总裁将网站列入黑名单，暂停到早晨。

持续的劳累和情绪化状态会使自己落入袭击者的陷阱。“这是一场心理战。”多尔蒂说。

到周日早晨，多尔蒂借助 RSA——袭击开始时他找来的安全系统供应商——建立起一个“拆卸”服务，即找到驱散犯罪网站（本案例中超过 30 个）。与此同时，BellSouth 开始加强信用合作社网站的安全系统以阻止攻击。

在周日晚，网站恢复了。结果，22名顾客的信息被泄露，总损失在“五位数”以内。多尔蒂说，虽然信用合作社躲过了大灾难，“但敲响了警钟”。

资料来源：Adapted from Nancy Weil, "Your Plan to Fight Cyber Crime," *CIO Magazine*, June 15, 2007.

电子邮件监控

站点检查已经无法满足需要，现在的趋势是使用能够扫描出可能危害公司安全的内容的监控软件，系统地监控公司的电子邮件流量。原因是：使用监控软件的用户声称，他们关心的是保护知识产权，避免卷入法律诉讼。

正如我们在前面提到的，互联网与电子邮件系统是黑客最喜欢攻击的对象，常用的手段是传播计算机病毒或入侵联网的计算机。公司正在加强电子邮件相关政策的制定，以解决一些员工发送非法的、私人的或破坏性信息的问题，但有些员工认为这些政策侵犯了个人隐私。

员工监督：谁在观看

一提到员工监督，就会使人担忧隐私、信任、忠诚和尊重等方面的问题。通过使用电子邮件、网络和电话监督工作场所的员工已很常见。10年前，监督者反复巡视，观察员工的活动。今天，企业更多地使用自动工具以确保员工完成任务，没有浪费资源，并且遵守逐渐增多的政府法规。

隐私权信息交流中心（Privacy Rights Clearinghouse）的一份报告称，对于雇佣者的监督，被雇佣者无可奈何。老板有权在任何时候监听员工的电话、获得电话记录、通过软件看电脑屏幕上正显示什么、查看储存在光盘上的信息和电子邮件的痕迹及记录。一些公司没有办法，只能监督员工。

Presidio Financial Parters 提供投资咨询服务，为150名顾客掌控接近30亿美元的资产。它处于美国证券交易委员会和全国证券交易协会的监管之下，必须监控公司和客户之间的电子邮件及通信，并保存信息文档。

“我们不得不亲自处理这些信息。”Presidio 常务董事杰夫·兹洛特（Jeff Zlot）说，“我们的客户是一些知名人士，我们最不需要的就是信息落到错误的手中。”

Presidio 开始使用 Fortiva 监督软件，对顾问的电子邮件进行监控、跟踪及存档，令人高兴的是 Fortiva 可以将存档的材料加密。Fortiva 还被用来追踪 Presidio 销售员和顾客之间的电子邮件，尤其是寻找可能导致问题的关键词。“我们让监控者了解我们的准则，以及我们是从销售监督的立场来执行准则的。”兹洛特说。

软件会标注一些短语，如保证收益和性能的词语，或随时使用的单词。如果关键词被标出，监督者必须审查那封电子邮件。每天至少有50封电子邮件等待审查。“这迫使销售监管者了解并确认员工正在做的工作。”

自动监控工具数量的增加，使得雇佣者比以前更容易关注员工正在做什么——当你不得不注意他们时。

资料来源：Adapted from Darrell Dunn, "Who's Watching Now?" *InformationWeek*, February 27, 2006.

病毒防范

你能保护计算机免受最新病毒、蠕虫、木马及恶意程序的破坏吗？如果计算机经常与公司网络连接，这种情况就可能发生。目前，公司杀毒保护是信息技术部门的主要职能，技术人员将杀毒软件安装到计算机或笔记本电脑上，或上传到网络。杀毒软件后端运行，偶尔会弹出窗口来让你确认它正在运行。目前的趋势是使这个过程完全自动化。

许多企业正在针对病毒蔓延建立防范措施，信息系统部门通过集中安装并升级杀毒软件来实现防范。有的企业将病毒防范外包给其网络服务提供商、电信部门或提供安全管理服务的企业。

出现这种趋势的原因之一是，主要的杀毒软件公司如McAfee（Virus Scan）和Symantec（Norton Antivirus）已经开发出其程序的网络版本，并推销给网络服务提供商，作为它们向客户提供的一项服务。这些杀毒软件公司还推销软件的安全套件，包括防火墙、网络安全及内容拦截等特色功能。图11—6给出了一个杀毒软件的例子。

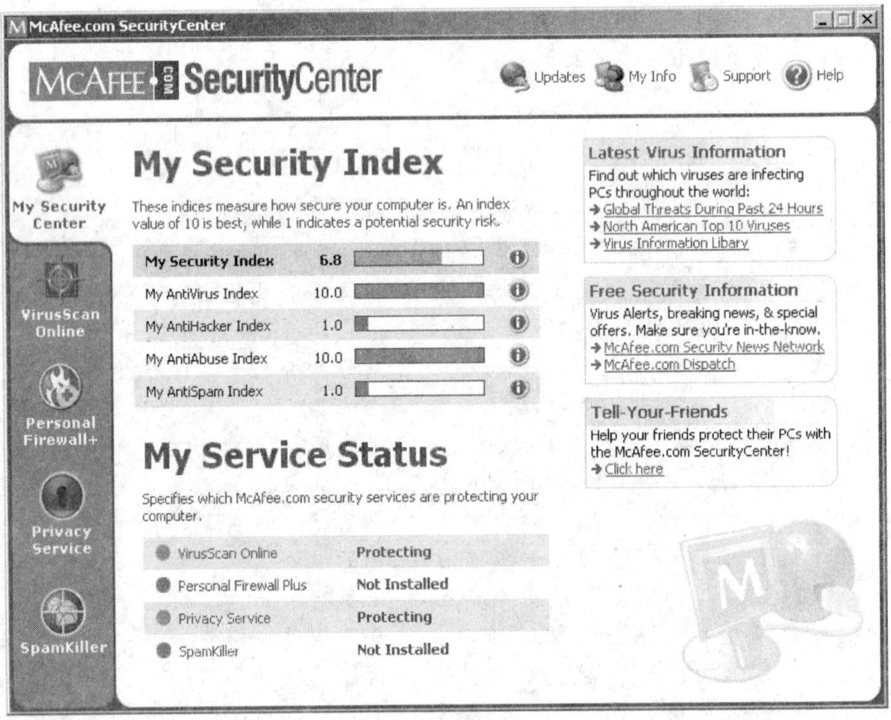

图11—6　杀毒软件示例

资料来源：Courtesy of McAfee.

杀毒的未来

杀毒软件让格雷格·希普利（Greg Shipley）只能苦笑。“杀毒公司和病毒作者之间的关系近乎可笑。一方发布一些东西，另一方随后作出反应，这样来来回回。愚蠢的是，这种小型军备竞赛没完没了。”

芝加哥安全咨询公司Neohapsis的技术主管希普利（Shipley）说，最糟的是军备竞赛对他和他的客户没有任何好处。“我想尽快摆脱基于标识杀毒。这是一个失败的范例，而且是一个不可信的CPU hog。”

杀毒领域以人类的免疫系统为模型，即给病毒标上标签，当它看到相同的标签或标识时，就发动袭击。标识杀毒已领先于简单的标识使用（虽然最初它确实能找到编码的具体行）。2007年安全软件公司

F-Secure 跟踪到的恶意软件标识的数目已经成倍增加，是 F-secure 在前 20 年里建立的标识的两倍。

杀毒公司认为它们的报告太过夸张。那些没有过分依赖标识的公司（如 BitDefencer）声称，基于标识技术只能抓到 20%的恶意病毒。公司的信息安全主管可能并不期望找到他们问题的答案。"如果你依赖安全标识，就几乎寸步难行。"德国 WestLB 银行美国区信息安全主管肯·法伊尔（Ken Pfeil）说。他认为标识很有用，而且他的公司正在使用，当出现新的恶意软件时，他通常很快地找到它，以便亲自分析，研究它的潜在效果，而不是等着他的卖家来给他更新。他的公司也使用工具（如探索技术和异象测试），以加大杀毒的力度。

分析师纳塔利·兰伯特（Natalie Lambert）认为分层处理的方法正在失去市场。她说标识杀毒是安全软件的核心，诸如探索性的信息处理系统或基于主机的入侵防御系统可通过软件发现可疑之处，就像一个文件夹打开自己的应用程序那样简单。这些技术的应用减少是由于它们不能像旧版的基于标识杀毒那样简单、吸引人，她将旧版称为"放下、忘掉"技术。她注意到 HIPS 技术很难控制，而且永远不可能像旧版标识杀毒那么简便易用，尽管她认为它们会随着时间变简便易用。

杀毒公司承认它们变得难以应付，然而，杀毒信息交换网络 Avien 的管理者戴维·哈利（David Harley）认为，心理原因使得杀毒软件不会消失。"停止真正的威胁且不妨碍正常事物和过程的解决方案，非常吸引人。人们（任何层次，非安全专家）喜欢有某些威力的软件，只要它能抓住所有恶意软件且不引起其他的错误，因为他们在安装软件后就会忘记这件事。不幸的是，那是一种无法达到的理想状态。"

格雷格·希普利提醒：删除你的杀毒软件时不要屏住呼吸。

资料来源：Adapted from Michael Fitzgerald, "The Future of Antivirus," *Computerworld*, April 14, 2008.

其他安全措施

下面简要介绍一些用于保护企业系统和网络的常见安全措施。这些措施包括软硬件工具（如容错计算机和安全监控器），以及安全政策和程序（如密码和备份文件）。所有这些都是当今企业进行安全管理所需要的。

安全密码

一般来说，安全管理使用一个多级的**密码**（password）系统。首先，终端用户通过输入其唯一识别码或 ID 进入计算机系统，然后要求其输入一个密码才能进入该系统（密码应该经常更改，并包含不常见的大、小写字母和数字的组合）。接下来，访问每个文件必须输入一个唯一的文件名。有些系统中，读取文件内容的密码与改写文件（改变文件内容）的密码是不同的。这一特征为存储的数据资源添加了另一层保护。但是，更严格的安全管理要求密码应该是复杂且加密的，以避免被盗取或非法使用。另外，一些安全系统使用能够产生随机数字的微处理器（即智能卡），并加入终端用户的密码。

备份文件

备份文件（backup files），即数据或程序的复制文件，也是一种重要的安全措施。可以通过文件保存措施来保护文件，包括保存前一段时间的文件副本。如果当前文件遭到破坏，前一段时间的文件可用于重建当前文件。因此，来自近期处理的主文件（称为子文件、父文件、祖父文件等），可以存起来作为备份。这类文件应该在场外保存，即保存在远离公司数据中心的场所。

安全监控器

网络的安全可以由专门的系统软件包提供，如**系统安全监控器**（system security monitors）（见图 11—7）。系统安全监控器是一组程序，可以对计算机系统和网络进行监控，防止未经授权的使用、欺诈和破坏。这类程序只允许授权用户进入网络，常见的例子如别识码和密码。安全监控器还可以控制计算机系统中软硬件及数据资源的使用，例如，即使是获得授权的用户也会被限制使用某些设备、程序及数据文件。另外，安全程序监控计算机网络，并收集任何企图非法使用的统计数据，并生成报告以保护网络的安全。

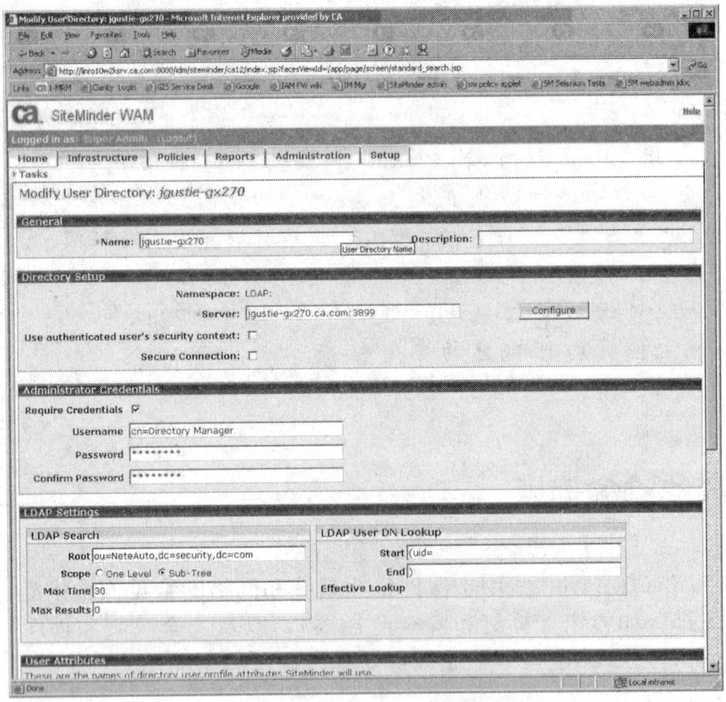

图 11—7　安全监控器示例

资料来源：Courtesy of McAfee.

生物测定安全管理

生物测定安全管理（biometric security）是计算机安全管理中迅速成长的一个领域，即通过计算机设备测量每个个体与众不同的物理特征来提供安全措施，包括声音鉴别、指纹、掌纹、签名、按键分析、视网膜扫描、面部识别以及遗传模型分析等。生物测定控制装置使用特殊的传感器测量，并将个人的指纹、声音等具有物理特征的生物测定档案数字化。数字化的特征经处理并与存储在磁盘上的个人档案进行比较，如果档案吻合，则允许该用户进入计算机网络并访问受保护的系统资源。表 11—9 对常见的生物测定安全技术进行了评估。

表 11—9 常见的生物测定安全技术评估

	生物测定技术评估			
	用户标准		系统标准	
	强制性	作用	精确性	成本
签名鉴别	优秀	一般	一般	优秀
面部特征	良好	良好	一般	良好
指纹扫描	一般	良好	良好	良好
掌纹特征	一般	良好	一般	一般
虹膜扫描	差	优秀	优秀	差
视网膜扫描	差	差	很好	一般
声音印记	很好	差	一般	很好

计算机故障控制

"对不起，我们的计算机系统死机了"，许多用户经常听到这句话。计算机系统故障有多种原因：断电、电路系统障碍、电信网络故障、隐藏的程序错误、计算机病毒、错误的操作或黑客的恶意破坏。防止计算机故障或将其影响最小化的方法有很多种。例如，计算机有自动及远程维护能力，硬件的预防维护程序及软件升级管理也非常普遍，备份计算机系统可用于灾难恢复。另外，受过强化培训的数据中心人员和使用性能安全的管理软件也能够对企业计算机系统和网络的正常运行提供帮助。

容错系统

许多公司都使用**容错**（fault-tolerant）计算机系统，它包括冗余的处理器、外围设备等备份部件，以及在系统出错时可以恢复的软件。容错系统能够提供自动防止故障的能力，这使计算机系统即使在重要的软件或硬件出现故障时仍然能保持正常运行。但是，很多容错计算机系统提供的是故障弱化能力，在出现重大系统故障时，有选择地终止受到影响但不严重的处理过程，使计算机系统在性能减弱但仍可接受的水平上运行。表 11—10 概括了计算机系统和网络中使用的一些容错方法。

表 11—10 计算机信息系统的容错方法

层面	威胁	容错方法
应用	环境、软硬件故障	特定的冗余软硬以及退回到以前的检查点
系统	损耗	系统隔离、数据安全、系统完整
数据库	数据错误	交易分享以及安全升级、完整的交易历史、备份文件
网络	传输故障	可靠的管理员；安全异步及通信握手；备用进程；故障探查和纠错编码
过程	软硬件故障	备用计算，退回到检查点
文件	媒介错误	在不同媒介和站点上对关键数据进行复制；存档、备份、修正
处理器	硬件故障	重试指令；内存和处理中的纠错码，复制；多重处理器和内存

ETrade金融公司：全天候运行的数据中心

ETrade金融公司和其他网络证券经纪公司都在为更快地处理交易而战斗。ETrade拥有350万个顾客账户，每天平均完成10万个交易。该公司称，大部分交易都在一秒钟之内完成。对于一个涉及多台电脑、路由器和应用程序且不受ETrade控制的操作系统来说，这一成绩十分惊人。

2001年，私有系统的价位上涨，英特尔中央处理器上运行的开放系统却降价了。ETrade的技术和行政管理主管乔舒亚·S·莱文（Joshua S. Levine）说，公司把从开源产品中节省的资金用于购买设备来预防可能出现的硬件失效以及需求激增等情况。"如果你购买廉价的服务器，就无法保证它的性能。"莱文说，"我们花3 900美元买一台机器，甚至不用维护它。当它出故障时，我们直接就扔掉它。"

功能和可信度并不只与电脑的硬件和软件相关：IT资产必须得到保护。那是应优先考虑的事，在1999年股票市场繁荣时期，ETrade建立它的地区运行中心时就是这样做的。速度也是需要着重考虑的因素。"对于像ETrade那样的公司，当时可是令人陶醉的日子。"ETrade的执行副主席兼IT主管格雷格·弗拉姆克（Greg Framke）说，"公司产品出现供不应求的局面，不到12个月地区运行中心就建起来了。"

ETrade的主要数据中心——投入7 000万美元（不包括电脑设备）建成的地区运行中心是一座位于佐治亚州，没有标志也无窗户的混凝土堡垒。该设施被归类为"Tier IV—Fault Tolerant"数据中心，拥有两套独立的电子系统、多功能冷却分散路径，以及99.995%的可用性。

整栋大楼拥有6条电信通道，数据中心拥有3组供电设备。有两个房间各放有一对600吨的冷却装置，以及一个百万加仑的冷水池，如果其中一个冷却装置坏掉，它可以用来制冷。该中心有四个大房间，装着不可中断的电力供应装置，但其中任意一个坏了都不会影响运行。另外两个房间各放有一对备用的两兆瓦的柴油发电机。附近是一箱22万加仑的柴油燃料，足够供应数据中心两周的电力。安全系统很严格，安装了闭路电视监控器，门上装有标识阅读器，使用指纹识别器控制电脑房间的进入。

莱文说："最令我骄傲的是我们每天24小时不间断运行，而且如果哪里出了错，每个人都能看到。我明白，我的职业生涯可能因为3小时的供电中断而宣告结束。"

资料来源：Adapted from Gary Anthes, "Sidebar: Inside ETrade's Data Center," *Computerworld*, September 27, 2004; and Gary Anthes, "ETrade Beats the Clock," *Computerworld*, September 27, 2004.

灾难恢复

自然的和人为的灾难通常是难以避免的。飓风、地震、火灾、洪水、犯罪和恐怖活动，以及人为的原因都会严重破坏一个组织的计算资源，从而破坏组织自身的健康运转。例如，很多企业，尤其是网上电子商务零售商和批发商、航空公司、银行及网络服务提供商，可能会因为计算能力丧失几小时而受到严重的影响。许多企业失去计算机设备只能存活几天。这就是组织要开发**灾难恢复**（disaster recovery）程序，并形成正式的灾难恢复计划的原因。该计划详细规定了哪些员工要参与灾难恢复以及他们在灾难恢复中的具体职责，要求使用什么样的软硬件设备，哪些活动要优先处理等。与其他企业合作，选择备用设备作为组织数据库的灾难恢复站点和离站存储，也是一种有效的灾难恢复方式。

□ 系统控制和审计

最后需要提及的两种安全管理措施是开发信息系统控制和实施企业系统审计，下面作简要介绍。

信息系统控制

信息系统控制（information system controls）是努力保证信息系统活动的准确性、有效性、适当性的方法和设备。必须建立信息系统控制，以保证数据录入、处理技术、存储方法和信息输出的正确性。因此，信息系统控制的设计目的是监控和维护任何信息系统的输入、处理、输出和存储活动的质量和安全（见图 11—8）。

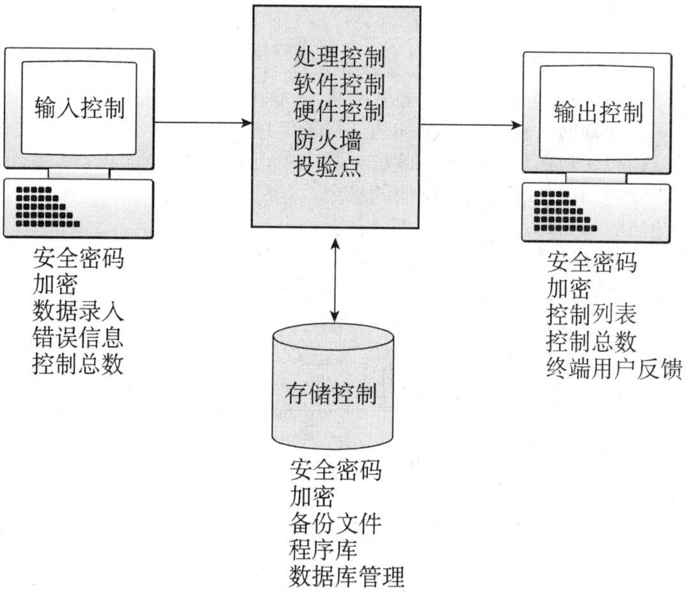

图 11—8　信息系统控制

说明：注意其设计的目的是监控和维护信息系统的输入、处理、输出和存储活动的质量和安全。

例如，信息系统控制需要保证为企业系统输入正确的数据，以避免“垃圾进、垃圾出”（GIGO）。这方面的例子有口令、安全密码、固定的数据录入格式及出现错误时的声音信号。计算机软件包括能够识别计算机系统输入错误数据的指令，例如，数据录入程序能够检查无效编码、数据字段、交易并进行“合理性检查”，以确定输入的数据是否超出指定的限制或顺序是否正确。

信息技术安全审计

企业内部审计人员或来自专业会计师事务所的外部审计人员应定期检查或审计 IT 安全管理。这类审计检查企业是否制定了恰当充分的安全措施以及管理政策，并对政策和措施的实施进行评估。通常包括检查软件的准确性和完整性，以及商业软件数据输入输出的准确性和完整性。有些企业聘请专门的计算机安全审计师做这项工作，他们可以利用专门的测试数据来测试处理的准确性及软件内置的控制程序。审计人员可以开发专门的测试程序或使用审计软件包。

企业系统审计的另一个重要目标是测试应用程序的审计路径。**审计路径**（audit trail）可通过信息处理各阶段追踪指令查找文件的出现顺序。该过程可能从某一指令在源文件出现开始，至其转变为最终文件或报告信息结束。人工信息系统的审计路径很容易观察到并且很容易追踪。然而，基于计算机的信息系统改变了传统的审计路径。审计人员必须知道如何通过记录过去活动的磁盘或磁带文件的电子搜索来跟踪电脑网络系统的审计路径。

通常情况下，审计路径以控制日志的方式在磁盘或磁带工具上自动记录所有的联网活动。这种审计特点可在很多在线处理系统指令、活动和安全系统监控、在线活跃系统及网络控制程序中找到。记录网络活动的软件在网络（特别是万维网及企业的内联网和外联网）上广泛应用。审计路径可帮助审计人员查找错误或欺骗行为，帮助信息系统安全管理员跟踪并评估网络上黑客攻击的路径。

表11—11总结了10种可保护电脑系统资源免受黑客攻击和其他网络犯罪的安全管理措施。

表11—11　　互联网用户的安全管理

1. 使用杀毒和防火墙软件并经常升级，从而可以使那些破坏性程序远离你的计算机。
2. 不要允许网上经销商存储你的信用卡信息。
3. 使用包含数字和字母组合的难猜的口令，并经常更改。
4. 不同的网站和软件使用不同的口令，让黑客无法猜测。
5. 为所有的操作系统安装补丁并升级。
6. 使用最新版本的网络浏览器、电子邮件软件等程序。
7. 只向有安全证书的网站发送信用卡号码；在浏览器的底部寻找是否有加锁的图标。
8. 使用一种安全程序，使你可以控制往网站发回信息的“cookies”。
9. 如果使用DSL或电缆调制解调器连接到网络，安装防火墙。
10. 不要轻易打开电子邮件的附件，除非知道消息的来源。

小结

● 道德和社会维度。信息技术及系统在社会中的重要地位带来了严重的道德和社会问题，如对员工雇佣、个性、工作环境、隐私权、健康及计算机犯罪等的影响（详见图11—1）。

信息技术对员工雇佣的影响包括由于办公自动化及电算化导致的失业，及其可能创造的提供信息技术和商业应用的相关岗位。信息技术对工作环境的影响涉及使用计算机监控员工及利用信息技术较多的岗位的工作条件等问题。信息技术对个人的影响则指部分电脑系统的去个性化、类型化及僵化。

员工长期超负荷使用电脑工作站也催生了与工作相关的一些健康问题。在未经授权的情况下使用信息技术开展评估或搜集私人信息、电脑分析、电脑配对、电脑监控及电脑诽谤及侦查活动，导致了严重的隐私问题。电脑犯罪活动包括黑客攻击、电脑病毒和蠕虫、网络盗窃、工作中未经授权的使用、软件盗版和知识产权侵权。

管理者、业务专家和信息系统专家可通过加强相关人体工程学设计、有偿使用及信息技术管理的道德责任来解决信息系统不当使用的问题。

● 商业道德责任。企业行为及信息技术活动涉及许多道德问题。商务活动及社会活动中广泛使用信息技术可能会涉及道德问题，技术及商务道德的基本原则可作为商务人士处理上述问题的准则。其中，规定管理者及员工对公司利益相关方责任的公司社会责任理论及表11—2中总结的四大技术道德原则都是最好的例子。

● 安全管理。管理一家企业最重要的责任是确保其IT化商业活动的安全和质量。安全管理工具和规则可以确保信息系统和公司资源的精确性、完整性和安全性，从而使企业活动中的错误、欺诈和损失最小化。本章提到的例子有加密企业机密数据、防火墙、电子邮件监控、杀毒软件、安全密码、生物测定安全、计算机故障控制、容错系统、灾难恢复措施、信息系统控制及企业系统的安全审计。

关键术语和概念

杀毒软件（antivirus software）
审计路径（audit trail）
备份文件（backup files）
生物测定安全管理（biometric security）
商业道德（business ethics）
计算机犯罪（computer crime）
计算机匹配（computer matching）
计算机监控（computer monitoring）
电脑病毒（computer virus）
网络法律（cyber law）
灾难恢复（disaster recovery）
分布式拒绝服务攻击（distributed denial of service）
数据加密（encryption）
人类工程学（ergonomics）
道德准则（ethical foundations）
容错（fault tolerant）
防火墙（firewall）
火焰邮件（flaming）
黑客（hacking）
信息系统控制（information system controls）
知识产权侵权（intellectual property theft）
选择性加入/无条件接受（opt-in/opt-out）
密码（passwords）
安全管理（security management）
社会解决方案（societal solutions）
软件盗版（software piracy）
滥发垃圾邮件（spamming）
间谍软件/广告软件（spyware/adware）
系统安全监控器（system security monitor）
未经授权使用（unauthorized use）

讨论题

1. 哪些工作的开展可提高网络在商务应用中的安全性？请列举可采用的安全措施及技术。

2. 你发现企业使用内联网和外联网将有哪些安全问题？哪些措施可以解决该问题？请举例说明。

3. 参考本章中关于复制 CD 和下载音乐的真实案例。你认为拷贝音乐 CD 是否道德？你对互联网音乐下载问题有何看法？

4. 你对互联网犯罪及网络隐私主要关注哪些方面？你将采取何种措施应对？

5. 什么是灾难恢复？这项工作在你的工作单位或学校可以如何开展？

6. 请参考本章中关于伦理和道德困境的真实案例，尽管麦基的行动在伦理方面可以接受，但其行动可能是非法的。请问企业员工是否不应该在博客或其他网络中评论自己的公司或竞争对手？为什么？如果是反对执行董事的分析专家，是否可以这样做？

7. 在企业中是否存在道德危机？信息技术在这些非道德活动中起着什么作用？

8. 如果你是一名公司经理，你将作出哪些包含道德和信息技术因素的重要决策？请举例说明。

9. 参考本章中关于对外信息管理的真实案例，该案例提到尽管在高度管制的行业中有公司证明在信息技术方面投资是正确的，但其他公司在推广信息技术的过程中却遭遇了一定的挑战。这些公司应如何借鉴商业案例吸收或发展信息技术？哪些因素需要加以考虑？请举例说明。

10. 在图 11—1 列举的信息技术使用方面的道德和社会问题中，哪些带来正面影响，哪些带来负面影响？请对你的选择加以解释。

分析题

1. 与密码相关的问题

网络和应用的管理者需了解谁正在评估他们的系统以确定合适的接入层。典型的情况是，他们要求用户创建密码。由于密码只有用户知道，因此管理员更加坚信当前用户是注册用户。系统管理员甚至有权决定密码的特征。例如，他们可设置最小长度并要求密码包含数字、符号或者字母组合。他们还可要求用户每周或每个月改变其密码。但这些方法也有如下缺点：

- 用户经常忘记复杂的或经常改变的密码，导致他经常致电咨询中心求助。咨询中心则需要采用其他方式识别该员工并为其重置密码。该过程需要时间并受社会工程支配。
- 用户可能记下密码，然而可能被其他人发现或窃取。
- 用户可能针对不同账户使用同一个密码，这意味着如有人发现一个账户的密码，则可能拥有其所有账户的密码。
- 用户可能使用方便记忆的密码，这种密码可能很容易被他人猜中。密码破解程序可在整个英语单词、一般词语及数字的组合中循环，生成如"smart1"和"2smartu"一类的密码。
- 用户可能在电话或邮件中将密码告诉他人，并委托他们做系统管理员。或许你也曾经收到财务机构的邮件，告诉你面临账户识别困难并要求你在它们看似完全真实的网站上重新确认账户信息。

如上所述，使用密码识别用户身份也会带来一些问题，在此仅列举了一部分。请在网上查找下面列出的认证方法，用自己的语言加以描述并简要列出其优势和劣势。

a. 生物识别技术；

b. 智能卡；

c. 生物芯片。

2. 使用互联网工作的权利

不论是雇主还是员工，都应熟知在工作中使用互联网的权利范围。马克·格罗斯曼（Mark Grossman）是佛罗里达州一名专门研究电脑和网络法律的律师，在此澄清了如下基本问题。

- 情景 1：没有人告诉你在工作中被监控。但现在公司警告你，如果再在工作中使用网络娱乐，你将被公司开除。请问在此情景下你有什么权利？

基准线：当你使用办公室网络时，基本上没有任何权利。一般来讲，向法官控告老板在上班时间监控公司电脑侵犯个人隐私是很困难的。你应该为提前收到警告而庆幸。

- 情景 2：你的员工滥用公司网络权利，但贵公司并无网络使用管理规定。你应该怎么做？

基准线：尽管公司并无明确的网络使用规定，但法庭有明确的处理方式：如果该电脑归公司所有，那么公司有权控制其使用方法。公司无须制定特殊的规定来防止员工不当使用互联网的行为。为了将来更好地保护公司，建议你尽快制定一套较全面的网络使用政策。

- 情景 3：员工约翰·多伊（John Doe）在上班时间下载了成人内容，并被员工简·史密斯（Jane Smith）看到。史密斯据此起诉公司有性骚扰倾向。作为雇主，你会撒谎吗？

基准线：无论多伊下载的成人内容来自杂志还是互联网，都不应该出现在办公室。因此，史密斯有充足的理由起诉公司。公司阻止上述情况发生的最好办法是出台网络使用规定，禁止访问成人网站。当然，作为公司老板，你自己也得遵守这一规定。如果他人使用公司电脑访问成人内容，你必须对其给予警告。如果公司缺乏严格的网络使用规定，史密斯将在法庭上占据一定优势。

a. 您同意马克·格罗斯曼律师的上述陈述吗？为什么？

b. 针对上述三种情景，你的建议是什么？阐述你的立场。

c. 识别你在阐述自己立场时设计的道德原则。

3. 利用安全弱点

通常情况下，员工如需访问工作站、数据库或其他信息系统资源，需要填写申请单并征得主管经理的同意。经理再向系统管理员确认请求路径。

接受过良好训练且可信的系统管理员会花相当多时间处理技术问题，而不是添加或删除访问控制名单中的人名。在规模较大的组织机构里，系统管理员可能根本没见过发出系统访问请求的其他员工。即使都是管理员，他们也很可能不在同一栋办公楼上班。

黑客最擅长利用这种方法来获取授权：他们从探测某一机构的授权开始，且并未打算在该阶段使该机构网站陷入瘫痪。他们起初向公司致电以了解谁负责发放访问权限以及如何申请访问，或许更进一步了解该组织架构中重要人物的职责。遗憾的是，许多组织机构竟将该信息发布在员工手册中。一旦拥有上述信息，黑客即知道该和谁进行交谈，谈论什么问题，而且不露痕迹。在此基础上，黑客开始冒充公司员工，并用计套出系统管理员的密码，在不知不觉中获得访问权限。

组织可决定员工使用相关应用的权限。为实现该功能，需要另外创建一个系统以认证个人申请的真实有效性。当然，该过程应尽量满足有效性及低耗性原则。

a. 描述本练习中展现的商业困境。

b. 就组织如何降低在社会工程中的暴露程度提出建议。

c. 为公司新员工准备一份入职备忘录，阐述社会工程，并就员工如何防范陷入黑客的陷阱提出建议。

4. 隐私问题

当网络用户在网上冲浪时，他们也许会认为自己是完全匿名的，但事实并非如此。网络地址、信息记录程序、登录过程及信用卡支付等都有助于他人跟踪用户访问某一站点或网页的频率。当然，部分公司在这方面做得更加深入。

部分免费桌面保护程序和对等共享应用程序常内嵌有间谍软件。一旦安装了这些应用程序，间谍软件就会在后台自动运行。由于各间谍软件的开发目的各异，因此其追踪的目标信息也各不相同。为使其活动“符合”美国法律，这些应用程序开发公司将其应用的功能描述得十分笼统，并将这些功能隐藏在用户授权协议中。实际上，这些协议可能以换取免费使用权限为条件，规定用户不能禁用其应用程序的部分功能。

多数用户并不会仔细阅读这些协议，因此他们对自己在该类协议中放弃的隐私权利并不清楚。用户在同意该协议后，确实可以免费使用桌面保护应用和对等共享应用程序，但很可能还被“赠予”更多程序。在卸载这些应用后，部分间谍软件甚至仍存留在硬盘上并自动运行。

a. 搜索“间谍软件”、“间谍软件清除”、“广告软件”及相关术语，并就搜索结果进行总结，写一页纸的报告。

b. 选择你最喜欢的 3 个网站并打印其用户隐私协议，分析其共同点和不同点。

c. 制定你自己的网站隐私协议，尽量满足商业和顾客需求的平衡。

案例 11.3

网络诈骗：四大网络罪犯及其所作所为

网络诈骗是当今增长最快的网络犯罪行为。诸多银行及电子商务巨头（包括摩根大通及沃尔玛在内）都曾被黑客或网络欺骗组织袭击过。美国联邦调查局 2005 年的电脑犯罪调研报告显示，包括蠕虫和其他恶意软件攻击、网络欺诈及网络骚扰造成的年经济损失额高达 670 亿美元。在参与该调查的 2 066 家公司中，87%的公司都遭遇过安全事件。此外，美国联邦贸易委员会声称身份窃取是这些公司抱怨的最主要问题。

为追踪网络罪犯，执法人员和包括 eBay 及微软在内的公司及全球其他司法机构合作。eBay 有 60 名员工专门从事反网络欺诈工作，微软的网络安全执行小组有 65 个工作站。为记录这些网络犯罪活动的范围，《商业周刊》记者从那些地下网站着手进行调查，发现被窃取的数据就像 eBay 上的棒球卡一样在交易。

让我们来看一下这份在线犯罪交易集市——vendersname. ws——在去年上线时的促销信息邮件。“在与美国特情局的战斗中，我们彻底打败了那帮混蛋，并将于现在成立一个全新的、高级的、庞大的、从事卡片交易的论坛。”该邮件大肆吹捧其盗用的大量产品：美国和欧洲的信用卡数据，激活且拥有大量存款的 PayPal 账户以及社会安全号。当天注册该论坛的用户可以得到额外的奖励，即“存有 3 000 元现金的花旗银行网络账号”或“25 张有 PIN

码的可在线交易信用卡”。

接下来介绍重要执法机构确定的 4 名首要调查对象。巧合的是，他们都是俄罗斯人。技术实力雄厚的大学，相对低的收入，欠稳定的法律体系，使得前苏联地区成为网络犯罪的温床。此外，紧张的政治关系也使得地方执法部门的合作更加复杂化。前联邦检察官、现 eBay 反欺诈高级副总罗伯特·切斯纳特（Robert C. Chesnut）认为：“这些国家较低的生活水平与其民众的聪明智慧是造成这种乱象的根源。”

毫无疑问，在过去的几年中，最恶劣的网络诈骗案是 Reshipping rings。这宗诈骗案的首领是一位被称为“Shtirlitz”（小说中苏维埃监视纳粹的秘密机构）的俄罗斯黑客。在现实生活中，由于和上千亿美元的诈骗有关，Shtirlitz 被美国邮政监察局（Postal Inspection Service）调查。该案中，很多美国公民在不知不觉中与 Shtirlitz 签订合作协议，将他盗用的信用卡数据转换成可出售的实际商品。美国监察局分析师威廉·（William A Schambura）认为：“Shtirlitz 可能雇用了上百人的工作团队。”

监察人员认为 Shtirlitz 等人用盗窃的信用卡购买商品，并在信用卡所有人或电子商务公司工作人员发现之前由某些美国公民将其配送到国外，然后在黑市上出售。

《商业周刊》发现这些 Reshipping 组织在报纸或求职网站上刊登过广告，如在 Monster. com 上登有：“我们将为您提供待遇丰厚的工作岗位”，求职者可发送邮件到 UHM 货运公司应聘“接收和发货员岗位”。广告宣称，被录用者每次发货的起薪为 70～80 美元，90 天后公司可为其办理健康和生命保险。

监察人员并不知道 Shtirlitz 的真实姓名，但确信他是在父母移民海外之后居住在旧金山的一名 25～27 岁的年轻人。他们虽然不知道 Shtirlitz 现在居住在何处，但确信他十分活跃。在名为“CARDINGWORLD. CC”的论坛上，名叫“iNFERNis”的网友在 2005 年 12 月 23 日发表了这样的帖子：“我需要用邮箱登录 eBay 账号，请将其发送到我的 icq271-365-234 上。”几小时后，Shtirlitz 回复：“我知道有好卖家，请与我联系，icq80-911。”

一旦可用盗用的 eBay 账户购物，他们会将账户余额花光。RSA Security 公司的分析师约海·埃诺维（Yohai Einav）认为：“该网站就像一站式约会网站，谈成后可以在其他地方私下进行交易。任何人都可以点击网站上用户的名字，并开展交易。”

窃取信用卡账户及网络银行登录密码的技术工具和黑客盗用的商品一样重要。另一位被美国邮政监察局调查的网络罪犯名为斯马什（Smash），他被怀疑开展黑客攻击。斯马什的在线聊天室的头像是一个坠落的天使。斯马什被认为是居住在莫斯科的一名 25～30 岁的年轻人，擅长编写追踪网络用户键盘活动的间谍软件和恶意代码，其编写的恶意软件或恶意代码常隐藏于崩溃的网站或垃圾邮件中。

美国执法人员认为，斯马什在俄罗斯的公司名为“RAT 系统公司”，在其公司网站 www. ratsystems org 上提供鹰隼间谍软件。在其主页上，RAT 系统公司拒绝任何主观恶性：“总的来说，我们反对破坏性的信息载荷及电脑病毒传播。开发间谍软件并不犯罪。”然而，其服务条款却保证了该公司的间谍软件并不会被诸如迈克菲及赛门铁克等信息安全公司开发的杀毒软件监测。其中一款名为 TAN 的系统安全泄露软件由德国公司开发，售价高达 834 美元。

美国邮政监察局官员还在调查斯马什作为国际犯罪促进协会会员所开展的系列活动，该组织是由国际黑客、身份盗窃及金融犯罪分子组成的松散网络。斯马什和朱墨（Zoomer）联合建立了网站 IAAcA's 及 www. theftservices. com，后者被认为是最火且性质最恶劣的盗窃数据交易网站。

2005年5月11日，马萨诸塞州律师总长受理了一份诉状，控告列奥·库瓦耶夫（Leo Kuvayev）及其同伙发送了成千上万封兜售假药、假手表、盗版软件及色情内容的垃圾邮件。据反垃圾邮件组织Spamhaus称，库瓦耶夫是一名地道的俄罗斯人，别名BadCow，34岁，是排名世界前三位的垃圾邮件制造者。美国相关政府官员表示，库瓦耶夫及其助手在美国及世界各地采用网页寄存服务发动攻击。

马萨诸塞州调查员根据库瓦耶夫驾照上的马萨诸塞州地址及其使用的波士顿邮箱展开了跟踪调查。直到2005年5月11日，库瓦耶夫团队无任何人对该控诉进行回应。超级大法官宣布了对其团队的缺席判决，认为他们发送15万封垃圾邮件的行为违反了联邦消费者保护法，勒令其关闭上千个非法网站，并罚款3 700万美元。

联邦执法人员认为库瓦耶夫每年通过上述违法活动至少净赚3 000万美元，并怀疑他在被起诉之前已逃回俄罗斯。邮政监察局高级探员格雷戈里·克拉布（Gregory Crabb）认为："俄罗斯并没有反垃圾邮件法，因此很难在俄罗斯逮捕像库瓦耶夫这类并未违反俄罗斯本国法律的犯罪分子。"

银行抢劫犯抢劫银行源于银行存放了巨额现金。对于网络罪犯而言，最理想的作案点是网络中的信用卡处理器，即银行和公司交易处理的中间人。邮政监察局官员还透露，他们正在调查罗曼·霍达和阿卡·妙（Roman Khoda and Aka Myo）两人，他们涉嫌在近年来盗窃上百万个信用卡账号。

霍达是一名26岁的俄罗斯青年，主要学习物理学，曾与网站Carderplanet有密切的合作，直到2004年被美国及其他政府机构共同瓦解之前，该网站是全球最大的被盗银行账户及数据在线交易市场。克拉布说："霍达与其他骄傲自大的黑客不同，他一直秘密行动，从不在恶意软件里留下电子签名。"无论是在Carderplanet还是后来一系列恶意网站创建中，根本无法详细跟踪他盗窃数据的行为。

克拉布还透露，监察局工作人员知道霍达及其同伙最近针对新目标展开了一系列准备工作，甚至还成立了假公司，并在信用卡处理中心检测其系统漏洞。然后，他们将电脑搬到位于地中海马耳他的一个海岛上，使用美国、中国、乌克兰等国家的代理服务器掩盖其互联网连接，准备妥当后开始互联网攻击。

资料来源：Adapted from Spencer Ante and Brian Grow, "Meet the Hackers," *BusinessWeek*, May 29, 2006.

问题

1. 案例中提到"网络诈骗是当今增长最快的网络犯罪行为"，请你列举相关理由，并阐述其为何助长了网络犯罪行为。

2. 可采取哪些信息安全措施来阻止网络犯罪活动的蔓延？解释为何这些措施是有效的。

3. 案例中提到的哪四种网络犯罪对企业危害最大？对消费者而言呢？阐述你的选择的根据，并请说明企业和消费者应如何保护自己免受网络犯罪的侵害。

实践

1. 不建议读者访问本案例中或其他地方发现的恶意网站，如果你不慎进入类似网站，可能你的电脑和网络在遭受攻击时抵抗力较为脆弱。请在网上搜索网络犯罪的最新消息、本案例中提到的网络犯罪以及应对措施。总结你在搜索中得到的新启示。

2. 你如何保护自己不受网络犯罪侵害？针对本案例中提出的网络犯罪类型及你在网络上的搜索结果，分组讨论并提出建设性意见。

第 12 章　信息技术企业与全球化管理

学习目标

1. 认识信息技术管理的三个要素，并结合实例说明如何在商务中应用。
2. 揭示如何通过业务经理对 IT 规划与管理的参与，减少 IT 管理中的失误。
3. 认识管理者在全球信息技术管理中面临的一些文化、政治及地缘经济的挑战。
4. 揭示全球化业务/IT 战略的趋势对国际商业组织跨国商业战略的影响。
5. 识别影响全球化商业企业选择 IT 应用、IT 平台、数据获取政策和系统开发方法的因素。
6. 理解外包和离岸外包的基本概念，识别为信息系统或信息技术管理选择某种合适的途径的原因。

12.1 管理信息技术

业务与信息技术

信息技术在商务战略及运营中的重要性已毋庸置疑。进入 21 世纪以来，全球许多企业都致力于全球电子商务企业、电子商务及其他 IT 建设方面的投资，使自己转型为全球商业的“发电站”。因此，业务经理和专家迫切地想知道如何管理这项重要的组织职能。在本节中，我们将研究怎样组织和管理 IS 职能，强调信息技术管理关注的客户和企业价值的重要性。因此，不管你打算成为一名拥有自己企业的企业家、公司的经理，还是业务专家，管理信息系统和技术都将成为你的主要职责之一。

阅读下面的真实案例，从中可以了解到退休的 IT 主管面临的诸多挑战以及指导和发展未来 IT 接班人的多种方法。

案例 12.1

丰田汽车、宝洁、赫斯公司及其他公司：即将退休的 CIO 和继任计划

巴尔布拉·库珀（Barbra Cooper）担任公司的 CIO 时，这一职位当时被称为 IS 副总裁。在从事 IT 行业 30 多年，她见证了这个职位越来越重要的战略意义。

CIO 一直是可以看到整个企业运行状态的领导者中较为独特的一个职位。

作为丰田汽车美国销售公司的 CIO，库珀认为未来的 CIO 将会变得更具战略性及影响力，但她同时也表示出对未来面临的商业和技术变革的担忧。她说："未来的 10～20 年将变得更具挑战性。"她谈到了摆在前面的挑战：IT 的领导者将从哪里入手去应对这些挑战呢？

这是一个被越来越多的管理人员关注的问题。第一代全职 CIO 现在正面临退休，其他人则肩负着更多 IT 方面的职责，并扮演着超出以技术为背景的企业领导人的角色。实际上，2008 年的 CIO 状况报告指出，在接受调查的 CIO 中，有 56%的人认为现阶段，长期战略性思考及计划在他们的行政领导能力中极其重要；有 47%的人认为合作与影响力在行政领导能力中极其重要；有 39%的人认为信息技术方面的专业能力是最重要的。同时，很多 CIO 不知道如果他们离开了公司，谁将引领公司的 IT 发展。当你听说只有 17%的受访者认为个人发展是一项重要的领导能力时，请不要觉得奇怪。

对 CIO 所具备的能力要求是随着从技术人员到企业战略家的角色转变而不断变化的。库珀说："我们有能力让企业告诉我们它想要我们做什么，并且做好它。现在，企业的状态和发展速度以及它的需求不允许我们等到有事情发生时再行动。"

事实上，CEO 现在更多地将 CIO 的角色看作战略性的商业领袖，而不仅仅是部门领导。TAC Worldwide 的首席执行官罗伯特·巴达沃斯（Robert Badavas）说，他与 CIO 很少谈及技术，而是谈"如何为我们的客户创造企业的价值"。他指出，要取得成功，CIO 需要了解企业的价值主张。巴达沃斯说："在技术、人力资源、会计或其他部门任职，你无法体现出自己对于企业的价值。"对 CEO 来说也是如此。

要谨记，今天的 CIO 不仅需要为自己准备能够胜任的替代职位，而且要考虑新一代已做好任职准备的 IT 领导者，并能够提供一个有利于 IT 发展的环境。这也需要更长的时间来找到正确的业务组合和良好的技术诀窍。例如，皮特·沃尔顿（Pete Walton）在赫斯公司（Hess）继续担任 CIO。公司在 2005 年时任 CIO 离开时返聘了他。沃尔顿说，赫斯公司希望有人帮助它的信息服务上升到一个新的水平。

CEO 们想要那些具备商业头脑、懂得帮助企业在业务中应用技术的人。美国康涅狄格州的 CIO 戴安娜·S·华莱士（Diane S. Wallace）说："尝试寻找这样的人很难。"找到合适的人选会越来越难，而这仅仅只是由于人口的原因。今年 2 月从宝洁公司全球商业服务副总裁职位上退休的罗伯特·D·斯科特（Robert D. Scott）说："我们有三大劳动力短缺威胁：'婴儿潮'一代退休，年轻人不愿意进入 IT 行业，而且很少有人拥有相应的学位。"斯科特说早在 20 世纪 90 年代末互联网泡沫时，他已经注意到人们对 IT 的兴趣有所下降。之后 IT 企业一窝蜂地涌向外包又给美国各地的 IT 工作蒙上了一层阴云。尽管根据美国劳工统计局的统计，预计到 2016 年，在 IT 领域将有强劲的就业增长，可能增加 20 多万个工作职位，但这片阴云依然存在。

宝洁公司就是一个很好的例子。2003 年，其近一半的 IT 工作是外包的，但现在 IT 招聘人数又回到了五年前的水平。斯科特说这是因为公司把非核心的 IT 任务外包出去了，"内部的 IT 则提升了供应链，创造了更多的商业价值"。

斯科特说，宝洁公司将继续吸引强有力的 IT 工作候选人，但招聘人数并没有往年那么多。此外，宝洁坚信要促使员工融入其文化。它对保留 Y 世代员工表示出了担心，三大威胁已经造成了 IT 人才的流失。华莱士说，她的 518 名工作人员中有 40%将在未来两三年里退休。佐治亚大学 CIO 兼副教务长芭芭拉·A·怀特（Barbara A. White）说，当 3 名工作人员在 4 月退休后，她将失去他们多年积累起来的经验，并且有大量员工可能在未来

10年中相继退休。

丰田公司的库珀正花大量的时间来为公司的未来做准备，包括如何保持主动性和尽可能保持业务领先。这也意味着需要启动一个积极的继任计划。两年前，库珀与团队的27名成员座谈了90分钟，他们或者直接向她汇报或者直接向另一个小组的成员汇报。每次会议都是开放式的，围绕着“在10年里什么样的IT领导将是我们所需要的”展开。然后，她为每个团队成员精心设计了一份三四页的文件，文件中详细介绍了她希望他们培养哪方面的能力，以及如何实现他们的目标。那些直接向她汇报的成员收到了她发送给其他团队成员的文件摘要。

宝洁公司有从内部提拔人员的企业文化。然而，它发现优秀的技术人才越来越难留住，同时也了解到，Y世代员工希望公司经常变革。为应对这两个挑战，宝洁为年轻员工设计了一条新的更快的IT职业生涯路径。IT领导采纳了一项加速发展计划，将它作为职业生涯规划的一部分，它会将一些表现突出的员工纳入职业管理人员发展计划，旨在为他们提供接触高层次的IT经理和任务的机会，以帮助他们快速成长。然而它有一个警告：如果你不能完成任务，就该去寻找另一名雇主了。在公司品牌管理部门曾流传过类似的话。

斯科特说：“我们想说的是，我们非常关注员工的发展，并愿意为他们投入额外的时间和精力。”该计划仅执行了两年，还未看到明显的成果（例如，还没有人被要求离开公司）。

宝洁公司还制定了“The CIO Circle”计划，以奖励那些掌握了某种领域的专业技能的长期IT人才。这使宝洁公司承认他们的知识领袖地位，即使他们未被作为管理人才培养。LMO Insight的顾问兼总裁劳里·奥尔洛夫（Laurie Orlov）说，奖励计划有助于提高员工的忠诚度。快速发展计划尤其要帮助企业培养Y世代领袖。接受了这么多的培训并得到了管理实践的锻炼，他们有充分的理由留下来。

作为发展小组中的领导者，CIO必须愿意为他的成员提供成长机会，即使有时他们会失败。这也可能意味着机会来临时会让他们放弃自己原有的工作方式。赫斯公司的沃尔顿说，他工作的目标就是确定并发展能够替代自己的人。“你应为他们创造机会，使他们在企业中看起来像领导者，让他们得到所有的荣耀。”他已经63岁高龄，在上个月第二次从赫斯荣休。公司任命他的手下杰夫·施泰因霍恩（Jeff Steinhorn）担任新的CIO。

像那些效力于发展员工的CIO一样，沃尔顿曾使用多管齐下的策略来帮助员工：他教导他们，为他们做榜样，提供新的机会，并将大量资源投入教育。事实上，他曾派遣经过挑选的高层经理到哈佛商学院进修行政项目，并且IT部门有成员参加战略和行政教育公司——BSG公司的培训。

沃尔顿认为，未来领导力的挑战将有增无减。“现在存在代沟，但它有望被消除。”沃尔顿认为，将经验和技术头脑融合时，就可以让“婴儿潮”一代和Y世代一起为公司工作，将这些世代强有力地组合在一起。他与赫斯公司高层管理者谈了如何做到这一点，而他也可能在将来扮演这样的角色。现在，一个新的IT领导者在赫斯公司继任，沃尔顿终于可以放松一下了。

资料来源：Adapted from Michael Fitzgerald, “How to Develop the Next Generation of IT Leaders,” *CIO Magazine*, May 2, 2008.

问题

1. 本案例中多处提到CIO除了主要关注技术外，在全公司领导者中处于一个独特的地位。你是怎么认为的？在案例中，CIO与其他管理者（例如金融、人力资源或营销部门管理者）的不同之处表现在什么方面？

2. 看完本案例，你认为未来成功的CIO所具备的最重要的能力是什么？如何评价自己在这些方面的能力？之前你思考过这些技能和能力的重要性吗？

3. 鉴于未来的不确定性，以及所需的技能可能与今天成功的 CIO 所需的技能大相径庭，CIO 如何为继任者做准备？哪一项核心能力是持久的，而哪些只是当前的技术环境所需的？CIO 如何为后者做好准备？

实践

1. 以“现在公司所使用的管理人员继任计划及其不同的方法”为主题，上网搜索。由于技术变革和发展，相对于其他职能领域，信息技术方面有什么不同？其中哪些能力是 IT 经理所必须具备的？写一份报告，总结你的发现。

2. 案例中提到的公司用来指导发展下一代 IT 领导人的若干战略有：职业生涯规划、领导发展练习和培训等。作为本章讨论的 Y 世代成员来说，他们怎样做才能与未来的期望相符？分成小组讨论这些问题，特别是你认为这些途径在何种程度上需具备适合你的文化和个性。

□ 管理信息技术

正如我们在本书中看到的，信息技术对于当今企业的成功是一个非常重要的因素。但是作为一种重要的企业资源，信息技术必须被恰当管理。我们也看到了许多真实案例，在这些案例中，信息技术对企业战略性业务创新的成败起到了关键作用。因此，不论对于业务经理、IT 经理还是专家，管理支持企业现代业务流程的信息系统和技术都是一项主要的挑战。

那么，应该如何管理信息技术呢？图 12—1 说明了在一家大公司里信息技术管理的一种常见方法。该方法主要包括以下三个部分：

● 管理业务/IT 战略的联合开发与实施。在首席执行官（CEO）和首席信息官（CIO）的带领下，业务经理和 IT 经理及专业人员会为使用 IT 支持公司的战略业务优先提出建议，这种业务和 IT 规划使 IT 与战略业务目标相吻合。该过程包括评估业务情况，以便对每个提议项目的开发和实施进行投资。

● 管理新业务/IT 应用及技术的开发和执行。这是首席信息官和首席技术官（CTO）的首要责任。IT 管理的领域包括我们要在本章讨论的管理信息系统开发和实施的过程，以及研究新型信息技术在战略层次的商业应用。

● 管理 IT 组织与 IT 基础设施。首席信息官和 IT 经理共同负责管理那些被编入项目小组与其他组织部门的 IT 专家的工作，另外负责对 IT 基础设施（包括软硬件、数据库、电信网络）和其他 IT 资源的获取、操作、监控和维护的管理。

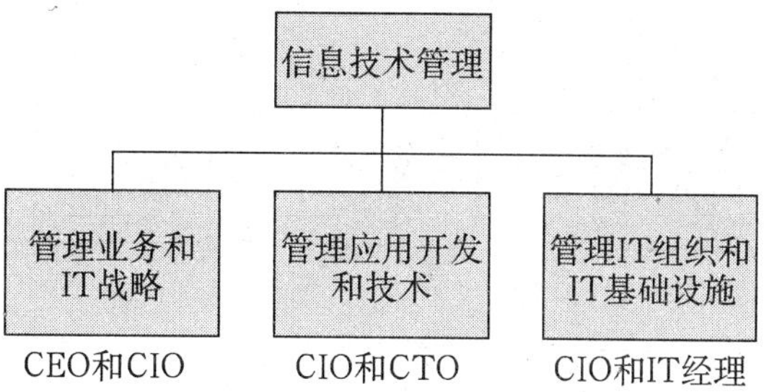

图 12—1　信息技术管理的主要组成部分

让我们来看一个真实的案例。

Avent Marshall 公司：管理 IT

表12—1比较了Avent Marshall公司的信息技术管理与传统的IT管理的不同之处。注意，它们使用的是图12—1中描述的IT管理模型。例如，在技术管理方面，Avent Marshall公司采用的是支持业务需要的最佳组合方法，而不是选择标准的和相似的软硬件、数据库及网络技术。在管理其IT组织方面，Avent Marshall公司雇用了能将IT与业务整合的信息系统专家。这些信息系统专家被编入有关业务和IT创新的工作组，他们致力于为客户建立IT驱动的商业服务。

表12—1　传统的和电子化业务驱动的IT管理方法之比较

IT管理	传统方法	Avent Marshall公司的业务/IT方法
技术管理	● IT结构可能会因为销售商的一致性和技术平台选择的需要而不适应业务需求。	● 在IT结构中应用最好的方法、与业务需要有效地匹配要优先于对技术平台的选择和销售商一致性的承诺。
管理IT组织	● 雇用“最适合这个职位的”IT专家，他能提供专门的技能。 ● 各部门利用任务的业务联系和明确的授权，围绕IT技能进行组织。 ● IT项目具有可分离的成本和价值因素。通常对IT职能的投资要在年度预算的限制内分配。	● 雇用最好的“运动员型”IS专家，他具有能灵活整合新的IT和业务能力。 ● 工作组是围绕出现的IT密集型的业务创新而组织的，但任务的授权却不明确。 ● IT投资通常是以价值主张为基础，围绕为客户提供服务的商业机会。IT项目是业务创新不可分割的一部分。

资料来源：Adapted from Omar El Sawy, Arvind Malhotra, Sanjay Gosain, and Kerry Young. IT-Intensive Value Innovation in the Electronic Economy: Insights from Marshall Industries. *MIS Quarterly*, September 1999.

□ 业务/信息技术规划

图12—2说明了**业务/信息技术规划过程**（business/IT planning process），它致力于探索可实现企业客户价值及企业价值目标的创新方法。这种规划过程引出了对新业务应用、流程、产品和服务的战略及商务模型的开发。然后，企业可以开发IT战略，以及可支持建立和执行其新设计的商务应用的一种IT结构。

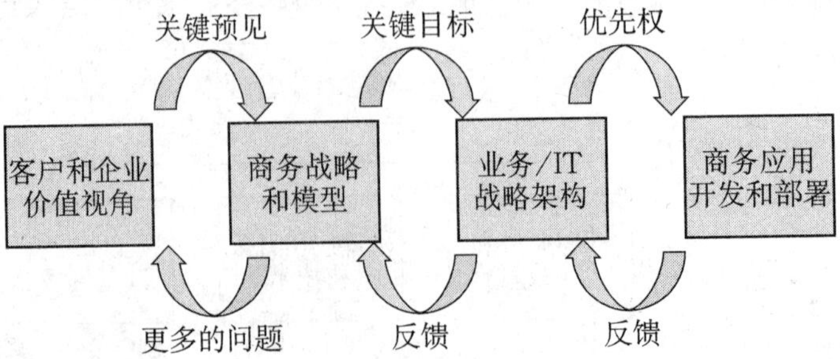

图12—2　业务/IT规划过程

说明：该过程强调客户价值和企业价值，聚焦于为企业应用开发商务战略、模型和IT架构。

企业的CEO和CIO必须共同管理业务/IT战略的互补发展，以实现客户价值和企业价值。这种相互适应的过程是必要的，正如我们在本书中经常看到的，信息技术是一种飞速变化且在许多战略业务创新中不可或缺的因素。业务/IT 规划过程主要包括以下三个部分：

- 战略开发。开发支持企业商务发展愿景的业务战略。例如，利用信息技术创造致力于客户和企业价值的创新的电子化业务系统。我们接下来会更详细地讨论这一过程。
- 资源管理。为管理或外包企业的 IT 资源（包括信息系统员工、硬件、软件、数据和网络资源）制定战略性规则。
- 技术架构。作出战略性的 IT 选择，反映出为支持公司业务与 IT 创新而设计的信息技术结构。

信息技术架构

信息技术架构（IT architecture）是在战略业务/IT 规划过程中产生的一种概念性的设计或蓝图，它主要包括以下几个部分：

- 技术平台。互联网、内联网、外联网以及其他网络、计算机系统、系统软件和综合的企业应用软件为信息技术的战略使用——电子化业务、电子商务和其他业务与 IT 应用——提供了一个计算和通信的结构或平台。
- 数据资源。多种类型的运营及专业的数据库，包括数据仓库和互联网/内联网数据库（第 5 章讨论），为业务流程和决策支持存储并提供数据和信息。
- 应用结构。信息技术的商业应用是为企业系统的集成结构或业务量而设计的，这种结构不但支持跨职能的业务流程，而且支持战略业务创新。例如，应用结构应该支持企业间供应链应用的开发与维护，以及我们在第 7 章和第 8 章讨论的集成的企业资源计划和客户关系管理应用。
- IT 组织。企业内 IS 职能的组织结构及 IS 专家的分配要适应企业的战略变化。IT 组织的形式取决于在战略规划过程中形成的管理理念及业务/IT 战略。

Avent Marshall 公司：业务/IT 规划

表 12—2 概括了 Avent Marshall 公司业务/IT 创新的规划过程，并与传统的 IT 规划方法进行了比较。Avent Marshall 公司在 CEO 和 CIO 的指导下，将业务和 IT 的战略规划相互适应地结合在一起，而不是仅通过追踪和支持公司战略来开发 IT 战略。Avent Marshall 公司也将 IT 应用开发项目分散到业务部门中，这些业务部门参与了全公司业务/IT 方面专家中心建设所需的电子化业务创新。最后，Avent Marshall 公司使用原型法推动开发过程与新业务应用的快速部署，替代传统的系统开发方法。这种应用开发战略包括对员工、客户和其他风险承担者提供新的电子化业务服务，并将其纳入应用发展的调整阶段，这些早期获取的竞争优势抵消了实施不完善的应用所产生的风险。

表 12—2　业务/IT 战略与应用规划方法之比较

传统的 IT 规划	Avent Marshall 公司的业务/IT 规划
● 战略跟随：IT 战略跟随专门的企业战略。 ● CEO 认可 CIO 制定的 IT 愿景。 ● IT 应用开发项目针对企业问题形成技术解决方案。	● 战略及时调整：IT 战略和企业战略相互适应，基于以客户价值为焦点的清晰导向。 ● CEO 主动和 CIO 制定 IT 愿景，将之作为电子商业战略的一部分。 ● IT 应用开发项目与电子化业务创新联系起来，以形成 IT 技术密集型中心。

续前表

传统的IT规划	Avent Marshall公司的业务/IT规划
● 分阶段的应用开发基于实验性项目的学习。	● 不间断的应用开发基于包含终端用户在内的对快速部署和原型的学习。

资料来源：Adapted from Omar El Sawy，Arvind Malhotra，Sanjay Gosain，and Kerry Young. IT-Intensive Value Innovation in the Electronic Economy：Insights from Marshall Industries. MIS Quarterly，September 1999.

□ 管理信息技术职能

企业计算领域正在发生根本性转变——管理不断深入、集中。回溯到20世纪70年代，数据加工管理人员坐在控制台前，监控公司所有的技术资产。到了80年代及90年代早期，各部门有了自己的电脑和软件，客户和服务器网络遍布整个企业。

近年来发生了三件事：互联网兴起并促使企业将它们所有的网络连接在一起；企业安装了业务运转所必不可少的内联网；企业越来越明显地感到维护网络上的电脑是一项高成本的工作。这些改变带来了对集权的迫切需求。

组织信息技术

在计算机发展的早期，大型主机计算机、电信网络和终端的发展引发了公司的计算机硬件、软件、数据库及信息专家的**集中**（centralization）。随后，小型机和微机的发展加速了**精简**（downsizing）的趋势，促使许多公司又回到了**分散化**（decentralization）的状态。企业、部门、工作组及团队中的分布式客户机/服务器网络开始出现，促进了数据库和信息专家转移到一些部门，信息中心（information centers）出现并支持终端用户和工作组的计算。

最近的趋势是对企业IT资源的管理形成更加集中化的控制，同时仍为业务部门服务，尤其是满足电子化业务和电子商务创新的战略需要。这带来了既集权又分权的混合结构的发展。例如，Avent Marshall公司的IT职能就被划入不同业务开发小组及运营管理和规划小组（见图12—3）。

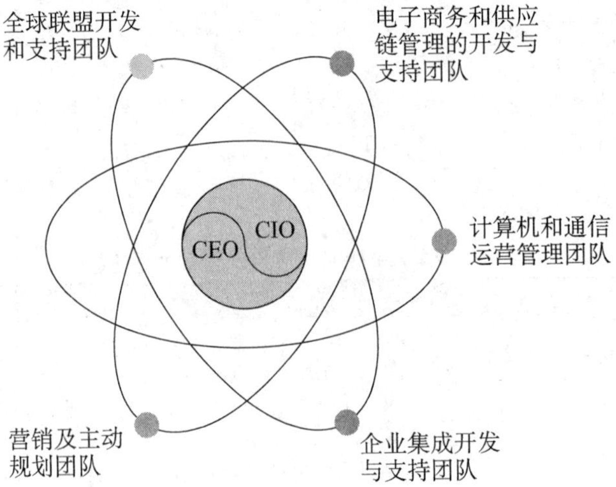

图12—3　Avent Marshall公司IT职能的组织架构

有些企业剥离了它们的信息系统职能，组成 IS 附属子公司，可同时为母公司和外部组织提供 IS 服务。另外一些企业建立或剥离了它们的电子商务及与网络相关的业务部门或 IT 团队，形成不同的企业或业务单元。还有的公司实行外包，即将 IS 运作的全部或部分以合同形式交给外部的系统集成商。此外，有些企业将软件采购和支持外包给应用服务提供商（ASPs），这些提供商可以通过互联网和内联网为企业所有员工的工作站提供业务应用支持及其他软件支持。我们将在后面的章节中更详细地讨论外包。下面简要回顾并扩展我们所知道的管理信息系统中的各种职能和活动的知识。

管理应用开发

应用开发管理（application development management）包括诸如系统分析、设计、建立原型、应用编程、项目管理、质量保证及系统维护等管理活动。管理应用开发需要管理在许多信息系统开发项目中系统分析员、软件开发商和其他 IS 专家开展的小组活动。因此，如果业务/IT 项目要在规定的时间、规定的预算内完成，且必须符合其设计目标，那么项目管理就是主要的 IT 管理职责。另外，一些系统开发小组建立了由 IS 专家组成的开发中心，它们的角色是评估新的应用开发工具，并帮助信息系统专家利用工具来提高他们应用开发的能力。

管理信息系统运营

信息系统运营管理（IS operations management）关注企业或业务部门**数据中心**（data centers）（计算机中心）的硬件、软件、网络及人力资源的利用。必须加以管理的运营活动包括计算机系统运营、网络管理、生产控制及支持。

由于使用软件包来管理计算机系统的性能，大部分运营管理实现了自动化。这些**系统性能监视器**（system performance monitors）监视计算机工作的过程，帮助开发可以优化计算机系统性能的计算机运营计划列表，生成详细的统计数据，而这种数据对于有效地计划和控制计算能力来说是非常宝贵的。这些信息用来评估计算机系统的利用、成本及性能。这种评估又为产能计划、生产计划及控制和软硬件获取计划提供信息。它也被用于质量保证程序来着重强调企业终端用户的服务质量。图 12—4 是系统性能监视器的一个例子。

费用分摊系统（chargeback systems）是根据用户利用信息服务的程度分配成本的系统，系统性能监视器也通过这一系统提供所需的信息。所有发生的成本都要记录、报告、分配，并根据用户对系统资源的使用，向特定的终端用户所在的业务部门收取费用。当企业使用这种系统时，信息服务部门就成为一个服务中心，可直接向业务部门收回成本，而不是和其他管理服务成本合在一起算作日常开支。

许多性能监视器同样具有过程控制能力。这种软件包不仅可以监视而且可以自动控制大型数据中心的计算机操作。有些性能监视器使用内置的专业系统模块，这种模块基于以往专业计算机系统和操作系统方面的专家积累的知识。这些性能监视器能够比人更高效地进行计算机操作，也能使一些公司在数据中心不工作时保证计算机系统继续运行，一般来说，这些公司的计算机系统是无人操作的，尤其是在正常的营业时间以外。

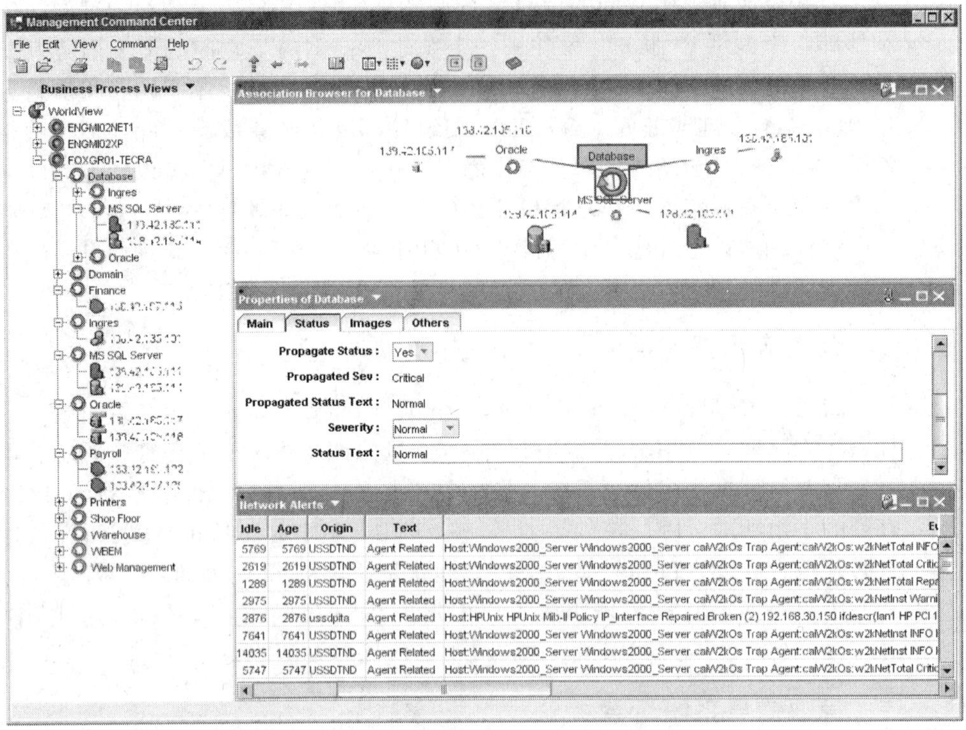

图 12—4 CA-Unicenter TNG 系统性能监视器

说明：该系统性能监视器包括企业管理门户模块，可以帮助 IT 专家监控和管理一系列联网的计算机系统和操作系统。

资料来源：Courtesy of Computer Associates.

信息技术员工规划

信息服务组织的成败主要取决于员工的素质。许多公司认为**信息技术员工规划**（IT staff planning）或招聘、培训、留住合格的 IS 员工是一项严峻的挑战。管理信息服务职能包括对管理人员、技术人员及办事人员的管理。信息服务经理最重要的一项工作就是招聘合适的员工，并培养、组织及指导现有员工提高能力。只有对员工持续不断地培训，才能使他们与日新月异、高端科技领域的最新发展保持同步。同时，还要对他们的工作业绩持续进行评估，对表现突出的员工给予增加工资或者晋升等奖励。薪酬水平一定要有严格的设定，而且对个人的职业生涯要进行规划，以便员工随着个人资历与专业知识的积累可以通过晋升和调岗到新的岗位工作。

首席信息官和其他信息技术执行官

在许多企业里，首席信息官（CIO）监控信息技术的使用，并使它们与战略业务目标相一致。因此，所有传统的计算机服务、互联网技术、电信网络服务和其他 IS 技术支持服务都属于 CIO 的职责范围。CIO 不指挥日常的信息服务活动，而是致力于业务/IT 规划和战略。他们也和首席执行官及其他高层管理人员一起，开发电子化业务和电子商务中信息技术的战略应用，以使企业在市场中更具有竞争力。许多公司的首席信息官职位由非 IS 领域的业务部门或单位的执行官担任，以强调信息技术的主要任务是协助公司达到战略业务目标。

高层 IT 职位：职位要求及报酬

- **首席信息官**

基本工资范围：19.4 万～30.3 万美元及以上（根据工作地点的不同而不同）

奖金范围：工资的 40%以上

IT 部门中的最高职位并非都与 IT 有关。承担这项工作，你需要成为一名既有商业知识又有技术知识的商业技术专家。如果你了解商业、组织的战略、广泛的技术、系统、应用，并能够让员工执行你的指令，你就是公司急需的人才。

- **首席技术官**

基本工资范围：16.2 万～24.5 万美元及以上（根据工作地点的不同而不同）

奖金范围：工资的 40%以上

如果你是除首席信息官或首席技术官之外的二把手，或者你具备应用开发的丰富经验，你将可能成为首席技术官。为得到这项工作，你必须热情、善于解决问题以及有节省研发时间的记录证明。

- **首席安全官**

基本工资范围：14.2 万～20.5 万美元及以上（根据工作地点的不同而不同）

奖金范围：工资的 40%以上

如果你了解与公司的数据资源和信息财产的安全相关的问题，这个职位就是为你设立的。对技术和管理层面有着深刻认识的候选人是公司急需的。

- **电子商务设计师**

基本工资范围：11.5 万～17 万美元及以上（根据工作地点的不同而不同）

奖金范围：工资的 15%以上

如果你了解 Java，Perl，C++及 Web 服务，具有系统架构的工作经验，并且可以从概念到实施设计出网络解决方案，许多公司会希望你去规划并开发它们的电子商务网站。

- **技术团队领导**

基本工资范围：7.5 万～10 万美元及以上（根据工作地点的不同而不同）

奖金范围：工资的 20%以上

高级技术团队领导，需要具备良好的沟通能力、项目管理和领导技能，以及 Web 编程语言和数据库知识，这个职位仍然需要大量的优秀人才。

- **业务经理**

基本工资范围：7 万～ 10 万美元及以上（根据工作地点的不同而不同）

奖金范围：工资的 20%以上

如果你具备 IT 评估及管理开发的经验（MBA 优先），你可以成为大型项目的骨干。你不仅需要营销、人事、预算及建立客户关系的能力，而且需要 IT 操作及软件评估的技术。

- **系统分析员**

基本工资范围：5.6 万～10 万美元及以上（根据工作地点的不同而不同）

奖金范围：工资的 25%以上

如果你有解决问题的能力，并且获得了信息系统的学位（BS 或者 MBA），那么你可以找到系统分析员之类的工作岗位。你需要有很强的人际沟通能力、技术能力，并能应用你解决问题的能力和批判性思维去设计新的系统。

资料来源：www.salary.com.

技术管理

管理飞速变革的技术对任何组织都十分重要。信息技术的变革——诸如 PC 机、客户机/服务器网络及互联网、内联网的兴起——将持续下去。信息系统技术的开发已经并将持续、深刻地影响组织的运营、成本、管理工作环境及竞争地位。

因此，所有的信息技术要作为一种技术平台来管理，以整合内部关注的及外部面对的业务应用。这些技术包括互联网、内联网及各种电子商务与合作技术，还有服务于客户关系管理、企业资源计划和供应链管理的集成企业软件。在许多企业，作为负责所有信息技术规划与安排的**首席技术官**（chief technology officer，CTO），**技术管理**（technology management）是其首要职责。

管理用户服务

业务专家团队和工作组经常使用PC工作站、软件包、互联网、内联网和其他网络，为其工作活动开发和应用信息技术。因此，许多公司通过开发**用户服务**（user services）或客户服务（client services）来支持和管理终端用户和工作组计算。

终端用户服务为业务部门经理既带来了机会，又制造了难题。例如，一些企业建立了由用户联络专业人员组成的信息中心（information center）小组，或使用Web化的内联网帮助热线。有诸如用户顾问、业务经理或业务分析员头衔的IS专业人员也被分配到终端用户工作组。这些人员解决问题、收集并传递信息、协调培训任务并帮助业务专家做应用开发，发挥了重要的作用。

除了上述措施外，大部分组织还建立并强化终端用户和业务部门获取软硬件的政策，保证它们与公司软硬件及网络连接的一致性。此外，为提高绩效，确保公司、部门网络和数据库的完整性，开发合适的有安全和质量保证的应用软件也同样重要。

信息技术/信息系统外包和离岸外包

目前，较为流行的管理组织的IS与IT功能的一种方法是采用外包的形式。从广义上讲，**外包**（outsourcing）是指将原来由组织内部运营的生产或服务委托给外部的第三方组织。外包是一个通用的术语，常指选择某些信息技术功能委托给外部的服务提供商。

外　包

应用软件开发是一种较为常见的IS外包形式，主要包括与外部供应商签订部分或整体的软件产品或项目的开发合同，购买或定制软件产品包、软件开发生命周期中的活动或资源等。表12—3给出了典型的外包部门、外包的原因，以及与成功的供应商选择、成功的外包工作相关的几个方面。

表12—3　与外包相关的几组10大排名

公司选择外包的10个原因	影响供应商选择的10个因素
1. 节约和控制运营成本	1. 对质量的承诺
2. 使公司集中精力做擅长的事	2. 价格
3. 获得世界一流的生产能力	3. 认证/声誉
4. 用于其他目的的免费内部资源	4. 灵活的合同条款
5. 内部无法使用的必需资源	5. 资源的范围
6. 加快流程再造以获得收益	6. 额外的增值能力
7. 有些职能公司难以管理或处于失控状态	7. 文化匹配
8. 使资本资金充分利用	8. 现有的合作关系
9. 分担风险	9. 地点
10. 现金注入	10. 其他

成功外包的 10 个因素	IT 外包的 10 个领域
1. 理解公司的长期目标和短期目标	1. 维护和维修
2. 战略性的视角及规划	2. 培训
3. 选择正确的供应商	3. 应用开发
4. 合作关系的持续管理	4. 咨询与流程再造
5. 一份有规范格式的合同	5. 主机数据中心
6. 与相关的个人/组织保持开放的交流关系	6. 客户机/服务器服务及管理
7. 高管层的支持与参与	7. 网络管理
8. 处理好人事方面的问题	8. 桌面服务
9. 近期财务支持	9. 终端用户服务
10. 利用外部专家	10. 整体 IT 外包

资料来源：The Outsourcing Institute.

理论上讲，公司可以以任何理由选择任意部门进行外包，但是在作出决策时应考虑以下五个方面：

● 节约资金——获得更高的投资回报率（ROI）。将 IS/IT 的某些功能外包给熟练的服务提供应商往往是公司应对预算紧张的一种战略性方针。那些采用良好管理方式的公司通过外包可以节约至少 40%～80%的成本。

● 专注于核心竞争力。外包方面的专家建议公司和员工集中精力做他们擅长的事，而不是他们不擅长的事。通过将应用开发外包，一个组织可以令它的 IS 专业人员集中精力识别和处理业务问题，而不是过多关注编程和开发新的应用原型。

● 实现灵活的人员配置。获得对 IS/IT 部门进行外包的这种战略性方针可以在不增加开支的情况下实现业务的增长。外包为那些独特的、超支的项目提供了大量合格的专业人才。如果公司需要的某种特殊技能很难寻找或很难保持，通过外包能够更容易地获得所需的专业技能及人才。

● 获得全球性资源。Outsourcing Institute 称，成功经营某项务的规则已改变，“不再关注你所拥有或创建的，而是你能够获得资源与人才的能力”。全球性的专业知识让一个公司能够雇用到大量的熟练劳动力，并显著提高产品交付质量。因此，外包可以为小企业创造更多的机会，而不受成本及地理的限制。

● 缩短产品上市时间。外包扩大了传统小企业在灵活性和响应性方面的收益，使小企业能够有效地与大公司竞争。离岸外包为现有劳动力提供了补充，可以每天 24 小时进行生产。甚至在本地员工下班休息时，企业依然能够在重点项目上获得资源，这样有助于加快产品上市的速度，形成核心竞争优势。

离岸外包

虽然常常与外包相混淆，但离岸外包日益成为 IS / IT 管理战略方针的一部分。**离岸外包**（offshoring）是指一个组织的业务流程（包括生产/制造流程）转移到一个成本较低的地方，通常是在海外。外包可以是生产外包，也可以是服务外包。中国加入世贸组织后，逐渐成为一个生产外包的目的地。在电信技术的进步提高了服务贸易的可能性后，印度也成为服务外包的目的地。

20 世纪 90 年代末，随着电信泡沫的破灭，信息系统外包服务的增长关系到大量可靠的和负担得起的通信基础设施的可用性。随着许多服务的数字化，企业有可能将实际提供服务的地点转向低成本地区，以一种理论上透明的方式面向最终用户。

印度、菲律宾、爱尔兰和东欧国家受益于这一趋势，这是因为它们处在英语环境中，并拥有大量的技术合格的工人。90年代，印度的外包产业植根于IT职能部门，并逐步转移到后台（例如呼叫中心和交易处理平台），以及应用程序开发等高端领域。

离岸外包通常是将有价值的信息转移到境外。这些信息和培训能使远程工作人员生产的成果比以前由内部员工产生的成果更有价值。当这种转移包括专有材料（如机密文件和受保密协议保护的商业秘密）时，知识产权就会被转移或出口。这样的文件和出口是很难估价的，但仍应将其纳入考虑范畴，因为它包括可调节或应税项目。

外包一直是一个极具争议性的问题。一方面，通过自由贸易它能够使原产地和目的地双方获益；另一方面，发达国家的失业问题导致反对外包。一些批评者认为，外包能够使双方在生产和创造就业机会方面获益，但工作的质量比以前差。虽然这一争论仍在继续，但目前公司将外包作为一项IS / IT管理方式还是可行的。让我们来看一个有关全球外包的真实案例。

荷兰皇家壳牌集团：多供应商的全球外包交易

荷兰皇家壳牌集团与全球三大知名IT电信供应商签署了长达5年、价值40亿美元的外包合同。3份合同的价值分别为：与AT&T签订的合同金额达16亿美元，与EDS签订的合同金额达10亿美元，与T-Systems签订的合同金额达16亿美元。

壳牌宣布与T-Systems、AT&T以及EDS签订合同是基于一项主服务协议，它从欧洲部门减少了一些技术类工作，将约3 000名技术人员调整到了服务部门，其目的是极大地提高公司的工作效率。在这项主服务协议下，壳牌将它的IT基础建设分成3个服务包外包出去，分别为：AT&T负责网络和电信；T-Systems负责主机和存储；EDS负责用户计算服务和基础设施整合服务。

这些供应商将向世界范围的1 500多个地区提供整体服务。壳牌的顾问之一——TPI咨询公司的叶列斯·哈哈尔（Elesh Khakhar）说："壳牌将分散服务的所有优点与集中治理结构的效益和高效相结合。"与多个供应商旨在"鼓励合作行为"，"壳牌保留了对策略和服务一体化的完全控制。除了获得一般的商业利益外，壳牌能够利用诸如电子邮件或互联网电话服务等进行消费市场设计，待它们成为强大的商业应用时，再将其纳入壳牌的服务范围"。

壳牌首席信息官艾伦·马图拉（Alan Matula）说："这项协议是壳牌的一个重大战略选择。与EDS，T-Systems和AT&T等公司合作，为适应业务的不断增长提供了更强大的能力。它令壳牌的IT部门致力于研发那些用于驱动石油和天然气市场竞争的科技，供应商则致力于改善关键的IT能力。"

资料来源：Adapted from Siobhan Chapman, "Shell Signs \$4 Billion, Multi-Supplier Outsourcing Deal", *CIO Magazine*, April 3, 2008.

外包和离岸外包的趋势

过去，将一个公司IT的各个部分进行外包和离岸外包很大程度上取决于成本，最近则主要是为了寻找高素质的IT / IS人才，这成为更令人不安的趋势。在美国，有很多工作提供给信息系统专业的毕业生，但这个专业的入学率却不高，而信息系统项目也日益减少，这将导致在这个领域中合格劳动力减少。为解决这个问题，许多公司在其他国家寻找科学和工程专业的毕业生来填补职位空缺。

正如我们在第 2 章中讨论的，在 20 世纪 90 年代后期和 2000 年初，人们认为外包出去的工作并不是以大学水平为标准的，因此，真正的工作机依然会留给合格的毕业生。然而如今，合格毕业生的缺乏意味着企业必须转向别处去填补这些职位。工作职位在本地，而员工却是在国外。应对这种趋势的最有效方法是寻找更多的以信息系统领域为职业的年轻人。提供很多就业机会的 IS / IT 曾被视为全球最热门的就业领域之一，现在则不然。目前许多组织将重点放在推广方案上，这些方案涉及高中教育或公众的再教育，以使公众拥有更多的就业机会。

信息技术管理的失败

信息技术的管理决非易事。许多组织的信息系统功能都存在性能问题。在许多文件记录的案例中，信息技术许诺能够带来的好处从未显现。管理咨询公司及大学研究者的研究表明，很多企业并未成功管理信息技术的应用。很明显，许多企业没有有效且有效率地利用信息技术，下面是 IT 管理失败的案例：

- 信息技术没有得到企业有效的利用。企业主要利用 IT 将传统业务流程计算机化，而不是开发创新的包括客户、供应商、其他业务伙伴、电子商务及 Web 化的网络决策支持在内的电子商务过程。
- 信息技术没有得到信息系统高效的利用。信息系统的反应时间较长且频繁停工，没有得到 IS 专家和顾问的高效利用，他们没有正确地管理应用开发项目。

让我们来看一个实例。

没有奖励的风险：法国兴业银行的 IT 控制薄弱

过程疏忽和系统失灵让 CIO 坠入噩梦：对法国兴业银行的流氓交易员杰尔姆・克维尔（Jerome Kerviel）欺诈行为的调查揭露了金融和内部 IT 控制的明显问题，内部 IT 控制被一个精通 IT 诀窍且有权访问系统的员工破坏了。IT 专家说，这个案件敲响了警钟，促使企业更好地管理与 IT 相关的风险。

“很多时间都花在应对外部威胁上了。”BearingPoint 公司总监兼负责风险、监管与安全的全球解决方案领导者 J. R. 里根（J. R. Reagan）说，“但内部威胁可能给公司带来更大的风险。”在法国兴业银行的案例中，不但没有足够的 IT 安全控制，而且银行的工作人员在出现预警时也没有进行深入调查。Ponemon Institute 最近的研究得出结论：“内部威胁是最重要的信息安全风险之一。”在接受调查的 700 名 IT 从业人员中，有 78%表示他们相信个人有太多途径获取与他们工作不相关的信息；有 59%认为这些途径代表着经营风险；有 74%认为高层管理并没有将对信息访问的管理作为一个战略问题来看待。

法国兴业银行的一项主要业务是金融衍生工具——这是一种让业界人士就多种资产交易（如股票、债券或商品等）签订合同的金融工具，并试图减少（或对冲）交易中一方的金融风险。但是，衍生工具交易有一些攻击性，并且充满风险。

里根指出，在法国兴业银行的案例中，“它们的业务是处理高容量、高流速和快节奏的股票买卖”，可能不想因安全措施而将速度放慢。例如，法国兴业银行仅使用了单因子认证（使用一种方法，如用于获得访问权限的密码），而不是较强的双因子认证（要求个人使用两种认证方法以访问系统）。“如果安全问题未得到充分解决，安全团队需要对存在的风险和因欺诈损失数十亿美元的可能性作出说明。”里根说，“但大多数安全人员在与业务保持一致方面做得不够好，导致出现这样的商业案例。”

这种脱节带来了极大的破坏性，就像法国兴业银行事件那样。“法国兴业银行案件带给我们的教训是：业务风险可以直接通过IT表现出来。”安全专家和企业管理协会研究部主任斯科特·克劳福德（Scott Crawford）说：“克维尔涉嫌利用他在工作中的经验、后台的知识和专长操纵业务系统的IT控制。”

“现在企业开始重视IT环境中的控制。”克劳福德说，“如果采用了有关IT控制的策略，将能够有效地防止破坏活动。”

资料来源：Adapted from Nancy Weil，Risk without Reward，*CIO Magazine*，May 1，2008.

管理参与

那么如何改变信息系统功能的失败状况呢？没有一蹴而就的答案。但是，成功组织的经验表明，广泛的、有意义的管理层和终端用户的参与（managerial and end-user involvement）是信息系统提高质量的主要因素。让业务经理参与IS职能的管理，让业务专家参与IS应用的开发，使他们对提高信息技术的业务价值承担责任（见表12—4）。

表12—4　关键的业务/IT决策中需要高管层的参与

IT决策	高管层的角色	放弃决策的后果
我们应在IT上花费多少？	决定IT在企业中将起到的战略作用，决定达到目标所需的投资水平。	企业没能开发一种支持其战略的IT平台，尽管在IT上投入很大。
哪项业务流程应得到IT投资？	对于投资和不投资哪项IT创新进行清晰的决策。	缺少对IT部门的关注，虽然试图开发多个项目，但几乎不具有企业价值或难以同时进行。
哪些IT能力是全公司需要具备的？	决定哪些IT能力应该集中提供，哪些应该由业务部门个别开发。	过多的技术和流程标准化会限制业务单元的灵活性，频繁地采取规定之外的处理方式会增加成本并限制企业协同。
我们的IT服务实际上需要达到什么程度？	决定哪些特征——比如，更可靠和反应更快——要基于成本和利益予以权衡。	企业也许会为其服务选择性地支付那些带来优先权但不值得支出的费用。
我们将要承担哪些安全性和隐私方面的风险？	权衡安全性、隐私与便利性在决策中的导向作用。	过分强调安全性和隐私会给客户、员工和供应商带来不便；强调太少则会使数据受到破坏。
如果IT创新失败，我们该责备谁？	分派一个业务主管对每个IT项目负责，监控业务标准的执行情况。	系统的企业价值从未实现。

资料来源：Jeanne W. Ross and Peter Weill. “Six IT Decisions Your IT People Shouldn't Make,” *Harvard Business Review*, November 2002, p 87.

让业务经理参与 IT 的管理（从 CEO 到各业务部门的经理）需要推动公司治理结构（如执行委员会和指导委员会）的发展，以鼓励他们主动参与规划和控制企业的 IT 业务。因此许多组织制定政策，要求经理参与可能影响其业务部门的 IT 决策。这可以帮助经理在业务部门和项目中回避 IS 功能方面的问题。有了高度的参与，经理可以提高信息技术的战略企业价值。同样，正如我们在第 10 章谈到的，终端用户直接参与系统开发能够解决员工产生抵触情绪及低效的用户界面设计等问题。监管此类参与活动也是一项重要的管理任务。

信息技术治理

信息技术治理（information technology governance，ITG）是公司治理信息技术、信息系统及其性能、应用和相关风险的原则之一。近来，企业对 ITG 的兴趣大增一定程度上是由于政府的举措，如美国的《萨班斯-奥克斯利法案》，以及欧洲的《新巴塞尔协议》等。其他的原因还包括 IT 项目很容易失控，会对组织的业绩产生深远的影响等。

在 ITG 方面，IT 能力不再被认为是一个神秘的、仅能被 IT 专业人士了解的黑匣子。传统的 IT 管理是由执行董事负责，这主要是由于技术经验有限，以及 IT 认知的复杂性。从历史上看，关键决策往往由 IT 专业人士作出。IT 治理意味着一种制度，这种制度能令所有利益相关者（包括董事会、内部客户以及金融机构等）参与决策过程。这可以防止某个利益相关者（通常是 IT 部门）被指责作出了错误的决定，还可以防止之后抱怨系统不灵或未达到预期效果。

ITG 的重点是确定决策的输入以及与问责制框架相伴的权利，以采取有效措施利用 IT。它突出了当代组织中与 IT 相关的事宜的重要性，并确保战略性的 IT 决策被公司董事会所拥有，而不是被 CIO 或其他 IT 经理所拥有。ITG 的主要目标是：（1）保证组织在 IT 和 IS 方面进行大量投资并产生最大的商业价值。（2）减小与 IT 有关的风险。这是通过明确规定了的决策责任的组织结构来完成的，这些决策一般涉及对 IT 的管理和使用，如基础设施、架构、投资和使用等。

一种非常流行的信息技术治理方法是控制信息和相关技术的目标（Control Objectives for Information and related Technology，COBIT）。COBIT 是由信息系统审计与控制协会（Information Systems Audit and Control Association，ISACA）以及信息技术治理研究所（IT Governance Institute，ITGI）创造的，它是 IT 管理中依据最佳实践形成的一个框架。COBIT 为组织中所有的成员提供了一系列普遍接受的措施、指标、流程以及最佳实践，来帮助它们通过使用 IT、发展适当的信息技术治理和控制公司的结构实现利益最大化。

COBIT 有 34 个高层次的过程，涵盖 210 个分布在四个领域的控制目标：（1）规划和组织；（2）采购和执行；（3）交付和支持；（4）监控。管理人员能够从 COBIT 中受益，因为它提供了一个基础，与 IT 相关的决策和投资可以基于此建设。决策制定会更加有效，因为 COBIT 能够帮助管理者定义一个战略性的 IT 规划，定义信息结构，获得必要的 IT 硬件和软件，以执行 IT 战略，确保连续的服务，并监测 IT 系统的性能。IT 用户能够从 COBIT 中受益，因为 COBIT 所定义的控制、安全性和过程治理能够为他们提供保障。COBIT 也使审计者受益，因为它有助于他们控制一个公司的 IT 基础设施问题，并帮助证实他们的审计结果。图 12—5 说明了 COBIT 中四个领域的关系，并将它们按照高层次的过程和控制目标进行分类。

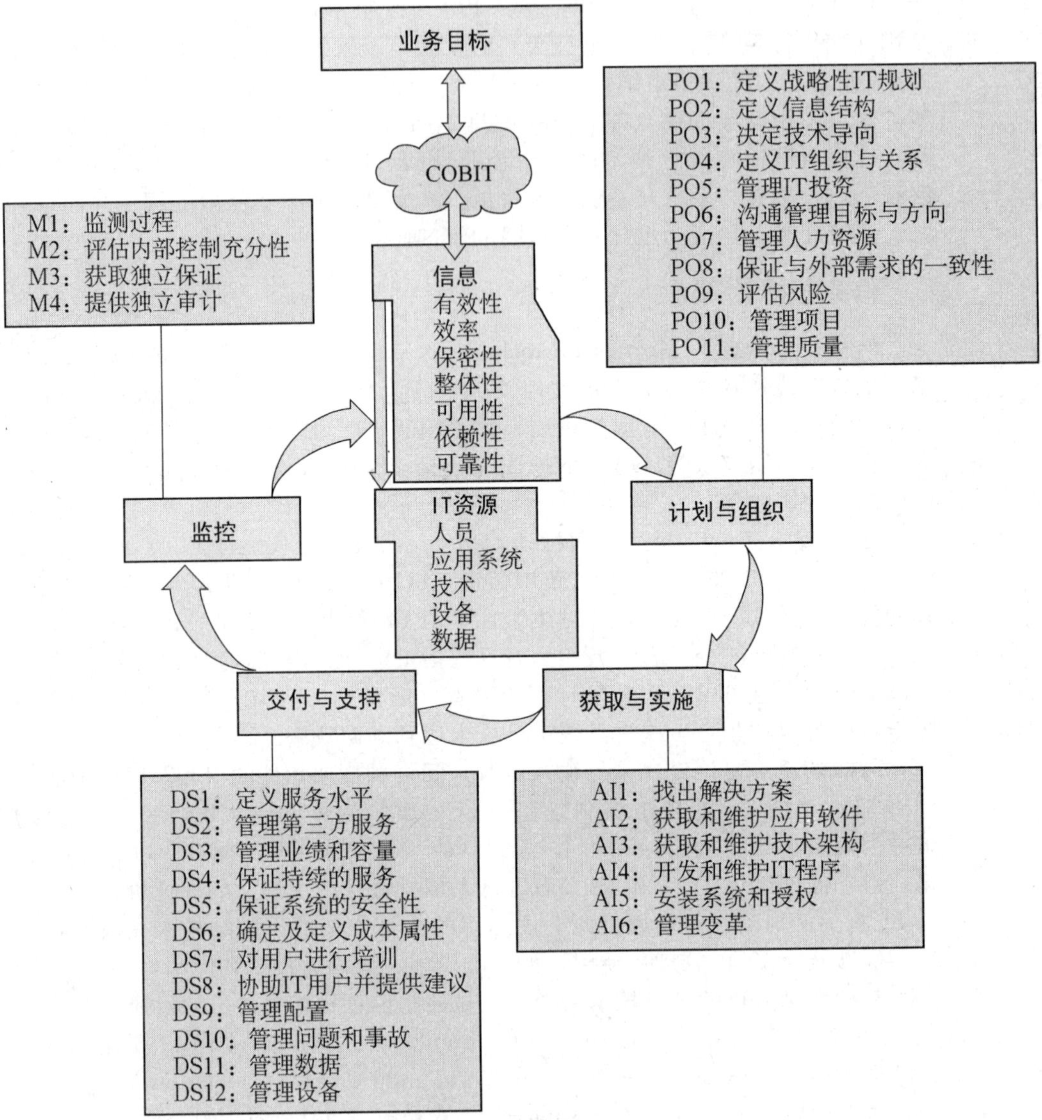

图 12—5　COBIT

说明：COBIT 是一种流行的信息技术治理方法，它涉及整个公司 IT 职能的方方面面。

让我们来看一个真实的案例。

哈雷·戴维森公司：采用 COBIT 标准作为控制和监管活动的保护伞

哈雷·戴维森公司于 1903 年在威斯康星州密尔沃基市成立，它是美国最早的摩托车生产商，并连续 20 年保持了创纪录的收入。2005 年生产了 329 000 辆摩托车（增长 3.7%），收入达 53 亿美元（增长 6.2%）。

2003 年，哈雷·戴维森公司的 IT 控制十分有限，员工也很缺乏控制方面的知识。公司没有标准化的用户访问流程，没有确定和记录变革管理的流程，也没有严格的备份和恢复流程，并且只有最低限度的组织标准。尽管公司通过这种方式进行管理已经百余年，但加速适应和控制已迫在眉睫，因为《萨班斯-奥克斯利法案》颁布了。

为了快速启动信息技术治理措施以及《萨班斯-奥克斯利法案》，哈雷·戴维森公司建立了IS监管部门来实施零售商主要的计算机控制模型。在参加完COBIT用户见面会后，哈雷·戴维森公司的一位风险专家建议采用COBIT进行管理，并将控制架构转换为由信息技术治理机构开发的COBIT；同时，在内部审计部门的推动下，IT不再仅用于监管活动。公司意识到自己需要的是一个宽泛的控制架构，以帮助超越不断变化的标杆。

引入COBIT的关键是所有的IT部门和管理部门要了解为什么它们需要有效的、以价值为核心的控制，使它们认识到有很多重要的商业原因使它成为第一个需要克服的障碍。COBIT以商业为核心，能够保证IT部门、管理部门和审计部门站在同一条战线上。

哈雷·戴维森公司的COBIT转换过程需要解决的问题有"部门有系统开发生命周期（SDLC）吗"，以此来模拟关于什么是真正的SDLC以及需要什么样的技能等内部对话。团队开始实施COBIT控制模式，并将结果与四大会计师事务所的COBIT绘图进行比较研究，这样就能识别出差距并制定计划来弥补这些差距。

使用COBIT的一个好处是它的整体内部控制和监管模型能够促使所有人——尤其是那些非技术型的摩托车专家——更快地了解控制活动以及为什么控制活动很重要。哈雷·戴维森公司受到《健康保险流通与责任法案》和《金融服务现代化法案》的约束，COBIT则作为一个保护伞框架帮助公司在控制和监管活动中更轻松。

驱动内部变革也是拥有很强竞争力的公司的主要目标，COBIT标杆对于独立的比较是很有价值的。它为管理层提供准确的信息。这个架构也公平公正地展示了同行的对比数据，并将其用于每一个IT审计。最重要的是，它还能够引发关于公司未来的发展建设的讨论。

资料来源：Adapted from ISACA, *COBIT and IT Governance Case Study*: *Harley-Davidson*, May 2006.

12.2 管理全球化的信息技术

国际视角

无论在柏林还是孟买，在吉隆坡还是堪萨斯，在旧金山还是汉城，全球化企业为了在数字经济中更具竞争力，都在开发新的业务模式。这些模式是结构化的，但很灵活；是全球化的，也是本地化的；并且它们致力于利用知识和技术资产使风险调整后的回报最大化。

因此，在当今网络互联的全球经济和市场中，国际视角已成为管理商业企业的关键。不管你是一家大型企业的经理还是一家小企业的所有者，你都会受到国际商业发展的影响，并在一定程度上与来自其他国家的人、产品或服务打交道。

阅读下面的真实案例，从中可以学到很多成功开发并实施全球系统的方法。

案例12.2

美国再保险公司和新西兰恒天然公司：追求统一的全球运营

再保险业不是为心生畏惧的人准备的。它的业务流程可能非常复杂但可以迅速执行，并且能使再保险企业与其他保险公司达成协议，接受全部或部分风险。

想象一下，开发一个单一的为世界各地的办事处管理再保险业务流程的系统，办事处的工作人员讲不同的语言，跨不同的时区，并要融入他们的方式来管理他们的业务。如果你试图一次性解决这个问题，而不是将它分解的话，那么这个问题可以压倒你。

当位于密苏里州切斯特菲尔德的美国再保险公司（Reinsurance Group of America，RGA）的软件小组第一次接手这个庞大的项目时，他们在障碍面前显得有些措手不及。

“整个系统需要如此多的沟通和团队合作，我不确定我们已经了解需要什么才能在项目上成功。”RGA 的项目经理迈克·林（Mike Ring）说。然而，基于业务和实践，该集团已适应形势的要求成功推出了一个综合的、多币种多语言的寿险再保险管理系统——被称为 CybeRe，来管理它的国际部门。

在 CybeRe 问世之前，RGA 全球各办事处的工作人员主要依赖电子表格和数据库来管理客户。现在，信息存储在一个固定的位置，员工可以从客户、合同、产品等角度分析数据，并且更容易找到客户端的错误。“他们可以不用担心‘如果我出售这项业务，该怎么去管理呢’。”管理全球软件的副总裁兼 CybeRe 的负责人阿扎姆·米尔扎（Azam Mirza）说。

迈克·林说，该系统还提高了数据验证和数据质量，这将能够更好地进行风险分析和保存分析，以达到更好的盈利水平。最终，投资回报率将达到 15%。“这可以与 RGA 其他产品相媲美，这些产品的平均投资回报率一般为 12%～15%。”米尔扎说。

前景并不总是这么乐观。从项目在 6 年前启动时，IT 部门就开始收集来自全球各地办事处的业务需求，计划两年后推出成熟的系统。然而 2001 年底，情况变得很明朗：分阶段实施更切合实际。“各单位做的事情不同，让每个人同意这一做法会产生争议。”尚（Chan）解释说。因此，该小组实施了一项计划，在一个办事处（南非）建立了试验系统，并在改动越少越好的前提下逐步推广到其他办事处。

进展并非一帆风顺。一方面，把所有的历史数据转移并加载到 CybeRe 系统中是一项繁重的数据清理和迁移工作。诸如各办事处使用的语言存在差异等因素也造成了拖延。例如，当系统收集好了需求，IT 部门询问南非办事处是否体会到了合成数据的好处时，它表示没有，事实上，它认为“加快了获得收益的速度”，只是表达方式不同而已。

“这些变化使我们推迟了四五个月。”米尔扎说。也许最大的挑战——一直持续到今天——是让人们接受由系统定义的共同做法。“如果他们真的有特殊需要，就必须加以证明。我们质疑一切。我们希望创造出来的产品不是令人费解的，而是大家都能使用的。”

尽管在当地实现了定制化，但 RGA 仍然保持 CybeRe 系统只有一个版本。各地办事处只需打开与它们相关的选项或定制项。“不保持 13 种不同版本这一决定很重要，”米尔扎说，“这是我们成功的关键。”

“考虑到近年来寿险再保险市场比较稳定，CybeRe 应该为 RGA 提供了一个重要的竞争武器。RGA 的目标是‘彻底改造再保险’。这是一个雄心勃勃的目标。在前进的道路上，CybeRe 是迈出的很重要的一步。”

格雷格·詹姆斯（Greg James）是新西兰恒天然公司的首席信息官兼全球业务流程总经理。这是一个独一无二的职位，用来确保乳业集团的多样性。詹姆斯在完成为期一年的欧洲与新西兰乳品局的任务后，同意接手被他称为“小业务创新”的 Jedi 项目。其任务是带领恒天然刚刚成立的一个主管部门，完成乳业集团迄今为止最大的业务转型计划。

两年半时间内推出的 Jedi 项目，将恒天然的商品业务转移到一个共同的 ERP 平台上，并以“一种单一的全球化的方式处理事务”。詹姆斯说，Jedi 计划的目的是能够看到乳业巨头“从奶牛到制造再到仓储最后到满意的客户”的整条供应链。

变革是多方面的，因为恒天然的供应链覆盖了400万头奶牛，每年能生产200亿升牛奶。它在70个国家设有办事处，拥有员工近19 000人。詹姆斯表示，如果恒天然在联交所上市，它将成为新西兰最大的公司。为了适应新的环境，“我们必须重新塑造自己，分析每项业务、所有流程以及所有的组织结构”。

实际上，Jedi计划拆除了组织的传统仓库和标准化的全球流程。“它使我们能够将以前存在于各小组以及其他业务部门中的所有组件有效地组合在一起，得到我们做事方式的共性。它使程序保持一致性，使我们能够根据运作方法确保其一致性。”

“我们用同样的方式在德国、墨西哥和新西兰做事。”正如詹姆斯解释的那样，成立于2000年的恒天然是一家传统的乳品企业，且拥有独立的业务功能。以在汉密尔顿的商业交易服务为基础，恒天然巩固了新西兰的后台功能。詹姆斯说，与本地和海外的BPO组织相比，汉密尔顿的业务表现更好。“我们的模式比大多数的国际模式更好。”

与其他业务单元拥有独立的销售办公室不同，客户服务中心设在位于奥克兰王子街的总部。该中心24小时运作，为世界各地的客户提供多语种支持。

对于恒天然有200名成员的IS团队而言，新的系统意味着他们要接触与以往传统的业务领域不同的业务。“如果他们在旧体制下开展这部分业务，往往只能完成一部分业务。但现在我们将资源集中在一起，这意味着他们在任何既定的时间里可以开展不同的业务。他们获得了更多的灵活性和能力来学习新模型中业务的各个部分。”

他认为，该系统还在保留工作人员方面发挥了作用。“它给我们留住了员工而不是让工作人员离开去其他组织体验不同类型的技能。”如果还有其他值得詹姆斯动感情的事情，那就是在恒天然的这些日子里，“没有一件事情像IT项目本身这样令我如此投入”。

“我们和业务部门商议计划，根据他们的计划来调整我们的计划。”他说，现在有一个企业的路线图，包括在未来的18个月至3年中企业开展的活动。

对那些希望担任首席信息官及其他高层管理者的IT专业人士，有什么好的建议吗？“请确保你了解你的业务工作。”他补充道，“保持警觉，时刻关注那些可能需要聘请的、有一天将会成为你更大团队一员的非常能干的人。”他们可以是你目前组织的员工，也可以是你在公司外遇到的人。

最后，他说：“请永远不要惧怕雇用组织中比你更聪明的人。你的确需要一群聪明人在身边工作。”

资料来源：Adapted from Mary Brandel，“Reinsurance Group Simplifies on Global Scale with Administration System”，*Computerworld*，March 14，2005；and Divina Paredes，“Unifying Global Operations，” *CIO Magazine*，March 27，2007.

问题

1. 本案例中提到的公司的全球化系统开发的商业价值是指什么？它们是如何实现的？必须克服的主要障碍是什么？

2. 对系统实施特别是全球性的系统实施来说，整体开发完成后实施与分阶段实施各有什么优缺点？你如何作出决定？

3. 全球性组织的所有单元使用同样的商业语言，并使用相同的功能和业务流程有多重要？你如何平衡业务运营中的一致性和灵活性？

实践

1. 本案例中的两个公司都很成功地推进了全球化发展。利用互联网搜索在全球或国际系统实施方面不成功的例子。如何将它们与本案例中的公司进行比较？成功和不成功的案例中所采取的做法有何差异，是否导致了不同的结果？撰写一份报告，并与其他人分享你的发现。

2. 在全球性组织中实施系统，特别是当开发集中在总部或某个实力强大的国外子公司时，可能会导致该组织的其他单元不满和失望。分小组讨论有哪些途径可以缓解这些问题以及怎样将所有单元都纳入该进程。

全球信息技术管理

图12—6描述了贯穿本节的管理全球信息技术工作的主要维度。考虑到国际企业团队中存在的文化、政治和地缘经济的挑战，应注意所有的全球IT活动必须与其相适应。**全球信息技术管理**（global information technology management）的第一步即面向全球市场开发合适的业务和IT战略。这一步完成后，终端用户和IS经理才能随之开发支持业务和IT战略所需的业务应用组合；开发支持这些应用的硬件和软件，以及基于互联网的技术平台；提供所需数据库的数据资源管理方法；开发全球信息系统所需的系统开发项目。

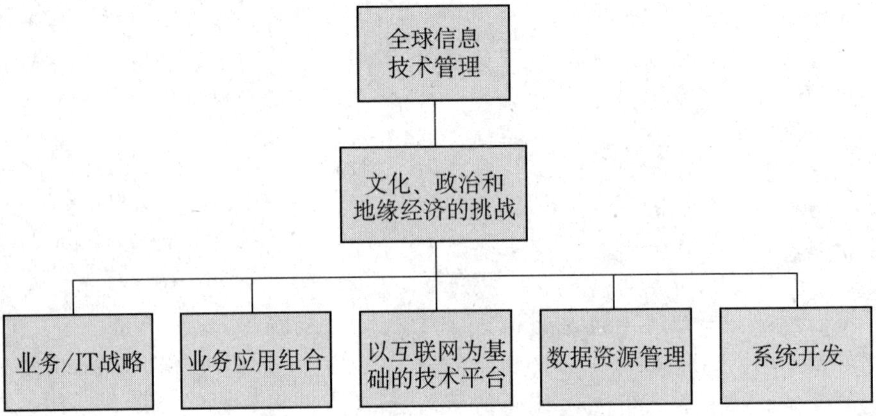

图12—6　全球信息技术管理的主要维度

全球团队：这仍然是一个小世界

目前，几乎每一位CIO都是一个全球性的CIO——一个势力范围跨越各大洲的领导者。根据CIO执行委员会（CIO Executive Council）成员的经验，CIO最常见的挑战是全球虚拟团队的管理。在一个理想世界中，全球各地的IT团队的人力资源政策应该是相同的、公平的，并且能够得到快速响应，标题和报告结构必须一致。

以荷兰皇家壳牌、高德美、奥林巴斯等为代表的CIO执行委员会欧洲成员，决定共同收集和整理这方面的最佳实践和其他全球化的挑战。

获取当地人力资源的专业知识。公司必须在每个国家聘用当地员工在人力资源部处理当地的法律事宜。“在不同的地点，招聘、解雇和培训方面的管理职责大相径庭，你需要具有当地法律和程序的专门知识的人才。”欧洲清算系统（Euroclear）前CIO迈克尔·皮尔金顿（Michael Pilkington）如是说。位于布鲁塞尔的欧洲清算系统是国际性证券清算组织，主要提供国内和跨国界的债券、股票、基金交易的清算。

创造跨区域工作等级的一致性。欧洲清算系统正采用一种工作评估方法，这种方法将工作类型分成几种垂直的类别，例如管理员工/过程、产品开发、业务支持以及项目管理。它提供了一个能比较和管理不同地域的角色和员工的基础。等级水平就像头衔一样有所不同，员工的头衔要符合当地的习惯。

像管理投资组合一样管理分散的员工。安森美半导体公司（ON Semiconductor）

在斯洛伐克有支持销售的IT人员，还有一家工厂；在香港有一个主要的销售办事处；在中国深圳建设有客户服务中心；在马来西亚的吉隆坡有区域发展中心。安森美半导体公司通过独立的IT投资组合防范潜在的销售链断开的风险，在凤凰城总部制定目标并向下分配工作，而不管团队的成员身处哪里。

让工作变得有意义。为了保持高昂的士气和较少的人员变动，公司要保证每个偏远区域对重要项目有所贡献，而不要规定远程工作人员的工作内容。皮尔金顿建议在每个远程地点建设一个卓越中心。

明确定义远程团体的角色可以让他们团结起来。例如，全球化公司的领导者可以组织召开任何级别的会议，来讨论公司总部、区域和地方单元的不同作用。从整体上了解它们的角色以及它们期望从别人那里得到什么，能够"创造一种认同感和使命感"。中外运敦豪公司（DHL）亚太区高级副总裁兼首席信息官纳里曼·卡里米（Nariman Karimi）如是说。

带外地工作人员到总部。安森美半导体公司将工作在外地的员工带到美国工作，参与主要措施的制定并与公司总部其他的运营部门互动。这不是一种金钱奖励，但在许多文化中它代表着一种荣誉和骄傲。

跨越区域界限，加强沟通。视频会议是用来加强全球团队沟通的一项很有用的政策工具，但面对面会议仍然很重要。在DHL，卡里米和区域董事会成员每月都要访问亚太区前10名中的一个，每个人每年至少要完成一次个人访问。访问内容包括借助当地业务单元展示自己，以及非正式的个人互动。

资料来源：Adapted from Richard Pastore, "Global Team Management: It's a Small World After All", *CIO Magazine*, January 23, 2008.

文化、政治及地缘经济的挑战

在全球商业运作中，"像平常一样做生意"是不够的，对于全球信息技术管理也是如此。为了在全球市场上获得成功，企业必须面对这样一个现实：受到太多的文化、政治和地缘经济（地理的和经济的）方面的影响。正像我们刚提到的，全球信息技术管理必须致力于开发全球企业IT战略并管理全球电子化业务应用组合、互联网技术、平台、数据库及系统开发项目。但在经营国际化企业时，管理者必须从观念和方法上考虑到文化、政治和地缘经济的差异。

例如，主要的政治挑战（political challenge）是许多国家制定规则，规范或限制数据的跨国（跨越边境的数据流）转移，尤其是个人信息（如人事记录）的外流。一些国家严格限制或禁止软硬件的进口。有些国家制定法律，具体规定了产品的增值税。有些国家签订双边贸易协定，要求企业在一个国家获取收入的一部分要用于该国。

全球化业务和IT中的地缘经济挑战（geoeconomic challenges）是指地理因素对国际商业活动的经济上的影响。地理距离仍是一个主要问题，即使在互联网通信技术很发达、乘飞机旅行十分方便的今天。比如，当IT问题发生在一个很远的地方时，专家仍要飞行很长时间。在全球24个时区中进行实时交流仍很困难。在许多国家还很难得到优质的电话及电信服务。有些国家缺乏掌握所需技能的人才，不得不邀请国外的专家来此生活和工作。不同国家的生活、工作成本（和机会）仍然存在巨大差异。当企业开发其全球业务和IT战略时，一定要考虑所有这些地缘经济挑战。

全球化业务和IT经理面临的文化挑战（cultural challenges）包括语言、文化、区域、风俗、社会态度及政治观念的差异。显然，全球化的IT经理在被派往国外或来到（母）公司所在国之前，必须得到培训以使他们对这些文化差异保持敏感。其他文化挑战包括工作方式和业务关系的差异。比如，一个人应该多花些时间以避免错误，还是尽快完成工作？是应该独立完成，还是合作完成？应该由最富有经验的人领导，还是共同领导？这些问题的答案取决于你所属的文化和存在于全球市场中的文化差异是否突出。让我们来看一个涉及全球IT精英队伍的实例。

在全球精英库中畅游

当杰夫·基扎（Jeff Kiiza）还是一个16岁的学生时，从未想象过10年后自己可以用Perl，PHP/MySQL和AJAX等工具为远在美国、加拿大、澳大利亚、西班牙的公司进行编程，并且是在阿根廷科尔多瓦的家里完成工作。他回忆说："以前，这只能在梦里或者科幻小说中出现，但是现在有了与公司连接的互联网，享受到免费而快速的宽带成为可能。"

赫曼格·达尼（Hemang Dani）对过去6个月发生的一切还不太习惯，他为之工作的美国、英国、德国和澳大利亚公司已经将他的工资涨到了5 000美元。在他所生活的印度，这已经是很不错的工资了。达尼的项目范围很广，从购物车的编码到门户网站的管理。

达尼和基扎已被纳入全球精英库。他们在加入加州oDesk公司的在线市场Menlo Park（它将编程人员和需要他们的公司联系起来）之前，已经为海外公司工作了。基扎为坦桑尼亚的一所大学编程，达尼也通过瑞典Innovate IT公司旗下的GetaFreelancer. com找到了工作。

每天，世界上发展中地区有很多像他们一样工作的程序员，美国的IT专业人士目前也加入了全球精英的竞争。但是，目前许多美国公司只在它们的短期项目以及本地人才技能稀缺或成本过高的情况下才会在全球聘用程序员。据加利福尼亚招聘咨询公司Global Learning Resources的总裁凯文·惠勒（Kevin Wheeler）分析，有些公司走向全球只为找到优中最优的程序员，无论他们身在何地。"像思科、微软、谷歌这样的公司已明确立场，它们将走向精英所在的地方。"

资料来源：Adapted from Mary Brandel, "Swimming in the Global Talent Pool," *Computerworld*, January 15, 2007.

□ 全球化业务/信息技术战略

在国际化战略中，外国的子公司是独立运营的，但要依靠总部的新工艺、产品、创意或全球性的战略，一个公司的全球化业务是由公司总部管理的。目前，企业的业务正朝着背离国际化战略的方向发展。而公司正逐步采用**跨国战略**（transnational strategy），在该战略中，公司的业务依赖于它的信息系统和互联网技术，以帮助它整合大量的全球业务活动。与附属公司拥有独立的信息系统，乃至由总部直接指挥的集中的信息系统运营不同，跨国战略尝试建立一个综合的、互相合作的、全球性的以硬件、软件和互联网为基础架构的IT平台。表12—5比较了三种全球化业务/IT战略的方法。表12—6说明了跨国业务和IT战略已在全球化公司中实施。

表 12—5　　全球化业务/IT 战略的比较

国际化	全球化	跨国化
● 自主运营 ● 区域不同 ● 纵向整合 ● 专门的客户 ● 制造受控 ● 根据区域和工厂进行客户细分和作出贡献	● 全球资源 ● 多区域 ● 横向整合 ● 客户和生产之间有一定透明度，即客户了解或参与一些生产活动 ● 某种程度的跨区域化	● 通过全球联盟的虚拟企业运作 ● 世界市场和大规模定制 ● 全球电子商务和客户服务 ● 制造过程透明，即客户了解制造的全部过程 ● 全球供应链和物流 ● 动态的资源管理
	信息技术特征	
● 单机系统 ● 分散或没有标准 ● 对界面的巨大依赖 ● 多重系统，高冗余，对服务和运作的复制 ● 缺少公共的系统和数据	● 区域分散 ● 界面依赖 ● 应用在一定程度上统一和公共系统的使用 ● 减少运作的重复 ● 全球一定范围内应用的 IT 标准	● 注重互联网连接的统一的物理布局 ● 公共的全球数据资源 ● 整合的全球企业系统 ● 互联网、内联网、外联网和基于网络的应用 ● 跨国的 IT 政策和标准

表 12—6　　全球化企业如何实施跨国的业务和 IT 战略

战术	全球联盟	全球资源和物流	全球客户服务
例子	英国航空公司和美国航空公司 荷兰皇家航空公司和西北航空公司 澳大利亚航空公司和美国航空公司	贝纳通	美国运通
IT 环境	全球网络（在线预订系统）	全球网络，4 000 家商店有 EPOS 终端，核心制造过程采用 CAD/CAM，自动仓库过程采用自动机械和激光扫描仪	从当地的分支机构、代理商，到客户数据库和医学或法律的查询数据库，实现全球网络连接
结果	日程协调 代码分享 航班的协调 共同所有	利用 CAD/CAM 每小时生产 2 000件毛衣 快速反应（10 天进店） 降低库存（准时生产）	世界范围筹集资金 “全球协助”热线 紧急信用卡更换 24 小时客户服务

□ 全球化业务/信息技术应用

全球化企业开发的信息技术的应用取决于这些企业的全球化业务/IT 战略以及它们在 IT 领域的专长与经验。但是，它们的 IT 应用同样取决于多样性的**全球化业务驱动**（global business drivers），即由行业特征及竞争或环境压力引发的商业需求。例如航空公司或连锁酒店等拥有全球客户或在全球开展业务的企业，会需要全球化 IT 能力以满足在线交易处理，为客户提供快捷、便利的服务，否则客户会流失到竞争对手那里。全球化业务运作的规模经济是提供全球化 IT 应用支持的另外的商业驱动力。表 12—7 总结了一些使全球化 IT 成为必要竞争力的商业要求。

表12—7　全球化IT的商业驱动力

- 全球的客户。客户是可以到处旅行的个人或在全球开展业务的企业。全球化IT可以提供快速、便利的服务。
- 全球的产品。世界各地的产品都是一样的或是通过世界各地的附属公司组装的产品。全球化IT可以管理全球营销活动和控制质量。
- 全球运作。基于变化的经济或其他条件，生产或组装过程的一部分被安排在附属公司。只有全球化IT才能支持这种地理上的灵活度。
- 全球资源。对于公共设备、设施和人员，一家全球化企业的附属公司可共享使用，但须分担成本。全球化IT可以对这种共享的资源进行追踪。
- 全球合作。全球化企业中员工的知识和技能可以被快速地获取、分享及组织，从而支持个人或小组的努力。只有全球化IT能够支持这种企业合作。

当然，许多全球化IT应用，尤其是财务、会计及办公应用，已经运作了很多年。例如，大部分跨国企业拥有全球财务预算及现金管理系统，以及办公室自动化应用系统，如传真机和电子邮件系统。但是，随着全球化运作的扩张及全球竞争的加剧，企业正承受着越来越大的压力，要为其客户和供应商提供全球电子商务和电子化商务应用。这类例子包括全球电子商务网站和服务于客户的客户服务系统，以及服务于供应商的全球供应链管理系统。过去，这类系统几乎仅依赖于私人构建的或政府拥有的电信网络。但是，由于电子商务对互联网、内联网及外联网的商业应用增加，因此全球化企业使用这类应用的可能性大大增加。

卡乐康公司：全球ERP带来的利益和挑战

卡乐康公司（Colorcon）自2001年将其全球所有办事处和7个生产基地统一使用一个ERP系统以来，获得了很多好处。特种化学品制造商的年度存货周转率提高了40%，每季度结束时预订量比以往增加50%，并缩短了其生产周期。首席信息官佩里·孔宗（Perry Conzzone）说：“这是一个很大的进步。”

然而对于这家位于宾夕法尼亚的公司来说，做到使用一个单一的、全球的系统充满了挑战。这些挑战包括：清理和核实来自旧系统的数据，规范全球业务流程，从不同的国家（例如巴西、新加坡和英国）引进商界领袖。

“这是一项很艰巨的工作。”该系统最后实施阶段的负责人孔宗说。过渡到一个单一的、全球的ERP系统是对大型和中型跨国公司令人兴奋的挑战。对于许多组织而言，实施一个ERP系统最棘手的挑战就是变更管理。由于区域业务需求的差异性，“这是许多公司真正为了业务流程的一致性而展开的竞争。”弗雷斯特研究公司的分析师罗布·卡雷尔（Rob Karel）说。

对于已应用单一系统的公司来说，这一挑战具有重大意义，有利于简化财务报告，增加在世界各地运营的可视性，从而让管理人员更快地作出决定。

项目团队面临的技术挑战通常是核查遗留数据的完整性和将其移动到ERP环境中。“要吸取的一个教训是，你永远没有足够的时间来保证数据的质量。”孔宗说。在卡乐康公司的项目中，当对一组数据有疑问时，团队成员和管理人员总是在应该做什么的问题上难以达成一致。“在如何管理数据和衡量质量方面总是出现不一致。”

因此，项目团队开发了数据质量仪表板，以向商业领导者说明为什么被盗用的数据必须经过修复才能进入新的环境。例如，仪表板能够显示，质量差的客户联系信息如何导致错误订单的增加。使用仪表板，商业用户可以纠正错误的数据，并量化每月通过减少错误数据得到的业务增量。

项目团队还要处理遗留系统中的小问题，以及各业务单元使用的、企业 IT 部门不知道的磁盘备份和恢复系统。

“我们不是一个价值数十亿美元的公司，但我们也用磁盘备份和恢复系统。”孔宗说，“我们赋予它们高度的优先权，并迅速摆脱了它们。”

资料来源：Adapted from Thomas Hoffman, “Global ERP: You Can Get Three from Here, but Should You?” *Computerworld*, October 15, 2007.

全球化信息技术平台

技术平台（也称技术基础设施）的管理是全球化 IT 管理的另外一个主要部分——管理支持全球商业运作的软硬件、数据资源、通信网络及计算设备。对一个全球化 IT 平台的管理不仅涉及技术的复杂性，还涉及主要的政治和文化问题。

例如，由于高价、高税、进口限制、过长的政府批准时间、缺少当地的服务和零部件、缺少针对当地情况的文件说明等多种原因，在有些国家很难选择硬件，软件的选择也存在问题。欧洲软件包的开发也许与美国或亚洲版本不兼容，即使是从一个硬件商那里购买的也可能出现这种情况。有些地方可能买不到有名的美国的软件包，因为当地没有分销商，或因为软件发行商拒绝为忽视软件特许合同及版本协议的市场供货。

管理国际数据交流的网络包括互联网、内联网、外联网和其他网络，也是全球化 IT 挑战之一。表 12—8 概括了《财富》500 强中 300 家多国企业的 IS 主管提供的排在前 10 位的国际数据通信问题。值得注意的是，政治问题超过了技术问题，表明它们在全球电信管理中十分重要。

表 12—8　国际数据通信的 10 个首要问题

网络管理问题
● 提高网络运行效率
● 涉及不同的网络
● 控制数据通信的安全性
调整问题
● 涉及境外数据流的限制
● 管理国际通信规则
● 处理国际政治
技术问题
● 管理跨国家的网络基础设施
● 管理国际技术整合
国家导向问题
● 协调国家的差异
● 涉及国家关税结构

资料来源：Adapted from Vincent S. Lai and Wingyan Chung, “Managing International Data Communications,” *Communications of the ACM*, March 2002, p. 91.

建设国际化计算设备是另一个全球性的挑战。进行全球商业运作的企业通常会在其他国家的分支机构建设数据中心，或与系统集成商合作建设另外的数据中心。这些数据中心满足了当地和区域的计算需求，甚至通过电信卫星的连接帮助平衡全球计算工作量。但是离岸的数据中心在总部的支持、软硬件获取、维护及安全性等方面暴露出了问题。这就是许多全球化企业求助于应用服务提供商或像 EDS，IBM

这样的系统集成商来管理它们的海外运营的原因。

富达基金和优利系统公司：在全球校园中工作

曾经有一段时间，很多公司吹嘘它们在曼哈顿、慕尼黑、马德里、孟买和马尼拉都设有办事处，每个办事处都管理各自的客户和供应商，并获得来自总公司的“良好建设”，但拥有非常小的治理权或标准化程度不高。自相矛盾的是，第三方服务提供商却在遥远地区的控制或共享服务中心实现了更高水平的治理和标准化。

总部位于波士顿的富达是世界上最大的共同基金公司。例如，它在大多数国家有分公司服务当地市场；在印度有其控制中心服务于全球业务运营；它将IT服务外包给6个第三方IT服务提供商；它自己仅仅作为人力资源和福利管理供应商而存在，就像通用汽车公司和诺华公司一样。

有多种方法可用来实现全球校园的概念。无论公司拥有多少个遍布全球的团队做不同的工作，将所有的办公室结合在一起即是一个确定的、通用的架构，也是一个共享的企业宗旨。

运营中的复杂性已经是老生常谈，它在其他行业中持续了数十年。以制作业为例，组件可在中国大陆和中国台湾生产，在马来西亚组装，在中国大陆打包并运送到海外。而所有的活动都可能是在美国进行协调的。曾任AT&T Solutions首席执行官及Perot Systems公司首席运营官，现任新成立的Unisys Global Industries公司总裁的布雷恩·梅洛尼（Brian Maloney）说：“总体来说，服务行业的业务流程外包正抓紧追赶制造业。”

他说：“全球校园沟通并不像我们坐在同一间屋子里说‘这是我们今天要做的，那是明天要做的，其他是下周要做的’那么简单。现在你要面对的是距离、时差和文化差异。当你和我交谈时，我们可以使用相同的语言，但我们可能在用词上有细微的差别。”

梅洛尼还提到：“你需要有人去接触客户并了解客户的业务流程。在日常问题中，你需要这样的人才，他们能够理解CIO和业务部门负责人在争论什么，并能翻译给在印度做系统设计编程的员工。这是一个不断磨合的过程，是日常工作的基础。可喜的是，这在技术上是可行的。在为内部和外部客户提供IT服务的AT&T Solutions，我们从亚洲、欧洲和美国招聘工程师，然后让他们在客户那里工作几个星期。”

资料来源：Adapted from Juhi Bhambal, “Worldwide Campus,” *InformationWeek*, May 29, 2006.

作为全球信息技术平台的互联网

对于国际企业来说，是什么使互联网和万维网显得如此重要？遍布上百个国家、服务于千家万户的计算机、信息和网络的互联矩阵，创造了一种没有传统界线和限制的商业环境。连接到新的全球基础设施，可以使企业通常只需支付其通信预算的一小部分，就可以带来市场扩张、成本降低、利润提高等诸多好处。互联网为企业与客户、供应商、分销商、制造商、产品开发商、财务支持者、信息提供商——业务的所有参与者——进行通信和数据交换提供了交互通道。

因此在国际企业和国际商务中，互联网和万维网已经成为关键的因素。仅仅几年的时间，互联网以及与之相连的计算机和数据库网络，已经建成了一种没有传统国际界线和限制的技术平台。通过将自身业务与这种在线的全球基础设施相连，企业不需要为这种新型的通信设备支付高额的费用，就可以扩张市场、降低通信和分配成本，同时提高利润。表 12—9 概括了企业建立全球电子商务网站要思考的问题。

表 12—9　　企业在全球建立网站的关键问题

- 你会为了适应文化的偏好而不得不开发一个新的导航系统吗？
- 面对地域性的竞争或者与来自美国境外的产品竞争，你会有什么改变，有什么创新之举？
- 你将把多语言网站作为主网站的附属网站，还是使它们成为独立的网站，或者拥有专门的域名？
- 你在各国将投入什么样的传统和新型广告来提升网站的访问率？
- 你的网站会不会因为受到很多攻击而需要在所在国家建立一个服务器？
- 当你的网站目标是进入某个特定的国家时，有哪些法律上的问题（比如竞争行为，对待儿童的方式，或者隐私保护）？

互联网以及相关的内联网、外联网技术，为员工、客户、供应商、分销商、制造商、产品开发商、财务支持者、信息提供商等之间的通信和数据交换提供了低成本的交互通道。事实上，所有相关方都能利用互联网及其相关网站进行交流合作，从而成功完成一个商业投资项目。但是，如表 12—10 所示，为更多国家的更多用户带去安全的互联网通路和电子商务，还有很多工作要做。但互联网的持续扩张已经成为全球业务的一个无处不在的 IT 平台，这一趋势显而易见。

表 12—10　　全球互联网的使用人口统计

世界范围	人口（2005 年）	占世界总人口比重（%）	互联网的使用人口（2005 年）	使用增长率（%）	占人口比重（%）	占世界使用者比重（%）
非洲	900 465 411	14.0	13 468 600	198.3	1.5	1.5
亚洲	3 612 363 165	56.3	302 257 003	164.4	8.4	34.0
欧洲	730 991 138	11.4	259 653 144	151.9	35.5	29.2
中东	259 499 772	4.0	19 370 700	266.5	7.5	2.2
北美	328 387 059	5.1	221 437 647	104.7	67.4	24.9
拉丁美洲	546 917 192	8.5	56 224 957	211.2	10.3	6.3
大洋洲	33 443 448	0.5	16 269 080	113.5	48.6	1.8
全球	6 412 067 185	100.0	888 681 131	146.2	13.9	100.0

说明：互联网的使用人口统计数据更新于 2005 年 3 月 24 日。

资料来源：www.internetworldstats.com.

□ 全球数据获取问题

在近年的全球商业运作中，全球**数据获取问题**（data access issues）一直是存在政治争议和技术门槛的话题，随着互联网的发展及电子商务带来的压力增大，这一问题变得更加突出。引人注目的**越境数据流**（transborder data flows，TDF）问题就是一个例子，越境数据流是指商业数据通过全球信息系统的通信网络流过国与国之间的边界。许多国家认为越境数据流是对国家主权的侵犯，因为它逃避了货物和服务进出口中的管制及控制。也有些国家认为，越境数据流是对它们保护当地 IT 产业不受竞争影响的法律的侵犯，或是对它们为保护当地劳动力实施的管制的侵犯。在许多案例中，看上去具有政治敏感性的数据流，是指那些在电子商务及人力资源应用中个人数据向国外流出产生影响的数据流。

许多国家（尤其是欧盟国家）认为，越境数据流是对它们的隐私和法律的侵犯，因为个人数据经常在对隐私没有严格保护的情况下流出本国。表12—11列出了美国与欧盟的数据隐私协议中的关键条款。如果美国公司参与了为欧盟消费者提供关于个人数据如何得到使用的基本信息并对其加以控制的项目，那么协议可以允许开展国际电子商务的美国公司可不受欧盟数据隐私权的约束。因此，对于欧盟的数据隐私权的要求，即禁止欧盟公民的个人信息流入隐私保护不力的国家，该协议据说可以为一些国家提供一个"安全港"。

表12—11　美国和欧盟通过的保护消费者隐私协议中的条款

- 注意所收集数据的使用和目的
- 数据不被第三方获取的能力
- 消费者能获取他们的信息
- 确保安全、数据完整，有强制条款

欧洲：更严格的法律令安全专家担忧

欧洲几个国家发布更严格的法律来限制黑客攻击，这让安全专家颇为担心，因为安全专家经常使用黑客的工具来达到合法的目的。英国和德国正在考虑修改计算机犯罪法律，以期与2001年欧洲范围内的网络犯罪公约及2005年初通过的欧盟的类似措施相一致。

为便于检察官和法官使用这些法律，安全专家正细致审查修改的内容。安全专家尤其重视那些已经将修改内容应用到项目中的案例。公司经常利用黑客程序来测试自己的系统内在的坚固性。

英国艾宾顿Sophos公司的高级技术顾问格雷厄姆·克卢利（Graham Cluley）说："一个有用的工具放在错误的人手中就是一种潜在的恶意黑客工具。"法案修改后将认定以下行为是违法的：为那些企图未经授权访问计算机或修改的人制造或提供工具。同样，对德国法律的修改建议也会宣布黑客工具的制作和分发是非法的。德国政府表示，这种改变将使其与2001年颁布的网络犯罪公约相一致。德国几个安全保护公司正计划游说反对该法案的通过，因为它们担心这可能会影响那些测试安全系统的专家，位于德国诺因基兴的Red-Database-Security公司的创始人兼首席执行官亚历山大·科恩布鲁斯特（Alexander Kornbrust）如是说。例如，用来检查密码强度的工具通常是免费分发的，这也可能被恶意黑客利用。

"安全社区对这种做法非常不满。"科恩布鲁斯特说，"它们关注的是，使用和拥有这些所谓的黑客工具将是非法的。"

英国和德国正努力修改法律以符合公约第6条，该公约禁止以实施网络犯罪为目的的计算机编程。到目前为止，43个国家签署了该公约，这表明它们愿意修改其法律来遵守该公约。15个国家已批准该公约。某国在修改其法律后，就可以批准并实施该公约。

资料来源：Adapted from Dave Gradijan, "Euro Computer Crime Laws Have Security Pros Worried," *CSO Magazine*, September 29, 2006.

互联网接入问题

位于巴黎的无疆界记者组织（Reporters Without Border，RSF）报道：有 45 个国家“限制其公民”接入互联网。从国家层面看，这场在互联网监督与开放之间的争论主要采用三种方法：控制连通、数据流过滤及惩罚承办者。在缅甸、利比亚、朝鲜、叙利亚及中亚国家和高加索，接入互联网必须要通过政府控制的互联网服务提供商，要么被禁止，要么受到严格的控制。

表 12—12 列出了 RSF 认为限制最严格的 20 个国家，其政府制定的限制接入公共互联网的措施详见 www. rsf. fr。

表 12—12　　限制公民接入互联网的国家

- 政府接入费用高
  哈萨克斯坦、吉尔吉斯斯坦
- 政府监控接入
  中国、伊朗、沙特阿拉伯、阿塞拜疆、乌兹别克斯坦
- 政府过滤接入
  白俄罗斯、古巴、伊拉克、突尼斯、塞拉里奥、塔吉克斯坦、土库曼斯坦、越南
- 非公众接入
  缅甸、利比亚、朝鲜

由于公众在企业和私人的万维网站上获取数据和信息，互联网已经变成了一个全球的战场。当然这也成为一个商业问题，因为限制接入的政策严重阻碍了这些国家电子商务的发展。大部分国家认为，限制接入互联网并不可行，实际上会有损国家的经济发展。许多国家和国际组织正在努力评估并过滤被认定为不恰当或犯罪的内容，比如涉及儿童色情或恐怖主义的网站，不管怎样，严格限制接入互联网的国家也选择了限制开展电子商务活动。

对于 RSF 和其他组织来说，这些国家的管理者面临着在信息时代丧失机会的危险。拒绝或限制接入互联网，也就限制了经济增长的一个主要动力。如果放松管制，它们又会使人们在思想观念上有所动摇。不管怎样，许多人都将获取他们想要的电子信息。RSF 中东及北非的发言人维尔日尼·洛库索尔（Virginie Locussol）说：“比如在叙利亚，人们会去黎巴嫩过周末并收取他们的电子邮件。”

□ 全球系统开发

想象一下为国内商业终端用户开发所需的有效率又有效果的应用软件可能遇到的挑战，再乘以可能会使用全球电子化业务系统的国家数目，这就是管理全球系统开发的挑战。显然，区域性系统的要求和全球系统的要求之间会有冲突，如多语言用户界面和弹性设计标准的协同会有困难。而所有这些努力都必须在促进当地终端用户参与的情形下进行。

其他**系统开发问题**（systems development issues）是由系统安装及维护过程中的不协调造成的。比如，“在纽约后半夜的一个中断将会引起东京中午的服务中断”。另一个主要的开发问题涉及平衡选择，或者开发运行在多台计算机和操作系统平台上的系统，或者令每个地方网站为自己的平台定制软件。

另一个重要的全球系统开发问题是关于数据定义的全球标准化问题。对于一项

国际业务中各方共享的数据而言，常见的数据定义是必要的。语言、文化及技术平台的差异使全球数据的标准化变得十分困难。比如，一个交易在英国被称为一个“登记的订单”，在德国被称为一个“预订的订单”，而在法国被称为一个“生产的订单”。但是，企业正逐步走向数据定义和结构的标准化。通过将分支机构纳入数据模型和数据库设计，它们希望开发一种能够支持其全球业务目标的全球数据结构。

系统开发战略

可以应用多种战略解决全球化 IT 引发的一些系统开发问题。第一种方法是将在总部使用的应用转变为全球的应用，但通常的情况是将应用的最佳版本系统选为全球通用。第二种方法是建立一支跨国开发团队，配有来自各分支机构的关键人员，从而保证系统设计不仅满足总部的需求，而且满足当地网站的需求。

第三种方法被称为平行开发（parallel development）。这是因为系统的各部分要根据各地的技能和经验分配给不同的分支机构及母公司同时开发。第四种方法是构建“卓越中心”（centers of excellence）。在这种方法中，要根据成功开发所必需的业务技能或技术，将整个系统的开发分配给一家特定的分支机构。最后一种方法已经迅速成为主要的开发方案，就是将开发工作外包给国际或国外具有开发全球业务和 IT 应用所需技术和经验的开发商。显而易见，所有这些方法都需要开发团队的合作以及管理监督，以符合一家企业的全球需求。因此，全球系统开发团队正全力利用互联网、内联网、群件及其他电子合作技术（见图 12—7）。

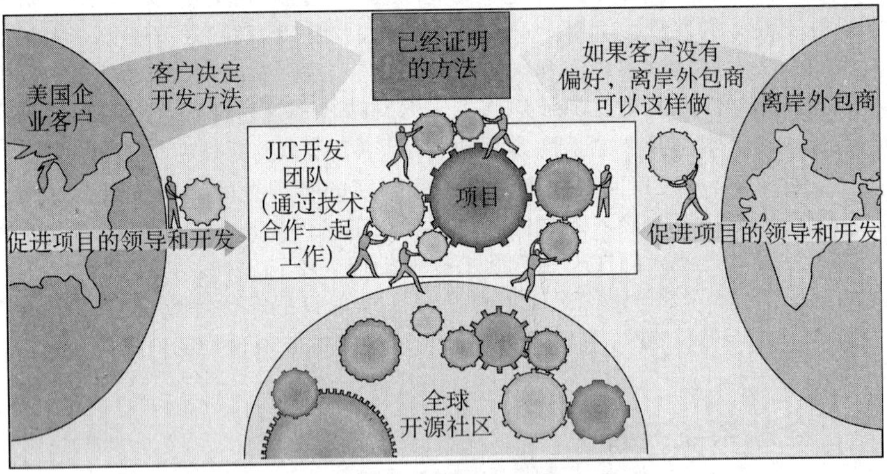

图 12—7　在全球 IT 系统开发中借助互联网合作

说明：注意客户公司、离岸外包开发商、全球开源社区和 JIT 开发团队在其中所起的作用。

资料来源：Adapted from Jon Udell. “Leveraging a Global Advantage,” *Infoworld*, April 21, 2003, p. 35.

英维思公司：从世界各地招集英才进行软件开发

能够利用世界各地最好的程序员是英明之举。SimSci-Esscor——英维思公司（Invensys PLC）的工业过程仿真与控制部门，将从其各办事处调集人员组成团队。“我们的开发项目是在一个虚拟的模式下进行的，并根据项目需要从多个地点召集所需的人才。”SimSci-Esscor 的开发服务总监乔·艾尔斯（Joe Ayers）说，“这是一个很常见的利用来自 3 个不同时区的开发者以‘追赶太阳’的开发模式进行的项目。”

这种方式让英维思公司为项目找到了合适的人才，并积极有效地推动工作。但管理这些相距遥远的开发者可以说是一个噩梦。“英维思公司聚集了具有不同文化背景和流程的多家公司。”艾尔斯解释说，“我们不得不解决的问题包括源代码的复制，多工具和流程的使用，以及有限的网络连接能力和可靠性。”

为解决这些问题，英维思公司在 5 个地点为 135 个开发者建设了虚拟发展基础设施。为了方便沟通，公司提供了桌面共享工具、即时通信、电话会议和语音 IP 技术。

为做好代码工作，公司从位于瑞典马尔默的 Telelogic AB 公司选择了 3 种产品：控制项目配置的 Synergy/CM，控制请求更改的 Synergy/Change，以及在多个地点数据库之间同步更改请求和源代码的 Synergy/Distributed。该公司还为其他文件实施了 Availl 公司的一个应用范围广泛的文件共享系统。“利用这种开发结构，我们有能力在最后一分钟为软件增加或删除变化，在过去的一年里，所有项目均按时交付，这要归功于分布式开发的复杂性。”艾尔斯说，“我们已经能够缩短项目的启动时间并降低项目成本。”

专家说，管理分散的开发团队需要将流程与工具相结合。“尽管这曾经是一个主要的障碍，但是应用技术后便不再是一个问题。”密歇根州诺维的英提尔汽车公司（Intier Automotive）产品开发副总裁戴尔·卡罗拉克（Dale Karolak）如是说，他也是《全球软件开发：管理虚拟团队和环境》（Global Software Development: Managing Virtual Teams and Environments）一书的作者。“现在的大多数问题都和通信、文件和联盟有关。”卡罗拉克说，当涉及安排和举行会议，跟踪项目目标，花更多时间到厂区以外的地点召开面对面会议时，管理者必须加大规章制度的执行力度。在管理中也需要对潜在问题保持警觉。

“赶快解决问题，不要等待。”卡罗拉克说，“如果问题没有得到及时处理，相距遥远将导致问题的解决一再拖延。”

资料来源：Adapted from Drew Robb, “Global Workgroups,” *Computerworld*, August 15, 2005.

小结

● 管理信息技术。管理 IT 包含三个部分：(1) 管理业务/IT 战略的联合开发与实施；(2) 管理新业务/IT 应用及技术的开发和执行；(3) 管理 IT 组织与 IT 基础设施。

● IT 管理的失败。许多组织没有有效或高效地利用信息系统。成功组织的经验表明，高质量信息系统的基本要素是广泛的、有意义的管理，以及信息技术治理和开发中的用户参与。因此，管理者可以组建 IT 小组并在业务部门内建立 IS 管理职能。

● 管理全球 IT。管理全球信息技术的国际视角包括应对不同国家带来的文化、政治和地缘经济挑战，为全球市场开发合适的业务和 IT 战略，开发全球电子化业务和电子商务应用的综合方案及支持它们的基于网络的技术平台。另外，必须开发数据获取方法并管理系统开发项目，从而产生在全球市场成功竞争所需的全球电子化业务应用。

● 全球化业务和 IT 战略问题。许多企业正日益发展为全球企业，并逐步制定跨国商业战略，以整合其所属公司及总部的全球商业活动。这要求它们开发一种全球 IT 平台，即一种整合的全球化的软硬件、基于互联网的网络结构。全球企业正逐渐使用作为该 IT 平台主要因素的互联网及相关技术，从而开发并实施全球 IT 应用以达到其独特的全球业务要求。全球 IT 及终端用户管理者必须处理软硬件可获性的局限、越境、互联网接入、个人数据流动的限制，以及开发中常见的数据定义及系统要求的难题。

关键术语和概念

应用开发管理（application development management）
业务/信息技术规划过程（business/IT planning process）
信息技术的集中或分散化（centralization or decentralization of IT）
费用分摊系统（chargeback systems）
首席信息官（chief information officer）
首席技术官（chief technology officer）
数据中心（data center）
精简（downsizing）
全球化业务驱动（global business drivers）
全球信息技术管理（global information technology management）
数据获取问题（data access issues）
系统开发问题（systems development issues）
信息系统运营管理（IS operations management）
信息技术架构（IT architecture）
信息技术员工规划（IT staff planning）
管理参与（management involvement）
管理信息技术（managing information technology）
外包（outsourcing）
离岸外包（offshoring）
系统性能监视器（system performance monitor）
技术管理（technology management）
越境数据流（transborder data flows ）
跨国战略（transnational strategy）
用户服务（user services）

讨论题

1. 信息技术对管理者的工作关系、活动及资源有哪些影响？

2. 在每个业务部门中，业务部门经理该如何应对信息技术的使用、信息系统的开发和运营中的业绩问题？

3. 阅读“即将退休的CIO和继任计划”这一真实案例，你将如何在自己的工作保障和职业规划与你的主管和经理的发展和指导间权衡？

4. 互联网技术如何影响现代组织的结构和工作角色？例如，中间管理层是否应该取消？公司是否应主要包括知识员工自我指导的项目团队？解释你的答案。

5. 公司中的IS职能应集权还是分权？利用互联网查找一下能够支持你答案的资料。

6. 阅读“美国再保险公司和新西兰恒天然公司：追求统一的全球运营”这一真实案例，恒天然公司进行全球发展的方法使IT专家参与多个业务领域、职能和过程。这样做给它们带来了什么样的好处，同时带来了什么挑战？

7. 文化、政治或地缘经济挑战如何影响一家跨国企业对互联网的使用？请举例说明。

8. 拥有全球业务的企业增加对互联网的使用会影响它们向跨国业务战略转变吗？请解释原因。

9. 如表12—5所示，互联网、内联网及外联网会如何影响业务驱动力以及如何影响需求以使企业利用全球化IT？请阐述你的观点。

分析题

1. 最受管理者关注的网站

繁忙的管理者可以浏览网站www. ceoexpress. com（见图12—8）。网站提供与美国和国际报纸、企业及技术杂志、新闻服务的链接。不仅有旅游服务、在线商城及娱乐网站，而且有企业和技术研究资源及可供参考的上百个链接。超值服务包括电子邮件、联系人管理、日历和日程安排、社区网络，以及强大的信息组织与分享工具。

a. 将CEO Express网站作为一个业务经理和专业人员提供企业、技术新闻、分析和研究资源的有用链接，对其进行评估。

b. 比较CEO Express与Google News（news. google. com）和Google IG（www. google. com/ig），CEO Express提供的消息有哪些优势？

c. 从“Editor's Corner”中选择一篇文章，它的来源是哪里？总结这篇文章，它对你有用吗？

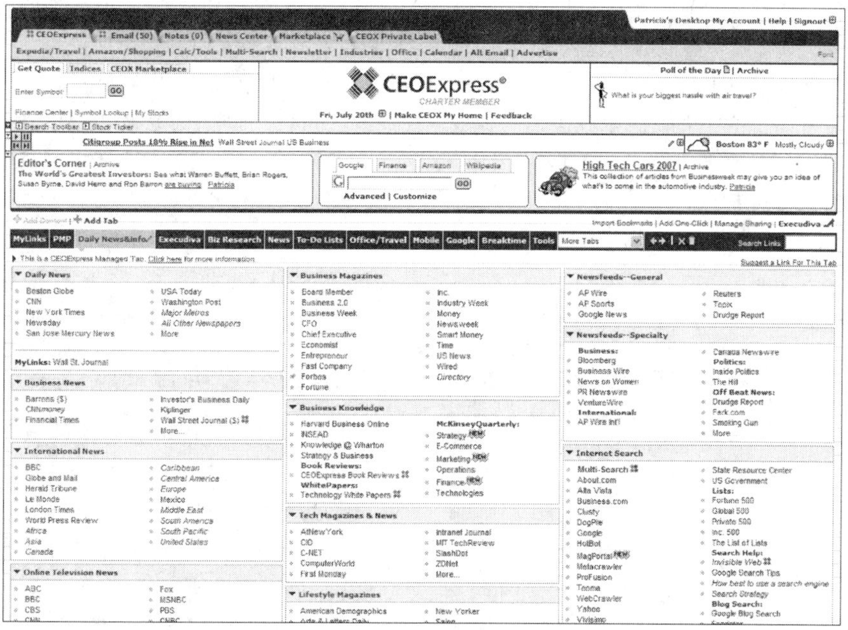

图 12—8　CEO Express 网站

资料来源：Courtesy of CEO Express.

2. 发展所需的信息和通信技术

超过 10 亿人将电信系统认为是理所当然存在的。然而，对于更多的人来说，基于需求的服务仍然是一个遥远的梦想，互联网接入只是一个传闻。认识到有必要促进全球信息和通信技术（GICT），世界银行已开展了大量的技术基础设施和发展项目的评估。

a. 世界银行（www.worldbank.com）为满足第三世界对电脑知识的需求做了什么？

b. 麻省理工学院（www.mit.edu）为帮助全球普及计算机应用做了什么？

3. 海外工作

那些需要与外界保持联系的商务旅客在国外面临特殊挑战，特别是那些在他们的酒店之外开展的工作。不同的国家，供电电压、周期和电插头的形状是不同的。同样，电话插座可能因国而异，美国的手机很可能只能在美国使用。

如果你发现自己需要完成一项海外任务，如何为你的笔记本电脑充电？你将如何使用互联网？你可以免除昂贵的酒店电话附加费吗？

选择一个国家游览（你的教授可能为你提供），提出对每个问题的具体解决办法。一定要注明你可能需要的硬件的制造商和型号。列举所有的来源。

a. 你需要带什么来保证你的笔记本电脑能充电？

b. 你需要带什么来保证你笔记本电脑的调制解调器能连上本地的电话网络？

c. 你将用什么代替你的手机？

d. 使用一个有协作功能的系统，诸如 Blackboard，Web CT，Dreamweaver 或者 Front Page 汇总、整理和发布全班的成果，来创建在线资源。

4. 知识工作转移

由于知识工作不受地点的限制，许多组织试图通过将其数字移动业务转移至海外来降低劳动力成本。当管理者评估这些机会时，必须考虑以下区域性特点：

- 政治和法律法规环境；
- 基础设施（电力、电信）；
- 专业的有技能的劳动力；
- 有信息系统专业知识的劳动力。

所有理想地点必须有一个有利的政治和法律法规环境，但是其他三个方面的变化又将带来特殊限制。例如，印度拥有受过良好教育的工人，但电信和电网却极不可靠。公司在印度成立了外包部门，通过备用电源和卫星通信系统来保障稳定性。专业技能劳动力短缺的地区可以提供劳动力密集的活动（如呼叫中心或数据输入等），但这些职位需要基本的电脑知识。

所提供服务的价值主要取决于其表现的专业知识或创造性。列举有如下特点的工作职位，并根据提供的价值对其排序。

a. 数字化：将数据或资料转换成数字形式。

b. 分布：以一定的方式或另外的基于严格的规则和非数字输入的方式处理信息（如果输入是数字化的，电脑就可以做这项工作）。

c. 分析：根据人的专业知识处理信息。

d. 创造：根据人的专业知识创造新的信息或产品。

案例 12.3

IBM 公司：让渡科技，通过 IT 工作人员外包进行全球竞争

这是 IBM 的噩梦。在班加罗尔的一间会议室里，零售软件公司 Wipro 的专家小组正在为一个美国主要的零售连锁店重新设计消费者体验，有条不紊地评估结账区。客户想要先进的流程，Wipro 公司 44 岁的聪明热情的零售解决方案总经理斯里坎特·尚卡雷亚那（Srikant Shankarayana）向他的顾问和工程师提出了一些尖锐的问题：店员应该手持交易设备还是站在收银机旁？哪些商品应该设计电子跟踪？最少应该将多少信息保存在数据库中，以确保打折促销所需的信息？

这些正是 IBM 想要向其零售客户提出的问题，而事实上，像路易·威登和塔吉特等公司正转向印度去寻找答案，这对 IBM 来说可不是一个好消息。IBM 公司几乎一半的收入来自这些业务和 IT 服务，只有承诺业务大规模增长才能让 IBM 公司的股东感到欣慰。幸运的是，迄今为止，Wipro 公司只有 100 个零售顾问。

同时，IBM 的成本仍然保持在世界顶级公司的水平。它有约 26 万名高工资的员工分布在美国和其他发达国家（其余 6 万名员工分布在其他成本较低的地区），还有 16.4 万名领取养老金的退休人员。所有的资金支持均来自其总部。

尽管没有解决问题，但是首席执行官萨姆·帕尔米萨诺（Sam Palmisano）和其他高级 IBM 员工认为他们正以一种很好的方式来解决问题。CEO 的副手透露了他们的策略：公司会直接通过采取低成本模型来挑战诸如 Wipro 等新手，也会采取创新大胆的方式，这可能为公司重新注入活力，但也可能有损其作为最大 IT 公司的地位。

简言之，IBM 是在赌博，它可以放弃皇冠上的宝石来获得胜利，那些宝石就是以软件、专利和创意形式存在的宝贵的知识产权。从理论上来说，散布这些财富，整个行业将增长得更快，并开辟新领域。这反过来也会为 IBM 创造机会来出售高价值的产品和服务，以满足新的需求。

IBM 对来自印度的威胁的回应很迅速。2005 年 4 月，财务报告显示第一季度服务类收入出乎意料的糟糕，IBM 的收益预期令华尔街失望，公司削减了 14 500 个职位，这些职位主要分布在欧洲。这是 3 年来最大规模的裁员：公司关闭了其在欧洲的总部，并将留下来的员工分配到其他的职位，帕尔米萨诺将其称为“面向客户的职位”。

接下来，《纽约时报》报道从获得的内部备忘录得知，IBM 公司当年将在印度雇用 14 000 人。IBM 称其“将数字夸大了”，但无论名册中增加的新人数量是多少都会令发展中国家大吃一惊。为 IBM 服务团队编写自定义代码的程序员中，约有一半—— 26 000 人左右——分布在印度、巴西或中国。用 IBM 公司的行话来说，这些地方叫做“战略性低成本区域”。

印度已经拥有除美国以外的大多数IBM员工（最近已超过了日本）。2004年，IBM收购了印度的Daksh eServices公司，该公司的6 000多名员工管理着诸如亚马逊和花旗银行等公司的呼叫中心。高盛为IBM计算过，到明年底，IBM在印度的服务人员将超过52 000名。这将超过服务人员总数的1/4，占IBM全球员工总数的1/6。它将使IBM在印度向当地最大的软件公司——Wipro公司看齐，它将建设得比Infosys公司和Tata咨询服务公司更大。

高级副总裁鲍勃·莫法特（Bob Moffat）说，在发展中国家实现业务增长是实现“全球交付模式”的一部分。当年7月，帕尔米萨诺重组服务，任命49岁的莫法特为三大主管之一，共同负责公司的运营。其他两位主管将负责向客户提供服务，莫法特的工作就是寻找提高效率的途径。他在过去的3年里为IBM的实物供应链节省了数十亿美元的成本，这条供应链贯穿工厂间的零件和货物运送以及交给客户的整个过程。他的使命就是通过加强“服务供应链”来降低运送服务的成本，尽管运送的都是高价值的物品。大多数情况下，这意味着选择员工——必须选择正确的人在正确的时间去正确的地方。他不得不从IBM在发达国家的26万名员工中获取每一分钱的价值，如果他们还想留在这里工作。

帕尔米萨诺的确很自信。在发给《财富》杂志的一封邮件里，他表明自己采用的策略简言之就是“开放”。IBM已经挖掘出了一个重要的创新的新动力。公司每年在研发方面花费57亿美元。通过分享其发现，帕尔米萨诺表示，IBM会将“蛋糕做大”，而整个产业也将增长得更快。

与客户甚至竞争对手合作来发明新技术是这项共享计划的重要部分，第一批成果已经显现。在硬件方面，IBM、索尼和东芝公司联合开发了一套突破性的被称为Cell的芯片，这可能最终会帮助改变IBM的所有计算机。在软件方面，与Linux和其他开源科技的公司合作给IBM搭建新的技术平台，几乎所有高增长的应用都可以在这个平台上建设。

当然，通过让渡使蛋糕变得更大的想法不是IBM的发明。Linux发起的开源软件运动就是一个很好的例子。帕尔米萨诺说：“这不是我们的理论。今天，协作创新对我们每一个关键的业务环节都是非常重要的。我们已经学会如何在这种业务系统中创造价值，以及如何赚钱。”

实施具体措施的人叫吉姆·斯托林（Jim Stallings），他是负责知识产权和标准的副总裁。这个职位是帕尔米萨诺上年9月将斯托林挖过来时特别为他设置的。49岁的斯托林曾用Linux社区管理IBM公司，现在他是那个提出IBM应该放弃什么，应该保留什么等建议的人。作为一个温文尔雅的前海军陆战队队长，一个为IBM工作了14年的老将，他是最不可能成为高科技圣诞老人的人，但他却几乎着了魔般地善于讲解IBM的计划工作。将科技让渡给开源软件团体、客户群、大学和其他IT公司，这种行为表现出了惊人的广泛性和多样化。

IBM公司说，它没有办法精确计算让渡的附加价值。但《财富》计算出这个价值至少是每年1.5亿美元。虽然分享还不是其文化的一部分，但IBM公司已经开始远离昔日的傲慢、冷淡和垄断状态。

IBM能从中得到什么呢？它很少让渡技术，除非被广泛采用的技术的知识产权和专业知识能够为它赚钱。当IBM将工具分发给零售商时，往往向他们兜售额外的软件和咨询服务。更重要的是，赠品本身也是一个有力的武器。从微软获得应用软件的成本很高。Apache Geronimo的开源版本是免费的，是IBM向微软开源挑战的最新武器。IBM还捆绑了Linux操作系统，它是Windows的强大对手，就像Firefox一直是IE浏览器的挑战者一样。

IBM还发现让渡是一扇通向境外的大门，境外收入占公司主要收入的63%。斯托林当年已去过中国4次，并计划9月再去两次。他正在努力说服政策制定者和商界领袖，让他们相信使用开源软件比购买微软更有意义。他已经找到了受众。现在，IBM 正在帮助建立一个主要基于 Linux 的连接中国所有图书馆的巨大网络。

这一切听起来不错，但结果目前尚无法确定。IBM 在残酷竞争的市场中生存，同一群竞争对手一起争夺同一客户。但帕尔米萨诺认为，IBM 将利用新出现的市场创造新产品和服务。

然而，他也需要时间去说服自己的管理人员。两年前，一些业内人士担忧，IBM 公司可能会"搬起石头砸自己的脚"。然而，公司的研究人员得出结论：只要 IT 仍然很难使用，价格昂贵，劳动密集，客户将继续需要公司的帮助才能解决业务问题，那么 IBM 仍有机会发展。任何企业电脑用户都会了解那将意味着永远。

资料来源：Adapted from David Kirkpatrick, "IBM Shares Its Secrets," *Fortune*, September 5, 2005.

问题

1. IBM 用招聘新员工的方法来应对来自印度的软件开发承建商的竞争，如 Wipro 正在扩展 IT 咨询服务。你同意这种做法吗？说说你的看法。

2. IBM 计划让渡它的一些 IT 资产和知识产权，并加大其对 Linux 等开放源码软件产品的支持，这种做法是在"残酷竞争的市场"中获得成功的发展战略吗？说说你的看法。

3. IBM 的研究人员认为的"IT 仍然很难使用，价格昂贵，劳动密集，客户将继续需要公司的帮助才能解决业务问题"这种局面会持续很久吗？你同意这种看法吗？IBM 需要用它的业务来为这个假设下赌注吗？说说你的看法。

实践

1. 通过互联网查找一些关于向企业或政府提供 IT 咨询服务的竞争方面的最新进展。观察 IBM 的表现，并看看惠普、埃森哲等主要参与者，以及新进入者戴尔，还有 Wipro 等国际竞争对手的表现。你认为谁将是这个舞台上的赢家或输家？在你搜索到的结果中你发现了什么理由来支持你的看法？

2. IBM 公司削减了主要分布在欧洲的 14 500 个职位，而随后据称 IBM 公司在印度雇用了数千名 IT 员工。削减高成本的职位，并将他们的工作外包到一个成本很低的子公司，这是一直以来备受争议的却被许多跨国公司所采用的业务战略。请分成几组来讨论：这种情况将会对你目前或以后的职业生涯有何影响？你愿意为哪种公司或组织工作？

James A. O' Brien and George M. Marakas
Introduction to Information Systems, 15th edition
0-07-337677-9

北京市版权局著作权合同登记号：01-2012-8923

图书在版编目(CIP)数据

管理信息系统：第15版/奥布赖恩，马拉卡斯著；叶强等译. —北京：中国人民大学出版社，2012.11
(管理科学与工程经典译丛)
ISBN 978-7-300-16779-4

Ⅰ.①管… Ⅱ.①奥… ②马… ③叶… Ⅲ.①管理信息系统 Ⅳ.①C931.6

中国版本图书馆CIP数据核字（2012）第290296号

管理科学与工程经典译丛
管理信息系统（第15版）
詹姆斯·A·奥布赖恩 著
乔治·M·马拉卡斯 著
叶 强 等 译
Guanli Xinxi Xitong

出版发行	中国人民大学出版社		
社　址	北京中关村大街31号	邮政编码	100080
电　话	010－62511242（总编室）		010－62511398（质管部）
	010－82501766（邮购部）		010－62514148（门市部）
	010－62515195（发行公司）		010－62515275（盗版举报）
网　址	http://www.crup.com.cn		
	http://www.ttrnet.com(人大教研网)		
经　销	新华书店		
印　刷	北京东君印刷有限公司		
规　格	185 mm×260 mm　16开本	版　次	2012年12月第1版
印　张	31.5 插页1	印　次	2012年12月第1次印刷
字　数	830 000	定　价	65.00元

教师反馈及课件申请表

McGraw-Hill Education，麦格劳-希尔教育出版公司，美国著名图书出版与教育服务机构，以出版经典、高质量的理工科、经济管理、计算机、生命科学以及人文社科类高校教材享誉全球，更以丰富的网络化、数字化教学辅助资源深受高校教师的欢迎。

为了更好地服务于中国教育发展，提升教学质量，**2003年麦格劳-希尔教师服务中心**在京成立。在您确认将本书作为指定教材后，请您填好以下表格并经系主任签字盖章后寄回，**麦格劳-希尔教师服务中心**将免费向您提供相应的教学课件或网络化课程管理资源。如果您需要订购或参阅本书的英文原版，我们也会竭诚为您服务。

书号/书名：			
所需要的教学材料：			
您的姓名：			
系：			
院/校：			
您所讲授的课程名称：			
每学期学生人数：	______人 _____年级	学时：	
您目前采用的教材：	作者：__________ 出版社：__________ 书名：		
您准备何时用此书授课：			
您的联系地址：			
邮政编码：		联系电话（必填）：	
E-mail：（必填）			
您对本书的建议：		系主任签字 盖章	

中国人民大学出版社

工商管理出版分社

北京市海淀区中关村大街甲59号文化大厦15层

Tel：8610-6251 5732，8250 1704

Fax：8610-6251 4775

E-mail：rdcbsjg@crup.com.cn

McGraw Hill Education

麦格劳-希尔教育出版公司教师服务中心

北京市海淀区清华科技园科技大厦 907 室

北京 100084

传真：010-6279 0292

教师服务热线：800-810-1936

教师服务信箱：instructor_cn@mcgraw-hill.com

网址：http://www.mcgraw-hill.com.cn

教师教学服务说明

中国人民大学出版社工商管理分社以出版经典、高品质的工商管理、财务会计、统计、市场营销、人力资源管理、运营管理、物流管理、旅游管理等领域的各层次教材为宗旨。为了更好地服务于一线教师教学，近年来工商管理分社着力建设了一批数字化、立体化的网络教学资源。教师可以通过以下方式获得免费下载教学资源的权限：

（1）在“人大经管图书在线”（www. rdjg. com. cn）注册并下载“教师服务登记表”，或直接填写下面的“教师服务登记表”，加盖院系公章，然后邮寄或传真给我们。我们收到表格后将在一个工作日内为您开通相关资源的下载权限。

（2）如果您有“人大出版社教研服务网络”（http://www. ttrnet. com）会员卡，可以将卡号发到我们的电子邮箱，无须重复注册，我们将直接为您开通相关专业领域教学资源的下载权限。

如您需要帮助，请随时与我们联络：

中国人民大学出版社工商管理分社

联系电话：010-62515735，62515749，82501704

传真：010-62515732，62514775　　电子邮箱：rdcbsjg@crup. com. cn

通讯地址：北京市海淀区中关村大街甲59号文化大厦1501室（100872）

教师服务登记表

姓名		□先生　□女士	职称		
座机/手机			电子邮箱		
通讯地址			邮编		
任教学校			所在院系		
所授课程	课程名称	现用教材名称	出版社	对象（本科生/研究生/MBA/其他）	学生人数
需要哪本教材的配套资源					
人大经管图书在线用户名					

院/系领导（签字）：

院/系办公室盖章